U0689556

清代職官年表

第 三 册

錢 實 甫 編

中 華 書 局

布 政 使 年 表

順治元年至宣統三年

1644—1911

布政使年表

年 代		順 治 元 年 　甲申(1644)	順 治 二 年 　乙酉(1645)
江	左		**張士第** 七、辛未、廿二,9.11;晉右布改布參政管。
南	右		(漢)**申朝紀** 七、辛未;河北道參政授。 十、丙午、廿八,12.15;遷晉撫。
山	左	**邵名世** 八、壬申、十七,9.17;明右布授。	**邵名世**
東	右	**王　極** 十、壬申、十八,11.16;濟南道僉事 陞布參政管。	**王　極**　　　**王　點** 　　　　　二、丙辰、三,2.28; 　　　　　大同巡按授。
山	左	**陸之祺** 十一、癸丑、廿九,12.27;明陝布授。	**陸之祺**
西	右	**張士第** 十、壬申;明淮海道副使授布參政管。	**張士第**　　　(漢)**王來用** 七、辛未;改江南　七、辛未;保定道參政授。 左布。
河	左		**邱茂華** 四、癸酉、廿一,5.16;井陘道副使授布參議管。
南	右		(漢)**吳景道** 四、癸酉;都理事授布參政管。 十一、甲寅、六,12.23;遷撫。
陝	左		**雷明楷** 五、庚寅、九,6.2;晉右布管冀寧道授。
西	右		(漢)**劉宏遇** 五、庚寅;朔州道授布參政管。
浙	左		**王敬錫** 十二、丁酉、十九,2.4;原糧儲道授。
江	右		
江	左		(漢)**遲變龍** 十一、戊寅、卅,1.16;晉布參政授。
西	右		(漢)**綠縉** 十一、戊寅;河南汝寧知府授。
湖	左		**南洙源** 七、己未、十,8.30;晉陽和道副使授布參政管。
廣	右		**李　嵩** 七、己未;魯督糧道參政授。

順 治 三 年　丙戌(1646)

張士第	朱國柱		
	孫肇興 四、壬寅、廿六,6.9;晉提學道副使授布參政管。		
邵名世			
王　點 三、乙丑、十八,5.3; 改晉左布。	房之騏 四月,提學改按管。 八月,降調。	于變龍 八月,任。十月,降調。	(漢)蘇宏祖 十、己亥、廿七,12.3; 河北道參政授。
陸之祺	王　點 三、乙丑;魯右布改。十二、戊子、十六,1.21;革、逮。		
(漢)王來用 三、己未、十二,4.27;遷戶右(駐西安)。	林德馨 三、乙丑;蔚州道參政授按管。		
邱茂華	周文燁 七、乙卯、十一,8.21;陝左布改。		
王　懷			
	周文燁 六月,兗東道副使授。七、乙卯;改豫左布。		(漢)劉宏遇 七、乙卯;管右布改。
(漢)劉宏遇 七、乙卯;改左布。	胡之彬 七、己未、十五,8.25;署魯按僉授布參議管。		
王敬錫			
	金　柱 五、丁卯、廿二,7.4;直昌平道僉事授。		
(漢)遲變龍			
(漢)線　緒			
南洙源			
李　嵩 六、戊寅、三,7.15;革。	(漢)李樓鳳 六月,上荊南道參議授。 十、癸巳、廿一,11.27;遷皖撫。	崔光前 十、己亥、廿七,12.3;湖北道參政授。	

布政使年表

年代		順治四年　丁亥(1647)		
江南	左	**朱國柱** 正、辛酉、十九,2.23;遷登萊巡撫。	**趙福垕** 二、丁酉、廿六,3.31;兵備道參議授。	
南	右	**孫肇興**		
山	左		**董宗聖** 二、丁酉;兗東道參政授。	
東	右	(漢)**蘇宏祖**		
山	左	**孫茂蘭** 二、丁酉;直薊州道僉事授。		
西	右	**林德馨**		
河	左	**周文燁**		
南	右	**王懷** 十、庚午、三,10.30;遷皖撫。	**張大任** 十、戊子、廿一,11.17;口北道副使授。	
陝	左	(漢)**劉宏遇**		
西	右	**胡之彬**	**成仲龍** 四、丁丑、六,5.10;按兼布參議管。	
福	左	**朱鼎新** 二、戊戌、廿七,4.1;內院中書授。		
建	右	**趙林翹** 二、戊戌;進士擢。		
浙	左	**王敬錫** 十、乙酉、十八,11.14;革。	**金柱** 九、丙午、九,10.6;右布改。	**陳維新** 十、癸未、十六,11.12;昌平道副使授。
江	右	**金柱** 九、丙午;改左布。	**孟良允** 九、癸丑、十六,10.13;按副兼參議管。	
江	左	(漢)**遲變龍** △金聲桓反清,被殺。		
西	右	(漢)**線縉** 十、癸未;遷偏沅巡撫。	**張毓泰** △前晉按授。	
湖	左	**南洙源**	**齊國儒** 七、癸卯、四,8.4;荊南道參政授。	
廣	右	**崔光前** 四、癸巳、廿二,5.26;病免。	**遲日益** 五、壬子、十二,6.14;荊西道副使授。	
廣	左	**耿獻忠** 五、癸丑、十三,6.15;貢生擢。		
東	右			

順 治 五 年　戊子(1648)

趙福星 　五、壬午、十八,7.8;遷鳳陽巡撫。	**劉漢祚** 　五、己丑、廿五,7.15;武寧道副使授。
孫肇興	
董宗聖	
(漢)**蘇宏祖** 　九、庚辰、十九,11.3;改陝左布。	**盧震陽** 　九、丙戌、廿五,11.9;潼關道參政授。
孫茂蘭	
林德馨	
周文葉 　六、癸卯、十,7.29;遷甘撫。	**董天機** 　六、庚戌、十七,8.5;晉按遷。
張大任	

(漢)**劉宏遇** 　五、己丑;遷皖撫。	**史儒綱** 　六月,布參政管。	(漢)**蘇宏祖** 　九、庚辰;魯右改。
成仲龍	**王顯祚** 　八、乙巳、十三,9.29;河東道遷按管。	

朱鼎新
趙林翹
陳維新
孟良允
張毓泰
齊國儒

遲日益 　閏四、己未、廿五,6.15;遷湖撫。	**劉自紘** 　五、乙亥、十一,7.1;布參政管。
耿獻忠	

年 代		順 治 六 年　己丑(1649)		
江 南	左	劉漢祚		
	右	孫肇興		
山 東	左	董宗聖　四、癸丑、廿 五，6.4；遷延綏巡撫。	盧震陽　五、丁卯、九，6.18；右布改。 九、乙丑、九，10.14；改贛布左。	(漢)耿　焞　九、乙 丑；降調宣大總督授。
	右	盧震陽 五、丁卯；改左布。	胡　章 五、壬午、廿四，7.3；原宣府總兵授。	
山 西	左	孫茂蘭		
	右	林德馨		
河 南	左	董天機		
	右	張大任 六、辛丑、十三，7.22；改湖左布。		
陝 西	左	(漢)蘇宏祖		
	右	王顯祚		
福 建	左	朱鼎新	(漢)丁文盛 五、丁卯；豫參議管按遷。	
	右	趙林翹 二、丁巳、廿八，4.9；休。	周亮工 五、丁卯；按遷。	
浙 江	左	陳維新		
	右	孟良允		
江 西	左		盧震陽 九、乙丑；魯左布改。	
	右	張毓泰 八、戊申、廿一，9.27；革。	莊應會 九、乙丑；湖西道參政授(管按)。	
湖 廣	左	齊國儒	張大任 六、辛丑；豫右布改。十一月，休。	
	右	劉自竑 九、庚午、十四，10.19；休。		
四 川	左	王原膛 六、癸丑、廿五，8.3；中書授布參議管。		
	右	吳之茂 六、癸丑；副將改布參議管。		
廣 東	左	耿獻忠	盧六藝 五、壬午；工郎遷。	
	右		楊名顯 五、壬午；刑郎遷。	
廣 西	左	魯鼎新		
	右			

順 治 七 年　庚寅(1650)	
劉漢祚	
孫肇興	
(漢)耿 焞	
胡 章	
孫茂蘭	
林德馨 八、壬寅、廿一,9.16;改湖左布。	(漢)馬光先(三等男) 九、丁卯、十六,10.11;魯按遷。
蕫天機	
	張儒秀 八、壬寅;管晉按事遷。
(漢)蘇宏祖	
王顯祚	
(漢)丁文盛 △死。	佟國器 十二、庚寅、十一,1.2;浙按授布參政管。
周亮工	
陳維新	
孟良允	徐爲卿 十、壬寅、廿二,11.15;豫按授布參政管。
盧震陽	
莊應會 (管按)	
馬之先 三、乙卯、二,4.2;按遷。七月,遷陝撫。	林德馨 八、壬寅;晉右布改。
	黃 紀 八、壬寅;陝按遷。
王原臚	
吳之茂	
盧六藝	
楊名顯	
魯鼎新	

年　代		順　治　八　年　　辛卯(1651)	
江	左	劉漢祚	
南	右	孫肇興 七、癸未、八，8.23；改桂左布。	鄭廷槐 九、戊寅、四，10.17；閩管按遷。
山	左	(漢)耿　焞	
東	右	胡　章	
山	左	孫茂蘭	
西	右	(漢)馬光先	
河	左	董天機	
南	右	張儒秀	
陝	左	(漢)蘇宏祖	
西	右	王顯祚 十、乙丑、廿一，12.3；改閩按。	
福	左	佟國器	
建	右	周亮工	
浙	左	陳維新	
江	右	徐鳳卿	
江	左	盧震陽	
西	右	莊應會 七、癸未；管按授。	
湖	左	林德礐	
廣	右	黃　紀	
四	左	王原臕	
川	右	吳之茂	
廣	左	盧六藝	
東	右	楊名顯	
廣	左	魯鼎新 二、己丑、十一，3.2；革。	孫肇興 七、癸未；江南右布改。
西	右		

順 治 九 年　壬辰(1652)	
劉漢祚	
鄭廷樞	
(漢)耿　焞	
胡　章 十二、戊午、廿,1.19;改粵左布。	
孫茂蘭 二、辛酉、十九,3.28;遷寧夏巡撫。	(漢)馬光先 四、己巳、廿八,6.4;右布改。
(漢)馬光先 四、己巳;改左布。	(漢)于時躍 七、乙亥、六,8.9;陝按遷。
藍天機	
張儒秀 三、壬午、十一,4.18;改浙左布。	李中梧 四、己巳;湖按遷。
(漢)蘇宏祖	
	蕭時彥 四、己巳;晉按遷。
佟國器	
周亮工	
陳維新 正、乙酉、十三,2.21;遷桂撫。	張儒秀 三、壬午;豫右布改。
徐萬卿	
盧震陽	
莊應會	
林德馨	
黃　紀	
王原臚	
吳之茂	吳一元 十、庚申、廿二,11.22;按遷。
胡　章 十二、戊午;魯右布改。	
楊名顯	
孫肇興	朱鼎新 七、乙亥、六,8.9;原閩左布授。
	王鹽鼎 四、己巳;按遷。

布政使年表

年　代		順　治　十　年　癸巳(1653)	
江南	左	劉漢祚	
	右	鄭廷機	
山東	左	(漢)耿焞 五、壬辰、廿七,6.22;改通政。	陳極新 六、丙辰、廿二,7.16;江南糧道遷。
	右	張縉彥 二、癸亥、廿六,3.25;明兵尚授。	
山西	左	(漢)馬光先	
	右	(漢)于時躍 (△十一年正月降補湖廣驛傳道)	王顯祚 六、丙辰;閩按遷。
河南	左	蘆天機	
	右	李中梧	
陝西	左	(漢)蘇宏祖 (△十一年正月降補閩福寧道)	黃紀 六、丙辰;湖右布改。
	右	蕭時彥	
福建	左	佟國器 四、丙午、十一,5.7;遷閩撫。	周亮工 五、壬申、七,6.2;右布改。
	右	周亮工 五、壬申;改左布。	魏執中 六、丙辰;豫按遷,未任。	謝道 十一、丙申、四,12.23;江南按遷。
浙江	左	張儒秀 二月,解(十一月降一調)。	徐爲卿 二、癸亥、廿六,3.25;右布改。
	右	徐爲卿 二、癸亥;改左布。	佟延年 五、壬申;魯按遷。
江西	左	盧震陽	
	右	莊應會	
湖廣	左	林德馨 閏六、丙寅、三,7.26;遷左副。	林天擎 七、丙辰、廿三,9.14;江寧副使授布參政管。
	右	黃紀 六、丙辰;改陝左布。	曹國枏 七、丙辰;粵按遷。
四川	左	王原臚 五、壬申;改陝按副榆林道。	
	右	吳一元	
廣東	左	胡章	
	右	楊名顯	
廣西	左	朱鼎新	
	右	王鹽鼎	

順治十一年　甲午(1654)

劉漢祚			
鄭廷槐 三、戊午、廿八,5.14;改湖左布。		**馮如京** 四、甲戌、十五,5.30;金衢道參政授。	
陳極新			
張縉彥 △改浙左布。		**于之士** 八、丁卯、十,9.20;陝苑馬寺卿授。	
(漢)馬光先		**彭有義** 十二、戊午、二,1.9;陝右布改。	
王顯祚		**董應徵** 十一、己亥、十三,12.21;冀寧道參政授。	
董天機 九、丙申、十,10.19;遷直撫。		**(漢)佟延年** △浙右布改。	
李中梧 正、乙巳、十四,3.2;改川左布。		**白本質** 三、戊午、廿八,5.14;魯按遷。	
黃紀			
蕭時彥 二月,降一調。	**彭有義** 三、戊午;按遷。十二、戊午;改晉左布。		**徐永楨** 十二、壬申、十六,1.23;川按遷。
周亮工 六、己卯、廿一,8.3;遷左副。			
謝道		**張尚** 十一、己亥;晉按遷。	
徐鳳卿		**張縉彥** △魯右布改。	
(漢)佟延年 △改豫左布。		**李日芳** 浙按遷	
盧震陽			
莊應會 正、乙巳;改桂左布。		**范登仕** 三、戊午;晉按遷。	
林天擎 二月,遷撫。	**鄭廷槐** 三、戊午;江南右布改。	**李長春** 五、庚子、十一,6.25;粵右布改。	**張鳳儀** 十二、戊午;右布改。
張自昌 正、乙巳;桂按遷。二、庚寅;改桂左布。	**張鳳儀** 三、戊午;按遷。十二、戊午;改左布。		**張爾素** 十二月,陝按遷。
李中梧 正、乙巳;豫右布改。二月,休。		**莊應會** 三、戊午;未任桂左布改。	
吳一元			
胡章 六、甲子、六,7.19;革。		**王鹽鼎** 三、戊午;桂右布改。	
李長春 正、乙巳;贛按遷。五、庚子;改湖左布。		**劉三元** 六、庚午、十二,7.25;豫按遷。	**史紀功** △江南按遷。
莊應會 正、乙巳;贛右布改。三、戊午;未任改川左布。		**張自昌** 二、庚寅、廿九,4.16;湖右布改。	
王鹽鼎 三、戊午;改粵左布。		**戴明說** 四月,參政授。七月,召京。	**董應魁** 八、丁卯、十,9.20;閩按遷。

年　代		順治十二年　乙未(1655)	
江南	左	劉漢祚	
	右	馮如京	
山東	左	陳極新	
	右	于之士 十、壬戌、十二,11.9;改太常。	陳　熿 十、癸酉、廿三,11.20;詹事授。
山西	左	彭有義	
	右	董應徵 十二、己未、九,1.5;降五調。	潘朝選 十二、癸酉、廿三,1.19;大理授。
河南	左	(漢)佟延年	
	右	白本質	陳培禎 七、丙午、廿四,8.25;魯按遷。
陝西	左	賞　紀 九、戊申、廿七,10.26;革。	孫建宗
	右	徐永禎	
福建	左		
	右	張　尚	
浙江	左	張縉彦	
	右	李日芳 十、甲寅、四,11.1;改通政。	李士焜 十、甲子、十四,11.11;工左授。
江西	左	盧震陽	范登仕 七、丙午;右布改。
	右	范登仕 七、丙午;改左布。	秦嘉兆 八、甲戌、廿三,9.22;按遷。
湖廣	左	張鳳儀	賞志進 十二、癸酉;少詹授。
	右	張爾素	
四川	左	莊應會	
	右		
廣東	左	王鹽鼎 九、戊申;休。	曹　溶 十、甲子;户右授。
	右	史紀功	
廣西	左	張自圖	
	右	董應魁	

順治十三年　丙申(1656)		
劉漢祚 閏五、己未、十二,7.3;遷閩撫。	陳培禖 六、辛卯、十四,8.4;豫右布改。	
馮如京 十、乙酉、十一,11.26;改粵左布。	王無咎 十一、辛亥、七,12.22;浙按遷。	
謝　道		
陳　熿		
彭有義		
潘朝選 八、辛丑、廿六,10.13;改豫左布。	曹圉柄 十、乙酉;原湖右布授。	
(漢)佟延年 七、戊午、十二,8.31;遷甘撫。	潘朝選 八、辛丑;晉右布改。	
陳培禖 六、辛卯;改江南左布。	楊思聖 十、乙酉;晉按遷。	
孫建宗		
徐永禎 閏五、癸丑、六,6.27;改川左布。	王第魁 六、辛卯;粵按遷。	
張　尚 二、戊寅、廿九,3.24;改左僉。	管起鳳 三、乙未、十六,4.10;湖按遷。	
張縉彥		
李士焜 九、辛未、廿六,11.12;降五調。	(漢)胡文華 十一、辛亥;魯按遷。	
范登仕		
秦嘉兆		
黄志遴		
張爾素 閏五、己未;改通政。	(漢)祖重光 六、辛卯;陝按遷。	田起龍 十、乙酉;閩按遷。
莊應會 五、丁亥、九,6.1;遷刑右。	徐永禎 閏五、癸丑;陝右布改。	
曹　溶 九、庚戌、三,10.22;降一調。	馮如京 十、乙酉;江南右布改。	
史紀功		
張自昌		
董應魁		

布政使年表

年 代		順 治 十 四 年　丁酉(1657)
江南	左	陳培禎
	右	王無咎
山東	左	謝　道　正、乙丑、廿二、3.6；遷戶右。　　史紀功　二、戊子、十五、3.29；粵右布改。
東	右	陳　熿　八、甲午、廿四、10.1；改陝左布。　　袁一相　九、戊申、九、10.15；陝按遷。
山西	左	彭有義
西	右	曹國柄　三、辛未、廿八、5.11；改通政。　　(漢)祖重光　三、戊午、十五、4.28；原湖右布授。
河	左	潘朝選　二、丙子、三、3.17；遷禮右。　　管起鳳　二、戊子；閩右布改。
南	右	楊思聖　十一、癸丑、十五、12.19；改川左布。　　徐來麟　十一、乙丑、廿七、12.31；晉按遷。
陝	左	孫建宗　八、癸未、十三、9.20；改太僕。　　陳　熿　八、甲午；魯右布改。
西	右	王第魁　十一、癸丑；改贛左布。　　朱衣助　十一、乙丑；魯按遷。
福	左	
建	右	管起鳳　二、戊子；改豫左布。　田厥茂　二、丙申、廿三、4.6；湖西道參政授。　郭鳴鳳　十二、丙戌、十八、1.21；湖按遷。
浙	左	張縉彥
江	右	(漢)胡文華
江	左	范登仕　　秦嘉兆　八、癸未；右布改。　　王第魁　十一、癸丑；陝右布改。
西	右	秦嘉兆　八、癸未；改左布。　　白彙貞　八、甲午；川按遷。
湖	左	黃志遴
廣	右	田起龍
四	左	徐永禎　十一、癸卯、五、12.9；改太常。　　楊思聖　十一、癸丑；豫右布改。
川	右	
廣	左	馮如京
東	右	史紀功　二、戊子；改魯左左。　　(漢)徐化成　二、丙申；登萊道參政授。
廣	左	張自昌　　許文秀　四、辛丑、廿九、6.10；按遷右布管。
西	右	董應魁　正、乙丑；遷刑右。　　(漢)佟鳳彩　二、己丑、十六、3.30；豫糧道授。

年　代		順　治　十　五　年　　戊戌(1658)
江南	左	陳培禎　　　　　　　　　徐嶌卿 　　　　　　　　　十、戊寅、十五，11.9；原浙左布授。
	右	王無咎
山東	左	史紀功
	右	袁一相
山西	左	彭有義
	右	(漢)祖重光　　　　　　　　　　王舜年 　　十、壬午、十九，11.13；遷順天巡撫。　　　十一、戊戌、五，11.29；畿按遷。
河南	左	管起鳳
	右	徐來麟
陝西	左	陳　燉
	右	朱衣助
福建	左	
	右	郭鳴鳳
浙江	左	張縉彥　　　　　　　　　許文秀 　　二、丙子、九，3.12；遷工右。　　　二、壬辰、廿五，3.28；桂左布改。
	右	(漢)胡文華　　　　　　　程之璕　　　　　　　員蓋忠 　三、甲寅、十七，4.19；改桂左布。　四、庚午、四，5.5；閩按遷。　九、丁未、十三，10.9；魯糧道參政授。
江西	左	王第魁
	右	白秉貞
湖廣	左	黃志遴
	右	田起龍
四川	左	楊思聖
	右	
廣東	左	馮如京
	右	(漢)徐化成
廣西	左	許文秀　　　　　　　　　(漢)胡文華 　二、壬辰；改浙左布。　　　三、甲寅；浙右布改。
	右	(漢)佟鳳彩
雲南	左	
	右	
貴州	左	黃中通 　九、戊午、廿四，10.2o；上湖南道副使授布參政管。
	右	

年　代		順治十六年　己亥(1659)	
江南	左	徐爲卿	
	右	王無咎 正、甲辰、十二, 2.3; 革。	毛一麟 閏三、丁丑、十七, 5.7; 浙按遷。
山東	左	史紀功	
	右	袁一相	
山西	左	彭有羲	
	右	王舜年	
河南	左	(漢)徐化成 正、庚申、廿八, 2.19; 粤右布改。	
	右	桑芸 正、庚申、桂按遷。十二、庚寅、改粤左布。	姚延蓍 十二、辛亥、廿五, 2.5; 江南按遷。
陝西	左	陳燝	
	右	朱衣助 三、戊申、十七, 4.8; 遷操江巡撫。	周天裔 七、甲子、五, 8.22; 湖按遷。
福建	左		
	右	董頤忠 二、丙戌、廿五, 3.17; 豫按遷。△改黔右布。	
浙江	左	許文秀 二、壬午、廿一, 3.13; 遷魯撫。	白秉貞 閏三、己巳、九, 4.29; 贛右布改。
	右	員盡忠 十一、辛未、十四, 12.27; 改湖左布。	薛信辰 十二、甲辰、十八, 1.29; 贛按遷。
江西	左	(漢)佟鳳彩 正、庚申、桂右布改。	
	右	白秉貞 閏三、己巳; 改浙左布。	王座 五、丙寅、六, 6.25; 川按遷。
湖廣	左	黄志遴	員盡忠 十一、辛未; 浙右布改。
	右	田起龍 二、庚寅、廿九, 3.21; 革。	翟鳳翥 三、庚戌、十九, 4.10; 陝按遷。
四川	左	楊思聖	
	右		
廣東	左	馮如京 十一、戊辰、十一, 12.24; 病免。	桑芸 十二、庚寅、四, 1.15; 豫右布改。
	右	(漢)徐化成 正、庚申; 改豫左布。	嚴正矩 二、己巳、八, 2.28; 按遷。
廣西	左	(漢)胡文華	
	右	(漢)佟鳳彩 正、庚申; 改贛左布。	祖建衡 二、己巳; 閩按遷。
雲南	左	蕭時彦 八、乙未、七, 9.22; 降調陝右布起用。	
	右	彭而述 八、乙未; 上湖南道參議授按副管。	
貴州	左	黄中通	
	右	董頤忠 △閩右布改。	

順治十七年　庚子(1660)		

徐爲卿		

毛一麟

史紀功 三、甲子、九，4.18；遷浙撫。	(漢)施天裔[周天裔] 四、戊子、四，5.12；陝右布改。
袁一相 五、戊辰、十四，6.21；改浙左布。	于朋舉 九、丙寅、四，10.7；川按遷。
彭有義 八、丁亥、四，9.8；遷豫撫。	王顯祚 八、戊戌、十五，9.19；原閩左布授。
王舜年 二、乙巳、廿，3.30；降三調。	徐　炟 三、己未、四，4.13；魯按遷。十二、丙申、十五，1.15；改黔左布。

(漢)徐化成

姚延著 △憂免。	祁　彥 十二、丙申；閩按遷。
陳　爌	

周天裔 四、戊子；改魯左布。	周師忠 四、丁酉、十三，5.21；閩按遷。
	翟鳳翥 四、己酉、廿五，6.2；湖右布改。

于際清 三、庚午、十五，4.24；晉按遷。	
白秉貞 四、癸卯、十九，5.27；遷鄖陽撫治。	袁一相 五、戊辰、十四，6.21；魯右布改。
薛信宸 五、壬午、廿八，7.5；降一調。	李　茂 六、丙午、十三，7.29；豫按遷。
(漢)佟鳳彩 九、甲子、十二，10.15；遷川撫。	余應魁 十、戊戌、十六，11.18；粤右布改。

王　庭

員盡忠 十、戊戌；改粤左布。	華振姬 正、戊寅、廿二，3.3；桂按遷右布管。
翟鳳翥 四、己酉；改閩左布。	劉　樞 五、戊午、四，6.11；按遷。

楊思聖

桑　芸 十二、己丑、八，1.8；死。	員盡忠 十、戊戌；湖右布改。	
嚴正矩 三、庚午、十三，4.24；改太常。	余應魁 三、庚午；按遷。十、戊戌；改贛左布。	于變龍 十一、辛未、廿，12.21；魯按遷。

(漢)胡文華

祖建衡	顏　敏 十一、辛未；黔按管左布改。
蕭時彥	李本晟 四、辛丑、十七，5.25；副使授布參政管。
彭而述 十、戊戌；改布參政桂林道。	萬　全 十一、辛未；浙按遷。

黃中通 正、戊寅；改桂按。	顏　敏 正、戊寅；參政授按管。	徐　炟 十一、辛未；改桂右布。
		十二、丙申；晉右布改。

蕫顯忠

年代		順治十八年　辛丑(1661)		
江南	左	徐爲卿 [江南分省:右布移駐蘇州,左布仍駐江寧。]		
江南	右	毛一麟　(?)孫代　十一、壬辰、十七,1.6;讀學授。		
山東	左	(漢)施天裔		
山東	右	于朋舉		
山西	左	王顯祚		
山西	右	藍潤　四、己亥、廿,5.8;江南按遷。九、辛卯、十五,11.6;改湖左布。	何中魁　十一、壬辰;禮郎遷。	
河南	左	(漢)徐化成		
河南	右	祁彥　九、辛卯;改粵左布。	(漢)郎廷相　十一、壬辰;刑郎遷。	
陝西	左	陳熿	顏敏　九、辛卯;桂右布改。	
陝西	右	周師忠	甯之鳳　九、辛卯;按遷。	
福建	左	翟鳳翥　△降。	王孫蔚　九、辛卯;右布改。	
福建	右	于際清　四、己亥;改粵左布。	王孫蔚　五、癸亥、十五,6.11;湖按遷。九、辛卯;改左布。	金光祖　十一、壬辰;吏郎遷。
浙江	左	袁一相		
浙江	右	李茂		
江西	左	余應魁		
江西	右	王庭		
湖廣	左	畢振姬　△病免。	藍潤　九、辛卯;晉右布改。	劉顯貴　十一、壬辰;御史遷。
湖廣	右	劉健		
四川	左	楊思聖		
四川	右			
廣東	左	員盡忠	于際清　四、己亥;閩右布改。	祁彥　九、辛卯;豫右布改。
廣東	右	于變龍	范廷元　九、辛卯;豫按遷。	
廣西	左	(漢)胡文華		
廣西	右	顏敏　九、辛卯;改陝左布。	李迎春　十一、壬辰;戶郎遷。	
雲南	左	李本晟		
雲南	右	萬全		
貴州	左	徐炟		
貴州	右	董頤忠		

康 熙 元 年　壬寅(1662)

徐爲卿	(漢)崔　澄 二、癸亥、十九,4.7;御史遷。
(?)孫代	佟彭年 十二、丙辰、十七,1.25;豫按遷。
(漢)施天裔	
于朋擧	
王顯祚	
何中魁 八、戊午、十八,9.29;改閩左布。	金　鉉 十、庚寅、廿,12.30;川按遷。
(漢)徐化成	
(漢)郎廷相	
顔　敏 △病免。	
甯之鳳	郭一鶚 五、辛卯、十九,7.4;按遷。
王孫蔚 △降。	何中魁 八、戊午;晉右布改。
金光祖 八、戊午;改桂布左。	張　鸎 九、丙戌、十六,10.27;晉按遷。
袁一相	
王　庭 △憂免。	王　鍈 八、戊午;黔按遷。
劉顯賁	
劉　槤 △憂免。	
楊思聖	
祁　彦	
范廷元	
(漢)胡文華 二、庚申、十六,4.4;遷南贛巡撫。	金光祖 八、戊午;閩右布改。
李迎春	
李本晟 六、庚申、十九,8.2;授粤按。	崔之鍈 十、丁巳、廿七,11.27;按遷右布管。
萬　全	
徐　烜	
董顯忠	

布政使年表

年 代		康 熙 二 年　癸卯（1663）
江南	左	（漢）崔　澄　　　　　　王　鏌 十一、庚辰、十六、12.15；贛右布改。
	右	佟彭年
山東	左	（漢）施天裔
	右	于朋舉　　　　　　　　徐國相 △憂免。　　　　　四、丙辰、十九、5.25；刑郎遷。
山西	左	王顯祚
	右	金　鉉
河南	左	（漢）徐化成
	右	（漢）郎廷相　　　　　　吳嵩印 八、癸丑、十八、9.19；改川左布。　十、丙午、十二、11.11；湖按遷。
陝西	左	［陝西分省：右布移駐鞏昌。］
	右	郭一鶚　　　　　　　　田起蛟 八、癸丑、改粵左布。　九、丁亥、廿三、10.23；刑郎遷。
福建	左	何中魁
	右	張　颿
浙江	左	袁一相
	右	
江西	左	
	右	王　鏌　　　　　　　　陳宏業 十一、庚辰、改江南左布。　十二、乙卯、廿二、1.19；晉按遷。
湖廣	左	劉顯貴
	右	（?）祖澤深　　朱之瑤　　　　法若真　　　　（漢）郎永清 五月，吏郎遷。　八、丙申、一、9.2；川按遷。　十二、乙未、二、12.30；浙按遷。　十二、乙卯；魯按遷。
四川	左	楊思聖　　　　　　　　（漢）郎廷相 △六、庚戌、十四、7.18死。　八、癸丑；豫右布改。
	右	
廣東	左	祁　彥　　　　　　　　郭一鶚 八、癸丑；陝右布改。
	右	范廷元　　　　　　　　郭鳴鳳 八、癸丑；原固右布授。
廣西	左	金光祖
	右	李迎春
雲南	左	崔之鏌　　　　　　　　李本晟 （回任）　　　　六、己未、廿三、7.27；粵按遷。
	右	崔之鏌
貴州	左	徐　烜　　　　　　　　黃志遴 四、丙辰；原滇左布授。
	右	董顯忠

康 熙 三 年　甲辰(1664)	
王　鏌	
佟彭年	
(漢)施天裔	
徐國相	
王顯祚	
金　鉉	
(漢)徐化成	
吳嵩印	**李本晟** 正、庚辰、十七, 2.13; 滇左布改。
田起蛟	
張　颺 十、甲子、六, 11.23; 改粵左布。	**(？)孫代** 十一、壬寅、十五, 12.31; 原江南右布授。
袁一相	
陳宏業	
劉顯貴	[湖廣分省: 右布移駐長沙。]
(漢)郎永清	
(漢)郎廷相	
郭一鶚	**張　颺** 十、甲子; 閩右布改。
郭鳴鳳	
金光祖 正、甲戌、十一, 2.7; 遷撫。	**李迎春** 二、己酉、十六, 3.13; 右布改。
李迎春 二、己酉; 改左布。	**彭而述** 三、丁丑、十五, 4.10; 黔按遷。 七、庚寅、一, 8.21; 改滇右布管左布。	**王原膴** 八、丁卯、八, 9.27; 閩按遷。
李本晟 正、庚辰; 改豫右布。	**彭而述** 七、庚寅; 桂右布改右布管。
崔之鏌	
藍顯忠	

年代		康熙四年　乙巳(1665)	康熙五年　丙午(1666)
江	左	郭鳴鳳　　　　　　　金鉉 二、癸亥、六,3.22;粤右布改。十二、壬子、一,1.5;晉右布改。	金鉉
南	右	佟彭年	佟彭年
山	左	(漢)施天裔	(漢)施天裔
東	右		
山	左	王顯祚	王顯祚
西	右	金鉉 十二、壬子;改江南左布。	王庭 正、戊戌、十七,2.20;原贛右布授。
河	左	(漢)徐化成	(漢)徐化成
南	右	李本晟　　　　　　　金僑 三、丙辰、卅,5.14;　四、己未、三,5.17;戶郎遷。 回滇按原任。	金僑
陝	左		
西	右	田起蛟	田起蛟
福	左		
建	右	(?)孫代	(?)孫代
浙	左	·袁一相	袁一相
江	右		
江	左		
西	右	陳宏業	陳宏業
湖	左	劉顯貴	劉顯貴
廣	右	(漢)郎永清　　　　　繆正心 八、戊午、五,9.13;冀事道遷。	繆正心
四	左	(漢)郎廷相	(漢)郎廷相
川	右		
廣	左	張颿	張颿
東	右	郭鳴鳳　　　　　　　楊天祥 二、癸亥;改江南左布。三、己亥、十三,4.27;原嶺東道遷。	楊天祥
廣	左	李迎春	李迎春
西	右	王原臚	王原臚
雲	左	彭而述	彭而述
南	右	崔之鍈	崔之鍈
貴	左		
州	右	董顯忠	董顯忠

康熙六年　丁未(1667)　［七、甲寅、十二，8.30；各省俱留一員，江南、陝西、湖廣各留二員。］		
金　鉉	江　蘇	**法若真**　十、己丑、十八，12.3；原湖右授。
佟彭年	安　徽	**佟彭年**
(漢)**施天裔**	山　東	(漢)**施天裔**
王顯祚　閏四、戊戌、廿四，6.15；革。　**于際清**　六、乙酉十二，8.1；原粤左布授。 **王　庭**	山　西	**于際清**
(漢)**徐化成** 金　僑	河　南	(漢)**徐化成**
	西　安	
田起蛟　　　**羅　森**　閏四、己卯、五，5.27；浙按遷。	鞏　昌	**羅　森**
(?)**孫代**	福　建	(?)**孫代**
李本晟　閏四、己卯；滇按遷。	浙　江	**李本晟**
陳宏業	江　西	**陳宏業**
劉顯貴	湖　北	**劉顯貴**
繆正心　　　**于朋舉**　六、乙酉；原魯右布授。	湖　南	**于朋舉**
(漢)**郎廷相**	四　川	(漢)**郎廷相**
張　颿 楊天祥	廣　東	**張　颿**
李迎春 王原臚 (裁免)	廣　西	**李迎春**
彭而述　△死。 崔之鏌	雲　南	**崔之鏌**　十、戊戌、廿七，12.12；原右布授。
董顯忠	貴　州	**董顯忠**

布政使年表

年代	康熙七年　戊申(1668)	康熙八年　己酉(1669)
江　蘇	法若真	法若真
安　徽	佟彭年	徐國相 十二、己巳、十，1.1；原魯右布授。
山　東	(漢)施天裔	(漢)施天裔
山　西	(滿)達爾布 正、戊辰、廿九，3.11；吏郎遷。	(滿)達爾布　(?)穆成額 十、乙丑、五，10.29；遷陝撫。　十一、辛卯、二，11.24；陝按遷。
河　南	(漢)徐化成	(漢)徐化成
陝　西	(滿)阿席熙 正、戊辰；吏郎遷。	(滿)阿席熙
甘　肅	羅　森	羅　森
福　建	(?)孫代	
浙　江	李本晟	李本晟
江　西	陳宏業　李狪霄 九、乙巳、九，10.14；川按遷。	李狪霄
湖　北	劉顯賓	鏐正心 十一、甲辰、十五，12.7；冀寧道(湖廣右布)遷。
湖　南	于朋舉	于朋舉
四　川	(漢)郎廷相	(漢)郎廷相　金　儁 三、丁酉、四，4.4；遷豫撫。　四、乙亥、十三，5.12；原豫右布授。
廣　東	張　颺　徐　烜 六、己卯、十二，7.20；原黔布授。	徐　烜
廣　西	李迎春	
雲　南	崔之鏌	崔之鏌
貴　州	薑顯忠　潘超先 九、乙巳；甘按遷。	潘超先

康 熙 九 年　庚戌(1670)	康 熙 十 年　辛亥(1671)
法若真　　　慕天顔 五、癸亥、八,6.24;興泉道遷。	慕天顔
徐國相	徐國相
(漢)施天裔	(漢)施天裔
(?)穆成額	(?)穆成額
(漢)徐化成	(漢)徐化成
(滿)阿席熙	(滿)阿席熙
羅　森	羅　森　　　　(?)色特 六、己酉、卅,8.4;　七、己巳、廿,8.24; 遷川撫。　　　　晉按遷。
李本晟	李本晟
李翀霄　　　劉　楗 六、壬寅、十七,8.2;原湖右布授。	劉　楗
繆正心　　　張彦行 九、戊辰、十四,10.27;滇按遷。	張彦行
于朋舉	于朋舉　　　(漢)安世鼎 △降二調。　五、辛酉、十一,6.17; 　　　　　　　贛按遷。
金　僎	金　僎
徐　炟	徐　炟
崔之錟	崔之錟
潘超先	潘超先

布政使年表

年代	康熙十一年　壬子(1672)	康熙十二年　癸丑(1673)
江　蘇	慕天顔	慕天顔
安　徽	徐國相	徐國相
山　東	(漢)施天裔	(漢)施天裔
山　西	(？)穆成額　　(滿)杭愛 六、辛丑、廿七，7.21；吏郎遷。	(滿)杭愛　　(滿)圖克蕃 七、辛未、四，8.15；遷撫。　七、丙申、廿九，9.9；戶郎遷。
河　南	(漢)徐化成　　金　鋐 三、庚申、十四，4.11；遷湖撫。　四、癸未、八，5.4；原江南左布授。	金　鋐
陝　西	(滿)阿席熙　　(滿)吳努春 四、癸卯、廿八，5.24；遷陝撫。　五、己未、十四，6.9；按遷。	(滿)吳努春
甘　肅	(？)色特　　(？)成額 六、辛丑；按遷。	(？)成額
福　建		(漢)李士禎 九、甲申、十八，10.27；豫按遷。
浙　江	李本晟	李本晟　　陳秉直 △解(十六年太常)。　九、甲申；江南按遷。
江　西	劉　楗	劉　楗
湖　北	張彦行	張彦行
湖　南	(漢)安世鼎	(漢)安世鼎
四　川	金　儁	金　儁　　席　式 (△十三年二、甲辰、十，3.16；改太常)。　七、庚辰、十三，8.24；閩按遷。
廣　東	徐　炟　　宋可發 三、己未、十三，4.10；川按遷。	宋可發
廣　西		
雲　南	崔之鍈	崔之鍈 (從吳三桂反清)
貴　州	潘超先	潘超先

康熙十三年　甲寅(1674)	康熙十四年　乙卯(1675)
慕天顏	慕天顏
徐國相	徐國相
㈠施天裔	㈠施天裔
㈤圖克善	㈤圖克善
金　鉉　　㈠郎永清 　　　　十、己亥、九，11.6；原湖布授。	㈠郎永清
㈤吳努春	㈤吳努春　　　(？)孟古爾代　　㈤巴錫 五、己巳、十一，　五、辛巳、廿三，　閏五、己酉、廿二， 6.4；改太常。　　6.16；戶郎遷。　　7.14；陝按遷。
(？)成額	(？)成額　　　　　　㈤伊圖 　　　　　　　　閏五、壬寅、十五，7.17；按遷。
㈠李士楨	㈠李士楨 正、丙寅、七，2.1；改浙布。
陳秉直 　十二、己巳、十六，1.11；遷撫。	㈠李士楨 正、丙寅；閩布改。
劉　楗　　㈠佟國楨 　　　　二、庚子、六，3.12；皖按遷。	㈠佟國楨　　　　　姚啓聖 十一、丁酉、十三，　十一、己酉、廿五，1.10；督糧 12.29；遷撫。　　道遷。
張彥行　　崔　代 　　　二、戊申、十四，3.20；原閩布授。	崔　代
㈠安世鼎	㈠安世鼎
席　式	席　式
宋可發　　徐養仁 　　　十、丁未、十七，11.14；督糧道遷。	徐養仁
㈠王繼文 　　十、丙申、六，11.3；候補參政道遷。	㈠王繼文
潘超先	潘超先

布政使年表

年代	康熙十五年　丙辰(1676)	康熙十六年　丁巳(1677)
江蘇	慕天顏　　　　（漢）丁思孔 七、癸卯、廿三，　　八、甲戌、廿四，10.1； 8.31；遷撫。　　　鄂布改。	（漢）丁思孔
安徽	徐國相	徐國相　　　　　　龔佳育 三、戊子、十二， 4.13；遷撫。
山東	（漢）施天裔	（漢）施天裔
山西	（滿）圖克善　　（滿）穆爾賽 十、乙丑、十六，　十一、丁亥、九，12.13； 11.21；遷撫。　　刑郎遷。	（滿）穆爾賽
河南	（漢）郎永清	（漢）郎永清
陝西	（滿）巴錫	（滿）巴錫
甘肅	（滿）伊圖	（滿）伊圖
福建	姚啓聖 十二、丙申、十八，12.22； 溫處道遷。	姚啓聖
浙江	（漢）李士禎	（漢）李士禎
江西	姚啓聖	
湖北	崔　代（漢）丁思孔　　徐　惺 七、丙戌、六，　　九、乙未、十 8.14；皖按遷。　　六，10.22；豫 八、甲戌；改蘇布。　按遷。	徐　惺
湖南	（漢）安世鼎	（漢）安世鼎
四川	席　式	席　式
廣東	徐養仁	徐養仁
廣西		胡一璉 十、辛亥、八，11.2； 原左江道授。
雲南	（漢）王繼文	（漢）王繼文
貴州	潘超先	潘超先

康熙十七年　戊午(1678)	康熙十八年　己未(1679)
(漢)丁思孔	(漢)丁思孔
龔佳育	龔佳育
(漢)施天裔	(漢)施天裔
(滿)穆爾賽	(滿)穆爾賽
(漢)郎永清	(漢)郎永清
(滿)巴錫	(滿)巴錫　　　(?)舒淑布　　　(滿)麻爾圖 六、庚午、七,　六、己丑、廿六,　十一、甲辰、十三, 7.14;遷甘撫。　8.2;甘按遷。　12.15;陝按遷。
(滿)伊圖	(滿)伊圖　　　(滿)鄂愷 五、戊申、十五,6.22;吏郎遷。
姚啓聖　　　　　高翼辰 五、癸丑、十四,7.2;　六、庚午、一,7.19;鄂按 擢閩督。　　　　遷。	高翼辰　　　　于成龍 九、丁巳、廿五,10.29;按遷。
(漢)李士禎	(漢)李士禎
(漢)王新命 四、己丑、廿,6.8;刑郎遷。	(漢)王新命
徐惺	徐惺
(漢)安世鼎	(漢)安世鼎　　　崔維雅　　　薛柱斗 六、庚午;　　六、壬午、十九,　十一、戊戌、七, 遷贛撫。　　7.26;江南按遷。　12.9;皖按遷。
席式	席式
徐養仁　　　張仲德 正、甲申、十二,2.3;黔 糧道授。	張仲德
胡一璉	胡一璉
(漢)王繼文	(漢)王繼文
潘超先	潘超先　　　柯鼎 六、己卯、十六,7.23;吏郎遷。

布政使年表

年代	康熙十九年　庚申(1680)	康熙二十年　辛酉(1681)
江　蘇	(漢)丁思孔	(漢)丁思孔
安　徽	龔佳育	龔佳育
山　東	(漢)施天裔	(漢)施天裔
山　西	(滿)穆爾賽　閏八、壬辰、六,9.28;遷撫。　(滿)那霂　九、庚申、五,10.26;工給遷。	(滿)那霂
河　南	(漢)郎永清	(漢)郎永清
陝　西	(滿)麻爾圖	(滿)麻爾圖
甘　肅	(滿)鄂愷　二、甲子、四,3.4;遷陝撫。　(?)雅思哈　二、庚辰、廿,3.20;吏郎遷。	(?)雅思哈
福　建	于成龍　二、乙亥、十五,3.15;遷直撫。　(漢)佟康年　三、壬辰、三,4.1;鄂按遷。	(漢)佟康年　十二、辛丑、廿二,1.30;遷贛撫。
浙　江	(漢)李士禎	(漢)李士禎　△改京堂,旋遷贛撫。　(漢)石　琳　五、庚申、八,6.23;豫按遷。
江　西	(漢)王新命　四、庚午、十一,5.9;遷湖撫。　王日藻　五、庚子、十二,6.8;浙按遷。	王日藻
湖　北	徐　惺	徐　惺
湖　南	薛柱斗	薛柱斗
四　川	席　式　劉顯第　正、丁酉、七,2.6;關西道遷。	劉顯第
廣　東	張仲德	張仲德　余三級　七、丁卯、十六,8.29;魯按遷。
廣　西	胡一璉　顏　敏　三、丁酉、八,4.6;原陝布授。	顏　敏
雲　南	(漢)王繼文	(漢)王繼文　六、壬辰、十一,7.25;遷撫。　田啓光　六、壬辰;戶郎遷。
貴　州	柯　鼎	柯　鼎

康熙二一年　壬戌(1682)		康熙二二年　癸亥(1683)	
(漢)丁思孔		(漢)丁思孔　　　　　　　章欽文 　九、癸酉、五，10.24；　　十、戊申、十一，11.28； 　遷偏沅巡撫。　　　　　　贛按遷。	
龔佳育		龔佳育　　　　　　(漢)柯永昇 　四、癸巳、廿一，5.17；　五、壬寅、一，5.26；贛按遷。 　遷太常。	
(漢)施天裔		(漢)施天裔　　　　　　黄元驤 　十、己酉、十二，　　　十、辛酉、廿四，12.11； 11.29；遷桂撫。　　　　桂按遷。	
(滿)那鑣		(滿)那鑣	
(漢)郎永清		(漢)郎永清	
(滿)麻爾圖		(滿)麻爾圖　　　　　（？）席格 　七、戊戌、廿九，9.19；　八、乙卯、十六，10.6； 　遷閣學。　　　　　　　吏郎遷。	
(？)雅思哈		(？)雅思哈　　　　　（？）拔錫 　三、乙丑、廿三，4.19；　四、庚辰、八，5.4；吏郎遷。 　遷左副。	
馬斯良 　二、壬午、四，3.12；湖按遷。		馬斯良	
(漢)石　琳		(漢)石　琳	
王日藻　　　　　　張所志 　二、丙戌、八，3.16；　三、己酉、一，4.8； 　遷豫撫。　　　　　　閩按遷。		張所志	
徐　惺　　　　(漢)李輝祖 　　　　　　　　　五、壬申、廿五，6.30； 　　　　　　　　　黔按遷。		(漢)李輝祖　　　　　王定國 　△憂免。　　　　　閏六、己巳、廿九，8.21； 　　　　　　　　　皖按遷。	
薛柱斗		薛柱斗　　　　　　(漢)張仲舉 　十一、壬午、十五，1.1；　五、壬寅、一，5.26；魯按遷。 　改光祿。	
劉頤第		劉頤第	
余三級　　　　　（？）郎廷樞 　　　　　　　　七、辛未、廿六，8.28； 　　　　　　　　按遷。		(？)郎廷樞	
顏　敏　　　　　崔維雅 　△死。　　　　十一、己巳、廿六，12.24； 　　　　　　　原湘布授。		崔維雅	
田啓光		田啓光　　　　　　李世昌 　　　　　　　　十、丁卯、卅，12.17；湖按遷。	
柯　鼎		柯　鼎	

布政使年表

年 代	康熙二三年　甲子(1684)		康熙二四年　乙丑(1685)	
江 蘇	章欽文		章欽文	
安 徽	(漢)柯永昇		(漢)柯永昇	
山 東	黃元驥		黃元驥	
山 西	(滿)那蕭		(滿)那蕭 九、壬申、十五， 10.12；革。	(滿)馬齊 十、庚寅、三，10.30； 閣讀學授。
河 南	(漢)郎永清		(漢)郎永清	
陝 西	(?)席格		(?)席格	
甘 肅	(?)拔錫		(?)拔錫	
福 建	馬斯良		馬斯良	張　汧 二、乙未、五，3.9；黔按遷。
浙 江	(漢)石　琳 九、辛卯、廿八， 11.5；遷湖撫。	王國泰 十一、丙寅、五，12.10； 皖按遷。	王國泰	
江 西	張所志		張所志	
湖 北	王定國		王定國	
湖 南	(漢)張仲舉		(漢)張仲舉	
四 川	劉顯第		劉顯第	
廣 東	(?)郎廷樞		(?)郎廷樞	
廣 西	崔維雅 △召京。	教化新 七、丙寅、二，8.12； 浙按遷。	教化新	
雲 南	李世昌		李世昌	
貴 州	柯　鼎		柯　鼎	

康熙二五年　丙寅(1686)	康熙二六年　丁卯(1687)
章欽文　　　　劉鼎 七、丁酉、十五,9.2;　七、庚戌、廿八,9.15;蘇松 遷豫撫。　　　　道授。	劉鼎　　　　宋犖 　　　　十、丁巳、十二,11.16; 　　　　魯按遷。
(漢)柯永昇	(漢)柯永昇
黃元驥	黃元驥
(滿)馬齊　　　　(滿)布雅努 九、戊申、廿七,　十、戊午、七,11.22;按遷。 11.12;遷撫。	(滿)布雅努　　　　(滿)布喀 二、己酉、一,3.13;　二、丁卯、十九,3.31; 遷陝撫。　　　　陝按遷。
(漢)郎永清　　　　田啓光 十一、癸未、三,　十一、丁酉、十七,12.31; 12.17;遷魯撫。　原滇布授。	田啓光
(?)席格　　　　(滿)傅拉塔 　　　　二、癸卯、十九,3.12;御 　　　　史遷。	(滿)傅拉塔　　　　(?)穆禮布 三、乙未、十七,4.28;　三、丁未、廿九,5.10; 遷左副。　　　　工郎遷。
(滿)圖爾宸　　　　(?)塞楞額 二、丁酉、十三,3.6;　閏四、戊午、五,5.26; 兵郎遷。四、癸卯、　戶郎遷。 十九,5.11;遷陝撫。	(?)塞楞額　　　　(?)噶邏薩 二、辛未、廿三,4.4;　三、己丑、十一,4.22; 遷閣學。　　　　兵郎遷。
張汧　　　　張永茂 十二、丙辰、六,1.19;　十二、己巳、十九,2,1; 遷湖撫。　　　　桂按遷。	張永茂
王國泰	王國泰
張所志	張所志　　　　王業興 十一、癸卯、廿八,　十二、己酉、五,1.7; 1.1;革。　　　　川按遷。
王定國　　　　胡戴仁 六、乙卯、三,7.22;死。　六、乙卯;粵按遷。	胡戴仁
(漢)張仲擧　　　　黃性震 四、癸巳、九,5.1;　閏四、壬戌、九,5.30; 遷閩撫。　　　　桂按遷。	黃性震
劉顯第　　　　(漢)李輝祖 　　　　四、戊申、廿四,5.16; 　　　　原鄂布授。	(漢)李輝祖
(?)郎廷樞	(?)郎廷樞　　　　柴望 　　　　四、丙寅、十九,5.29;湘按遷。
教化新	教化新
李世昌	李世昌
柯鼎	柯鼎　　　　蔣寅 　　　　四、丁巳、十,5.20;滇按遷。

布政使年表

年代	康熙二七年　戊辰(1688)			
江蘇	**宋荦** 四、丁未、五，5.4；遷贛撫。	**胡獻徵** 四、戊申、六，5.5；鄂布改。	**于養志** 十二、乙卯、十六，1.7；鄂布改。	
安徽	**柯永昇** 二、己酉、六，3.7；遷鄂撫。	**鄭端** 二、庚申、十七，3.18；湘按遷。		
山東	**黄元驥** 二、壬子、九，3.10；革。	**衛旣齊** 二、壬子；原檢討擢。		
山西	(滿)**布喀**			
河南	**田啓光**			
陝西	(？)**穆樴布**			
甘肅	(？)**噶邇薩**			
福建	**張永茂**			
浙江	**王國泰**	**李之粹** 二、庚午、廿七，3.28；黔按遷。		
江西	**王業興**	**多宏安** 八、癸丑、十三，9.7；皖按遷。		
湖北	**胡戴仁** 三月， 降二調。	**胡獻徵** 三月，巡道遷。 四、戊申；改蘇布。	(漢)**佟國佐** 四、癸丑、十一，5.10；浙按遷。 六、庚午、廿九，7.26；撤回。	**于養志** 六月，御史遷。 十二、乙卯；改蘇布。	**沈志禮** 十二、庚申、廿一， 1.12；粤按遷。
湖南	**黄性震**			
四川	(漢)**李輝祖**			
廣東	**柴望** 九、庚寅、廿一，10.14；革。	**張建績** 九、丁酉、廿八，10.21；御史遷。		
廣西	**教化新**			
雲南	**李世昌**	**于三賢** 九、丙申、廿七，10.20；御史遷。		
貴州	**蔣寅**			

康熙二八年　己巳(1689)	康熙二九年　庚午(1690)
于養志　　　　　　(漢)李國亮 二、己未、廿一，3.12；　二、己未；按遷。 回鄂布任。	(漢)李國亮
鄭　端　　　　　　(漢)佟國佐 五、丙辰、廿一，7.7；　六、丁卯、二，7.18；原湘 遷偏沅巡撫。　　　布授。	(漢)佟國佐
衛既齊	衛既齊
(滿)布喀	(滿)布喀
田啓光	田啓光
(?)穆禮布	(?)穆禮布
(?)噶邇薩	(?)噶邇薩
張永茂	張永茂　　　　　　(漢)李　鋼 六、庚辰、廿一，7.26；　七、壬辰、三，8.7；桂按遷。 解(革)。
李之粹　　　　　　(漢)卞永譽 二、戊午、廿，3.11；革。　二、己未；按遷。	(漢)卞永譽　　　　馬如龍 六、癸未、十四，7.29；　七、壬辰；按遷。 遷閩撫。
多宏安　　　　　　(漢)王　樑 四、己卯、十三，　四、乙酉、十九，6.6； 5.31；革。　　魯按遷。	(漢)王　樑　　　　盧崇興 正、己未、廿七，3.7；　二、甲子、二，3.12； 改順尹。　　桂按遷。
沈志禮　　　　　　于養志 二、己未；蘇布回任。	于養志　　　　　　李　煒 六、癸未；遷偏沅巡撫。　七、壬辰、三，8.7；粵按遷。
黄性震	黄性震
(漢)李輝祖	(漢)李輝祖
張建績	張建績
教化新	教化新
于三賢	于三賢
蔣　寅	蔣　寅

布政使年表

年代	康熙三十年　辛未(1691)			
江 蘇	(漢)李國亮 △降。	張志棟 八、乙巳、廿三，10.14；閩按遷。		
安 徽	(漢)佟國佐			
山 東	衛既齊 二、庚申、四，3.3；改順尹。	(漢)楊廷耀 二、壬辰、十二，3.11；按遷。		
山 西	(滿)布喀 五、癸丑、廿八，6.24； 改光祿。	(滿)郭洪 六月，兵給遷。	(滿)吳赫 八、丙戌、四，9.25；陝按遷。 八、乙未、十三，10.4；改甘布。	(？)能特 八、乙未；按遷。
河 南	田啓光	許宏勳 八、丙戌；滇按遷。		
陝 西	(？)穆禮布	(？)戴呑 十、甲午、十三，12.2；御史遷。		
甘 肅	(？)噶邇薩 閏七、壬午、廿九，9.21；改光祿。	(滿)吳赫 八、乙未；晉布改。		
福 建	(漢)李鈵			
浙 江	馬如龍			
江 西	盧崇興			
湖 北	李燀	(漢)線一信 九、甲子、十三，11.2；湘按遷。		
湖 南	黃性震 △病免。	(漢)楊鳳起 閏七、己巳、十六，9.8；豫按遷。		
四 川	(漢)李輝祖			
廣 東	張建續			
廣 西	教化新			
雲 南	于三賢			
貴 州	蔣寅 （卅一年五月，改太僕。）	董安國 四、乙亥、廿，5.17；川按遷。		

康熙三一年　壬申(1692)	康熙三二年　癸酉(1693)
張志棟	張志棟
(漢)佟國佐	(漢)佟國佐
(漢)楊廷耀	(漢)楊廷耀　　　(漢)喻成龍 十、辛未、一,10.29; 　十、辛未;按遷。 改閩布。
(?)能特　　　　舒　樹 　　　　五、戊午、九,6.23;郎中遷。	舒　樹
許宏勳　唐宗堯　　(漢)李國亮 　　　四、庚子、廿一, 九、乙丑、十九, 　　　6.5;桂按遷。 10.28;原蘇布授。	(漢)李國亮
(?)戴吞	(?)戴吞
(滿)吳赫　　　　嚴　泰　　　(?)杜喜 二、癸卯、廿三, 二、癸卯;刑給遷。 十、甲辰; 4.9;遷甘撫。 十、甲辰、廿九, 刑給遷。 　　　　　　　12.6;遷撫。	(?)杜喜　　　　(滿)郭渾［郭洪］ 　　　　十一、庚申、廿一,12.17; 　　　　原晉布授。
(漢)李鉝　　　　高承爵 　　　十、壬辰、十七,11.24;蘇按遷。	高承爵　　　董延祚　　　楊廷耀 正、丙寅、廿二, 二、辛巳、七, 十、辛未; 2.26;遷皖撫。 3.13;按遷。 魯布改。
馬如龍　　　　蔣毓英 六、庚辰、二,7.15; 六、庚寅、十二,7.25;贛按遷。 遷贛撫。	蔣毓英
盧崇興	盧崇興
(漢)線一信	(漢)線一信
(漢)楊鳳起	(漢)楊鳳起
(漢)李輝祖　　　(漢)高起龍 　△太常　　 五、癸酉、廿四,7.8;皖按遷。	(漢)高起龍
張建續	張建續
教化新	教化新
于三賢	于三賢
董安國	董安國

年代	康熙三三年　甲戌(1694)		
江 蘇	張志棟		
安 徽	(漢)佟國佐 二、壬申、二,2.27；遷皖撫。	李　煇 二、丁丑、九,3.4；原鄂布授。	
山 東	(漢)喻成龍		
山 西	舒　樹		
河 南	(漢)李國亮		
陝 西	(?)戴吞	(滿)黨愛 九、辛巳、十六,11.3；甘按遷。 十、丙申、二,11.18；遷撫。	(?)裡卜 十、癸卯、九,11.25；御史遷。
甘 肅	(滿)郭潭		
福 建	(漢)楊廷耀		
浙 江	蔣毓英		
江 西	盧崇興		
湖 北	(漢)線一信 △召陞(三四年遷皖撫)。	王　燕 五、丁未、十,6.2；蘇按遷。	
湖 南	(漢)楊鳳起		
四 川	(漢)高起龍		
廣 東	張建續		
廣 西	教化新		
雲 南	于三賢		
貴 州	董安國 二、丁亥、十九,3.14；遷湘撫。	(漢)石文晟 二、丁亥；平陽知府遷。 九、癸未、十八,11.5；遷滇撫。	(?)丹達禮 十、丙申；按遷。

康熙三四年 乙亥(1695)		
張志棟		
李 煒		
(漢)喻成龍 三、己丑、廿八,7.9;改太常。	王道熙 六、辛丑、十一,7.21;贛按遷。 十、丁巳、廿八,12.4;湘布互改。	張 勖 十、丁巳;湘布改。
舒 樹 二、庚申、廿八,4.11;遷甘撫。	(?)甘度 三、癸酉、十二,4.24;工郎遷。	
(漢)李國亮		
(?)禪卜		
(滿)郭渾		
(漢)楊廷耀 八、己未、卅,10.7;遷魯撫。	汪 樞 九、庚午、十一,10.18;按遷。	
蔣毓英	趙良璧 十一、癸未、廿五,12.30;川按遷。	
盧崇興		
王 燕		
(漢)楊鳳起 七、己丑、廿九,9.7;遷撫。	張 勖 八、庚寅、一,9.8;魯按遷。 十、丁巳;魯布互改。	王道熙 十、丁巳;魯布改。
(漢)高起龍		
張建績		
教化新		
于三賢		
(?)丹達禮		

布政使年表

年 代	康熙三五年　丙子(1696)		康熙三六年　丁丑(1697)	
江 蘇	張志棟		張志棟	
安 徽	李　煒 八、丁未、廿四， 9.19; 遷魯撫。	張四教 九、丁巳、四, 9.29; 桂按遷。	張四教	
山 東	張　勄		張　勄 十一、辛丑、廿五， 1.6; 遷浙撫。	劉曈 十二、丁未、一, 1.12; 西寧道授。
山 西	(?)甘度		(?)甘度 五、辛卯、十二， 6.30; 革。	(滿)齊世武 五、乙巳、廿六, 7.14; 戶郎遷。
河 南	(漢)李國亮 七、癸亥、九, 8.6; 遷撫。	佟世雍 七、甲戌、廿, 8.17; 滇按遷。	佟世雍	
陝 西	(?)襌卜		(?)襌卜	
甘 肅	(滿)郭渾 十、丁未、廿四， 11.18; 遷甘撫。	(滿)能泰 十一、庚申、七, 12.1; 兵給遷。	(滿)能泰	
福 建	汪楫		汪楫	
浙 江	趙良璧		趙良璧	
江 西	盧崇興		盧崇興	
湖 北	王燕		王燕	
湖 南	王道熙		王道熙	
四 川	(漢)高起龍		(漢)高起龍	
廣 東	張建績		張建績	
廣 西	教化新		教化新	
雲 南	于三賢		于三賢	劉檥 閏三、乙酉、五, 4.25; 湘按遷。
貴 州	(?)丹達禮		(?)丹達禮	王輯賢 二、壬午、一, 2.21; 鄂按遷。

康熙三七年　戊寅(1698)		康熙三八年　己卯(1699)	
張志棟 十一、庚子、卅， 12.31；遷閩撫。	劉殿衡 十二、丁未、七，1.7； 西寧道遷。	劉殿衡	
張四教		張四教	
劉曜		劉曜	
(滿)齊世武		(滿)齊世武 七、乙酉、十八，8.13； 降一調。	(?)滿都 閏七、甲辰、八，9.1； 工郎遷。
佟世雍		佟世雍	
(?)揮卜	(滿)鄂海 十、乙巳、四，11.6；按遷。	(滿)鄂海	
(滿)能泰	(?)囊吉里 二、乙亥、卅，4.10；晉 按遷。	(?)囊吉里	
汪楫 △召京(道死)。	張霖 九、丙申、廿五，10.28； 皖按遷。	張霖 △解。	祖文明 八、丁亥、十二，10.14； 川按遷。
趙良璧		趙良璧	
盧崇興		盧崇興	
王燕 三、戊寅、三，4.13； 遷黔撫。	任風厚 三、丁亥、十二，4.22； 黔按遷。	任風厚	
王道熙		王道熙	
(漢)高起龍		(漢)高起龍	
張建績	魯超 六、乙卯、十二，7.19； 桂按遷。	魯超	
教化新		教化新	
劉標		劉標	
王轍賢	孟世泰 十、甲寅、十三，11.15； 豫按遷。	孟世泰	

布政使年表

年代	康熙三九年 庚辰(1700)		康熙四十年 辛巳(1701)	
江 蘇	劉殿衡		劉殿衡	
安 徽	張四教		張四教	常名揚 三、戊戌、十一,4.18; 湘按遷。
山 東	劉曮		劉曮	
山 西	(?)滿都		(?)滿都	
河 南	佟世雍	李成林 七、丙午、十五,8.29; 閩按遷。	李成林	
陝 西	(滿)鄂海		(滿)鄂海 十一、戊戌、十五, 12.14;遷撫。	(滿)能泰 十一、丁未、十四,12.23; 原甘布授。
甘 肅	(?)囊吉里		(?)囊吉里	
福 建	祖文明		祖文明	高緝睿 三、壬辰、五,4.12; 鄂按遷。
浙 江	趙良璧		趙良璧	趙申喬 正、乙卯、廿七,3.6; 原刑員遷。
江 西	盧崇興		盧崇興	
湖 北	任風厚		任風厚	
湖 南	王道熙		王道熙 △召京(四二年太 僕)。	(漢)施世綸 十二、丁卯、十五,1.12; 淮揚道授。
四 川	(漢)高起龍		(漢)高起龍	
廣 東	魯超		魯超	(滿)佟毓秀 九、庚子、十六,10.17; 蘇按遷。
廣 西	教化新		教化新	李濤 三、癸丑、廿六,5.3;浙 鹽遠使遷。
雲 南	劉標 張霖 七、丁巳、廿六,9.9;原閩布授。 十二、庚申、二,1.10;革。		(漢)佟圖勳 二、丁亥、廿九,4.7;贛按遷。	
貴 州	孟世泰		孟世泰	

康熙四一年　壬午(1702)	康熙四二年　癸未(1703)
劉殿衡	劉殿衡
常名揚　(漢)趙世顯 八、戊申、廿九，10.20；原按遷。	(漢)趙世顯
劉暟	劉暟 六、丁丑、三，7.16；解。　趙弘燮 六、丁丑；按遷。
(?)滿都	(?)滿都
李成林	李成林 十一、戊辰、廿七，1.3；休。　甘國荃 十一、戊辰；調滇按遷。
(滿)能泰 △改甘布。　(?)鄂羅 九、乙卯、七，10.27；御史遷。	(?)鄂羅(洛)
(?)襄吉里　(滿)能泰 △陝布改。	(滿)能泰
高緝睿	高緝睿
趙申喬 正、己酉、廿七，2.23；遷撫。　(漢)郎廷極 二、乙丑、十三，3.11；閩按遷。	(漢)郎廷極
盧崇興　張仲信 六、己卯、廿九，7.23；粵按遷。　李興祖 八、癸卯、廿四，10.15；川按遷。	李興祖
任風厚 △死。　李基和 四、壬戌、十一，5.7；黔按遷。	李基和
(漢)施世綸	(漢)施世綸
(漢)高起龍	(漢)高起龍 九、壬申、廿九，11.8；遷黔撫。　于準 九、壬申；浙按遷。
(滿)佟毓秀	(滿)佟毓秀
李濤 △乞養。　王然 十、己卯、二，11.20；魯按遷。	王然
(漢)佟圖勳	(漢)佟圖勳
孟世泰　張建績 正、庚戌、廿八，2.24；原粵布授。	張建績

布政使年表

年　代	康　熙　四　三　年　　甲申(1704)		
江　蘇	劉殿衡 三、壬寅、三,4.6；遷湖撫。	(滿)宣思恭 六、己卯、十一,7.12；直守道授。	
安　徽	(漢)趙世顯 正、辛酉、廿一,2.25；遷魯撫。	(漢)施世綸 四、乙酉、十六,5.19；湘布改。	鄭　煜 十二、丁卯、一,12.27；川布改。
山　東	趙弘燮 十、戊子、廿一,11.18；遷豫撫。	(漢)范時崇 十、庚寅、廿三,11.20；閩按遷。	
山　西	(?)滿都	(?)朝琦 正、戊辰、廿八,3.3；分司遷。 三、庚子、一,4.4；改甘布。	(滿)雍泰 三、庚子；御史遷。
河　南	甘國荃	(漢)許嗣興 七、丁卯、廿九,8.29；粵按遷。	
陝　西	(?)鄂羅		
甘　肅	(滿)能泰 二、辛巳、十一,3.16；遷川撫。	(?)朝琦 三、庚子；晉布改。	
福　建	高緝睿		
浙　江	(漢)郎廷極		
江　西	李興祖 二、壬午、十二,3.17；革。	孟世泰 五、甲辰、六,6.7；原魯布授。	
湖　北	李基和 二、癸巳、廿三,3.28；遷贛撫。	王轍賢 五、癸亥、廿五,6.26；原黔布授。	
湖　南	(漢)施世綸 四、乙酉；改皖布。	董昭祚 四、乙酉；皖按遷。	
四　川	(漢)于　準 五、辛酉、廿三,6.24；遷黔撫。	鄭　煜 七、辛亥、十三,8.13；桂按遷。 十二、丁卯、一,12.27；改皖布。	何顯祖 十二、丁卯；鄂按遷。
廣　東	(滿)佟轍秀 三、戊辰、廿九,5.2；遷滇撫。	(漢)董廷恩 六、己丑、廿一,7.22；湘按遷。	
廣　西	王　然		
雲　南	(漢)佟圖勳		
貴　州	張建續		

康熙四四年　乙酉(1705)	康熙四五年　丙戌(1706)
(滿)宜思恭	(滿)宜思恭
(漢)施世綸　　　　　李法祖 六、己未、廿七，　　七、辛未、十，8.28；浙 8.16；改太僕。　　　按遷。	李法祖
(漢)范時崇　　　　　梁世勳 九、甲申、廿三，　　九、甲申；按遷。 11.19；遷粵撫。	梁世勳　　　　　高啓桂 五、丙寅、九，6.19；　五、丙寅；豫按遷。 遷桂撫。
(滿)雍泰	(滿)雍泰
(漢)許嗣興	(漢)許嗣興 十二、甲辰、廿，1.23；降一調。
(?)鄂羅	(?)鄂羅　　　　　(滿)蘇克濟 　　　　　　　十二、乙巳、廿一，1.24； 　　　　　　　閣讀學授。
(?)朝琦　　　　　(?)鄂岱 十、辛丑、十一，　　十、戊申、十八，12.3； 11.26；召京。　　　御史遷。	(?)鄂岱　(?)安達禮　(覺羅)伍寶 九、甲申、廿九，　十、辛亥、廿七，12.1； 11.4；工郎遷。　宗人府郎中遷。
高緝睿	高緝睿
(漢)郎廷極　　　　　管竭忠 四、己丑、廿六，5.18；　六、甲午、二，7.22； 遷贛撫。　　　　黔按遷。	管竭忠　　　　　黃　明 　　　　　　七、壬午、廿七，9.3；贛按遷。
孟世泰	孟世泰
王轅賢	王轅賢
董昭祚	董昭祚 二、壬辰、三，3.17；革。三、丁亥、廿九，5.11；留任。
何顯祖	何顯祖
(漢)董廷恩	(漢)董廷恩　劉蔭樞　　　　高必宏 二、壬辰、　三、甲申、廿六，5.8；　八、丙午、廿一， 革。　　滇按遷。七、壬午、　9.27；滇布改。 　　　廿七，9.3；改滇布。
王　然	王　然　　　　　李　濤 二、甲寅、廿五，　四、癸巳、六，5.17；原任授。 4.8；遷浙撫。
(漢)佟圖勳	(漢)佟圖勳　高必宏　　　　劉蔭樞 四、午寅、十五，　四、丁巳、卅，6.10；蘇按　七、壬午、 5.26；革。　遷。八、丙午；改粵布。　粵布改。
張建續	張建續

布政使年表

年　代	康熙四六年　丁亥(1707)	康熙四七年　戊子(1708)
江　蘇	(滿)宜思恭	(滿)宜思恭
安　徽	李法祖	李法祖
山　東	高啓桂	高啓桂　蔣陳錫　　　　(漢)葉九思 　　　九、丁亥、十四,10.27;　十二、壬戌、 　　　豫按遷。十二、丁巳、　廿,1.30;按 　　　十五,1.25;遷魯撫。　　遷。
山　西	(滿)雍泰	(滿)雍泰　　　　(?)吳進泰 　　　△解。　　閏三、辛丑、廿四,5.14; 　　　　　　　　戶郎遷。
河　南	(漢)許嗣興 　　二、乙未、十二,3.15;特准降留。	(漢)許嗣興
陝　西	(滿)蘇克濟	(滿)蘇克濟
甘　肅	(覺羅)伍實	(覺羅)伍實
福　建	高緝睿　　　　金培生 　　　　　十一、乙卯、七,11.30;按遷。	金培生
浙　江	黄　明	黄　明　　　　徐　櫃 　　十月、革。　　十、癸亥、廿一,12.2; 　　　　　　　　鄂按遷。
江　西	孟世泰	孟世泰
湖　北	王毓賢	王毓賢
湖　南	蕫昭祚	蕫昭祚　　　(漢)佟圖勷 　　（五十年斬侯）　十、己酉、七,11.18;原滇 　　　　　　　　布授。
四　川	何顯祖　　　卞永式 　　△召京。　四、戊申、廿六,5.27;桂按遷。	卞永式
廣　東	高必宏	高必宏
廣　西	李　濤	李　濤
雲　南	劉蔭樞	劉蔭樞　　　　李華之 　　十二、丁巳、十五、　十二、壬戌、廿,1.30; 　　1.25;遷黔撫。　　黔按遷。
貴　州	張建績	張建績

康熙四八年　己丑(1709)

(滿)**宜思恭**
　　十一、壬午、十六，12.16；革。　　蘇州知府陳鵬年署。

李法祖　　　　　　　　　　　　　　　　**馬逸姿**
　　△庸老，召京。　　　　　　　　　　　　　十、庚戌、十三，11.14；蘇按遷。

(漢)**葉九思**　　　　　　　　　　　　(漢)**侯居廣**
　　八、乙巳、七，9.10；遷川撫。　　　　　　九、辛未、四，10.6；川按遷。

(?)**吳進泰**

(漢)**許嗣興**　　　　　　　　　　　　　**王家棟**
　　十一、乙酉、十九，12.19；遷閩撫。　　　十二、戊戌、二，1.1；桂按遷。

(滿)**蘇克濟**　　　　　　　　　　　　(滿)**樂拜**
　　四、丙辰、十五，5.24；遷晉撫。　　　　　五、壬申、二，6.9；吏郎遷。

(覺羅)**伍寶**　　　　　　　　　　　　(?)**阿米達**
　　(五一年革)　　　　　　　　　　　　　　十、甲子、廿七，11.28；御史遷。

金培生

徐　櫃

孟世泰　　　　　　　　　　　　　　**傅澤淵**
　　　　　　　　　　　　　　　　　　　　　八、乙卯、十七，9.20；按遷。

王毓賢　　　　　　　　　　　　　　**張聖猷**
　　五、己亥、廿九，7.6；解。　　　　　　　七、甲申、十五，8.20；滇按遷。

(漢)**佟圖勳**

卞永式

高必宏

李　濤　　　　　　　　　　　　　　**黃國材**
　　△召京(常少、光禄)。　　　　　　　　　八、己酉、十一，9.14；粵按遷。

李華之

張建績

年代	康熙四九年　庚寅(1710)		
江蘇	陳鵬年 署 △革。	(漢)金世揚 五、癸未、十九,6.15;豫按遷。	
安徽	馬逸姿		
山東	(漢)侯居廣		
山西	(?)吳進泰	(滿)雍泰 閏七、辛丑、八,9.1;原任授。 十、癸未、廿二,12.12;遷陝撫。	(?)查林布 十一、甲午、四,12.23;戶郎遷。
河南	王家棟		
陝西	(滿)樂拜 六、癸未;遷甘撫。	(覺羅)額倫布 十一、甲午;吏給遷。	
甘肅	(?)阿米達		
福建	金培生		
浙江	徐　櫃		
江西	傅澤淵		
湖北	張聖猷		
湖南	(漢)佟圖勳		
四川	卞永式 三、丁亥、廿二,4.20;解。	(漢)吳存禮 三、丁亥;贛按遷。 十、丙子、十五,12.5;遷滇撫。	宋　至 十、己丑、廿八,12.18;閩按遷。
廣東	离必宏		
廣西	黃國材		
雲南	李華之		
貴州	張建績		

康熙五十年　辛卯(1711)	康熙五一年　壬辰(1712)
(漢)金世揚	(漢)金世揚
馬逸姿	馬逸姿　　(漢)張聖佐 十一、己酉、卅，12.27；贛按遷。
(漢)侯居廣	(漢)侯居廣
(?)查林布	(?)查林布
王家棟	王家棟　　李苾 二、壬戌、九，3.15；桂布改。
(覺羅)額倫布　　(?)章圖布 二、庚辰、廿一，4.8；宗人府理事遷。	(?)章圖布
(?)阿米達　　　　(?)折爾金 十、辛巳、廿六，　十一、癸丑、廿八，1.6；宗 12.5；憂免。　　人府理事遷。	(?)折爾金
金培生	金培生　　武國楷　　　李發甲 六、戊午、六，　十、己未、九， 7.9；浙按遷。　11.7；魯按遷。
徐櫃	徐櫃
傅澤淵	傅澤淵
張聖猷　　　　　(漢)李錫 十二、癸亥、九，1.16；　十二、庚午、十六，1.23； 降三調。　　　　黔按遷。	(漢)李錫
(漢)佟圖勳	(漢)佟圖勳　　　　(?)阿琳 十、庚午、廿，　十、丙子、廿六，11.24；原黔按 11.18；遷贛撫。　授。
宋至	宋至
高必宏	高必宏　　(漢)王用霖 五、丙子、十八，6.21；桂按遷。
黃國材　　　　　李苾 △召京。　　十、乙亥、廿，11.29；滇 按遷。	李苾　　　　　黃國材 二、壬戌；改豫布。
李華之	李華之　　　　申奇猷 △召京(太僕)。　五、戊申、廿六，6.29；粵按遷。
張建績　　　　　遲炘 十、丙子、廿一，　十、壬午、廿七，12.6； 11.30；革。　　鄂按遷。	遲炘

布政使年表

年代	康熙五二年　癸巳(1713)		康熙五三年　甲午(1714)	
江　蘇	(漢)金世揚	牟欽元 正、甲辰、廿六,2.20; 鄂按遷。	牟欽元 五、甲子、廿四, 7.5;解。	李世仁 六、辛卯、廿一,8.1; 黔按遷。
安　徽	(漢)張聖佐		(漢)張聖佐	
山　東	(漢)侯居廣		(漢)侯居廣	(漢)甘國璧 三、辛酉、廿,5.3;蘇按遷。
山　西	(?)查林布		(?)查林布 六、丙子、六, 7.17;革。	(滿)噶什圖 十、己丑、廿一,11.27;御 史遷。
河　南	李　蕊		李　蕊	
陝　西	(?)韋圖布		(?)韋圖布	
甘　肅	(?)折爾金		(?)折爾金	
福　建	李發甲 九、丁卯、廿三, 11.10;遷湘撫。	(?)沙木哈 十、丁丑、三,11.20;川 按遷。	(?)沙木哈	
浙　江	徐　櫃	段志熙 十、乙亥、一,11.18;滇 按遷。	段志熙	
江　西	傅澤淵		傅澤淵	
湖　北	李　錫		(漢)李　錫 正、戊辰、廿六,3.11; 遷偏沅巡撫。	(漢)呂猶龍 六、辛卯、廿一,8.1;浙 按遷。
湖　南	(?)阿琳		(?)阿琳	
四　川	宋　至	劉　棨 十二、甲午、廿一,2.5; 贛按遷。	劉　棨	
廣　東	(漢)王用霖		(漢)王用霖	
廣　西	黃國材		黃國材	
雲　南	申奇賚	盧　詢 正、甲辰;蘇按遷。	盧　詢	
貴　州	遲　炘		遲　炘	

康熙五四年　乙未(1715)	康熙五五年　丙申(1716)
李世仁	李世仁
(漢)張聖佐	(漢)張聖佐　　　　　(漢)年希堯 　　十二、乙未、九, 1.21;　　十二、戊申、廿二, 2.3; 桂 　　遷滇撫。　　　　　　　　　按遷。
(漢)甘國璧　　　(漢)李成龍 　　二、己巳、二, 3.7;　　　三、庚子、四, 4.7; 直巡道遷。 　　遷滇撫。	(漢)李成龍　　　　　王用霖 　　十、戊戌、十二,　　　　十一、丁巳、一, 12.14; 原 　　11.25; 遷皖撫。　　　　粵布授。
(滿)噶什圖　　　　蘇瞻 　　六、丁亥、廿三,　　　八、丁卯、四, 9.1; 理郎遷。 　　7.23; 遷陝撫。	(?)蘇瞻
李　荔　　　張伯琮 　　　　　七、辛酉、廿八, 8.26; 按遷。	張伯琮
(?)韋圖布	(?)韋圖布　　　　　(?)薩穆哈 　　　　　閏三、甲子、四, 4.25; 按遷。
(?)折爾金	(?)折爾金
(?)沙木哈	(?)沙木哈
段志熙	段志熙
傅澤淵	傅澤淵
(漢)呂猶龍	(漢)白　潢(未任)　　牟欽元　　張文燦 　　二、丙子、十五, 3.8;　閏三、戊辰;　十二、乙未; 　　黔按遷。閏三、戊辰、原蘇布授。前浙按授。 　　八, 4.29; 署黔撫。
(?)阿琳	(?)阿琳　　　　　宋　至 　　　　　閏三、戊寅、十八, 5.9; 原 　　　　　川布授。
劉　棨	劉　棨
(漢)王用霖　　　(漢)王朝恩 　　　　　八、丁卯、四, 9.1; 湘按遷。	(漢)王朝恩
黄國材	黄國材
盧　詢	盧　詢　　　　　(漢)金世揚 　　閏三、辛酉、一, 4.22;　閏三、戊寅; 原蘇布授。 　　降二調。
遷　炘	遷　炘

年 代	康 熙 五 六 年　丁 酉(1717)		
江 蘇	李世仁	楊朝麟 二、丙戌、一,3.13;贛按遷。	
安 徽	(漢)年希堯		
山 東	(漢)王用霖		
山 西	(?)蘇　曠		
河 南	張伯琮		
陝 西	(?)薩睦哈		
甘 肅	(?)折爾金		
福 建	(?)沙木哈		
浙 江	段志熙		
江 西	傅澤淵 六、戊子、五,7.13;憂免。	(漢)白　潢 六、乙未、十二,7.20;署黔撫授。 七、丙子、廿四,8.30;遷撫。	許兆麟 八、丁亥、六,9.10;川按遷。
湖 北	張文燦		
湖 南	宋　至		
四 川	劉桀		
廣 東	(漢)王朝恩		
廣 西	黃國材 九、己卯、廿八,11.1;遷黔撫。	武廷适 十、己亥、十九,11.21;粵按遷。	
雲 南	(漢)金世揚		
貴 州	遷炘		

康 熙 五 七 年　　戊戌(1718)			
楊朝麟			
(漢)年希堯			
(漢)王用霖			
(?)蘇瞻			
張伯琮 四、庚寅、十二,5.11;革。	(漢)楊宗羲 四月,原皖按授。 五月,遷撫。	(滿)宜思恭 五月,原蘇布授。 十一月,遷桂撫。	牟欽元 十二月,原鄂布授。
(?)薩睦哈			
(?)折爾金			
(?)沙木哈			
段志熙			
許兆麟			
張文燦			
宋　至			
劉　棨 　△死。	孔毓珣 六、戊戌、廿一,7.18;桂按遷。		
(漢)王朝恩			
武廷适	王沛憻 三、丙辰、七,4.7;黔按遷。		
(漢)金世揚			
遲　炘			

布政使年表

年代	康熙五八年　己亥(1719)	康熙五九年　庚子(1720)
江蘇	楊朝麟　　　　李世仁 九、己丑、廿，11.1；原任授。	李世仁
安徽	(漢)年希堯	(漢)年希堯　　　李馥 五、己卯、十三，　　七、庚午、五，8.8；蘇按遷。 6.18；革。
山東	(漢)王用霖	(漢)王用霖
山西	(？)蘇瞻	(？)蘇瞻
河南	牟欽元	牟欽元
陝西	(？)薩睦哈	(？)薩睦哈
甘肅	(？)折爾金	(？)折爾金
福建	(？)沙木哈	(？)沙木哈
浙江	段志熙　　　　傅澤淵 九、己丑；原嶺布授。	傅澤淵
江西	許兆麟	許兆麟
湖北	張文燦	張文燦　　　　張聖弼 七、庚午；按遷。
湖南	宋　至	宋　至
四川	孔毓珣	孔毓珣
廣東	(漢)王朝恩	(漢)王朝恩
廣西	王沛憻	王沛憻
雲南	(漢)金世揚　　(漢)毛文銓 十、戊辰、廿九，　　十、戊辰；湘按遷。 12.10；遷黔撫。	(漢)毛文銓
貴州	遷炘　　　　楊名時 十、甲寅、十五，　十、丙寅、廿七，12.8；直 11.26；降三調。　巡道授。	楊名時　　　　劉廷琛 十一、壬午、十九，　十二、壬寅、十，1.7；桂 12.18；遷滇撫。　按遷。

康熙六十年　辛丑(1721)	康熙六一年　壬寅(1722)
李世仁	李世仁
李　馥	李　馥　　　　(漢)石文焯 千、癸酉、廿一，11.29；　十二、丁卯、十六，1.22； 遷浙撫。　　　　　贛按遷。
(漢)王用霖	(漢)王用霖
(?)蘇瞻	(?)蘇瞻　　　　(滿)納齊喀 十、甲子、十二，11.20； 兵郎遷。
牟欽元	牟欽元
(?)薩睦哈	(?)薩睦哈
(?)折爾金	(?)折爾金
(?)沙木哈	(?)沙木哈
傅澤淵	傅澤淵
許兆麟	許兆麟
張聖弼	張聖弼
宋　至	宋　至
孔毓珣	孔毓珣　　　　戴　鐸 二、乙酉、卅，4.15；　三、丁酉、十二，4.27； 遷桂撫。　　　　　桂按遷。
(漢)王朝恩	(漢)王朝恩
王沛憻	王沛憻
(漢)毛文銓	(漢)毛文銓
劉廷琛　　裴律度 閏六、乙亥、十六，8.8；鄂按遷。	裴律度

布政使年表

年代	雍正元年　癸卯(1723)			
江蘇	李世仁 三、辛丑、廿二,4.26;解。	(滿)鄂爾泰 三、辛丑;內務府員外遷。		
安徽	(漢)石文焯 三、辛卯、十二,4.16;遷豫撫。	董永艾 三、辛卯;闥按遷。		
山東	(漢)王用霖	(?)佟吉圖 二、戊辰、十八,3.24;署按遷。 六、丙子、廿九,7.30;革。	湞洲 六月,僕少署。 九月,巡河。	(?)博爾多 九月,郎中署。
山西	(滿)納齊喀 正、癸巳、十三,2.17; 遷鄂撫。	(?)森圖 正、癸巳;按遷。 四月,革。	連肖先 四月,順丞遷。 八月,召京。	(漢)田文鏡 九、庚子、廿四,10.22; 閣讀學署。
河南	牟欽元 正月,署撫。			
陝西	胡期恒 二、甲戌、廿四,3.30;川東道授。			
甘肅	(?)傅德 二、甲戌;授。三、庚寅、十一,4.15;署撫。			
福建	(?)沙木哈	黃叔琬 三、辛丑;僕少遷。		
浙江	傅澤淵 九、辛丑、廿五,10.23;解。	(漢)王朝恩 九、辛丑;粵布改。		
江西	許兆麟 三、壬辰、十三,4.17;召京。	石成峨 三、壬辰;候補道擢。		
湖北	張聖弼 五、己亥、廿一,6.23;革。	朱綱 五、己亥;豫按遷。 十二、壬子、七,1.2;改湘布。	鄭任鑰 十二、壬子;湘布改。	
湖南	宋至 三、辛丑;召京。	鄭任鑰 三、辛丑;翰講學授。 十二、壬子;改鄂布。	朱綱 十二、壬子;鄂布改。	
四川	戴鐸 三、辛卯;解。	羅殷泰 三、辛卯;吏郎中遷。		
廣東	(漢)王朝恩 九、辛丑;改浙布。	(滿)圖理琛 九、辛丑;兵郎遷。		
廣西	王沛憻 △召京(太常)。	劉廷琛 三、辛丑;原任授。		
雲南	(漢)毛文銓 十一、丁酉、廿一,12.18;遷黔撫。			
貴州	裴徸度 正、癸巳、十三,2.17;遷贛撫。	劉師恕 正、乙巳、廿五,3.1;祭酒授。		

年 代	雍 正 二 年　甲辰(1724)
直 隸	(？)羅密 十二、己卯、十，1.23；原理郎中授。　　　　　　　　　　　　　　[增設]
江 蘇	(滿)鄂爾泰
安 徽	董永艾　　　　　　　　　　　　　　(？)博爾多 　九、丙午、六，10.22；魯布互改。　　　　　　九、丙午；魯布改。
山 東	(？)博爾多　　　　　　　　董永艾　　　　　　　　　　(滿)布蘭泰 　六月，授。九、丙午；皖布互改。　九、丙午；皖布改。　　　十一、甲子；戶郎遷。 　　　　　　　　　　　　　十一、甲子、廿四，1.8；改按。
山 西	(漢)田文鏡　　　　　　　　　　　　高成齡 　正、壬辰、十七，2.11；改豫布。　　　正、壬辰；按遷。
河 南	牟欽元　　　　　　　(漢)田文鏡　　　　　　　　　　(漢)楊文乾 　正、壬辰；改太常。　　正、壬辰；署晉布改。十二月，遷撫。　十一月，榆林道遷。
陝 西	胡期恒　　　　　　　　　　　(？)諾穆渾 　十、辛卯、廿一，12.6；遷甘撫。　　十、辛卯；郎中遷。
甘 肅	(？)傅德　　　　　　　　　　彭振翼 　十、辛卯；遷閣學。　　　　十、辛卯；按遷。
福 建	黃叔琬　　　　　　　　　　棄國龍 　十一、乙卯、十五，12.30；改桂布。　十一、己卯；按遷。
浙 江	(漢)王朝恩　　　　　　　　　(？)佟吉圖 　閏四、丙戌、十三，6.4；召京(湘撫)。　閏四、丙戌；原魯布署。六月，授。八月，署撫。
江 西	石成峨　(漢)張　楷　　　　　　　　　　　　　(滿)常德壽 　　　　七、丁巳、十六，9.3；蘇按遷。十二月，召京。(三年遷蘇撫)十二、丁丑、八，1.21；直巡道授。
湖 北	鄭任鑰
湖 南	朱　綱
四 川	羅殷泰
廣 東	(滿)圖理琛
廣 西	劉廷琛　　　　　　　　　　黃叔琬 　十一、乙卯；召京。　　　十一、乙卯；閩布改。
雲 南	李　衛 　二、戊申、四，2.27；驛鹽道授。
貴 州	劉師恕

布政使年表

年　代	雍　正　三　年　　乙巳(1725)		
直　隸	(?)羅密 八、戊子、廿三，9.29；召京。	(滿)德明 八、戊子；戶郎署。	
江　蘇	(滿)鄂爾泰 八、辛未、六，9.12；召京(旋遷桂撫)。	漆紹文 八、辛未；魯鹽運使授。	
安　徽	(?)博爾多		
山　東	(滿)布蘭泰 九月，署撫。十、戊辰、四，11.8；遷晉撫。	張　保 十、戊辰；豫按遷。	
山　西	高成齡		
河　南	(漢)楊文乾 正月，授。四、己卯、十二， 5.23；遷粵撫。	(漢)黃　焜 四、己卯；陝按遷。 十、丁亥、廿三，11.27；革。	費金吾 十、丁亥；陝按遷。
陝　西	(?)諾穆渾 四月，署撫。七月，遷。	(滿)圖理琛 正、甲辰、五，2.17；粵布改。	(?)馬喀 七、壬子、十七，8.24；閩讀學授。
甘　肅	彭振翼 正月，署撫。十、丁亥、廿三，11.27；革。	(滿)鍾保 十、丁亥；甘按遷。	
福　建	秦國龍		
浙　江	(?)佟吉圖		
江　西	(滿)常德壽 十、戊辰；改滇布。	陳安策 十、戊辰；按遷。	
湖　北	鄭任鑰		
湖　南	朱　綱		
四　川	羅殷泰		
廣　東	(滿)圖理琛 正、甲辰；改陝布。	朱　鋒 正、甲辰；按遷。十、己卯、十五，11.19；病免。	(滿)常寶 十、己卯；戶郎遷。
廣　西	黃叔琬		
雲　南	李　衛 十、戊辰；遷浙撫。	(滿)常德壽 十、戊辰；贛布改。	
貴　州	劉師恕		

雍正四年　丙午(1726)

(滿)德明 二月、授。十一、辛卯、三,11.26;遷晉撫。	張　适 十一、辛卯;原甘按授。

漆紹文

(?)博爾多 二、戊寅、十五,3.18;改通政。	(覺羅)石麟 二、戊寅;奏事處員外郎遷。

張　保

高成齡 五、丙午、十五,6.14;署撫。

費金吾

(?)馬喀 六、甲申、廿三,7.22;革。	張廷棟 六、甲申;直按遷。

(滿)鍾保

秦國龍	(漢)沈廷正 三、辛亥、十九,4.20;豫按遷。

(?)佟吉圖 十、癸亥、五,10.29;召京。	舒　容 十、癸亥;原陝按授。

陳安策 二、丙子、十三,3.16;改太僕。	丁士一 二、丙子;閩按遷。十、丁丑、十九,11.12;解。	王承烈 十、丁丑;糧道授。

鄭任鑰 二、乙亥、十二,3.15;遷撫。	王克莊 二、乙亥;按遷。

朱　綱

羅殷泰 正、己亥、六,2.7;召京。	(?)佛喜 正、己亥;兵郎遷。

(滿)常賚 十二、壬午、廿五,1.16;遷閩撫。	(?)官達 十二、壬午;光祿改。

黃叔琬

(滿)常德壽

劉師恕 二、丙子;改通政。	申大成 二、丙子;按遷。

布政使年表

年代	雍正五年　丁未(1727)		
直隸	**張适**		
江蘇	**漆紹文** 二、乙亥、十八,3.10;改湘布。	**張坦麟** 二、乙亥;兩淮鹽運使授。	
安徽	(覺羅)**石麟** 六、乙巳、廿,8.7;遷晉撫。	(?)**富貴** 六、乙巳;黔按遷。 八、癸巳、十,9.24;改滇布。	(?)**噶爾泰** 八、癸巳;兩淮鹽政使授。
山東	**張保** 四、壬寅、十六,6.5;遷刑右。	**岳濬** 四、壬寅;口北道授。	
山西	**高成齡**		
河南	**費金吾**		
陝西	**張廷棟**		
甘肅	(滿)**鑣保** 十、己丑、七,11.19;革。	**孔毓璞** 十、己丑;浙布改。	
福建	(漢)**沈廷正** 十一、庚辰、廿八,1.9;遷黔撫。	**趙國麟** 十一、庚辰;長蘆運使授。	
浙江	**許容** 五、癸酉、十八,7.6;改觀風使。	**孔毓璞** 五、癸酉;蘇松道授。十、己丑;改甘布。	**彭維新** 十、己丑;豫按遷。
江西	**王承烈**		
湖北	**王克莊** 二、乙亥;改太常。	(漢)**黃焜** 二、乙亥;鑲白漢副授。	
湖南	**朱綱** 二、乙亥;遷滇撫。	**漆紹文** 二、乙亥;蘇布改。	**趙城** 閏三、己巳、十三,5.3;御史遷。
四川	(?)**佛喜** 四、癸卯、十七,6.6;降調。	(漢)**管承澤** 四、癸卯;署通州副將授。	
廣東	(?)**官達** 九、辛巳、廿八,11.11;解。	**王謩** 九、辛巳;少詹署。	
廣西	**黃叔琬** 十一、庚辰;降調。	(漢)**金珙** 十一、庚辰;按遷。	
雲南	(滿)**常德壽** 十月,署戶左。	(?)**富貴** 八、癸巳;皖布改。	(漢)**張允隨** 十二、丙申、十五,1.25;按遷。
貴州	**申大成**	(漢)**祖秉圭** 二、丙子、十九,3.11;皖按遷。十月,署撫。	(?)**赫勝額** 十、己丑;按署。十一、庚辰;授。

雍 正 六 年 戊申(1728)

張 适	徐 鼎	楊 紹
正、甲子、十三,2.22;解。	二、辛卯、十,3.20;贛布改。 四、丙午、廿六,6.3;改鄂布。	四、丙午;魯按授。

趙坦麟	趙向奎	
正、甲子;改魯布。	正、甲子;蘇糧道授。	

(?)噶爾泰		

岳 濬	張坦麟	費金吾
正、甲子;改晉布。	正、甲子;蘇布改。 五、壬申、廿二,6.29;署蘇撫。　蘇撫陳時夏署。	五、丙子、廿六,7.3;豫布改。

高成齡	岳 濬	
正、甲子;解。	正、甲子;魯布改。六、己丑、十,7.16;署魯撫。	

費金吾	謝 旻	
五、丙子;改魯布。	五、丙子;原湘按署。	

張廷棟		
十二、庚子、廿四,1.23;署撫。		

孔毓璞		

趙國麟		

彭維新	(滿)高斌	
三、丙子、廿六,5.4;遷禮右。	三、丙子;粵布改。	

王承烈	徐 鼎	李 蘭
正月,遷左副。	正月,杭嘉道授。二、辛卯;改直布。	二、辛卯;湘按遷。

(漢)黃 焜	徐 鼎	
四、丙午;革。	四、丙午;直布改。	

趙 城		

(漢)管承澤	(漢)趙弘恩	
七、己巳、廿,8.25;改正黃漢副。	十、癸未、六,11.7;湘按遷。	

(滿)高斌	蔣 洞	
正月,蘇州織造授。三、丙子;改浙布。	三、丙子;晉按遷。　肇高道王士俊署。	

(漢)金 珙	張元懷	
五、癸丑、三,6.10;遷撫。	五、癸丑;按遷。	

(漢)張允隨		

(?)赫勝額	(滿)鄂彌達	
三、甲戌、廿四,5.2;革。	三、甲戌;吏郎遷。	

布政使年表

年代	雍 正 七 年　　己酉(1729)	
直　隸	**楊　紹** 二、壬辰、十七, 3.16; 革。	**王　謩** 二、壬辰; 少詹授。
江　蘇	**趙向奎** 七、丙午、三, 7.28; 革。	(滿)**高斌** 七、丙午; 浙布署。
安　徽	(?)**噶爾泰**	
山　東	**費金吾** 四、癸巳、十九, 5.16; 署撫。十一月, 授。	(漢)**孫國璽** 九、戊子、十七, 11.7; 閩按遷。
山　西	**岳　濬** (署魯撫) 十二、甲寅、十四, 2.1; 授晉撫。	**蔣　洞** 閏七、壬寅、卅, 9.22; 粵布改。
河　南	**謝　旻** 七、戊辰、廿五, 8.19; 改太常, 仍署。 閏七、甲戌、二, 8.25; 署贛撫。	**趙國麟** 閏七、甲戌; 閩布改。
陝　西	**張廷棟** △二月, 卸署撫。	**方　觀** 十一、癸酉、三, 12.22; 浙按遷。
甘　肅	**孔毓璞** (留辦噶斯軍需)	(?)**葛森** 十一、乙亥、五, 12.24; 晉按遷。
福　建	**趙國麟** 閏七、甲戌; 改豫布。	**潘體豐** 閏七、甲戌; 按遷。
浙　江	(滿)**高斌** 七、丙午; 署蘇布。	**程元章** 七、丙午; 少詹、學政署。十二月, 授。
江　西	**李　蘭**	
湖　北	**徐　鼎**	
湖　南	**趙　城** 閏七、甲戌; 召京。	**楊永斌** 閏七、甲戌; 貴東道授。
四　川	(漢)**趙弘恩** 四、癸卯、廿九, 5.26; 署鄂撫。　川按呂耀曾署。 九、癸酉、二, 10.23; 遷湘撫。	**高維新** 九、癸酉; 署按遷。
廣　東	**蔣　洞** 閏七、壬寅; 改晉布。	**王士俊** 閏七、壬寅; 授。
廣　西	**張元懷**	
雲　南	(漢)**張允隨**	
貴　州	(滿)**鄂彌達**	

雍正八年 庚戌(1730)

王 謩

(滿)**高斌**

(?)**噶爾泰**	**張元懷**	**劉 栩**	**馮景夏**
五、癸酉、六,6.20; 遷戶右。	五、戊辰、一,6.15; 改浙布。	五、癸酉;浙按署; 十月,召京(太常)。	十、壬戌、廿七,12.6;按遷。

(漢)**孫國璽**	**孫蘭芬**
十一、癸巳、廿八,1.6;解。	十一、癸巳;登萊青署。

蔣 泂

趙國麟	**陳世倕**
五、癸酉;遷閩撫。	五、癸酉;豫按署。

方 覲	(滿)**碩色**
五、己巳、二,6.16;死。	二、戊午、十九,4.6;按遷。

(?)**葛森**	(?)**諾穆圖**	
五、癸巳、廿六,7.10;改滇布。	五、癸巳;吏員遷。	(往辦噶斯軍需)趙挺元署。

潘體豐

程元章	**張元懷**
五、戊辰;遷浙撫。	五、戊辰;皖布改。

李 蘭	(?)**伊拉齊**
△解(降按)。	三、甲午、廿六,5.12;御史遷。

徐 鼎	**徐 本**
	十、癸丑、十八,11.27;蘇按遷。

楊永斌

高維新

王士俊

張元懷	**元展成**
二、乙巳、六,3.24;改皖布。	二、乙巳;桂按遷。

(漢)**張允隨**	(?)**葛森**	(滿)**常安**
五、癸巳;改黔布。	五、癸巳;甘布改。十二、辛亥、十七,1.24,改黔布。	十二、辛亥;按遷。

(滿)**鄂彌達**	(漢)**張允隨**	(?)**葛森**
五、癸巳;遷粵撫。	五、癸巳;滇布改。八月,遷滇撫。	十二、辛亥;滇布改。

布政使年表

年　代	雍　正　九　年　　辛亥(1731)		
直　隸	王　謩		
江　蘇	(滿)高斌 二、己未、廿六,4.2;改豫布。	(漢)白鍾山 二、己未;淮徐道授。	
安　徽	馮景夏		
山　東	孫蘭芬		
山　西	蔣　洞		
河　南	陳世倕 二、己未;回按任。	(滿)高斌 二、己未;蘇布改。九、戊子、廿八, 10.28;改副總河。	徐聚倫 九、戊子;魯糧道授。
陝　西	(滿)碩色		
甘　肅	(?)諾穆圖		
福　建	潘體豐		
浙　江	張元懷 四、癸巳、一,5.6;署東河。	理少孫國璽署。十、庚戌、廿,11.19;改副總河。	
江　西	(?)伊拉齊		
湖　北	徐　本		
湖　南	楊永斌 四、甲午、二,5.7;改粵布。	張　璨 四、甲午;按遷。	
四　川	高維新 十一、戊辰、九,12.7;署按。	劉應鼎 十一、戊辰;川按遷。	
廣　東	王士俊 四、甲午;遷鄂撫。	楊永斌 四、甲午;湘布改。	
廣　西	元展成		
雲　南	(滿)常安		
貴　州	(?)葛森		

雍 正 十 年　壬子(1732)

王　蕃

(漢)白鐘山

馮景夏	李　蘭
十一、癸巳、十，12.26；遷左副。	十一、癸巳；贛按遷。

孫蘭芬	徐聚倫	鄭禪寶
四、壬辰、五，4.29；革。	四、壬辰；豫布改。五、戊午、二，5.25；豫布互改。	五、戊午；豫布改。

蔣　洞	温而遜
七、庚子、十六，9.4；改辦蕭州軍務。	七、庚子；按署。

徐聚倫	鄭禪寶	刁承祖
四、壬辰；改魯布。旋回，十一月，解。	御史遷；五、戊午；改魯布。	十一、庚子、十七，1.2；蘇按遷。

(滿)碩色

(?)諾穆圖	(滿)鄂昌
七、壬辰、八，8.27；解。	七、壬辰；寧夏道授。

潘體豐	劉藩長
四、癸卯、十六，5.10；解。	四、癸卯；按遷。

張元懷	王　紘
九、丁酉、十三，10.31；革。	九、丁酉；贛布改。

(?)伊拉齊	王　紘	宋　筠
	二、丁未、十九，3.15；皖按遷。九、丁酉；改浙布。	原右通署。

徐　本	(滿)鐘保
七、戊戌、十四，9.2；署皖撫。八月，授。	原甘布署。八月，授。

張　璨

劉應鼎

楊永斌	甘汝來
二、癸丑、廿五，3.21；署撫。八月，授。	二、癸丑；常鎮道署。八月，授。

元展成	張　鉞
二、癸丑；署黔撫。十二月，授。	二、癸丑；按署。十二月，授。

(滿)常安
　　△改黔布。

(?)葛森	(滿)常安
△解(盛户)。	△滇布改。

布政使年表

年　代	雍正十一年　癸丑(1733)	
直　隷	王　蕡	
江　蘇	(漢)白鍾山	
安　徽	李　蘭	
山　東	鄭禪寶	
山　西	温而遜	
河　南	刁承祖 十二、己未、十二,1.16;改浙布。	(漢)盧　焯 十二、己未;按遷。
陝　西	(滿)碩色 十二、庚申、十三,1.17;遷陝撫。	(漢)楊　馝 十二、庚申;按遷。
甘　肅	(滿)鄂昌 二月,協陝撫。十二、庚申;遷川撫。	徐　杞 三、庚戌、廿九,5.12;通左參署。
福　建	劉藩長	
浙　江	王　紘 十二、己未;遷皖撫。	刁承祖 十二、己未;豫布改。
江　西	宋　筠	
湖　北	(滿)鍾保 九、己卯、一,10.8;署湘撫。九、癸巳、十五,10.22;贛按孫詔署。 十一、辛丑、廿五,12.29;陝按楊馝署。	李世倬 十二、庚申;甘按遷。
湖　南	張　璨	
四　川	劉應鼎	
廣　東	甘汝來	
廣　西	張　鉞	
雲　南	陳弘謀 正、壬辰;十,2.23;江南驛鹽道授。	
貴　州	(滿)常安 十二、庚申;遷贛撫。	馮光裕 十二、庚申;滇按遷。

雍正十二年 甲寅(1734)		雍正十三年 乙卯(1735)	
王 謩		王 謩 四、丙午、六,4.28;改晉布。	張鳴鈞 四、丙午;豫按遷。
(漢)白鍾山 七、甲戌、一,7.30;改副總河。	劉藩長 七、甲戌;閩布改。	劉藩長 正、己卯、八,1.13;召京。	張 渠 正、己卯;粵布改。
李 蘭		李 蘭	
鄭禪寶		鄭禪寶	
溫而遜		溫而遜 四、丙午;革。	王 謩 四、丙午;直布改。
(漢)盧 焯 十、己未、十七, 11.12;遷閩撫。	劉 章 十一、甲戌、三,11.27; 浙按遷。	劉 章	
(漢)楊 馝 五、壬辰、十七,6.18; 遷鄂撫。	程仁圻 五、壬辰;河東運使署。	程仁圻 正、壬辰、廿一,2.13;授。	
徐 杞 (署)(辦噶斯軍需) 五、己亥、廿四,6.25;西寧道楊應琚署。		徐 杞 八、己卯、十三,9.28;授。	
劉藩長 七、甲戌;改蘇布。	(漢)張廷枚 七、甲戌;按遷。	(漢)張廷枚 十二、丁卯、二,1.14;召京。	
刁承祖 四、庚午、廿五, 5.27;改贛布。	張若震 四、庚午;驛鹽道授。	張若震	
宋 筠 四、庚午;改奉尹。	刁承祖 四、庚午;浙布改。	刁承祖	
李世倬		李世倬 七、己未、廿二,9.8;召京 (左通)。	(滿)安 圖 七、己未;户郎遷。
張 璨		張 璨	
劉應鼎 十一、丙子、五,11.29;革。	賣啓瑛 十一、丙子;鄂按遷。	賣啓瑛	
甘汝來 四、癸酉、廿八,5.30;遷禮右。	張 渠 四、癸酉;按遷。	張 渠 正、己卯;改蘇布。	(?)薩哈亮 正、己卯;户給遷。
張 鉞		張 鉞	
陳弘謀		陳弘謀	
馮光裕		馮光裕	

布政使年表

年代	隆乾元年　丙辰(1736)	乾隆二年　丁巳(1737)
直隸	張鳴鈞	張鳴鈞
江蘇	張渠	張渠
安徽	李蘭　晏斯盛 △死。　二、甲戌、十，3.21；鴻少授。	晏斯盛
山東	鄭禪寶	鄭禪寶　黃叔琳 九、丁未、廿二，10.15；召京。　九、丁未；按遷。
山西	王薝	王薝　許容 三、辛丑、十三，4.12；署豫撫。　三、辛丑；原甘撫署。十、乙未、十一，12.2；授。
河南	劉章　徐士林 正、癸丑、十八，2.29；召京。汀漳道授。十一月，病假。革晉布溫而遜署。	溫而遜署　范璨 閏九、戊辰、十三，11.5；召京。　閏九、戊辰；盧鳳道授。
陝西	程仁圻	程仁圻　帥念祖 三、己酉、廿一，4.20；憂免。　三、己酉；禮給署。
甘肅	徐杞	徐杞
福建	王仕任 正、丁巳、廿二，3.4；驛鹽道署。九、癸丑、廿二，10.26；授。	王仕任
浙江	張若震	張若震
江西	刁承祖	刁承祖　(蒙)阿蘭泰 九、丁未、廿二，10.15；改粵布。　九、丁未；閱讀學授。
湖北	(滿)安圖	(滿)安圖
湖南	張璨	張璨
四川	竇啓瑛	竇啓瑛
廣東	(?)薩哈亮	(?)薩哈亮　刁承祖 九、丁未；改晉按。　九、丁未；贛布改。
廣西	張鍼　楊錫紱 七、丙辰、廿四，8.30；病免。　七、丙辰；肇羅道署。	楊錫紱 十、乙未；授。
雲南	陳弘謀	陳弘謀
貴州	馮光裕	馮光裕

乾隆三年　戊午(1738)	乾隆四年　己未(1739)
張鳴鈞	張鳴鈞　　　　范　璨 正、壬子、五,2.12;召京。　正、壬子;豫布改。
張　渠　　　　許　容 二、壬子、卅,　　三月,晉布改。　徐士林署 4.18;遷湘撫。　五月,署撫。　　孔傳煥署	徐士林 蘇按孔傳煥兼署。　　四、己卯、三,5.10;原豫布授。
晏斯盛	晏斯盛
黃叔琳	黃叔琳 △憂免。
許　容　　　　胡　瀛 三、甲寅、二,4.20;改蘇布。　三、甲寅;浙按遷。	胡　瀛
范　璨	范　璨　　　　朱定元 正、壬子;改直布。　正、壬子;原浙海防兵備道授。
帥念祖 （署）	帥念祖 （署）
徐　杞	徐　杞
王仕任　　　　喬學尹 九、癸亥、十四,10.26;署撫。　九、癸亥;署。	喬學尹
張若震	張若震
(蒙)阿蘭泰	(蒙)阿蘭泰
(滿)安圖　　　　嚴瑞龍 十、甲辰、廿五,12.6;署桂撫。　十、甲辰;湘按遷。	嚴瑞龍
張　璨	張　璨
竇啓瑛　　　　方　顯 十、甲午、十五,11.26;召京。　十、甲午;原黔按遷。	方　顯　　　　高　山 六、庚辰、五,7.10;署撫。　六、庚辰;理少署。
刁承祖	刁承祖　　　　王　恕 △七、丁巳、十三,　八、癸巳、十九,9.21; 8.16;死。　　　按遷。
楊錫綬	楊錫綬
陳弘謀　　　　徐嘉賓 △降二調。　　二、乙巳、廿三,4.11;按遷。	徐嘉賓
馮光裕	馮光裕　　　　陳惠榮 二、己卯、二,3.11;遷湘撫。　二、己卯;按署。

布政使年表

年 代	乾 隆 五 年　庚申(1740)		
直 隸	**范 璨** 十二、戊戌、二,1.18;遷鄂撫。	**劉於義** 十二、戊戌;已革吏尚署。	
江 蘇	**徐士林** 七、癸酉、五,8.26;遷蘇撫。	（滿）**安 寧** 七、癸酉;蘇州織造授。	
安 徽	**晏斯盛** 三月,憂免。	**包 括** 按署。十一、丁丑、十,12.28;署贛撫。	（滿）**託 庸** 十一、丁丑;戶郎署。
山 東	**魏定國** 正、壬戌、廿,2.17;陝按遷。		
山 西	**胡 瀛** 三、丁未、六,4.2;召京。	**高 山** 三、丁未;川布改。	（?）**薩哈亮** 十、乙丑、廿八,12.16;按遷。
河 南	**朱定元** 七、癸酉;遷魯撫。	**金 鉷** 已革刑左任。未任死。	**趙 城** 七、癸酉;甘按遷。
陝 西	**帥念祖** （署）		
甘 肅	**徐 杞**		
福 建	**喬學尹**		
浙 江	**張若震**		
江 西	（蒙）**阿蘭泰**		
湖 北	**嚴瑞龍**		
湖 南	**張 璨**		
四 川	**高 山** 三、丁未;改晉布。	**閻黌熙** 三、丁未;鄂按遷。	
廣 東	**王 恕** 五、庚申、廿一,6.14;署閩撫。	**程仁圻** 五、庚申;前陝布署。	
廣 西	**楊錫綬**		
雲 南	**徐嘉賓**		
貴 州	**陳惠榮** （署）		

乾 隆 六 年　辛酉(1741)		
劉於義 　(署)		
(滿)**安寧**		
(滿)**託庸** 　九、乙亥、十三, 10.22; 解(十一月署粵布)。	**包　括** 　九、乙亥; 署贛撫回任。	
魏定國		
(?)**薩哈亮** 　三、壬申、七, 4.22; 革。	**呂守曾** 　三、庚午、五, 4.20; 月, 甘按遷。 　八月, 解(死)。	**吳應龍** 　八、辛酉、廿九, 10.8; 鄂按遷。
趙　城		
帥念祖 　(署)		
徐　杞		
喬學尹 　四、丙申、二, 5.16; 鄂布互改。	**嚴瑞龍** 　四、丙申; 鄂布改。六、庚申、廿七, 8.8; 回任。	**張嗣昌** 　六、壬戌、廿九, 8.10; 按遷。
張若霞		
(蒙)**阿蘭泰** 　七、己卯、十七, 8.27; 改滇布。	**陳弘謀** 　七、己卯; 蘇按遷。九月, 遷贛撫。	**彭家屏** 　八、辛酉; 湘按遷。
嚴瑞龍 　四、丙申; 閩布互改。六、庚申; 回任。	**喬學尹** 　四、丙申; 閩布改。六、庚申; 夏免。	
張　璨		
閻堯熙		
程仁圻 　十一、庚寅、廿九, 1.5; 革。	(滿)**託庸** 　十一、庚寅; 署皖布署。	
楊錫紱 　正、乙亥、九, 2.24; 署撫(九月授)。	**唐綏祖** 　正、乙亥; 按署。	
徐嘉賓	(蒙)**阿蘭泰** 　七、己卯; 贛布改。	
陳惠榮 　(署)		

布政使年表

年　代	乾　隆　七　年　　壬戌(1742)		
直　隸	**劉於義** 二月，授。三、庚午、十一，4.15；遷閩撫。	**沈起元** 三、庚午；豫按遷。	
江　蘇	(滿)**安寧**		
安　徽	**包　括** 四、癸丑、廿四，5.28；魯布互改。	**魏定國** 四、癸丑；魯布改。	
山　東	**魏定國** 四、癸丑；皖布互改。	**包　括** 四、癸丑；皖布改。	
山　西	**吳應龍** 正、庚寅、卅，3.6；革。	**嚴瑞龍** 二、甲午、四，3.10；鄂布改。	
河　南	**趙　城**		
陝　西	**帥念祖** 十一、癸酉、十八，12.14；授。		
甘　肅	**徐　杞**		
福　建	**張嗣昌**		
浙　江	**張若震** 七、丁卯、十，8.10；乞養。	**王　恕** 原閩撫授。△十月，死。	**潘思榘** 十一、己未、四，11.30；粵按遷。
江　西	**彭家屏**		
湖　北	**嚴瑞龍** 二、甲午；改晉布。	(滿)**安圖** 二、甲午；署桂撫署。	
湖　南	**張　璨**		
四　川	**閻堯熙** △九、己巳十三，10.11；死。	**王　玠** 十、甲辰、十九，11.15；湘按遷。	
廣　東	(滿)**託庸** 十一、癸酉；授。		
廣　西	**唐綏祖** 十一、癸酉；授。		
雲　南	(蒙)**阿蘭泰**		
貴　州	**陳惪榮** (署)		

乾 隆 八 年　癸亥(1743)	乾 隆 九 年　甲子(1744)
沈起元	沈起元　　　　　方觀承 十一、丙申、廿三,12.26;　十一、丙申;按遷。 改光禄。
(滿)安寧	(滿)安寧　　　　　(滿)愛必達 二、己未、十一,3.24;　二、己未;吏郎署。 憂免。
魏定國	魏定國
包　括　　　　　喬學尹 十一、辛巳、二,　十一、辛巳;原鄂布授。 12.17;召京。	喬學尹　　　　　(滿)圖爾炳阿 十一、甲申、十一,12.14;　十一、甲申;按遷。 召京。
嚴瑞龍	嚴瑞龍
趙　城	趙　城
帥念祖	帥念祖　　　　　(?)慧中 八、甲寅、十,9.15;改桂布。　八、甲寅;户給署。
徐　杞	徐　杞
張嗣昌　　　　　高　山 十二、辛亥、二,1.16;召京。　十二、辛亥;原晉布授。	高　山
潘思榘	潘思榘
彭家屏	彭家屏
(滿)安圖 （署）	(滿)安圖 （署）
張　璨　　　　　(?)長柱 閏四、乙卯、二,5.25;　閏四、丙子、廿三,6.15; 解,旋革。　刑給遷。	(?)長柱
王　玠　　　　　李如蘭 九、甲午、十五,10.31;革。　△轂按遷。	李如蘭
(滿)託庸	(滿)託庸　　　　　(滿)納敏 三、丁亥、九,4.21;署桂撫。　三、丁亥;閩按署。
唐綏祖	唐綏祖　　　帥念祖　　　　(滿)鄂昌 八、甲寅;革。　八、甲寅;陝布改。　九、庚寅 　　　　　九、庚寅、十六,10.21;解。甘按遷。
(蒙)阿蘭泰	(蒙)阿蘭泰
陳惠榮 （署）	陳惠榮 （署）

年 代	乾 隆 十 年　乙 丑 (1745)		
直 隷	方觀承		
江 蘇	(滿)愛必達 正、乙亥、三，2.3；回部(黔布)。	(滿)安寧 正、乙亥；回任。	
安 徽	魏定國 四、乙卯、十三，5.14；遷撫。	李學裕 四、癸亥、廿一，5.22；蘇按遷。 十一、乙亥、八，11.30；死。	陳惠榮 十一、乙亥；黔布改。
山 東	(滿)圖爾炳阿		
山 西	嚴瑞龍 正、壬辰、廿，2.20；降直按。	陶正中 正、壬辰；直按遷。	
河 南	趙城 十二、壬戌、廿五，1.16；召京。	嚴瑞龍 十二、壬戌；直按遷。	
陝 西	(?)懃中 九、戊戌、廿九，10.24；授。		
甘 肅	徐杞 三、辛巳、九，4.10；召京(十一年署鄂按)。	(滿)阿思哈 三、辛巳；吏郎遷。	
福 建	高山		
浙 江	潘思榘		
江 西	彭家屏		
湖 北	(滿)安圖 九、戊戌；授。		
湖 南	(?)長柱		
四 川	李如蘭		
廣 東	(滿)納敏		
廣 西	(滿)鄂昌		
雲 南	(蒙)阿蘭泰		
貴 州	陳惠榮 九、戊戌；授。十一、乙亥；改皖布。	(滿)愛必達 十一、乙亥；吏郎遷。	

乾隆十一年　丙寅(1746)

方觀承
　九、壬戌、廿九，11.12；署魯撫。　　清河道朱一蜚署。

(滿)**安寧**	**王　師**
九、辛丑、八，10.22；署撫。	九、辛丑；浙布改。

陳惠榮

(滿)**圖爾炳阿**	(蒙)**阿蘭泰**	**岳　濬**
正、己卯、十二，2.2；滇布互改。	正、己卯；滇布改。 十二、庚辰、十九，1.29；改太僕。	十二、甲戌、十三，1.23；湘布改。

陶正中

嚴瑞龍	**王興吾**
十、戊子、廿六，12.8；改鄂布。	十、戊子；按遷。

(?)**慧中**

(滿)**阿思哈**

高　山

潘思榘	**王　師**	**唐綏祖**
五、甲辰、九，6.27；遷皖撫。	五月，直按遷。九、辛丑；改蘇布。	九、辛丑；魯按遷。

彭家屏

(滿)**安圖**	**嚴瑞龍**
△召京。	十、戊子；豫布改。

(?)**晨柱**　　　**徐杞**	**岳　濬**	(滿)**溫福**
三月，召京。　署鄂按遷。九月，遷陝撫。	九、丁巳、廿四，11.7；粵按遷。 十二、甲戌；改魯布。	十二、甲戌；戶郎遷。

李如蘭

(滿)**納敏**

(滿)**鄂昌**	**李錫泰**
四、己卯、十四，6.2；署撫。	四、己卯；按署。

(蒙)**阿蘭泰**	(滿)**圖爾炳阿**
正、己卯；魯布互改。	正、己卯；魯布改。

(滿)**愛必達**	(漢)**孫紹武**
九、壬戌；遷晉撫。	九、壬戌；按遷。

年代	乾隆十二年　丁卯(1747)		
直　隸	方觀承		
江　蘇	王　師 七、庚子、十二,8.17；解。	(滿)愛必達 七、庚子；解職晉撫署。	
安　徽	陳惠榮 九、丁未、廿,10.23；解(死)。	(滿)舒輅 九、丁未；豫按遷。	
山　東	岳　濬 五、辛亥、廿二,6.29；遷粵撫。	赫赫 五、壬子、廿三,6.30；按遷。十一、庚寅、四,12.5；護撫。	
山　西	陶正中 四、壬戌、三,5.11；降清河道。	朱一蜚 四、壬戌；清河道授。	
河　南	王興吾		
陝　西	(？)懋中		
甘　肅	(滿)阿思哈		
福　建	高　山 七、辛亥、廿三,8.28；降調。	(？)永寧 七、辛亥；原直按署。	
浙　江	唐綏祖 十一、丁亥、一,12.2；解。	(滿)永貴 十一、丁亥；滇布改。	
江　西	彭家屏		
湖　北	嚴瑞龍		
湖　南	(滿)溫福		
四　川	李如蘭 △九、壬辰、五,10.8；死。	(？)倉德 九、丁巳、卅,11.2；按遷。	
廣　東	(滿)納敏 九、丁巳；遷皖撫。	(？)赫慶 九、丁巳；皖按遷。	
廣　西	李錫秦		
雲　南	(滿)圖爾炳阿 三、辛丑、十一,4.20；遷撫。	(滿)永貴 三、壬寅、十二,4.21；辰永道授。 十一、丁亥；改浙布。	宮爾勸 十一、丁亥；糧道授。
貴　州	(漢)孫紹武 三、辛丑；遷撫。	(滿)恒文 三、壬寅；按遷。	

乾隆十三年 戊辰(1748)

方觀承 三、辛亥、廿七,4.24;遷浙撫。	**(?)辰垣** 三、辛亥;按遷。四、壬戌、九,5.5;蘇布互改。	**朱一蜚** 四、壬戌;蘇布改。
(滿)愛必達 三、乙未、十一,4.8;遷浙撫。	**朱一蜚** 三、乙未;晉布改。四、壬戌;直布互改。	**(?)辰垣** 四、壬戌;直布改。
(滿)舒輅 閏七、癸酉、廿一,9.13;遷桂撫。	**李渭** 閏七、癸酉;魯按遷。	
赫赫 二月,改僕少。 **李敏第** 二月,按遷。三、乙未;改晉布。	**唐綏祖** 三月,原浙布授。十月,遷贛撫。	**衡哲治** 登萊青道授。
朱一蜚 三、乙未;改蘇布。	**李敏第** 三、乙未;魯布改。	
王興吾	**(?)富明** 九、甲戌、廿三,11.13;按遷。	
(?)懿中 四、癸未、卅,5.26;遷盛兵。	**(?)武柱** 四、癸未;僕少遷。	
(滿)阿思哈		
(?)永寧 (署)		
(滿)永貴		
彭家屏		
殷瑞龍		
(滿)溫福		
(?)倉德 閏七、戊辰、十六,9.8;改太常。	**髙起** 閏七、戊辰;濟東道授。	
(?)赫慶		
李錫秦		
宮爾勸		
(滿)恒文		

年 代	乾 隆 十 四 年　己 巳(1749)	
直 隸	**朱一蜚** 十、壬寅、廿七,12.6;改晉布。	**(滿)恒文** 十、壬寅;黔布改。
江 蘇	**(?)辰垣** 十二、丁酉、廿三,1.30;改川布。	**(?)永寧** 十二、丁酉;閩布改。
安 徽	**李　渭**	
山 東	**衞哲治** 四、庚子、廿三,6.7;遷皖撫。	**崔　紀** 四、庚子;原鄂撫任。
山 西	**李敏第** 十、壬寅;改光禄。	**朱一蜚** 十、壬寅;直布改。
河 南	**(?)富明**	
陝 西	**(?)武柱** 三、甲寅、六,4.22;召京。	**(滿)定長** 三、甲寅;魯按遷。
甘 肅	**(滿)阿思哈** 四、壬辰、十五,5.30;遷贛撫。	**張若震** 四、壬辰;原浙布授。
福 建	**(?)永寧** 十二、丁酉;改蘇布。	**陶士璜** 十二、丁酉;按遷。
浙 江	**(滿)永貴** 七、壬子、六,8.18;遷撫。	**王　師** 七、癸丑、七,8.19;蘇按遷。
江 西	**彭家屏**	
湖 北	**嚴瑞龍**	
湖 南	**(滿)温福** 十、壬寅;改黔布。	**孫　灝** 十、壬寅;光禄改。
四 川	**高　越**	**(?)辰垣** 十二、丁酉;蘇布改。川按宋厚署。
廣 東	**(?)赫慶** 七、庚戌、四,8.16;召京。	**吳謙鉽** 七、庚戌;按遷。
廣 西	**李錫秦**	
雲 南	**宮爾勸**	
貴 州	**(滿)恒文** 十、壬寅;改直布。	**(滿)温福** 十、壬寅;湘布改。

乾隆十五年　庚午(1750)		

(滿)恒文

(？)永寧

李　渭	(滿)德舒	(滿)高晉
正、癸丑、九，2.15；改魯布。	正、癸丑；太僕改。 三、辛亥、八，4.14；魯按互改。	三、辛亥；魯按改。
崔　紀	李　渭	
正、癸丑；改蘇學。	正、癸丑；皖布改。	
朱一蜚	(？)多綸	
十二、丁亥、十八，1.15；改粵布。	十二、丁亥；按遷。	
(？)富明	(？)富勒赫	
十一、癸卯、四，12.2；降二調。	十一、甲子、廿五，12.23；熱河道授。	
(滿)定長	周人驥	
十一、乙丑、廿六，12.24；遷皖撫。	十一、乙丑；湘按遷。	
張若震	(漢)楊廷琚	
九、戊辰、廿九，10.28；改湘布。	九、戊辰；按遷。	
陶士璜		
王　師	(滿)和其衷	
十一、丙辰、十七，12.15；遷蘇撫。	十一、丁巳、十八，12.16；皖按遷。	
彭家屏	王興吾	
十、甲申、十五，11.13；改滇布。	十、甲申；原豫布授。	
殷瑞龍		
孫　灝	張若震	
九、庚戌、十一，10.10；革。	九、戊辰；甘布改。	
(？)辰垣		
吳謙鈺	朱一蜚	
	十二、丁亥；晉布改。	
李錫秦		
宮爾勸	彭家屏	
	十、甲申；贛布改。	
(滿)溫福		

布政使年表

年　代	乾　隆　十　六　年　　辛　未(1751)			
直　隸	(滿)恆文 四、己卯、十二,5.7；遷鄂撫。	(滿)玉麟 四、辛未、四,4.29；按遷。		
江　蘇	(?)永寧 四、辛未；降直按。	郭一裕 四、辛未；兩淮鹽政授。		
安　徽	(滿)高晉			
山　東	李　渭			
山　西	(?)多綸			
河　南	(?)富勒赫			
陝　西	周人驥 正、丁未、九,2.4；湘布互改。	張若震 正、丁未；湘布改。		
甘　肅	(漢)楊應琚 八、庚申、廿七,10.15；遷撫。	吳士端 八、辛亥、卅,10.18；陝按遷。		
福　建	陶士璜 二、庚午、二,2.27；病免。	顧濟美 二、庚午；按遷。		
浙　江	(滿)和其衷 三、壬寅、五,3.31；降魯按。	葉存仁 三、壬寅；按遷。		
江　西	王興吾			
湖　北	嚴瑞龍 正、丙午、八,2.3；署撫。	朱一蜚 正、丙午；粵布改,旋解。	(漢)范時綬 五、己亥、三,5.27；皖按遷。十月，署湘撫。	(滿)鄂敏 十、己亥、六,11.23；川按遷。
湖　南	張若震 正、丁未；陝布互改。	周人驥 正、丁未；陝布改。		
四　川	(?)辰垣			
廣　東	朱一蜚 正、丙午；改鄂布。	(?)石柱 正、丙午；按遷。		
廣　西	李錫秦			
雲　南	彭家屏			
貴　州	(滿)溫福			

乾隆十七年　壬申(1752)	乾隆十八年　癸酉(1753)
(滿)玉麟	(滿)玉麟
郭一裕	郭一裕
(滿)高晉	(滿)高晉
李　渭	李　渭
(?)多綸	(?)多綸
(?)富勒赫　　　　(滿)圖爾炳阿 　　　　　　十二、辛卯、五,1.8;吏員遷。	(滿)圖爾炳阿
張若震	張若震　　　　　　　　　唐綬祖 十、辛丑、廿,11.14;遷鄂撫。　十、辛丑;晉按遷。
吳士端	吳士端
顧濟美　　　　　(滿)德舒 　(降)　　　　　七、辛未、十三,8.21;按遷。	(滿)德舒
葉存仁	葉存仁
王興吾	王興吾
(滿)鄂敏〔鄂樂舜〕　　(滿)德福 六、丙辰、廿七,8.6;　　　六、丙辰;浙按遷。 遷甘撫。	(滿)德福　　　　　　　　沈世楓 八、甲辰、廿二,9.18;改桂布。　八、甲辰;湘按遷。
周人驥	周人驥
(?)辰垣	(?)辰垣
(?)石柱	(?)石柱
李錫秦　　　　　(滿)台柱 十、壬寅、十五,11.20;　十、甲辰、十七,11.22; 遷撫。　　　　　蘇按遷。	(滿)台柱　　　　　　　　(滿)德福 △解。(廿年署陝撫)　八、甲辰;鄂布改。
彭家屏	彭家屏
(滿)溫福	(滿)溫福

布政使年表

年　代	乾隆十九年　甲戌(1754)		
直　隸	(滿)玉麟		
江　蘇	郭一裕 四、辛卯、十二, 5.3; 署魯撫。	彭家屏 四、辛卯; 滇布改。	
安　徽	(滿)高晉		
山　東	李渭 △六、癸亥、十五, 8.3; 死。	(滿)圖爾炳阿 六、癸酉、廿五, 8.13; 豫布改。 十、乙卯、十, 11.23; 豫布互改。	(滿)阿爾泰 十、乙卯; 豫布改。
山　西	(?)多綸		
河　南	(滿)圖爾炳阿 六、癸酉; 改魯布。	葉存仁 原浙布授。十、甲寅; 改浙布。	(滿)阿爾泰 十、甲寅; 魯按遷。 十、乙卯; 魯布互改。　(滿)圖爾炳阿 十、乙卯; 魯布改。
陝　西	唐綏祖 △死。	武忱 九、甲午、十八, 11.2; 按遷。	
甘　肅	吳士端 五、辛巳、三, 6.22; 召京(改黔布)。	史奕昂 五、辛巳; 署。	
福　建	(滿)德舒		
浙　江	周人驥 正、丁卯、十七, 2.8; 湘布改。 十、甲寅、九, 11.22; 遷浙撫。	葉存仁 十、甲寅; 豫布改。	
江　西	王興吾		
湖　北	沈世楓		
湖　南	周人驥 正、丁卯; 改浙布。	湯聘 正、丁卯; 辰沅靖道授。	
四　川	(?)辰垣	(滿)明德 十、戊申、三, 11.16; 鄂按遷。	
廣　東	(?)石柱		
廣　西	(滿)德福		
雲　南	彭家屏 四、辛卯; 改蘇布。	(覺羅)納世通 四、辛卯; 任。	
貴　州	(滿)溫福 △革。	吳士端 五、辛巳; 甘布改。	

乾隆二十年　乙亥(1755)		乾隆二一年　丙子(1756)		
(滿)**玉麟**		(滿)**玉麟**	(?)**清馥** 二、丙辰、十八，3.18；鄂按遷。	
彭家屏 九、庚子、廿九， 11.3；召京。	**許松佶** 九、庚子；按遷。	**許松佶**		
(滿)**高晉** 十一、壬午、十三， 12.15；遷撫。	(滿)**托庸** 十一、壬午；原杭州織造 授。	(滿)**托庸**		
(滿)**阿爾泰**		(滿)**阿爾泰**		
(?)**多綸** 六、庚戌、八，7.16； 遷禮右。	**蔣洲** 六、庚戌；按遷。	**蔣洲**		
(滿)**圖爾炳阿** 五、辛卯、十八，6.27； 遷撫。	**劉慥** 五、癸巳、廿，6.29；閩按 遷。	**劉慥**		
武忱		**武忱** 二、戊辰、卅，3.30； 改甘布。	**劉藻** 二、戊辰；服闕府丞授。	
史奕昂 四、戊申、五，5.15；召京。	(滿)**明德** 四、戊申；川布改。	(滿)**明德** 二、戊辰；遷晉撫。	**武忱** 二、戊辰；陝布改。	
(滿)**德舒**		(滿)**德舒** △憂免。	(滿)**德福** 六、丙辰、廿，7.16；粵布改。	
葉存仁 三、壬午、九，4.19；降豫按。	(?)**同德** 三、壬午；按遷。	(?)**同德** 二、壬戌、廿四， 3.24；革。	(蒙)**富勒渾** 二、壬戌；按遷。	
王興吾		**王興吾**		
沈世楓		**沈世楓**		
湯聘 △二月，憂免。	(漢)**楊廷璋** 二、癸丑、九，3.21； 桂按遷。	(漢)**楊廷璋** 二、壬戌； 遷浙撫。	**楊灝** 二月，任。九、丁亥、 廿二，10.15；革。	**崔應階** 九、丁亥； 黔按遷。
(滿)**明德** 四、戊申；改甘布。	**周琬** 四、戊申；川按遷。	**周琬**		
(?)**石柱**		(?)**石柱**		
(滿)**德福**		(滿)**德福** 六、丙辰；改閩布。	**葉存仁** 六、丙辰；豫按遷。	
(覺羅)**納世通**		(覺羅)**納世通**		
吳士端		**吳士端**		

布政使年表

年　代	乾隆二二年　丁丑(1757)
直　隸	(?)清馥　十一、丙辰、廿八,1.7;陝布互改。　　吳士功　十一、丙辰;陝布改。
江　蘇	許松佶　正、乙未、三,2.20;解、勘。　　(滿)托恩多　正月,按遷。十二、癸亥、五,1.14;遷撫。　　吳嗣爵　十二、癸亥;按遷。
安　徽	(滿)托庸
山　東	(滿)阿爾泰　十、甲子、五,11.16;署撫。十二、癸亥;遷。　　馮鈐　十二、癸亥;皖按遷。
山　西	蔣洲　七、丁未、十七,8.31;遷魯撫。　　(?)蘇崇阿　七、丁未;贛按遷。十、甲子;豫布互改。　　劉愊　十、甲子;豫布改。
河　南	劉愊　十、甲子;晉布互改。　　(?)蘇崇阿　十、甲子;晉布改。
陝　西	劉藻　三、丁巳、廿六,5.13;改鄂布。　　(滿)塔永寧　三、丁巳;按遷。七、丁未;遷晉撫。　　吳士功　七、丁未;鄂按遷。十一、丙辰;直布互改。　　(?)清馥　十一、丙辰;直布改。
甘　肅	武忱
福　建	(滿)德福
浙　江	(蒙)富勒渾　七、壬辰、二,8.16;改鄂布。　　杜官德　七、壬辰;蘇按遷。
江　西	王興吾　四、己丑、廿八,6.14;遷吏左。　　湯聘　五、己亥、九,6.24;陝按遷。
湖　北	沈世楓　三、丁巳;改黔布。　劉藻　三、丁巳;陝布改。七、壬辰;遷滇撫。　　(蒙)富勒渾　七、壬辰;浙布改。九月,遷湘撫。　　(?)常亮　九月,熱河道授。
湖　南	崔應階　△降調。　　(卜?)公泰　三、丁巳;川按遷。
四　川	周琬　六、癸亥、三,7.18;遷黔撫。　　徐垣　六、癸亥;皖按遷。
廣　東	(?)石柱　六、壬戌、二,7.17;召京。　　(?)挖穆齊圖　六、壬戌;晉按遷。十一月,改閣讀學。　　宋邦綏　十一、癸巳、五,12.15;豫按授。
廣　西	葉存仁
雲　南	(覺羅)納世通　七、辛卯、一,8.15;革。　　傅靖　七、辛卯;浙糧道授。
貴　州	吳士端　三、丁巳;降川按。　　沈世楓　三、丁巳;鄂布改。

乾隆二三年　戊寅(1758)	乾隆二四年　己卯(1759)
吳士功　三、丁酉、十一,4.18;改陝布。　(?)永寧　三、戊戌、十二,4.19;按遷。	(?)永寧　三、戊申、廿八,4.24;辦哈密糧餉。　(滿)三寶　三、戊申;戶郎授。
吳嗣爵　三、戊申、廿二,4.29;改湘布。　(?)常亮　三、戊申;鄂布改。	(?)常亮　　(?)蘇崇阿　十一、己巳、廿三,1.10;豫布改。
(滿)托庸	(滿)托庸
馮鈐　三、丁未、廿一,4.28;遷鄂撫。　徐鐸　三、丁未;按遷。△六月死。　(滿)台柱　七、丙戌、二,8.5;按遷。	(滿)台柱　十一、己巳;改豫布。　崔應階　十一、己巳;蘇按遷。
劉慥	劉慥
(?)蘇崇阿	(?)蘇崇阿　十一、己巳;改蘇布。　(滿)台柱　十一、己巳;魯布改。
(?)清馥　三、丁酉;憂免。　吳士功　三、丁酉;直布改。三、丁未;遷閩撫。　方世儁　三、丁未;任。	方世儁
武忱　五、己丑、四,6.9;革。　蔣炳　五、己丑;前湘撫授。	蔣炳
(滿)德福	(滿)德福
杜官德	杜官德　正、丙申、十四,2.11;解。　(滿)明山　正、丙申;晉按遷。三月,護撫。
湯聘	湯聘
(?)常亮　三、戊申;改蘇布。　(?)公泰　三、戊申;湘布改。	(?)公泰
(?)公泰　三、戊申;改鄂布。　吳嗣爵　三、戊申;蘇布改(未任,降同知)。　許松佶　四、壬午、廿七,6.2;粵按遷。	許松佶
徐垣	徐垣　正、丙申;改黔布。　吳士端　正、丙申;按遷。
宋邦綏	宋邦綏
葉存仁	葉存仁
傅靖	傅靖
沈世楓　四、甲戌、十九,5.25;降道員。　(滿)和其衷　四、壬申、十七,5.23;鄂按遷。	(滿)和其衷　　徐垣　正、丙申;川布改。

布政使年表

年代	乾隆二五年　庚辰(1760)
直　隸	(滿)**三寶**
江　寧	(滿)**托庸** 八、己亥、廿八,10.6;皖布改。　　　　　　　　　　[六、己丑、十七,7.28;增設]
江　蘇	(?)**蘇崇阿**　　　　　　　　　　　　　　(滿)**彰寶** 十、丙子、五,11.12;革。　　　　　　　十、丙子;湘布改。
安　徽	(滿)**托庸**　　　　　　　　　　　　　**許松佶** 八、己亥;改寧布。　　　　　　　　　八、己亥;甘布改。
山　東	**崔應階**
山　西	**劉惚**　　　　　　　　　　　　　**宋邦綏** △病免。(卅二年死)　　　　　十、壬午、十一,11.18;粵布改。
河　南	(滿)**台柱**
陝　西	**方世儁**
甘　肅	**蔣炳**　　　　　**許松佶**　　　　　　(滿)**明德**　　　　　　　　　**吳紹詩** 六月,遷倉侍。　七、乙巳、三,8.13;湘布改。　八、庚子、廿九,10,7;　　十二、戊子;按遷。 　　　　　　八、己亥;改蘇布。　　按遷、十二月,遷撫。
福　建	(滿)**德福**
浙　江	(滿)**明山**
江　西	**湯聘**
湖　北	(?)**公泰**　　　　　　　　　　　　　(蒙)**亢保** 　　　　　　　　　　　　　　十、庚寅、十九,11.26;贛按遷。
湖　南	**許松佶**　　　　(滿)**彰寶**　　　　　　　　　　(?)**永泰** 七、乙巳;改甘布。　七、乙巳;黔按遷。十、丙子;改蘇布。　十、丙子;川按遷。
四　川	**吳士端**
廣　東	**宋邦綏**　　　　　　　　　　　　**史奕昂** 十、壬午;改晉布。　　　　　　　十、壬午;閩按遷。
廣　西	**葉存仁**
雲　南	**傅靖**　　　　　　　　　　　　　**顧濟美** 正、庚午、廿四,3.11;革。　　　　正、庚午;川按遷。
貴　州	**徐垣**

乾隆二六年　辛巳(1761)	乾隆二七年　壬午(1762)
(滿)**三寶**　　　　　(？)**觀音保** 　七、甲子、廿八，8.27；　　七、甲子；黔按遷。 　派往哈密。	(？)**觀音保**
(滿)**托庸**　　　　　(滿)**彰寶** 　二、癸酉、三，3.9；　　二、癸酉；蘇布改。 　遷桂撫。	(滿)**彰寶**
(滿)**彰寶**　　　　　(？)**安寧** 　二、癸酉；改寧布。　　二、癸酉；蘇州織造授。	(？)**安寧**　　　　　(漢)**蘇爾德** 　閏五、己卯、十七，7.8；死。　閏五、己卯；湘布改。
許松佶	**許松佶**
崔應階	**崔應階**
宋邦綏	**宋邦綏**　　　　　(滿)**文綬** 　八、甲辰、十四，10.1；遷鄂撫。　八、甲辰；甘按遷。
(滿)**台柱**　　　　　**喬光烈** 　　　　三、戊辰、廿九，5.3；直按遷。	**喬光烈**　　　　　(滿)**輔德** 　正、己未、廿五，2.18；遷黔撫。　正、己未；豫按遷。
方世儁	**方世儁**
吳紹詩	**吳紹詩**
(滿)**德福**	(滿)**德福**
(滿)**明山**　　　　　(滿)**索琳** 　△召京(廿七年署　　　十一、壬子、十八，12.13； 　贛撫)。　　　　　晉按遷。	(滿)**索琳**
湯　聘　　　　　(滿)**富明安** 　八、戊寅、十二，　　八、辛巳、十五，10.13； 　9.10；遷鄂撫。　　　桂按遷。	(滿)**富明安**
(蒙)**亢保**　　　　　**徐　垣** 　八、辛巳；黔布互調。　八、辛巳；黔布改(未到)。	**徐　垣**　　　　　**沈作朋** 　△未任，死。　　　二、庚午、六，3.1；按遷。
(？)**永泰**	(？)**永泰**　　(漢)**蘇爾德**　　　(？)**來朝** 　四、壬午、十九，　四、壬午；按遷。　　閏五、己卯； 　5.12；改滇布。　閏五、己卯；改蘇布。　粵按遷。
吳士端	**吳士端**
史奕昂	**史奕昂**
葉存仁	**葉存仁**　　　　　**顧濟美** 　三月，署左副。四、辛巳、　四、壬午；滇布改。十、辛 　十八，5.11；遷刑右。　卯、二，11.17；署撫。
顧濟美	**顧濟美**　　　　　(？)**永泰** 　四、壬午；改桂布。　　四、壬午；湘布改。
徐　垣　　　　　(蒙)**亢保** 　八、辛巳；鄂布互調。　八、辛巳；鄂布改。	(蒙)**亢保**

年 代	乾 隆 二 八 年　癸未(1763)		
直 隸	(?)觀音保		
江 寧	(滿)彰寶		
江 蘇	(漢)蘇爾德		
安 徽	許松佶		
山 東	崔應階 五、甲戌、十八,6.28;遷黔撫。	梁翕鴻 五、乙亥、十九,6.29;晉按遷。	
山 西	(滿)文綬		
河 南	(滿)輔德 五、甲戌;遷鄂撫。	(?)佛德 五、乙亥;陝糧驛道遷。	
陝 西	方世儁		
甘 肅	吳紹詩 八月,憂免。	(?)淑寶 八、壬子、廿八,10.4;闆按遷。 九、己卯、廿五,10.31;桂布互調。	王　檢 九、己卯;桂布改。
福 建	(滿)德福 △往阿克蘇。	曹繩柱 五、庚辰、廿四,7.4;粵布改。△十月,死。	顏希深 十、丙午、廿三,11.27;嶺按遷。
浙 江	(滿)索柱		
江 西	(滿)富明安 十二、甲午、十二,1.14;派往巴里坤。	張逢堯 十二、甲午;滇按遷。	
湖 北	沈作朋 五、乙亥;革、逮。	(?)柏琨 五、己巳、十三,6.23;桂按遷。	
湖 南	(?)來朝 五、甲戌;護撫。		
四 川	吳士端 △降。	趙英孫 五、壬戌、六,6.16;黔按遷。	
廣 東	史奕昂 五月,憂免。	曹繩柱 五、辛未、十五,6.25;闆按遷。五、庚辰;改闆布。	胡文伯 五、庚辰;蘇按遷。
廣 西	顧濟美	王　檢 七、己卯、廿四,9.1;晉按遷。九、己卯;甘布互調。	(?)淑寶 九、己卯;甘布改。
雲 南	(?)永泰		
貴 州	(蒙)亢保 六、丙申、十,7.20;解。	錢　度 六、丙申;皖按遷。	

乾隆二九年　甲申(1764)	
(?)觀音保	
(滿)彰寶	
(漢)蘇爾德	
許松佶	程燾 十二、丙申、十九,1.10;服闋皖按遷。
梁翥鴻	
(滿)文綬	
(?)佛德	
方世儁 十、癸巳、十五,11.8;遷黔撫。	宋邦綏 十、癸巳;革鄂撫授。
王檢 六、丙午、廿六,7.24;遷鄂撫。	(?)恒光 六、丙午;安西道遷。
顏希深	
(滿)索琳	
張逢堯	
(?)柏琨　　　(?)五訥圕　　　(滿)三寶 二、辛丑、十九,3.21;改副都。　二、辛丑、湘按遷。七、辛亥、一,7.29;川布互調。　七、辛亥;川布改。	
(?)來朝　　　(?)赫昇額 　　　五、己巳、十八,6.17;粤按遷。	
趙英孫　　　(滿)三寶　　　(?)五訥圕 　　六、丙午、廿六,7.24;前直布授。七、辛亥;鄂布互調。　七、辛亥;鄂布改。	
胡文伯	
(?)淑寶	
(?)永泰 十、甲午、十六,11.9;黔布互調。	錢度 十、甲午;黔布改。
錢度 十、甲午;滇布互調。	(?)永泰 十、甲午;滇布改。

布政使年表

年 代	乾 隆 三 十 年　乙酉(1765)
直 隷	(?)觀音保
江 寧	(滿)彰寳 正、癸丑、七, 1.27; 遷晉撫。　　　(?)永泰 　　　　　　　　　　　　　　正、癸丑; 黔布改。
江 蘇	(漢)蘇爾德
安 徽	程熏 十一、乙酉、十四, 12.25; 改陝布。　　(滿)富尼漢 　　　　　　　　　　　　　十一、乙酉; 魯按遷。
山 東	梁翥鴻
山 西	(滿)文綬 正、癸丑; 護撫。
河 南	(?)佛德
陝 西	宋邦綏　　　　　　　　湯聘　　　　　　　　　　　程熏 三、甲申、九, 4.28; 遷桂撫。　三、甲申; 湘按遷。十月, 護撫。　十一、乙酉; 皖布改。 　　　　　　　　　　　　　　十一、乙酉; 遷鄂撫。
甘 肅	(?)恒光　　　　　　　喬光烈　　　　　　　(滿)海明 正、癸丑; 改黔布。　　正、癸丑; 革湘撫授。△死。　四、辛亥、六, 5.25; 甘按遷。
福 建	顔希深
浙 江	(滿)索琳　　　　　　　　(覺羅)永德 閏二、辛亥、六, 3.26; 派往庫倫(副都)。　閏二、己酉、四, 3.24; 杭嘉湖道遷。
江 西	張逢堯　　　　　　　　錢琦 十一、乙酉、十四, 12.25; 川布互調。　十一、乙酉; 川布改。
湖 北	(滿)三寳
湖 南	(?)赫昇額
四 川	(?)五納圖　　　　　　錢琦　　　　　　　張逢堯 閏二、丁巳、十二, 4.1; 派往和闐。　閏二、丁巳; 蘇按遷。十一、乙酉; 贛布互調。　十一、乙酉; 贛布改。
廣 東	胡文伯
廣 西	(?)淑寳
雲 南	錢度
貴 州	(?)永泰　　　　　　(?)恒光　　　　　　(滿)良卿 正、癸丑; 改寧布。　正、癸丑; 甘布改。十、乙巳、三, 11.15; 病免。　十、乙巳; 按遷。

乾隆三一年　丙戌(1766)	乾隆三二年　丁亥(1767)
(？)觀音保	(？)觀音保
(？)永泰	(？)永泰　　　　　　　(？)卓爾岱 六、壬子、廿，7.15；召京。　　六、壬子；任。
(漢)蘇爾德	(漢)蘇爾德
(滿)富尼漢	(滿)富尼漢
梁翥鴻	梁翥鴻
(滿)文綬　　　　　　(滿)喀寧阿 二、辛亥、十一，3.21；革。　二、辛亥；任。	(滿)喀寧阿　　　　　　(滿)富明安 九、丁未、十六，11.7；　九、丁未；署。 署刑右。
(？)佛德	(？)佛德　　　　　　　何　焴 十一、癸丑、廿三，1.12；　十一、癸丑；按遷。 改甘布。
程　燾	程　燾
(滿)海明	(滿)海明　　　　　　　(？)佛德 十一、癸丑；改川布。　　十一、癸丑；豫布改。
顏希深　　　　　　錢　琦 十、辛酉、廿五，11.26；　十、辛酉；贛布改。 贛布互調。	錢　琦
(覺羅)永德	(覺羅)永德
錢　琦　　　　　　顏希深 十、辛酉；閩布互調。　　十、辛酉；閩布改。	顏希深　　　　　　(滿)揆義 △憂免。　　　　　　二、乙卯、廿一， 　　　　　　　　　　　3.20；蘇按遷。
三寶　　　(？)赫昇額　　　閔鶚元 七、丙申、廿八，七、丙申；湘布改。十、十二、乙巳； 9.2；湘布互調。二、乙巳、九，1.9；革。皖按遷。	閔鶚元
(？)赫昇額　　　　　(滿)三寶 七、丙申；鄂布互調。　　七、丙申；鄂布改。	(滿)三寶 二、己酉、十五，3.14；護撫。
張逢堯	張逢堯　　　　　　(滿)海明 十一、癸丑；改黔布。　　十一、癸丑；甘布改。
胡文伯	胡文伯
(？)淑寶	(？)淑寶
錢　度	錢　度
(滿)良卿	(滿)良卿　　　　　　張逢堯 二月、五月，護撫。　　十一、癸丑；川布改。 十一、壬子、廿二，1.11；遷撫。

布政使年表

年 代	乾 隆 三 三 年　戊子(1768)	
直 隸	(?)觀音保	
江 寧	(?)卓爾岱	梁國治 九、壬寅、十七,10.27;湘按遷。
江 蘇	(漢)蘇爾德 正、庚子、十一,2.28;遷晉撫。	胡文伯 正、庚子;粵布改。
安 徽	(滿)富尼漢 正、丁未、十八,3.6;遷閩撫。	陳輝祖 正、丁未;皖按遷。
山 東	梁翥鴻 十二、己未、五,1.12;署漕督。	尹嘉銓 十二、己未;按遷。
山 西	(滿)富明安 正月、護撫。十二、己未;遷魯撫。	(滿)富尼漢 十二、己未;魯撫降。
河 南	何　燖	
陝 西	程　燾 二、丙戌、廿八,4.14;遷鄂撫。	(滿)勒爾謹 二、丙戌;魯按遷。
甘 肅	(?)佛德 二、辛未、十三,3.30;降二調(贛按)。	蔡鴻業 三、庚寅、二,4.18;按遷。
福 建	錢　琦	
浙 江	(覺羅)永德 二、丙戌;遷浙撫。	劉純煒 二、丙戌;杭嘉湖道遷。
江 西	(滿)揆羲 十二、己未;署鄂撫。	程　燾 十二、己未;鄂撫降。
湖 北	閔鶚元	
湖 南	(滿)三寶	
四 川	(滿)海明	
廣 東	胡文伯 正、庚子;改蘇布。	歐陽永裿 正、庚子;浙按遷。
廣 西	(?)淑寶	
雲 南	錢　度 三、乙巳、十七,5.3;遷黔撫。十、乙亥、廿一,11.29;桂撫降。	宮兆麟　三、乙巳;按遷。 十、辛未、七七,11.25;遷桂撫。
貴 州	張逢堯	

乾隆三四年　己丑(1769)

(?)觀音保	周元理	
十、癸亥、十五，11.12；改黔布。	十、癸亥；按遷。	
梁國治	陳輝祖	姚成烈
七、己亥、十九，8.20；遷鄂撫。	七、己亥；皖布改。十二、辛亥、三，12.30；遷桂撫。	十二、辛亥；蘇布改。
胡文伯	姚成烈	(滿)薩載
十、甲子、十六，11.13；遷皖撫。	十、甲子；皖按遷。十二、辛亥；改寧布。	十二、辛亥；蘇州織造授。
陳輝祖	(漢)范宜賓	
二月，護撫。七、己亥；改寧布。	七、己亥；常少授。	
尹嘉銓		
(滿)富尼漢	朱珪	
二、乙丑、十二，3.19；遷皖撫。	二、丙寅、十三，3.20；按遷。	
何煟		
(滿)勒爾謹		
蔡鴻業		
錢琦		
劉純煒	(滿)富勒渾	
三月，病免。	三、乙未、十二，4.18；粵按遷。	
程燾	顏希深	
五、己酉、廿八，7.1；召陞(僕少)。	五、己酉；原任授。	
閔鶚元		
(滿)三寶		
(滿)海明	劉益	
七、己亥；遷贛撫。	七、己亥；按遷。	
歐陽永裿		
十二、辛未、廿三，1.19；召陞。		
(?)淑寶		
錢度		
張逢堯	(?)觀音保	
十、癸亥；召陞(魯運使)。	十、癸亥；直布改。十一月，署湘撫。	

年代	隆乾三五年　庚寅(1770)
直隸	周元理
江寧	姚成烈
江蘇	(滿)薩載 三、戊戌、廿,4.16;遷蘇撫。 李湖 三、戊戌;直按遷。十月,護撫。十二月,遷黔撫。 吴壇 十二、辛卯、十九,2.3;按遷。
安徽	(漢)范宜賓 六、乙酉、十一,8.1;遷左副。 裴宗錫 六月,直按遷。七月,遷撫。 (滿)增福 七、壬戌、十八,9.7;按遷。
山東	尹嘉銓
山西	朱珪
河南	何煟 三、戊戌,護撫。
陝西	(滿)勒爾謹
甘肅	蔡鴻業 楊景素 九、癸亥、廿,11.7;豫按遷。
福建	錢琦
浙江	(滿)富勒渾 十一、辛未、廿九,1.14;遷撫。 王亶望 十一、辛未;魯按遷。
江西	顔希深
湖北	閔鶚元 四、丁卯、廿,5.15;改粤布。 (滿)富尼漢 四、丁卯;豫撫降。
湖南	(滿)三寶 七、辛酉、十七,9.6;改黔布。 胡文伯 七、辛酉;皖撫降。八、丙子、三,9.21;改桂按。 吴虎炳 八、丙子;桂按遷。
四川	劉益
廣東	歐陽永裿 四、丁卯;降贛按。 閔鶚元 四、丁卯;鄂布改。
廣西	(?)淑寶
雲南	錢度
貴州	(?)觀音保 七、辛酉;革。 (滿)三寶 七、辛酉;湘布改。

乾隆三六年　辛卯(1771)	乾隆三七年　壬辰(1772)
周元理　　　　　　**楊景素** 三、戊午、十七,5.1;遷魯撫。　　三、戊午;甘布改。	**楊景素**
姚成烈　　　　　　**閔鶚元** 二、乙未、廿四,4.8;粵布互調。　二、乙未;粵布改。	**閔鶚元**
吳　壇	**吳　壇**　　　　　　(滿)**增福** 二、甲申、十九,3.22;遷刑右。　二、甲申;皖布改。
(滿)**增福**	(滿)**增福**　　　　　(漢)**楊　魁** 二、甲申;改蘇布。　　　二、甲申;皖按遷。
尹嘉銓　　　　　(滿)**海成** 三、戊午;改甘布。　　三、戊午;皖按遷。	(滿)**海成**　　　　　(滿)**國泰** 五、甲子、卅,6.30;遷贛撫。　五、甲子;魯按遷。
朱　珪	**朱　珪**
何　燼　　　　　(覺羅)**巴延三** 五、辛丑、一,6.13;遷撫。　五、壬寅、二,6.14; 大名道遷。	(覺羅)**巴延三**　　　　**張　鎮** 六、辛卯、廿七,7.27;遷陝撫。　六、辛卯;閩按遷。
(滿)**勒爾謹**　　　　**畢　沅** 五月,護撫。　　　十、戊辰、一,11.7; 九、丁卯、卅,11.6;遷撫。　按遷。	**畢　沅** 六、甲申、廿,7.20;護撫。
楊景素　　　　　**尹嘉銓** 三、戊午;改直布。　三、戊午;魯布改。	**尹嘉銓**
錢　琦	**錢　琦**
王重望	**王重望**
顏希深　　　　　(漢)**李　瀚** △憂免。　　　　四、庚寅、廿,6.2; 兗沂曹道遷。	(漢)**李　瀚**
(滿)**富尼漢**	(滿)**富尼漢**
吳虎炳	**吳虎炳**
劉　益　　　　　(漢)**李　本** 九、庚戌、十三,10.20;　九、庚戌;按遷。 病免(革、殺)。	(漢)**李　本**　　　　　**錢　鎡** 十一、戊申、十七,12.11;革。　十一、戊申;陝按遷。
閔鶚元　　　　　**姚成烈** 二、乙未;寧布互調。　二、乙未;寧布改。	**姚成烈**
(?)**淑寶**	(?)**淑寶**
錢　度	**錢　度**　　　　　　**王太岳** 三、丁巳、廿二,4.24;殺。　二、己丑、廿四, 3.27;按遷。
(滿)**三寶**　　　　　(覺羅)**圖思德** 十、戊辰、一,11.7;遷晉撫。　十、戊辰;皖按遷。	(覺羅)**圖思德**　　　**蔡應彪**　　**韋謙恒** 正月,護撫。四、乙　四、己卯、十　八、辛卯、十九, 亥、十,5.12;遷撫。　四,5.16;按遷。　9.25;按遷。

布政使年表

年　代	乾　隆　三　八　年　　癸巳(1773)		
直　隸	楊景素		
江　寧	閔鶚元		
江　蘇	(滿)增福		
安　徽	(漢)楊　魁		
山　東	(滿)國泰		
山　西	朱　珪		
河　南	張　鎮 十二、丁酉、十三，1.24；病免。	顏希深 十二、丁酉；原贛布授(軍營)。	按察榮柱暫署。
陝　西	畢　沅 正月，護撫。十一、壬申、十七，12.30；遷撫。	(滿)富綱 十一、壬申；任。	
甘　肅	尹嘉銓		
福　建	錢　琦		
浙　江	王亶望		
江　西	(漢)李　瀚		
湖　北	(滿)富尼漢　　(滿)敦福 　　　　　　正、己亥、九，1.31；湘按遷。十一、壬申；湘布互調。	吳虎炳 十一、壬申；湘布改。	
湖　南	吳虎炳 十一、壬申；鄂布互調。	(滿)敦福 十一、壬申；鄂布改，護撫。	
四　川	錢　鎣		
廣　東	姚成烈		
廣　西	(?)淑寶 十一、壬申；派往喀什噶爾。	(滿)蘇爾德 十一、壬申；降晉撫授。	
雲　南	王太岳		
貴　州	韋謙恒		

乾隆三九年　甲午(1774)	乾隆四十年　乙未(1775)
楊景素　　　　　　　單功 十、辛巳、一，11.4；　十、辛巳；清河道遷。 遷魯撫。	單功
閔鶚元	閔鶚元
(滿)增福	(滿)增福
(漢)楊魁 　二、丙申、十三，3.24；兼署按察。	(漢)楊魁　　　李質穎　　　　王顯緒 二、癸巳、十五，　兩淮鹽政授。五月，　十、丙申； 3.16；改贛撫。　護撫。十、丙申、廿　按遷。 　　　　　二，11.14；遷撫。
(滿)國泰	(滿)國泰
朱珪	朱珪　　　　　(漢)黃檢 五、己酉、三，5.31；召陞　五、己酉；按遷。 (授講學)。
顏希深	顏希深
(滿)富綱	(滿)富綱
尹嘉銓　　　　　王亶望 三、己巳、十六，4.26；　三、己巳；浙布改。 改大理。	王亶望
錢琦	錢琦
王亶望　　　(漢)郝碩 三、己巳；　三、己巳；按遷(留川 改甘布。　按察徐恕署。　辦軍需)。	(漢)郝碩
(漢)李瀚	(漢)李瀚　　　　(漢)楊魁 二、癸巳；遷滇撫。　二、癸巳；皖布改。
吳虎炳	吳虎炳　　　　李世傑 十二、丙辰、十三，2.2；　十二、戊午、十五，2.4； 遷桂撫。　川按遷。
(滿)敦福	(滿)敦福
錢鏐	錢鏐
姚成烈	姚成烈
(滿)蘇爾德	(滿)蘇爾德
王太岳	王太岳　　　　朱椿 △降。　八、壬辰、十七，9.11；桂按遷。
韋謙恒 正、丙寅、十二，2.22；護撫。　按察國棟署。	韋謙恒　　　　鄭大進 十、丙申；革。　十、丙申；湘按遷。

年 代	乾 隆 四 一 年　丙申(1776)		
直 隸	單　功		
江 寧	閔鶚元 三、丁酉、廿六,5.13;遷皖撫。	陶　易 三、丁酉;江南糧道遷。	
江 蘇	(滿)增福		
安 徽	王顯緒		
山 東	(滿)國泰		
山 西	(漢)黃　檢		
河 南	顏希深		
陝 西	(滿)富綱 三、甲申、十三,4.30;護撫。		
甘 肅	王亶望		
福 建	錢　琦		
浙 江	(漢)郝　碩 （赴川）　徐恕署。		
江 西	楊　魁 三、癸未、十二,4.29;遷蘇撫。	(?)圖桑阿 三、甲申;甘按遷。	
湖 北	李世傑		
湖 南	(滿)敦福 十、癸丑、十五,11.25;遷撫。	白　瀛 十、癸丑;贛按遷。	
四 川	錢　鍪		
廣 東	姚成烈		
廣 西	(滿)蘇爾德 四、乙卯、十四,5.31;革。	孫士毅 四、乙卯;理少授。 十一、壬辰、廿四,1.3;滇布互調。	朱　椿 十一、壬辰;滇布改。
雲 南	朱　椿 十一、壬辰;桂布互調。	孫士毅 十一、壬辰;桂布改。	
貴 州	鄭大進		

乾隆四二年　丁酉(1777)	
單　功	
陶　易	
(滿)增福	
王顯緒	(滿)農起 三、壬申、六,4.13;按遷。
(滿)國泰 十一、甲戌、十二,12.11;遷撫。	徐　恕 十一、乙亥、十三,12.12;(服)署。
(漢)黃　檢	
顏希深 二、戊午、廿二,3.3;遷湘撫。	(滿)榮柱 二、戊午;按遷。
富綱	
王重望 五、丁亥、廿三,6.27;遷浙撫。	王廷贊 五、丁亥;寧夏道遷。
錢　琦	
(漢)郝　碩 正、乙酉、十八,2.25;遷魯撫。	孫含中 正、丙戌、十九,2.26;陝按遷。
(?)圖桑阿 二、戊午;湘布互調。　白　瀛 二、戊午;湘布改。 贛南道周克開署。十二月,革。按察德文署。	
李世傑	
白　瀛 二、戊午;贛布互調。	(?)圖桑阿 二、戊午;贛布改。
錢　鍪	
姚成烈	
朱　椿	
孫士毅	
鄭大進	

布政使年表

年代	乾隆四三年　戊戌(1778)		
直　隸	單　功		
江　寧	陶　易 九、癸卯、十七,11.5;革。	孔傳炯 九、癸卯;閩布改。	
江　蘇	(滿)增福		
安　徽	(滿)農起		
山　東	徐　恕 閏六、辛未、十三,8.5;署浙布。十二、丁卯、十一,1.28;回任。	陸　熠 閏六、辛未;按遷。十二、丁卯;乞養。	
山　西	(漢)寅　檢 七、癸巳、六,8.27;改閩布。	譚尚忠 七、甲午、七,8.28;甘按遷。	
河　南	(滿)榮柱 正、戊辰、七,2.3;護撫。		
陝　西	(滿)富綱		
甘　肅	王廷贊		
福　建	錢　琦 七、癸巳;休。	(漢)寅　檢　七、癸巳;晉布改。 九、己亥、十三,11.1;遷撫。	孔傳炯　九、己亥;蘇 按遷。九、癸卯;改寧布。	(滿)德文 九、癸卯;贛按遷。
浙　江	孫含中	徐　恕 閏六、辛未;魯布署。十二、丁卯;回任。	(滿)國棟 十二、丁卯、十一,1.28;按遷。
江　西	白　瀛		
湖　北	李世傑		
湖　南	(?)圖桑阿　　　按察塔琦署。	陳用敷 正、己丑、廿八,2.24;粤按遷。	
四　川	錢　鎣		
廣　東	姚成烈		
廣　西	朱　椿		
雲　南	孫士毅		
貴　州	鄭大進 正、乙酉、廿四,2.20;遷豫撫。	(漢)李　本 正、乙酉;甘按遷。	

乾隆四四年　己亥(1779)	
單　功 十一、己酉、廿九，1.5；死。	**(漢)黃　檢** 十一、己酉；按遷。
孔傳炯 七、癸卯、廿一，9.1；休(死)。	**劉　嶹** 七、癸卯；陝按遷。
(滿)增福 二、丙子、廿一，4.7；遷閩撫。	**吳　壇** 二、丙子；江南河庫道遷。
(滿)農起	
徐　恕 十二、癸酉、廿三，1.29；死。	**于易簡** 十二、癸酉；按遷。
譚尚忠	
(滿)桑柱 十二、辛未、廿一，1.27；遷撫。	**江　蘭** 十二、壬申、廿二，1.28；太僕授。
(滿)富綱 五、丙午、廿三，7.6；遷閩撫。	**(滿)尚安** 五、丙午；直口北道遷。
王廷贊	
(滿)德文	
(滿)國棟	
白　瀍 五、壬辰、九，6.22；遷刑右。	**秦雄飛** 五、癸巳、十，6.23；皖按遷。
李世傑 五、丙申、十三，6.26；遷桂撫。	**梁敦書** 五、丙申；粵按遷。
陳用敷	
錢　鍌　三月，病免。　**杜玉林**　三、乙酉、一，4.16；按遷。四、戊寅、廿四，6.8；遷刑左。　**李承鄴**　四、己卯、廿五，6.9；晉按遷。	
姚成烈 五月，護桂撫。十一、丙午、廿六，1.2；遷桂撫。	**(?)達爾吉善** 十一、丙午；直按遷。
朱　椿	
孫士毅 七、乙未、十三，8.24；遷撫。	**(蒙)福明安** 七、乙未；寧夏道遷。　　　迤西道徐嗣曾署。
(漢)李　本 三、庚子、十六，5.1；護撫。	

布政使年表

年 代	乾 隆 四 五 年　庚 子(1780)
直 隸	(漢)黃　檢
江 寧	劉　墫
江 蘇	吳　壇 四、辛酉、十三,5.16;遷撫。　　　　(?)瑯齡 　　　　　　　　　　　　　　　　　四、辛酉;按遷。
安 徽	(滿)農起 五、己丑、十一,6.13;改豫布。　　　(?)福川 　　　　　　　　　　　　　　　　五、己丑;鄂按遷。
山 東	于易簡
山 西	譚尚忠
河 南	江　蘭　　　(滿)農起　　　　　　　　　　　李承鄴 五、己丑;改滇布。　五、己丑;皖布改。八、癸酉、廿七,9.25;遷皖撫。　八、癸酉;川布改。
陝 西	(滿)尚安
甘 肅	王廷贊
福 建	(滿)德文　　　　　　楊廷樺 　　　　　　　　十二、丙午、二,12.27;按遷。
浙 江	(滿)國棟
江 西	秦雄飛
湖 北	梁敦書
湖 南	陳用敷
四 川	李承鄴　　　　　　　查　禮 八、癸酉;改豫布。　　八、癸酉;按遷。
廣 東	(?)遠爾吉善
廣 西	朱　椿
雲 南	(蒙)福明安　　　　　江　蘭 　　　　　　　　　五、己丑;豫布改。
貴 州	(漢)李　本　　　　　孫永清 七、壬寅、廿六,8.25;遷撫。　七、癸卯、廿七,8.26;左副授。

乾隆四六年　辛丑(1781)		
(漢)黄　檢 三、乙未、廿二,4.15;改正藍漢副。	(?)達爾吉善 三、乙未;粤布改。九、甲辰、五、10.21;革。	(滿)明興 九、甲辰;任。
劉　嶒		
(?)瑞齡		
(?)福川	劉　峩 二、己未、十六,3.10;鄂按遷。十二、辛卯、廿三,2.5;晉布互調。	(滿)國棟 十二、辛卯;晉布改。
于易簡		
譚尚忠 十二、丁丑、九,1.22;遷撫。	(滿)國棟 十二、丁丑;浙布改。十二、辛卯;皖布互調。	劉　峩 十二、辛卯;皖布改。
李承鄴		
(滿)尚安		
王廷贊 四、壬申、廿九,5.22;召陞。	(滿)福崧 四、壬申;粤布改。	
楊廷樺		
(滿)國棟 十二、丁丑;改晉布。	(滿)盛住 十二、丁丑;杭嘉湖道遷。	
秦雄飛	馮應榴 七、壬子、十二,8.30;鴻臚授。	
梁敦書 十二、庚午、二,1.15;召京(四七年授左副)。	(滿)永慶 十二、庚午;閩按遷。	
陳用敷 十、己丑、廿,12.5;革。	葉佩蓀 十、己丑;魯按遷。	
查　禮		
(?)達爾吉善 三、乙未;改直布。	(滿)福崧 三、乙未;甘按遷。四、壬申;改甘布。	鄭源璹 四、壬申;豫按遷。
朱　椿 十二、己巳、一,1.14;遷撫。	(滿)富躬 十二、己巳;按遷。	
江　蘭		
孫永清		

年　代	乾　隆　四　七　年　　壬寅(1782)		
直　隸	(滿)**明興** 四、己卯、十三,5.24;遷魯撫。	(?)**祥霈** 四、己卯;陝布改。	(滿)**永保** 八、庚辰、十六,9.22;清河道遷。
江　寧	**劉　嶿** 九、辛亥、十七,10.23;署皖布。		
江　蘇	(?)**瑞齡** 六、壬申、七,7.16;改桂布。	(滿)**伊星阿** 六、壬申;閩按遷。	
安　徽	(滿)**國棟** 九、辛亥;解、勘。　寧布劉嶿署。	(滿)**奇豐額** 九、壬子、十八,10.24;黔按遷。	
山　東	**于易簡** 四、己卯;革、逮。	**孫士毅** 四、己卯;常少授。	
山　西	**劉　峨**		
河　南	**李承鄴**		
陝　西	(滿)**尚安** 三、癸丑、十六,4.28;遷粵撫。	(?)**祥霈** 三、癸丑、任。四、己卯;改直布。	(滿)**圖薩布** 四、己卯;西安糧道署,旋授。
甘　肅	(滿)**福崧** 十、甲申、廿一,11.25;遷浙撫。	**馮光熊** 十、壬午、十九,11.23;贛按遷。	
福　建	**楊廷樺** △降(台灣道)。	**徐嗣曾** 八、乙亥、十一,9.17;滇按遷。	
浙　江	(滿)**盛住**		
江　西	**馮應榴**		
湖　北	(滿)**永慶**		
湖　南	**葉佩蓀** 五、丁酉、一,6.11;降知府。	**李　封** 五、丁酉;浙按遷。九、戊午、廿四,10.30;革。	(滿)**景祿** 九、戊午;按遷。
四　川	**查　禮** 九、辛亥;遷湘撫。	**陳用敷** 九、壬子;桂按遷。	
廣　東	**鄭源璹**		
廣　西	(滿)**富躬** 六、壬申;遷皖撫。	(?)**瑞齡** 六、壬申;蘇布改。	
雲　南	**江　蘭** 憂免。	**費　淳** 十一、戊午、廿五,12.29;晉按遷。	
貴　州	**孫永清**		

乾隆四八年　癸卯(1783)

| (滿)**永保** | | | (滿)**景禄** |
| 正、乙未、三,2.4;改蘇布。 | | | 正、乙未;湘布改。 |

劉　嶧

| (滿)**伊星阿** | | | (滿)**永保** |
| 正、甲午、二,2.3;遷湘撫。 | | | 正、乙未;直布改。 |

(滿)**奇豐額**

| **孫士毅** | | | **陸　熰** |
| 五、丁未、十七,6.16;遷桂撫。 | | | 五、丁未;原任(服)署。 |

| **劉　峨** | **汪　新** | **李天培** | **鄭源璹** |
| 三、辛丑、十,4.11;遷桂撫。 | 三、壬寅、十一,4,12;鄂按遷。降三調。 | 十、丁丑、十九,11.13;粤按遷。十二、丁卯、十,1.2;粤布互調。 | 十二、丁卯;粤布改。 |

| **李承鄴** | | (漢)**李慶棻** |
| | | 七、戊申、十九,8.16;蘇按遷。 |

(滿)**圖薩布**
二、己巳、八,3.10;署撫。

馮光熊

徐嗣曾

(滿)**盛柱**

馮應榴

(滿)**永慶**

| (滿)**景禄** | **王站柱** | | **秦承恩** |
| 正、乙未;改直布。 | 正、乙未;豫按遷。五、丙申、六,6.5;川布互調。 | | 五、丙申;川布改。 |

| **陳用敷** | **秦承恩** | | **王站柱** |
| △憂免。 | 三、丁酉、六,4.7;陝按遷。五、丙申;湘布互調。 | | 五、丙申;湘布改。 |

| **鄭源璹** | **李天培** |
| 十二、丁卯;晉布互調。 | 十二、丁卯;晉布改。 |

(?)**瑞齡**

費　淳

孫永清

布政使年表

年　代	乾　隆　四　九　年　　甲辰(1784)		
直　隸	(滿)景禄 六、戊申、廿五,8.10；遷刑右。	(滿)伊桑阿 六、戊申；按遷。	
江　寧	劉　嶧		
江　蘇	(滿)永保 二、壬申、十六,3.7；遷黔撫。	(漢)李慶棻 二、壬申；豫布改。	
安　徽	(滿)奇豐額 六、丁未、廿四,8.9；改桂布。	浦　霖 六、丁未；甘布改。七、壬午、廿九,9.13；甘布互調。	陳步瀛 七、壬午；甘布改。
山　東	陸　燿 七、丁巳、四,8.19；遷湘撫。	馮晉祚 七、丁巳；魯按遷。	
山　西	鄭源璹		
河　南	(漢)李慶棻 二、壬申；改蘇布。	江　蘭 二、壬申；原滇布(服)署。	
陝　西	(滿)圖薩布		
甘　肅	馮光熊 五、癸未、廿九,7.16；革。	浦　霖 五、癸未；任。六、丁未；改皖布。七、壬午；皖布互調。	陳步瀛 六、丁未；按遷；七、壬午；改皖布。
福　建	徐嗣曾		
浙　江	(滿)盛柱		
江　西	馮應榴 五、癸未；革。	李承鄴 五、癸未；原像布署。	
湖　北	(滿)永慶		
湖　南	秦承恩		
四　川	王站柱		
廣　東	李天培 △降。	陳用敷 四、辛卯、七,5.25；原川布授。	
廣　西	(？)璩齡	(滿)奇豐額 六、丁未；皖布改。	
雲　南	費　淳 △十一月,乞養。	譚尚忠 十一、丁丑、廿六,1.6；閩按遷。	
貴　州	孫永清		

乾隆五十年　乙巳(1785)	乾隆五一年　丙午(1786)
(滿)伊桑阿　　　　　　梁肯堂 八、癸卯、廿六,9.29;　　八、癸卯;按遷。 改晉撫。	梁肯堂
劉　嶧	劉　嶧　　　　　　袁　鑒 三、辛未、廿七,4.25;召京。　三、辛未;晉按遷。
(漢)李慶棻　　　　　李　封 七、辛酉、十四,8.18;　七、辛酉;汀漳龍道遷。 遷黔撫。	李　封　　(覺羅)長麟　　　　(滿)英善 五、丁巳、十五,　蘇按遷、九、乙未、廿　九、乙未; 6.10;遷鄂撫。　五,11.15;遷刑右。　湘布改。
陳步瀛	陳步瀛
馮晉祚　　　　　　繆其吉 四、庚子、廿一,5.29;　四、庚子;川按遷。 革。（左副）	繆其吉
鄭源璹	鄭源璹
江　蘭	江　蘭 六、辛丑、廿九,7.24;遷撫。 十、丁未、七,11.27;豫撫降。
(滿)圖薩布	(滿)圖薩布　　　　　秦承恩 二、己亥、廿五,3.24;遷鄂撫。　二、己亥;湘布改。
浦　霖　　　　(滿)福寧 七、己酉、二,8.6;　七、己酉;湘按遷。 遷閩撫。	(滿)福寧
徐嗣曾　　　　(覺羅)伍拉納 七、庚戌、三,8.7;遷閩撫。　七、庚戌;豫按遷。	(覺羅)伍拉納
(滿)盛柱	(滿)盛柱　　　　　　顧學潮 三、辛未;革(内務府郎中)。　三、辛未;清河道遷。
李承鄴	李承鄴
(滿)永慶	(滿)永慶　　　　　　陳　淮 十、辛丑、一,11.21;革、逮。　十、辛丑;甘按遷。
秦承恩	秦承恩　　(滿)英善　二、己亥;　　(漢)郭世勳 二、己亥;　直按遷、九、乙未、　九、乙未; 改陝布。　廿五,11.19;蘇改布。　按遷。
王站柱	王站柱
陳用敷　　　　　　許祖京 五、甲寅、六,6.12;遷黔撫。　五、甲寅;滇按遷。	許祖京
(滿)奇豐額	(滿)奇豐額
譚尚忠	譚尚忠　　　　　　王　昶 閏七、庚辰、九,9.1;遷撫。　閏七、戊寅、七,8.30; 陝按遷。
孫永清　　　　　　汪　新 正、丁巳、七,2.15;　正、戊午、八,2.16; 遷桂撫。　　甘按遷。	汪　新

布政使年表

年代	乾隆五二年　丁未(1787)	乾隆五三年　戊申(1788)
直　隸	梁肯堂	梁肯堂 七、庚辰、廿,8.21;署晉撫。　　按察富尼善署。
江　寧	袁　鑒　　　　王兆棠 二、庚子、二,3.20;　　二、庚子;按遷。 降江寧知府。	王兆棠　　　　康基田 　　　　　二、壬子、十九,3.26;蘇按遷。
江　蘇	(滿)英善　　　　(滿)奇豐額 △憂免(署桂布)。　　六、庚子、四,7.18;桂布改。	(滿)奇豐額
安　徽	陳步瀛	陳步瀛
山　東	繆其吉	繆其吉
山　西	鄭源璹	鄭源璹
河　南	江　蘭	江　蘭　　　　(滿)景安 　　　　　二、辛丑、八,3.15;按遷。
陝　西	秦承恩	秦承恩
甘　肅	(滿)福寧	(滿)福寧
福　建	(覺羅)伍拉納	(覺羅)伍拉納　　　　伊轍布 七、庚辰、遷豫撫。　　七、庚辰;按遷。
浙　江	顧學潮	顧學潮
江　西	李承鄴	李承鄴　　　　王　昶 正、戊子、廿五,　　正、戊子;滇布改。 3.2;滇布互調。
湖　北	陳　淮	陳　淮
湖　南	(漢)郭世勳	(漢)郭世勳
四　川	王站柱	王站柱
廣　東	許祖京	許祖京
廣　西	(滿)奇豐額　　虔禮寶　　(滿)英善 六、庚子;　　六、庚子;晉　九、己卯、十五,10.25; 改蘇布。　　按遷。憂免。　原蘇布(服)署。	(滿)英善
雲　南	王　昶	王　昶　　　　李承鄴 正、戊子;贛布互調。　正、戊子;贛布改。
貴　州	汪　新	汪　新

乾隆五四年　己酉(1789)			
梁肯堂 正、癸未、廿六,2.20;遷豫撫。	秦承恩 正、癸未;陝布改。三、庚申、三、3.29;回任。		馮光熊 三、庚申;湘布改。
康基田			
(滿)奇豐額			
陳步瀛 六、壬午、廿八,8.18;遷黔撫。	(滿)玉德 六、壬午;按遷。十、丙子、廿四,12.10;遷刑右。		(滿)富尼善 十、丙子;直按遷。
繆其吉			
鄭源璹			
(滿)景安			
秦承恩 正、癸未;改直布。三、庚申;回任。 七、丙午、廿二,9.11;遷撫。	王懿德 正、癸未;滇按遷。 三、庚申;改湘布。	(宗室)額勒樂春 七、丙午、十二,9.11;贛按遷。 十一、丁酉、十五,12.31;遷黔撫。	(滿)福寧 十一、丁酉; 廿布改。
(滿)福寧 十一、丁酉;改陝布。	蔣兆奎 十一、丁酉;晉按遷。		
伊轍布			
顧學潮			
王　昶 二、庚戌、廿三,3.19;署刑右。	姚　棻 二、庚戌;魯按遷。		
陳　淮			
(漢)郭世勳 正、丁亥,卅,2.24;遷黔撫。	馮光熊 巳、丁亥;魯按遷。三、庚申;改直布。		王懿德 三、庚申;陝布改。
王站柱			
許祖京			
(滿)英善			
李承鄴			
汪　新			

布政使年表

年代	乾隆五五年　庚戌(1790)		
直　隸	**馮光熊** 十一、丁丑、一，12.6;遷湘撫。	**張誠基** 十一、丁丑;甘按遷。	
江　寧	**康基田** 二月，護皖撫。五、己亥、十九，7.1;革、逮。	**陳大文** △皖按遷。	
江　蘇	(滿)**奇豐額**		
安　徽	(滿)**富尼善** 二、辛未、廿，4.4;解。	(蒙)**和寧** 二、辛未;川按遷。三、己丑、九，4.22;改川布。	**周　樽** 三、己丑;甘按遷。
山　東	**繆其吉**	**汪　蘭** 九、乙未、十八，10.25;理少授。	
山　西	**鄭源璹**		
河　南	(滿)**景安**		
陝　西	(滿)**福寧** 九、庚子、廿三，10.30;遷鄂撫。	(蒙)**和寧** 九、庚子;川布改。	
甘　肅	**蔣兆奎**		
福　建	**伊轍布**		
浙　江	**顧學潮** 九、庚子;病免。	**歸景照** 九、庚子;按遷。	
江　西	**姚　棻** 四、丙寅、十六，5.29;遷撫。	(?)**託倫** 四、丙寅;按遷。	
湖　北	**陳　淮**		
湖　南	**王懿德**		
四　川	**王站柱** 三、己丑、九，4.22;病免。	(蒙)**和寧** 三、己丑;皖布改。九、庚子;改陝布。	(滿)**英善** 九、庚子;桂布改。
廣　東	**許祖京**		
廣　西	(滿)**英善** 六月，護撫。九、庚子;改川布。	**湯雄業** 九、庚子;川按遷。	
雲　南	**李承鄴** 七、庚寅、十二，8.21;降調。(賞按察使休)	**費　淳** 七、庚寅;原任授。	
貴　州	**汪　新**		

乾隆五六年　辛亥(1791)		
張誠基		
陳大文 △憂免。	陳寧滋 十二、癸亥、廿三,1.16;蘇按遷。	
(滿)奇豐額		
周　樽		
江　蘭 十一、辛巳、十,12.5;護撫。		
鄭源璹 四、壬申、廿八,5.30;豫布互調。	(滿)景安 四、壬申;豫布改。 六、庚申、十七,7.17;甘布互調。	蔣兆奎 六、庚申;甘布改。
(滿)景安 四、壬申;晉布互調。	鄭源璹 四、壬申;晉布改。	
(蒙)和寧		
蔣兆奎 六、庚申;晉布互調。	(滿)景安 六、庚申;晉布改。十一、癸酉、二,11.27;赴藏。按署。	
伊轍布		
歸景照		
(?)託倫		
陳　淮 十一、癸未、十二,12.7;遷黔撫。	汪　新 十一、乙酉、十四,12.9;黔布改。	
王懿德 四、丁卯、廿三,9.25;護撫。		
(滿)英善		
許祖京		
湯雄業		
費　淳		
汪　新 十一、乙酉;改鄂布。	(滿)萬寧 十一、乙酉;晉按遷。	

布政使年表

年 代	乾隆五七年　壬子(1792)		
直 隸	張誠基 五、己酉、十二,6.30;改蘇布。	陸有仁 五、己酉;魯按遷。 十、庚寅、廿五,12.8;革(甘按)。	鄭製錦 十、庚寅;甘按遷。
江 寧	陳犖滋		
江 蘇	(滿)奇豐額 五、戊申、十一,6.29;遷蘇撫。	張誠基 五、己酉;直布改。	
安 徽	周 樽		
山 東	江 蘭		
山 西	蔣兆奎 十二、丙子、十二,1.23;遷晉撫。	(?)善泰 十二、丙子;按遷。	
河 南	鄭源璹 六、戊寅、十一,7.29;改湘布。	吳璥 六、戊寅;按遷。	
陝 西	(蒙)和寧		
甘 肅	(滿)景安		
福 建	伊轍布		
浙 江	歸景照 六、戊寅;革、戍。	王懿德 六、戊寅;湘布改。 十二、辛巳、十七,1.28;改贛布。	顧長綏 十二、辛巳;按遷。
江 西	(?)託倫 十二、庚辰、十六,1.27;解。賞道員銜派往和閫。	王懿德 十二、辛巳;浙布改。	
湖 北	汪 新		
湖 南	王懿德 六、戊寅;改浙布。	鄭源璹 六、戊寅;豫布改。	
四 川	(滿)英善		
廣 東	許祖京		
廣 西	湯雄業		
雲 南	賣淳		
貴 州	(滿)萬寧		

乾隆五八年　癸丑(1793)	乾隆五九年　甲寅(1794)
鄭製錦	鄭製錦
陳奉滋	陳奉滋
張諴基	張諴基
周樽	周樽 五、甲辰、十八、6.16；護撫。
江蘭 八、辛酉、一、9.5；護撫。	江蘭　　　　孫日秉 五、庚子、十四、6.12；　　五、辛丑、十五、6.13； 降按。　　　　鄂按遷。
(？)善泰	(？)善泰
吳璥	吳璥
(蒙)和寧　　　　(滿)阿精阿 十一、甲午、五、12.7；　　十一、乙未、六、12.8； 改駐藏幫辦大臣。　　直按遷。	(滿)阿精阿　　　　(滿)倭什布 八、壬申、十八、9.11；　　八、壬申；粵按遷。 遷刑右。
(滿)景安　　　　汪志伊 正、辛亥、十七、2.17；　　正、壬子、十八、2.28； 遷工右。　　　　蘇按遷。	汪志伊
伊轍布	伊轍布
顧長綬　　王懿德　　　　張朝縉 正、壬子；憂。　正、壬子；原任仍留。　四、乙亥； 　　四、乙亥、十三、5.22；　粵按遷。 　　革，以道員派往哈密。	張朝縉　　　　田鳳儀 △憂免(甘布)。　五、戊戌、十二、6.12；按遷。
王懿德　　(滿)岳起　　　　(滿)萬寧 正、壬子；　正、壬子；閩學授。　八、辛巳； 留浙原任。　八、辛巳、廿一、9.25；病免。　黔布改。	(滿)萬寧
汪新	汪新
鄭源璹	鄭源璹
(滿)英善　　　　闓嘉言 三、乙卯、廿二、5.2；　　三、乙卯；浙按遷。 遷黔撫。	闓嘉言
許祖京	許祖京　　　　陳大文 五、戊子、二、5.30；乞養。　五、戊子；服閩寧布授。
湯雄業　　　　(滿)成林 　　　　八、癸未、廿三、9.27； 　　　　按遷，署撫。	(滿)成林
費淳	費淳 (署撫)
(滿)萬寧　　　　賀長庚 八、辛巳；改贛布。　八、辛巳；按遷。	賀長庚

布政使年表

年代	乾隆六十年　乙卯(1795)			
直　隷	鄭製錦			
江　寧	陳奉滋			
江　蘇	張誠基 五、丁巳、七, 6.23; 護撫。			
安　徽	周　樹 二、癸丑、一, 2.19; 護撫。			
山　東	孫日秉			
山　西	(?)善泰	蔣啓昆 七、戊寅、廿九, 9.12; 浙按遷。		
河　南	吳　璥			
陝　西	(滿)倭什布 △憂免。	(滿)西成 十二、丁酉、廿, 1.29; 川布改。		
甘　肅	汪志伊 四、甲辰、廿四, 6.10; 改浙布。	陸有仁 四、甲辰; 按遷。		
福　建	伊轍布 四、辛卯、十一, 5.28; 召京(革)。	田鳳儀 四、辛卯; 浙布改。		
浙　江	田鳳儀 四、辛卯; 改閩布。	汪志伊 四、甲辰; 甘布改。		
江　西	(滿)萬寧			
湖　北	汪　新 五、戊辰、十八, 7.4; 遷皖撫。	祖之望 五、戊辰; 滇布改。		
湖　南	鄭源璹			
四　川	閻嘉言 六、庚寅、十一, 7.26; 桂布互調。	(滿)西成 六、庚寅; 桂布改。十二、丁酉; 改陝布。	林　儁 十二、丁酉; 按遷。	
廣　東	陳大文			
廣　西	(滿)成林 二、癸丑; 遷撫。	錢受椿 二、甲寅、二, 2.20; 閩按 遷。四月, 解。	(滿)西成 四、丁未、廿七, 6.13; 湘按遷。 六、庚寅; 川布互調。	閻嘉言 六、庚寅; 川布改。
雲　南	費　淳 四、己丑、九, 5.26; 遷皖撫。	祖之望 五、癸丑、三, 6.19; 晉按遷。五、戊辰; 改鄂布。	熊　枚 五、戊辰; 蘇按遷。	
貴　州	賀長庚			

嘉 慶 元 年　丙辰(1796)		
鄭製錦		
陳奉滋 七、庚戌、七,8.9;改皖布。	孫日秉 七、庚戌;魯布改。	
張誠基 六、乙亥、一,7.5;遷皖撫。	(滿)西成 六、丙子、二,7.6;陝布改。十一、 癸丑、十二,12.10;皖布互調。(軍營)滇布熊枚署。	陳奉滋 十一、癸丑;皖布改。
周　樽	陳奉滋 七、庚戌;寧布改。 十一、癸丑;蘇布互調。	(滿)西成 十一、癸丑;蘇布改。
孫日秉 七、庚戌;改寧布。	康基田 七、庚戌:按遷。	
謝啓昆 十一、癸丑;改浙布。	司馬駒 十一、癸丑;贛按遷。	
吳　璥		
(滿)西成 四、甲申、九,5.15;留湘(軍營)。六、丙子;改蘇布。	(滿)倭什布 六、丙子;(服)署。十一月,兼按。	
陸有仁 六、丙子;遷刑右。	張朝縉 六、丙子;(服)署。十一、丙辰、十五,12.13;解。刑右代辦陝督陸有仁暫兼。	
田鳳儀		
汪志伊 十一、癸丑;降贛按。	謝啓昆 十一、癸丑;晉布改。	
(滿)萬寧		
祖之望		
鄭源璹		
林　儁		
陳大文		
聞嘉言		
熊　枚 (仍署蘇布)		
賀長庚		

布政使年表

年代	嘉慶二年　丁巳(1797)	嘉慶三年　戊午(1798)
直隸	鄭製錦　　吳熊光 十二、壬戌、廿七，2.12；通參授。	吳熊光
江寧	孫日秉	孫日秉
江蘇	陳奉滋	陳奉滋
安徽	(滿)西成（二、癸酉、二，2.28；改奉尹。）　熊枚（二、甲戌、三，3.1；滇布改。八、丙辰、廿，10.9；遷刑右。）　陳用敷（八、丙辰；陝按遷。）	陳用敷
山東	康基田（七、庚午、三，8.24；遷蘇撫。）　司馬騊（七、庚午；晉布改。十二、戊申、十三，1.29；改東河。）　陳文緯（十二、戊申；豫按遷。）	陳文緯
山西	司馬騊（七、庚午；改魯布。）　　賀長庚（七、庚午；黔布改。）	賀長庚　　（漢)馬慧裕 十一、庚辰、廿一，12.27；豫按遷。
河南	吳璥	吳璥
陝西	(滿)倭什布（十一、癸未、十八，1.4；遷晉撫。）　陸有仁（十一、癸未；按遷。）	陸有仁
甘肅	張朝縉（正、癸亥、廿二，2.18；革。）　楊揆（正、癸亥；川按遷。五、乙丑、廿六，6.20；刑右英善攝，並代辦總督事務。）	楊揆
福建	田鳳儀（四、丙子、六，5.2；遷閩撫。）　汪志伊（四、丙子；贛按遷。九、甲申、十八，11.6；遷閩撫。）　(滿)高杞（九、甲申；鄂按遷。）	(滿)高杞（四、癸卯、九，5.24；遷鄂撫。）　李殿圖（四、癸卯；按遷。）
浙江	謝啓昆	謝啓昆
江西	(滿)萬寧	(滿)萬寧
湖北	祖之望	祖之望
湖南	鄭源璹	鄭源璹
四川	林儁	林儁
廣東	陳大文（四、丙子；遷粵撫。）　蔣肇奎（四、丙子；按遷。）	蔣肇奎　　（？)常齡 十、壬辰、二，11.9；按遷。
廣西	聞嘉言	聞嘉言
雲南	熊枚（二、甲戌；改皖布。）　陳孝昇（二、甲戌；按遷。）	陳孝昇
貴州	賀長庚（七、庚午；改晉布。）　(滿)常明（七、庚午；按遷。）	(滿)常明

嘉慶四年　己未(1799)

吳熊光 三、庚午、十二,4.16;遷豫撫。	**顏　檢** 三、庚午;豫布改。	
孫曰秉		
陳奉滋 △死。	**荊道乾** 二、庚寅、二,3.7;魯按遷。八、辛丑、十五,9.14;遷皖撫。	**方　昂** 八、辛丑;黔按遷。
陳用敷 正、己巳、十,2.14; 遷皖撫。	(?)**恩明** 正、己巳;按遷。 三、庚午;改豫布。 　**孫玉庭** 三、庚午;湘布改。 五、乙酉、廿八,6.30;改鄂布。	**孫　藩** 五、乙酉;滇按遷。
陳文緯 正、癸未、廿四,2.28;改晉布。	(滿)**岳起** 正、癸未;前贛布授。二月,署撫。 七、丁卯、十一,8.11;遷蘇撫。	(蒙)**全保** 七、丁卯;直按遷。
(漢)**馬慧裕** 正、癸未;改陝布。	**陳文緯** 正、癸未;魯布改。	
吳　璥 三、辛酉、三,4.7;署東河。	**顏　檢** 三、辛酉;贛按遷。 三、庚午;改直布。 　(?)**恩明** 三、庚午;皖布改。十一、 戊午、四,11.30;奉尹互調。	(漢)**王秉韜** 十一、戊午;奉尹改。
陸有仁 正、癸未;遷粤撫。	(漢)**馬慧裕** 正、癸未;晉布改。	
楊　揆 十一、壬午、廿八,12.24;改川布。	(滿)**廣厚** 十一、壬午;贛布改。	
李殿圖		
謝啓昆 八、壬子、廿六,9.25;遷桂撫。	**劉　斌** 八、壬子;閩按遷。	
(滿)**萬寧** 八、戊申、廿二,9.21;改太常。	(滿)**廣厚** 八、戊申;甘按遷。十一、壬午;改甘布。 　**邵　洪** 十一、壬午;按遷。	
祖之望 五、乙酉;解(刑右)。	**孫玉庭** 五、乙酉;皖布改。	
鄭源璹 三、癸亥、五,4.9;革(殺)。	**孫玉庭** 三、癸亥;桂按遷。 三、庚午;改皖布。　按察清安泰署。	(?)**通恩** 三、庚午;任。
林　僑 十一、壬午;病免。	**楊　揆** 十一、壬午;甘布改。	
(?)**常齡**		
闓嘉言		
陳孝昇		
(滿)**常明**		

布政使年表

年 代	嘉 慶 五 年　庚申（1800）			
直 隷	**顏　檢** 十、丁巳、八，11.24，護直督。　　直按同興署。			
江 寧	**孫曰秉**			
江 蘇	**方　昂** △死。	**王汝璧** 閏四、丁卯、十五，6.7；魯按遷。		
安 徽	**孫　藩**			
山 東	（蒙）**全保** 閏四、己未、七，5.30；護撫。			
山 西	**陳文緯**			
河 南	（漢）**王秉韜** 二、戊子、五，2.28；遷東河。	（漢）**馬慧裕** 二、戊子；陝布改。 九、壬寅、廿三，11.9；遷湘撫。	（滿）**先福** 九、壬寅；川按遷。	
陝 西	（漢）**馬慧裕** 二、戊子；改豫布。	（蒙）**台斐音** 二、戊子；桂布改。 六、甲戌、廿三，8.13；降道員。	**溫承惠** 六、甲戌；按遷。	
甘 肅	（滿）**廣厚**			
福 建	**李殿圖**			
浙 江	**劉　斌**			
江 西	**邵　洪**			
湖 北	**孫玉庭**			
湖 南	（？）**通恩**			
四 川	**楊　揆**			
廣 東	（？）**常齡**			
廣 西	**閭嘉言** 正、丙寅、十三，2.6； 改太常。	（蒙）**台斐音** 正、丙寅；陝按遷。 二、戊子；改陝布。	**李　舟** 二、戊子；晉按遷。	（滿）**清安泰** 二、辛亥、廿八，3.23； 湘按遷。
雲 南	**陳孝昇**			
貴 州	（滿）**常明**			

嘉慶六年　辛酉(1801)

顏　檢 四、壬戌、十六，5.28；遷豫撫。	**(滿)同興** 四、壬戌；寧布改。

孫日秉　　(滿)**同興**	**裵行簡**	**汪日章**	(滿)**先福**
三、癸未、七，4.19；　三、癸未；直按遷。 遷黔撫。　　　　　四、壬戌；改直布。	四、壬戌；豫布改。 △憂免。	八、己巳、廿五，10.2；理少授。 十二、戊辰、廿六，1.29；改蘇布。	十二、戊辰； 光祿署。

王汝璧 十二、戊辰；遷皖撫。	**汪日章** 十二、戊辰；蘇布改。

孫　藩 正、乙酉、八，2.20；病免。	**(滿)福慶** 正、乙酉；按遷。

(蒙)全保 四、辛酉、十五，5.27；遷鄂撫。	**吳　俊** 四、壬戌、十六，5.28；粵按遷。十一、丁丑、四，12.9；護撫。

陳文緯 三、丙戌、十，4.22；降。	**張師誠** 三、丁亥、十一，4.23；蘇按遷。

(滿)先福 △憂免(光祿)。	**裵行簡** 四、戊申、二，5.14；太僕授。 四、壬戌；改寧布。	**(?)完顏岱** 四、壬戌；按遷。(死)	**方維甸** 十、甲辰、一，11.6；魯按遷。

溫承惠

(滿)廣厚 二、辛未、廿五，4.7；病免。	**王文潤** 二、辛未；晉按遷。

李殿圖 十一、丁丑、四，12.9；遷皖撫。	**姜開陽** 十一、丁丑；甘按遷。

劉　斌

邵　洪

孫玉庭

(?)通恩

楊　揆

(?)常齡

(滿)清安泰

陳孝昇

(滿)常明 七、癸未、九，8.17；遷黔撫。	**(漢)百　齡** 七、癸未；浙按遷。

布政使年表

年 代	嘉 慶 七 年　壬戌(1802)		
直 隸	(滿)同興 △憂免(署鄂布)。	(?)瞻柱 正、乙未、廿三,2.25;按遷。	
江 寧	(滿)先福		
江 蘇	汪日章		
安 徽	(滿)福慶 九、丁丑、九,10.5;遷黔撫。	(滿)阿林保 九、丁丑;蘇按遷。	
山 東	吳　俊 七、癸巳、廿五,8.22;革。	(滿)倭什布 七、癸巳;革湖督授。 十一、庚午、三,11.27;遷魯撫。	陳鑪琛 十一、庚午;按遷。
山 西	張師誠		
河 南	方維甸		
陝 西	溫承惠		
甘 肅	王文湧		
福 建	姜開陽		
浙 江	劉　斌 十一、壬辰、廿五,12.19;病免。	(滿)清安泰 十一、壬辰;桂布改。	
江 西	邵　洪		
湖 北	孫玉庭 七、己卯、十一,8.8;遷桂撫。	(滿)同興 七、己卯;候補布政署。	
湖 南	(?)通恩		
四 川	楊　揆		
廣 東	(?)常齡 七、癸巳、廿五,8.22;解。	康基田 七、甲午、廿六,8.23;前東河、太倉直隸州授。	
廣 西	(滿)清安泰 十一、壬辰;改浙布。	(滿)恩長 十一、壬辰;皖按遷。	
雲 南	陳孝昇	(漢)百齡 十二、辛酉、廿四,1.17;黔布改。	
貴 州	(漢)百齡 七、癸巳;解。九、丁丑;仍任。十月、護撫。十二、辛酉;改滇布。		(?)公峨 十二、辛酉;桂按遷。

嘉 慶 八 年　癸亥(1803)			
(?)瞻柱			
(滿)先福 七、辛丑、九,8.25;贛布互調。		康基田 七、辛丑;贛布改。	
汪日章			
(滿)阿林保 閏二、丁卯、二,3.24;遷皖撫。		邵　洪 閏二、丁卯;贛布改。	
陳鑾琛			
張師誠			
方維甸 五、辛丑、八,6.26;陝布互調。		温承惠 五、辛丑;陝布改。	
温承惠 五、辛丑;豫布互調。	方維甸 五、辛丑;豫布改。八、丁卯、五,9.20;遷撫。		(?)慶章 八、丁卯;直按遷。
王文湧 十二、戊寅、十七,1.29;改光禄。		蔡廷衡 十二、戊寅;按遷。	
姜開陽 五、辛丑;召京(光禄)。		裘行簡 五、辛丑;前寧布署。十二、己巳、八,1.20;授。	
(滿)清安泰			
邵　洪 閏二、丁卯;改皖布。	(滿)廣厚 閏二、丁卯;署正黃漢副授。 三、甲寅、廿,5.10;粵布互調。	康基田 三、甲寅;粵布改。 七、辛丑;寧布互調。	(滿)先福 七、辛丑;寧布改。
(滿)同興			
(?)通恩 九、癸丑、廿一,11.5;老,召京(鴻臚)。		(滿)成寧 九、癸丑;閩按遷。	
楊　揆			
康基田 三、甲寅;贛布互調。		(滿)廣厚 三、甲寅;贛布改。	
(滿)恩長			
(漢)百　齡 九、丙午、十四,10.29;遷桂撫。	(?)阿禮布 九、丙午;湘按遷。	(蒙)策丹 十一、辛酉、卅,1.12;豫按遷。	
(?)公峩			

年　代	嘉 慶 九 年　甲子(1804)	
直　隸	(?)瞻柱 十二、己卯、廿四,1.24;閩布互調。	裘行簡 十二、己卯;閩布改。
江　寧	康基田	
江　蘇	汪日章	
安　徽	邵　洪 八、辛巳、廿五,9.28;病免。	朱紹曾 八、辛巳;晉按遷。
山　東	陳鍾琛 四、己未、一,5.9;老,召京。	(蒙)策丹 四、己未;候補布政授。(滇布)
山　西	張師誠	
河　南	溫承惠	
陝　西	(?)慶章	
甘　肅	蔡廷衡	
福　建	裘行簡 十二、己卯;直布互調。	(?)瞻柱 十二、己卯;直布改。
浙　江	(滿)清安泰	
江　西	(滿)先福	
湖　北	(滿)同興 七、己亥、十三,8.17;遷晉撫。	(蒙)台斐音 七、己亥;豫按遷。
湖　南	(滿)成寧	
四　川	楊　揆 △死。	董教增 六、戊午、一,7.7;黔按遷。
廣　東	(滿)廣厚	
廣　西	(滿)恩長	
雲　南	(蒙)策丹 三、甲午、五,4.14;解(魯布)。	(?)阿禮布 三、甲午;前任署。
貴　州	(?)公峨 十、癸酉、十八,11.19;革。	(滿)衡齡 十、癸酉;贛按遷。

嘉 慶 十 年　乙丑(1805)

裘行簡	**(？)慶格**
十、辛丑、廿二,12.12;加兵侍署直督。	十、辛丑;按遷。

康基田

汪日章	**張師誠**
六、庚申、八,7.4;遷桂撫。	六、庚申;晉布改。

朱紹曾	**(滿)鄂雲布**
△閏六、庚寅、九,8.3;憂免。	閏六、庚寅;蘇按遷。

(蒙)**策丹**	**文霈**	**金光悌**	**邱庭漋**
(授太常)	浙按遷。	十、庚寅、十一,12.1;按遷。	十、丁未;翰讀學授。
二、辛未、十七,3.17;召京。		十、丁未、廿八,12.18;遷刑左。	

張師誠	**金應琦**
六、庚申;改蘇布。	六、庚申;湘按遷。

溫承惠	**齊布森**
十、戊子、九,11.29;遷贛撫。	十、戊子;桂按遷。

(？)**慶章**	(滿)**景安**		**朱勳**
五、癸卯、廿,6.17;召京。(光禄)	五、癸卯;直按遷。	五、壬子、廿九,6.26;改閩布。	五、壬子;按遷。

蔡廷衡

(？)**瞻柱**	(滿)**景安**
六、庚申;革、戍。	五、壬子;陝布改。

(滿)**清安泰**	**蔡瀛**	(滿)**崇禄**
閏六、壬午、一,7.26;遷贛撫。	閏六、壬午;粤按遷。 十、庚寅;召京。	十、庚寅;甘按遷。

(滿)先福

(蒙)**台斐音**	**章煦**
七、壬子、二,8.25;降調。	七、壬子;順尹授。

(滿)**成寧**	**韓崶**
十一、丙辰、七,12.27;遷皖撫。	十一、丙辰;閩按遷。

薑教增

(滿)**廣厚**	(滿)**衡齡**
十、辛丑、廿二,12.12;革。	十、辛丑;黔布改。

(滿)恩長

(？)**阿禮布**
(署)

(滿)**衡齡**	**李長森**
十、辛丑;改粤布。	十、辛丑;按遷。

年　代	嘉慶十一年　丙寅(1806)	
直　隸	(？)慶格	
江　寧	康基田 五、乙丑、十八，7.4；降郎中。	許兆基 五、乙丑；浙按遷。
江　蘇	張師誠 五、丙寅、十九，7.5；遷贛撫。	胡克家 五、丙寅；鄂按遷。
安　徽	(滿)鄂雲布	
山　東	邱庭漋	
山　西	金應琦	
河　南	齊布森	
陝　西	朱　勳 △十一月，憂免。	(滿)常明 十一、戊申、五，12.14；晉按遷。
甘　肅	蔡廷衡	
福　建	(滿)景安 三、丙辰、八，4.26；遷贛撫。	(滿)景敏 三、丙辰；贛按遷。
浙　江	(滿)崇祿	
江　西	(滿)先福	
湖　北	章　煦 十一、庚申、十七，12.26；遷鄂撫。	(？)阿禮布 十一、庚申；滇布改。
湖　南	韓　崶 五、丙寅；護撫。十、癸卯、卅，12.9；遷刑右。	史積容 十、癸卯；按遷。
四　川	蕫教增	
廣　東	(滿)衡齡	
廣　西	(滿)恩長 八、庚寅、十六，9.27；遷桂撫。	李　鉉 八、庚寅；晉按遷。
雲　南	(？)阿禮布 四、戊子、十一，5.28；授。十一、庚申；改鄂布。	(漢)蔣攸銛 十一、庚申；贛按遷。
貴　州	李長森	

嘉慶十二年　丁卯(1807)	嘉慶十三年　戊辰(1808)
(?)慶格　　　　　　方受疇 九、戊申、十，10.10；病免。　九、戊申；按遷。	方受疇
許兆基	許兆基　　　　　　楊馥 六、乙巳、十一，8.2；遷刑右。　六、乙巳；皖按遷。
胡克家	胡克家
(滿)鄂雲布 十二、己丑、廿二，1.19；護撫。	(滿)鄂雲布
邱庭瀠　　　　　　楊志信 三、乙丑、廿三，4.30；解。　三、乙丑；直按遷。	楊志信　(漢)百齡　　　朱理 九、甲戌、十一，九、甲戌；按遷。十二、庚　十二、庚申； 10.3)；病免。　申、廿九，2.13；遷魯撫。　浙按遷。
金應琦	金應琦
齊布森	齊布森　　　　　　錢楷 閏五、壬午、十七，7.10；降調。　閏五、壬午；光禄授。
(滿)常明	(滿)常明　　　　(滿)慶保 六、乙巳；遷鄂撫。　六、乙巳；閩按遷。
蔡廷衡	蔡廷衡
(滿)景敏	(滿)景敏
(滿)崇禄	(滿)崇禄　　　　(?)慶格 六、乙巳；遷盛刑。　六、乙巳；蘇按遷。
(滿)先福	(滿)先福　　　　(滿)衡齡 十、乙巳、十三，11.30；　十、乙巳；粤布改。 粤布互調。
(?)阿禮布　　　(?)常安 七、癸丑、十三，8.16；烏里 雅蘇台參贊授。	(?)常安　　　　　　張映漢 七、辛未、七，8.28；召京。　七、辛未；晉按遷。
史積容	史積容　　　　　　朱紹曾 三、戊午、廿二，4.17；召京。　三、戊午；服閣皖布授。
董教增　　　　　　姚令儀 五、丁未、六，6.11；遷皖撫。　五、丁未；按遷。	姚令儀
(滿)衡齡	(滿)衡齡　　　　(滿)先福 十、乙巳；贛布互調。　十、乙巳；贛布改。
李鉉	李鉉
(漢)蔣攸銛	(漢)蔣攸銛
李長森	李長森　　　　　　陳預 九、己丑、廿六，11.14；革。　九、己丑；贛按遷。

布政使年表

年代	嘉慶十四年　己巳(1809)
直　隸	**方受疇**
江　寧	**楊　馥**　七、壬申、十四,8.24;革。　　**史積容**　七、壬申;理少授。
江　蘇	**胡克家**　三、辛酉、一,4.15;遷刑右。　(漢)**蔣攸銛**　三、辛酉;滇布改。七、壬申;遷撫。　(滿)**慶保**　七、壬申;魯布改。
安　徽	(滿)**鄂雲布**　五、辛酉、二,6.14;遷黔撫。　(？)**慶格**　五、辛酉;浙布改。降。　(滿)**同興**　七、甲子;滇按遷。八、庚戌、廿二,10.1;遷滇撫。　(？)**素納**　八、庚戌;直按遷。十七,11.24;改晉布。　**李奕疇**　十、甲辰、十、甲辰;按遷。
山　東	**朱　理**　四、戊戌、九,5.22;改光祿。　(滿)**慶保**　四、戊戌;陝布改。七、壬申;改蘇布。　**朱錫爵**　七、壬申;按遷。
山　西	**金應琦**　七、壬申;遷撫。　**劉　清**　七、壬申;按遷。十、甲辰;降四調。　(？)**素納**　十、甲辰;皖布改。
河　南	**錢　楷**　七、己卯、廿一,8.31;署東河。十二、辛卯、六,1.10;遷桂撫。　**蔣繼勳**　十二、辛卯;浙按遷。
陝　西	(滿)**慶保**　四、戊戌;改魯布。　**朱　勳**　四、戊戌;服闋陝布授。
甘　肅	**蔡廷衡**　九、己巳、十二,10.20;解、勘。　按察陳祁署　**陳　祁**　十、壬寅、十五,11.22;按遷。
福　建	(滿)**景敏**
浙　江	(？)**慶格**　五、辛酉;改皖布。　(滿)**廣厚**　五、辛酉;桂按遷。
江　西	(滿)**衡齡**　正、丁卯、七,2.20;改粵布。　**袁秉直**　正、丁卯;鄂按遷。
湖　北	**張映漢**
湖　南	**朱紹曾**
四　川	**姚令儀**　△死。　　**方　積**　八、庚戌;按遷。
廣　東	(滿)**先福**　正、丁卯;遷贛撫。　(滿)**衡齡**　正、丁卯;贛布改。十二、乙巳、十四,1.29;遷晉撫。　**曾　燠**　十二、乙巳;鄂按遷。
廣　西	**李　鉉**
雲　南	(漢)**蔣攸銛**　三、辛酉;改蘇布。　**梁敦懷**　三、辛酉;按遷。
貴　州	**陳　預**

布政使年表

嘉 慶 十 五 年　庚午(1810)	嘉 慶 十 六 年　辛未(1811)
方受疇	方受疇
史積容	史積容　　　　陳 預 九、戊戌；　胡克家 九、戊戌、廿三，　桂布改。十二、庚戌、　十二、庚戌 11.8；桂布互調。　六，1.19；改嶺撫。　淮揚道遷。
(滿)慶保	(滿)慶保
李奕疇	李奕疇
朱錫爵	朱錫爵
(?)素納　　　　　張映漢 十一、甲子、十三，12.9；　十一、甲子；鄂布改。 鄂布互調。	張映漢　　　　　陳桂生 四、癸酉、廿六，6.16；　四、癸酉；按遷。 遷鄂撫。
蔣繼勳	蔣繼勳
朱　勳	朱　勳
陳　祁	陳　祁
(滿)景敏	(滿)景敏
(滿)廣厚　　(滿)穆克登額　(?)廣玉 三、丙辰、二，　三、丙辰；　十、己亥、十八， 4.5；遷皖撫。　蘇按遷。　11.14；閩按遷。	(?)廣玉
袁秉直	袁秉直　　　　　陳 預 十二、庚戌；解(四京候)。　十二、庚戌；寧布改。
張映漢　　　　　(?)素納 十一、甲子；晉布互調。　十一、甲子；晉布改。	(?)素納
朱紹曾	朱紹曾
方　積	方　積
曾　燠	曾　燠
李　鉉　　齊布森　　　　陳 預 四、己酉、廿六，　四、己酉；戶左遷。　十一、乙丑； 5.28；召京。　十一、乙丑、十四，　黔布改。 12.10；黔布互調。	陳 預　　　　　　史積容 九、戊戌；寧布互調。　九、戊戌；寧布改。
梁敦懷	梁敦懷
陳 預　　　　　齊布森 十一、乙丑；桂布互調。　十一、乙丑；桂布改。	齊布森

布政使年表

年代	嘉慶十七年　壬申(1812)		嘉慶十八年　癸酉(1813)	
直隸	方受疇		方受疇 三、甲戌、七，4.7；遷浙撫。	(?)素納 三、甲戌；鄂布改。
江寧	胡克家 八、乙丑、廿五， 9.30；遷皖撫。	陳觀 八、乙丑；浙按遷。	陳觀 十一、壬申、九，12.1； 晉布互調。	陳桂生 十一、壬申；晉布改。
江蘇	(滿)慶保		(滿)慶保	
安徽	李奕疇		李奕疇 七、甲申、廿，8.15；遷浙撫。	蔣繼勳 七、甲申；豫布改。
山東	朱錫爵		朱錫爵	
山西	陳桂生		陳桂生 十一、壬申；寧布互調。	陳觀 十一、壬申；寧布改。
河南	蔣繼勳		蔣繼勳 七、甲申；改皖布。	(蒙)台斐音 △七月，賞三品授。
陝西	朱勳		朱勳 十、丙申、三，10.26；遷陝撫。	(?)慶炆 十、丙申；湘按遷。
甘肅	陳祁	何銑 九、甲午、廿五， 10.29；贛按遷。	何銑	
福建	(滿)景敏 五、己丑、十八， 6.26；遷黔撫。	(?)積朗阿 五、己丑；甘按遷。	(?)積朗阿	王紹蘭 三、丁丑、十，4.10；閩按遷。
浙江	(?)廣玉		(?)廣玉	(?)常格 七、庚寅、廿六，8.21；陝按遷。
江西	陳預		陳預 二、乙丑、廿七，3.29；改湘布。	袁秉直 二、乙丑；太僕授。
湖北	(?)素納		(?)素納 三、甲戌；改直布。	(蒙)巴哈布 三、甲戌；蘇按遷。
湖南	朱紹曾		朱紹曾 二、乙丑； 改太常。　陳預 二、乙丑；贛布改。九、庚辰、 十七，10.10；遷刑右。	翁元圻 九、庚辰； 黔按遷。
四川	方積		方積	
廣東	曾燠		曾燠	
廣西	史積容		史積容	
雲南	梁敦懷		梁敦懷 二、乙丑；改太僕。	李晨森 二、乙丑；蘇松糧道遷。
貴州	齊布森		齊布森 七、丁卯、三，7.29；改光祿。	(?)福昂 七、丁卯；滇按遷。

嘉慶十九年　甲戌(1814)

(?)素納	錢臻
八、辛巳、廿三,10.6；召京(四京候)。	八、辛巳；直按遷。

陳桂生	李畏森	(?)慶格
七、庚寅、二,8.16；閩布互調。	七、庚寅；閩布改。十一、丙辰、廿九,1.9；病免。	十一、丙辰；黔布改。

(滿)慶保	(?)常格	楊鑊
正、癸未、廿一,2.10；遷黔撫。	正、癸未；浙布改。七、丁巳、廿九,9.12；改光祿。	七、丁巳；浙按遷。

蔣繼勳	康紹鏞
七、甲辰、十六,8.30；降刑郎。	七、甲辰；理少授。

朱錫爵	(?)慶炆
五、丁酉、七,6.24；解(革)。	五、丁酉；豫布改。

陳觀

(蒙)台斐音	(?)慶炆	諸以謙
二、丙辰、廿四,3.15；遷桂撫。	二、丙辰；陝布改。五、丁酉；改魯布。	五、丁酉；豫按遷。

(?)慶炆	盛惇崇	何銑	(?)瑞麟	楊懋恬
二、丙辰；改豫布。	二、丙辰；贛按遷。閏二、己丑、廿七,4.17；甘布互調。	閏二、己丑；甘布改。改太僕。	八、丁亥、廿九,10.12；閩按遷。九、戊子、一,10.13；改閩布。	九、戊子；暫按遷。

何銑	盛惇崇
閏二、己丑；陝布互調。	閏二、己丑；陝布改。

王紹蘭	李長森	陳桂生	(?)瑞麟
五、丙申、六,6.23；遷閩撫。	五、丙申；滇布改。七、庚寅；寧布互調。	七、庚寅；寧布改。九、戊子；革。	九、戊子；陝布改。

(?)常格	(?)福昂	(?)額特布
正、癸未；改蘇布。	正、癸未；黔布改。六、壬戌、三,7.19；降郎中。	六、壬戌；滇布改。

袁秉直

(蒙)巴哈布

翁元圻

方積	陳若霖
	十一、甲辰、十七,12.28；川按遷。

曾燠

史積容	葉紹楏
六、甲子、五,7.21；革。	六、甲子；理少授。

李長森	(?)額特布	劉清	趙宜喜
五、丙申；改閩布。	五、丙申；按遷。六、壬戌；改浙布。	魯運使遷；旋留原任。	七、辛亥；粵按遷。

(?)福昂	常發祥	(?)慶格	史致光
正、癸未；改浙布。	正、癸未；川按遷。十月，改光祿。	十、丙戌、廿九1,2.10；蘇按遷。十一、丙辰；改寧布。	十一、丙辰；黔按遷。

年代	嘉慶二十年　乙亥(1815)			
直　隸	錢　臻			
江　寧	(?)慶格	陳桂生 二、己未、三、3.13；甘布改。		
江　蘇	楊　馥			
安　徽	康紹鏞			
山　東	(?)慶炆 二、己未；改陝布。	(滿)和舜武 二、己未；粵按遷。		
山　西	陳　觀 二、甲子、八、3.18；改陝布。	吳邦慶 二、甲子、閣讀學授。 十二、甲寅、四、1.2；豫布互調。	姚祖同 十二、甲寅；豫布改。	
河　南	諸以謙 △病免。	(?)海慶 二、丙寅、十、 3.20；皖按遷。	姚祖同 五、庚子、十六、6.22；鴻臚授。 十二、甲寅；晉布互調。	吳邦慶 十二、甲寅；晉布改。
陝　西	楊懋恬 二、己未；改甘布。	(?)慶炆 二、己未；魯布改。二、甲子；降調。	陳　觀 二、甲子；晉布改。	
甘　肅	盛惇崇	陳桂生 正、辛亥、廿五、3.5；解(四京候)。二、己未；改寧布。	楊懋恬 二、己未；陝布改。△病免。	殷　烺 五、甲午、十、6.16；鄂按遷。
福　建	(?)瑞麟			
浙　江	(?)額特布			
江　西	袁秉直			
湖　北	(蒙)巴哈布 八、丁丑、廿五、9.27；遷湘撫。	(?)訥福 八、丁丑；晉按遷。		
湖　南	翁元圻			
四　川	陳若霖 十二、壬子、二、12.31；遷滇撫。	李鑾宣 十二、壬子；粵按遷。		
廣　東	曾　燠 二、甲申、廿八、4.7；遷黔撫。	趙慎畛 二、甲申；桂按遷。		
廣　西	葉紹楏			
雲　南	趙宜喜			
貴　州	史致光			

嘉慶二一年　丙子(1816)	嘉慶二二年　丁丑(1817)
錢護臻　　　　**姚祖同** 六、戊寅、卅,7.24;遷贛撫。　　六、戊寅;晉布改。	**姚祖同**
陳桂生　**李堯棟**　　　(滿)**繼昌** 五、辛卯、十二,　五、辛卯,蘇按遷。　十一、癸 6.7;改蘇布。　丑、八,12.26;滇布互調。　滇布改。	(滿)**繼昌**
楊護　　　　　**陳桂生** 五、辛卯;遷鄂撫。　　五、辛卯;寧布改。	**陳桂生**　　　　(?)**伊什札布素** 十、辛巳、十一,11.19;　　　十、辛巳;蘇按遷。 遷蘇撫。
康紹鏞　　　　**韓克均** 四、乙亥、廿六,5.22;遷皖撫。　四、乙亥;滇按遷。	**韓克均**
(滿)**和舜武**	(滿)**和舜武**　　　(?)**廣慶** 七、乙丑、廿三,9.4;遷晉撫。　七、乙丑;滇按遷。
姚祖同　　　　**習振翎** 六、戊寅;改直布。　　六、戊寅;晉按遷。	**習振翎**　　　　**周光裕** 七、癸丑、十一,8.23;革。　七、癸丑;鄂按遷。
吳邦慶	**吳邦慶**
陳覯　　　　　**徐炘** 三、癸未、三,3.31;改太僕。　三、癸未;湘按遷。	**徐炘**
嚴烺 △七月,降調。　　　**程國仁** 　　　　七、壬戌、十五, 　　　　9.6;魯按遷。	**程國仁**
(?)**瑞麟**　　　　**李廣芸** 九、甲子、十八,11.7;改浙布。　九、甲子;閩按遷。	**李廣芸**　　　　(滿)**明山** 二、癸未、九,3.26;解　　二、癸未;粵按遷。 (自殺)。
(?)**額特布**　　　(?)**瑞麟** 九、甲子;降一調。　　九、甲子;閩布改。	(?)**瑞麟**
袁秉直	**袁秉直**
(?)**訥福**	(?)**訥福**
翁元圻	**翁元圻**
李鑾宣	**李鑾宣**　　　　**曹六興** 九、乙丑、廿四,11.3;遷滇撫。　九、乙丑;川按遷。
趙慎畛	**趙慎畛**
葉紹楏	**葉紹楏**　　　　(?)**富綸** 九、癸丑、十二,10.22;遷桂撫。　九、癸丑;皖按遷。
趙宜喜　(滿)**繼昌**　　　**李堯棟** 　　二、己卯、廿九,3.27;陝按　十一、癸丑; 　　遷。十一、癸丑;寧布互調。　寧布改。	**李堯棟**　　　　**祝慶承** 三、甲辰、一,4.16;遷粵撫。　三、甲辰;桂按遷。
史致光	**史致光**　　　　(漢)**毓岱** 五、庚午、廿七,7.11;遷閩撫。　五、庚午;黔按遷。

布政使年表

年　代	嘉　慶　二　三　年　　戊寅(1818)		
直　隸	姚祖同		
江　寧	(滿)繼昌 五、戊午、廿一,6.24;解。 (十月授大理)	(滿)琦善 五、戊午;豫按遷。 九、庚申、廿五,10.24;改豫布。	(滿)恒敏 九、庚申;陝按遷。
江　蘇	(？)伊什札布素 二、癸巳、廿五,3.31;改浙布。	楊懋恬 二、癸巳;病痊甘布授。	
安　徽	韓克均		
山　東	(？)廣慶		
山　西	周光裕 十一、乙巳、十一,12.8;召(四京候)。	邱樹棠 十一、乙巳;晉按遷。	
河　南	吳邦慶 九、庚申;遷湘撫。	(滿)琦善 九、庚申;寧布改。	
陝　西	徐炘		
甘　肅	程國仁 七、己酉、十三,8.14;遷浙撫。	屠之申 七、己酉;甘按遷。	
福　建	(滿)明山		
浙　江	(？)瑞麟	(？)伊什札布素 二、癸巳;蘇布改。	
江　西	袁秉直 十二、乙亥、十二,1.7;召京。	(滿)璟弼 十二、乙亥;直按遷。	
湖　北	(？)訥福		
湖　南	翁元圻		
四　川	曹六興		
廣　東	趙慎畛 十、乙酉、廿,11.18;遷桂撫。	魏元煜 十、乙酉;浙按遷。	
廣　西	(？)富翕 十、乙酉;解、議(革)。	(滿)繼昌 十、乙酉;大理署。	
雲　南	祝慶承		
貴　州	(漢)毓岱		

嘉 慶 二 四 年　己卯(1819)	

姚祖同　　　　　　　　　　　　　　　**祝慶承**
閏四、壬辰、一,5.24;遷皖撫。　　　　閏四、壬辰;滇布改。

(滿)**恒敏**
(道光元年正月改名恒敬)

楊懋恬

韓克均　　　　　　　　　　　　　(宗室)**嵩孚**
四、癸酉、十二,5.5;遷黔撫。　　　　四、癸酉;皖按遷。

(?)**廣慶**　　　　　　　　　　　　　**岳齡安**
四、庚子、九,6.1;解、議。　　　　　四、庚子;直按遷。

邱樹棠

(滿)**琦善**　　　　　　　　　　　　　**糜奇瑜**
三、丙午、十四,4.8;遷豫撫。　　　　三、丙午;閩按遷。

徐　炘

屠之申

(滿)**明山**

(?)**伊什札布彝**

(滿)**璿弼**

(?)**訥福**　　　　　　　(覺羅)**海齡**　　　　　　　　(?)**承光**
閏四、乙卯、廿四,6.16;病免。　閏四、乙卯;湘按遷。　　　　六、癸巳;贛按遷。
　　　　　　　　　　　　六、癸巳、三,7.24;乞養。(光祿)。

翁元圻

曹六興

魏元煜

(滿)**繼昌**

祝慶承　　　　　　　　　　　　(?)**玉輅**
閏四、壬辰;改直布。　　　　　　閏四、壬辰;粵按遷。

(漢)**毓岱**　　　　　　　　　　　(?)**富信**
九、戊子、廿九,11.16;遷黔撫。　九、戊子;黔按遷。

布政使年表

年代	嘉慶二五年　庚辰(1820)
直　隸	**祝慶承** 十二、戊戌、十六,1.19;召京。　　**屠之申** 十二、戊戌;甘布改。
江　寧	(滿)**恒敬** 十一、辛巳、廿八,1.2;召京。　　(?)**額特布** 十一、辛巳;降補員外郎授。
江　蘇	**楊懋恬**
安　徽	(宗室)**嵩孚** 六、甲午、十,7.19;贛布互調。　　**張師誠** 六、甲午;贛布改。
山　東	**岳齡安** 九、丙寅、十三,10.19;陝布互調。　　**徐炘** 九、丙寅;陝布改。
山　西	**邱樹棠** 十二、戊戌;贛布互調。　(室宗)**嵩孚** 十二、戊戌;贛布改。十二、丙午、廿四,1.27;改浙布。　**葉世倬** 十二、丙午;贛按遷。
河　南	**糜奇瑜**
陝　西	**徐炘** 九、丙寅;魯布互調。　　**岳齡安** 九、丙寅;魯布改。
甘　肅	**屠之申** 十二、戊戌;改直布。　　**盧坤** 十二、戊戌;鄂按遷。
福　建	(滿)**明山** 四、戊申、廿三,6.3;遷黔撫。　　**孫爾準** 四、戊申;閩按遷。
浙　江	(?)**伊什札布寨**　　(宗室)**嵩孚** 十二、丙午;晉布改。
江　西	(滿)**瑞弼** 三、癸酉、十七,4.29;遷撫。　**韓文綺** 三、癸酉;川按遷。六月,遷刑右。　**張師誠** 六月,中允授。六、甲午;皖布互調。　(宗室)**嵩孚** 六、甲午;皖布改。十二、戊戌;晉布互調。　**邱樹棠** 十二、戊戌;晉布改。
湖　北	(?)**承光** 六、丁未、廿三,8.1;遷盛刑。　(?)**麟祥** 六、丁未;蘇按遷。十二、甲辰、廿二,1.25;召京。　**溫承惠** 十二、甲辰;鄂按遷。
湖　南	**翁元圻** 四、丙午、廿一,6.1;召京。　**左輔** 四、丙午;浙按遷。十一、戊辰、十五,12.20;遷湘撫。　**程祖洛** 十一、戊辰;贛按遷。
四　川	**曹六興**
廣　東	**魏元煜** 十一、戊辰;遷蘇撫。　　**汪如淵** 十一、己巳、十六,12.21;順尹授。
廣　西	(滿)**繼昌**
雲　南	**玉輅**
貴　州	(?)**富信**

道 光 元 年 辛巳(1821)		

屠之申		

(？)額特布	鄭裕崑	
	九、癸丑、六,10.1;粵按遷。	

楊懋恬	(滿)廉敬	
七、丁卯、十九,8.16;遷鄂撫。	七、丁卯;鄂布改。	

張師誠	曹六興	陶 澍
六、辛巳、三,7.1;遷粵撫。	六、壬午、四,7.2;川布改。十、己卯、二,10.27;召京。	十、己卯;閩按遷。

徐 炘	(滿)琦善	程祖洛
六、壬辰、十四,7.12;閩布互調。	六、壬辰;閩布改。六、甲辰、廿六,7.24;遷魯撫。	六、甲辰;湘布改。

葉世倬		
十、乙未、十八,11.12;病假。	署按岳良兼署。	

麋奇瑜		

岳齡安	唐仲晃	
	八、甲辰、廿七,9.22;閩按遷。	

盧 坤		
九、庚午、廿三,10.18;署陝撫。		

孫爾準	(滿)琦善	徐 炘
六、辛卯、十三,7.11;改粵布。	六、辛卯;魯按遷。六、壬辰;魯布互調。	六、壬辰;魯布改。

(宗室)嵩孚	(滿)阿霖	
十、丁亥、十,11.4;遷粵撫。	十、丁亥;直按遷。	

邱樹棠	鄧廷楨	
十二、戊子、十二,1.4;遷晉撫。	十二、戊子;鄂按遷。	

溫承惠	(滿)廉敬	(？)德奎
二、乙未、十四,3.17;解。	二、乙未;蘇按遷。七、丁卯;改蘇布。	七、丁卯;皖按遷。

程祖洛	鑪 臻	
六、甲辰;改魯布。	六、甲辰;晉撫降。	

曹六興	張志緒	
六、壬午;改皖布。	六、壬午;川按遷。	

汪如淵	孫爾準	程國仁
	六、辛卯;閩布改。六、戊戌、廿,7.18;遷皖撫。	六、己亥、廿一,7.19;降刑右授。

(滿)繼昌	(滿)嵩溥	
△憂免。	九、癸亥、十六,10.11;湘按遷。	

(？)玉輅		

(？)富信		

年 代	道 光 二 年　壬午(1822)			
直 隸	**屠之申** 正月，護督。閏三、庚子、 廿五，5.16；降知府。	**鄭裕國** 閏三、癸卯、廿八，5.14；寧布改。 九、丁亥，十六，10.30；休。		**陸　言** 九、丁亥；魯布改。
江 寧	**鄭裕國** 閏三、癸卯；改直布。	**程國仁** 閏三、癸卯；粤布改。七甲 申、十二，8.28；遷陜撫。	**戴三錫** 七、甲申；川按遷。九、己卯、 八，10.22；川布互調。	**張志緒** 九、己卯；川布改。
江 蘇	(滿)**廉敬** 五、壬寅、廿九，7.17；召京(西寧)。	(?)**玉轔** 五、壬寅；滇布改。九、庚寅、十九，11.2；護撫。		
安 徽	**陶　澍**			
山 東	**程祖洛** 五、戊戌、廿五，7.13；遷陜撫。	**陸　言** 五、戊戌；鄂按遷。九、丁亥；改直布。	**楊　健** 九、丁亥；魯按遷。十二月，護撫。	
山 西	**葉世倬** 正、癸丑、七，1.29；遷閩布。	**戴敦元** 正、癸丑；贛按遷。十、己酉、八，11.21；改湘布。	(滿)**廉敬** 十、己酉；前西寧授。	
河 南	**廉奇瑜** 正、辛亥、五，1.27； 改黔布。	**羅含章** 正、辛亥；魯按遷。六、己未、 十七，8.3；遷粤撫。	**陳中孚** 六、己未；粤布改。十二、 癸丑、十三，1.24；遷粤撫。	**楊國楨** 十二、癸丑；滇按遷。
陝 西	**唐仲冕**			
甘 肅	**盧　坤** 八、戊申、七，9.21；遷桂撫。	**朱桂楨** 八、戊申；浙按遷。		
福 建	**徐　炘** 正月，護撫。九、癸巳、廿二，11.5；召京。	(滿)**誠端** 九、癸巳；滇布改。		
浙 江	(滿)**阿霖** 五、壬午、九，6.27；遷贛撫。	(滿)**成格** 五、壬午；降晉撫授。 九、庚子、廿九，11.12；遷桂撫。	(滿)**常德** 九、庚子；晉按遷。	
江 西	**鄧廷楨** 五、戊戌；解、勘。	(滿)**誠端** 五、戊戌；陜按遷。五、壬寅；改滇布。	**潘恭辰** 五、壬寅；桂按遷。	
湖 北	(?)**德奎**			
湖 南	**錢　臻** 十、己酉；休。	**戴敦元** 十、己酉；晉布改。		
四 川	**張志緒** 九、己卯；寧布互調。	**戴三錫** 九、己卯；寧布改。		
廣 東	**程國仁** 閏三、癸卯；改寧布。	**陳中孚** 閏三、癸卯；粤按遷。六、己未；改豫布。	(滿)**蘇明阿** 六、己未；湘按遷。	
廣 西	(滿)**嵩溥**			
雲 南	(?)**玉轔** 五、壬寅；改蘇布。	(滿)**誠端** 五、壬寅；贛布改。九、癸巳；改閩布。	**史　譜** 九、癸巳；贛按遷。	
貴 州	(?)**富信** 正、辛亥；召京。	**廉奇瑜** 正、辛亥；豫布改。		

道光三年　癸未(1823)

陸　言 十二、辛酉、廿七，1.27；改川布。	**(滿)福綿** 十二、辛酉；直按遷。
張志緒	
(？)玉輅	
陶　澍 正、癸酉、三，2.13；遷皖撫。	**徐承恩** 正、癸酉；甘按遷。
楊　健 四、甲辰、五，5.15；甘布互調。	**朱桂楨** 四、甲辰；甘布改。
(滿)廉敬 十二、乙卯、廿一，1.21；召京(太常)。	**(滿)蘇成額** 十二、乙卯；豫按遷。
楊國楨	
唐仲冕 正、丁丑、七，2.17；休。	**(滿)常文** 正、丁丑；陝按遷。
朱桂楨 四、甲辰；魯布互調。	**楊　健** 四、甲辰；魯布改。
(滿)鹹端 △憂免。	**(？)惠顥** 十一、丙寅、二，12.3；皖按遷。
(滿)常德 九、戊寅、十三，10.16；改太常。	**黃鳴傑** 九、戊寅；鄂按遷。
潘恭辰 九、戊寅；桂布互調。	**(滿)嵩溥** 九、戊寅；桂布改。
(？)德奎	
戴敦元 二、辛丑、一，3.13；遷刑左。	**(？)景謙** 二、辛丑；黔按遷。
戴三錫 十二、辛酉；以二品署川督。	**陸　言** 十二、辛酉；直布改。
(滿)蘇明阿	
(滿)嵩溥 九、戊寅；贛布互調。	**潘恭辰** 九、戊寅；贛布改。
史　譜	
糜奇瑜 十、癸亥、廿八，11.30；改太僕。	**吳榮光** 十、癸亥；鄂按遷。

布政使年表

年 代	道 光 四 年　甲申(1824)		
直 隷	(滿)福綿 閏七、辛亥、廿一,9.13；遷晉撫。	屬之申 閏七、辛亥；清河道遷。	
江 寧	張志緒		
江 蘇	(?)玉翰	(滿)鹹端 二、己亥、五,3.5；前閩布授。閏七月,護撫。	
安 徽	徐承恩		
山 東	朱桂楨 閏七、辛丑、十一,9.3；遷晉撫。	費丙章 閏七、辛丑；桂按遷。 九、壬寅、十三,11.3；改鄂布。	(滿)訥爾經額 九、壬寅；魯按署。
山 西	(滿)蘇成額 閏七月,護撫。八、甲申、廿四,10.16；改粵布。	錢寶甫 八、甲申；陝按遷。	
河 南	楊國楨		
陝 西	(滿)常文 八、壬戌、二,9.24；改左副。	(滿)鄂山 八、壬戌；豫按遷。	
甘 肅	楊健		
福 建	(?)惠顯		
浙 江	黃鳴傑 九、壬寅；署浙撫。	(滿)伊里布 九、壬寅；鄂布改。	
江 西	(滿)嵩溥 二、甲辰、十,3.10；護撫。		
湖 北	(?)德壷 閏七、戊申、十八,9.10；改左副。	(滿)伊里布 閏七、戊申；浙按遷。九、壬寅；改浙布。	費丙章 九、壬寅；魯布改。
湖 南	(?)景謙		
四 川	陸言		
廣 東	(滿)蘇明阿 八、癸未、廿三,10.15；遷黔撫。	(滿)蘇成額 八、甲申；晉布改。	
廣 西	潘恭辰		
雲 南	史醴		
貴 州	吳榮光		

道 光 五 年　乙酉(1825)

厲之申		
張志緒		
(滿)誠端 三、辛卯、四,4.21;改湘布。	(滿)繼昌 三、辛卯;馬蘭鎮授。 四、辛未、十四,5.31;改浙布。	賀長齡 四、辛未;蘇按遷。
徐承恩		
(滿)納爾經額 五、戊申、廿二,7.7;護撫。六、癸酉、十七,8.1;按察劉斯嵋署。		
錢寶甫		
楊國楨		
(滿)鄂山 五、戊申;遷陝撫。	鄧廷楨 五、戊申;陝按遷。九、乙酉、一,10.12;護撫。	
楊　健		
(?)惠顯		
(滿)伊里布 四、辛未;遷陝撫。	(滿)繼昌 四、辛未;蘇布改。	
(滿)嵩溥 九、丁亥、三,10.14;遷黔撫。	(滿)蘇明阿 九、丁亥;黔撫降。	
費丙章		
(?)景謙 三、辛卯;病免。	(滿)誠端 三、辛卯;蘇布改。△憂免。	(滿)富呢揚阿 十二、庚午、十八,1.25;黔布改。
陸　言 二、甲戌、十六,4.4;改左副。	韓文綺 二、甲戌;魯按遷。 七、戊子、三,8.16;改滇布。	董　淳 七、戊子;直按遷。
(滿)蘇成額 八、丁巳、三,9.14;遷桂撫。	魏元烺 八、丁巳;閩按遷。	
潘恭辰		
史　譜	韓文綺 七、戊子;川布改。九、乙酉;遷贛撫。	王楚堂 九、乙酉;湘按遷。
吳榮光 九月;護撫。十、甲寅、一,11.10;省假。	(滿)富呢揚阿 十、甲寅;鄂按遷。十二、庚午;改湘布。	劉斯嵋 十二、庚午;魯按遷。

布政使年表

年　代	道　光　六　年　　丙戌(1826)		
直　隸	屠之申		
江　寧	張志緒		
江　蘇	賀長齡 十二、癸丑、六，1.3；改魯布。	梁章鉅 十二、癸丑；贛按遷。	
安　徽	徐承恩 二、癸亥、十一，3.19；鄂布互調。	邱鳴泰 二、癸亥；鄂布改。	
山　東	(滿)訥爾經額 十一月，護撫。十二、癸丑；遷漕督。	賀長齡 十二、癸丑；蘇布改。	
山　西	錢寶甫 二、辛酉、九，3.17；病免。	王庭華 二、辛酉；直按遷。	
河　南	楊國楨		
陝　西	鄧廷楨 四、甲戌、廿三，5.29；遷皖撫。	徐炘 四、甲戌；閣讀學授。 七月，護撫。	八、辛亥、二，9.3；按察顏伯燾署。
甘　肅	楊健 十二、癸丑；遷鄂撫，仍留。		
福　建	(？)惠顯 八、丙辰、七，9.8；召京。	吳榮光 八、丙辰；前黔布授。	
浙　江	(滿)繼昌 三、己亥、十八，4.24；召京(贛布)。	(滿)富呢揚阿 三、己亥；湘布改。	
江　西	(滿)蘇明阿 △降調。	(滿)繼昌 五、壬辰、十一，6.16；前浙布授。	
湖　北	費丙章 △憂免。	邱鳴泰 二、癸丑、一，3.9；晉按遷。二、癸亥；皖布互調。	徐承恩 二、癸亥；皖布改。
湖　南	(滿)富呢揚阿 三、己亥；改浙布。	(滿)裕泰 三、己亥；皖按遷。	
四　川	薑淳		
廣　東	魏元烺		
廣　西	潘恭辰		
雲　南	王楚堂		
貴　州	劉斯嵋 △憂免。	祁墢 三、乙酉、四，4.10；浙按遷。	

道 光 七 年　丁亥(1827)	道 光 八 年　戊子(1828)
屠之申 十一、庚戌、九，12.26；護督，按察戴宗沅署。	**屠之申** （護督）按察戴宗沅署。
張志緒　　**林則徐**　　　**賀長齡** 五、己亥、廿四，　五、己亥；陝按　十、戊子、十六， 6.18；改晉布。　遷。△憂免。　　12.4；魯布改。	**賀長齡**
梁章鉅	**梁章鉅**
邱鳴泰	**邱鳴泰**
賀長齡　　　　　（漢）**鍾　祥** 閏五、癸亥、十九，7.12；　閏五、癸酉、廿九，7、22； 護撫。十、戊子；改寧布。　魯按署。十、戊子；魯按遷。	（漢）**鍾　祥**
王庭華　**張志緒**　　　**葉紹本** 　　五、己亥；寧布改。　七、壬子；桂按遷。 　　七、壬子、九，8.30；休。	**葉紹本**
楊國楨　　　　　**陸　言** 九、庚午、廿八，11.16；　九、庚午；左副授。 遷豫撫。	**陸　言**　　　　　**費丙章** △憂免。　　　五、乙丑、廿七，7.8； 　　　　　　服闋鄂布授。
徐　炘	**徐　炘**　　　　　**史　譜** 八、己卯、十二，9.20；　八、己卯；前滇布授。 遷督撫。
楊　健　　　　　**顏伯燾** （已還鄂撫暫留）　五、丙子、一，5.26；陝按改 　　　　　　甘按遷。	**顏伯燾**
吳榮光　　　（滿）**富呢揚阿** △憂免。　　　九、己未、十七，11.5； 　　　　　　浙布署。	（滿）**富呢揚阿**　　　**程含章** （署）九、辛亥、十四，　九、辛亥；刑員（前魯撫） 10.22；改署贛布。　授。
（漢）**富呢揚阿**　　（滿）**慶善** 九、己未；署閩布。　九、己未；蘇按遷。	（漢）**慶　善**
（滿）**繼昌**	（滿）**繼昌**　　　　（滿）**富呢揚阿** 九、辛亥；革。（九年死）　九、辛亥；署閩布調署。
徐承恩　　**吳光悅**　　　**周錫章** 閏五、辛酉、十七，　閏五、辛酉；湘按遷。　十、戊子； 7.10；病免。　十、戊子；改左副。　粵按遷。	**周錫章**
（滿）**裕泰**	（滿）**裕泰**
董　淳	**董　淳**
魏元烺　　　（滿）**阿勒清阿** △憂免。　　　八、庚辰、七，9.27；豫按遷。	（滿）**阿勒清阿**
潘恭辰	**潘恭辰**
王楚堂	**王楚堂**
祁　墦	**祁　墦**

布政使年表

年 代	道 光 九 年　己丑(1829)		
直 隸	屠之申 （護督）四、己卯、十六,5.18；降三調。	顏伯燾 四、己卯；甘布改。	
江 寧	賀長齡		
江 蘇	梁章鉅		
安 徽	邱鳴泰		
山 東	（漢）鍾　祥 △憂免。	劉斯嵋 正、壬戌、廿七,3.2；服闋黔布授。	
山 西	葉紹本		
河 南	費丙章	（？）藺迎阿 六、癸未、廿一,7.21；甘按遷。 八、甲子、三,8.31；改哈密辦事。	戴宗沅 八、甲子；直按遷。
陝 西	史　譜		
甘 肅	顏伯燾 四、己卯；改直布。	方彀豫 四、癸未、廿,5.22；陝按遷。	
福 建	程含章		
浙 江	（漢）慶　蕃		
江 西	（滿）富呢揚阿 十、乙丑、四,10.31；召京（盛工）。	（？）岳良 十、己卯、十八,11.14；閩按遷。	
湖 北	周錫章		
湖 南	（滿）裕泰		
四 川	董　淳 三、庚子、六,4.9；休。	（滿）桂良 三、庚子；豫按遷。	
廣 東	（滿）阿勒清阿		
廣 西	潘恭辰 △憂免。	周之琦 七、辛丑、九,8.8；浙按遷。	
雲 南	王楚堂		
貴 州	祁　墳 三、戊午、廿四,4.27；遷刑右。	（滿）鄂順安 三、戊午；閩按遷。	

道光十年　庚寅(1830)

顏伯燾
九、丁丑、廿二,11.7;署陝撫。

賀長齡
十一、丁卯、十三,12.27;省假。

陸　言
十一、丁卯;服闋豫布授。

梁章鉅
八、壬子、廿七,10.13;護撫。

邱鳴泰

劉斯嵋

葉紹本

藏宗沅
十一、壬午、廿八,1.11;遷刑右。

林則徐
十一、癸未、廿九,1.12;鄂布改。

史　譜
九、癸未、廿八,11.13;護撫。十二、甲辰、廿,2.2;護撫。　按察楊名颺署。

方轍豫

程含章
正、丙午、十六,2.9;病免。

魏元烺
正、丙午;服闋粵布授。

(漢)**慶　普**
十、戊子、四,11.18;護撫。

(?)**岳良**

周錫章

林則徐
六、乙卯、廿九,8.17;服闋寧布授。
十一、癸未;改豫布。

(?)**額騰伊**
十一、癸未;晉按遷。

(滿)**裕泰**

(滿)**桂良**
四、丙戌、廿八,5.20;改粵布。

尹濟源
四、丙戌;鄂按遷。

(滿)**阿勒清阿**
四、乙酉、廿七,5.19;遷刑右。

(滿)**桂良**
四、丙戌;川布改。

周之琦

王楚堂
九、庚申、五,10.21;前魯布鍾祥署。

(滿)**鄂順安**

布政使年表

年　代	道光十一年　辛卯(1831)			
直　隸	**顏伯燾**			
江　寧	**陸　言** 七、癸丑、三,8.10；豫布互調。	**林則徐** 七、癸丑；豫布改。 十、乙酉、七,11.10；改東河。	**趙盛奎** 十、乙酉；魯按遷。	
江　蘇	**梁章鉅**			
安　徽	**邱鳴泰** 正、己卯、廿五,3.9； 改晉布。	（蒙)**恩特亨額** 正、己卯；皖按遷。 六、壬午、二,7.10；陝布互調。	（滿)**裕泰** 六、壬午；陝布改。九、乙 丑、十六,10.21；改盛刑。	（漢)**佟景文** 九、乙丑； 桂按遷。
山　東	**劉斯嵋**			
山　西	**葉紹本** 正、己卯；召(四五京候)。	**邱鳴泰** 正、己卯；皖布改。		
河　南	**林則徐** 七、癸丑；寧布互調。	**陸　言** 七、癸丑；寧布改。		
陝　西	**史　譜** 二、乙未、十二,3.25； 遷陝撫。	（滿)**裕泰** 二、乙未；湘布改。 六、壬午；皖布互調。	（蒙)**恩特亨額** 六、壬午；皖布改。 六、己丑、九,7.17；改浙布。	**楊名颺** 六、己丑；陝按遷。
甘　肅	**方戴豫**			
福　建	**魏元烺** 正、丙子、廿二,3.6；遷閩撫。	**孔昭虔** 正、丙子；浙按遷。 二、癸巳、十,3.23；改黔布。	（滿)**惠吉** 二、癸巳；閩按遷。	
浙　江	（漢)**慶　善** 六、己丑；召京。	（蒙)**恩特亨額** 六、己丑；陝布改。 八、癸卯、廿四,9.29；改湘布。	（蒙)**吉恒** 八、癸卯；川布遷。 十二、丙午、廿八,1.30；改粤布。	**程矞采** 十二、丙午； 粤按遷。
江　西	（?)**岳良** △召京(晉布)。	（漢)**鍾　祥** 十二、丙午；滇布改。		
湖　北	（?)**額騰伊** 七、癸酉、廿三,8.30；降蘇按。	（?)**衍慶** 七、癸酉；蘇按遷。		
湖　南	（滿)**裕泰** 二、乙未；改陝布。	**吳榮光** 二、乙未；服闋閩布授。 八、癸卯；遷湘撫。	（蒙)**恩特亨額** 八、癸卯；浙布改。	
四　川	**尹濟源**			
廣　東	（滿)**桂良** △召京(蘇布)。	（蒙)**吉恒** 十二、丙午；浙布改。		
廣　西	**周之琦**			
雲　南	**王楚堂** 三、甲寅、二,4.13；改大理。	（漢)**鍾　祥** 五、乙卯、四,6.13；授。 十二、丙午；改贛布。	**潘恭辰** 十二、丙午；服闋桂布授。	
貴　州	（滿)**鄂順安** 二、癸巳；遷盛刑。	**孔昭虔** 二、癸巳；閩布改。		

道光十二年　壬辰(1832)		
顏伯燾		
趙盛奎		
梁章鉅 △六月,病免。	(滿)桂良 六、丁酉、廿二,7.19;前粵布署。 八、乙未、廿一,9.15;贛布互調。	陳鑾 八、乙未;贛布改。
(漢)佟景文		
劉斯嵋 八、甲午、廿,9.14;護撫。		
邱鳴泰 九、丁未、四,9.27;降三調。	(?)岳良 九、丁未;前贛布授。	
陸言 △死。	栗毓美 三、甲寅、七,4.7;鄂按遷。	
楊名飆		
方載豫		
(滿)惠吉		
程喬采		
(漢)鍾祥 八、甲午、遷魯撫。	陳鑾 八、甲午、浙按遷。八、乙未;蘇布互調。	(滿)桂良 八、乙未;蘇布改。
(?)衍慶		
(蒙)恩特亨額 △憂免。	(?)惠豐 正、辛未、廿三,2.24;甘按遷。	
尹濟源 九、甲辰、一,9.24;遷晉撫。	劉重麟 九、甲辰;贛按遷。	
(蒙)吉恒		
周之琦 二、乙未、十八,3.19;遷贛撫。	鄭祖琛 二、乙未;閩按遷。	
潘恭辰		
孔昭虔 二、戊寅、一,3.2;病免。	(滿)麟慶 二、戊寅;豫按遷。	

年　代	道光十三年　癸巳(1833)		
直　隸	**顏伯燾** △憂免。	**光聰諧** 六、戊申、九，7.25；甘布改。	
江　寧	**趙盛奎** 十、壬戌、廿五，12.6；遷刑右。	**楊　贊** 十、壬戌；湘按遷。	
江　蘇	**陳　鑾** 十一、乙亥、九，12.19；兼署按察。		
安　徽	(漢)**佟景文**		
山　東	**劉斯嵋**		
山　西	(?)**岳良** 七、丁酉、廿九，9.12；召京。	**何　煊** 七、丁酉；滇按遷。 九、壬辰、廿五，11.6；改陝布。	**徐　鏞** 九、壬辰；大理授。
河　南	**栗毓美**		
陝　西	**楊名颺** 九、壬辰；遷陝撫。	**何　煊** 九、壬辰；晉布改。	
甘　肅	**方載豫** 正、己亥、廿七，3.18；休。	**光聰諧** 正、己亥；直按遷。六、戊申；改直布。	(蒙)**色卜星額** 六、戊申；甘按改。
福　建	(滿)**惠吉** 七、癸巳、廿五，9.8；遷桂撫。	**花　杰** 七、癸巳；川按遷。	
浙　江	**程矞采**		
江　西	(滿)**桂良**		
湖　北	(?)**衍慶**	**張岳崧** 九、丙戌、十九，10.31；詹事授。	
湖　南	(?)**惠豐**		
四　川	**劉重麟** △憂免。	**李繇文** 十一、丙戌、廿，12.30；陝按遷。	
廣　東	(蒙)**吉恒**		
廣　西	**鄭祖琛**		
雲　南	**潘恭辰**		
貴　州	(蒙)**麟慶** 正、丁酉、廿五，3.16；遷鄂撫。	(?)**額騰伊** 正、丁酉；蘇按遷。	

道光十四年　甲午(1834)	道光十五年　乙未　(1835)
光聰諧	光聰諧
楊籛	楊籛
陳鑾	陳鑾
(漢)佟景文	(漢)佟景文
劉斯嵋	劉斯嵋
徐鏞	徐鏞　九、乙卯、廿九,11.19;召京。　　(滿)經額布　九、乙卯;滇布改。
栗毓美　正、丙戌、廿,2.28;護撫。	栗毓美　四、乙巳、十六,5.13;署東河。五、戊寅、廿,6.15;授。　　朱澍　四、己卯、廿一,6.16;鄂按遷。
何煊　九、壬午、廿,10.22;護撫。	何煊　二、己亥、十,3.8;遷滇撫。　　牛鑑　二、己亥;順尹授。
(蒙)色卜星額	(蒙)色卜星額　八、庚辰、廿四,10.15;遷皖撫。　　梁章鉅　八、庚辰;病痊蘇布授。
花杰　正、壬午、十六,2.24;桂布互調。　　鄭祖琛　正、壬午;桂布改。	鄭祖琛　五、壬申、十四,6.9;省假。八、丁巳、一,9.22;乞養。　糧道托渾布署。　　賀長齡　八、丁巳;前寧布授。
程矞采	程矞采　△正月,憂免。按察劉韻珂署:旋憂。　　錢寶琛　正、乙酉、廿五,2.22;滇按遷。
(滿)桂良　二、丙辰、廿一,3.30;護撫。七、壬午、十九,8.23;遷豫撫。　　(滿)怡良　七、壬午;蘇按遷。	(滿)怡良
張岳崧	張岳崧　十、癸酉、十八,12.7;護撫。
(?)惠豐	(?)惠豐　十、丙寅、十一,11.30;召京。　　龔綬　十、丙寅;晉按遷。
李羲文	李羲文　十二、甲戌、廿,2.6;召京。　　蘇廷玉　十二、甲戌;川按遷。
(蒙)吉恒	(蒙)吉恒　二、丙申、七,3.5;休。　　(滿)阿勒清阿　二、丙申;桂按遷。
鄭祖琛　正、壬午;閩布互調。　　花杰　正、壬午;閩布改。	花杰
潘恭辰　七、壬午;召京。　　(滿)經額布　七、壬午;豫按遷。	(滿)經額布　九、乙卯;改晉布。　　伍長華　九、乙卯;甘按遷。
(?)額騰伊	(?)額騰伊

年代	道光十六年　丙申(1836)
直隸	**光聰諧** 正、丙申、十二，2.28；病免。　**賀長齡** 正、丙申；閩布改。正、乙巳、廿一，3.8；遷黔撫。　**梁章鉅** 正、乙巳；甘布改。四、甲子、十二，5.26；遷桂撫。　**陳崇禮** 四、甲子；直按遷。八、戊辰、十七，9.27；改閩布。　**顔伯燾** 八、戊辰；前任授。
江寧	**楊簧**
江蘇	**陳鑾** 二、丙辰、三，3.19；遷贛撫。　(滿)**怡良** 二、丙辰；贛布署。
安徽	(漢)**佟景文** △死。　**劉重麟** 六、丙寅、十四，7.27；前川布授。六、丁卯、十五，7.28；三四京候。　**程楙采** 六、丁卯；魯按遷。
山東	**劉斯嵋**
山西	(滿)**經額布** 七、癸未、二，8.13；遷魯撫。　**楊殿邦** 七、甲申、三，8.14；黔按遷。
河南	**朱澍**
陝西	**牛鑑** △憂免。　**周天爵** 十二、癸酉、廿四，1.30；皖按遷。
甘肅	**梁章鉅** 正、乙巳；改直布。　**趙炳言** 正、乙巳；湘按遷。
福建	**賀長齡** 正、丙申；改直布。　(?)**鳳來** 正、丙申；閩按遷。　**陳崇禮** 八、戊辰；直布改。
浙江	**錢寶琛**
江西	(滿)**怡良** 二、丙辰；署蘇布。　**李恩繹** 二、丙辰；陝按遷。
湖北	**張岳崧**
湖南	**龔綬**
四川	**蘇廷玉**
廣東	(滿)**阿勒清阿**
廣西	**花杰** 五、戊戌、十六，6.29；護撫。
雲南	**伍長華**
貴州	(?)**額騰伊**　(?)**慶禄** 八、丙辰、五，9.15；駐藏授。

道光十七年　丁酉(1837)

顏伯燾	張澧中	陳繼昌	(蒙)托渾布
四、甲子、十七,5.21;遷滇撫。	四、甲子;閩按遷。五、甲申、八,6.10;晉布互調。	五、甲申;晉布改。七、癸卯、廿八,8.28;病免。	七、癸卯;直按遷。
楊　寶			
(滿)怡良			
程楙采			
劉斯嵋			
楊殿邦	陳繼昌	張澧中	
正、乙未、十七,2.21;召京。	正、乙未;贛按遷。五、甲申、直布互調。	五、甲申;直布改。	
朱　澍			
周天爵	楊振麟		
五、己卯、三,6.5;署漕督。八、庚戌、五,9.4;授漕督。	五、庚辰、四,6.6;豫按遷。		
趙炳言	梁萼涵		
十一、庚辰、六,12.3;降調。	十一、庚辰;浙按遷。		
陳崇禮	吳榮光		
三、甲午、十七,4.21;病免。	三、甲午;候四京授。		
錢寶森	程矞采		
九、甲午、十九,10.18;遷湘撫。	九、甲午;服闋浙布授。		
李恩繹	花　杰		
十、甲戌、卅,11.27;桂布互調。	十、甲戌;桂布改。		
張岳崧			
龔　綬			
九、甲午;護撫。			
蘇廷玉			
(滿)阿勒清阿			
花　杰	李恩繹		
十、甲戌;贛布互調。	十、甲戌;贛布改。		
伍長華			
(?)慶禄			

年 代	道 光 十 八 年　戊戌(1838)			
直 隷	(蒙)托渾布			
江 寧	楊　簀 五、庚戌、十,7.1;召京。		唐　鑑 五、庚戌;蘇布改。	
江 蘇	(滿)怡良 二、乙巳、三,2.26; 遷粵撫。	程喬采 二、乙卯、十三,3.8; 浙布改。△憂免。	唐　鑑 二、辛未、廿九,3.24;浙布改。 五、庚戌;改寧布。	牛　鑑 五、庚戌;服闋授。
安 徽	程楙采			
山 東	劉斯嵋	王青蓮 閏四、癸酉、二,5.25;粵按遷。	楊慶琛 七、戊辰、廿九,9.17;湘按遷。	
山 西	張澧中			
河 南	朱　澍			
陝 西	楊振麟			
甘 肅	梁蕚涵			
福 建	吳榮光			
浙 江	程喬采 二、乙卯;改蘇布。	唐　鑑 二、乙卯;黔按遷。二、辛未;改蘇布。	宋其沅 二、辛未;桂按遷。	
江 西	花　杰	趙炳言 六、己卯、十,7.30;桂按遷。九、辛酉、廿三,11.9;護撫。		
湖 北	張岳崧	李宗傳 十一、乙巳、七,12.23;魯按遷。		
湖 南	龔　綏			
四 川	蘇廷玉 七、戊申、十,8.27;署川督。 十一、壬子、十四,12.30;降按。	劉韻珂 七、戊申;桂按遷。		
廣 東	(滿)阿勒清阿 六、甲午、廿五,8.14;召京。	熊常錞 六、甲午;湘按遷。		
廣 西	李恩繹			
雲 南	伍長華 四、甲子、廿三,5.16;遷鄂撫。	劉鴻翔 四、甲子;陝按遷。		
貴 州	(？)慶禄			

道光十九年　己亥(1839)

（蒙）托渾布	陸費瑔	
八、庚午、七，9.14；遷魯撫。	八、庚午；桂布改。	

唐　鑑		

牛　鑑	（蒙）裕謙	邵甲名
三、乙巳、九，4.22；護撫。 六、丙寅、二，7.12；遷豫撫。	三、乙巳；蘇按遷，署撫。 十二、癸亥、一，1.5；遷蘇撫。	十二、癸亥；皖布改。

程楙采	邵甲名	管逌群
十一、甲辰、十二，12.17；遷皖撫。	十一、甲辰；魯按遷。十二、癸亥；改蘇布。	十二、癸亥；贛按遷。

楊慶琛		

張澧中		

朱　澍	（滿）鄂順安	
三、乙巳；遷豫撫。	三、乙巳；鄂按遷。	

楊振麟		

梁萼涵		

吳榮光		

宋其沅		

趙炳言		

李宗傳	孫善寶	
十、丁丑、十五，11.20；病免。	十、丁丑；滇按遷。	

龔　綬	卞士雲	
△憂免。	九、乙未、三，10.9；鄂按遷。	

劉韻珂		

熊常錞		

李恩繹	陸費瑔	王惟誠
六、庚辰、十六，7.26；病免。	六、庚辰；直按遷。八、庚午；改直布。	八、庚午；滇按遷。

劉鴻翔		

（？）慶禄		

布政使年表

年代	道光二十年　庚子(1840)		
直　隸	陸費瑔		
江　寧	唐　鑑 四、丁卯、七,5.8;改太常。	成世瑄 四、戊辰、八,5.9;豫按遷。	
江　蘇	邵甲名 八、甲子、七,9.2;署撫。 十二、庚午、十四,1.6;桂布互調。	程矞采 十二、庚午;桂布改,署撫。	
安　徽	管遹群 十、己巳、十三,11.6;革。	徐寶森 十、己巳;魯按遷。	
山　東	楊慶琛		
山　西	張澧中 九、辛卯、四,9.29;遷滇撫。	喬用遷 九、辛卯;粵按遷。	
河　南	(滿)鄂順安		
陝　西	楊振麟 五、癸卯、十四,6.13;病免。	陶廷杰 五、癸卯;甘按遷。	
甘　肅	梁萼涵 十二、己卯、廿三,1.15;改滇布。	郭文匯 十二、己卯;桂按遷。	
福　建	吳榮光 四、壬午、廿二,5.23;休。	(滿)瑞元 四、壬午;晉按遷。 十二、甲申、廿八,1.20;改烏什辦事。	曾望顏 十二、甲申;順尹授。
浙　江	宋其沅 七、丁酉、九,8.6;護撫。	常恒昌 九、甲午、七,10.2;閩按遷。	
江　西	趙炳言		
湖　北	孫善寶 十二、甲戌、十八,1.10;降四調。 (廿二年,浙布)	劉體重 十二、己卯;贛按遷。	
湖　南	卞士雲 △憂免。	王藻 三、己亥、九,4.10;湘按遷。 十一、甲寅、廿八,12.21;護撫。	
四　川	劉韻珂 七、丙申、八,8.5;遷浙撫。	(漢)鑪祥 七、丙申;革閩督賞三品授。	
廣　東	熊常錞 四、乙酉、廿五,5.26;病免。	梁寶常 四、乙酉;陝按遷。	
廣　西	王惟誠 十二、己巳、十三,1.5;改太僕。	程矞采 十二、己巳;服闋蘇布授。 十二、庚午;蘇布互調。	邵甲名 十二、庚午;蘇布改。
雲　南	劉鴻翶 十二、己卯;遷閩撫。	梁萼涵 十二、己卯;甘布改。	
貴　州	(?)慶祿 二、丙子、十五,3.18;病免。	李象鵾 二、丙子;黔按遷。	

道 光 二 一 年　辛丑(1841)

陸費瑔			
成世瑄			
程矞采 正月，護江督。十一月，署蘇撫。十二、乙巳、廿六，2.5；遷蘇撫。	**李星沅** 十二、乙巳；贛布改。		
徐寶森			
楊慶琛			
喬用遷 十二、戊子、九，1.19；署撫。			
(滿)**鄂順安** 閏三、丁卯、十三，5.3；憂，改署。九、丙辰、五，10.19；署豫撫。	**張晉熙** 閏三、丁卯；蘇按遷。		
陶廷杰			
郭文匯	**周開麒** 正、丁未、十二，2.12；浙按遷。 二、辛巳、廿六，3.18；革。	**程德潤** 二、辛巳；甘按遷。	
曾望顏			
常恒昌			
趙炳言 八、庚子、十九，10.3； 遷鄂撫。	**陳嘉樹** 八、辛丑、廿，10.4；晉按遷。	**李星沅** 十二、己丑、廿，1.30；蘇按 遷。十二、乙巳；改蘇布。	**費開綬** 十二、乙巳；滇按遷。
劉體重			
王藻			
(漢)**鍾祥** 十二、丁酉、十八，1.28；召京。	**徐廣縉** 十二、乙巳；順尹授。		
梁寶常 九、丙辰；署撫。			
邵甲名			
梁萼涵 十二、己亥；遷晉撫。	**岳鎮南** 十二、己亥；直按遷。		
李象鵾			

年 代	道 光 二 二 年　壬寅(1842)			
直　隷	陸費瑔			
江　寧	成世瑄 △死。	王蘭庭 四、丙午、廿八，6.6；粵按遷。		
江　蘇	李星沅 九、甲戌、廿九，11.1；遷陝撫。	孫善寶 九、甲戌；浙布改。 十二、庚寅、十六，1.16；遷蘇撫。	(?)文柱 十二、庚寅；滇按遷。	
安　徽	徐寶森			
山　東	楊慶琛 五、丁丑、廿九，7.7；改光祿。	王篤 六、己卯、二，7.9；魯按遷。		
山　西	喬用遷			
河　南	張晉熙 七、辛亥、五，8.10；病免。	張日晸 七、辛亥；川按遷。		
陝　西	陶廷杰 三、丙子、廿七，5.7；護撫。			
甘　肅	程德潤			
福　建	曾望顏			
浙　江	常恒昌 六、甲辰、廿七，8.3；休。	孫善寶 六、甲辰；降調鄂布授。 九、甲戌；改蘇布。	留辦江蘇糧台，已革皖布管通群署： 七、戊辰、廿二，8.27；仍辦糧台， 前署浙撫卞士雲署。	卞士雲 九、甲戌；服闋 湘布授。
江　西	費開綬			
湖　北	劉體重 四、甲午、十六，5.25；病免(死)。	朱士達 四、甲午；陝按遷。		
湖　南	王藻 十、乙酉、十，11.12；乞養。	葉名琛 十、乙酉；滇按遷。		
四　川	徐廣縉 △憂免。	龔綬 九、癸酉、廿八，10.31；服闋湘布授。		
廣　東	梁寶常 正、丙辰、七，2.16；遷粵撫。	(?)存興 正、丙辰；黴按遷。		
廣　西	邵甲名			
雲　南	岳鎮南			
貴　州	李象鹍			

道光二三年　癸卯(1843)

陸費瑔 四、乙亥、二,5.1;改甘布。		**陸建瀛** 四、乙亥;直按改。		
王蘭庭 三、丁卯、廿四, 4.22;病免。	**葉名琛** 三、丁卯;湘布改。五、甲辰、 二,5.30;甘布互調。	**陸費瑔** 五、甲辰;甘布改。五、戊 辰、廿六,6.23;遷湘撫。	**(覺羅)崇恩** 五、戊辰;魯按遷。十二、 甲辰、六,1.25;遷魯撫。	**陳繼昌** 十二、甲辰; 甘布改。
(?)文柱				
徐寶森				
王　篤				
喬用遷				
張日晸				
陶廷杰				
程德潤 四、乙亥;革。	**陸費瑔** 四、乙亥;直布改。 五、甲辰;寧布互調。	**葉名琛** 五、甲辰;寧布改。 十二月;憂免。	**陳繼昌** 十二、壬寅四,1.23;病瘥 授。十二、甲辰;改寧布。	**鄧廷楨** 十二、甲辰; 革園督賞三品授。
曾望顔 四、乙亥、二,5.1;革。		**徐繼畬** 四、乙亥;粤按遷。		
卞士雲	**管遹群** 五、丁巳、十五,6.12;皖按遷。 閏七、甲午、廿四,9.17;遷浙撫。	**(?)存興** 閏七、乙未、廿五,9.18;粤布改。		
費開綬				
朱士達				
葉名琛 三、丁卯;改寧布。		**萬貢珍** 三、丁卯;皖按遷。		
龔　綬 四、戊子、十五,5.14;革。		**王兆琛** 四、戊子;甘按遷。		
(?)存興 閏七、乙未;改浙布。		**黃恩彤** 閏七、乙未;粤按遷。		
邵甲名				
岳鎮南				
李象鵾				

布政使年表

年代	道光二四年　甲辰(1844)		道光二五年　乙巳(1845)		
直隸	陸建瀛		陸建瀛		
江寧	陳繼昌		陳繼昌 正、庚午、八，2.14；署撫。 十二、庚戌、廿三，1.20；病免。	徐廣縉 十二、庚戌；服闋四川 布授。	
江蘇	(?)文柱 二、戊戌、一，3.19；護撫。		(?)文柱		
安徽	徐寶森		徐寶森	(漢)蔣文慶 五、戊寅、十八，6.22； 浙按遷。	
山東	王　篤 十、乙卯、廿二，12.1；護撫。		王　篤		
山西	喬用遷		喬用遷 四、甲辰、十四，5.19；遷黔撫。	潘　鐸 四、甲辰；川按遷。	
河南	張日晸		張日晸		
陝西	陶廷杰		陶廷杰 正、戊辰、六， 2.12；召(休)。	鄭祖琛 二、丁未、十六，3.23； 服闋閩布授。四、壬子、 廿二，5.27；遷滇撫。	(?)裕康 四、壬子； 閩按遷。
甘肅	鄧廷楨		鄧廷楨 二、甲寅、廿三，3.30；遷陝撫。	(?)寶清 二、甲寅；桂按遷。	
福建	徐繼畬		徐繼畬 二、甲寅；署撫。		
浙江	存興		(?)存興		
江西	費開綬		費開綬		
湖北	朱世達		朱士達		
湖南	萬貢珍		萬貢珍		
四川	王兆琛		王兆琛		
廣東	黄恩彤		黄恩彤 正、庚午；遷粵撫。	傅繩勳 正、壬申、十，2.16；滇布改。	
廣西	邵甲名 正、乙亥、八， 2.25；病免。	張祥河 正、乙亥；豫按遷。	張祥河 △愛免。	孔繼尹 七、癸亥、四，8.6；粵按遷。	
雲南	岳鎮南	傅繩勳 二、癸卯、六，3.24； 陝按遷。	傅繩勳 正、壬申；改粵布。	(?)蘇彰阿 正、壬申； 湘按遷。	趙光祖 八、乙卯、廿六， 9.27；滇按遷。
貴州	李象鹍 二、戊戌，3.19； 病免。	羅繞典 二、戊戌；晉按遷。	羅繞典		

道光二六年　丙午(1846)			道光二七年　丁未(1847)		
陸建瀛 正、壬午、廿六、2.21；遷滇撫。	郭熊飛 正、壬午、蘇按遷。		郭熊飛	温予巽 八、癸亥、十七、9.25；贛按遷。	
徐廣縉 九、丁未、廿五、11.13；遷滇撫。	傅繩勳 九、丁未；粵布改。		傅繩勳		
(?)文柱 四、辛丑、十六、5.11；病免。	陸蔭奎 四、辛丑；直按遷。八月，署撫。	李僡 九、戊申、廿六、11.14；周祖植署。順尹授。	李僡		
(漢)蔣文慶			(漢)蔣文慶		
王篤			王篤 十一、戊寅、二、12.9；降二調。	(漢)徐澤醇 十一、戊寅；湘按遷。	
潘鐸 十二、乙卯、四、1.20；署撫。			潘鐸		
張日晸 八、乙亥、廿三、10.12；遷滇撫。	賀長齡 八、乙亥；雲督降。		賀長齡 二、庚午、廿、4.5；病免。	王簡 二、庚午；豫按遷。	
(?)裕康 三、乙酉、卅、4.25；署撫。	楊以增 十、乙亥、廿三、12.11；甘按遷。十一、庚戌、廿九、1.15；護撫。按察唐樹義署。		楊以增 三、乙未、十六、4.30；遷陝撫。	(滿)恒春 三、乙未；晉按遷。八、甲子、十八、9.26；署撫。	
(?)寶清			(?)寶清 九、辛巳、五、10.13；代行總督日常事務。		
徐繼畬 十、丙寅、十四、12.2；遷桂撫。	陳慶偕 十、丙寅；魯按遷。		陳慶偕		
(?)存興			(?)存興 六、丁巳、十、7.21；召(三四京候)。	劉喜海 六、丁巳；川按遷。	
費開綬			費開綬 六、庚午、廿三、8.3；署撫。		
朱士達			朱士達 正、丁酉、十七、3.3；休。	唐樹義 正、丁酉；陝按遷。	
萬貢珍			萬貢珍		
王兆琛 十二、丁卯、十六、2.1；遷晉撫。	陳士枚 十二、丁卯；閩按遷。		陳士枚		
傅繩勳 九、丁未；改寧布。	葉名琛 九、己酉、廿七、11.15；服闋甘布授。		葉名琛 十二、甲戌、廿九、2.3；護撫。		
孔繼尹			孔繼尹		
趙光祖			趙光祖		
羅繞典			羅繞典		

布政使年表

年　代	道光二八年　戊申(1848)		
直　隷	温予巽		
江　寧	傅繩勳 六、戊辰、廿六，7.26；遷浙撫。	馮德馨 六、戊辰；桂按遷。	
江　蘇	李　僡 十一、己亥、廿九，12.24；病免。	程焕采 十一、己亥；湘按遷。	
安　徽	(漢)蔣文慶		
山　東	(漢)徐澤醇 六、癸卯、一，7.1；遷魯撫。	劉源灝 六、癸卯；魯按遷。	
山　西	潘　鐸 八、丁巳、十六，9.13；遷豫撫。	吳振棫 八、丁巳；黔按遷。九、乙亥；改川布。	(滿)兆那蘇圖 九、乙亥；閩按遷。
河　南	王　簡 八、丁巳；革。　按察吳式芬兼署。	嚴良訓 八、丁巳；陝按遷。	
陝　西	(滿)恒春 十二、丙寅、廿六，1.20；遷刑右。	常大淳 十二、丁卯、廿七，1.21；鄂按遷。	
甘　肅	(?)寶清 二、甲寅、十，3.14；署刑左。 八、癸卯、二，8.30；授。	張祥河 二、甲寅；服闋桂布授。 十二、丙寅、廿六，1.19；遷陝撫。	龔　裕 十二、丙寅；直按遷。
福　建	陳慶偕		
浙　江	劉喜海 六、戊辰、廿六，7.26；署撫。 十二、乙卯、十五，1.9；召(休)。	汪本銓 十二、乙卯；府丞署順尹署。	
江　西	費開綬 六、庚午、廿八，7.28；署撫。		
湖　北	唐樹義		
湖　南	萬貢珍		
四　川	陳士枚 九、甲戌、四，9.30；遷陝撫。	吳振棫 九、乙亥、五，10.1；晉布改。	
廣　東	葉名琛 六、丙午、四，7.4；遷粤撫。	李璋煜 六、丙午；粤按遷。	
廣　西	孔繼尹	(滿)雲麟 六、己酉、七，7.7；甘按遷。 九、丙申、廿六，10.22；病免。	張雲藻 九、丙申；皖按遷。
雲　南	趙光祖		
貴　州	羅繞典 九、癸巳、廿二，10.19；署撫。		

道光二九年　己酉(1849)

温予巽	龔　裕	吳式芬	陳啓邁
二、丁卯、廿八，3.22；甘布互調。	二、丁卯；甘布改。八、丙戌、廿一，10.7；遷晉撫。	八、丙戌；豫按遷。十二、戊辰、五，1.17；改黔布。	十二、戊辰；贛按遷。

馮德馨	楊文定
七、己亥、四，8.21；遷湘撫。	七、己亥；湘按遷。

程煥采	李璋煜
九、癸卯、九，10.24；病免。	九、癸卯；粵布改。

(漢)蔣文慶

劉源灝
九、己酉、十五，10.30；署撫。

(滿)兆那蘇圖	(漢)蔣霨遠
五、己未、廿三，7.12；署撫。十一、甲辰、十一，12.24；遷晉撫。	十一、甲辰；浙按遷。

嚴良訓

常大淳	(滿)雲麟
八、癸未、十八，10.4；改鄂布。	八、癸未；前桂布授。

龔　裕	温予巽	張集馨
二、丁卯；直布互調。	二、丁卯；直布改。	十二、戊辰；黔布改。

陳慶偕	(滿)慶端
九、己酉；遷魯撫。	九、己酉；蘇按遷。

汪本銓
五、丙午、十，6.29；授。

費開綬	陶　樑	陸元烺
四、癸卯、五，4.27；遷贛撫。	四、甲辰、六，4.28；晉按遷。六、己丑、廿三，8.11；改太常。	六、辛卯、廿五，8.13；贛按遷。

唐樹義	勞崇光	常大淳
八、戊辰、三，9.19；病免。	八、戊辰；桂按遷。八、癸未；改桂布。	八、癸未；陝布改。

萬貢珍

吳振棫

李璋煜	柏貴
九、癸卯；改蘇布。	九、癸卯；粵按遷。

張雲藻	勞崇光
八、癸未；病免。	八、癸未；鄂布改。

趙光祖	駱秉章
七、庚申、廿五，9.11；召京。	七、庚申；黔布改。

羅繞典	駱秉章	張集馨	吳式芬
閏四、癸酉、六，5.27；遷鄂撫。	閏四、癸酉；鄂按遷。七、庚申；改滇布。	七、庚申；川按遷。十二、戊辰；改甘布。	十二、戊辰；直布改。

布政使年表

年代	道光三十年　庚戌(1850)		
直　隸	陳啓邁		
江　寧	楊文定		
江　蘇	李璋煜 五、癸卯、十二,6.21;病免。	陳阡 五、癸卯、閩按遷。八、壬申、十三,9.18;遷贛撫。	武棠 八、壬申;黔按遷。
安　徽	(漢)蔣文慶		
山　東	劉源灝		
山　西	(漢)蔣霨遠		
河　南	嚴良訓 十一、戊戌、十,12.13;召(三京候)。	張集馨 十一、己亥、十一,12.14;甘布改。	
陝　西	(滿)雲麟 八、甲申、廿五,9.30;病免。	朱㼈 八、甲申;陝按遷。十、己巳、十一,11.14;病免。	王懿德 十、己巳;魯按遷。
甘　肅	張集馨 十一、己亥;改豫布。	李儦 十一、己亥;前蘇布授。	
福　建	(滿)慶端		
浙　江	汪本銓 十一、丙午、十八,12.21;署撫。		
江　西	陸元烺 八、丙戌、廿七,10.2;署撫。十二、辛未、十四,1.15;署撫。		
湖　北	常大淳 十一、丙午;遷浙撫。	梁星源 十一、丙午;滇按遷。	
湖　南	萬貢珍 二、辛巳、十八,3.31;署撫。 八、癸未、廿四,9.29;改大理。	祁宿藻 八、癸未;粵按遷。	
四　川	吳振棫		
廣　東	柏貴		
廣　西	勞崇光 十、壬午、廿四,11.27;署撫。		
雲　南	駱秉章 三、丙辰、廿四,5.5;遷湘撫。	張亮基 三、丙辰;滇按遷。八、癸亥、四,9.9;遷滇撫。	徐有壬 八、癸亥;川按遷。
貴　州	吳式芬		

咸豐元年　辛亥(1851)

陳啓邁

楊文定　　　　　　　　　　　　祁宿藻
二、壬午、廿五,3.27;遷蘇撫。　　二、壬午;湘布改。

武棠　　　　　　　　　　　　(宗室)聯英
閏八、戊戌、十五,10.9;病免。　　閏八、戊戌;蘇按遷。

(漢)蔣文慶　　　　　　　　　　李本仁
五、乙巳、十九,6.18;遷皖撫。　　五、乙巳;皖按遷。

劉源灝
正、癸丑、廿六,2.26;署撫。九、己卯、廿七,11.19;署撫。

(漢)蔣霨遠　　　　　　　　　　郭夢齡
六、丙辰、一,6.29;改豫布。　　六、丙辰;豫按遷。

張集馨　　　　　蔣霨遠　　　　　　　　嚴正基
六、丙辰;革。　　六、丙辰;晉布改。八月,署撫。　　十、庚寅;右江道遷。　　鄭敦謹署。
　　　　　　　　十、庚寅、八,11.30;遷黔撫。

王懿德　　　　　　　　　　　　吳式芬
五、己酉、廿三,6.22;遷閩撫。　　五、己酉;黔布改。

李僡　　　　　　　　　　　　　黄宗漢
八、癸亥、九,9.4;遷豫撫。　　　八、癸亥;浙按遷。

(滿)慶端
九、乙丑、十三,11.5;護撫。

汪本銓　　　　　　　　　　　(滿)椿壽
七、丙午、廿二,8.18;乞養。　　七、丙午;湘布改。

陸元烺

梁星源

祁宿藻　　　　　(滿)椿壽　　　　　　　　(蒙)恒福
二、壬午;改寧布。　二、壬午;鄂按遷。七、丙午;改浙布。　七、丙午;直按遷。

吳振棫

柏貫

勞崇光
三、甲辰、十七,4.18;暫署桂撫。

徐有壬

吳式芬　　　　　　　　　　　　呂佺孫
五、己酉;改陝布。　　　　　　五、己酉;川按遷。十、辛卯、九,12.1;署撫。

布政使年表

年 代	咸豐二年　壬子(1852)		
直 隸	陳啓邁		
江 寧	祁宿藻		
江 蘇	(宗室)聯英		
安 徽	李本仁		
山 東	劉源灝 二、丁亥、六，3.26；署撫。		
山 西	郭夢齡 八、癸巳、十五，9.28；署撫。		
河 南	嚴正基 南汝光道鄭敦謹署：十、癸巳、十六，11.27；授粵布。		
陝 西	吳式芬		
甘 肅	黃宗漢 五、甲寅、四，6.21；遷滇撫。	易　棠 五、甲寅；陝按遷。 十二、辛丑、廿六，2.3；遷晉撫。	段大章 十二、辛丑；延綏道遷。
福 建	(滿)慶端		
浙 江	(滿)椿壽 五、庚申、十，6.27；署撫。(△十一月九日自殺。)	(?)麟桂 十一、丁卯、廿一，12.31；晉按遷。	
江 西	陸元烺 三、戊寅、廿八，5.16；署撫。八、甲申、六，9.19；署撫。		
湖 北	梁星源 △三、丙子、廿六，5.14；戰死(敏肅)。	(滿)岳星阿 十二、辛丑、廿六，2.3；湘按遷。	
湖 南	(蒙)恒福 四、戊戌、十八，6.5；改太常。	潘鐸 四、己亥、十九，6.6；晉按遷。十二、辛丑；累撫。	
四 川	吳振棫 五、庚申、十，6.27；遷滇撫。	楊　培 五、辛酉、十一，6.28；閩按遷。	
廣 東	柏貴 二、丁亥；遷豫撫。	(滿)崇綸 二、丁亥；滇按遷。 十、壬辰、十五，11.26；遷鄂撫。	鄭敦謹 十、癸巳、十六，11.27；署豫布授。
廣 西	勞崇光 四、丙午、廿六，6.13；遷桂撫。	吳鼎昌 四、丁未、廿七，6.14；甘按遷。	
雲 南	徐有壬		
貴 州	呂佺孫		

咸豐三年　癸丑(1853)

陳啓邁
二、癸巳、十八，3.27；改寧布。

張集馨
二、癸巳；豫按遷。
十、辛丑、卅，11.30；革。

(漢)楊霈
十、辛丑；長蘆運使遷。
十二、丙申、廿六，1.24；改順尹。

(滿)庚長
十二、丙申；兩淮運使遷。

祁宿藻
二、壬午、七，3.16；死。

倪良燿
二、壬午；蘇按遷。
二、癸巳；改蘇布。

陳啓邁
二、癸巳；直布改。三月，赴浙。　五月，浙布麟桂署。　七、甲寅、十一，8.15；改蘇布。

(滿)文煜
七、甲寅；川按遷。

(宗室)聯英
二、丙子、一，3.10；降。

倪良燿
二、癸巳；寧布改。二、丁酉、廿二，3.31；代辦巡撫。四、丙子、二，5.9；降。

陳啓邁
七、甲寅；寧布改。

李本仁
二、甲午、十九，3.28；革。　盧鳳道奎綬署。

劉裕鉁
二、乙酉、十，3.19；建昌道遷。九、辛酉、十九，10.21；署撫。　袁甲三、恩錫署。

畢承昭
十二、乙未、廿五，1.23；浙布改。

劉源灝
五、丁巳、十三，6.19；召京，仍署。

(滿)崇恩
五、丁巳；哈密辦事授。八、癸未、十一，9.13；署撫。

郭夢齡
△革。　八、戊子、十六，9.18；署撫。太原知府吉祥護。

陶恩培
十二、戊子、十八，1.16；湘按遷。

嚴正基
七、甲寅；粵布互調。　晉按沈兆澐代理。

鄭敦謹
七、甲寅；粵布改。八、壬午、十二，9.12；按察使林揚祖署。

吳式芬
十一、己未、十八，12.18；召京(鴻臚、閣學)。

司徒照
十一、己未；川按遷。

段大章

(滿)慶端

(†)麟桂
三月，赴滬，按察黃樂之署。五月，署寧布。
十二、乙酉、十五，1.13；改光祿，仍署。

畢承昭
十二、乙酉；皖按遷。十二、壬辰、廿二，1.20；留和春軍營。十二、乙未；改皖布。

陸元烺

(滿)岳興阿

潘鐸
三、丁巳、十三，4.20；病免。

徐有壬
三、丁巳；滇布改。

楊培

鄭敦謹
七、甲寅；豫布互調。

嚴正基
七、甲寅；豫布改。

吳鼎昌

徐有壬
三、丁巳；改湘布。

史致薔
三、丁巳；鹽法道賞三品授。

呂佺孫

布政使年表

年　代	咸　豐　四　年　　甲寅(1854)				
直　隸	(滿)庚長				
江　寧	(滿)文煜 　　　川北道楊能格署。				
江　蘇	陳啓邁 正、壬子、十二， 2.9；遷贛撫。	(？)麟桂 正、壬子； 浙布改。	(滿)吉爾杭阿 三、甲辰、五，4.2；常鎮通 海道遷。六、庚辰、十三， 7.7；遷蘇撫。	陶恩培 六、庚辰，晉布改。 九、戊寅、十二， 11.2；遷鄂撫。	雷以諴 九、戊寅；已革 刑侍授。
安　徽	畢承昭				
山　東	(滿)崇恩 三、壬子、十三，4.10；遷撫。		厲恩官 三、壬子；魯按遷。　　景霖署。		
山　西	陶恩培 六、庚辰；改蘇布。		(蒙)恒福 六、庚辰；革大理賞三品署。		
河　南	鄭敦謹 三、甲子、廿五，4.22；署撫。				
陝　西	司徒照				
甘　肅	段大章				
福　建	(滿)慶端				
浙　江	(？)麟桂 （光祿署）正、壬子；改蘇布。		韓　椿 正、壬子；閩按遷。		
江　西	陸元烺				
湖　北	(滿)岳興阿 △戰死(剛節)。		夏廷樾 六、癸未、十六，7.10；川按遷。		
湖　南	徐有壬				
四　川	楊　培				
廣　東	嚴正基 八、丁巳、廿一，10.12；解(四京候)。		崔　侗 八、丁巳；粵按遷。		
廣　西	吳鼎昌 四、辛巳、十三，5.9；改太僕。		胡興仁 四、壬午、十四，5.10；川按遷。		
雲　南	史致薲				
貴　州	呂佺孫 正、己未、十九，2.16；遷閩撫。		(？)炳綱 正、己未；鎮迪道署。		

咸 豐 五 年　乙卯(1855)		
(滿)庚長		
(滿)文煜		
雷以諴		
畢承昭		
厲恩官		
(蒙)恒福		
鄭敦謹 五、壬午、廿一,7.4;召京。	(漢)瑛棨 五、壬午;長蘆運使遷。	
司徒照		
段大章	(?)常績 五、甲子、三,6.16;甘按遷。	
(滿)慶端		
韓椿		
陸元烺 七、癸亥、二,8.14;署撫。		
夏廷樾	胡林翼 正、丁丑、十三,3.1;鄂按遷。三、乙丑、三,4.18;署撫, 按察文俊署。七、癸亥、二,8.14;遷贛撫。	馬秀儒 七、甲子、三,8.15;川按遷。
徐有壬 △憂免。	(滿)文格 六、丁未、十六,7.29;湘按遷。	
楊培		
崔侗 △死。	江國霖 五、戊辰、七,6.20;粵按遷。	
胡興仁		
史致蓉		
(?)炳綱		

年代	咸豐六年　丙辰(1856)			
直　隸	(滿)庚長 正、壬戌、四，2.9；改南河。		錢炘和 正、壬戌；蘇按遷。	
江　寧	(滿)文煜			
江　蘇	雷以諴 三、甲子、七，4.11；革。		何　俊 三、乙丑、八，4.12；兩淮運使遷。	
安　徽	翟承昭 六、戊子、三，7.4；署撫，按察恩錫兼署。			
山　東	厲恩官 四、乙巳、十九，5.22；改太常。	晏端書 四、乙巳；贛布遷。 十一、庚申、六，12.3；遷浙撫。	吳廷棟 十一、庚申；直按遷。	
山　西	(蒙)恒福			
河　南	(漢)瑛棨			
陝　西	司徒照			
甘　肅	(？)常鏡 九、壬午、廿八，10.26；護督，革直布張集馨署。			
福　建	(滿)慶端 十一、乙丑、十一，12.8；護撫。			
浙　江	韓椿 十二、乙巳、廿二，1.17；浙運使楊裕深暫署。			
江　西	陸元烺 二、癸卯、十五，3.21；病免。	晏端書 二、癸卯；浙按遷。四、乙巳；改魯布。	(覺羅)耆齡 四、乙巳；吉南贛寧道遷。	
湖　北	馬秀儒			
湖　南	(滿)文格			
四　川	楊培 十一、癸亥、九，12.6；召(四京候)。		(？)祥奎 十一、癸亥；川按遷。	
廣　東	江國霖			
廣　西	胡興仁			
雲　南	史致蕃 三、己未、二，4.6；病免。		驫春榮 三、己未；黔按遷。	
貴　州	(？)炳綱 二、壬子、廿四， 3.30；召京。	沈棷輝　滇糧道 王成璐署。	四、甲午、八，5.11；粵按遷。 六、丁未、廿二，7.23；死。　(？)文鑅 長蘆運使遷。十一、丁 卯、十三，12.10；病免。	(覺羅)海瑛 十一、丁卯； 滇按遷。

咸豐七年　丁巳(1857)

錢炘和

(滿)文煜
八、丁卯、十九, 10.6; 蘇布互調。

楊能格
八、丁卯; 蘇布改(辦江北糧台)。

何　俊
六、癸亥、十閏, 8.3; 召京。

楊能格
六、癸亥; 蘇按遷。八、丁卯; 寧布互調。

(滿)文煜
八、丁卯; 寧布改(辦江南糧台)。

畢承昭
三、己卯、廿七, 4.21; 傷免(粤布)。

李孟群
三、己卯; 鄂按遷。

吳廷棟
五、甲寅、四, 5.26; 署撫。

(蒙)恒福
六、乙亥、廿六, 8.15; 遷晉撫。

(?)常繡
六、乙亥; 大理授。十二、己巳、廿二, 2.5; 署撫。

(漢)瑛　棨

司徒照
十、甲子、十七, 12.2; 革。

林揚祖
十、甲子; 陝按遷。

(?)常繡
五、辛酉、十一, 6.2; 解(大理)。　張集馨署。

(滿)慶端
正、辛酉、八, 2.2; 遷閩撫。

(滿)瑞璸
正、辛酉; 浙按遷。

(滿)慶廉
正、己未、六, 1.31; 浙按遷。
十、己巳、廿二, 12.7; 召京。

李續賓
十、己巳; 記名布政授。

(覺羅)奢齡
三、丁卯、十五, 4.9; 遷贛撫。

龍啟瑞
三、丁卯; 通副授。(解贛學)

馬秀儒

(滿)文格

(?)祥奎

江國霖
十二、庚申、十三, 1.27; 署撫。

胡興仁
十一、丙戌、九, 12.24; 召京。

曹澍鍾
十一、丙戌; 川按遷。

桑春榮
六、壬子、三, 7.23; 遷滇撫。

劉源灝
六、壬子; 湘按遷。

(覺羅)海璞

布政使年表

年 代	咸 豐 八 年　戊午(1858)		
直　隸	**錢炘和** 六、壬戌、十八，7.28；休。		**(滿)文煜** 六、壬戌；前寧布授。
江　寧	**楊能格** 十二、己未、十八，1.21；革。		**梁佐中** 十二、己未；淮海道賞三品授。
江　蘇	**(滿)文煜** 二、壬子、六，3.20；召京(直布)。		**王有齡** 二、壬子；蘇按遷。
安　徽	**李孟羣** 七、乙亥、二，8.10；署撫。		**張光第** 九、乙未、廿三，10.29；皖按遷。
山　東	**吳廷棟**		
山　西	**(?)常纘**		
河　南	**(漢)瑛棨** 八、壬戌、廿，9.26；署撫。		
陝　西	**林揚祖** 七、庚子、廿七，9.4；改甘布。		**(滿)慶廉** 七、庚子；前浙布授。
甘　肅	張集馨署	**胡興仁** 五、乙未、廿一，7.1；前桂布授。七、庚子；遷浙撫。	**林揚祖** 七、庚子；陝布改。
福　建	**(滿)瑞璸** 六、戊辰、廿四，8.3；護撫。		
浙　江	**李續賓** 十二、己未；戰死(忠武)。		**徐宗幹** 十二、己未；浙按遷。
江　西	**龍啓瑞** △九月，死。		**惲光宸** 十、乙卯、十三，11.18；贛按遷。
湖　北	**馬秀儒** 六、丁卯、廿三，8.2；病免。		**羅遵殿** 六、丁卯；鄂按遷。
湖　南	**(滿)文格**		
四　川	**(?)祥奎**		
廣　東	**江國霖** 五、戊寅、四，6.14；革。		**畢承昭** 五、戊寅；前皖布授。五、甲午、廿，6.30；署撫。
廣　西	**曹澍鐘**		
雲　南	**劉源灝**		
貴　州	**(覺羅)海瑛**		

咸 豐 九 年　己未(1859)

(滿)**文煜** 二、辛酉、廿，3.24；護督。八、戊戌、一，8.28；遷魯撫。	(？)**文韓** 八、戊戌；前黔布授。
梁佐中	**薛　煥** 十一、己巳、四，11.27；蘇按遷。
王有齡	
張光第	
吳廷棟 九、丁丑、十一，10.6；降直按。	(滿)**清盛** 九、丁丑；直按遷。
(？)**常績**	
(漢)**瑛棨** 二、壬戌、廿一，3.25；遷豫撫。	(？)**祥裕** 二、壬戌；甘按遷。
(滿)**慶廉**	
林揚祖 十一、丁亥、廿二，12.15；護督。	
(滿)**瑞璸** 四、壬戌、廿二，5.24；署撫。九、甲戌、八，10.3；遷閩撫。	**張集馨** 九、甲戌；革布賞三品署。
徐宗幹 △十月，降三調。	**沈兆澐** 十、丙午、十，11.4；晉按遷。
惲光宸 九、戊寅、十二，10.7；遷贛撫。	(滿)**毓科** 九、戊寅；贛按遷。
羅遵殿 四、壬戌；遷閩撫。	**莊受祺** 四、壬戌；鄂按遷。
(滿)**文格**	
(？)**祥奎**	
畢承昭 四、己未、十九，5.21；署撫。七、丁丑、九，8.7；乞養。	**周起濱** 七、丁丑；粵按遷。

曾澍鑑	李承恩	蔣益澧	李　閬	劉長佑
四、己未；遷桂撫。	四、己未；桂按遷。	四、丙寅、廿六，5.28；桂按遷。 九、己卯、十三，10.8；降道員。	九、己卯；桂按遷。	十、己未、廿三，11.17；桂按遷。

劉源源
(覺羅)**海瑛** 十二、丙午、十一，1.3；署撫。

布政年表布

年代	咸豐十年　庚申(1860)
直　隸	(？)文謙
江　寧	薛　煥　　　　　　　　　　　王夢齡 薛煥：閏三、庚申、廿六,5.16;改蘇布。 王夢齡：閏三、庚申;蘇按遷。閏三、壬戌、廿八,5.18;署漕督。
江　蘇	王有齡　　　　薛　煥　　　　　　　　　　毛鴻賓 王有齡：三、丙子、十二,4.2;遷湘撫。 薛煥：閏三、庚申;寧布改。四、癸未、十九,6.8;署欽,辦理五口通商事務。四、癸巳、廿九,6.18;暫署江督。五、甲午;還蘇撫。 毛鴻賓：九、庚戌、廿,11.2;皖按遷。　吳煦署。
安　徽	張光第
山　東	(滿)清盛 八、己卯、十八,10.2;署撫。
山　西	(？)常纘 八、己卯;署撫。
河　南	(？)祥裕　　　　　　　賈　臻　　　　　　　　邊浴禮 祥裕：正、丁丑、十二,2.3;降三品。 賈臻：三、己卯、十五,4.5;豫按遷。八、己卯;署撫。十、庚辰、廿,12.2;解。 邊浴禮：十、庚辰;豫按遷。
陝　西	(滿)慶廉　　　　　　雷以諴　　　　　　(漢)瑛　棨 慶廉：正、丁丑;遷豫撫。 雷以諴：正、丁丑;陝按遷。△改光祿。 瑛棨：五、甲寅、廿一,7.9;陝按遷。
甘　肅	林揚祖 八、己卯;署督。
福　建	張集馨　　　　　　　(？)裕鐸 張集馨：閏三、乙卯、廿一,5.11;署贛布。 裕鐸：閏三、乙卯;閩按遷。
浙　江	沈兆澐　　　　　莊受祺　　　　　　　　　林福祥 沈兆澐：六、乙丑、三,7.20;召京。 莊受祺：六、乙丑;閩按遷。十一、癸巳、四,12.15;病免。 林福祥：十一、癸巳;閩按遷。
江　西	(滿)毓科　　　　　　　　張集馨 毓科：三、甲午、卅,4.20;護撫。閏三、乙卯;遷贛撫。 張集馨：閏三、乙卯;署閩布署。
湖　北	莊受祺　　　　　嚴樹森　　　　　　　　　唐訓方 莊受祺：閏三、甲寅、廿,5.10;降閩按。 嚴樹森：閏三、甲寅;鄂按遷。十、庚辰;遷豫撫。 唐訓方：十、庚辰;鄂按遷。
湖　南	(滿)文格
四　川	(？)祥奎
廣　東	周起濱
廣　西	劉長佑　　　　　　張凱嵩 劉長佑：閏三、丙午、十二,5.2;遷桂撫。 張凱嵩：閏三、丙午;桂按遷。
雲　南	劉源灝　　姚錫華　　　賈洪詔　　　　鄧爾恒　　　　陳景亮 劉源灝：二、庚子、五,2.26;遷黔撫。 姚錫華：二、庚子;滇按遷。△病免。 賈洪詔：三、庚寅、廿六,4.16;黔按遷。△憂免。 鄧爾恒：七、辛丑、九,8.25;滇按遷。十、壬戌、二,11.14;遷黔撫。 陳景亮：十、壬戌;署魯按遷。
貴　州	(覺羅)海瑛

咸豐十一年　辛酉(1861)

(?)**文謙**

王夢齡 十一、庚戌、廿六,12.27;召京(五京候)。	**吳　棠** 十一、庚戌;淮徐揚道遷,兼署漕督。
毛鴻賓 二、己巳、十一,3.21;署湘撫。 七、戊申、廿二,8.27;遷湘撫。	**華日新** 七、戊申;桂按遷。
張光第 正、丙申、七,2.16;召京。	**賈　臻** 正、丙申;前豫布授,兼署皖撫。 九、壬寅、十七,10.20;署撫。
(滿)**清盛** 正、丙午、十七,2.26;署撫。十二、丁巳、四,1.3;降。	**賈　璸** 十二、丁巳;魯按遷。

(?)**常續**

邊浴禮 十、丁卯、十二,11.14;革、戍。	**鄭元善** 十、丁卯;豫按遷。十二、丁丑、廿四,1.23;遷豫撫。	**張　曛** 十二、丁丑;候補道遷。

(漢)**瑛　棨** 正、丙午;署撫。五、甲午、七,6.14;遷陝撫。	**吳春煥** 五、甲午;陝按遷。
林揚祖 十二、乙亥、廿二,1.21;休。	(蒙)**恩麟** 十二、乙亥;甘按遷。

(?)**裕鐸**

林福祥

張集馨 七、庚寅、四,8.9;革。	(滿)**慶廉** 七、甲午、八,8.13;降豫撫授。 十二、辛未、十八,1.17;休。	**李　桓** 十二、辛未;督糧道遷,署撫。

唐訓方

(滿)**文格**
二、辛巳、廿三,4.2;署撫。

(?)**祥奎** 九、庚子、十五,10.18;革。	**劉　蓉** 九、庚子;候選知府賞三品署。十一月,按察毛震壽暫署。
周起濱 三、戊申、廿,4.29;改太常。	(?)**伊霖** 三、戊申;粵按遷。

張凱嵩

陳景亮 四、乙丑、七,5.16;病免。	**蕭浚蘭** 四、乙丑;川按遷。

(覺羅)**海瑛**

布政使年表

年 代	同 治 元 年　壬戌(1862)	
直 隸	(?)文謙 九、戊辰、十九，11.10；召京。	石贊清 九、戊辰；順尹授。
江 寧	吳 棠 七、己丑、八，8.3；署漕督。	
江 蘇	華日新 二、丙辰、三，3.3；解。	曾國荃 二、丙辰；浙按遷。吳煦署。
安 徽	賈 臻 三、癸卯、廿一，4.19；病免。五月，記名道馬新貽署。	江忠濬 五、壬辰、十一，6.7；記名道署。
山 東	貢 璜	
山 西	(?)常續 四、己卯、廿七，5.25；召京。	鄭敦謹 四、己卯；大理授。十二、甲午、十七，2.4；署陝布。
河 南	張 曜 九、辛未、廿二，11.13； 改以總兵用。　按察王榮第署。	王 憲 七、壬寅、廿一，8.16；署。 九、壬申、廿三，11.14；豫按授。
陝 西	吳喜煥 二、丙寅、十三，3.13；解。	毛霽壽 二、丙寅；川按遷。十二、甲午；晉布鄭敦謹署。
甘 肅	(蒙)恩麟 七、庚子、十九，8.14；護撫。	
福 建	(?)裕鐸 五、庚戌、廿九，6.25；解、勘。	
浙 江	林福祥 正、丁亥、四，2.2；革、逮。　運使李元度改署。	蔣益澧 正、丁亥；桂按遷。
江 西	李 桓	
湖 北	唐訓方 八、丁卯、十七，9.10；署皖撫。十、庚子、廿一，12.12；署魯撫。　按察(憂)閻敬銘署。	
湖 南	(滿)文格 十二、庚子、廿三，2.10；改粵布。	惲世臨 十二、庚子；岳常澧道遷。
四 川	劉 蓉 二、丙寅、十三，3.13；授。	
廣 東	(?)伊霖 十二、己亥、廿二，2.9；革。	(滿)文格 十二、庚子；湘布改。
廣 西	張凱嵩 閏八、甲辰、廿四，10.17；遷桂撫。	劉坤一 閏八、乙巳、廿五，10.18；粵按遷。
雲 南	蕭浚蘭	
貴 州	(覺羅)海瑛	

同 治 二 年　癸亥(1863)		
石贊清 五、丙寅、廿一,7.6;改湘布。	**王榕吉** 五、丙寅;直按遷。	
吳　棠 三、丁卯、廿一,5.8;改漕督。	**喬松年** 三、丁卯;兩淮運使遷。十二、辛巳、九,1.17;遷皖撫。	**萬啓琛** 十二、辛巳;蘇布改。
曾國荃 三、甲子、十八,5.5;遷浙撫。	**萬啓琛** 三、甲子;皖按遷。十二、辛巳;改寧布。	**劉郇膏** 十二、辛巳;蘇按遷。
江忠濬 （署）九、壬子、八,10.20;改川布。	**馬新貽** 九、壬子;皖按遷。	
貢　璜		
鄭敦謹		
王　憲		
毛震壽 九、己巳、廿五,11.6;革。	**林壽圖** 九、庚午、廿六,11.7;順尹授。	
(蒙)**恩麟**		
(?)**裕鐸** 正、甲寅、七,2.24;革。	**張慶鉽** 正、甲寅;記名道擢。	
蔣益澧		
李　桓 正、戊辰、廿一,3.10;赴陝。 八、戊寅、四,9.16;病免。	**孫長紱** 八、戊寅;贛鹽道擢。 九、丁未、三,10.15;護撫。	
唐訓方 四、癸巳、十七,6.3;遷皖撫。	**厲雲官** 四、乙未、十九,6.5;鄂按遷。	
惲世臨 五、丙寅;遷湘撫。	**石贊清** 五、丙寅;直布改。	
劉　蓉 六、甲辰、廿九,8.13;督辦陝南軍務。 七、丙午、二,8.15;遷陝撫。	**江忠濬** 九、壬子;署皖布授。	
(滿)**文格** 六、甲辰;召京。	**吳昌壽** 六、甲辰;粵按遷。	
劉坤一		
蕭浚蘭 十一、壬子、九,12.19;革。	**林鴻年** 十一、甲寅、十一,12.21;滇按遷。	
(覺羅)**海瑛** 五、戊午、十三,6.28;病免。	**龔自閎** 五、戊午;黔按遷。	

布政使年表

年　代	同　治　三　年　　甲子(1864)		
直　隸	王榕吉 二、丁丑、六，3.13；晉布互調。	鄭敦謹 二、丁丑；晉布改。 七、庚戌、十二，8.13；改東河。	唐訓方 七、庚戌；鄂按遷。
江　寧	萬啓琛		
江　蘇	劉郇膏		
安　徽	馬新貽 九、壬寅、四，10.4；遷浙撫。	(滿)英翰 九、壬寅；皖按遷。	
山　東	貢瑮 八、戊戌、卅，9.30；召京。	丁寶楨 八、戊戌；魯按遷。	
山　西	鄭敦謹 二、丁丑；直布互調。	王榕吉 二、丁丑；直布改。	
河　南	王憲 正、庚午、廿八，3.6；召京。	蘇廷魁 正、庚午；候補道署。	
陝　西	林壽圖		
甘　肅	(蒙)恩麟 五、乙巳、六，6.9；護督。		
福　建	張慶銓		
浙　江	蔣益灃 九、壬寅；護撫。		
江　西	孫長綬		
湖　北	厲雲官		
湖　南	石贊清		
四　川	江忠濬		
廣　東	吳昌壽 四、癸巳、廿三，5.28；遷鄂撫。	李瀚章 四、癸巳；粵按遷。	
廣　西	劉坤一		
雲　南	林鴻年 八、壬辰、廿四，9.24；遷滇撫。	劉嶽昭 八、壬辰；滇按遷。	
貴　州	龔自閎 四、壬午、十二，5.17；召京。	(?)裕麟 四、癸未、十三，5.18；黔按遷。	

同 治 四 年　乙丑(1865)		
唐訓方		
萬啓琛	李宗羲 八、壬寅、十,9.29;皖按遷。	
劉郇膏 四、癸巳、廿九,5.23;護撫。		
(滿)英翰		
丁寶楨		
王榕吉 六、庚子、七,7.29;署撫。	按察鍾秀署(旋改陝按)。	
蘇廷魁 正、丁酉、一,1.27;授。		
林壽圖 八、戊戌、六,9.25;降三調。(五年仍授)	(?)鍾秀 八、丁巳、廿五,10.14;陝按遷。	
(蒙)恩麟 七、壬申、十,8.30;解、勘。	林之望 七、壬申;甘按遷。	
張慶銓 七、甲申、廿二,9.11;革。	王德榜 七、甲申;閩按遷。	
蔣益澧		
張長綬 五、乙卯、廿一,6.14;護撫。		
厲雲官 三、丙午、十一,4.6;憂免。	何　環 三、丁未、十二,4.7;皖按遷。	
石贊清 二、壬午、十六,3.13;護撫。		
江忠濬		
李瀚章 二、丙子、十,3.7;遷湘撫。	李福泰 二、丙子;粵按遷。△解。	張兆棟 十二、庚戌、十九,2.4;粵按遷。
劉坤一 五、乙卯;遷贛撫。	蘇鳳文 五、乙卯;桂按遷。	
劉嶽昭		
(?)裕麟 十、庚子、九,11.26;病免。	賈　臻 十、庚子;前皖布授。十二、戊午、廿七,2.12;召京。	(?)兆琛 十二、戊午;湘按遷。

布政使年表

年　代	同　治　五　年　　丙寅(1866)		
直　隸	**唐訓方** 三、戊辰、九，4.23；召京。	**(？)鍾秀** 三、戊辰；陝布改。	
江　寧	**李宗羲**		
江　蘇	**劉郇膏** (護撫) 四、庚子、十二，5.25；憂免。	**郭柏蔭** 四、庚子；蘇按遷，護撫。	
安　徽	(滿)**英翰** 八、戊子、二，9.10；遷皖撫。	**張兆棟** 八、戊子；粵布改。	
山　東	**丁寶楨** 十一、戊午、三，12.9；署撫。		
山　西	**王榕吉**		
河　南	**蘇廷魁** 八、壬寅、十六，9.24；署東河。	**卞寶第** 八、壬寅；順尹授。	
陝　西	**(？)鍾秀** 三、戊辰；改直布。	**林壽圖** 三、戊辰；降調原任賞三品授。	
甘　肅	**林之望**		
福　建	**王德榜** 九、癸亥、七，10.15；乞養。	**鄧廷枏** 九、癸亥；閩按遷。 十一、丙辰、一，12.7；召京。	**周開錫** (護撫) 十一、丙辰；延建邵道擢。
浙　江	**蔣益澧** 正、戊辰、八，2.22；赴粵。 二、丙辰、廿六，4.11；遷粵撫。	**楊昌濬** 二、丙辰；浙按遷。	
江　西	**孫畏綬**		
湖　北	**何　璟**		
湖　南	**石贊清** 十、丙午、廿一，11.27；改太常。	**(？)兆琛** 十、丁未、廿二，11.28；黔布改。	
四　川	**江忠濬**		
廣　東	**張兆棟** 八、戊子；改皖布。	**李福泰** 八、戊子；粵按遷。 十一、丙寅、十一，12.17；遷閩撫。	**吳昌壽** 十一、丙寅；豫按遷。
廣　西	**蘇鳳文**		
雲　南	**劉嶽昭** 正、癸未、廿三，3.9；遷滇撫。	**岑毓英** 正、癸未；候用道署。	
貴　州	**(？)兆琛** 十、丁未；改湘布。	**殷樹森** 十、丁未；桂按遷。	

同 治 六 年　丁卯(1867)

(?)鍾秀	盧定勳
十二、戊戌、十九, 1.13; 改蘇布。	十二、戊戌; 魯按遷。

李宗羲

郭柏蔭	丁日昌	(?)鍾秀
正月，署撫。	二、壬子; 兩淮運使遷。	十二、戊戌; 直布改。
二、壬子、廿八, 4.2; 遷桂撫。	十二、丁酉、十八, 1.12; 遷撫。	

張兆棟
　十一、癸亥、十四, 12.9; 護撫。

丁寶楨	潘鼎新
二、庚戌、廿六, 3.31; 遷魯撫。	二、庚戌; 魯按遷。

王榕吉	劉秉璋
二、戊戌、十四, 3.19; 召京。	二、戊戌; 蘇按遷。十一、乙亥、廿六, 12.21; 豫按胡大任署。

卞寶第	李宗羲
十一、乙亥; 遷閩撫。	十一、乙亥; 豫按遷。

林壽圖

林之望

周開錫

楊昌濬

孫長綬	(?)文輝
三、戊辰、十四, 4.18; 召京。	三、戊辰; 贛按遷。

何　璟
　十、丙申、十七, 11.12; 護撫。十二、庚子、廿一, 1.15; 護撫。　　十一、庚午、廿一, 12.16; 按察王文韶署。

(?)兆琛	李　榕
十、丙戌、七, 11.2; 革。	十、丁亥、八, 11.3; 鄂按遷。

江忠濬	蔣志章
十、丙申; 改桂布。	十、丙申; 浙按遷。

吳昌壽	王凱泰
二、壬子; 署桂撫。七、壬申、廿一, 8.20; 病免。	七、庚辰、廿九, 8.28; 浙按遷。　　按察郭祥瑞署。

蘇鳳文	江忠濬
七、壬申; 署桂撫。十、丙申; 遷桂撫。	十、丙申; 川布改。

岑毓英
　正、辛巳、廿六, 3.2; 授。

嚴樹森	黎培敬
八、戊戌、十八, 9.15; 革。	八、戊戌; 編修(學政)賞四品署。

布政使年表

年代	同治七年　戊辰(1868)		同治八年　己巳(1869)	
直　隷	盧定勳		盧定勳	
江　寧	李宗羲		李宗羲 四、乙巳、三、5.14；召陛。 五、己亥、廿八、7.7；還晉撫。	梅啓照 五、庚子、廿九、7.8； 粤按遷。
江　蘇	(？)鐘秀 二、癸巳、十五、3.8；留直辦防。 四、丁酉、十九、5.11；死。	張兆棟 四、丁酉； 皖布改。	張兆棟	
安　徽	張兆棟 四、丁酉；改蘇布。	吳坤修 四、丁酉；皖按遷， 仍署撫。	吳坤修	
山　東	潘鼎新 十、戊午、十五、11.28；赴陝軍營。		潘鼎新 六、壬寅、二、7.10； 解(留陝)。	(滿)文彬 六、癸卯、三、7.11； 魯按遷。
山　西	劉景璋 七、甲辰、廿九、9.15； 病免。	胡大任 七、甲辰；豫按遷。	胡大任 八、甲子、廿五、9.30；休。	何　璟 八、甲子；鄂布改。
河　南	李宗燾		李宗燾 四、庚申、十八、5.29；病免。	劉齊銜 四、庚申；浙按遷。
陝　西	林壽圖 十二、丙寅、廿三， 2.4；乞養。	翁同爵 十二、丙寅；川按遷。	翁同爵	
甘　肅	林之望		林之望 四、庚申；病免。	(？)崇保 四、庚申；西寧道遷。
福　建	周開錫	鄧廷枏 八、乙巳、一、9.16； 原任仍授。	鄧廷枏	
浙　江	楊昌濬		楊昌濬 十二、甲辰、七、1.8；署撫。	
江　西	(？)文輝		(？)文輝	
湖　北	何　璟		何　璟 八、甲子；改晉布。	張建基 八、甲子；鄂按遷。
湖　南	李　榕		李　榕 正、壬寅、卅、3.12；革。	王文韶 正、壬寅；鄂按署。 五、甲戌、三、6.12；授。
四　川	蔣志章		蔣志章 十二、壬寅、五、1.6； 遷陝撫。	王德固 十二、壬寅；贛按遷。
廣　東	王凱泰		王凱泰	
廣　西	江忠濬		江忠濬 五、丙戌、十五、6.24； 召京(休)。	康國器 五、丁亥、十六、6.25； 閩按遷。
雲　南	岑毓英 三、癸丑、五、3.28；遷滇撫。	宋延春 三、癸丑；滇按遷。	宋延春	
貴　州	黎培敬 七、庚子、廿五、9.11；授。		黎培敬	

同 治 九 年　庚午(1870)	同 治 十 年　辛未(1871)
盧定勳　　　　　　　**錢鼎銘** 八、戊戌、四，8.30；改浙布。　八、戊戌；直按遷。	**錢鼎銘**　　　　　　　**孫 觀** 十一、己丑、三，12.14；遷豫撫。 十一、己丑；粵按遷。
梅啓照	**梅啓照**
張兆棟　　　　　（?）**恩錫** 六、癸亥、廿八，7.26；署撫。　　　閏十、丙子； 閏十、丙子、十四，12.6；遷漕督。　奉尹授。	（?）**恩錫**
吳坤修	**吳坤修**
（滿）**文彬**	（滿）**文彬** 十、庚辰、廿三，12.5；署撫。
何 璟　　　　　　　**張樹聲** 七、庚午、六，8.2；遷閩撫。　七、庚午；晉按遷。	**張樹聲**　　　　　　　**李慶翱** 十二、甲申、廿九，　　十二、甲申；晉按遷。 2.7；改漕督。
劉齊銜	**劉齊銜**
翁同爵	**翁同爵**　　　　　　　**譚鍾麟** 十一、戊申、廿二，1.2；　十一、戊申；前豫按授。 遷陝撫。
（?）**崇保**	（?）**崇保**
鄧廷枏　　　　　　　**潘 霨** 七、丁亥、廿三，8.19；改粵布。 七、丁亥；閩按遷。	**潘 霨**
楊昌濬　　　　　　　**盧定勳** 八、丁酉、三，8.29；遷浙撫。 八、戊戌；直布改。	**盧定勳**
（?）**文輝**	（?）**文輝**
張建基	**張建基**
王文韶	**王文韶**　　　　　　　**吳元炳** 十、乙丑、八，11.20；署撫。 十、乙丑；翰講學署。
王德固	**王德固**
王凱泰　　　　　　　**鄧廷枏** 七、丙戌、廿二，8.18；遷閩撫。 七、丁亥；閩布改。	**鄧廷枏**
康國器	**康國器**
宋延春	**宋延春**
黎培敬	**黎培敬**

布政使年表

年代	同治十一年　壬申(1872)	同治十二年　癸酉(1873)
直　隸	孫　觀	孫　觀
江　寧	梅啓照	梅啓照
江　蘇	（？）恩錫 二、丙辰、二，3.10；署漕督。二、丙寅、十二，3.29；署撫。十、丙子、廿五，11.25；署撫。	（？）恩錫 十、壬午、七，11.26；署漕督。
安　徽	吳坤修　　　　　（滿）裕祿 十、丙辰、五，11.5；死。　　十、丙辰；皖按遷。	（滿）裕祿
山　東	（滿）文彬 二、丙辰；署漕督。	（滿）文彬　　　　　　李元華 正、丙戌、六，2.3；遷漕督。正、丙戌；魯按遷。
山　西	李慶翱	李慶翱
河　南	劉齊銜	劉齊銜
陝　西	譚鍾麟 正、癸卯、十八，2.26；護撫。	譚鍾麟
甘　肅	（？）崇保	（？）崇保
福　建	潘　霨	潘　霨
浙　江	盧定勳	盧定勳
江　西	（？）文輝　　　　　劉秉璋 六、丁卯、十四，7.19；召京。　六、丁卯；前晉布授。	劉秉璋
湖　北	張建基	張建基　　　　　　林之望 三、壬午、四，3.31；病免。三、壬午；前甘布授。
湖　南	王文韶　　　　　　吳元炳 五、丙午、廿三，6.28；遷湘撫。五、丙午；授。	吳元炳　　　　　　涂宗瀛 十二、戊子、十四，1.31；遷鄂撫。十二、戊子；湘按遷。
四　川	王德固	王德固
廣　東	鄧廷枏　　　　　（？）俊達 八、甲戌、廿二，9.24；召京。八、甲戌；粵按遷。	（？）俊達
廣　西	廉國器　　　　　（滿）文格 八、乙丑、十三，9.15；召京(休)。八、乙丑；前粵布授。	（滿）文格
雲　南	宋延春	宋延春
貴　州	黎培敬	黎培敬

同 治 十 三 年　甲戌(1874)	光 緒 元 年　乙亥(1875)
孫　觀	孫　觀
梅啓照	梅啓照
(?)恩錫	(?)恩錫
(滿)裕祿　　　　　(?)紹鍼 九、庚戌、十一，10.20；遷皖撫。　九、庚戌；豫按遷。	(?)紹鍼
李元華	李元華
李慶翔	李慶翔　　　　　張　瀛 五、乙丑、廿九，　五、乙丑；粵按遷。 7.2；遷豫撫。
劉齊銜	劉齊銜 五、乙丑；署撫。
譚鍾麟	譚鍾麟　　　　　蔣學凝 二、戊子、廿，3.27，　二、己丑、廿一，3.28；晉按遷。 遷陝撫。
(?)崇保	(?)崇保
潘　蔚	潘　蔚　　　(滿)葆亨 正、戊申、十，2.15，　二、丁丑、九，3.16；閩按遷。 解、護。　　　十一、丁未、十四，12.11；護撫。
盧定勳	盧定勳
劉秉璋 十二、甲戌、五，1.12；署撫。	劉秉璋　　　　　李文敏 八、丙寅、二，9.1；　八、丁卯、三，9.2；贛按遷。 遷贛撫。　　　九、壬戌、廿九，10.27；護撫。
林之望	林之望　　　　　孫衣言 八、丁卯；召京。　八、丁卯；皖按遷。
涂宗瀛	涂宗瀛
王德固	王德固　　　(滿)文格 四、甲午、廿八，　四、甲午；桂布改。 6.1；休。　　　十二、壬午、十九，1.15；護督。
(?)俊達	(?)俊達　　　　　楊慶麟 八、丁亥、廿三，　八、丁亥；順尹授。 9.22；死。
(滿)文格	(滿)文格　　　殷樹森　　　　　楊重雅 四、甲午；　四、甲午；桂按遷。　十一、己亥、六， 改川布。　十一、戊戌、五，　12.3；甘按遷。 　　　12.2；署桂撫。
宋延春　　　　　潘鼎新 四、丙戌、十四，5.29；病免。　四、丙戌；前魯布授。	潘鼎新
黎培敬	黎培敬　　　　　林肇元 九、丁未、十四，　九、丁未；按遷。 10.12；遷黔撫。　十二、己丑、廿六，1.22；召京。

布政使年表

年　代	光　緒　二　年　丙子(1876)	
直　隸	孫　觀	
江　寧	梅啓照	
江　蘇	(？)恩錫	
安　徽	(？)紹諴	
山　東	李元華 　十、甲午、七，11.22；署撫。	
山　西	張　瀛 　九、丁卯、十，10.26；病免。	林壽圖 　九、丁卯；前陝布授。
河　南	劉齊銜	
陝　西	蔣學澴	
甘　肅	(？)崇保	
福　建	(滿)葆亨	
浙　江	盧定勳 　四、己巳、八，5.1；召京。	衛榮光 　四、己巳；皖按遷。
江　西	李文敏 　二、辛未、九，3.4；護撫。	
湖　北	孫衣言	
湖　南	涂宗瀛 　三、丁未、十五，4.9；遷桂撫。	(蒙)崇福 　三、戊申、十六，4.10；湘按遷。
四　川	(滿)文格 　三、庚申、廿八，4.22；遷滇撫。	程　豫 　三、辛酉、廿九，4.23；晉按遷。
廣　東	楊慶麟	
廣　西	楊重雅 　　慶愛署：三、丁未；護撫。	
雲　南	潘鼎新 　三、庚申；署撫。九、戊辰、十一，10.27；遷滇撫。	杜瑞聯 　九、戊辰；川按遷。
貴　州	林肇元	

光緒三年　丁丑(1877)	光緒四年　戊寅(1878)
孫　覯	孫　覯　　周恒祺 二、丁未、廿七,3.30;召京。　二、丁未;閩布改。
梅啓照　　　　孫衣言 二、癸卯、十七,3.31;　二、甲辰、十八,4.1; 遷浙撫。　　　　鄂布改。	孫衣言
(↑)恩錫　　　　勒方錡 　　　　　十二、丙戌、六,1.8; 　　　　　桂布改。	勒方錡 二、乙巳、廿五,3.28;護撫。
(↑)紹誠	(↑)紹誠
李元華　　　　余思樞 十一、庚辰、廿九,1.2;　十一、庚辰;黔按遷。 召京(革)。	余思樞
林壽圖　　　(滿)葆亨 八、丁亥、五,9.11;　八、戊子、六,9.12; 解(革)。　　　　閩布改。	(滿)葆亨
劉齊銜　　　(滿)裕寬 十一、辛酉、十,　十一、壬戌、十一,12.15; 12.14;革。　　　陝按遷。	(滿)裕寬　　　(滿)成孚 十、戊戌、廿二,11.16;　十、己亥、廿三,11.17; 遷閩撫。　　　　粵按遷。
蔣學凝	蔣學凝　　　　王思沂 七、庚戌、二,7.31;病免。　七、庚戌;皖按遷。
(↑)崇保	(↑)崇保
(滿)葆亨　　　　周恒祺 七、戊午、五,8.13;署撫。　八、戊子;粵按遷,署撫。 八、戊子;改晉布。	周恒祺　　　　李明墀 二、丁未;改直布。　二、丁未;閩按遷。 　　　　十、戊戌;署撫。
衛榮光 二、甲辰;護撫。	衛榮光　　　　任道鎔 二、丙戌、六,3.9;　二、丙戌;贛按遷。 遷湘撫。
李文敏	李文敏　　　　彭祖賢 七、辛未、廿三,8.21;　七、辛未;順尹授。 遷贛撫。
孫衣言　　　　潘　爵 二、甲辰;改寧布。　二、甲辰;前閩布授。	潘　爵　　　　王大經 三、己未、九,4.11;署撫。　七、辛亥;鄂按遷。 七、辛亥、三,8.1;遷鄂撫。
(蒙)崇福 十、庚子、十九,11.23;署撫。	(蒙)崇福
程　豫	程　豫
楊慶麟	楊慶麟
楊重雅　　勒方錡　　　范　梁 十一、壬戌;　十一、壬戌;蘇按遷。　十二、丙戌; 遷桂撫。　十二、丙戌;改蘇布。　直按遷。	范　梁
杜瑞聯 八、壬子、卅,10.6;署撫。 十、壬寅、廿一,11.25;按察倉景愉署。	杜瑞聯　　　(蒙)升泰 七、辛亥;遷滇撫。　七、辛亥;浙按遷。
林肇元	林肇元 十、癸卯、廿七,11.21;署撫。

布政使年表

年代	光　緒　五　年　　己卯(1879)
直　隸	**周恒祺**　　　　　　　　　　　　**任道鎔** 閏三、甲申、十一，5.1；遷魯撫。　　　閏三、甲申；浙布改。
江　寧	**孫衣言**　　　　　**盧士杰**　　　　　　　　　　**梁肇煌** △七月，改太僕。　七、辛卯、十九，9.5；閩按遷。　　十一、乙酉；閩布改。 　　　　　　　　十一、乙酉、十六，12.28；改閩布。
江　蘇	**勒方錡**　　　　　　　**譚鈞培** 四、癸酉、卅，6.19；遷閩撫。　五、甲戌、一，6.20；湘按遷。十一、甲申、十五，12.27；護撫。
安　徽	(?)**紹緘**　　　　　　　　**傅慶貽** 　　　　　　　　　　正、庚午、廿六，2.16；湘按遷。閏三、甲申；護撫。
山　東	**余思樞**　　　　**薛允升**　　　　　　　　　(?)**崇保** 閏三、癸未、十，　閏三、甲申；晉按遷。八、癸亥、廿二，10.7；署　九、辛未、一，　按察鹽杰署。 4.3(?)；降三調。　漕督。八、庚午、廿九，10.14；遷刑右，仍署。　10.15；甘布改。
山　西	(滿)**葆亨**
河　南	(滿)**成孚**　　　　　　　　　(?)**長庚** 正、甲子、廿，2.10；改粤布。　正、甲子；桂按遷。十二、丁卯；召京。 十二、丁卯、廿八，2.8；粤布改。
陝　西	**王思沂** 五、己丑、十六，7.5；護撫。
甘　肅	(?)**崇保**　　　　　　　　**楊昌濬** 九、辛未；改魯布。　　　　九、辛未；革浙撫以三品署。
福　建	**李明墀**　　　**陳士杰**　　　　(滿)**慶裕**　　　　**梁肇煌**　　　　**盧士杰** 正、戊辰、廿四，　正、己巳、十五，2.15；魯按　閏三、甲申；陝按遷。　十一、甲申；順尹授。　十一、乙酉； 2.14；署撫。　　遷。閏三、癸未；降三調。　十一、甲申；遷桂撫。　十一、乙酉；寧布互調。　寧布改。
浙　江	**任道鎔**　　　　　　(?)**增壽**　　　　　　(滿)**德馨** 閏三、甲申；改直布。　閏三、甲申；浙按遷。　八、壬寅、一，9.16；豫按遷。
江　西	**彭祖賢**
湖　北	**王大經**
湖　南	(蒙)**崇福**
四　川	**程　豫**
廣　東	**楊慶麟**　　　　　(滿)**成孚**　　　　　　　　**姚覲元** （△殉親）　　　正、甲子；豫布改。十二、丁卯；改豫布。　十二、丁卯；鄂按遷。
廣　西	**范　梁**
雲　南	(蒙)**升泰**
貴　州	**林肇元** 閏三、丙戌、十三，5.3；署撫。

光 緒 六 年　庚辰(1880)	光 緒 七 年　辛巳(1881)
任道鎔	任道鎔　　　　　　　(滿)崧駿 五、丙子、十五, 6.11; 遷魯撫。　五、丙子; 桂按遷。
梁肇煌	梁肇煌
譚鈞培 六、庚戌、十四, 7.20; 護漕督。	譚鈞培 十一、壬寅、十四, 1.3; 護撫。
傅慶貽　　　　　盧士杰 二、戊午、廿, 3.30; 革。　二、己未、廿一, 3.31; 　　　　　　　　　閩布改。	盧士杰
(?)崇保	(?)崇保
(滿)葆亨　　　　　(?)紹諴 六、庚申、廿四, 7.30; 護撫。　十二、戊戌、五, 1.4; 十一、辛卯、廿七, 12.28; 革。　前皖布授。	(?)紹諴
(滿)成孚	(滿)成孚
王思沂	王思沂
楊昌濬 （署）十一、戊辰、四, 12.5; 護督。	楊昌濬
盧士杰　　　　　陳士杰 二、己未; 改皖撫。　二、己未; 閩按遷。	陳士杰　　　　　沈葆靖 八、辛未、十二, 10.4; 遷浙撫。　八、辛未; 贛按遷。
(滿)德馨	(滿)德馨 八、辛未; 護撫。
彭祖賢　　　　　邊寶泉 正、癸巳、廿五, 3.5;　正、甲午、廿六, 3.6; 遷鄂撫。　　　陝按遷。	邊寶泉
王大經	王大經
(蒙)崇福	(蒙)崇福　　　　　龐際雲 八、壬申、十三, 10.5; 召京。　八、壬申; 鄂按遷。
程　豫	程　豫　　　　　鹿傳霖 閏七、丁未、十七, 9.10; 召京。　閏七、丁未; 川按遷。
姚覲元	姚覲元
范　梁	范　梁　　　　　倪文蔚 閏七、丁未; 召京。　閏七、丁未; 粵按遷。
(蒙)升泰　　　　　吳德溥 十二、戊申、十五,　十二、戊申; 黔按遷。 1.14; 召京。	吳德溥
林肇元	林肇元　　　　　沈應奎 四、己亥、八, 5.5; 護撫。　八、壬申; 陝按遷。 八、壬申; 遷黔撫。

布政使年表

年　代	光　緒　八　年　　壬午(1882)		
直　隸	(滿)崧駿		
江　寧	梁肇煌		
江　蘇	譚鈞培		
安　徽	盧士杰		
山　東	(?)崇保		
山　西	(?)紹諴 正、辛亥、廿四, 3.13; 召京。	方大湜 二、庚辰、廿四, 4.11; 直按遷。 十一、癸巳、十一, 12.20; 降。	易佩紳 十一、癸巳; 黔按遷。
河　南	(滿)成孚		
陝　西	王思沂		
甘　肅	楊昌濬		
福　建	沈葆靖		
浙　江	(滿)德馨 十二、癸酉、廿一, 1.29; 護撫。		
江　西	邊寶泉		
湖　北	王大經		
湖　南	龐際雲		
四　川	鹿傳霖		
廣　東	姚覲元 十一、壬寅、廿, 12.29; 革。	(滿)剛毅 十一、乙巳、廿三, 1.1; 直按遷。	
廣　西	倪文蔚 正、辛亥; 遷桂撫。	徐延旭 正、辛亥; 安襄鄖荆道擢。	
雲　南	吳德溥 △死。	唐炯 二、甲申、廿八, 4.15; 建昌道遷。	
貴　州	沈應奎		

光 緒 九 年　癸未(1883)		
(滿)崧駿		
梁肇煌		
譚鈞培 三、辛卯、十一,4.17;護漕督。		
盧士杰		
(?)崇保		
易佩紳 十二、丁未、一,12.29;改川布。	(蒙)奎斌 十二、丁未;晉按遷。	
(滿)成孚 三、辛卯;護撫。十二、戊辰、廿二,1.19;改東河。	孫鳳翔 十二、戊辰;皖按遷。	
王思沂 二、戊寅、廿七,4.4;病免。	葉伯英 二、戊寅;陝按遷。十、癸丑、六,11.5;護撫。	
楊昌濬 二、庚辰、廿九,4.6;改漕督。	魏光燾 三、辛巳、一,4.7;甘按遷。	
沈葆靖		
(滿)德馨		
邊寶泉 十、癸丑;遷陝撫。	劉瑞芬 十、癸丑;贛按遷。	
王大經 正、甲午、十二,2.19;病免。	蒯德標 正、甲午;鄂按遷。	
龐際雲		
鹿傳霖 二、庚辰;遷豫撫。	張凱嵩 三、辛巳;川按遷。十一、丙午、廿九,12.28;遷黔撫。	易佩紳 十二、丁未;晉布改。
(滿)剛毅		
徐延旭 三、戊申、廿八,5.4;赴越。 九、丙戌、九,10.9;遷桂撫。	張夢元 九、丙戌;前閩按、船政授。	
唐　炯 六、庚午、廿二,7.25;遷滇撫。	龔易圖 六、癸酉、廿五,7.28;粵按遷。 十、丁卯、廿,11.19;派潮汕查案。	
沈應奎 十、癸丑;革。	李用清 十、癸丑;貴西道遷。	

年　代	光　緒　十　年　甲申(1884)
直　隸	(滿)崧駿
江　寧	梁肇煌
江　蘇	譚鈞培
安　徽	盧士杰 正、戊子、十二, 2.8; 護撫。六、戊子、十六, 8.6; 護撫。
山　東	(？)崇保
山　西	(蒙)奎斌 三、壬辰、十七, 4.12; 護撫。四、壬申、廿八, 5.22; 署撫。　　按察高崇基署。
河　南	孫鳳翔 七、己巳、廿七, 9.16; 署漕督。
陝　西	葉伯英
甘　肅	魏光燾　　　　　　　　　　　　　　　譚繼洵 十、癸酉、二, 11.19; 改新布。　　　　十、癸酉; 甘按遷。
新　疆	〔增設甘肅新疆布政使〕　　　　　　　魏光燾 　　　　　　　　　　　　　　　　　十、癸酉; 甘布改。
福　建	沈葆靖
浙　江	(滿)德馨　　　　　　　　　　　　　　許應鑅 九、戊午、十七, 11.4; 遷贛撫。　　　　九、戊午; 蘇按遷。
江　西	劉瑞芬 九、戊午; 護撫。
湖　北	蒯德標
湖　南	龐際雲 二、乙亥、廿九, 3.26; 署撫。
四　川	易佩紳
廣　東	(滿)剛毅　　　　　　　　　　　　　　龔易圖 二、丁卯、廿一, 3.18; 滇布互調。　　　二、丁卯; 滇布改。
廣　西	張夢元
雲　南	龔易圖　　　　　　　　　　　　　　　(滿)剛毅 二、丁卯; 粵布互調。　　　　　　　　二、丁卯; 粵布改。
貴　州	李用清 三、壬辰; 署撫。

光緒十一年 乙酉(1885)

(滿)崧駿 二、乙未、廿五,4.10;遷漕督。		(蒙)奎斌 二、丁酉、廿七,4.12;晉布改。	
梁肇煌			
譚鈞培 十、己丑、廿四,11.30;遷鄂撫。	王嵩齡 十、己丑;贛按遷。 十二、壬午、十八,1.22;川布互調。	易佩紳 十二、壬午;川布改。	
盧士杰 二、乙未、廿五,4.10;署撫。 十一、乙巳、十一,12.16;贛布互調。	張端卿 十一、乙巳;贛布改。		
(丁)崇保			
(蒙)奎斌 二、丁酉;改直布。	高崇基 二、丁酉;晉按遷。		
孫鳳翔 二、丙申、廿六,4.11;護撫。			
葉伯英			
譚繼洵			
魏光燾			
沈葆靖 六、丁丑、十,7.21;降三調。	張夢元 六、戊寅、十一,7.22;桂布改。		
許應鏒			
劉瑞芬 六、癸未、十六,7.27;使英。 十、辛未、六,11.12;改以三京候。	張端卿 十、辛未;皖按遷。 十一、乙巳;皖布互調。	盧士杰 十一、乙巳;皖布改。	
蒯德標			
龐際雲 三、辛亥、十二,4.26;粵布互調。	龔易圖 三、辛亥;粵布改。 九、丁酉、二,10.9;革。	(滿)松椿 九、己亥、四,10.11;直按遷。	
易佩紳 十二、壬午;蘇布互調。	王嵩齡 十二、壬午;蘇布改。		
龔易圖 三、辛亥;湘布互調。	龐際雲 三、辛亥;湘布改。 四、戊戌、卅,6.12;滇布互調。	沈鎔經 四、戊戌;滇布改。(死)	張煦 十一、乙卯、廿一,12.26; 陝按遷。
張夢元 六、戊寅;改閩布。	李秉衡 六、戊寅;桂按遷。		
(滿)剛毅 二、丁酉;遷晉撫。	沈鎔經 二、丁酉;粵按遷。四、戊戌;粵布互調。	龐際雲 四、戊戌;粵布改。	
李用清 六、庚辰、十三,7.24;召京。	曾紀鳳 六、庚辰;黔按遷。		

布政使年表

年　代	光緒十二年　丙戌(1886)		
直　隸	(蒙)**奎斌** 五、甲午、二,6.3；遷鄂撫。	(滿)**松椿** 五、甲午；湘布改。	
江　寧	**梁肇煌** 六、壬午、廿,7.21；召京。	**許振禕** 六、壬午；豫按遷。	
江　蘇	**易佩紳**		
安　徽	**張端卿** 五、甲寅、廿二,6.23；護撫。	(滿)**阿克達春** 八、壬申、十二,9.9；皖按遷。	
山　東	(?)**崇保**		
山　西	**高崇基** 二、丁丑、十三,3.18；粤布互調。	**張煦** 二、丁丑；粤布改。	
河　南	**孫鳳翔** 七、甲寅、廿三,8.22；病免。	**劉瑞祺** 七、甲寅；浙按遷。	
陝　西	**葉伯英** 七、辛丑、十,8.9；遷陝撫。	**李用清** 七、辛丑；前黔布署。	
甘　肅	**譚繼洵**		
新　疆	**魏光燾**		
福　建	**張夢元**		
浙　江	**許應鑅** 五、辛丑、九,6.10；護撫。		
江　西	**盧士杰** 五、庚子、八,6.9；遷漕督。	**李嘉樂** 五、庚子；蘇按遷。	
湖　北	**蒯德標**		
湖　南	(滿)**松椿** 五、甲午；改直布。	**陳彝** 五、甲午；甘按遷。五、甲寅；遷皖撫。	**孫翼謀** 五、乙卯、十三,6.24；浙按遷。
四　川	**王嵩齡**	(滿)**崧蕃** 九、庚子、十,10.7；湘按遷。	
廣　東	**張煦** 二、丁丑；晉布互調。	**高崇基** 二、丁丑；晉布改。	
廣　西	**李秉衡** 五、癸卯、十一,6.12；護撫。		
雲　南	**龐際雲**	**于蔭霖** 九、壬寅、十二,10.9；粤按遷。	
貴　州	**曾紀鳳**		

年　代	光　緒　十　三　年　　丁亥(1887)		
直　隸	(滿)松椿		
江　寧	許振禕		
江　蘇	易佩紳 十一、丁卯、十四，12.28；病免。	黄彭年 十一、乙卯；陝按遷。	
安　徽	(滿)阿克達春		
山　東	(丁)崇保		
山　西	張　煦		
河　南	劉瑞祺		
陝　西	李用清		
甘　肅	譚繼洵		
新　疆	魏光燾		
福　建	張夢元		
臺　灣	〔增設福建臺灣布政使〕	邵友濂 二、壬午、廿四，3.18；豫按遷。	
浙　江	許應鑅		
江　西	李嘉樂 二、丙子、十八，3.12；護撫。		
湖　北	蒯德標		
湖　南	孫翼謀		
四　川	(滿)崧蕃		
廣　東	高崇基		
廣　西	李秉衡 八、癸丑、廿九，10.15；病免。	馬丕瑶 八、甲寅、卅，10.16；黔按遷。	
雲　南	于蔭霖 △憂免。	曾紀鳳 二、癸未、廿五，3.19；黔布改。	
貴　州	曾紀鳳 二、癸未；改滇布。	李元度 二、癸未；黔按遷。△死。	史念祖 十、辛丑、十八，12.2；滇按遷。

布政使年表

年　代	光緒十四年　戊子(1888)		
直　隸	(滿)松椿		
江　寧	許振禕		
江　蘇	黃彭年 十、乙未、十七, 11.20; 護撫。		
安　徽	(滿)阿克達春		
山　東	(？)崇保 四、辛丑、廿, 5.30; 病免。	王毓藻 四、辛丑; 粵按遷。	
山　西	張煦 九、甲寅、六, 10.10; 遷陝撫。	(滿)豫山 九、甲寅; 浙按遷。	
河　南	劉瑞祺		
陝　西	李用清 三、庚辰、廿九, 5.9; 召京。	陶模 三、庚辰; 直按遷。九、甲寅; 護撫。	
甘　肅	譚繼洵		
新　疆	魏光燾 十二、乙巳、廿八, 1.29; 護撫。		
福　建	張夢元		
臺　灣	邵友濂		
浙　江	許應鑅		
江　西	李嘉樂 三、庚辰; 召京。	蕭韶 三、庚辰; 浙按遷。	方汝翼 十、庚辰、二, 11.5; 甘按遷。
湖　北	蒯德標		
湖　南	孫翼謀		
四　川	(滿)崧蕃		
廣　東	高崇基 十、乙未、十七, 11.20; 遷桂撫。	游智開 十、丙申、十八, 11.21; 川按遷。	
廣　西	馬丕瑤		
雲　南	曾紀鳳		
貴　州	史念祖		

光绪十五年　己丑(1889)	
(滿)**松椿** 七、戊午、十四，8.10；改漕督。	(滿)**裕長** 七、戊午；奉尹授。
許振禕	
黄彭年	
(滿)**阿克達春**	
王毓藻	
(滿)**豫山** 十、己丑、十七，11.9；遷晉撫。	(滿)**奎俊** 十、己丑；閩按遷。
劉瑞祺	
陶模 十二、乙酉、十四，1.4；護撫。	
譚繼洵 十二、壬申、一，12.22；遷鄂撫。	**張岳年** 十二、癸酉、二，12.23；皖按遷。
魏光燾 護撫。	
張夢元	
邵友濂 六、丁丑、三，6.30；遷湘撫。	**蒯德標** 六、丁丑；鄂布改。七、丙辰、十二，8.8；召陛。
許應鑅	
方汝翼	
蒯德標 六、丁丑；改臺布。	**鄧華熙** 六、丁丑；滇按遷。
高萬鵬 五、甲寅、九，6.7；順尹授。	**何樞** 十二、癸未、十二，1.2；川按遷。
(滿)**崧蕃**	
游智開 九、庚戌、七，10.1；署撫。	
馬丕瑶 七、癸亥、十九，8.15；護撫。八、己卯、六，8.31；遷桂撫。	**張聯桂** 八、己卯；桂按遷。
曾紀鳳 十、戊寅、六，10.29；乞養。	**史念祖** 十、戊寅；黔布改。
史念祖 十、戊寅；改滇布。	**王德榜** 十、戊寅；前閩布授。

布政使年表

年　代	光　緒　十　六　年　　庚寅(1890)
直　隸	(滿)裕長
江　寧	許振禕 二、己卯、九,2.27;改東河。　　　　　　　(?)瑞璋 二、庚辰、十,2.28;贛按遷。
江　蘇	黃彭年 八、庚戌、十三,9.26;鄂布互調。　　　　鄧華熙 八、庚戌;鄂布改。
安　徽	(滿)阿克達春 十、丁未、十一,11.22;護撫。
山　東	王毓藻　　　　　　　　　　　　　　(蒙)福潤 三、壬午、十三,5.1;魯按遷。
山　西	(滿)奎俊
河　南	劉瑞祺 二、丁丑、七,2.25;閩布互調。　　　廖壽豐 二、丁丑;閩布改。六、庚申、廿二,8.7;護撫。
陝　西	陶　模
甘　肅	張岳年
新　疆	魏光燾 (護撫)
福　建	張夢元　　　　　　廖壽豐　　　　　劉瑞祺　　　　劉樹堂 正、丙寅、廿五,2.14;　正、丙寅;浙按遷。　二、丁丑;豫布改。　閏二、己酉;蘇按遷。 病免。　　　　　二、丁丑;豫布互調。　閏二、己酉;遷晉撫。
臺　灣	蒯德標　　　　　　于蔭霖　　　　　　　　沈應奎 四、丙午、七,5.25;改粤布。　前滇布授。六、戊午、廿,8.5;病免。　六、戊午;前黔布授。
浙　江	許應鑅
江　西	方汝翼
湖　北	鄧華熙　　　　　　黃彭年　　　　　　王之春 八、庚戌;蘇布互調。　八、庚戌;蘇布改。△死。　十二、癸丑、十八,1.27;粤按遷。
湖　南	何　樞
四　川	(滿)崧蕃
廣　東	游智開　　　　　　蒯德標　　　　　　(?)成允 四、丙午;病免。(護撫)　四、丙午;臺布改。　　十、壬子;鄂按遷。 　　　　　　　　十、壬子、十六,11.27;病免。
廣　西	張聯桂
雲　南	史念祖
貴　州	王德榜

光緒十七年　辛卯(1891)

(滿)**裕長**

(？)**瑞璋**

鄧華熙

(滿)**阿克達春**

(蒙)**福潤**　　七、辛巳、十九，8.23；護撫。七、丁亥、廿五，8.29；遷魯撫。	**湯聘珍**　　七、戊子、廿六，8.30；桂按遷。
(滿)**奎俊**　　十、丁酉、六，11.7；遷晉撫。	**胡聘之**　　十、戊戌、七，11.8；順尹授。

廖壽豐

陶　模　　二、丁巳、廿三，4.1；遷新疆。	**張岳年**　　二、丁巳；甘布改。
張岳年　　二、丁巳；改陝布。	**沈晉祥**　　二、丁巳；湘按遷。
魏光燾　　（護撫）五、丙子、十三，6.19；省假。	**饒應祺**　　五、丙子；鎮迪道署。
劉樹堂　　六、甲寅、廿二，7.27；改浙布。	**潘駿文**　　六、甲寅；晉按遷。
沈應奎　　三、辛卯、廿七，5.5；護撫。九、己卯、十八，10.20；召陞。	**唐景崧**　　十一、甲申、廿四，12.24；臺灣道遷。

許應鑅　　正、戊子、廿三，3.3；召京。	**賈致恩**　　正、戊子；豫按遷。	**劉樹堂**　　六、甲寅；閩布改。

方汝翼

王之春

何　樞

(滿)**崧蕃**　　五、辛卯、廿八，7.4；遷黔撫。	**龔照瑗**　　五、壬辰、廿九，7.5；浙按遷。

(？)**成允**

張聯桂

史念祖

王德榜

布政使年表

年代	光緒十八年　壬辰(1892)	光緒十九年　癸巳(1893)
直　隸	(滿)裕長	(滿)裕長
江　寧	(?)瑞璋	(?)瑞璋
江　蘇	鄧華熙	鄧華熙
安　徽	(滿)阿克達春　　(滿)德壽 四、己亥、十一,5.7；　四、庚子、十二,5.8； 遷晉撫。　　　　川按遷。	(滿)德壽
山　東	湯聘珍	湯聘珍
山　西	胡聘之 四、己亥；護撫。	胡聘之
河　南	廖壽豐	廖壽豐　　　　　劉樹堂 十二、庚戌、二,1.8；遷浙撫。　十二、庚戌、浙布改。
陝　西	張岳年	張岳年
甘　肅	沈晉祥	沈晉祥
新　疆	饒應祺 (署)	饒應祺 正、癸卯、十九,3.7；授。
福　建	潘駿文	潘駿文　　　　　黃毓恩 △死。　　三、戊戌、十六,5.1；浙按遷。
臺　灣	唐景崧	唐景崧
浙　江	劉樹堂 二、乙巳、十六,3.14；護撫。	劉樹堂　　　　　趙舒翹 (護撫)　　十二、庚戌、浙按遷, 十二、庚戌、改豫布。　護撫。
江　西	方汝翼	方汝翼 二、己未、六,3.23；護撫。
湖　北	王之春	王之春
湖　南	何　樞	何　樞
四　川	龔照瑗	龔照瑗　　　　　王毓藻 十、壬子、四,11.11；　十、癸丑、五,11.12； 使英。　　　前魯布授。
廣　東	(?)成允	(?)成允
廣　西	張聯桂　　　　　黃槐森 二、己亥、十、3.8；　二、庚子、十一、3.9； 遷桂撫。　　黔按遷。	黃槐森
雲　南	史念祖	史念祖
貴　州	王德榜	王德榜　　　　(滿)嵩崑 三、庚寅、八,4.23；死。　三、庚寅、皖按遷。

光緒二十年　甲午(1894)

(滿)**裕長** 　△解(川布)	**陳寶箴** 　十、戊午、十五，11.12；鄂按遷。
(？)**瑞璋**	
鄧華熙 　七、庚子、廿六，8.26；署漕督。	
(滿)**德壽** 　四、乙丑、十九，5.23；署撫。八、戊午、十四，9.13；祝嘏。 　十二、丙寅、廿四，1.19；遷黔撫。	**王廉** 　十二、丁卯、廿五，1.20；湘按遷。
湯聘珍	
胡聘之	
劉樹堂 　七、戊子、十四，8.14；護撫。十一、丁丑、五，12.1；遷豫撫。	(滿)**額勒精額** 　十一、戊寅、六，12.2；粵按遷。
張岳年	
沈翊祥 　十二、辛酉、十九，1.14；召京。	(滿)**曾鈺** 　十二、壬戌、廿，1.15；陝按遷。
饒應祺	
黃毓恩	
唐景崧 　九、戊子、十五，10.13；署撫。	
趙舒翹	
方汝翼	
王之春 　十、戊午；赴俄國致唁。	
何樞	
王毓藻 　十、乙丑、廿二，11.19；護督。	
(？)**成允**	
黃槐森	
史念祖	
(滿)**嵩崑** 　十一、戊戌、廿六，12.22；署撫。	

布政使年表

年　代	光　緒　二　一　年　　乙未(1895)		
直　隸	**陳寶箴** 七、壬戌、廿四,9.12; 遷湘撫。	**王　廉** 七、甲子、廿六,9.14; 皖布改。	
江　寧	(?)**瑞璋**		
江　蘇	**鄧華熙**		
安　徽	**王　廉** 七、甲子; 改直布。	**于蔭霖** 七、甲子; 革閩布署。	
山　東	**湯聘珍** 五、乙亥、五,5.28; 召京。	**張國正** 五、丙子、六,5.29; 閩按遷。	
山　西	**胡聘之** 正、癸未、十一,2.5; 署撫。 三、丙申、廿五,4.19; 改浙布。	**胡鳳林** 三、丙申; 皖按遷。九、癸丑、十六,11.2; 署撫。	
河　南	(滿)**額勒精額**		
陝　西	**張岳年**	**張汝梅** 正、庚辰、八,2.2; 晉按遷。四、甲辰、三,4.27; 護撫。	
甘　肅	(滿)**曾鉌**		
新　疆	**饒應祺** 十、辛未、四,11.20; 署撫。		
福　建	**黃毓恩**		
臺　灣	**唐景崧** 四、丁卯、廿六,5.20; 召京。		
浙　江	**趙舒翹** 三、乙未、廿四,4.18; 遷蘇撫。	**胡聘之** 三、丙申; 晉布改。七、壬戌; 遷陝撫。	**龍錫慶** 七、甲子; 鄂按遷。
江　西	**方汝翼** 五、癸未、十三,6.5; 病免。	**魏光燾** 五、癸未; 前新布授。 七、己酉、十一,8.30; 遷滇撫。	**陳湜** 七、庚戌、十二,8.31; 蘇按遷。
湖　北	**王之春** 四、乙丑、廿四,5.18; 召回。十一、己酉、十三,12.28; 授出使俄國大臣。 十二、庚寅、廿四,2.7; 在鄂候旨(毋庸前往)。		
湖　南	**何樞**		
四　川	**王毓藻**		
廣　東	(?)**成允** 十、辛未; 署撫。	**張人駿** 十二、戊辰、二,1.16; 粵按遷。	
廣　西	**黃槐森** 八、丁丑、九,9.27; 遷滇撫。	**游智開** 八、戊子、廿,10.8; 前粵布授。	
雲　南	**史念祖** 六、辛未、二,7.23; 遷桂撫。	**岑毓寶** 六、壬申、三,7.24; 黔布改。 九、乙巳、八,10.25; 革。	(滿)**裕祥** 九、丙午、九,10.26; 甘按遷。
貴　州	(滿)**嵩崑** 閏五、乙卯、十五,7.7; 遷桂撫。	**岑毓寶** 閏五、丙辰、十六,7.8; 滇按遷。 六、壬申; 改滇布。	**唐樹森** 六、壬申; 黔按遷。

年　代	光　緒　二　二　年　　丙申（1896）			
直　隸	王　廉 六、丙寅、二，7.12；革。		眞鳳林 六、丁卯、三，7.13；晉布改。	
江　寧	（？）瑞璋 九、甲午、二，10.8；革。		（滿）松壽 九、乙未、三，10.9；贛按遷。	
江　蘇	鄧華熙 七、壬寅、九，8.17；遷皖撫。		聶緝槼 七、乙巳、十二，8.20；浙按遷。	
安　徽	于蔭霖			
山　東	張國正			
山　西	眞鳳林 六、丁卯；改直布。		俞廉三 六、丁卯；湘按遷。	
河　南	（滿）額勒精額			
陝　西	張汝梅			
甘　肅	（滿）曾鉌			
新　疆	饒應祺 十、丙寅、五，11.9；授新撫。		丁振鐸 十、丁卯、六，11.10；鎮迪道遷。	
福　建	黃毓恩			
浙　江	龍錫慶		恆祖翼 十、乙丑、四，11.8；鄂按遷。	
江　西	陳湜 四、丙子、十一，5.23；死。		翁曾桂 四、丙子；贛按遷。	
湖　北	王之春 正、丁酉、二，2.14；毋庸前往俄國。			
湖　南	何樞			
四　川	王毓藻			
廣　東	張人駿			
廣　西	游智開			
雲　南	（滿）裕祥			
貴　州	唐樹森 △死。		邵積誠 正、戊申、十三，2.25；黔按遷。	

布政使年表

年　代	光緒二三年　丁酉(1897)		
直　隸	**奭鳳林** 十一、癸卯、十八，12.11；改鄂布。		**(滿)裕長** 十一、癸卯；川布改。
江　寧	**(滿)松壽**		
江　蘇	**聶緝槼**		
安　徽	**于蔭霖**		
山　東	**張國正**		
山　西	**俞廉三**		
河　南	**(滿)額勒精額**		
陝　西	**張汝梅** 九、戊子、二，9.27；遷魯撫。		**李希蓮** 九、己丑、三，9.28；黔按遷。
甘　肅	**(滿)曾鈵**		
新　疆	**丁振鐸**		
福　建	**黄毓恩** 六、癸未、廿五，7.24；解。		**季邦楨** 六、癸未；直按遷。
浙　江	**惲祖翼**		
江　西	**翁曾桂**		
湖　北	**王之春** 十一、癸卯；改川布。		**奭鳳林** 十一、癸卯；直布改。
湖　南	**何　樞**		
四　川	**王毓藻** 二、甲子、五，3.7；遷黔撫。	**(滿)裕長** 二、甲子；前直布授。十一、癸卯；改直布。	**王之春** 十一、癸卯；鄂布改。
廣　東	**張人駿**		
廣　西	**游智開**		
雲　南	**(滿)裕祥** 十、戊午、二，10.27；遷滇撫。		**湯壽銘** 十、己未、三，10.28；滇按遷。
貴　州	**邵積誠** 二、甲子、五，3.7；署撫。		

光緒二四年　戊戌(1898)				
(滿)裕長 八、乙未、十四,9.29;甘布互調。	(滿)曾鉌 八、乙未;甘布改。八、丁酉、十六,10.1;仍甘布。	袁昶 八、丁酉;寧布改。八、戊戌;三京候。	(滿)廷杰 八、己亥、十八,10.3;奉尹授。	
(滿)松壽 五、丙子、廿四,7.12;遷贛撫。	袁昶 五、丙子、八、丁酉;改直布。	(滿)裕長 八、丁酉;甘布改。十、乙酉、五,11.18遷豫撫。	張紹華 十、乙酉;贛按遷。十、甲辰、廿四,12.7;改贛布。	(?)長祿 十、甲辰;豫按遷。
聶緝槼				
于蔭霖 五、丁丑、廿五,7.13;滇布互調。		湯壽銘 五、丁丑;滇布改。		
張國正		張人駿 七、丙寅、十五,8.31;粵布改。		
俞廉三 二、丁巳、三,2.23;湘布互調。		何樞 二、丁巳;湘布改。		
(滿)額勒精額		(滿)景星 十、丙戌、六,11.19;魯按遷。		
李希蓮		李有棻 四、戊戌、十六,6.4;陝按遷。		
(滿)曾鉌 八、乙未;直布互調。八、丁酉;改回。九、戊午;遷鄂撫。	(滿)裕長 八、乙未;直布改。八、丁酉;改寧布。	丁體常 九、戊午;甘按遷。十一、丙辰、七,12.19;粵布互調。	岑春煊 十一、丙辰;粵布改。	
丁振鐸 九、戊午、八,10.22;遷滇撫。		趙爾巽 九、戊午;陝按遷。		
季邦楨 六、辛卯、九,7.27;解。	吳承璐 六、辛卯;蘇按遷。	李經羲 七、甲戌、廿三,9.8;湘按遷。十二、丙戌、七,1.18;改滇布。	李興銳 十二、丙戌;閩按遷。	
惲祖翼				
翁曾桂 七、己未、八,8.24;護撫。九、庚午、廿,11.3;憂免。		張紹華 十、甲辰;寧布改。		
員鳳林 八、癸卯、廿二,10.7;病免。		(滿)善聯 八、癸卯;前奉尹授。		
何樞 二、丁巳;晉布互調。	俞廉三 二、丁巳;晉布改。八、癸卯;遷撫。	(漢)毓賢 八、癸卯;魯按遷。十一、丙辰;署江將。		
王之春				
張人駿 七、丙寅;改魯布。	岑春煊 七、丙寅;僕少授。十一、丙辰;甘布互調。	丁體常 十一、丙辰;甘布改。		
游智開				
湯壽銘 五、丁丑;皖布互調。	于蔭霖 五、丁丑;皖布改。十二、丙戌;遷鄂撫。	李經羲 十二、丙戌;閩布改。		
邵積誠				

布政使年表

年　代	光　緒　二　五　年　　己　亥(1899)		
直　隸	(滿)廷杰		
江　寧	(?)長禄 四、甲申、七，5.16；病免。	(滿)恩壽 四、甲申；贛按遷。	
江　蘇	聶緝槼 六、庚辰、四，7.11；護撫。		
安　徽	湯壽銘		
山　東	張人駿		
山　西	何　樞 八、癸未、八，9.12；護撫。		
河　南	(滿)景星 二、己卯、一，3.12；護撫。		
陝　西	李有棻 △憂免。	(滿)端方 九、癸亥、十八，10.22；陝按遷。	
甘　肅	岑春煊		
新　疆	趙爾巽	(滿)文光 八、丙申、廿一，9.25；湘按遷。	
福　建	李興鋭 七、癸酉、廿八，9.2；改桂布。	張曾歔 七、癸酉；川按遷。	
浙　江	惲祖翼		
江　西	張紹華		
湖　北	(滿)善聯 三、癸酉、廿六，5.5；署福將。		
湖　南	(漢)毓賢 二、辛巳、三，3.14；遷魯撫。	(蒙)錫良 二、壬午、四，3.15；湘按遷。	
四　川	王之春 八、癸未、八，9.12；遷晉撫。	周　馥 八、癸未；前直按授。	
廣　東	丁體常		
廣　西	游智開 正、甲寅、六，2.15；病免。	(?)魁元 正、甲寅；粵按遷。	李興鋭 七、癸酉；閩布改。
雲　南	李經羲		
貴　州	邵積誠		

光緒二六年　庚子(1900)

(滿)廷杰
六、甲申、十四,7.10;解。
(覺羅)廷雍
六、甲申;直按遷。七、甲寅、十五,8.9;護督。
周　馥
九、己丑、廿一,11.12;川布改。

(滿)恩壽

聶緝槼
十二、辛亥、十四,2.2;遷鄂撫。
陸元鼎
十二、辛亥;蘇按遷。

湯壽銘

張人駿
十、壬寅、四,11.25;遷漕督。
胡廷幹
十、癸卯、五,11.26;湘按遷。

何　樞
△死。
李廷簫
四、辛巳、十,5.8;晉按遷。閏八月,護撫。
閏八、甲辰、五,9.28;甘布互調。
(蒙)升允
閏八、甲辰;甘布改。

(滿)景星
八、戊子、十九,9.12;遷贛撫。
(滿)延祉
八、戊子;豫按遷。十二、辛亥;陝布互調。
(滿)端方
十二、辛亥;陝布改。

(滿)端方
十二、辛亥;豫布互調。
(滿)延祉
十二、辛亥;豫布改。

岑春煊
閏八、壬寅、三,9.26;遷陝撫。
(蒙)升允
閏八、壬寅;晉按遷。
閏八、甲辰;晉布互調。
李廷簫
閏八、甲辰;晉布改。十月,護督。

(滿)文光

張曾敭
閏八、壬寅;改湘布。
周　蓮
閏八、壬寅;閩按遷。

惲祖翼
十、壬寅、四,11.25;遷浙撫。
(?)榮銓
十、壬寅;浙按遷。

張紹華
十、辛丑、三,11.24;護撫。

(滿)善聯
△死。
瞿廷韶
十二、己酉、十二,1.31;鄂按遷。

(蒙)錫良
七月,勤王。
閏八、壬寅;遷晉撫。
張曾敭
閏八、壬寅;閩布改。
九、甲午、廿六,11.17;改桂布。
余聯沅
九、甲午;贛按遷。十二月,署浙撫。

周　馥
九、己丑;改直布。
饒鳳林
九、己丑;前鄂布授。

丁體常

李興鋭
九、甲午;遷贛撫。
張曾敭
九、甲午;湘布改。

李經羲

邵積誠
二、乙酉、十三,3.13;護撫。

布政使年表

年 代	光 緒 二 七 年　辛丑(1901)			
直 隸	**周 馥** 九、己丑、廿七,11.7;護督。			
江 寧	(滿)**恩壽** 九、庚寅、廿八,11.8;遷漕督。	**吳重憙** 九、庚寅;閩按遷。		
江 蘇	**陸元鼎**			
安 徽	**湯壽銘**			
山 東	**胡廷幹** 九、己丑;護撫。			
山 西	(蒙)**升允** 二、庚戌、十四, 4.2;陝布互調。	(滿)**延祉** 二、庚戌;陝布改。 十一、甲戌、十二,12.22;改豫布。	**李紹芬** 十一、甲戌;陝布改。 十二、甲午、二,1.11;滇布互調。	**林紹年** 十二、甲午; 滇布改。
河 南	(滿)**端方** 正月,護陝撫。 三、辛巳、十五,5.3;遷鄂撫。	**陳夔龍** 三、癸未、十七,5.5;順尹授。 十一、癸酉;遷漕督。	(滿)**延祉** 十一、甲戌;晉布改。	
陝 西	(滿)**延祉** 二、庚戌; 晉布互調。	(蒙)**升允** 二、庚戌;晉布改。三、辛巳;署撫。 四、壬戌、廿七,6.13;遷陝撫。	**李紹芬** 四、壬戌;陝按遷。八、丁未、十四, 9.26;護撫。十一、甲戌;改晉布。	**夏旹** 十一、甲戌; 川按遷。
甘 肅	**李廷簫** (護督)正、庚午、三,2.21;革、戌。	**何福堃** 正、庚午;甘按遷。護督。		
新 疆	(滿)**文光** 十二、乙未、三,1.12;病免。	**潘效蘇** 十二、乙未;甘按遷。		
福 建	**周蓮**			
浙 江	(?)**榮銓** 三、丁丑、十一,4.29;革、戌。	**張廷燎** 三、戊寅、十二,4.30;桂按遷。	**誠勳** 七、癸未、廿,9.2;蘇按遷。	
江 西	**張紹華** 九、甲戌、十二,10.23;湘布互調。	**柯逢時** 九、甲戌;湘布改。		
湖 北	**瞿廷韶**			
湖 南	**余聯沅** 四、辛丑、六,5.23;回任。 九、庚午、八,10.19;病免。	**柯逢時** 九、庚午;贛按遷。 九、甲戌;贛布互調。	**張紹華** 九、甲戌;贛布改。	
四 川	**圓鳳林**			
廣 東	**丁體常**			
廣 西	**張曾敭**			
雲 南	**李經羲** 三、己巳、三,4.21;遷桂撫。	**林紹年** 三、己巳;黔按遷。十二、甲午;晉布互調。	**李紹芬** 十二、甲午;晉布改。	
貴 州	**邵積誠**			

光 緒 二 八 年　壬寅(1902)		
周　馥 四、辛亥、廿一,5.28;遷魯撫。	**吳重憙** 四、辛亥;寧布改。九、甲戌、十七,10.18;護督。 十二、癸卯、十七,1.15;解,以侍候,會辦電政。	**周　浩** 十二、癸卯;新布改。
吳重憙 四、辛亥;改直布。	**李有棻** 四、辛亥;前陝布授。九、甲子、七,10.8;護督。	
陸元鼎		
湯壽銘 六、辛亥、廿三,7.27;改桂布。	**員鳳林** 六、辛亥;川布改。	
胡廷幹		
林紹年 四、己亥、九,5.16;遷滇撫。	**趙爾巽** 四、己亥;前新布授。五、丁亥、廿八,7.3; 護撫。十二、庚戌、廿四,1.22;遷湘撫。	**吳廷斌** 十二、辛亥、廿五,1.23;晉按遷。 十二月,護撫。
(滿)**延祉**		
夏　旹		
何福堃		
潘效蘇 九、壬戌、五,10.6;遷新撫。	**周　浩** 九、癸亥、六,10.7;直按遷。 十二、癸卯;改直布。	**吳引孫** 十二、甲辰、十八,1.16;粵按遷。
周　蓮		
誠勳 九、丙戌、廿九,10.30;護撫。 十二、庚戌、廿四,1.22;遷皖撫。	**翁曾桂** 十二、庚戌;前贛布授。	
柯逢時 七、己未、一,8.4;護撫。		
瞿廷韶		
張紹華		
員鳳林 六、辛亥;改皖布。	**張曾敭** 六、辛亥;桂布改。	
丁體常		
張曾敭 六、辛亥;改川布。	**湯壽銘** 六、辛亥;皖布改。	
李紹芬		
邵積誠		

布政使年表

年　代	光　緒　二　九　年　　癸卯(1903)			
直　隸	周　浩 六、壬戌、十，8.2；贛布互調。	楊士驤 六、壬戌；贛布改。		
江　寧	李有棻 五、丁卯、十三，6.8；解。	黄建筦 五、丁卯；湘按遷。		
江　蘇	陸元鼎 四、癸卯、十九，5.15；署漕督。 十一、戊申、廿八，1.15；遷漕督。	(？)效曾 十一、己酉、廿九，1.16；蘇按遷。		
安　徽	袁鳳林 正、丙寅、十，2.7；病免。	(滿)聯魁 正、丙寅；皖按遷。三、辛酉、六，4.3；護撫。		
山　東	胡廷幹			
山　西	吳廷斌			
河　南	(滿)延祉 六、戊午、六，7.29；解。	(滿)瑞良 六、己未、七，7.30；外左丞授。		
陝　西	夏㠚 閏五、丙申、十三，7.7；署贛撫。			
甘　肅	何福堃			
新　疆	吳引孫			
福　建	周　蓮			
浙　江	翁曾桂 護撫。			
江　西	柯逢時 閏五、丙申；遷桂撫。	李岷琛 閏五、丙申；鄂按遷。 六、戊午；改鄂布。	楊士驤 六、戊午；直按遷。 六、壬戌；直布互調。	周　浩 六、壬戌；直布改。
湖　北	瞿廷韶	李岷琛 六、戊午；贛布改。		
湖　南	張紹華			
四　川	張曾敭 正、丙子、廿，2.17；遷晉撫。	陳　璚 正、丙子；川按遷。三月，護督。 九、癸卯、廿三，11.11；休。	許涵度 九、癸卯；陝按遷。	
廣　東	丁體常 閏五、丙申；護桂撫。九、庚戌、卅，11.18；修墓假。	胡湘林 九、庚戌；桂布改。		
廣　西	湯壽銘 閏五、丙申；革。	胡湘林 閏五、丙申；湘按遷。九、庚戌；改粵布。	張廷燎 九、庚戌；前浙布授。	
雲　南	李紹芬			
貴　州	邵積誠	曹鴻勳 二、甲寅、廿九，3.27；黔按遷。三、己巳、十四，4.11；署撫。		

光緒三十年　甲辰(1904)

楊士驤
十二、己酉、五，1.10；署魯撫。

黃建笁	**胡廷幹**
七、戊戌、廿二，9.1；魯布互調。 十二、己酉；魯布改回。	七、戊戌；魯布改。九、戊戌、廿三，10.31；署魯撫。 十二、己酉；遷贛撫。

(丁)效曾
九、戊戌；護撫。十一、壬午、八，12.14；護撫。

(滿)聯魁

胡廷幹	**黃建笁**	**尚其亨**
七、戊戌；寧布互調。	七、戊戌；寧布改。十二、庚戌、六，1.11；改寧布。	十二、庚戌；魯按遷。

吳廷斌	**張紹華**
十二、庚戌；滇布互調。	十二、庚戌；滇布改。

(滿)瑞良

夏　岢	**樊增祥**
十一、辛巳、七，12.13；遷陝撫。	十一、壬午、八，12.14；陝按遷。

何福堃

吳引孫

周　蓮

翁曾桂

周　浩
十一、壬午；護撫。

李岷琛

張紹華	**劉春霖**
四、癸亥、十五，5.29；護撫。八、癸酉、廿七，10.6；改滇布。	八、癸酉；桂布改。

許涵度

胡湘林

張廷燎	**劉春霖**
五、辛丑、廿三，7.6；滇布互調。八、癸酉；滇布改。	五、辛丑；滇布改。八、癸酉；改湘布。

李紹芬	**劉春霖**	**張廷燎**	**張紹華**	**吳廷斌**
正、丙申、十七， 3.3；革。	正、丙申；按遷。 五、辛丑；桂布互調。	五、辛丑；桂布改。 八、癸酉；改桂布。	八、癸酉；湘布改。 十二、庚戌；晉布互調。	十二、庚戌； 晉布改。

曹鴻勳
四、甲子、十六，5.30；護撫。

布政使年表

年　代	光　緒　三　一　年　　乙巳(1905)			
直　隷	**楊士驤**			
江　寧	**黃建筦** 八、甲寅、十四,9.12;解。	（滿）**恩銘** 八、甲寅;蘇按遷。		
江　蘇	（?）**敩曾** 八、甲寅;解。	**濮子潼** 八、甲寅;皖按遷。		
安　徽	（滿）**聯魁** 八、戊午、十八,9.16;遷新撫。	**馮煦** 八、戊午;川按遷。		
山　東	**尚其亨** 九、戊戌、廿八,10.26;出洋考察憲政。	**吳廷斌** 正、丙戌、十三,2.16;滇布改。		
山　西	**張紹華**			
河　南	（滿）**瑞良**			
陝　西	**樊增祥**			
甘　肅	**何福堃** 六、辛酉、十九,7.21;解（降三調）。	（?）**豐伸泰** 六、辛酉;浙按遷。		
新　疆	**吳引孫** 八、戊午;署撫。			
福　建	**周蓮**			
浙　江	**翁曾桂** 九、壬午、十二,10.10;解。	（蒙）**寶棻** 九、癸未、十三,10.11;直按遷。		
江　西	**周浩**			
湖　北	**李岷琛**			
湖　南	**劉春霖** 正、丙戌;改滇布。	**曹鴻勳** 正、丙戌;黔布改。 正、甲午、廿一,2.24; 遷陝撫。	**龐鴻書** 正、乙未、廿二,2.25;湘按遷。 六月、護撫。九月、署撫。 十二、己酉、十一,1.5;遷湘撫。	（滿）**英瑞** 十二、己酉; 湘按遷。
四　川	**許涵度**			
廣　東	**胡湘林**			
廣　西	**張廷燎** 六、己未、十七,7.19;解。	**張鳴岐** 六、己未;太平思順道署。		
雲　南	**吳廷斌** 正、丙戌;改魯布。	**劉春霖** 正、丙戌;湘布改。		
貴　州	**曹鴻勳** 正、丙戌;改湘布。	**裒開第** 正、丙戌;滇按遷。		

光緒三二年　丙午(1906)

楊士驤 七、己酉、十四,9.2;遷魯撫。	（蒙）增韞 七、庚戌、十五,9.3;閩布改。	
（滿）恩銘 二、丙午、九,3.3;遷皖撫。	（漢）繼昌 二、丁未、十,3.4;湘按遷。	
濮子潼 正、壬辰、廿四,2.17;護撫。	陳啟泰 八、癸未、十九,10.6;皖按遷。	
馮　煦		
吳廷斌		
張紹華 八、癸酉、九,9.26;病免。	吳　匡 八、癸酉;晉按遷。十、甲申、廿一,12.6;解。	（蒙）寶棻 十、乙酉、廿二,12.7;浙布改。
（滿）瑞良 二、乙丑、廿八,3.22;護撫。十一、乙未、二,12.17;遷贛撫。	袁大化 十一、乙未;魯按遷。	
樊增祥 十、癸未、廿,12.5;解、勘。　　按察錫桐署。		
（?）豐伸泰		
吳引孫 三、癸巳、廿六,4.19;省假。	王樹枏 三、乙未、廿八,4.21;平慶涇固化道遷。	
周　蓮 六、己卯、十四,8.3;解。	（蒙）增韞 六、己卯;直按遷。七、庚戌;改直布。	（滿）連甲 七、庚戌;魯學改。
（蒙）寶棻 十、乙酉;改晉布。	（滿）信勘 十、乙酉;運使遷。	
周　浩 三、己丑、廿二,4.15;解。五、庚戌、十四,7.5;革。	沈瑜慶 五、辛亥、十五,7.6;粵按遷。	
李岷琛		
（滿）英瑞		
許涵度		
胡湘林		
張鳴岐 九、乙卯、廿一,11.7;署撫。十一、丁未、十四,12.29;遷桂撫。	余誠格 十一、丁未;桂按遷。	
劉春霖		
袁開第 四、丙午、九,5.2;召陛。	（?）興祿 十一、丁酉、四,12.19;黔按遷。	

布政使年表

年　代	光緒三三年　丁未(1907)			
直　隸	(蒙)增韞			
江　寧	(漢)繼　昌			
江　蘇	陳啓泰 八、乙酉、廿六,10.3;署撫。 十二、丙寅、九,1.12;遷蘇撫。	(滿)瑞澂 十二、丙寅;蘇按遷。		
安　徽	馮　煦 五、戊午、廿八,7.8;遷皖撫。	吳引孫 五、戊午;前新布授。 六、庚申、一,7.10;閩布互調。	(滿)連甲 六、庚申;閩布改。	
山　東	吳廷斌 七、丁巳、廿八,9.5;署撫。			
山　西	(滿)寶棻 八、戊子、廿九,10.6;護撫。 十二、戊寅、廿一,1.24;遷晉撫。	丁寶銓 十二、戊寅;晉按遷。		
河　南	袁大化 七、癸巳、四,8.12;護撫。			
陝　西	樊增祥 二、戊辰、七,3.20;革。	馮汝騤 二、戊辰;甘按遷。 七、丁巳;遷新撫。	顏鍾驥 七、戊午、廿九,9.6;浙按遷。 十一、庚戌、廿三,12.27;改浙布。	朱壽鏞 十一、庚戌; 豫按遷。
甘　肅	(?)豐伸泰			
新　疆	王樹枏			
福　建	(滿)連甲 六、庚申;皖布互調。	吳引孫 六、庚申;皖布改。七、乙未、六,8.14;改湘布。	尚其亨 七、乙未;前魯布授。	
浙　江	(滿)信勤 七、丁巳;護撫。十一、庚戌;修墓假。	顏鍾驥 十一、庚戌;陝布改。		
江　西	沈瑜慶 十二、乙亥、十八,1.21;護撫。			
湖　北	李岷琛 七、辛卯、二,8.10;護督。			
湖　南	(滿)英瑞 七、甲午、五,8.13;改大理卿。	吳引孫 七、乙未;閩布改。		
四　川	許涵度			
廣　東	胡湘林 五、己酉、十九,6.29;護督。			
廣　西	余誠格 四、壬午、廿二,6.2;授。			
雲　南	劉春霖			
貴　州	(?)興祿 八、癸亥、四,9.11;革。	(?)松堃 八、癸亥;黔按遷。		

光緒三四年　戊申(1908)		
(蒙)增韞	吳廷斌	崔永安
四、戊午、四，5.3；遷浙撫。	四、戊午；魯布改。四、丙寅、十二，5.11；病免。	四、丙寅；浙按遷。
(漢)繼昌	樊增祥	
六、壬戌、八，7.6；改甘布。	六、壬戌；開復陝布授。	
(滿)瑞澂		
(滿)連甲		
正、辛丑、十五，2.16；學使沈曾植兼署。		
吳廷斌	朱其煊	
四、戊午；改直布。	四、戊午；閩按遷。	
丁寶銓		
袁大化	朱壽鏞	
二、己未、三，3.5；署魯撫。	二、己未；陝布改。八、丙辰、三，8.29；護撫。	
朱壽鏞	王人文	許涵度
二、己未；改豫布。	二、己未；粵按遷。三、庚子、十五，4.15；川布互調。	三、庚子；川布改。
(？)豐伸泰　　(漢)繼　昌		毛慶蕃
六、壬戌；寧布改。六、己卯、廿五，7.23；護撫。八、丙辰；死。		八、丙辰、三，8.29；蘇學使授。
王樹枬		
尚其亨		
顏鍾驥		
沈瑜慶	劉春霖	
九、丙戌、四，10.28；召京。	九、丙戌；前滇布授。	
李岷琛		
吳引孫	莊賡良	
	二、戊辰、十二，3.14；湘按遷。	
許涵度	王人文	
三、庚子；陝布互調。	三、庚子；陝布改。	
胡湘林		
余誠格		
劉春霖	沈秉堃	
正、戊申、廿二，2.23；解。(九、丙戌；授贛布。)	正、戊申；滇按遷。	
(？)松堃		

布政使年表

年 代	宣 統 元 年　己酉(1909)	
直 隸	**崔永安** 十、丁亥、十一，11.23；護督。十二、乙未、廿，1.30；乞養。	**凌福彭** 十二、乙未；順尹授。
江 寧	**樊增祥** 五、己未、十一，6.28；護督。	
江 蘇	**(滿)瑞澂** 五、癸丑、五，6.22；遷蘇撫。	**陸鍾琦** 五、癸丑；湘按遷。十、戊子、十二，11.24；護撫。
安 徽	**(滿)連甲** 提學使沈曾植兼署。	
山 東	**朱其煊**	
山 西	**丁寶銓** 十、丁亥；遷晉撫。	**(?)志森** 十、戊子；晉按遷。
河 南	**朱壽鏞**	
陝 西	**許涵度** 十二、乙未；解。	**余誠格** 十二、乙未；前桂布授。
甘 肅	**毛慶蕃** 五、甲寅、六，6.23；護督。十一、壬子、六，12.18；革。	**何彥昇** 十一、癸丑、七，12.19；直按遷。
新 疆	**王樹枏**	
福 建	**尚其亨**	
浙 江	**顏鍾驥**	
江 西	**劉睿霖**	
湖 北	**李岷琛** 九、辛未、廿五，11.7；病免。	**楊文鼎** 九、辛未；鄂按遷。十、戊子；護督。
湖 南	**莊廣良**	
四 川	**王人文**	
廣 東	**胡湘林** 五、己未；護督。七、己未、十二，8.27；病免。	**陳夔麟** 七、己未；贛按遷。
廣 西	**余誠格** 四、丁亥、九，5.27；病免。	**魏景桐** 四、丁亥；粵按遷。
雲 南	**沈秉堃** 正、庚子、十九，2.9；護督。	
貴 州	**(?)松堃** 九、辛酉、十五，10.28；革。	**沈瑜慶** 九、癸亥、十七，10.30；前贛布授。

宣統二年　庚戌(1910)

凌福彭

樊增祥

陸鍾琦
三、辛酉、十七,4.26;署撫。

(?)玉山	(滿)連甲

七、丙寅、廿五,8.29;提學使沈曾植兼署。　　七、丙寅;皖按遷。　　八、戊戌、廿七,9.30;前任授。

朱其煊

(?)志森

朱壽鏞	**王乃徵**
八、乙未、廿四,9.27;解。	八、乙未;鄂布改。
余誠格	**錢能訓**
十一、乙卯、十五,12.16;改鄂布。	十一、乙卯;順尹授。
何彥昇	**陳燦**
七、壬戌、廿一,8.25;遷新撫。	七、癸亥、廿二,8.26;甘按遷。
王樹枏	
十、丁亥、十七,11.18;解、勘。　　署提學使杜彤署。	

尚其亨

顏鍾驥	**吳引孫**
	六、丁酉、廿五,7.31;前新布授。

劉春霖

楊文鼎	**王乃徵**	**高凌霨**	**余誠格**
五、戊申、六,6.12;遷湘撫。	五、己酉、七,6.13;順尹授。七、丙辰、十五,8.19;護督。八、乙未;改豫布。	八、乙未;學使授。	十一、乙卯;陝布改。
莊賡良	**趙濱彥**		
四、壬辰、十九,5.27;革。	四、癸巳、廿,5.28;粵按遷。		

王人文
十二、壬午、十二,1.12;護督。

陳夔麟

魏景桐
九、丁卯、廿七,10.29;護撫。

沈秉堃	**(漢)世增**
九、丁卯;遷桂撫。	九、戊辰、廿八,10.30;交涉使授。

沈瑜慶

布政使年表

年　代	宣　統　三　年　辛亥(1911)		
直　隸	凌福彭		
江　寧	樊增祥		
江　蘇	陸鍾琦 六、壬午、十六，7.11；遷晉撫。	齊耀琳 六、壬午；直法遷。閏六、乙丑、廿九，8.23；提法使左孝同署。	
安　徽	(滿)連甲 閏六、辛丑、五，7.30；改鄂布。	吳品珩 閏六、辛丑；皖法遷。	
山　東	朱其煊 二、癸巳、廿四，3.24；修墓假。	(？)志森 二、癸巳；晉布改。	
山　西	(？)志森 二、癸巳；改魯布。	王慶平 二、癸巳；晉法遷。五、己未、廿二，6.18；護撫。	
河　南	王乃徵 四、癸未、十五，5.13；黔布互調。	沈瑜慶 四、癸未；黔布改。 四、辛卯、廿三，5.21；遷黔撫。	俞鍾穎 四、壬辰、廿四，5.22；粵法遷。
陝　西	錢能訓 閏六、庚子、四，7.29；護撫。		
甘　肅	陳燦 閏六、癸卯、七，8.1；解。	(漢)世增 閏六、癸卯；滇布改(未任)。	
新　疆	王樹枏 五、己亥、二，5.29；解。	陳際唐 五、己亥；鎮迪道擢。	
福　建	尚其亨		
浙　江	吳引孫		
江　西	劉春霖		
湖　北	余誠格 閏六、庚子、四，7.29；遷陝撫。	(滿)連甲 閏六、辛丑；皖布改。	
湖　南	趙濱彥 五、庚申、廿三，6.19；召京。	鄭孝胥 五、庚申；前粵按遷。閏六、庚戌、十四，8.8；召京。	
四　川	王人文 三、庚申、廿二，4.20；署川滇邊務大臣。	周儒臣 三、庚申；湘法遷。	
廣　東	陳夔麟		
廣　西	魏景桐 閏六、戊戌、二，7.27；病免。	王芝祥 閏六、戊戌；桂法遷。	
雲　南	(漢)世增 閏六、癸卯；改甘布(未行)。	高而謙 閏六、癸卯；外左丞授。	
貴　州	沈瑜慶 四、癸未；豫布互調。	王乃徵 四、癸未；豫布改。	

附：武昌起義各省光復後清政府的任免

樊增祥 （不明下落）。	**李瑞清** 十、己酉、十五，12.5；蘇候補道署。	
齊耀琳 十、丙申、二，11.22；改豫布。		
十、丙辰、廿二，12.12；豫布倪嗣沖兼署。		
(?)**志森** 九、戊辰、四， 10.25；解。	**趙濱彥** 九、戊辰；前湘布授。	**張廣建** 十、戊戌、四，11.24；直候補道署。　　候補道余則達署。 十二、戊戌、五，1.23；授，署撫。
王慶平 十一、乙丑、二，12.21；召京。		**李盛鐸** 十一、乙丑；晉法遷。十二、丁未、十四，2.1；署撫。
俞鍾穎 十、丙申；解。	**齊耀琳** 十、丙申；蘇布改。 十、丁未、十三，12.3；遷豫撫。	**倪嗣沖** 十、丁未；前黑民政使授。 十二月，候補道王祖同署。
錢能訓 （逃）九、辛卯、廿七，11.17；總理東路各軍行營營務處彭英甲暫署。		
十、己亥、五，11.25；提學使俞明震署。		
(滿)**連甲** 九、戊寅、十四，11.4；革。		
周儒臣 九、丁丑、十三，11.3；滇布互調。	**高而謙** 九、丁丑；滇布改。	
(漢)**世　增** △抗拒被殺（忠愍）。	**高而謙** 九、丁丑；川布互調。	**周儒臣** 九、丁丑；川布改。

附 錄 一

清代各省布政使重要變化概況

年　　　代	單　位	變　化　概　況
順　治　元　年　1644	2	設置山東、山西。　　　　　　　　　　　　　（一）
順　治　二　年　1645	8	設置江南、河南、陝西、浙江、江西、湖廣。
順　治　四　年　1647	10	設置福建、廣東。
順　治　六　年　1649	12	設置四川、廣西。
順治十五年　1658	13	設置貴州。
順治十六年　1659	14	設置雲南。
康　熙　六　年　1667	17	江南分設江蘇、安徽；陝西分設陝西、甘肅；湖廣分設湖北、湖南。
雍　正　二　年　1724	18	設置直隸。
乾隆二五年　1760	19	設置江寧。　　　　　　　　　　　　　　　（二）
光　緒　十　年　1884	20	設置新疆。
光緒十三年　1887	21	設置臺灣。
光緒二一年　1895	20	撤銷臺灣。

（註一）康熙六年以前，各省均設左、右布政使各一人；六年以後，改設各省布政使一人。

（註二）江寧布政使駐江寧府（南京），江蘇布政使仍駐蘇州府。

附　錄　二

清代各省布政使重要變化簡圖

年代	順治元年 一六四四	順治二年 一六四五	順治四年 一六四七	順治六年 一六四九	順治十五年 一六五八	順治十六年 一六五九	康熙六年 一六六七	雍正二年 一七二四	乾隆二五年 一七六〇	光緒十年 一八八四	光緒十三年 一八八七	光緒二一年 一八九五
單位	二	八	一〇	一二	一三	一四	一七	一八	一九	二〇	二一	二〇
直隸								○	○	○	○	○
江寧									○	○	○	○
江蘇		○	○	○	○	○	○	○	○	○	○	○
安徽							○	○	○	○	○	○
山東	○	○	○	○	○	○	○	○	○	○	○	○
山西	○	○	○	○	○	○	○	○	○	○	○	○
河南		○	○	○	○	○	○	○	○	○	○	○
陝西		○	○	○	○	○	○	○	○	○	○	○
甘肅							○	○	○	○	○	○
新疆										○	○	○
福建			○	○	○	○	○	○	○	○	○	○
臺灣											○	●
浙江		○	○	○	○	○	○	○	○	○	○	○
江西		○	○	○	○	○	○	○	○	○	○	○
湖北		○	○	○	○	○	○	○	○	○	○	○
湖南							○	○	○	○	○	○
四川				○	○	○	○	○	○	○	○	○
廣東			○	○	○	○	○	○	○	○	○	○
廣西				○	○	○	○	○	○	○	○	○
雲南						○	○	○	○	○	○	○
貴州					○	○	○	○	○	○	○	○

按 察 使 年 表

順治元年至宣統三年

1644—1911

按察使年表

年代	順治元年　甲申(1644)	順治二年　乙酉(1645)
江南		**于董華** 七、辛未、廿二,9.11;山西 岢嵐道參議授按副管。
山東	**胡之彬** 八、壬申、十七,9.17; 戶主授按僉署。	**胡之彬**
山西	**郝絅** 八、壬申;河東道 授布參議署。　　**張轅泰** 　　十一、己亥、十五,12.13; 　　明通州道參議按布參議 　　管。	**張轅泰**
河南		**孟良允** 四、癸酉、廿一,5.16;昌平道 僉事授布參議兼按僉管。
陝西		**劉　允** 五、乙酉、四,5.28; 明西寧道授。
浙江		**劉自鉉** 十一、戊寅、卅,1.16; 井陘道副使授按副管。
江西		**胡福宏** 十一、戊寅;魯參議 授布參兼僉事管。
湖廣		**楊本鍼** 七、己未、十,8.30; 明晉按授。

順 治 三 年　丙戌(1646)

于重華

胡之彬
十一、癸亥、廿一,12.27;革。

王任重
七、丙寅、廿二,9.1;魯武德道副使授。

張毓泰
(四年,江西右布。)

蕢悝伯
四、甲申、八,5.22;冀寧道副使授按副管。
十二、癸酉、一,1.6;革、訊。

孟良允

劉　允
(五年五月,革。)

鄭　清
八、辛卯、十八,9.26;札委湖廣兵巡道授。

劉自鈜

胡福宏

楊本鍼

按察使年表

年代	順治四年　丁亥(1647)	順治五年　戊子(1648)
江南	**張文衡**　二、丁酉、廿六,3.31;徽寧道副使授。八、辛卯、廿三,9.21;遷甘撫。　　**土國寶**　八、乙未、廿七,9.25;降補江寧巡撫授布參議管。	**土國寶**　五、壬午、十八,7.8;遷江寧巡撫。　　**夏一鶚**　五、己丑、廿五,7.15;江南漕運道副使授。
山東	**王任重**　　**武延祚**　十一、丙辰、廿,12.15;晉冀南道僉事授。	**武延祚**　十、戊午、廿七,12.11;病免。　　（漢）**馬光先**　十二、丁酉、七,1.19;阿達哈哈番授。
山西	**董天機**　二、丁酉;陝關南道副使授。	**董天機**　六、庚戌、十七,8.5;遷豫左布。　　**張儒秀**　六、丙辰、廿三,8.11;降調魯撫授布參議管。
河南	**孟良允**　九、癸丑、十六,10.13;遷浙右布。　　（漢）**丁文盛**　九、戊午、十一,10.18;降補魯撫授布參議管。	（漢）**丁文盛**
陝西	**鄭　清**	**鄭　清**　十、乙未、四,11.18;降一調。　　**黃　紀**　十、丙辰、廿五,12.9;陝靖遠道參政授。
福建	**楊御蕃**　二、戊戌、廿七,4.1;總兵授。　　**周亮工**　四、癸未、十二,5.16;揚州兵備道參政授。	**周亮工**
浙江	**劉自竑**	**劉自竑**　五、乙亥、十一,7.1;遷湖廣布參政管右布事。　　**王　瑨**　五、癸未、十九,7.9;陝西安道參政授。
江西	**胡福宏**	**胡福宏**
湖廣	**楊本鉞**　　**厲之先**　九、丙午、九,10.6;陝河東道副使授。	**厲之先**
廣東		

年代	順治六年　己丑(1649)		順治七年　庚寅(1650)	
江南	夏一鶚		夏一鶚	
山東	(漢)馬光先		(漢)馬光先 九、丁卯、十六， 10.11；遷晉右布。	佟延年 十、壬寅、廿二，11.15； 豫右參政遷。
山西	張儒秀		張儒秀 八、壬寅、十一，9.16； 遷豫右布。	蕭時彥 九、丁卯；下荊南道參 政遷。
河南	(漢)丁文盛 五、丁卯、九，6.18； 遷閩左布。	徐鳳卿 五、壬午、廿四，7.3；驛 傳道僉事授按副管。	徐鳳卿 十、壬寅；遷浙布參 政管右布。	魏執中 十二、乙酉、六，12.28； 浙杭嚴道副使授。
陝西	黄　紀		黄　紀 八、壬寅；遷湖右布。	(漢)于時躍 九、丁卯；河南道副使 授。
福建	周亮工 五、丁卯；遷閩右 布。	鄭廷槐 五、壬午；湖廣驛傳道 副使授布參兼按副管。	鄭廷槐	
浙江	王　縉	佟國器 六、壬子、廿四，8.2；原 嘉湖道副使授按副管。	佟國器 十二、庚寅、十一，1.2；遷閩布參政管左布。	
江西	胡福宏	莊應會 九、乙丑、九，10.14； 右布管。	莊應會 (右布管)	
湖廣	馬之先		馬之先 三、乙卯、二，4.2； 遷左布。	李中梧 四、己丑、六，5.6； 薊州道副使授。
四川	楊道淳 六、癸丑、廿五，8.3；選貢授按僉管。		楊道淳	
廣東	曹國柄 五、壬午；工郎遷。		曹國柄	
廣西				

按察使年表

年代	順治八年　辛卯(1651)		
江南	**夏一鸒** 正、丙寅、十八, 2.7; 遷贛撫。	**方大猷** 二、丙戌、八, 2.27; 豫河道參政授。 （留管河務, 十年革。）	**謝　道** 九、戊寅、四, 10.17; 東兗 道參政授。
山東	**佟延年**		
山西	**蕭時彦**		
河南	**魏執中**		
陝西	（漢）**于時躍**		
福建	**鄭廷楷** 九、戊寅; 遷江寧右布。	**王顯祚** 十、乙丑、廿一, 12.3; 陝按管右布改。	
浙江	**熊維傑** 二、丙戌; 晉冀寧道參政授。		
江西	**莊應會** 七、癸未、八, 8.23; 授右布。	**李長春** 九、戊寅; 福寧道參政授。	
湖廣	**李中梧**		
四川	**楊道淳**	**吳一元** 五、壬辰、十六, 7.3; 溫處道參政授。	
廣東	**曾國柄**		
廣西	**王鹽鼎**		

順 治 九 年　壬辰(1652)		順 治 十 年　癸巳(1653)	
謝　道		**謝　道** 十一、丙申、四,12.23;遷閩右布。	
佟延年		**佟延年** 五、壬申、七,6.2; 遷浙右。布	**白本質** 六、丙辰、廿二,7.16; 榆林道參政授。
蕭時彥 四、己巳、廿八,6.4; 遷陝右布。	**范登仕** 七、乙亥、六,8.9;閩巡 海道參政授。	**范登仕**	
魏執中		**魏執中** 六、丙辰;遷閩右布 (未任)。	**劉三元** 八、壬辰、廿九,10.20; 陝河西道參政授。
(漢)**于時躍** 七、乙亥;遷晉右布。	**彭有義** 八、壬戌、廿三,9.25; 榆林道參政授。	**彭有義**	
王顯祚		**王顯祚** 六、丙辰;遷晉右布。	**董應魁** 八、壬辰;魯驛傳道參政授。
熊維傑		**熊維傑**	
李畏春		**李畏春**	
李中梧 四、己巳;遷豫右布。	**張鳳儀** 七、乙亥;嶺北道參政 授。	**張鳳儀**	
吳一元 十、庚申、廿二,11.22;遷川右布。		**吳一元**	
曹國柄		**曹國柄** 七、丙辰、廿三,9.14;遷湖右布。	
王鹽鼎 四、己巳;遷桂右。	**張自昌** 八、壬戌;昌平道參政授。	**張自昌**	

按察使年表

年 代	順治十一年　甲午(1654)	
江南	**史記功** 正、乙巳、十四,3.2;冀南道參政授。 △遷粤右布。	**余應魁** 十一、庚戌、廿四,1.1;湖糧道參政授。
山東	**白本質** 三、戊午、廿八,5.14;遷豫右布。	**陳培楨** 四、癸未、廿四,6.8;關西道參政授。
山西	**范登仕**　　　　　　**張　尚** 三、戊午;遷贛右布。　　四、癸未;井陘道副使遷。 　　　　　　十一、己亥、十三,12.21;遷閩右布。	**李起龍** 十一、庚戌;陝糧道授。
河南	**劉三元** 六、庚午、十二,7.25;遷粤右。	**李嘉彦** 七、戊子、一,8.12;河西道副使授。
陝西	**彭有義** 三、戊午;遷右布。	**張爾嵩** 四、癸未;江寧道參政授。 十二、壬申、十六,1.23;遷湖右布。
福建	**董應魁** 八、丁卯、十,9.20;遷桂右布。	**田起龍** 九、己丑、三,10.12;登萊道參政授。
浙江	**李日芳** 正、乙巳;西寧道副使授。 (遷浙右)	**陳　喆** 十一、庚戌;冀南道參政授。
江西	**李長春** 正、乙巳;遷粤右布。	**秉嘉兆** 四、癸未;閩驛傳道副使授。
湖廣	**張鳳儀** 三、戊午;遷右布。	**管起鳳** 四、癸未;汝南道副使授。
四川	**徐永楨** 正、乙巳;晉糧道參政授。 十二、壬申;遷陝右布。	
廣東		**王第魁** 四、癸未;魯水利道副使授。
廣西	**張自昌** 正、乙巳;遷湖右布。	**趙允翰**

順治十二年　乙未(1655)	
余應魁	**許　宸** 十二、甲子、十四,1.10;原順丞授。
陳培楨 七、丙午、廿四,8.25;遷豫右布。	**(漢)胡文華** 八、甲戌、廿三,9.22;關西道參政授。
李起龍	**楊思聖** 十、甲子、十四,11.11;國史讀學授。
李嘉彥	**王含光** 十、癸酉、廿三,11.20;僕少授。
祖重光 正、癸巳、八,2.13;湖西道參政授。	
田起龍	
陳　喆 九、乙巳、廿四,10.23;降三調。	**王無咎** 十、甲子;弘文讀學授。
秦嘉兆 八、甲戌;遷右布。	**樓希昊** 九、癸巳、十二,10.11;汝南道參政授。
管起鳳	
高士俊 正、癸巳;大梁道參政授。	
王第魁	
趙允翰	

按察使年表

年　代	順治十三年　丙申(1656)		
江南	許　宸		
山東	(漢)胡文華 　　十一、辛亥、七，12.22；遷浙右布。	朱衣助 　　十二、甲戌、一，1.14；河南道參政授。	
山西	楊思聖 　　十、乙酉、十一，11.26；遷豫右布。	徐來麟 　　十一、辛亥；金衢道參政授。	
河南	王含光		
陝西	祖重光 　　六、辛卯、十四，8.4；遷湖右布。	袁一相 　　八、丙申、廿一，10.8；冀南道參政授。	
福建	田起龍 　　十、乙酉；遷湖右布。	程之璿 　　十一、辛亥；陝糧道參政授。	
浙江	王無咎 　　十一、辛亥；遷江南右布。	錢朝鼎 　　十二、甲戌；粵提學道副使授。	
江西	樓希昊	王舜年 　　十二、甲戌；冀寧道參政授。	
湖廣	管起鳳 　　三、乙未、十六，4.10；遷閩右布。	王來用 　　四月；晉糧道參政授。 　　九月，降一調。	郭鳴鳳 　　九、乙卯、十，10.27；湖興屯道 　　副使授。
四川	高士俊 　　六、戊寅、一，7.22；予祭。	白秉貞 　　二、丙子、廿七，3.22；魯興屯道副使授。	
廣東	王第魁 　　六、辛卯；遷陝右布。	鐘　鼎 　　八、丙申、廿一，10.8；陝苑馬寺卿授。	
廣西	趙允翰 　　二、丙子；改太僕。	許文秀 　　三、乙未；桂平道參政授。	

順治十四年　丁酉(1657)

盧慎言
　　正、庚申、十七，3.1；川北道參政授。

朱衣助
　　十一、乙丑、廿七，12.31；遷陝右布。

王道賓
　　十二、甲戌、六，1.9；桂平道參政授。

徐來麟
　　十一、乙丑；遷豫右布。

卞三元
　　十二、甲戌；陝苑馬寺卿授。

王含光

王原臕
　　六、甲申、十三，7.23；大梁道參政授。

袁一相
　　九、戊申、九，10.15；遷魯右布。

李　皓
　　九、甲子、廿五，10.31；嶺西道參政授。

程之璿

錢朝鼎

王舜年

郭鳴鳳
　　十二、丙戌、十八，1.21；遷閩右布。

白秉貞
　　八、甲午、廿四，10.1；遷贛右布。

李棠馥
　　九、戊申；陝糧道參政授。

鎚　鼎

許文秀
　　四、辛丑、廿九，6.10；遷右布管左。

桑　芸
　　五、丁巳、十五，6.26；汝南道參政授。

按察使年表

年代	順治十五年　戊戌(1658)		
江南	**盧慎言** 十一、庚申、廿七,12.21;革。	**姚延蓍** 十二、己卯、十七,1.9;嶺南道參政授。	
山東	**王道責**		
山西	**卜三元**		
河南	**王原臚** △憂免。	**葦顒忠** 五、癸卯、七,6.7;福寧道參政授。	
陝西	**李　皓**	**習鳳翥** 五、癸卯;贛興屯道副使授。	
福建	**程之璿** 四、庚午、四,5.5;遷浙右布。	**祖建衡** 四、壬午、十六,5.17;冀南道參政授。	
浙江	**錢朝鼎** 五、癸卯;遷左副。	**毛一麟** 五、乙丑、廿九,6.29;青登萊道參政授。	
江西	**王舜年** 十一、戊戌、五,11.29;遷晉右布。	**薛信辰** 十一、庚戌、十七,12.11;井陘道副使授。	
湖廣	**劉興漢** 正、癸亥、廿六,2.27;閩糧道參政授。	**周天裔** 九、戊午、廿四,10.20;浙糧道參政授。	
四川	**李棠馥** 六、丁卯、一,7.1;遷兵右。	**李狒霄** 六月;江寧道參政授。	**孫登第** 十、癸酉、十,11.4;冀寧道參政授。
廣東	**鍾　鼎** 二、庚寅、廿三,3.26;遷刑右。	**嚴正矩** 三、甲寅、十七,4.19;嶺北道參政授。	
廣西	**桑　芸**		
雲南			
貴州	**張惟養** 九、戊午、廿四,10.20;肅州道副使授按副管。		

順治十六年　己亥(1659)

姚延蓍
十二、辛亥、廿五,2.5;遷豫右布。

李兆乾
正、庚申、廿八,2.19;嘉湖道參政授。

徐　炟
三、乙卯、廿四;4.15;陝督糧道授。

卞三元
正、癸丑、廿一,2.12;遷黔撫。

李芝蘭
二、己巳、八,2.28;平度州遷。

于濟清
六、辛丑、十二,7.30;陝苑馬寺卿授。

董顯忠
二、丙戌、廿五,3.17;改閩右布。

馬葉曾
三、癸卯、十二,4.3;閩糧道授。

翟鳳翥
三、庚戌、十九,4.10;改湖右布。

吳正治
閏三、己巳、九,4.29;南昌道參政授。

祖建衡
二、己巳;改桂右布。

周師忠
二、乙亥、十四,3.6;左江道參政授。

毛一麟
閏三、丁丑、十七,5.7;改江南左布。

冀如錫
閏三、壬午、廿二,5.12;汝南道參政授。

薛信辰
十二、甲辰、十八,1.29;改浙右布。

樓希昊
十二、辛亥;冀南道參政授。

周天裔
七、甲子、五,8.22;遷陝右布。

劉樏
七、壬申、十三,8.30;河南道參政授。

王　庭
正、庚申;川北道參政授。
五、丙寅、六,6.25;遷贛右布。

于朋舉
五、壬申、十二,7.1;福寧道參政授。

殷正矩
三、己巳;遷右布。

余應魁
二、乙亥;關西道參政授。

桑　芸
正、庚申;遷豫右布。

畢振姬
二、己巳;金衢道參政授。

李本晟
二、癸未、廿二,3.14;蒼梧道僉改按副管。

張惟養

按察使年表

年 代	順治十七年　庚子(1660)		
江南	**吴 柱** 正、己巳、十三，2.23；濟南道參政授。 三、癸酉、十八；4.27；降一調。	**藍 潤** 四、戊子、四，5.12；嶺南道參政授。	
山東	**徐 炟** 三、己未、四，4.13；遷晉右布。	**于變龍** 三、庚午、十五，4.24；粵糧道參政授。 十一、辛未、廿，12.21；改粵右布。	**班 璉** 十二、丙申、十五，1.15； 湖西道參政授。
山西	**于濟清** 三、庚午；改閩右布。	**張 颺** 三、戊寅、廿三，5.2；思仁道參政授。	
河南	**馬葉曾** 三、庚午；改左通。	**李 茂** 三、庚午；汝南道參政授。 六、丙午、廿三，7.29；遷浙右布。	**范廷元** 七、己巳、十六，8.21；江南糧 道參政授。
陝西	**吴正治** 五、丁巳、三，6.10；遷工右布。	**甯之鳳** 三、庚午；金衢道參政授。	
福建	**周師忠** 四、丁酉、十三，5.21；遷陝右布。	**祁 彥** 四、己酉、廿五，6.2；溫處道參政授。 十二、丙申；遷豫右布。	
浙江	**冀如錫** 五、戊辰、十四，6.21；遷太常。	**萬 全** 五、庚午、十六，6.23；關西道參政授。 十一、辛未；遷滇右布。	**宋 琬** 十二、丙申；寧紹道參 政授。
江西	**樓希昊**		
湖廣	**劉 �** 五、戊午、四，6.11；遷右布布。	**王孫蔚** 五、戊辰；魯糧道參政授。	
四川	**王朋舉** 九、丙寅、四，10.7；遷魯右布。	**佟彭年** 十、戊戌、十六，11.18；河東道參政授。	
廣東	**余廳魁** 三、庚午；遷右布布。	**郭一鶚** 三、戊寅、十三，5.2；關內道參政授。	
廣西	**畢振姬** 正、戊寅、廿二，3.3；遷湖右布管左。	**黃中通** 正、戊寅；黔參政管左布改。	
雲南	**李本晟** 四、辛丑、十七，5.25；遷布參政管左。	**崔之瑛** 四、辛丑；原口北道參政授。	
貴州	**張惟養** 三、戊寅、廿三，5.2；改豫布參政。	**王 鎯** 四、戊子；饒南九道參政授。	

順治十八年 辛丑（1661）

藍　潤	劉興漢	柳天章
四、己亥、廿，5.18；遷晉右。	五、癸亥、十五，6.11；原湖按授。	十二、己未、十四，2.2；吏郎遷。

班　璉		

張　颽		

范廷元	佟彭年	
九、辛卯、十五，11.6；遷粵右。	十、甲子、十八，12.9；原川按授。	

甯之鳳	塗應泰	
九、辛卯；遷右布。	十、甲子；下湖南道遷。	

王原臚		
三、壬申、廿三，4.21；原豫按授。		

宋　琬	法若真	
△革、逮。	十一、己亥、廿四，1.13；福寧道參政授。	

樓希吳		

王孫蔚	馬　元	
五、癸亥；遷閩右。	六、甲午、十七，7.12；豫糧道授。	

佟彭年	金　鉉	
	閏七、甲申、七，8.31；嶺西道參政授。	

郭一鶚		

黃中通		

崔之瑛		

王　鑅		

按察使年表

年代	康熙元年　壬寅(1662)
江南	柳天蕐　　　　　　　　　　李芝蘭 七、辛卯、廿,9.2;原晉按授。
山東	(漢)石　琳 正、甲午、廿,3.9;禮郎授。△降(湖廣下荊南道)。
山西	張　颿　　　　　　　　　　陳宏業 九、丙戌、十六,10.27;遷閩右布。　　九、丁亥、十七,10.28;蒼梧道授。
河南	佟彭年 十二、丙辰、十七,1.25;遷江南右布。
陝西	塗應泰
福建	王原臚
浙江	法若真
江西	樓希昊　　　　　　　　　　蘇　銑 三、庚寅、十七,5.4;嶺東道授。
湖廣	馬　元
四川	金　鉉　　　　　　　　　　朱之瑤 十一、庚寅、廿,12.30;遷晉右布。　　十二、丙辰、十七,1.25;川西道授。
廣東	郭一鶚　　　　　　　　　　李本晟 五、辛卯、十九,7.4;遷陝右布。　　六、庚申、十九,8.2;滇參政道授。
廣西	黃中通
雲南	崔之瑛　　　　　　　　　　席　式 十、丁巳、十七,11.27;遷右布管左。　　十、丁巳;溫處道授。
貴州	王　鍈　　　　　楊奇烈　　　　　彭而述 八、戊午、十八,9.29;遷贛右布。　九、丁亥;青登萊道授。　十一、庚寅;桂林道授。

年 代	康 熙 二 年　癸卯(1663)		
江 蘇	李芝蘭		(漢)石　琳 十一、庚辰、十六、12.15；原魯按授。
安 徽			
山 東	(漢)郎永清 二、己未、廿、3.29；荊南道授。十二、乙卯、廿二、1.19；遷湖右布。		
山 西	陳宏業 十二、乙卯；遷贛右布。		
河 南	許纘曾 正、戊子、十九、2.26；川東道授。		
陝 西	塗應泰		
甘 肅			
福 建	王原膴		
浙 江	法若真 十二、乙未、二、12.30；遷湖右布。		馮　瑝 十二、乙卯；寧紹道授。
江 西	蘇　銑		
湖 北	吳嵩印 二、己未、廿、3.29；湖北道授。十、丙午、十二、11.11；遷豫右。		陳丹陛 十一、庚辰、十六、12.15；貴寧道授。
湖 南			
四 川	朱之瑤 八、丙申、一、9.2；遷湖右布。		李翀霄 八、癸丑、十八、9.19；原任授。
廣 東	李本晟 六、己未、廿三、7.27；遷滇左布。	席　式 七、丙戌、廿一、8.23；原滇按授。	李嵩陽 九、辛巳、十七、10.17；西寧道授。
廣 西	黄中通		
雲 南	席　式		
貴 州	彭而述		

按察使年表

年代	康熙三年　甲辰(1664)		
江蘇	(漢)**石　琳** △降下荆南道。		**趙曰甕** 八、丁卯、八,9.27;桂平道授。
安徽	(漢)**佟國楨** 六、己亥、八,7.1;淮海道授。		
山東	**王廷諫** 正、庚辰、十七,2.13;荆西道授。		
山西	**宋可發** 正、庚辰;湖驛鹽道授。		
河南	**許纘曾**		**陳秉直** 十二、壬戌、五,1.20;河東道授。
陝西	**塗應泰** △革。		**陳子達** 三、乙亥、十三,4.8;威茂道授。
甘肅	**潘超先** 三、乙亥;口北道授。		
福建	**王原膴** 八、丁卯、八,9.27;遷桂右布。		**張宏俊** 十、甲子、六,11.23;兖東道授。
浙江	**馮　瑾**		
江西	**蘇　銑**	**王廷弼** 六、己亥;嶺南道授。	**秦　鉽** 八、丁卯;陝東路道授。
湖北	**陳丹陛**		**李榮宗** 六、己亥;河西道授。
湖南			
四川	**李翀霄**		
廣東	**李嵩陽**		
廣西	**黄中通**		**李月桂** 十二、壬戌;關西道授。
雲南	**席　式**		
貴州	**彭而述** 三、丁丑、十五,4.10;遷桂右布。		**張彦珩** 七、庚寅、一,8.21;黔糧道授。

康熙四年　乙巳(1665)	康熙五年　丙午(1666)
趙日冕　劉景榮 六、庚申、五,7.17;汝南道授。	劉景榮
(漢)佟國楨	(漢)佟國楨
王廷諫	王廷諫　何毓秀 五、己丑、九,6.11;滇參政道授。
宋可發	宋可發
陳秉直	陳秉直
陳子達	陳子達
潘超先	潘超先
張宏俊　(漢)安世鼎 △死。　十二、壬子、一,1.5;蘇松常道授。	(漢)安世鼎
馮　瓚	馮　瓚　羅　森 十一、戊子、十二,12.7;江南巡驛道授。
秦　鉽	秦　鉽
李榮宗	李榮宗
	李登第 七、己丑、十,8.10;兖東道參政授。
李翀霄	李翀霄
李嵩陽　(漢)佟養鉅 十二、壬子;嶺西道授。	(漢)佟養鉅
李月桂	李月桂
席　式　李本晟 三、丙辰、卅,5.14;豫右布回任。	李本晟
張彥珩	張彥珩

按察使年表

年代	康熙六年　丁未(1667)		康熙七年　戊申(1668)	
江　蘇	劉景榮		劉景榮	
安　徽	(漢)佟國楨		(漢)佟國楨	
山　東	何毓秀		何毓秀	
山　西	宋可發		宋可發　　　(？)色特 二、甲戌、五，3.17；刑郎遷。	
河　南	(漢)李士楨 三、甲申、十，4.2；湖東道授。		(漢)李士楨	
陝　西	陳子達		陳子達　　　(？)穆成額 △解(甘按)。　二、甲戌；刑郎遷。	
甘　肅	潘超先		潘超先 九、乙巳、九，10.14； 遷黔布。	陳子達 十、乙酉、廿，11.23； 原陝按授。
福　建	(漢)安世鼎		(漢)安世鼎 	席　式 十、乙酉；原粵按授。
浙　江	羅　森 閏四、己卯、五， 5.27；遷陝右布。	金雄藩 九、丙午、五，10.21； 禮郎遷。	金雄藩	
江　西	秦　鈗 △降。	塗應泰 八、庚辰、八，9.25； 原陝按授。	塗應泰	
湖　北	李棻宗	闆廷謨 閏四、己卯；濟南道授。	闆廷謨	趙日冕 二、壬午、十三，3.25； 原江南按授。
湖　南	李登第		李登第	
四　川	李翀霄		李翀霄 九、乙巳；遷贛布。	宋可發 十、乙酉；原晉按授。
廣　東	(漢)佟養鉅		(漢)佟養鉅	
廣　西	李月桂	楊晙 正、壬辰、十七，2.9； 溫處道授。	楊晙	
雲　南	李本晟 閏四、己卯；遷浙右布。	張彥珩 △黔按改。	張彥珩	
貴　州	張彥珩 △改滇按。		張文德 五、丁未、十，6.18；隴 右道授。	

康 熙 八 年　己酉(1669)	康 熙 九 年　庚戌(1670)
劉景榮	劉景榮　　　　陳秉直 五、癸未、廿八、7.14；甘按改。
(漢)佟國楨	(漢)佟國楨
何轍秀	何轍秀
(?)色特	(?)色特
(漢)李士楨	(漢)李士楨
(?)穆成額　　　　(滿)吳努春 十一、辛卯、二、11.24；　十一、己亥、十、12.2； 遷晉布。　　　　刑郎遷。	(滿)吳努春
陳子達　　　　陳秉直 二、乙酉、廿二、3.23； 原豫按授。	陳秉直　　　　(?)成額 五、癸未；改江南按。　六、乙巳、廿、8.5；工郎遷。
席　式	席　式
金維藩	金維藩
塗應泰	塗應泰　　　　(漢)安世鼎 △革。　　六、壬寅、十七、8.2；原閩 按授。
趙日晃	趙日晃
李登第　　　　馬斯良 十二、戊辰、九、12.31；刑郎遷。	馬斯良
宋可發	宋可發
(漢)佟養鉅	(漢)佟養鉅
楊　晙	楊　晙
張彥珩	張彥珩　　　　許纘曾 九、戊辰、十四、10.27；　十、癸巳、九、11.21； 遷鄂布。　　　　原豫按授。
張文德	張文德

按察使年表

年代	康熙十年　辛亥(1671)	康熙十一年　壬子(1672)
江　蘇	陳秉直	陳秉直
安　徽	(漢)佟國楨	(漢)佟國楨
山　東	何毓秀	何毓秀
山　西	(？)色特 七、己巳、廿，8.24；遷甘布。　　(？)賽音達禮 八、癸巳、十五，9.17；兵給遷。	(？)賽音達禮
河　南	(漢)李士楨	(漢)李士楨
陝　西	(滿)吳努春	(滿)吳努春 五、己未、十四，6.9；遷布。　　(滿)巴錫 六、庚辰、六，6.30；御史遷。
甘　肅	(？)成額	(？)成額 六、辛丑、廿七，7.21；遷布。　　(滿)伊圖 六、辛丑；刑郎遷。
福　建	席　式	席　式
浙　江	金維藩	金維藩
江　西	(漢)安世鼎 五、辛酉、十一，6.17；遷湘布。　　黃　龍 七、己未、十，8.14；永寧道副使授。	黃　龍
湖　北	趙日昊　　高翼辰 　　　　七、己未；洮岷道副使授。	高翼辰
湖　南	馬斯良	馬斯良
四　川	宋可發	宋可發 三、己未、十三，4.10；遷粵布。　　宋琬 四、甲申、九，5.5；原浙按授。
廣　東	(漢)佟養鉅	(漢)佟養鉅
廣　西	楊　晙	楊　晙
雲　南	許纘曾	許纘曾　　李興元 　　　　五、甲寅、九，6.4；隴右道授。
貴　州	張文德	張文德

康熙十二年　癸丑(1673)	康熙十三年　甲寅(1674)
陳秉直　　　　　崔維雅 九、甲申、十八,10.27;　十一、癸巳、廿八,1.4; 遷浙布。　　　　豫河道遷。	崔維雅
(漢)佟國楨	(漢)佟國楨　　(漢)崔　澄　　王功成 二、庚子、六,　三、乙酉、廿一,　五、丙戌、廿三, 3.12;遷贛布。　4.26;潼商道遷。　6.26;江南鹽道遷。
何毓秀	何毓秀
(？)賽音達禮	(？)賽音達禮
(漢)李士楨　　　　徐　惺 九、甲申;遷閩布。　十一、癸巳;武昌道遷。	徐　惺
(滿)巴錫	(滿)巴錫
(滿)伊圖	(滿)伊圖
席　式　　　　　魏執中 七、庚辰、十三,8.24;　九、甲申;冀寧道遷。 遷川布。	魏執中
金維藩　　　　　郭之培 △降。　　　　　七、庚辰;漢興道遷。	郭之培
黃　龍　　　　　李光座 　　　　　　　　五、壬午、十三,6.27; 　　　　　　　　泉興道遷。	李光座
高翼辰	高翼辰
馬斯良	馬斯良
宋　琬 △死。	
(漢)佟養鉅	(漢)佟養鉅
楊　晙	楊　晙
李興元 (△吳三桂反清被執,拘禁六年被殺。)	
張文德	張文德

按察使年表

年　代	康熙十四年　乙卯(1675)		康熙十五年　丙辰(1676)	
江　蘇	崔維雅		崔維雅	
安　徽	王功成	(漢)丁思孔 正、丙寅、七,2.1； 直隸守道遷。	(漢)丁思孔 七、丙戌、六,8.14； 遷鄂布。	薛柱斗 七、己酉、廿九,9.6； 天津道遷。
山　東	何毓秀		何毓秀	
山　西	(?)賽音達禮		(?)賽音達禮 十一、丙申、十八, 12.22；革。	(?)穆臣 十、丙寅、十七,11.22； 刑郎遷。
河　南	徐愜		徐　愜 九、乙未、十六, 10.22；遷鄂布。	(漢)石　琳 九、戊申、廿九,11.4； 鄖陽道參政授。
陝　西	(滿)巴錫 閏五、己酉、廿二, 7.14；遷布。	(?)庫爾喀 六、庚辰、廿三,8.14； 刑郎遷。	(?)庫爾喀	
甘　肅	(滿)伊圖 閏五、壬寅、十五, 7.7；遷布。	(?)舒淑布 六、庚辰、吏郎遷。	(?)舒淑布	
福　建	魏執中		魏執中	(漢)吳興祚 十一、丙申；無錫知縣超擢。
浙　江	郭之培 △死。	張登選 正、丙寅；淮揚道遷。	張登選	
江　西	李光座		李光座	
湖　北	高翼辰		高翼辰	
湖　南	厲斯良		厲斯良	
四　川				
廣　東	(漢)佟養鉅 正、癸酉、十四,2.8； 遷撫。	王　令 閏五、辛亥、廿四,7.16； 粵驛鹽道遷。	王　令	
廣　西	楊　晙		楊　晙	
雲　南				
貴　州	張文德		張文德	

康熙十六年　丁巳(1677)		康熙十七年　戊午(1678)	
崔維雅		崔維雅	
薛柱斗		薛柱斗	
何毓秀		何毓秀	
(？)穆臣		(？)穆臣	
(漢)石　琳		(漢)石　琳	
(？)庫爾喀	(滿)麻爾圖 五、辛丑、廿六,6.25; 兵郎遷。	(滿)麻爾圖	
(？)舒淑布		(？)舒淑布	
(漢)吳興祚		(漢)吳興祚 五、癸丑、十四,7.2; 遷撫。	于成龍 六、庚午、一,7.19;湖廣下 江防道遷。
張登選		張登選	
李光座		李光座	
高翼辰		高翼辰 六、庚午;遷閩布。	(漢)佟康年 六、戊子、十九,8.6;淮揚 道遷。
馬斯良		馬斯良	
王　令		王　令	
楊　晙 △乞養。	(漢)金　珙 十一、己卯、六,11.30; 都司擢。	(漢)金　珙	
張文德		張文德	

按察使年表

年　代	康熙十八年　己未(1679)		康熙十九年　庚申(1680)	
江　蘇	崔維雅 六、壬午、十九, 7.26；遷湘布。	金　鎮 七、辛丑、九, 8.14； 分巡道遷。	金　鎮	
安　徽	薛柱斗 十一、戊戌、七, 12.9；遷湘布。	王國泰 十一、乙卯、廿四, 12.26；閩驛傳道授。	王國泰	
山　東	何毓秀	余三級 二、戊寅、十三, 3.24； 湖驛鹽道授。	余三級	
山　西	(?)穆臣 五、己未、廿六, 7.3； 原遷左副。	(?)庫爾喀 六、癸未、廿, 7.27；原 陝按授。	(?)庫爾喀	
河　南	(漢)石　琳		(漢)石　琳	
陝　西	(滿)麻爾圖 十一、甲辰、十三, 12.15；遷布。	(滿)葉穆濟 十二、癸亥、二, 1.3； 工郎遷。	(滿)葉穆濟	
甘　肅	(?)舒淑布 六、己丑、廿六, 8.2；遷陝布。	(?)索爾遜 七、乙未、三, 8.8； 刑郎遷。	(?)索爾遜	
福　建	于成龍 九、丁巳、廿五, 10.29；遷布。	張所志 十、乙酉、廿四, 11.26； 冀寧道授。	張所志	
浙　江	張登選	王日藻 五、己未；豫河道授。	王日藻 五、庚子、十二, 6.8； 遷贛布。	教化新 五、丁未、十九, 6.15； 陝糧道授。
江　西	李光座		李光座 △正月, 死。	(漢)柯永昇 三、戊午、廿九, 4.27； 湘糧道授。
湖　北	(漢)佟廕年		(漢)佟廕年 三、壬辰、三, 4.1； 遷閩布。	吳毓珍 三、戊午；武昌道授。
湖　南	馬斯良		馬斯良	
四　川			胡昇猷 二、己巳、九, 3.9； 原關南道授。	
廣　東	王　令		王　令	
廣　西	(漢)金　琪		(漢)金　琪	黃元驥 三、丁酉、八, 4.6；江 南鹽道副使授。
雲　南		李禺羉 六、庚午、七, 7.14； 鄂糧道授。	李禺羉	
貴　州	張文德	(漢)李輝祖 六、己卯、十六, 7.23； 兵郎遷。	(漢)李輝祖	

康熙二十年　辛酉(1681)		康熙二一年　壬戌(1682)	
金　鎮		金　鎮	
王國泰		王國泰	王定國 二、丁亥、九,3.17；嘉湖道授。
余三級 七、丁卯、十六,8.29；遷粵布。	(漢)張仲舉 八、丁亥、七,9.18；興泉道授。	(漢)張仲舉	
(?)庫爾喀		(?)庫爾喀	
(漢)石　琳 五、庚申、八,6.23；遷浙布。	(?)遲日巽 五、癸酉、廿一,7.6；榆林道授。	(?)遲日巽	
(滿)葉穆濟		(滿)葉穆濟	
(?)索爾遜		(?)索爾遜	
張所志		張所志 三、己酉、一,4.8；遷贛布。	趙進美 四、丁亥、十,5.16；河北道授。
教化新		教化新	
(漢)柯永昇		(漢)柯永昇	
吳毓珍		吳毓珍	李世昌 五、癸丑、六,6.11；蒼梧道授。
馬斯良		馬斯良 二、壬午、四,3.12；遷閩布。	范時秀 三、己酉；永昌道授。
胡昇猷		胡昇猷	
王　令	(?)郎廷樞 五、丙寅、十四,6.29；平慶道授。	(?)郎廷樞 七、辛未、廿六,8.28；遷布。	胡戴仁 八、甲午、十九,9.20；湘糧道授。
黃元驥		黃元驥	
李鳳霖		李鳳霖	
(漢)李輝祖		(漢)李輝祖 五、壬申、廿五,6.30；遷鄂布。	(漢)李國亮 六、壬辰、十六,7.20；陝糧道授。

按察使年表

年 代	康熙二二年　癸亥(1683)		
江 蘇	金　鎮		
安 徽	王定國 閏六、己巳、廿九, 8.21；遷鄂布。	盧崇興 七、戊子、十九, 9.9；武昌道授。	
山 東	(漢)張仲舉 五、壬寅、一, 5.26；遷湘布。	楊大鯤 五、辛亥、十, 6.4；貴西道授。	
山 西	(？)廬爾喀		
河 南	(？)遷日巽		
陝 西	(滿)葉穆濟 十二、丁未、十, 1.26；遷甘撫。	(滿)布喀 十二、丙辰、十九, 2.4；御史授。	
甘 肅	(？)索爾遜		
福 建	趙進美		
浙 江	敎化新		
江 西	(漢)柯永昇 五、壬寅；遷皖布。	韋欽文 五、辛亥、十, 6.4；鄂糧道授。 十、戊申、十一, 11.28；遷蘇布。	孫　蘭 十、壬戌、廿五, 12.12；廬鳳道授。
湖 北	李世昌 十、丁卯、卅, 12.17；遷滇布。		
湖 南	范時秀		
四 川	胡昇猷	何敏秀 五、壬寅；原魯按授。	王業興 九、丁亥、十九, 11.7；平慶道授。
廣 東	胡戴仁		
廣 西	黃元驥 十、辛酉、廿四, 12.11；遷魯布。	金維藩 十一、己卯、十二, 12.29；南韶道授。	
雲 南	李爲驃	白應科 閏六、癸亥、廿三, 8.15；臨洮道授。	
貴 州	(漢)李國亮 △夏免。	張　汧 十、辛亥、十四, 12.1；陝糧道授。	

康熙二三年　甲子(1684)

金　鎮		(漢)卞永譽
△病免。(廿四死)		六、庚申、廿六,8.6;隴東道授。

盧崇興	王國泰	(漢)于成龍
	四、丙辰、廿一,6.3;原任授。 十一、丙寅、五,12.10;遷浙布。	十一、丁丑、十六,12.21;江寧知府擢。

楊大鯤	吳毓珍
	七、乙亥、十一,8.21;原鄂按授。

(?)庫爾喀

(?)遷日巽

(滿)布喀

(?)索爾遜

趙進美	黃　桂
	八、丁巳、廿四,10.2;江南驛鹽道授。

教化新	(漢)佟國佐
七、丙寅、二,8.12;遷桂布。	八、丁酉、四,9.12;潼商道授。

孫　蘭

張道祥
正、壬辰、廿六,3.11;雁平道授。

范時秀

王業興

胡戴仁

金雄藩	黃性震
	五、己卯、十四,6.26;霸昌道授。

白應科	(漢)王　樑
	六、辛丑、七,7.18;貴西道授。

張　沔

按察使年表

年　代	康熙二四年　乙丑(1685)	
江　蘇	(漢)卞永譽	
安　徽	(漢)于成龍 △二月，召京(僉都)。	多宏安 二、己亥、九，3.13；淮揚道授。
山　東	吳毓珍	
山　西	(?)廓爾喀	布雅努 十、戊戌、十一，11.7；刑郎遷。
河　南	(?)遲日巽	
陝　西	(滿)布喀	
甘　肅	(?)索爾遜	
福　建	賞　桂	孔興洪 八、戊戌、十，9.8；口北道授。
浙　江	(漢)佟國佐	
江　西	孫　蘭	
湖　北	張道祥	
湖　南	范時秀	
四　川	王業興	
廣　東	胡戴仁	
廣　西	黄性震	
雲　南	(漢)王　樑	蔣　寅 六、戊戌、九，7.10；浙糧道授。
貴　州	張　汧 二、乙未、五，3.9；遷閩布。	李之粹 二、癸卯、十三，3.17；浙驛傳道授。

康熙二五年　丙寅(1686)

| (漢)卞永譽 | (漢)李國亮
二、癸卯、十九，3.12；原黔按授。 |

| 多宏安 | |

| 吳毓珍 | |

| (滿)布雅努
十、戊午、七，11.22；遷布。 | (滿)薩弼圖
十、丙子、廿五，12.10；吏郎遷。 |

| (?)遲日巽 | |

| (滿)布喀 | |

| (?)索爾遜 | |

| 孔興洪 | 田慶曾
三、癸酉、十九，4.11；河北道授。 |

| (漢)佟國佐 | |

| 孫蘭 | |

| 張道祥 | 丁煒
三、癸亥、九，4.1；贛南道授。 |

| 范時秀
六、乙卯、三，7.22；召京。 | 柴望
六、丁丑、廿五，8.13；甘山道授。 |

| 王業興 | |

| 胡戴仁
六、乙卯；遷鄂布。 | 沈志禮
六、戊辰、十六，8.4；下荊南道授。 |

| 黃性震
閏四、壬戌、九，5.30；遷湘布。 | 張永茂
五、丙戌、三，6.23；皖糧道授。
十二、己巳、十九，2.1；遷閩布。 |

| 蔣寅 | |

| 李之粹 | |

按察使年表

年 代	康熙二六年　丁卯(1687)	
江 蘇	(漢)李國亮	
安 徽	多宏安	
山 東	宋 犖 二、戊辰、廿,4.1；通永道授。 十、丁巳、十二,11.16；遷蘇布。	(漢)王 楫 十、甲子、十九,11.23；原滇按授。
山 西	(滿)薩弼圖	
河 南	(?)遲日巽	魯 超 三、己亥、廿一,5.2；淮揚道授。
陝 西	(滿)布喀 二、丁卯、十九,3;31；遷晉布。	(滿)吳赫 三、辛巳、三,4;14；兵郎遷。
甘 肅	(?)索爾遜	(滿)黛愛 七、丙午、卅,9.6；工郎遷。
福 建	田慶曾	
浙 江	(漢)佟國佐	
江 西	孫 蘭	
湖 北	丁 煒	
湖 南	柴 望 四、丙寅、十九,5.29；遷粵布。	鄭 端 五、己卯、二,6.11；涼莊道授。
四 川	王業興 十二、己酉、五,1.7；遷贛布。	(漢)興永朝 十二、丁巳、十三,1.15；蒼梧道授。
廣 東	沈志禮	
廣 西	盧崇興 二、己酉、一,3.13；原皖按授。	
雲 南	蔣 寅 四、丁巳、十,5.20；遷黔布。	許宏勳 四、壬申、廿五,6.4；陝糧道授。
貴 州	李之粹	

康熙二七年　戊辰(1688)		
(漢)**李國亮**		
多宏安 八、癸丑、十三，9.7；遷贛布。	**高夢説** 八、丁卯、廿七，9.21；潼商道授。	
(漢)**王　樑**		
(滿)**薩弼圖** 十、癸卯、四，10.27；遷陝撫。	(?)**能特** 十、庚戌、十一，11.3；郎中遷。	
魯　超	(漢)**楊鳳起** 四、丙辰、十四，5.13；閩糧道授。	
(滿)**吳赫**		
(滿)**黛愛**		
田慶曾		
(漢)**佟國佐** 四、癸丑、十一，5.10；遷鄂布。 六、庚午、廿九，7.26；撤回。	(漢)**卞永譽** 四、壬戌、廿，5.19；原蘇按授。	
孫　蘭	**吳延貴** 八、己酉、九，9.3；贛糧道授。	
丁　煒 二、乙酉、十二，4.12； 降二調。	(漢)**線一信** 三、丁酉、廿四，4.24；贛鹽道授。六、庚午；撤回。 十二、乙巳、六，12.28；授川按。	(漢)**李　鍹** 六、丙午、廿九，7.26；御史遷。
鄭　端 二、庚申、十七，3.18；遷皖布。	**程　憲** 二、乙丑、廿二，3.23；雷瓊道授。	(漢)**線一信** 十二、乙巳；未任鄂按授。
(漢)**興永朝** 二、甲子、廿一，3.22；遷偏沅巡撫。	**董安國** 二、庚午、廿七，3.28；濟寧道授。	
沈志禮 十二、庚申、廿一，1.12；遷鄂布。		
盧崇興		
許宏勛		
李之粹 二、庚午、廿七，3.28；遷浙布。	**曹熙衡** 三、丙子、三，4.3；建昌道授。	

年 代	康熙二八年　己巳(1689)	
江 蘇	(漢)李國亮 　二、己未、廿一,3.12;遷布。	高承爵 　三、戊辰、一,3.21;揚州知府擢。
安 徽	高夢說	(漢)高起龍 　十二、丁丑、十五,1.24;貴西道授。
山 東	(漢)王　樑 　四、乙酉、十九,6.6;遷贛布。	(漢)楊廷耀 　五、丁未、十二,6.28;濟寧道遷。
山 西	(？)能特	
河 南	(漢)楊鳳起	
陝 西	(滿)吳赫	
甘 肅	(滿)黨愛	
福 建	田慶曾	
浙 江	(漢)卞永譽 　二、己未;遷布。	馬如龍 　三、辛巳、十四,4.3;杭州知府擢。
江 西	吳延貴 　四、己卯、十三,5.31;革。	蔣毓英 　四、丁亥、廿,6.8;台灣知府擢。
湖 北	(漢)李鋼	
湖 南	(漢)線一信	
四 川	董安國	
廣 東	李煒 　二、丁卯、廿九,3.20;東兗道授。	
廣 西	盧崇興	
雲 南	許宏勳	
貴 州	曹熙衡	

康熙二九年　庚午(1690)

高承爵	
(漢)**高起龍**	
(漢)**楊廷耀**	
(？)**能特**	
(漢)**楊鳳起**	
(滿)**吳赫**	
(滿)**黨愛**	

田慶曾 六、庚辰、廿一，7.26；解，旋革。	**張勍** 七、壬辰、三，8.7；下荊南道授。
馬如龍 七、壬辰；遷布。	**孫允恭** 七、戊戌、九，8.13；金衢道授。
蔣毓英	
(漢)**李鍸** 二、乙亥、十三，3.23；改桂按。	**王毓賢** 二、乙亥；河東道授。
(漢)**線一信**	
董安國	
李煒 七、壬辰；遷鄂布。	**劉元勳** 七、戊戌；河東道授。

盧崇興 二、甲子、二，3.12；遷贛布。	(漢)**李鍸** 二、乙亥；鄂按改。七、壬辰；遷閩布。	**唐宗堯** 七、戊戌；左江道授。

許宏勳	
曹熙衡	**項一經** 正、癸丑、廿一，3.1；汝南道授。

按察使年表

年　代	康熙三十年　辛未(1691)		
江　蘇	高承爵		
安　徽	(漢)高起龍		
山　東	(漢)楊廷耀 二、戊辰、十二，3.11；遷布。	(漢)喻成龍 二、戊辰；鹽運使遷。	
山　西	(?)能特 八、乙未、十三，10.4；遷布。	(滿)巴錫 八、戊申、廿六，10.17；御史遷。	
河　南	(漢)楊鳳起 閏七、己巳、十六，9.8；遷湘布。	胡介祉 閏七、乙亥、廿二，9.14；河東道授。	
陝　西	(滿)吳赫 八、丙戌、四，9.25；遷晉布。	(?)納疊 八、辛丑、十九，10.10；戶郎遷。	
甘　肅	(滿)黨愛		
福　建	張勷	張志棟 三、辛丑、十五，4.13；冀寧道授。 八、乙巳、廿三，10.14；遷蘇布。	王清賢 九、癸丑、二，10.22；松茂道授。
浙　江	孫允恭	孟卜 三、甲寅、廿八，4.26；通永道授。	
江　西	蔣毓英		
湖　北	王毓賢		
湖　南	(漢)線一信 九、甲子、十三，11.2；遷鄂布。	劉標 九、庚午、十九，11.8；粵糧道授。	
四　川	董安國 四、乙亥、廿，5.17；遷黔布。	趙良璧 四、辛巳、廿六，5.23；寧台道授。	
廣　東	劉元勳		
廣　西	唐宗堯		
雲　南	許宏勳 八、丙戌、四，9.25；遷像布。	佟世雍 八、乙未；雷瓊道授。	
貴　州	項一經	(?)丹達禮 六、辛未、十七，7.12；寧夏道授。	

康熙三一年　壬申(1692)

高承爵 　十、壬辰、十七，11.24；遷閩布。	**王　燕** 　十、戊戌、廿三，11.30；鎮江知府擢。
(漢)**高起龍** 　五、癸酉、廿四，7.8；遷川布。	**王興禹** 　六、丙戌、八，7.21；浙驛傳道授。
(漢)**喻成龍**	
(滿)**巴錫**	
胡介祉	
(？)**納壘**	
(滿)**黨愛**	
王清賢	**董延祚** 　正、戊寅、廿八，3.15；蒼梧道授。
孟　卜	
蔣毓英 　六、庚寅、十二，7.25；遷浙布。	**張奇抱** 　六、戊戌、廿，8.2；貴西道授。
王毓賢	
劉　標	
趙良璧	
劉元勳	

唐宗堯 　四、庚子、廿一，6.5；遷豫布。	**姜登高** 　五月，臨洮道授。	**張四教** 　六、戊戌；贛驛鹽道授。

佟世雍
(？)**丹達禮**

按察使年表

年 代	康熙三二年　癸酉(1693)		康熙三三年　甲戌(1694)	
江 蘇	王　燕		王　燕 五、丁未、十,6.2； 遷鄂布。	(漢)趙世顯 五、丁未；兩淮鹽使授。
安 徽	王興禹		王興禹	劉　曖 四、甲午、廿七,5.20； 直守道授。
山 東	(漢)喻成龍 十、辛未、一,10.29； 遷布。	張　軔 十、己卯、九,11.6； 原閩按授。	張　軔	
山 西	(滿)巴錫		(滿)巴錫	
河 南	胡介祉		胡介祉	
陝 西	(？)納壘		(？)納壘	
甘 肅	(滿)黨愛		(滿)黨愛 九、辛巳、十六,11.3； 遷陝布。	(？)襄吉里 九、戊子、廿三, 11.10；工郎遷。
福 建	董延祚 二、辛巳、七,3.13； 遷布。	汪　楫 二、丙戌、十二,3.18； 河南知府擢。	汪　楫	
浙 江	孟　卜		孟　卜	
江 西	張奇抱	王道熙 三、癸亥、十九,4.24； 鄂糧道授。	王道熙	
湖 北	王毓賢		王毓賢	
湖 南	劉　檥		劉　檥	
四 川	趙良璧		趙良璧	
廣 東	劉元勷		劉元勷	
廣 西	張四教		張四教	
雲 南	佟世雍		佟世雍	
貴 州	(？)丹達禮		(？)丹達禮 十、丙申、二,11.18； 遷布。	任風厚 十、庚戌、十六,12.2； 閩糧道授。

康熙三四年　乙亥(1695)		康熙三五年　丙子(1696)	
(漢)趙世顯		(漢)趙世顯	
劉曖 △降。	張霖 六、乙未、五，7.15； 陝驛傳道授。	張霖	
張鈵 八、庚寅、一，9.8； 遷湘布。	蘇昌臣 八、丙午、十七，9.24； 淮徐道授。	蘇昌臣	
(滿)巴錫		(滿)巴錫	
胡介祉	孟世泰 八、己未、卅，10.7； 武昌道授。	孟世泰	
(?)納壘		(?)納壘	
(?)囊吉里		(?)囊吉里 十一、戊辰、十五，12.9； 革。	(?)格爾特 十一、辛巳、廿八，12.22； 御史遷。
汪楫 九、庚午、十一，10.18； 遷布。	李成林 九、己卯、廿，10.27； 左江道授。	李成林	
孟卜	高拱乾 十一、庚申、二，12.7； 台厦道授。	高拱乾	
王道熙 六、辛丑、十一，7.21； 遷魯布。	孫居湜 九、乙卯、廿五，8.4； 河南知府擢。	孫居湜	(漢)佟圖勳 五、壬戌、七，6.6；溫處 道授。
王轍賢		王轍賢	
劉櫄		劉櫄	
趙良璧 十一、癸未、廿五， 12.30；遷浙布。	祖文明 十二、乙未、七，1.11； 開歸道授。	祖文明	
劉元勳	王國泰 二、丁未、十五，3.29； 河東道授。	王國泰	
張四教		張四教 九、丁巳、四，9.29； 遷皖布。	魯超 九、己巳、十六，10.11； 惠潮道授。
佟世雍		佟世雍 七、甲戌、廿，8.17； 遷豫布。	崔俊 八、乙酉、二，8.28；肇高 廉雷道授。
任風厚		任風厚	

按察使年表

年　代	康熙三六年　丁丑(1697)		
江　蘇	(漢)趙世顯		
安　徽	張　霖		
山　東	蘇昌臣		
山　西	(滿)巴錫 閏三、丙申、十六,5.6;遷陝撫。	(？)藏納 四、庚申、十一,5.30;御史遷。	(？)囊吉里 十一、辛丑、廿五,1.6;原甘按授。
河　南	孟世泰		
陝　西	(？)納疊 閏三、丙申;解。	(滿)鄂海 閏三、丙申;郎中遷。	
甘　肅	(？)格爾特		
福　建	李成林		
浙　江	高拱乾		
江　西	(漢)佟圖勤		
湖　北	王毓賢 二、壬午、一,2.21;遷黔布。	高繼睿 二、辛丑、廿,3.12;登萊道授。	
湖　南	劉標 閏三、乙酉、五,4.25;遷滇布。	常名揚	
四　川	祖文明		
廣　東	王國泰		
廣　西	魯超		
雲　南	崔俊		
貴　州	任風厚		

康熙三七年　戊寅(1698)	
(漢)趙世顯	
張　霖 九、丙申、廿五,10.28;遷閩布。	董昭祚 十、庚戌、九,11.11;金衢嚴道授。
蘇昌臣	李基和 十一、辛卯、廿一,12.22;雁平道授。
(↑)纛吉里 二、乙亥、卅,4.10;遷甘布。	(覺羅)巴哈布 二、乙亥;御史遷。
孟世泰 十、甲寅、十三,11.15;遷黔布。	吳國柱 十一、戊寅、八,12.9;贛南道授。
(滿)鄂海 十、乙巳、四,11.6;遷布。	(↑)赫垠 十、乙巳;理郎遷。
(↑)格爾特	
李成林	
高拱乾	(漢)于　準 七、己亥、廿七,9.1;直守道授。
(漢)佟圖勒	
高緝睿	
常名揚	
祖文明	
王國泰	張仲信 二、乙丑、廿,3.31;滇糧道授。
魯　超 六、乙卯、十二,7.19;遷粵布。	盧崇義 六、戊辰、廿五,8.1;盧鳳道授。
崔　俊	
任風厚 三、丁亥、十二,4.22;遷鄂布。	彭　鵬 三、壬寅、廿七,5.7;刑給遷。

按察使年表

年　代	康熙三八年　己卯(1699)		
江　蘇	(漢)趙世顯	**佟毓秀** 十一、壬子、十八，1.7；黔按改。	
安　徽	葍昭祚		
山　東	李基和	**王　然** 九、癸卯、八，10.30；江南驛鹽道授。	
山　西	(覺羅)巴哈布		
河　南	吳國柱		
陝　西	(？)赫碬		
甘　肅	(？)格爾特		
福　建	李成林		
浙　江	(漢)于　準		
江　西	(漢)佟圖勳		
湖　北	高繩壹		
湖　南	常名揚		
四　川	祖文明 八、丁亥、廿二，10.14；遷閩布。	李興祖 九、丙申、一，10.23；永昌道授。	
廣　東	張仲信		
廣　西	盧崇羲		
雲　南	崔　俊		
貴　州	彭　鵬 四、辛酉、廿二，5.21；遷桂撫。	佟毓秀 四、丙寅、廿七，5.26；盧鳳道授。 十一、壬子；改蘇按。	何顯祖 十一、壬子；閩驛傳道授。

康熙三九年　庚辰(1700)		康熙四十年　辛巳(1701)	
佟毓秀		佟毓秀 九、庚子、十六,10.17; 遷粤布。	王 纘 十、己巳、十六,11.15; 蘇松道授。
董昭祚		董昭祚	
王 然		王 然	
(覺羅)巴哈布		(覺羅)巴哈布	
吳國柱		吳國柱	甘國基 二、癸酉、十五,3.24; 閩巡海道授。
(?)赫垠		(?)赫垠	
(?)格爾特		(?)格爾特	(滿)鄂奇 十二、戊辰、十六,1.13; 工郎遷。
李成林 七、丙午、十五,8.29; 遷豫布。	(漢)郎廷極 十、丙寅、七,11.17; 登萊道授。	(漢)郎廷極	
(漢)于 準		(漢)于 準	
(漢)佟圖勳		(漢)佟圖勳 二、丁亥、廿九,4.7; 遷滇布。	(漢)劉廷璣 五、己酉、廿三,6.28; 溫處道授。
高緝睿		高緝睿 三、壬辰、五,4.12; 遷閩布。	李華之 九、癸丑、廿九,10.30; 肇高廉羅道授。
常名揚		常名揚 三、戊戌、十一, 4.18;遷皖布。	(漢)董廷恩 十、己巳、十六,11.15; 衡永郴道授。
李興祖		李興祖	
張仲信		張仲信	
盧崇義		盧崇義	鄭 煜 十、癸未、卅,11.29; 贛糧道授。
崔 俊		崔 俊	張聖猷 四、甲申、廿七,6.3; 青州道授。
何顯祖		何顯祖	(漢)范時崇 十二、辛未、十九,1.16; 天津道授。

年　代	康熙四一年　壬午(1702)		
江　蘇	王　�ᅟ繻		
安　徽	蕫昭祚		
山　東	王　然 十、己卯、二，11.20；遷桂布。	趙宏燮 十、戊子、十一，11.29；天津道授。	
山　西	(覺羅)巴哈布		
河　南	甘國基		
陝　西	(？)赫嘏		
甘　肅	(滿)鄂奇		
福　建	(漢)郎廷極 二、乙丑、十三，3.11；遷浙布。	(漢)范時崇 三、戊子、七，4.3；黔按改。	
浙　江	(漢)于　準		
江　西	(漢)劉廷璣		
湖　北	李華之		
湖　南	(漢)蕫廷恩		
四　川	李興祖 八、癸卯、廿四，10.15；遷贛布。	劉德芳 九、丙辰、八，10.28；直巡道授。	
廣　東	張仲信 六、己卯、廿九，7.23；遷贛布。	(漢)許嗣興 閏六、己酉、廿九，8.22；下荊南道授。	
廣　西	鄭　煜		
雲　南	張聖猷		
貴　州	(漢)范時崇 三、戊子；改閩按。	李基和 三、戊子；原魯按授。 四、壬戌、十一，5.7；遷鄂布。	管竭忠 九、壬子、四，10.24；寧夏道遷。

康熙四二年　癸未(1703)

王　繻	**高必弘**
△病免(休)。	八、丙子、三,9.13;直守道授。
董昭祚	
趙宏燮	**周士賢**
六、丁丑、三,7.16;遷布。	十、壬辰、廿,11.28;口北道遷。
(覺羅)**巴哈布**	
甘國基	**高啓桂**
十一、辛亥、十,12.17;改滇按。	十一、辛亥;冀寧道授。
(?)**赫娵**	
(滿)**鄂奇**	
(漢)**范時崇**	
(漢)**于　準**	**李法祖**
九、壬申、廿九,11.8;遷川布。	十、壬午、十,11.18;浙糧儲道授。
(漢)**劉廷璣**	
李華之	**何顯祖**
	七、己未、十五,8.27;原黔按授。
(漢)**董廷恩**	
劉德芳	
(漢)**許嗣興**	
鄭　煜	
張聖猷	**甘國荃**
	十一、辛亥;豫按改,未任。十一、戊辰、廿七,1.3;遷豫布。
管竭忠	

按察使年表

年　代	康熙四三年　甲申(1704)		
江　蘇	高必弘		
安　徽	蕢昭祚 四、乙酉、十六,5.19;遷湘布。	鄒嘉琳 五、乙巳、七,6.8;漢興道授。	
山　東	周士賢		
山　西	(覺羅)巴哈布		
河　南	高啓桂		
陝　西	(？)赫毑		
甘　肅	(滿)鄂奇		
福　建	(漢)范時崇 十、庚寅、廿三,11.20; 遷魯布。	党居易 十一、辛丑、五,12.1;江南鹽道授。	侯居廣 十二、丁卯、一,12.27;川東道授。
浙　江	李法祖		
江　西	(漢)劉廷璣 二、壬午、十二,3.17;革(降)。	黃明 二、癸巳、廿三,3.28;陝糧道授。	
湖　北	何顯祖 十二、丁卯;遷川布。	徐樭 十二、乙酉、十九,1.14;贛南道授。	
湖　南	(漢)蕢廷恩 六、己丑、廿一,7.22;遷粵布。	(漢)郎廷槤 七、己亥、一,8.1;霸昌道授。	
四　川	劉德芳		
廣　東	(漢)許嗣興 七、丁卯、廿九,8.29;遷豫布。	(漢)黃國材 八、戊寅、十一,9.9;雷瓊道授。	
廣　西	鄭煜 七、辛亥、十三,8.13;遷川布。	卞永式 七、乙丑、廿七,8.27;永寧道授。	
雲　南	劉蔭樞 三、己巳、卅,5.3;原贛南道授。		
貴　州	管竭忠		

康熙四四年　乙酉(1705)	
高必弘	
鄒嘉琳	**姚　諎** 五、癸酉、十一,7.1;東充道授。
梁世勳 三、丁未、十三,4.6;直巡道授。 九、甲申、廿三,11.9;遷布。	(漢)**葉九思** 九、甲申;直巡道遷。
(覺羅)**巴哈布** 十、辛丑、十一,11.26;召京。	(?)**舒赫德** 十、甲寅、廿四,12.9;郎中遷。
高啟桂	
(?)**赫椵**	
(滿)**鄂奇**	
侯居廣 閏四、壬戌、廿九,6.20;川按互改。	**金培生** 閏四、壬戌;川按改。
李法祖 七、辛未、十,8.28;遷皖布。	**武國樞** 七、丁丑、十六,9.3;岳常道授。
黄　明	
徐　櫃	
(漢)**郎廷棟**	
金培生 四、甲戌、十一,5.3;潼商道授。 閏四、壬戌;閩按互改。	**侯居廣** 閏四、壬戌;閩按改。
(漢)**黄國材**	
卞永式	
劉蔭樞	
管竭忠 六、甲午、二,7.22;遷浙布。	(?)**阿琳** 六、癸卯、十一,7.31;閩巡海道授。

按察使年表

年　代	康熙四五年　丙戌(1706)		康熙四六年　丁亥(1707)	
江　蘇	**高必弘** 四、丁巳、卅,6.10; 遷滇布。	**張伯行** 五、丙寅、九,6.19; 濟寧道授。	**張伯行** 三、戊寅、廿五,4.27; 遷閩撫。	**馬逸姿** 三、己卯、廿六,4.28; 蘇松糧道授。
安　徽	**姚　諧**		**姚　諧**	
山　東	(漢)**葉九思**		(漢)**葉九思**	
山　西	(?)**舒赫德**		(?)**舒赫德**	
河　南	**高啓桂** 五、丙寅、九,6.19; 遷魯布。	**蔣陳錫** 五、丙寅;天津道授。	**蔣陳錫**	
陝　西	(?)**赫昰**	(?)**滿普** 三、己未、一,4.13;刑 給遷。	(?)**滿普**	
甘　肅	(滿)**鄂奇**		(滿)**鄂奇**	
福　建	**金培生**		**金培生** 十一、乙卯、七,11.30; 遷布。	**宋　至** 十一、乙卯;閩巡海道 授。
浙　江	**武國楹**		**武國楹**	
江　西	**黃　明** 七、壬午、廿七,9.3; 遷浙布。	**傅澤淵** 八、壬寅、十七,9.23; 陝糧道授。	**傅澤淵**	
湖　北	**徐　樹**		**徐　樹**	
湖　南	(漢)**郎廷棟** 二、壬辰、三,3.17;革,旋留任。		(漢)**郎廷棟**	
四　川	**侯居廣**		**侯居廣**	
廣　東	(漢)**黃國材**		(漢)**黃國材**	
廣　西	**卞永式**		**卞永式** 四、戊申、廿六,5.27; 遷川布。	**王家棟** 四、甲午、十二,5.13; 永昌道授。
雲　南	**劉蔭樞** 三、甲申、廿六,5.8; 遷粵布。	**張聖猷** 四、己酉、十二,6.2; 原任授。	**張聖猷**	
貴　州	(?)**阿琳**	**李華之** 四、辛丑、十四,5.25; 原鄂按授。	**李華之**	

康熙四七年　戊子(1708)		康熙四八年　己丑(1709)	
馬逸姿		馬逸姿 十、庚戌、十三，11.14； 遷皖布。	焦映漢 十、甲寅、十七，11.18； 雷瓊道授。
姚譜		姚譜	何士毅 十、辛丑、四，11.5；漢興 道授。
(漢)葉九思 十二、壬戌、廿，1.30；遷布。		李發申 三、甲戌、三，4.12；天津道授。	
(?)舒赫德	(?)岳代 四、丁卯、廿一，6.9； 工給遷。	(?)岳代	
蔣陳錫 九、丁亥、十四，10.27； 遷魯布。	(漢)金世揚 十、己酉、七，11.18； 直守道授。	(漢)金世揚	
(?)滿普		(?)滿普	
(滿)鄂奇		(滿)鄂奇	
宋至		宋至	
武國柱		武國柱	
傅澤淵		傅澤淵 八、乙卯、十七，9.20； 遷布。	(漢)吳存禮 八、丁巳、十九，9.22； 天津道授。
徐樾 十、癸亥、廿一，12.2； 遷浙布。	遷炘 十二、乙卯、十三，1.23； 西寧道授。	遷炘	
(漢)郎廷棟		(漢)郎廷棟	
侯居廣		侯居廣 九、辛未、四，10.6； 遷魯布。	(漢)包太隆 九、戊寅、十一，10.13； 陝驛傳道授。
(漢)黃國材		(漢)黃國材 八、己酉、十一，9.14； 遷桂布。	申奇賣 八、戊午、廿，9.23；神木 道授。
王家棟		王家棟 十二、戊戌、二，1.1； 遷豫布。	(漢)王用霖 十二、甲辰、八，1.7； 陝糧道授。
張聖猷		張聖猷 七、甲申、十五，8.20； 遷鄂布。	李苾 八、己酉、一，9.14；滇驛 鹽道授。
李華之 十二、壬戌、廿，1.30；遷滇布。		(漢)李錫 三、己亥、廿八，5.7；口北道授。	

按察使年表

年 代	康熙四九年　庚寅(1710)		康熙五十年　辛卯(1711)	
江 蘇	焦映漢		焦映漢 十二、乙丑、十一， 1.18；革。	盧　詢 十二、甲戌、廿，1.27； 建昌道授。
安 徽	何士毅	(漢)楊宗義 十一、丙午、十六，1.4； 雁平道授。	(漢)楊宗義	
山 東	李發甲		李發甲	
山 西	(?)岳代		(?)岳代	
河 南	(漢)金世揚 五、癸未、十九，6.15； 遷蘇布。	張伯琮 六、戊戌、十四，6.30； 榆林道授。	張伯琮	
陝 西	(?)滿普		(?)滿普	(?)薩睦哈 三、戊戌、九，4.26； 兵郎遷。
甘 肅	(滿)鄂奇 三、丁亥、廿二， 4.20；遷撫。	(?)巴襲 四、乙巳、十，5.8；御史 遷。	(?)巴襲	
福 建	宋　至 十、己丑、廿八， 12.18；遷川布。	董永艾 十一、庚子、十，12.29； 贛南道授。	董永艾	
浙 江	武國樞		武國樞	
江 西	(漢)吳存禮 三、丁亥；遷川布。	(漢)張聖佐 四、丁未、十二，5.10； 右江道授。	(漢)張聖佐	
湖 北	遷炘		遷炘 十、壬午、廿七，12.6； 遷黔布。	牟欽元 十一、丁亥、二，12.11； 東兗道授。
湖 南	(漢)郎廷棟		(漢)王朝恩 正、庚戌、廿一，3.9；衡永郴道授。	
四 川	(漢)包太隆	(?)沙木哈 六、己未、廿五，7.21； 甘山道授。	(?)沙木哈	
廣 東	申奇貴		申奇貴	
廣 西	(漢)王用霖		(漢)王用霖	
雲 南	李苾		李苾 十、乙亥、廿，11.29； 遷桂布。	段志熙 十、壬午、廿七，12.6； 贛驛鹽道授。
貴 州	(漢)李錫		(漢)李錫 十二、庚午、十六，1.23；遷鄂布。	

康熙五一年　壬辰(1712)

盧　韵	
(漢)楊宗義	
李發甲 　十、己未、九，11.7；遷閩布。	蔡　琦 　十、己未；永寧道授。
(?)岳代	
張伯琮	
(?)薩睦哈	
(?)巴襲	
董永艾	

武國極 　六、戊午、六，7.9；遷閩布。	張文燦 　六、甲子、十二，7.15；湖廣糧道授。 　七、丙午、廿五，8.26；帶新銜留原任。	(漢)呂猶龍 　七、丙午；浙驛鹽道授。

(漢)張聖佐 　十一、己酉、卅，12.27；遷皖布。	劉　槼 　十二、戊辰、十九，1.15；天津道授。
牟欽元	
(漢)王朝恩	
(?)沙木哈	
申奇貴 　五、戊申、廿六，6.29；遷滇布。	武廷适 　六、戊午、六，7.9；濟東道授。
(漢)王用霖 　五、庚子、十八，6.21；遷粵布。	王之麟 　六、戊午；川東道授。
段志熙	
李世仁 　正、戊申、廿四，3.1；左江道授。	

按察使年表

年 代	康熙五二年　癸巳(1713)		
江 蘇	盧　詢 正、甲辰、廿六，2.20；遷滇布。	(漢)甘國璧 二、甲寅、六，3.2；登萊道授。	
安 徽	(漢)楊宗羲		
山 東	蔡　琦		
山 西	(?)岳代		
河 南	張伯琮		
陝 西	(?)薩睦哈		
甘 肅	(?)巴襲		
福 建	董永艾		
浙 江	(漢)呂猶龍		
江 西	劉　棨 十二、甲午、廿一，2.5；遷川布。		
湖 北	牟欽元 正、甲辰；遷蘇布。	張連登 二、甲寅；通永道授。	
湖 南	(漢)王朝恩		
四 川	(?)沙木哈 十、丁丑、三，11.20；遷閩布。	王沛憻 十、庚子、廿六，12.13；建昌道授。	許兆麟 十二、甲午、廿一，2.5；川東道授。
廣 東	武廷适		
廣 西	王之麟	(漢)年希堯 十、丁丑、三，11.20；大名道授。	
雲 南	段志熙 十、乙亥、一，11.18；遷浙布。	劉　曾 十、庚子；滇驛鹽道授。	
貴 州	李世仁		

康熙五三年　甲午(1714)		康熙五四年　乙未(1715)
甘國璧 三、辛酉、廿,5.3; 遷魯布。	**祖業宏** 八、庚午、一,9.9;金衢 嚴道授。	**祖業宏**
(漢)**楊宗羲**		(漢)**楊宗羲**
蔡　琦		**蔡　琦**
(?)**岳代**		(?)**岳代**
張伯琮		**張伯琮** 七、辛酉、廿八,8.26;遷布。
(?)**薩睦哈**		(?)**薩睦哈**
(?)**巴襲**		(?)**巴襲**
董永艾		**董永艾**
(漢)**呂猶龍** 六、辛卯、廿一,8.1; 遷鄂布。	(漢)**楊宗仁** 七、辛酉、廿二,8.31; 西寧道授。	(漢)**楊宗仁**
楊朝麟 正、戊辰、廿六,3.11;河東道授。		**楊朝麟**
張連登		**張連登**　　　**張聖弼** 　　　　　十二、丙子、十四,1.8; 　　　　　直巡道授。
(漢)**王朝恩**		(漢)**王朝恩** 八、丁卯、四,9.1;遷粵布。
許兆麟		**許兆麟**
武廷适		**武廷适**
(漢)**年希堯**		(漢)**年希堯**
劉　曾		**劉　曾**
李世仁 六、辛卯、廿一,8.1; 遷蘇布。	(漢)**白　潢** 十、庚午、二,11.8; 糧道授。	(漢)**白　潢**

按察使年表

年 代	康熙五五年　丙申(1716)		康熙五六年　丁酉(1717)	
江 蘇	祖業宏		祖業宏	李 馥 十、甲午、十四,11.16；蘇松糧道授。
安 徽	(漢)楊宗羲 △夏免。	朱作鼎 二、戊辰、七,2.29；犀鹽道授。	朱作鼎	
山 東	蔡 琦	(漢)黃 炳 閏三、癸未、廿三,5.14；浙鹽道授。	(漢)黃 炳	
山 西	(?)岳代		(?)岳代	
河 南	張孟球 正、癸丑、廿二,2.14；豫糧道授。		張孟球	
陝 西	(?)薩睦哈 閏三、甲子、四,4.25；遷布。	(?)永太 閏三、壬申、十二,5.3；工給遷。	(?)永太	
甘 肅	(?)巴襲		(?)巴襲	
福 建	董永艾		董永艾	
浙 江	(漢)楊宗仁 △夏免。	王之麟 正、癸丑、廿二,2.14；原桂按授。	王之麟	
江 西	楊朝麟		楊朝麟 二、丙戌、一,3.13；遷蘇布。	祁國祚 二、己亥、十四,3.26；霸昌道授。
湖 北	張聖弼		張聖弼	
湖 南	(漢)毛文銓 正、癸丑；原陞黔按改。		(漢)毛文銓	
四 川	許兆麟		許兆麟 八、丁亥、六,9.10；遷贛布。	李育德 九、癸酉、廿二,10.26；大名道授。
廣 東	武廷适		武廷适 十、己亥、十九,11.21；遷桂布。	梁文科 十一、癸丑、三,12.5；台灣道授。
廣 西	(漢)年希堯 十二、戊申、廿二,2.3；遷皖布。		孔毓珣 正、辛巳、廿六,3.8；上荊南道授。	
雲 南	劉 曾		劉 曾	金啓復 十、己亥；滇驛鹽道授。
貴 州	(漢)白 潢 二、丙子、十五,3.8；遷鄂布。	王沛憻 二、丙子；建昌道授。	王沛憻	

康熙五七年　戊戌(1718)
李　馥
朱作鼎
(漢)黃　炳
(?)岳代
張孟球
(?)永太
(?)巴襲
董永艾
王之麟
祁國祚
張聖弼
(漢)毛文銓
李育德
梁文科

孔毓珣	熊映漢	(漢)楊宗仁	劉廷琛
六、戊戌、廿一，7.18；遷川布。	六月，原蘇按授。	八月，原浙按授。 十一月，遷粤撫。	十一、壬寅、廿八，1.18； 浙糧道遷。

金啓復

王沛憻		申大成	
三、丙辰、七，4.7；遷桂布。		三、丙寅、十七，4.17；濟東道授。	

按察使年表

年代	康熙五八年　己亥(1719)	康熙五九年　庚子(1720)
江 蘇	李　馥	李　馥 七、庚午、五,8.8; 遷皖布。　　萬繼孔 八、丙午、十二,9.13; 興泉道授。
安 徽	朱作鼎	朱作鼎
山 東	(漢)黃　炳	(漢)黃　炳
山 西	(?)岳代	(?)岳代　　(?)森圖 八、丁酉、三,9.4; 戶郎遷。
河 南	張孟球	張孟球
陝 西	(?)永太	(?)永太
甘 肅	(?)巴襲 五、丙戌、十四,7.1;詹事傅繼署。 十二、己酉、十一,1.20;授通政。	(?)巴襲
福 建	薑永艾	薑永艾
浙 江	王之麟	王之麟
江 西	祁國祚	祁國祚　　(漢)石文焯 四、癸卯、七,5.13; 饒南九道授。
湖 北	張聖弼	張聖弼 七、庚午;遷布。　　裴律度 八、丙午;浙驛鹽道授。
湖 南	(漢)毛文銓　　張安世 十、戊辰、廿九,　十一、丁酉、廿九,1.8; 12.10;遷滇布。　通永道授。	張安世
四 川	李育德	李育德　　(漢)高其佩 九、辛卯、廿七,10.28; 永寧道授。
廣 東	梁文科	梁文科
廣 西	劉廷琛	劉廷琛　　　戴　鐸 十二、壬寅、十,1.7;　十二、壬寅;閩糧道授。 遷黔布。
雲 南	金啟復	金啟復
貴 州	申大成	申大成

康熙六十年　辛丑(1721)	康熙六一年　壬寅(1722)
萬繼孔	萬繼孔
朱作鼎	朱作鼎
(漢)黃　炳	(漢)黃　炳　　　　　(滿)齊蘇勒 十二、辛酉、十,1.16;　十二、辛酉;祭酒授。 遷撫。
(?)森圖	(?)森圖
張孟球　　　　朱　綱 △十二月,召陸(休)。　十二、丁丑、廿一,2.6; 　　　　　　直巡道授。	朱　綱
(?)永太	(?)永太
(?)巴襲	(?)巴襲 △解(雍元閣學)。
董永艾	董永艾
王之麟	王之麟
(漢)石文焯	(漢)石文焯　　　　陳安策 五月,署福將。六月,署撫。　十二、丁卯;饒南 十二、丁卯、十六,1.22;遷皖布。　九道授。
裴徠度　　　　謝賜履 閏六、乙亥、十六,8.8;　七、己亥、十,9.1;天津 遷黔布。　　　道授。	謝賜履　　　　趙宏運 十一、丙戌、五,12.12; 　　　岳常道授。
張安世	張安世
(漢)高其佩	(漢)高其佩
梁文科	梁文科
戴　鐸	戴　鐸　　　　李繼謨 三、丁酉、十二,4.27;　四、癸亥、九,5.23;通永 遷川布。　　　道授。
金啓復	金啓復
申大成	申大成

年　代	雍　正　元　年　癸卯(1723)
江　蘇	**葛繼孔**
安　徽	**朱作鼎**
山　東	（滿）**齊蘇勒**　正、壬辰、十二,2.16;署河督。二月,授。　　　　**程光珠**　二、戊辰、十八,3.24;濟東道授。
山　西	（?）**森圖**　正、癸巳、十三,2.17;遷布。　　　　**高成齡**　正、癸巳;瑞州知府擢。
河　南	**朱　綱**　五、己亥、廿一,6.23;遷鄂布。　　　　**張　保**　五、己亥;御史遷。
陝　西	（?）**永太**　二、甲戌、廿四,3.30;革。　　　　（漢）**王景灝**　二、甲戌;臨洮知府擢。
甘　肅	**劉世奇**　二、甲戌;成都知府擢。五、戊子、十,6.12;川按互改。　　　　**彭振翼**　五、戊子;川按改。
福　建	**董永艾**　三、辛卯、二,4.16;遷皖布。　　　　**蔡國龍**　二、壬戌、十二,3.18;御史遷。
浙　江	**王之麟**
江　西	**陳安策**
湖　北	**趙宏邐**　正、甲申、四,2.8;召京。　　　　**蔡起俊**　正、甲申;廣南知府擢。
湖　南	**張安世**　二、壬戌;召京。　　　　**甘國奎**　二、壬戌;河東道授。　　　　**遷維臺**　三、壬寅、廿三,4.27;蒼梧道授。
四　川	（漢）**高其佩**　三、辛卯;改光禄。　　**彭振翼**　三、辛卯;甘州同知擢。五、戊子;甘按互改。　　**劉世奇**　五、戊子;甘按改。
廣　東	**梁文科**　△召京(右通)。　　　　**朱　絳**　六、乙亥、廿八,7.29;肇高道授。
廣　西	**李繼讙**　二、壬戌;召京。　　　　（漢）**白　洵**　二、壬戌;永昌道授。
雲　南	**金啓復**　五、甲午、十六,6.18;召京。　　　　**張　謙**　五、甲午;學政改。
貴　州	**申大成**

年　代	雍　正　二　年　　甲辰(1724)		
直　隸	**浦文煒** 十二、己卯、十、1.23；河間知府擢。		〔增設〕
江　蘇	**葛繼孔** 正月，召京，授閣讀學。	(漢)**張　楷** 正月，浙糧道授。七、丁巳、十六，9.3；遷贛布。	**徐　琳** 七、丁巳；浙糧道授。
安　徽	**朱作鼎**		
山　東	**程光珠** 閏四、癸未、十，6.1；解。	**余　旬** 閏四、癸未；糧道授。十一月，召京。	**蕭永艾** 十一月，魯布改。
山　西	**高成齡** 正、壬辰、十七，2.11；遷布。	**金啓復** 正、壬辰；原滇按授。	
河　南	**張　保**		
陝　西	(漢)**王景灝** 六、庚子、廿九，8.17；遷川撫。	(漢)**黃　焜** 六、庚子；洮岷道授。	
甘　肅	**彭振翼** 十、辛卯、廿一，12.6；遷布。	**張　适** 十、辛卯；陝糧鹽道授。	
福　建	**秦國龍** 十一、己卯、十五，12.30；遷布。	**丁士一** 十一、己卯；巡台御史授。	
浙　江	**王之麟** 四、己巳、廿六，5.18；召京。	**甘國奎** 四、己巳；原湘按授。	
江　西	**陳安策**		
湖　北	**蔡起俊** 八、己卯、九，9.25；召京。	**陳時夏** 八、己卯；開歸道授。	**桑成鼎** 十二月，直守道授。
湖　南	**遲維臺**		
四　川	**劉世奇**		
廣　東	**朱　綷**		
廣　西	(漢)**白　洵**		
雲　南	**張　謙**	**江　苣** 十二、丁亥、十八，1.31；糧儲道授。	
貴　州	**申安世**		

年代	雍正三年　乙巳(1725)
直隸	**浦文焯** 十一、乙未、一,12.5;革。 **張廷棟** 十一、乙未;御史遷。
江蘇	**徐　琳**
安徽	**朱作鼎** 十二月,召京。 **段如蕙** 十二月,河東運使授;旋改。 (漢)**祖秉珪** 十二、戊子、廿五,1.27;辰沅道授。
山東	**董永艾** 十一、丁酉、三,12.7;改浙按。 (漢)**徐湛恩** 十一、丁酉;兖東道授。
山西	**金啓復** **蔣　泂** 正、丙寅、廿七,3.11;涼莊道授。
河南	**張　保** 十、戊辰、四,11.8;遷魯布。 (漢)**沈廷正** 十二、庚寅、廿七,1.29;開歸道授。
陝西	(漢)**黄　焜** 四月,遷豫布。 **費金吾** 四月,赣糧道授。十月,遷豫布。 **許　容** 十、丁亥、廿三,11.27;糧道署,旋授。
甘肅	**張　适** 九月,革。 (滿)**鐘保** 九月,刑郎遷。十、丁亥;遷布。 **李元英** 十、丁亥;平慶道授。
福建	**丁士一**
浙江	**甘國奎** 六月,署撫。十一、丁酉;革。 **董永艾** 十一、丁酉;魯按改。
江西	**陳安策** 十、戊辰;遷布。 (滿)**積善** 十、戊辰;刑郎遷。
湖北	**桑成鼎** 六、庚午、四,7.13;革。 **王克莊** 六、庚午;岳常道授。
湖南	**遲維臺** 七、乙丑、卅,9.6;召京。 **謝　旻** 七、乙丑;糧道署。十月,授。
四川	**劉世奇** 七、壬子、十七,8.24;革。 **程如絲** 七、壬子;川東道授。
廣東	**朱　絳** 正、甲辰、五,2.17;遷布。 **宋　瑋** 正、甲辰;廣州知府擢。
廣西	(漢)**白　洵** 五、丙辰、十九,6.29;解。 **甘汝來** 五、丙辰;左江道授。
雲南	**江　芑**
貴州	**申大成**

雍 正 四 年　丙午(1726)		
張廷棟 　六、甲申、廿三, 7.22; 遷陝布。	彭維新 　六、甲申; 少詹授。 　十、癸未、廿五, 11.18; 豫按互改。	魏定國 　十、癸未; 豫按改。
徐　琳		
(漢)祖秉珪		
(漢)徐湛恩 　五、癸卯、十二, 6.11; 改桂按。	楊　紹 　五、癸卯; 江南驛鹽道授。	
蔣　泂		
(漢)沈廷正 　三、辛亥、十九, 4.20; 遷閩布。	魏定國 　三、辛亥; 杭州知府擢。 　十、癸未; 直按互改。	彭維新 　十、癸未; 直按改。
許　容 　八、癸酉、十四, 9.9; 解。	(?)塞欽 　八、癸酉; 戶郎遷。	
李元英		
丁士一 　二、丙子、十三, 3.16; 遷贛布。	喬學尹 　二、丙子; 禮給遷。	
董永艾		
(滿)積善		
王克莊 　二、乙亥、十二, 3.15; 遷布。	(蒙)憲德 　二、乙亥; 刑郎遷。十、乙酉、廿七, 11.20; 遷鄂撫。	蔡　嵩 　十、乙酉; 滇學授。
何錫祿 　正、己亥、六, 2.7; 御史遷。十一、癸丑; 革。	趙殿最 　十一、癸丑、廿五, 12.18; 刑給遷。	
程如絲		
宋　瑋 　十二、壬午、廿五, 1.16; 病免。	方顯瑛 　十二、壬午; 惠潮道授。	
甘汝來 　五、丁酉、六, 6.5; 遷撫。	(漢)徐湛恩 　五、癸卯; 魯按遷。	
江　芑		
申大成 　二、丙子; 遷布。	(?)存柱 　二、庚子; 刑郎遷。二、庚寅; 遷刑右。	(?)富貴 　二、庚寅、廿七, 3.30; 御史遷。

按察使年表

年 代	雍 正 五 年　丁未(1727)		
直 隸	**魏定國**		
江 蘇	**徐　琳** 九、戊午、五，10.19；革。	(覺羅)**白清** 九、戊午；兵員遷。	
安 徽	(漢)**祖秉珪** 二、丙子、十九，3.11；遷黔布。	**馬世烆** 二、丙子；江安糧道授。	
山 東	**楊　紹**		
山 西	**蔣　泂**		
河 南	**彭維新** 十、己丑、七，11.19；遷浙布。	**李秉忠** 十、己丑；讀學授。	(？)**納海** 十二、丙申、十五，1.25；刑郎遷。
陝 西	(？)**塞欽** 六、戊戌、十三，7.31；解。	(滿)**碩色** 六、戊戌；戶員遷。	
甘 肅	**李元英**		
福 建	**喬學尹**		
浙 江	**董永艾**		
江 西	(滿)**積善** 六、戊戌；解。	**柳國勳** 六、戊戌；鄂驛鹽道授。	
湖 北	**蔡　嵩** 二、癸亥、六，2.26；改太僕。	**王熷章** 二、甲子、七；2.27；刑給遷。	
湖 南	**趙殿最** 六、庚子、十五，8.2；召京。	**李　蘭** 六、庚子；轂糧道授。	
四 川	**程如絲** 二、丙戌、廿九，3.21；解。	**葛斗南** 二、丙戌；魯運使授。	**呂耀曾** 九、乙丑、十二，10.26；武昌道授。
廣 東	**方顧瑛** 九、辛巳、廿八，11.11；解。	(滿)**尹繼善** 九、辛巳；翰侍講署。	
廣 西	(漢)**徐湛恩** △召京。	(漢)**金　鋐** 七月，太原知府擢。十一、庚辰、廿八，1.9，遷布。	**張元懷** 十一、庚辰；御史遷。
雲 南	**江　芑** 六月，解。	(漢)**張允隨** 六月，滇糧道授。十二、丙申、十五，1.25；遷布。	**趙宏本** 十二、丙申；貴東道授。
貴 州	(？)**富貴** 六乙巳、廿，8.7；遷皖布。	(？)**赫勝額** 七月，戶員遷。十、己丑、七，11.19；署布。	(漢)**張廣泗** 十、己丑；黎平府署，旋授。

雍 正 六 年　戊申（1728）

魏定國	張　璨
正、甲子、十三，2.22；解、勘。	正、甲子；兩淮運使授。

（覺羅）白清	董永艾	馬世烆
二、丁未、廿六，4.5；浙按互改。	二、丁未；浙按改。十二、壬辰、十六，1.15；革。	十二、壬辰；浙按署。

馬世烆	劉　相
	六、丙戌、七，7.13；贛鹽道授。

楊　紹	吳昌祚
四、丙午、廿六，6.3；遷直布。	正、戊寅、廿七，3.7；台灣道授。

蔣　泂	史在甲	（？）葛森
三、丙子、廿六，5.4；遷粵布。	三、丙子；粵運使授。	十一月，江安糧道授。

（？）納海	（？）公元
十一、己巳、廿三，12.23；召京。	十一、己巳；粵按改。

（滿）碩色

李元英	李世倬
	五、乙丑、十五，6.22；松茂道授。

喬學尹	潘體豐
八、壬辰、十四，9.17；革。	八、壬辰；漳州知府擢。

董永艾	（覺羅）白清	馬世烆	方　觀
二、丁未；蘇按互改。	二、丁未；蘇按改。十月，解。	原皖按署。十二月，署蘇。	十二、壬辰；戶給授。

柳國勳	胡　瀛
三、乙亥、廿五，5.3；解。	三、乙亥；贛驛鹽道授。

王膮章

李　蘭	（漢）趙弘恩	郭朝祚
二、辛卯、十，3.20；遷贛布。	武昌道授。十、癸卯、廿六，11.27；遷川布。	十、癸卯；岳常道授。

吕耀曾

（滿）尹繼善	（？）公元	樓　儼
六月，協辦河工。	三月，吏郎遷。十一、己巳；改豫按。	十一、己巳；惠潮道署。

張元懷	（滿）常安
五、癸丑、三，6.10；遷布。	五、癸丑；冀寧道授。

趙宏本	劉業長	元展成
六、癸巳、十四，7.20；改黔按。	六、癸巳；鹽道授。	九、庚申、十三，10.15；糧道授。

（漢）張廣泗	趙宏本
六、癸巳；遷撫。	六、癸巳；滇按改。

年 代	雍 正 七 年　己酉(1729)		
直 隸	張　璨 九、戊子、十七,11.7;改湘按。	姜穎新 九、戊子;通永道授。	
江 蘇	馬世炘		
安 徽	劉　相 十一、癸酉、三,12.22;改浙按。	馮景夏 十一、癸酉;蘇糧道授。	
山 東	吳昌祚 三、癸酉、廿九,4.26;召京。	(？)公元 十一、丙戌、十六,1.4;豫按改。召京。	唐緩祖 十一、丙戌;鹽運使授。
山 西	(？)萬森 十一、乙亥、五,12.24;遷布。	宋　筠 十一、乙亥;兵給遷。	
河 南	(？)公元 十一、丙戌;改魯按。	陳世倕 十一、丙戌;開歸道授。	
陝 西	(滿)碩色		
甘 肅	李世倬		
福 建	潘體豐 閏七、甲戌、二,8.25;遷布。	(漢)孫國璽 閩鹽道授。九、戊子、十七,11.7;遷魯布。	李玉鋐 九、戊子;黔按改。
浙 江	方　覲 十一、癸酉;遷陝布。	劉　相 十一、癸酉;皖按改。	
江 西	胡　瀛		
湖 北	王蕭章		
湖 南	郭朝祚 九、戊子;革。	張　璨 九、戊子;直按改。	
四 川	呂耀曾 四月,署布。 川驛鹽道尤清署。	高維新 六月,刑給署。九、癸酉、二,10.23;遷布。	劉應鼎 十二月;建昌道授。
廣 東	樓　儼 六月,授。十、庚戌、九,11.29;解。	黃文煒 十、庚戌;粵運使署。	
廣 西	(滿)常安 正、壬子、七,2.4;滇按互改。	元展成 正、壬子;滇按改。	
雲 南	元展成 正、壬子;桂按互改。	(滿)常安 正、壬子;桂按改。	
貴 州	趙宏本	李玉鋐 九月,興泉道授。九、戊子;改閩按。	徐　本 九、戊子;學政授。

雍 正 八 年 　庚戌(1730)

姜穎新

馬世烆	徐　本		王　紘	喬世臣
二月,革。	二、壬戌、廿三,4.10;黔按改。十月,遷鄂布。		清河道授;十、壬戌、廿七,12.6;改皖按。	十、壬戌;杭州知府擢。

馮景夏	王　紘
十、壬戌;遷布。	十、壬戌;蘇按改。

唐綏祖

宋　筠

陳世倕	
五、癸酉、六,6.20;署布。	驛鹽道張建德署。

(滿)碩色	楊馝
二、戊午、十九,4.6;遷布。	二、戊午;湘糧道授。

李世倬

李玉鉉

劉　栯	劉　章
五、癸酉;署皖布。	五、癸酉;正黄參領署。

胡　瀛	樓　儼
三、甲午、廿六,5.12;降調。	三、甲午;原粤按任。

王肅章

張　璨

劉應鼎

黄文煒
九、丙子、十,10.21;授。

元展成	張　鋮	張體義
二、乙巳、六,3.24;遷布。	黄西道授。二、壬戌;改黔按。	二、壬戌;蒼梧道授。

(滿)常安	馮光裕
十二、辛亥、十七,1.24;遷布。	十二、辛亥;滇驛鹽道授。

徐　本	張　鋮
二、壬戌;改蘇按。	二、壬戌;桂按改。

年　代	雍　正　九　年　　辛亥(1731)		
直　隸	姜穎新		
江　蘇	喬世臣 九、庚午、十，10.10；署撫。	刁承祖 九、庚午；鄂按改。	
安　徽	王　鉉		
山　東	唐綏祖		
山　西	宋　筠 △召京(右通)。	溫而遜 二、庚子、七，3.14；岳常道授。	
河　南	陳世倕 二月，回任。四月，召京(順尹)。	唐繼祖 鴻臚署。九、庚午；改鄂按。	
陝　西	楊　馝		
甘　肅	李世倬		
福　建	李玉鉉 七、甲申、廿三，8.5；病免。	劉藩長 七、甲申；原台灣道授。	
浙　江	劉　章		
江　西	樓　儼		
湖　北	王肅章 二月，革。	刁承祖 湘糧道授。九、庚午；改蘇按。	唐繼祖 九、庚午；署豫按改。
湖　南	張　璨 四、甲午、二，5.7；遷布。	胡　瀛 四、甲午；清河道授。	
四　川	劉應鼎 十一、戊辰、九，12.7；遷布。	高維新 十一、戊辰；原川布署。	
廣　東	黄文煒		
廣　西	張體義 七、甲戌、十三，8.15；黔按互改。	張鉞 七、甲戌；黔按改。	
雲　南	馮光裕		
貴　州	張鉞 七、甲戌，桂按互改。	張體義 七、甲戌，桂按改。 十二、甲寅、廿五，1.22；革。	方　顯 十二、甲寅；貴東道授。

雍 正 十 年　壬子(1732)

姜穎新 二、丁未、十九,3.15;病免。	**賣啓瑛** 二、丁未;光少授。
刁承祖 十一、庚子、十七,1.2;遷豫布。	**徐士林** 十一、庚子;安慶知府擢。
王 紘 二、丁未;遷贛布。	**孫 韶** 二、丁未;寧紹台道授。
唐綏祖	
溫而遜 七、庚子、十六,9.4;署布。	**戴永椿** 八、乙卯、一,9.19;御史署。
	(漢)盧 焯 九、乙酉、一,10.19;南汝道授。
楊 毖	
李世倬	
劉藩長 四、癸卯、十六,5.10;遷布。	**李玉鋐** 四、癸卯;病痊原任授。
劉 章	

樓 儼 四月,召京。	**李 蘭** 布降。十一、癸巳、十,12.26; 遷皖布。	**唐繼祖** 十一、癸巳;鄂按改。 十二月,病免。	**張廷樞** 鄂糧道授。

唐繼祖 十一、癸巳;改贛按。	**王 柔** 十一、癸巳;辰沅靖道授。
胡 瀛	
高維新 （署）	
黃文煒 九、戊申、廿四,11.11;解。	**張 渠** 九、戊申;肇羅道授。
張 鉞 二、癸丑、廿五,3.21;署布。十二、丙寅、十三,1.28;遷布。	**耿麟奇** 十二、丙寅;蒼梧道授。
馮光裕	
方 顯	

按察使年表

年　代	雍正十一年　癸丑（1733）		
直　隸	竇啓瑛		
江　蘇	徐士林 十二、壬子、五,1.9；降調。		郭朝鼎 十二、壬子；汀漳道授。
安　徽	孫　韶 五、丁亥、七,6.18；改贛按。		劉吳龍 五、丁亥；光少改。
山　東	唐綏祖 三、戊戌、十七,4.30；召京。		吳　騫 三、戊戌；廣州知府擢。
山　西	戴永椿		
河　南	(漢)盧　焯 十二、己未、十二,1.16；遷布。		張鳴鈞 十二、己未；太通道授。
陝　西	(漢)楊　祕 十一、辛丑、廿五,12.29；署鄂布。十二、庚申、十三,1.17；遷布。		何師儉 十二、庚申；陝驛傳道授。
甘　肅	李世倬 十二、庚申；遷鄂布。		齊　式 十二、庚申；肅州道授。
福　建	李玉鋐		
浙　江	劉　章 十二、庚申；授。		
江　西	張廷樞　　　　孫　韶 　　　　　五、丁亥；皖按改。九、癸巳、十五,10.22；署鄂布。		凌　燽 九、癸巳；御史署。
湖　北	王　柔		
湖　南	胡　瀛		
四　川	高維新 四、甲子、十三,5.26；授。		
廣　東	張　渠		
廣　西	耿麟奇		
雲　南	馮裕光 十二、庚申；遷黔布。		徐嘉賓 十二、庚申；蒼梧道授。
貴　州	方　顯		

雍正十二年　甲寅(1734)

竇啓瑛 八、辛未、廿八，9.25；改鄂按。	**（？）多綸** 八、辛未；工郎遷。
郭朝鼎	
劉吳龍	
吳　騫	
戴永椿	
張鳴鈞	
何師儉	
齊　式	

李玉鋐 四、甲子、十九，5.21；休。	**張廷枚** 糧道授。七、甲戌、一，7.30；遷布。	**莊令翼** 七、甲戌；延建邵授。

劉　章 十一、甲戌、三，11.27；遷豫布。	**楊宏緒** 十一、甲戌；閩鹽道授。

凌　燽 （署）

王　柔 八、辛未；召京。	**竇啓瑛** 八、辛未，直按改。十一、丙子、 五，11.29；遷川布。	**白映棠** 河道授。十二、癸亥、廿二， 1.15；湘按互改。	**胡　瀛** 十二、癸亥；湘按改。

胡　瀛 十二、癸亥；鄂按互改。	**白映棠** 十二、癸亥；鄂按改。

高維新

張　渠 四、癸酉、廿八，5.30；遷布。	**耿麟奇** 四、癸酉；桂按改。

耿麟奇 四、癸酉；改粤按。	**黄士傑** 四、癸酉；迤東道授。

徐嘉賓

方　顯

年 代	雍正十三年　乙卯(1735)		
直 隸	(？)多綸		
江 蘇	郭朝鼎		
安 徽	劉吳龍 二、甲子、廿三，3.17；改光祿。	劉 柏 二、壬戌、廿一，3.15；蘇松道授。	
山 東	吳 㻞		
山 西	戴永椿		
河 南	張鳴鈞 四、丙午、六，4.28；遷直布。	繆孔昭 四、丙午；管河道授。	
陝 西	何師儉 十二、庚辰、十五，1.27；病免。	魏定國 十二、庚辰；原直按署。	
甘 肅	齊 式		
福 建	莊令翼 二、庚申、十九，3.13；休。	(覺羅)倫達禮 二、庚申；粵按改。	
浙 江	楊宏緒 七、壬寅、五，8.22；革。	胡 瀛 七、壬寅；鄂按改。	
江 西	凌 燽 (署)		
湖 北	胡 瀛 七、壬寅；改浙按。	袁承寵 七、壬寅；鄂糧道授。	
湖 南	白映棠 二、庚申；改粵按。	彭人瑛 二、庚申；清河道授。	
四 川	高維新 五、丙午、七，6.27；革。	李如蘭 五、庚申、廿一，7.11；滇糧道授。	
廣 東	耿麟奇	(覺羅)倫達禮 二月，刑郎遷；二、庚申；改閩按。	白映棠 二、庚申；湘按改。
廣 西	黃士傑		
雲 南	徐嘉賓		
貴 州	方 顯		

乾隆元年　丙辰(1736)			乾隆二年　丁巳(1737)		
（?）多綸			（?）多綸		
郭朝鼎 十、戊子、廿八，11.30；革。	戴永椿 十、戊子；晉按署。		戴永椿 十、乙未、十一，12.2；授。		
劉　柏			劉　柏 （憂免）	張坦麟 六、乙酉、廿八，7.25；閣學署。十一、乙未；授。	
吳　喬 二、癸未、十九，3.30；召京。	黃叔琳 二、癸未；原浙撫授。		黃叔琳 九、丁未、廿二，10.15；遷布。	白映棠 九、丁未；漢興道授。	
戴永椿 九、壬子、廿一，10.25；召京（蘇按）。	元展成 九、壬子；已革黔撫授。		元展成 九、甲辰、十九，10.12；遷甘撫。	（?）薩哈亮 九、丁未；粵布授。	
繆孔昭	隋人鵬 四、庚辰、十六，5.26；少詹授。		隋人鵬		
魏定國 （署）			魏定國 十、乙未；授。		
齊　式			齊　式		
（覺羅）倫達禮			（覺羅）倫達禮		
胡　瀛			胡　瀛		
凌　燽 （署）			凌　燽 △授。		
袁承寵 正、丁巳、廿二，3.4；召京。	喬學尹 正月，原闡按授。	闡堯熙 四、庚午、六，5.16；贛驛鹽道授。	闡堯熙		
彭人瑛			彭人瑛	嚴瑞龍 九、戊申、廿三，10.16；鴻少授。	
李如蘭			李如蘭		
白映棠 五、戊戌、五，6.13；解（降）。	王　恕 五、己亥、六，6.14；江安糧道授。		王　恕		
黃士傑			黃士傑 九、丙午、廿一，10.14；死。	馮元方 九、丙午；廣南韶連道授。	
徐嘉賓			徐嘉賓		
方　顥 △憂免。	陳惠榮 四、癸未、十九，5.29；廣饒九道授。		陳惠榮		

按察使年表

年　代	乾　隆　三　年　戊午(1738)		乾　隆　四　年　己未(1739)	
直　隸	(？)多綸		(？)多綸	
江　蘇	戴永椿 十二、癸未、五， 1.14；召京。	孔傳焕 十二、癸未；驛鹽道授， 兼署布。	孔傳焕 八、壬寅、廿八，9.30； 解。　翁藻暫署。	包　括 九、庚戌、六，10.8； 甘按改。
安　徽	張坦麟		張坦麟	劉　柏 十、庚寅、十七，11.17； 服闋皖按授。
山　東	白映棠		白映棠 四、乙未、十九，5.26； 解。	李　珣 四、乙未；授。
山　西	(？)薩哈亮		(？)薩哈亮	
河　南	隋人鵬	沈起元 九、戊辰、十九，10.31； 贛鹽道授。	沈起元	
陝　西	魏定國		魏定國	
甘　肅	齊　式	包　括 三、丁卯、十五，5.3； 登萊道授。	包　括 九、庚戌；改蘇按。	趙　城 九、庚戌；常鎮道授。
福　建	(覺羅)倫達禮		(覺羅)倫達禮 七、戊申、四，8.7； 病免。	張嗣昌 七、戊申；川驛傳道授。
浙　江	胡　瀛 三、甲寅、二，4.20； 遷晉布。	鄭禪寶 三、甲寅；魯布授。	鄭禪寶	完顏偉 七、甲戌、卅，9.2；河庫 道授。
江　西	凌　燽		凌　燽	
湖　北	閻堯熙		閻堯熙	
湖　南	嚴瑞龍 十、甲辰、廿五， 12.6；遷鄂布。	彭家屛 十、甲辰；清河道署。	彭家屛 （署）	
四　川	李如蘭		李如蘭	
廣　東	王　恕		王　恕 八、癸巳、十九，9.21； 遷布。	潘思榘 八、癸巳；粵糧道授。
廣　西	馮元方	唐綏祖 六、丙戌、五，7.21； 常少遷。	唐綏祖	
雲　南	徐嘉賓 二、乙巳、廿三， 4.11；遷布。	張坦熊 二、乙巳；天津道署。	張坦熊 （署）	
貴　州	陳惠榮		陳惠榮 二、己卯、二，3.11； 署布。	宋　厚 二、己卯；古州道署。

乾 隆 五 年　庚申(1740)

(？)**多綸**

包　括　　　　　　　　　　　　　**陳宏謀**
　三、丙寅、廿五，4.21；遷皖布。　　　三、丙寅；天津道授。

劉　柏

李　珣　　　　　　　　　　　　　**陳惠正**
　　　　　　　　　　　　　　　　　　八、壬戌、廿四，10.14；冀寧道授。

(？)**薩哈亮**　　　　　　　　　　　**陳高翔**
　十、乙丑、廿八，12.16；遷布。　　　十、乙丑；贛驛鹽道授。

沈起元

魏定國　　　　　(覺羅)**倫達禮**　　　　(滿)**圖爾炳阿**
　正、壬戌、廿，2.17；遷魯布。　原閩按授。　　閏六、辛亥、十二，8.4；甘山道授。

趙　城　　　　　　　　　　　　　**呂守曾**
　七、癸酉、五，8.26；遷豫布。　　　七、癸酉；杭嘉湖道授。

張嗣昌

完顏偉

凌　燽

闞蕘熙　　　　　　　　　　　　　**吳應龍**
　三、丁未、六，4.2；遷川布。　　　　三、丁未；漢黃德道授。

彭家屏
　（署）

李如蘭

潘思榘

唐綏祖

張坦熊
　（署）

宋　厚
　（署）

年　代	乾　隆　六　年　辛酉(1741)	
直　隸	(？)多綸	
江　蘇	陳宏謀 七、己卯、十七、8.27；改贛布。	陳高翔 七、己卯；晉布改。
安　徽	劉　柏 六、丁巳、廿四、8.5；召京。	(滿)蘇昌 六、丁巳；署桂按署。
山　東	陳熹正	
山　西	陳高翔 七、己卯；改蘇布。	張無咎 七、己卯；滇驛鹽道授。
河　南	沈起元	
陝　西	(滿)圖爾炳阿	
甘　肅	呂守曾 三、庚午、五、4.20；遷晉布。	(滿)鄂昌 三、庚午；通永道授。
福　建	張嗣昌 六、壬戌、廿九、8.10；遷布。	王丕烈 六、壬戌；興泉道授。
浙　江	完顏偉 二、丁未、十二、3.28；改副總河。	徐　琳 二、丁未；兵郎遷。
江　西	凌　燽	
湖　北	吳應龍 八、辛酉、廿九、10.8；遷晉布。	石去浮 八、辛酉；贛鹽道授。
湖　南	彭家屏 八、辛酉；遷贛布。	王　玠 八、辛酉；貴東道授。
四　川	李如蘭	
廣　東	潘思榘	
廣　西	唐綏祖 正、乙亥、九、2.24；署布。	(滿)蘇昌　　　　　　　李錫秦 正月；給遷。六、丁巳；改皖按。　六、丁巳；右江道署。
雲　南	張坦熊 (署)	
貴　州	宋　厚 (署)	

乾 隆 七 年　壬戌(1742)	
(?)**多倫** △召京。（八年晉按）	**翁　藻** 十、己丑、四，10.31；江安糧道授。
陳高翔	
(滿)**蘇昌** 十一、癸酉、十八，12.14；授。	
陳惠正 五、丁卯、九，6.11；陝按互改。	(滿)**圖爾炳阿** 五、丁卯；陝按改。
張無咎	
沈起元 三、庚午、十一，4.15；遷直布。	**儲龍光** 三月，蒼梧道授。 九、辛酉、五，10.3；閩按互改。　**王丕烈** 九、辛酉；閩按改。
(滿)**圖爾炳阿** 五、丁卯；魯按互改。	**陳惠正** 五、丁卯；魯按改。
(滿)**鄂昌**	
王丕烈 九、辛酉；豫按互改。	**儲龍光** 九、辛酉；豫按改。
徐　琳	**萬國宣** 十二、丙午、廿一，1.16；兗沂曹道授。
凌　燽 十二、壬寅、十七，1.12；乞養。	**李如蘭** 十二、壬寅；川按改。
石去浮	
王　玠 十、甲辰、十九，11.15；遷川布。	(滿)**明德** 十、甲辰；魯糧道授。
李如蘭 十二、壬寅；改贛按。	**姜順龍** 十二、壬寅；延建邵道授。
潘思榘 十一、己未、四，11.30；遷浙布。	**李學裕** 十一、己未；蘇糧道授。
李錫秦 十一、癸酉、十八，12.14；授。	
張坦熊 （署）	
宋　厚 （署）	

按察使年表

年 代	乾 隆 八 年　癸亥(1743)		
直 隸	翁　藻 十、丁巳、八，11.23；改贛按。	方觀承 十、丁巳；清河道授。	
江 蘇	陳高翔 粵按互改。	李學裕 粵按改。	
安 徽	(滿)蘇昌		
山 東	(滿)圖爾炳阿		
山 西	張無咎 三、丙寅、十二，4.6；休。	(?)多綸 三、丙寅；原直按署。	
河 南	王玊烈		
陝 西	陳惪正 十二、庚戌、一，1.15；革。	(?)赫慶 十二、庚戌；河東道授。	
甘 肅	(滿)鄂昌		
福 建	儲龍光	岳　璿 六、壬戌、十一，7.31；光授。(憂免)	(滿)納敏 七、丁亥、七，8.25；糧道授。
浙 江	萬國宣		
江 西	李如蘭 △遷川布。	翁　藻 十、丁巳；直按改。	
湖 北	石去浮		
湖 南	(滿)明德		
四 川	姜順龍 十二、癸亥、十四，1.28；召京。	(?)倉德 十二、癸亥；岳常道授。	
廣 東	李學裕 蘇按互改。	陳高翔 蘇按改。十二、十，1.24；己未；召京。	張嗣昌 十二、己未；原閩布授。
廣 西	李錫秦		
雲 南	張坦熊 (署)		
貴 州	宋　厚 (署)		

乾 隆 九 年　甲子(1744)	
方觀承 　十一、丙申、廿三，12.26；遷布。	**陶正中** 　十一、丙申；任。
李學裕	
(滿)**蘇昌** 　十二、戊辰、廿五，1.27；憂免。	(?)**都隆額** 　十二、戊辰；都給授。
(滿)**圖爾炳阿** 　十二、甲申、十一，12.14；遷布。	**王芥園** 　十一、甲申；口北道署。
(?)**多倫** 　（署）	
王丕烈	
(?)**赫慶**	
(滿)**鄂昌** 　九、庚寅、十六，10.21；遷桂布。	**顧濟美** 　九、庚寅；鄂糧道授。
(滿)**納敏** 　三、丁亥、九，4.21；署粵布。	**王廷諍** 　三、丁亥；汀漳道授。
萬國宣	
翁　藻	
石去浮	
(滿)**明德** 　四、壬子、五，5.16；解。	**徐德裕** 　四、丙辰、九，5.20；淮揚道授。
(?)**倉德**	
張嗣昌	
李錫秦	
張坦熊 　（署）	
宋　厚 　（署）	

年 代	乾 隆 十 年　乙丑(1745)		
直 隸	**陶正中** 正、壬辰、廿,2.20;遷晉布。	**嚴瑞龍** 正、壬辰;晉布降。十二、壬戌、 廿五,1.16;遷豫布。	**王　師** 十二、壬戌;清河道授。
江 蘇	**李學裕** 四、癸亥、廿一,5.22;遷皖布。	**張師載** 四、癸亥;河庫道授。 六、丁巳、十六,7.15;贛按互改。	**翁　藻** 六、丁巳;贛按改。
安 徽	(?)**都隆額**		
山 東	**王芥園** 九、戊戌、廿九,10.24;授。		
山 西	(?)**多倫**(署)		
河 南	**王丕烈** 十一、己巳、二,11.24;憂免。	**王興吾** 十一、己巳;戶給還。	
陝 西	(?)**赫慶** 六、戊午、十七,7.16;病免。	**馬金門** 六、戊午;辰永道授。	
甘 肅	**顧濟美**		
福 建	**王廷諍** 四、癸亥、廿一,5.22;解。	(覺羅)**雅爾哈善** 四、癸亥;汀漳道授。	
浙 江	**萬國宣**		
江 西	**翁　藻** 六、丁巳;蘇按互改。	**張師載** 六、丁巳;蘇按改。	
湖 北	**石去浮**		
湖 南	**徐德裕**	**周人驥** 七、癸酉、三,7.31;右江道授。	
四 川	(?)**倉德**		
廣 東	**張嗣昌** 九月,病免。糧道副使朱閑聖署。	**岳濬** 十、丙寅、廿八,11.21;服関閩按授。	
廣 西	**李錫秦**		
雲 南	**張坦熊** 九、戊戌;授。		
貴 州	**宋厚** 四月,授。	**賫岳牧** 七、辛卯、廿一,8.18;高廉道授。	

乾隆十一年　丙寅(1746)

王　師	胡紹芬	徐以升		(?)永寧
五月，遷浙布。	豫糧道授。	八月，冀寧道授。十、乙丑、三，11.15；粤按互改。		十、乙丑；粤按改。

翁　藻

(?)都隆額

王芥園	唐綬祖	(?)赫赫
四、辛未、六，5.25；病免。	九、辛丑、八，10.22；遷浙布。	九、壬寅、九，10.23；洮岷道授。

(?)多綸
正、癸未、十六，2.6；授。

王興吾	(滿)舒輅
十、戊子、廿六，12.8；遷布。	十、己丑、廿七，12.9；陝糧道授。

馬金門

顧濟美

(覺羅)雅爾哈善

萬國宣

張師戴	黄岳牧
閏三、己酉、十三，5.3；改左通。	閏三、己酉；黔按改。

石去浮	徐杞	徐琳
三、丁卯、一，3.22；乞養。	前甘布署。旋遷湘布。	三、己巳、三，3.24；登州知府擢。

周人驥

(?)倉德

岳濬	(?)永寧	徐以升
九、丁巳、廿四，11.7；遷湘布。	十、乙丑；直按互改。	十、乙丑；直按改。

李錫秦	鐘昭
四、己卯、十四，6.2；署布。	四、己卯；湘驛鹽道授。

張坦熊

黄岳牧	(漢)孫紹武	(滿)恒文
閏三、己酉；改贛按。	古州道授。九、壬戌、廿九，11.12；遷布。	九、壬戌；通永道授。

按察使年表

年　代	乾隆十二年　丁卯(1747)		
直　隸	(?)永寧	(?)辰垣 四、乙丑、六，5.14；天津鹽使授。	
江　蘇	翁　藻		
安　徽	(?)都隆額	(?)赫慶 九、丁巳、卅，11.2；遷粵布。	葉存仁 十、己未、二，11.4；淮揚道授。
山　東	(?)赫赫 五、壬子、廿三，6.30；遷布。	李敏第 五、壬子；徐淮道授。	
山　西	(?)多倫		
河　南	(滿)舒輅 九、丁未、廿，10.23；遷皖布。	(?)富明 九、丁未；南贛道授。	
陝　西	馬金門		
甘　肅	顧濟美		
福　建	(覺羅)雅爾哈善		
浙　江	萬國宣		
江　西	黄岳牧		
湖　北	徐　琳 四、乙丑、六，5.14；革。	劉芳藹 四、乙丑；洮岷道授。	
湖　南	周人驥		
四　川	(?)倉德 九、丁巳、卅，11.2；遷布。	石　杰 九月，建昌道授。	(滿)台柱 十二、癸酉、十七，1.17；江南鹽道授。
廣　東	徐以升	吳韓鋕 正、乙卯、廿五，3.5；天津道授。	
廣　西	鐘　昭		
雲　南	張坦熊		
貴　州	(滿)恒文 三、壬寅、十二，4.21；遷布。	介錫周 三、壬寅；黔糧道授。	

乾隆十三年　戊辰(1748)

(?)辰垣 　　三、辛亥、廿七,4.24;遷布。		鄭　遠 　　三、辛亥;川按改。
翁　藻		
葉存仁 　　二、辛酉、七,3.5;改浙按。		(滿)台柱 　　二、辛酉;川按改。
李敏第 　　二月,遷布。	李　渭 　　二月,運使授。閏七、癸酉、廿一,9.13;遷皖布。	(滿)定長 　　閏七、癸酉;淮徐道授。
(?)多綸		
(?)富明 　　九、甲戌、廿三,11.13;遷布。		嚴有禧 　　九、甲戌;湘驛傳道授。
馬金門		
顧濟美		
(覺羅)雅爾哈善 　　九、壬子、一,10.22;遷蘇撫。		陶士儧 　　九、丙寅、十五,11.5;蘇松道授。
萬國宣 　　二、丁巳、三,3.1;革。	鄭　遠 　　二、辛酉;改川按。	葉存仁 　　二、辛酉;皖按改。
黃岳牧		
劉芳藹		
周人驥		
(滿)台柱 　　二、辛酉;改皖按。	鄭　遠 　　二、辛酉;浙按改。三、辛亥;改直按。	宋　厚 　　三、辛亥;原黔按授。
吳謙銛		
鍾　昭		
張坦熊		
介錫周		

年 代	乾隆十四年　己巳(1749)			
直 隸	鄭 遠		(滿)玉麟 二、辛巳、三,3.20;永定河道授。		
江 蘇	翁 藻 六月、革。	王 師 五、癸酉、廿六,7.10;豫按改。 七、癸丑、七,8.19;遷浙布。	李肖筠 潼商道授。	(滿)台柱 十二、辛丑、廿七,2.3;皖按改。
安 徽	(滿)台柱 十二、辛丑;改蘇按。		(滿)和其衷 十二、辛丑;蘇鹽法道授。	
山 東	(滿)定長 三、甲寅、六,4.22;遷陝布。	高 晉 運河道授。四月,署鹽政。五月,回任。	天津道王師署:五月改豫按。 豫按嚴有禧互改,旋仍留豫。	
山 西	(?)多綸			
河 南	嚴有禧 五、辛亥、四,6.18;改魯按,旋仍留。		王 師 五、辛亥;魯按改。五、癸酉;改蘇按。	
陝 西	馬金門		吳士端	
甘 肅	顧濟美 十二、丁酉、廿三,1.30;改閩按。		(漢)楊應琚 十二、丁酉;西寧道授。	
福 建	陶士償 十二、丁酉;遷布。		顧濟美 十二、丁酉;甘按改。	
浙 江	葉存仁			
江 西	黃岳牧			
湖 北	劉芳藹			
湖 南	周人驥			
四 川	宋 厚			
廣 東	吳謙鉽 七、庚戌、四,8.16;遷布。		(?)石 柱 七、庚戌;洮岷道授。	
廣 西	鐘 昭			
雲 南	張坦熊			
貴 州	介錫周 △召京(僕少)。		徐以升	

乾隆十五年　庚午(1750)	
(滿)玉麟	
(滿)台柱	
(滿)和其衷 十一、丁巳、十八,12.16;遷浙布。	(漢)范時綬 十一、丁巳;濟東道授。
(滿)高晉 三、辛亥、八,4.14;遷皖布。	(滿)德舒 三、辛亥;皖布改。
(?)多綸 十二、丁亥、十八,1.15;遷布。	張之浚 十二、丁亥;莊涼道授。
嚴有禧 十、乙酉、十六,11.14;黔按互改。	秦炌 十、乙酉;黔按改。
吳士端	
(漢)楊應琚 九、戊辰、廿九,10.28;遷布。	蔣嘉年 九、戊辰;廣饒道授。
顧濟美	
葉存仁	
黃岳牧 六、丁丑、六,7.9;黔按互改。	徐以升 六、丁丑、黔按改。
劉芳藹 七、辛亥、十一,8.12;召京。	(滿)德文 七、辛亥;任。
周人驥 十一、乙丑、廿六,12.24;遷陝布。	沈世楓 十一、乙丑;左江道授。
宋厚 九、癸亥、廿四,10.23;革。	(滿)鄂敏 九、癸亥;任。
(?)石柱	
鍾昭 五、乙丑、廿四,6.27;病免。	(漢)楊廷璋 五、乙丑;任。
張坦熊	

徐以升 六、丁丑;贛按互改。	黃岳牧 六、丁丑;贛按改。	秦炌 九月,通永道授。 十、乙酉;豫按互改。	嚴有禧 十、乙酉;豫按改。

年代	乾隆十六年 辛未(1751)
直隸	(滿)玉麟 四、辛未、四,4.29;遷布。 (?)永寧 四、辛未;蘇布降。
江蘇	(滿)台柱
安徽	(漢)范時綬 五、己亥、三,5.27;遷鄂布。 崔應階 五、己亥;豫糧道授。
山東	(滿)德舒 二、辛卯、廿三,3.20;改閩按。 (滿)德文 二、辛卯;鄂按改。三月,降。 (滿)和其衷 三、壬寅、五,3.31;浙布降,旋解。 (滿)阿爾泰 九、丙戌、廿三,11.10;兖沂曹道授。
山西	張之浚 六、己亥、四,7.26;降道員。 唐綏祖 六、己亥;任。
河南	秦 炌
陝西	吴士端 八、癸亥、卅,10.18;遷甘布。 武 忱 八、癸亥;河東運使授。
甘肅	蔣嘉年
福建	顧濟美 二、庚午、二,2.27;遷布。 (滿)明德 安西道授。二、辛卯;改鄂按。 (滿)德舒 二、辛卯;魯按改。
浙江	葉存仁 三、壬寅、五,3.31;遷布。 (滿)德福 三、壬寅;杭嘉湖道授。
江西	徐以升 六、辛酉、廿六,8.17;粤按互改。 丁廷讓 六、辛酉;粤按改。
湖北	(滿)德文 二、辛卯;改魯按。 (滿)明德 二、辛卯;閩按改。
湖南	沈世楓
四川	(滿)鄂敏 十、己亥、六,11.23;遷鄂布。 宋壽圖 十月,任。十、甲辰、十一,11.28;滇按互改。 周 琬 十、甲辰,滇按改。
廣東	(?)石 柱 正、丙午、八,2.3;遷布。 丁廷讓 閩鹽道授。六、辛酉;赣按互改。 徐以升 六、辛酉;赣按改。八月,革。 汪德馨 八、丙申、三,9.21;任。
廣西	(漢)楊廷璋
雲南	張坦熊 七、辛巳、十七,9.6;革。 周 琬 七、辛巳;川北道授。十、甲辰;川按互改。 宋壽圖 十、甲辰;川按改(未任死)。
貴州	嚴有禧

乾隆十七年　壬申(1752)		乾隆十八年　癸酉(1753)	
(?)永寧		(?)永寧	
(滿)台柱 十、甲辰、十七, 11.22; 遷桂布。	許松佶 十、乙巳、十八, 11.23; 盧鳳道授。	許松佶	
崔應階	李治運 十、甲午、七, 11.12; 鄂櫃道授。	李治運	
(滿)阿爾泰		(滿)阿爾泰	
唐綏祖		唐綏祖 十、辛丑、廿, 11.14; 遷陝布。	蔣　洲 十、辛丑;汉興道授。
秦　炘		秦　炘	
武　忱		武　忱	
蔣嘉年		蔣嘉年	
(滿)德舒 七、辛未、十三, 8.21; 遷布。	來謙鳴 七、辛未;延建邵道授。	來謙鳴 六、丁未、廿三, 7.23; 革。	劉　愷 六、戊申、廿四, 7.24;常 鎮道授。
(滿)德福 六、丙辰、廿七, 8.6; 遷鄂布。	(?)同德 六、丙辰;任。	(?)同德	
丁廷讓 十、戊子、一, 11.6;召京。	(滿)阿桂 十、戊子;郎中署。 十二月,授。	(滿)阿桂 三、己巳、十三, 4.16; 改閣讀學。	范廷楷 六、戊子、四, 7.4;任。
(滿)明德		(滿)明德	
沈世楓		沈世楓 八、甲辰、廿二, 9.18; 遷鄂布。	(?)襲舒 八、甲辰;辰沅道授。
周　琬		周　琬	
汪德馨 三、乙丑、四, 4.17;革。	沈偉業 三、戊辰、七, 4.20;湘驛 鹽道授。	沈偉業	
(漢)楊廷璋		(漢)楊廷璋	
沈嘉徵 正、己丑、廿七, 3.12;迤西道授。		沈嘉徵	
殷有禧 五、丁亥、廿七, 7.8; 病免。	屠嘉正 五、丁亥;上荊南道授。	屠嘉正	

按察使年表

年代	乾隆十九年　丙戌(1754)	乾隆二十年　乙亥(1755)
直隸	(?)永寧	(?)永寧
江蘇	許松佶	許松佶　　　　　　(滿)托恩多 九、庚子、廿九，11.3；　九、庚子；任。 遷布。
安徽	李治運	李治運　　　　　　徐垣 九、丁亥、十六，10.21； 吉南贛道授。
山東	(滿)阿爾泰　　　　盧憲觀 十、甲寅、九，11.22；　十、甲寅；荊宜施道授。 遷豫布。	盧憲觀
山西	蔣洲	蔣洲　　　　　　(?)挖穆齊圖 六、庚戌、八，7.16；　六、庚戌；台灣道授。 遷布。
河南	秦烆　　　　　　沈廷芳 正、己卯、廿九，2.20； 登萊道授。	沈廷芳　　　　　　葉存仁 三、壬午、九，4.19； 浙布降。
陝西	武忱　　　　　　吳士功 九、甲午、十八，　九、甲午；魯運使授。 11.2；遷布。	吳士功
甘肅	蔣嘉年	蔣嘉年
福建	劉慥	劉慥　　　　　　史奕昂 五、癸巳、廿，6.29；　五、癸巳；甘布起用。 遷豫布。
浙江	(?)同德	(?)同德　　　　　(蒙)富勒渾 三、壬午；遷布。　三、壬午；熱河道授。
江西	范廷楷	范廷楷　　　　　　(?)蘇崇阿 正、丙申、廿二，3.4；　正、丙申；河北道授。 解(革)。
湖北	(滿)明德　　　　梁鴻翥 十、戊申、三，11.16；　十、戊申；迤西道授。 遷川布。	梁鴻翥　　　　　　(?)清馥 二、乙卯、十一，3.23；　二、乙卯；江南糧道授。 改桂布。
湖南	(?)虁舒	(?)虁舒
四川	周琬	周琬　　　　　　(?)公泰 四、戊申、五，5.15；遷布。
廣東	沈偉業	沈偉業
廣西	(漢)楊廷璋	(漢)楊廷璋　　　　梁鴻翥 二、癸丑、九，3.21；　二、乙卯；鄂按改。 遷湘布。
雲南	沈嘉徵	沈嘉徵
貴州	屠嘉正	屠嘉正　　　　　　崔應階 四、甲辰、一，5.11；　四、甲辰；任。 降古州道。

乾隆二一年　丙子(1756)

(?)永寧

(滿)托恩多

徐　垣

盧憲觀

(?)扠穆齊圖

葉存仁	宋邦綏
六、丙辰、廿,7.16;遷桂布。	六、丙辰;川東道授。

吳士功	(滿)塔永寧
三、丁酉、廿九,4.28;鄂按互改。	三、丁酉;鄂按改。

蔣嘉年

史奕昂

(蒙)富勒渾	(滿)台柱
二、壬戌、廿四,3.24;遷布。	二、壬戌;前陝撫授。

(?)蘇崇阿

(?)清穆	(滿)塔永寧	吳士功
二、丙辰、十八,3.18;遷直布。	二、丙辰;候補道授。 三、丁酉;陝按互改。	三、丁酉;陝按改。

(?)虁舒

(?)公泰

沈偉業

梁鴻翥

沈嘉徵

崔應階	馮鈐
九、丁亥、廿二,10.15;遷湘布。	九、丁亥;黃西道授。

年　代	乾隆二二年　丁丑(1757)			
直　隸	(?)永寧			
江　蘇	(滿)托恩多 正月，遷布。	杜官德 糧道署。七、壬辰、 二，8.16；遷浙布。	吳嗣爵 淮揚道授。十二、癸亥、 五，1.14；遷布。	崔應階 十二月，常鎮道授。
安　徽	徐　垣 六、癸亥、三，7.18； 遷川布。	(?)九成 兗沂道授。 十一、己亥，黔按互改。	馮　鈐 十一、己亥；黔按改。 十二、癸亥；遷魯布。	(漢)蘇爾德 十二月，戶郎遷。
山　東	盧憲觀 （病免）		徐　鐸 十二、丁丑、十九，1.28；兗沂曹道授。	
山　西	(?)扞穆齊圖 六、壬戌、二，7.17；遷粵布。		(滿)明山 六、壬戌；寧夏道授。	
河　南	宋邦綏 十一、癸巳、五，12.15；遷粵布。		嵒有禧 十一、癸巳；黔按起用。	
陝　西	(滿)塔永寧 三、丁巳、廿六，5.13；遷布。	湯　聘 前湘布管。五、己亥、九，6.24；遷贛布。	楊纘緒 五、己亥；金衢道授。	
甘　肅	蔣嘉年			
福　建	史奕昂			
浙　江	(滿)台柱			
江　西	(?)蘇崇阿 七、丁未、十七，8.31；遷晉布。		亢　保 七、丁未；常鎮道授。	
湖　北	吳士功 七、丁未；遷陝布。		和其衷 七、丁未；贛驛鹽道授。	
湖　南	(?)襲舒 十、壬申、十三，11.24；解、勘。		沈作朋 十、壬申；南韶道授。	
四　川	(?)公泰 三、丁巳、廿六，5.13；遷湘布。		吳士端 三、丁巳；黔布降。	
廣　東	沈偉業			
廣　西	梁鴻翥			
雲　南	沈嘉徵 七、辛卯、一，8.15；革。		吳紹詩 七、辛卯；黔糧道授。	
貴　州	馮　鈐 十一、己亥、十一，12.21；皖按互改。		(?)九成 十一、己亥；皖按改。	

乾隆二三年　戊寅(1758)

(?)永寧 三、戊戌、十二,4.19;遷布。	喬光烈 三、戊戌;長蘆運使授。	
崔應階		
(漢)蘇爾德		
徐　鐸 三、丁未、廿一,4.28;遷布。	(滿)台柱 三、丁未;浙改。七、丙戌、二,8.5;遷布。	沈廷芳 七、丙戌;登萊道授。
(滿)明山		
嚴有禧 五、癸卯、十八,6.23;改湘按。	(?)圖桑阿 五、癸卯;鄂按改。	
楊纘緒		
蔣嘉年		
史奕昂		
(滿)台柱 三、丁未;改魯按。	李治運 三、丁未;前皖按授。	
亢　保		
和其衷 四、壬申、十七,5.23;遷黔布。	(?)圖桑阿 歸綏道授。五、癸卯;改豫按。	沈作朋 五、癸卯;湘按改。
沈作朋 五、癸卯;改鄂按。	嚴有禧 五、癸卯;豫按改。	
吳士端		
沈偉業 四、壬戌、七,5.13;休。	許松佶 原蘇布任。四、壬午、廿七,6.2;遷湘布。	(?)來朝 四、甲申、廿九,6.4;涼莊道授。
梁鴻翥		
吳紹詩		
(?)九成		

年　代	乾隆二四年　己卯(1759)	
直　隸	**喬光烈**	
江　蘇	**崔應階** 十一、己巳、廿三,1.10；遷魯布。	(漢)**蘇爾德** 十一、己巳；皖按改。
安　徽	(漢)**蘇爾德** 十一、己巳；改蘇按。	**王　檢** 十一、己巳；長蘆運使授。
山　東	**沈廷芳**	
山　西	(滿)**明山** 正、丙申、十四,2.11；遷浙布。	(?)**永泰** 正、丙申；河北道授。
河　南	(?)**圖桑阿** 閏六、丁亥、九,8.1；解、勘。	**蔣嘉年** 閏六、丁亥；甘按改。
陝　西	**楊纘緒** 九、甲寅、七,10.27；休。	(覺羅)**阿永阿** 九、甲寅；任。
甘　肅	**蔣嘉年** 閏六、丁亥；改豫按。	(滿)**明德** 閏六、丁亥；已革陝撫署。
福　建	**史奕昂**	
浙　江	**李治運**	
江　西	**亢　保**	
湖　北	**沈作朋**	
湖　南	**嚴有禧**	
四　川	**吳士端** 正、丙申、十四,2.11；遷布。	**顧濟美** 正、丙申；閩驛鹽道授。
廣　東	(?)**來朝**	
廣　西	**梁鴻翥**	
雲　南	**吳紹詩**	
貴　州	(?)**九成**	(滿)**彰寶** 三、丙午、廿六,4.22；口北道授。

乾隆二五年　庚辰(1760)		
喬光烈		
(漢)蘇爾德		
王　檢		
沈廷芳		
(?)永泰 正、庚午、廿四，3.11；改川按。	(滿)索琳 正、庚午；歸綏道授。	
蔣嘉年		
(覺羅)阿永阿		
(滿)明德 八、庚子、廿九，10.7；遷布。	吳紹詩 八、庚子；滇按改。十二、戊子、十八，1.23；遷布。	(滿)文綬 十二、戊子；安西道授。
史奕昂 十、壬午、十一，11.18；遷粵布。	(滿)富明安 十、壬午；蒼梧道授。	
李治運		
亢　保 十、庚寅、十九，11.26；遷鄂布。	石禮嘉 十、庚寅；鄂驛鹽道授。	
沈作朋		
嚴有禧		
顧濟美 正、庚午；遷滇布。	(?)永泰 正、庚午；晉按改。十、丙子、五，11.12；遷湘布。	鄧錫禮 十、丙子；任。
(?)來朝		
梁鴻翥		
吳紹詩 八、庚子；改甘按。	(?)巴哈達 八、庚子；甘驛鹽道授。	
(滿)彰寶 七、乙巳、三，8.13；遷湘布。	(?)勒爾金 七、乙巳；臨洮道授。	

年　代	乾隆二六年　辛巳(1761)		
直　隸	喬光烈 三、戊辰、廿九，5.3；遷豫布。	趙英孫 三、戊辰；冀寧道遷。 八、辛巳、十五，9.13；改黔按。	王　檢 八、辛巳；皖按改。
江　蘇	(漢)蘇爾德		
安　徽	王　檢 八、辛巳；遷直按。	程　燾 八、辛巳；江南驛鹽道遷。	
山　東	沈廷芳		
山　西	(滿)索琳 十一、壬子、十八，12.13；遷浙布。	梁鴻翥 十一、壬子；豫按改。	
河　南	蔣嘉年 十、丙戌、廿一，11.17；改陝按。	梁鴻翥 十、丙戌；原桂按授。 十一、壬子；改晉按。	(滿)輔德 十一、壬子；肅州道遷。
陝　西	(覺羅)阿永阿 正月，往哈密。　(?)柏琨 歸綏道遷。八、辛巳；改桂按。	(?)同德 八、辛巳；黔按改。	蔣嘉年 十、丙戌；豫按改。
甘　肅	(滿)文綬		
福　建	(滿)富明安 四、辛巳、十二，5.16；桂按互調。	曹繩柱 四、辛巳；桂按改。	
浙　江	李治運		
江　西	石禮嘉		
湖　北	沈作朋		
湖　南	嚴有禧		
四　川	鄧錫禮 四、辛未、二，5.6；解。	蔡長澐 四、辛未；江南驛鹽道遷。	
廣　東	(?)來朝		
廣　西	申夢璽 二、甲戌、四，3.10；降調。	曹繩柱 南汝光道遷。 四、辛巳；閩按互調。	(滿)富明安 四、辛巳；閩按改。 八、辛巳；遷黔布。	(?)柏琨 八、辛巳；陝按改。
雲　南	(?)巴哈達	張逢堯 九、甲辰、九，10.6；浙驛鹽道遷。	
貴　州	(?)勒爾金　(?)觀音保 六月，關歸道遷。 七、甲子、廿八，8.27；遷直布。	(?)同德 巴里坤辦事授。 八、辛巳；改陝按。	趙英孫 八、辛巳；直按改。

乾隆二七年　壬午(1762)		
王　檢		
(漢)蘇爾德 四、壬午、十九, 5.12;遷湘布。	胡文伯 四、壬午;江南糧儲道遷。	
程　薰 閏五、丙戌、廿四, 7.15;憂免。	鑲　度 閏五、丙戌;江南糧儲道遷。	
沈廷芳 正、乙卯、廿一, 2.14;休。	閔鶚元 正、乙卯;郎中(魯學)授。	
梁鴻翥		
(滿)輔德 正、己未、廿五, 2.18;遷布。	郭一裕 正月,任。閏五、丙寅、四, 6.25;病免。	周景柱 閏五、丙寅;延榆綏道遷。
蔣嘉年	秦勇均 七、癸未、廿三, 9.10;平陽知府遷。	
(滿)文綬 八、甲辰、十四, 10.1;遷督布。	(滿)海明 八、乙巳、十五, 10.2;冀寧道遷。	
曹繩柱		
李治運		
石禮嘉 閏五、戊寅、十六, 7.7;川按互調。	顏希深 閏五、戊寅;川按改。	
沈作朋 二、庚午、六, 3.1;遷布。	高　賦 二、庚午;鄂督糧道遷。	
嚴有禧 △降調(休)。	(?)五訥晋 七、癸未;歸綏道遷。	
蔡長澐 五、丙午、十三, 6.5;遷兵右。	顏希深 五月;魯糧儲道遷。 閏五、戊寅;贛按互調。	石禮嘉 閏五、戊寅;贛按改。
(?)來朝 閏五、己卯、十七, 7.8;遷湘布。	(?)赫昇額 閏五、己卯;湘糧儲道遷。	
(?)柏琨		
張逢堯		
趙英孫		

年 代	乾隆二八年　癸未(1763)		
直 隸	**王 檢** 五、乙亥、十九，6.29；改晉按。		**裴宗錫** 五、乙亥；霸昌道遷。
江 蘇	**胡文伯** 五、庚辰、廿四，7.4；遷粵布。		**鑅 琦** 五、辛巳、廿五，7.5；江安糧道遷。
安 徽	**鑅 度** 六、丙申、十，7.20；遷黔布。	（滿）**富尼漢** 六、丙申；寧夏道遷。 九、乙卯、一，10.7；魯按互調。	**閔鶚元** 九、乙卯；魯按改。
山 東	**閔鶚元** 九、乙卯；皖按互調。	（滿）**富尼漢** 九、乙卯；皖按改。	
山 西	**梁鴻翥** 五、乙亥；遷魯布。	**王 檢** 五、乙亥；直按改。 七、己卯、廿四，9.1；遷桂布。	**藍欽斚** 七、己卯；辰沅永靖道遷。
河 南	**周景柱**		
陝 西	**秦勇均**		
甘 肅	（滿）**海明**		
福 建	**曾繩柱** 五、辛未、十五，6.25；遷粵布。	（丁）**淑寶** 湘驛鹽長實道遷。 八、壬子、廿八，10.4；遷甘布。	**朱 珪** 八、壬子；閩驛糧道遷。
浙 江	**李治運**		
江 西	**顏希深** 十、丙午、廿三，11.27；遷閩布。		**廖 瑛** 十、丙午；滇驛鹽道遷。
湖 北	**高 誠** 五、甲戌、十八，6.28；革、逮。		**賈元龍** 五、甲戌；任。
湖 南	（？）**五訥疂**		
四 川	**石禮嘉**		
廣 東	（？）**赫昇額**		
廣 西	（？）**柏琨** 五、己巳、十三，6.23；遷鄂布。		**袁守侗** 五、辛未、十五，6.25；浙驛鹽道遷。
雲 南	**張逢堯** 十二、甲午、十二，1.14；遷贛布。		（滿）**良卿** 十二、乙未、十三，1.15；熱河兵備道遷。
貴 州	**趙英孫** 五、壬戌、六，6.16；遷川布。		**熊繹祖** 五、癸亥、七，6.17；粵驛糧道遷。

乾隆二九年　甲申(1764)

裴宗錫

錢　琦

閔鶚元

(滿)富尼漢

藍欽奎

周景柱

蔡勇均

(滿)海明

朱　珪	余文儀
△憂免。	十、己丑、十一，11.4；台灣道遷。

李治遷

廖　瑛

費元龍	雷　暢
五、庚午、十九，6.18；改粵按。	五、庚午；浙督糧道遷。

(？)五訥璽	何逢僡	湯　聘
二、辛丑、十九，3.21；遷鄂布。	二月，贛驛鹽道遷。十月，改郎中。	十、甲午、十六，11.9；任。

石禮嘉

(？)赫昇額	費元龍
五、己巳、十八，6.17；遷湘布。	五、庚午；鄂按改。

袁守侗

(滿)良卿

熊繹祖

按察使年表

年　代	乾隆三十年　乙酉(1765)	
直　隸	裴宗錫	
江　蘇	錢　琦 閏二、丁巳、十二,4.1；遷川布。	朱奎錫 閏二、丁巳；蘇松糧道遷。
安　徽	閔鶚元	
山　東	(滿)富尼漢 十一、乙酉、十四,12.25；遷皖布。	(滿)富勒渾 十一、乙酉；冀寧道遷。
山　西	藍欽奎	
河　南	周景柱 四、辛亥、六,5.25；改甘按。	何　煃 四、辛亥；任。
陝　西	龔勇均	
甘　肅	(滿)海明 四、辛亥；遷布。	周景柱 四、辛亥；豫按改。
福　建	余文儀	
浙　江	李治邏 十一、丁丑、六,12.17；乞養。	(滿)圖桑阿 十一、丁丑；任。
江　西	廖瑛 二、甲申、八,2.27；革。	吳虎炳 二、乙酉、九,2.28；河北道遷。
湖　北	雷　暢	
湖　南	湯　聘 三、甲申、九,4.28；遷陝布。	沈世楓 三、甲申；寧太道遷。
四　川	石禮嘉	
廣　東	裵元龍	
廣　西	袁守侗	
雲　南	(滿)良卿 十、乙巳、三,11.15；遷黔布。	(?)龔舒 十、乙巳；任。
貴　州	熊繹祖 七、甲戌、一,8.16；革。	高積 七、乙亥、二,8.17；蘇驛鹽道遷。

乾隆三一年　丙戌(1766)	
裴宗錫	
朱奎錫 正、辛巳、十一，2.19；革。	李永書 正、辛巳；蘇松道遷。十一、戊寅、十二，12.13；解、勘。　(漢)楊重英 十一、戊寅；任。
閔鶚元 十二、乙巳、九，1.9；遷鄂布。	陳輝祖 十二、丙午、十，1.10；天津道遷。
(滿)富勒渾 二、辛亥、十一，3.21；革。	勒爾謹 二、辛亥；任。
藍欽奎 二、辛亥；革。	吳虎炳 二、辛亥；贛按改。
何　焵	
綦勇均	
周景柱	
余文儀	
(滿)圖桑阿 十二、乙卯、十九，1.19；改桂按。	歐陽永裿 十二、乙卯；河陝道遷。
吳虎炳 二、辛亥；改晉按。	(滿)揆義 二、辛亥；任。
雷　暢 九、己卯、十二，10.15；憂免。	石禮嘉 九、己卯；川按改。
沈世楓 (降調)	宮兆麟 六、辛亥、十三，7.19；魯糧道遷。
石禮嘉 九、己卯；改鄂按。	李因培 九、己卯；閩撫降。
費元龍	
袁守侗 △憂免。	(滿)圖桑阿 十二、乙卯；浙按改。
(？)夔舒	
高　積	

年代	乾隆三二年　丁亥(1767)	
直隸	裴宗錫	
江蘇	(漢)楊重英 三、庚寅、廿六,4.24;改按銜,留滇。	吴壇 三、庚寅;任。
安徽	陳輝祖	
山東	勒爾謹	
山西	吴虎炳 二、乙卯、廿一,3.20;改贛按。　石禮嘉 二、乙卯;鄂按改。	尹嘉銓 九、辛亥、廿,11.11;西寧道遷。
河南	何煟 十一、癸丑、廿三,1.12;遷布。	楊景素 十一、癸丑;汀漳龍道遷。
陝西	秦勇均	
甘肅	周景柱 十、丙戌、廿六,12.16;召京。	蔡鴻業 十、丙戌;鞏秦階道遷。
福建	余文儀	
浙江	歐陽永裿	
江西	(滿)揆義 二、乙卯;遷布。	吴虎炳 二、乙卯;晉按改。
湖北	石禮嘉 二、乙卯;改晉按。	朱珪 二、乙卯;原閩按授。
湖南	宫兆麟 十、癸亥、三,11.23;改滇按。	梁國治 十、癸亥;冀寧道遷。
四川	李因培 正、丁卯、二,1.31;革、逮(殺)。	費元龍 正、戊辰;粵按改。
廣東	費元龍 正、戊辰、三,2.1;改川按。	(滿)富勒渾 正、戊辰;雁平道遷。
廣西	(滿)圖桑阿	
雲南	(?)夔舒 十、癸亥;召京。	宫兆麟 十、癸亥;湘按改。
貴州	高積	

乾隆三三年　戊子(1768)

裴宗錫 六、壬戌、六，7.19；憂免。	**周元理** 六、壬戌；清河道遷。	
吳　壇		
陳輝祖 正、丁未、十八，3.6；遷布。	**(?)曙春** 正、丁未；江南驛鹽道遷。	
勒爾謹 二、丙戌、廿八，4.14；遷陝布。	**尹嘉銓** 二、丙戌；晉按改。十二、己未、五，1.12；遷布。	**雷　暢** 十二、己未；服滿鄂按授。
尹嘉銓 二、丙戌；改魯按。	**(?)襄舒** 二、丙戌；任。三、癸卯、十五，5.1；鄂按互調。	**朱　珪** 三、癸卯；鄂按改。
楊景素		
秦勇均		
蔡鴻業 三、庚寅、二，4.18；遷布。	**宋　弼** 三、庚寅；濟州道遷。	**胡季堂** 十一、乙未、十一，12.19；冀寧道遷。
余文儀		
歐陽永裿 正、庚子、十一，2.28；遷粵布。	**曾曰理** ＊正、庚子；江南河庫道遷。	
吳虎炳 三、乙巳、十七，5.3；桂按互調。	**(滿)圖桑阿** 三、乙巳；桂按改。改烏什領隊。	**(?)佛德** 七、辛卯、六，8.17；甘布降。
朱　珪 三、癸卯；晉按互調。	**(?)襄舒** 三、癸卯；晉按改。	**(滿)德福** 七、辛丑、十六，8.27；刑員外郎授。
梁國治 九、壬寅、十七，10.27；遷寧布。	**王太岳** 九、壬寅；陝督糧道遷。	
費元龍 十一月，召京。	**孫孝愉** 十一月，任。十二、戊辰、十四，1.21；原銜管台灣道。	**劉　益** 十二、戊辰；任。
(滿)富勒渾		
(滿)圖桑阿 三、乙巳；改贛按。	**吳虎炳** 三、乙巳；贛按改。	
宮兆麟 三、乙巳；遷布。	**(滿)諾穆親** 三、丁未、十九，5.5；驛鹽道遷。	
高　積		

按察使年表

年 代	乾隆三四年　己丑(1769)
直 隸	**周元理**　　　　　　　　　　　　**李　湖** 十、癸亥、十五、11.12；遷布。　　　　十、癸亥；清河道遷。
江 蘇	**吳　壇**
安 徽	(？)**曝 欝**　　　　**姚成烈**　　　　　　　　　　　　　(滿)**增福** 七、丁亥、七，8.8；革。　七、丁亥；江安糧道遷。十、甲子、十六、11.13；遷蘇布。　十、甲子；黔按遷。
山 東	**雷　暢**　　　　　(漢)**徐　鑨**　　　　　　　**王重望** 二、丁卯、十四、3.21；改晉按。　二、丁卯；濟東道遷。　四、丁巳、五、5.10；肅州道遷。 　　　　　　　　　　　△憂免。
山 西	**朱　珪**　　　　　　　(漢)**雷　暢**　　　　　　**王顯緒** 二、丙寅、十三、3.20；遷布。　二、丁卯；魯按改。　　肅州道遷。
河 南	**楊景素**
陝 西	**秦勇均**
甘 肅	**胡季堂**
福 建	**余文儀**　　　　**孫孝愉**　　　　(漢)**李　本**　　　　　　**張　鎮** 六、己未、九，7.11；　汀漳道遷。八月，革。　八月，川松茂道遷。　　十、己酉；任。 改刑員。　　　　　　　　　　十、己酉、一，10.29；改川按。
浙 江	**曾曰理**
江 西	(？)**佛德**
湖 北	(滿)**德福**
湖 南	**王太岳**
四 川	**劉　益**　　　　　(覺羅)**阿揚阿**　　　　　　(漢)**李　本** 七、己亥、十九，8.20；遷布。　刑郎授。十、己酉；改粵按。　十、己酉；閩按改。
廣 東	(滿)**富勒渾**　　　　　　**富松**　　　　　　(覺羅)**阿揚阿** 三、乙未、十二，4.18；遷浙布。　南韶連道遷。十、己酉；召京。　十、己酉；川按改。
廣 西	**吳虎炳**
雲 南	(滿)**諾穆親**
貴 州	**高　積**　　　　　(滿)**增福**　　　　　　　**金祖靜** 十、癸亥；解。　　熱河道遷。十、甲子；改皖按。　十、甲子；荊南道遷。

乾隆三五年　庚寅（1770）

李　湖	裴宗錫	孫孝愉	王顯緒
三、戊戌、廿一，4.16；遷蘇布。	服闋授。六月，遷皖布。	刑主授。病免。	九、壬子、九，10.27；晉按改。

吳　壇		胡季堂	
十二、辛卯、十九，2.3；遷布。		十二、辛卯；甘按改。	

（滿）增福		（滿）海成	
七、壬戌、十八，9.7；遷布。		七、壬戌；魯督糧道遷。	

王亶望		姚立德	
十一、辛未、廿九，1.14；遷浙布。		十一、壬申、卅，1.15；淮徐道遷。	

王顯緒		（滿）桂林	
九、壬子；改直按。		九、壬子；任。	

楊景素		譚尚忠	
九、癸亥、廿，11.7；遷甘布。		九、甲子、廿一，11.8；高廉道遷。	

秦勇均		畢　沅	
十二、己丑、十七，2.1；病免。		十二、己丑；任。	

胡季堂		宮兆麟	
十二、辛卯；改蘇按。		十二、辛卯；黔撫降。	

張　鎮			

曾曰理		（漢）郝　碩	
三、壬午、五，3.31；革。		三、癸未、六，4.1；登萊青道遷。	

（?）佛德		歐陽永裿	
四、丁卯、廿，5.15；解、勘。		四、丁卯；粵布降。	

（滿）德福		秦　鐮	
三、癸未、六，4.1；署湘撫。		三、癸未；荊宜施道遷。	

王太岳			

（漢）李　本			

（覺羅）阿揚阿			

吳虎炳	胡文伯	朱　椿	
八、丙子、三，9.21；遷湘布。	皖撫降湘布降，旋革。	九、壬戌、十九，11.6；鄂鹽法道遷。	

（滿）諾穆親		（?）法明	
七、壬申、廿八，9.17；遷署撫。		七、壬申；鹽法道遷。	

金祖静			

按察使年表

年 代	乾隆三六年　辛卯（1771）		
直 隸	王顯緒	（？）達爾吉善 十二、己巳、三，1.7；浙鹽法道遷。	
江 蘇	胡季堂		
安 徽	（滿）海成 三、戊午、十七，5.1；遷魯布。	（覺羅）圖思德 三、戊午；任。十、戊辰、一， 11.7；遷黔布。	（漢）楊魁 十、己巳、二，11.8；蘇松太 道遷。
山 東	姚立德 八、庚午、二，9.10；署東河總督。	（滿）國泰 八、庚午；刑郎中授。	
山 西	（滿）桂林 三、癸卯、二，4.16；遷戶右。	（滿）德文 涼莊道遷。	（漢）黃檢 九、戊申、十一，10.18；兗沂曹道遷。
河 南	譚尚忠		
陝 西	畢沅 十、戊辰；遷布。	（滿）敦福 十、戊辰；襄鄖道遷。	
甘 肅	宮兆麟 三、壬戌、廿一，5.5；革。	（？）圖桑阿 三、壬戌；陝驛鹽道遷。	
福 建	張鎮		
浙 江	（漢）郝碩		
江 西	歐陽永裿		
湖 北	蔡鑅 三、辛亥、十，4.24；降調。	劉秉愉 三、辛亥；湘糧道遷。	
湖 南	王太岳 十、戊辰；滇按互調。	（？）法明 十、戊辰；滇按改。	
四 川	（漢）李本 九、庚戌、十三，10.20；遷布。	李世傑 九、庚戌；任。	
廣 東	（覺羅）阿揚阿		
廣 西	朱椿		
雲 南	（？）法明 十、戊辰；湘按互調。	王太岳 十、戊辰；湘按改。	
貴 州	金祖靜 三、乙卯、十四，4.28；休。	蔡應彪 三、乙卯；任。	

乾隆三七年　壬辰(1772)

(？)達爾吉善

胡季堂

(漢)楊　魁
　　二、甲申、十九，3.22；遷布。

(？)璘琦
　　二、甲申；皖督糧道遷。

(滿)國泰
　　五、甲子、卅，6.30；遷布。

孫廷槐
　　五、甲子；魯運河道遷。

(漢)黃　檢

譚尚忠

(滿)敦福
　　三、丙午、十一，
　　4.13；改湘按。

王　綬
　　三、丙午；輿泉
　　永道遷。

錢　鏊
　　七、戊午、廿五，8.23；安西道遷。
　　十一、戊申、十七，12.11；遷川布。

劉　墉
　　十一、戊申；任。

(？)圖桑阿

張　鎮
　　六、辛卯、廿七，7.27；遷豫布。

(？)廣德
　　六、辛卯；口北道遷。

(漢)郝　碩

歐陽永裿

劉秉愉

(？)法明
　　三、丙午；解。

(滿)敦福
　　三、丙午；陝按改。

李世傑

(覺羅)阿揚阿

朱　禧

王太岳
　　二、己丑、廿四，3.27；遷布。

韋謙恒
　　二、己丑；輪讀學授。
　　四、庚辰、十五，5.17；改黔按。

(？)圖桑阿
　　四、庚辰；鹽法道遷。

蔡廳彪
　　四、己卯、十四，5.16；遷布。

韋謙恒
　　四、庚辰；滇按改。八、辛卯、廿九，9.25；遷布。

(滿)國棟
　　八、辛卯；淮關監督授。

年　代	乾隆三八年　癸巳(1773)			
直　隸	(?)達爾吉善			
江　蘇	胡季堂			
安　徽	(?)璦琦			
山　東	孫廷槐			
山　西	(漢)黃　檢			
河　南	譚尚忠 四、壬子、廿四，6.13；粵按互調。	(滿)藥柱 四、壬子；粵按改。　十二、丁酉、十三，1.24；署布政。		
陝　西	劉　墉 十一、辛未、十六，12.29；憂免。	孫舍中 十一、壬申、十七，12.30；蘇松道遷。		
甘　肅	(?)圖桑阿			
福　建	(?)廣德			
浙　江	(漢)郝　碩 六、癸丑、廿五，8.13；赴川辦軍需。　徐恕暫署。			
江　西	歐陽永禧			
湖　北	劉秉愉 十二、戊戌、十四，1.25；病免。	楊仲興 十二、戊戌；任。		
湖　南	(滿)敦福 正、己亥、九，1.31；遷鄂布。	(滿)麠起 正、己亥；鹺鹽道遷。		
四　川	李世傑			
廣　東	(覺羅)阿揚阿 四、己酉、廿一，6.10；署刑左。	(滿)藥柱 刑郎授。四、壬子；豫按互調。	譚尚忠 四、壬子；豫按改。	(?)德成 十一、己巳、十四，12.27；雷瓊道遷。
廣　西	朱　樁			
雲　南	(?)圖桑阿			
貴　州	(滿)圖棟			

乾隆三九年　甲午(1774)

(?)達爾吉善	
胡季堂 七、甲戌、廿三，8.29；遷刑右。	**龍承祖** 七、乙亥、廿四，8.30；刑郎授。
(?)璿琦 　二、丙申、十三，3.24；召陞(旋議)。　布政楊魁兼署。	**王顯緒** 三、己巳、十六，4.26；原直按授。
孫廷槐	
(漢)黃　檢	
(滿)榮柱 　署布政。十、丙午、廿六，11.29；護撫。	
孫含中	
(?)圖桑阿	
(?)廣德	
(漢)郝　碩 　三、己巳；遷布。	**徐　恕** 　三、己巳；授，署布。　運使鄭大進署：七、乙卯；授湘按。 　杭嘉湖道孔敏文署。
歐陽永裿	
楊仲興 　七、乙卯、四，8.10；召京。	(滿)農起 　七、乙卯；湘按改。
(滿)農起 　七、乙卯；改鄂按。	**鄭大進** 　七、乙卯；署浙按授。
李世傑	
(?)德成	**陳用敷** 　八、甲戌、廿四，10.28；雷瓊道遷。
朱　椿	
(?)圖桑阿	
(滿)國棟	

年　代	乾隆四十年　乙未(1775)		
直　隸	(？)達爾吉善		
江　蘇	龍承祖		
安　徽	王頣緒 十、丙申、廿二，11.14；遷布。	(滿)農起 十、丙申；晉按改。	
山　東	孫廷槐 十、壬午、八，10.31；降道員。	陸　熿 十、乙酉、十一，11.3；晉運河道遷。	
山　西	(漢)黃　檢 五、己酉、三，5.31；遷布。	(滿)農起 降鄂按授。十、丙申；改皖按。	李承鄴 十、丙申；任。
河　南	(滿)榮柱		
陝　西	孫含中		
甘　肅	(？)圖桑阿		
福　建	(？)廣德 八、癸巳、十八，9.12；改桂按。	蔣允焄 八、癸巳；汀漳龍道遷。	
浙　江	徐　恕		
江　西	歐陽永裿	白　瀛 十二、甲寅、十一，1.31；任。	
湖　北	(滿)農起 二、乙未、十七，3.18；降二調。	龔雄飛 二、乙未；甘驛傳道遷。	
湖　南	鄭大進 十、丙申；遷黔布。	(？)永慶 十、丙申；巴里坤道員遷。	
四　川	李世傑 十二、戊午、十五，2.4；遷鄂布。	杜玉林 十二、戊午；川驛傳道遷。	
廣　東	陳用敷		
廣　西	朱　椿 八、壬辰、十七，9.11；遷滇布。	(？)廣德 八、癸巳；閩按改。	
雲　南	(？)圖桑阿	汪圻 八、丙戌、十一，9.5；魯督糧道遷。	
貴　州	(滿)國棟		

乾隆四一年　丙申(1776)		
(?)達爾吉善		
龍承祖	孔傳炯 五、癸酉、三，6.18；蘇松糧道遷。	
(滿)農起		
陸　燀		
李承鄴		
(滿)榮柱		
孫含中		
(?)圖桑阿 三、甲申、十三，4.30；遷贛布。	(漢)李　本 三、甲申；川驛傳道遷。	
蔣允熹	梁敦書 九、壬午、十四，10.25；長寶道遷。 十一、丙子、八，12.18；改湘按。	(?)奇寵格 十一、丙子；閩糧驛道遷。
徐　恕	(?)永慶 十一、丙子；湘按改。	
白　瀍 十、癸丑、十五，11.25；遷湘布。	馮廷丞 十、甲寅、十六，11.26；台灣道遷。	
蔡雄飛		
(?)永慶 十一、丙子；改浙按。	梁敦書 十一、丙子；閩按改。	
杜玉林		
陳用敷 二，丙辰、十四，4.2；桂按互調。十月，仍回。	(?)廣德(未任) 二，丙辰；桂按改。	
(?)廣德 二，丙辰；粵按互調。	陳用敷(未任) 二，丙辰；粵按改。 十、庚申、廿二，12.2；召京(革)。	彭　理 十、庚申；岳常漕道遷。
汪　圻		
(滿)國棟		

年　代	乾隆四二年　丁酉(1777)		
直　隸	(?)達爾吉善		
江　蘇	孔傳炯		
安　徽	(滿)農起 三、壬申、六,4.13;遷布。	秦雄飛 三、壬申;鄂按改。	
山　東	陸　煃		
山　西	李承鄴		
河　南	(滿)榮柱 二、戊午、廿二,3.30;遷布。	趙　銓 鄂驛鹽道遷。	鄭源璹 十二、丙辰、廿四,1.22;汀漳龍道遷。
陝　西	孫含中 正、丙戌、十九,2.26;遷浙布。	王時薰 陝督糧道遷。	宋豐綏 十、乙巳、十三,11.12;漢興道遷。
甘　肅	(漢)李　本		
福　建	(?)奇寵格		
浙　江	(?)永慶 二、戊午;黔按互調。	(滿)國棟 二、戊午;黔按改。	
江　西	馮廷丞 十二、己酉、十七,1.15;革。	(滿)德文 十一、乙亥、十三,12.12;任。十二月,署布。	
湖　北	秦雄飛 三、壬申;改皖按。	(?)福川 三、壬申;肇羅道遷。	
湖　南	梁敦書		
四　川	杜玉林		
廣　東	陳用敷		
廣　西	彭　理	(?)哈靖阿 二、戊午、廿二,3.30;大名道遷。	
雲　南	汪　圻		
貴　州	(滿)國棟 二、戊午;浙按互調。	(?)永慶 二、戊午;浙按改。	

乾隆四三年 戊戌(1778)

(?)達爾吉善 　七、丙申、九，8.30；改甘按。	(?)文祿 　七、丙申；刑郎授。
孔傳炯 　九、己亥、十三，11.1；遷閩布。	籠承祖 　九、己亥；原任授。
粲雄飛	
陸　燿 　閏六、辛未、十三，8.5；遷布。	于易簡 　閏六、辛未；任。
李承鄴	
鄭源璹	
宋豐綏	劉　嶧 　六、辛丑、十三，7.6；池寧太廣道遷。

(漢)李　本 　正、乙酉、廿四， 　2.20；遷黔布。	覃尚忠 　前粤按授。七、甲午、 　七，8.28；遷晉布。	(?)達爾吉善 　七、丙申；直按改。革。	(滿)海寧 　十一、乙巳、十九，1.6；滇糧道遷。

(?)奇寵格 　五、壬午、廿三，6.17；召京。	楊廷樺 　五、壬午；任。
(滿)國棟 　十二、丁卯、十一，1.28；遷布。	孔毓文 　十二、己巳、十三，1.30；杭嘉湖道遷。
(滿)德文 　九、癸卯、十七，11.5；遷閩布。	(?)瑞齡 　九、癸卯；署蒼梧道遷。
(?)福川	
梁敦書 　正、己丑、廿八，2.24；改粤按。	(滿)塔琦 　正、己丑；吉南贛寧道遷。署布政。
杜玉林	
陳用敷 　正、己丑；遷湘布。	梁敦書 　正、己丑；湘按改。
(?)哈靖阿	
汪　圻	
(?)永慶	

年代	乾隆四四年　己亥(1779)		
直　隸	(?)文禄 三月、革。**十一月，仍授。**	(?)達爾吉善 革甘按授。十一、丙午、 廿六，1.2；遷粵布。	(漢)黄　檢 十一月，正定知府遷。十一、己酉、廿九，1.5； 遷布。劉峨署。
江　蘇	龍承祖 十二、己巳、十九，1.25；解。	(?)瑺齡 十二、己巳；赣按改。	
安　徽	襲雄飛 五、癸巳、十，6.23；遷赣布。	徐嗣曾 五、癸巳；迤西道遷。 八、庚申、九，9.18；滇按互調。	王　圻 八、庚申，滇按改。
山　東	于易簡 十二、癸酉、廿三，1.29；遷布。	葉佩蓀 十二、癸酉；河東道遷。	
山　西	李承鄴 四、己卯、廿五，6.9；遷川布。	袁守鹹 四、辛巳、廿七，6.11；讀學授。	
河　南	鄭源璹		
陝　西	劉　嶟 七、癸卯、廿一，9.1；遷寧布。	浦　霖 七、癸卯；南汝光道遷。	
甘　肅	(滿)海寧 △憂，召京。	(滿)福崧 九、壬寅、廿一，10.30；川北道遷。	
福　建	楊廷樺		
浙　江	孔毓文		
江　西	(?)瑺齡 十二、己巳；改蘇按。	姜　晟 十二、己巳；僕少授。	
湖　北	(?)福川		
湖　南	(滿)塔琦		
四　川	杜玉林 三、乙酉、一，4.16；遷布。	汪　新 三、丁亥、三，4.18；衡永郴桂道遷。 五、丁酉、十四，6.27；改粵按。	查　禮 五、丁酉；松茂道遷。
廣　東	梁敦書 五、丙申、十三，6.26；遷鄂布。	汪　新 五、丁酉；川按改。	
廣　西	(?)哈靖阿 六、甲子、十二，7.24；革。	(滿)富躬 六、甲子；歸綏道遷。	
雲　南	汪　圻 八、庚申、九，9.18；皖按互調。	徐嗣曾 八、庚申；皖按改。	
貴　州	(?)永慶		

乾隆四五年　庚子(1780)

(?)**文祿**
　　劉峨署：五、己丑、十三，6.13；授鄂按。

(?)**璋齡**　　　　　　　　　　　　　　(滿)**塔琦**
　　四、辛酉、十三，5.16；遷布。　　　　　四、辛酉；湘按改。

王圻　　　　　　(?)**慶玉**　　　　　　　　**袁鑒**
　　三、丁酉、十八，4.22；革。　三、庚子、廿一，4.25；蕪湖道遷。　四、壬戌；湘按改。
　　　　　　　　　　　　四、壬戌、十四，5.17；湘按互調。

葉佩蓀

袁守誠

鄭源璹

浦霖

(滿)**福崧**

楊廷樺　　　　　　　　　　　(漢)**李慶萊**
　　十二、丙午、二，12.27；遷布。　　　十二、丁未、三，12.28；汀漳龍道遷。

孔毓文　　　　　　**楊瑾**　　　　　　　**李封**
　　　　　　　三、庚寅、十一，4.15；糧道遷。　六、庚戌、三，7.4；贛鹽法道遷。

姜晟　　　　　　　**王昶**　　　　　　**馮光熊**
　　三、甲午、十五，4.19；遷刑右。　左副授。　　九、庚辰、五，10.2；汀漳龍道遷。

(?)**福川**　　　　　　　　　　　　**劉峨**
　　五、己丑；遷皖布。　　　　　　五、己丑；署直按授。

(滿)**塔琦**　　　　　　**袁鑒**　　　　　　(?)**慶玉**
　　四、辛酉；改蘇按。　　常鎮道遷。四、壬戌；皖按互調。　四、壬戌；皖按改。

查禮　　　　　　　　　　　**孫嘉樂**
　　八、癸酉、廿七，9.25；遷布。　　　八、甲戌、廿八，9.26；肇羅道遷。

汪新　　　　　　　　　　　(滿)**景祿**
　　△革。　　　　　　　　十、乙卯、十，11.6；刑郎遷。

(滿)**富躬**

徐嗣曾

(?)**永慶**　　　　　　　　　　(滿)**奇豐額**
　　△降(陝糧道)。　　　　　三、庚辰、一，4.5；高廉道遷。

按察使年表

年 代	乾隆四六年　辛丑(1781)			
直　隸	(?)**文禄** 二、戊辰、廿五、3.19；病免。		**郎若伊** 二、戊辰；任。	
江　蘇	(滿)**塔琦** 十一、丁巳、十九、1.2；湘按互改。		(漢)**李慶棻** 十一、丁巳；湘按改。	
安　徽	**袁　鑒** 五、庚辰、八、5.30；降調。		**呂爾昌** 五、庚辰；灣東泰武臨道遷。	
山　東	**葉佩蓀** 十、己丑、廿、12.5；遷湘布。		**梁肯堂** 十、庚寅、廿一、12.6；清河道遷。	
山　西	**袁守鹹**		**費　淳** 四、丁未、四、4.27；冀寧道遷。	
河　南	**鄭源璹** 四、壬申、廿九、5.22；遷粵布。		**王站柱** 五、癸酉、一、5.23；浙糧道遷。	
陝　西	**浦　霖** △憂。	(?)**永慶** 十、乙亥、六、11.21；陝糧道遷。 十一、丁巳；閩按互調。	**秦承恩** 十一、丁巳；閩按改。	
甘　肅	(滿)**福崧** 三、乙未、廿二、4.15；遷粵布。		(滿)**福寧** 三、丙申、廿三、4.16；平慶道遷。	
福　建	(漢)**李慶棻** 二、庚申、十七、3.11； 改湘按。	**秦承恩** 二、庚申；延建邵道遷。 十一、丁巳；陝按互調。	(?)**永慶** 十一、丁巳；陝按改。十二、 庚午、二、1.15；遷鄂布。	(滿)**伊星阿** 十二、庚午； 迤東道遷。
浙　江	**李　封**			
江　西	**馮光熊**			
湖　北	**劉　峩** 二、己未、十六、3.10；遷皖布。	(?)**慶玉** 二、庚申；湘按改。	**汪　新** 十一、戊午、廿、1.3；甘鹽法道遷。	
湖　南	(?)**慶玉** 二、庚申；改鄂按。	(漢)**李慶棻** 二、庚申；閩按改。 十一、丁巳；蘇按互調。	(滿)**塔琦** 十一、丁巳；蘇按改。	
四　川	**孫嘉樂**			
廣　東	(滿)**景禄**			
廣　西	(滿)**富躬** 十二、己巳、一、1.14；遷布。		**姚　梁** 十二、己巳；川東道遷。	
雲　南	**徐嗣曾**			
貴　州	(滿)**奇豐額**			

乾隆四七年　壬寅（1782）

郎若伊

（漢）李慶棻

吕爾昌	陳　淮	孫　栝	袁　鑒
四月，革、逮。	鹽法道遷。九月，革。	常鎮道遷；十二、丁亥、廿五，1.27；改浙按。	十二、丁亥；江南鹽道遷。

梁肯堂	馮晉祚
五、丁酉、一，6.11；降道員。	五、丁酉；閩糧道遷。

費　淳	（?）溫葆
十一、戊午、廿五，12.29；遷滇布。	十一、己未、廿六，12.30；左江道遷。

王站柱

秦承恩

（滿）福寧

（滿）伊墨阿	譚尚忠
六、壬申、七，7.16；遷蘇布。	六、壬午；皖撫降。

李　封	王　杲	孫　栝
五、丁酉；遷湘布。	溫處道遷。十二、丁亥；召京。	十二、丁亥；皖按改。

馮光熊	吳之黼
十、壬午、十九，11.23；遷甘布。	十、丙戌、廿三，11.27；川東道遷。

汪　新

（滿）塔琦	（滿）景祿	（覺羅）伍拉納
九、丁未、十三，10.19；署刑左。	九、丁未；粵按改。九、戊午、廿四，10.30；遷布。	九、戊午；江南鹽道遷。

孫嘉樂	繆其吉
八、壬午、十八，9.24；召京。	八、壬午；任。

（滿）景祿	李天培
九、丁未；改湘按。	九、丁未；肇羅道遷。

姚　梁	陳用敷	杜　琮
二、庚辰、十三，3.26；憂免。	革湘布授。九、壬子、十八，10.24；遷川布。	九、壬子；粵糧道遷。

徐嗣曾	許祖京
八、乙亥、十一，9.17；遷閩布。	八、乙亥；滇鹽法道遷。

（滿）奇豐額	張鹹基
九、壬子；遷皖布。	九、甲寅、廿，10.26；黔糧道遷。

按察使年表

年 代	乾隆四八年　癸卯(1783)		
直 隷	郎若伊 二、癸亥、二,3.4；病免。	王　昶 二、癸亥、任。三、戊戌、七,4.8；改陝按。	(滿)伊桑阿 三、戊戌、清河道遷。
江 蘇	(漢)李慶棻 七、戊申、十九,8.16；遷豫布。	李廷揚 粵櫃道遷。十、癸亥、五,10.30； 改興泉永道。	(覺羅)琅玕 十、癸亥、閣學授。
安 徽	袁　鑒 △降。	(滿)福寧 十一、乙未、八,12.1；甘按改。	
山 東	馮晉祚		
山 西	(?)温葆	陳步瀛 九、癸丑、廿五,10.20；蘭州道遷。 十、癸亥；回原任。	(覺羅)長麟 十、癸亥、刑郎授。
河 南	王站柱 正、乙未、三,2.4；遷湘布。	(覺羅)伍拉納 正、乙未；湘按改。	
陝 西	蔡承恩 三、丁酉、六,4.7；遷川布。	王　昶 三、戊戌、直按改。	
甘 肅	(滿)福寧 十一、乙未、改皖按。	陳步瀛 十一、乙未；蘭州道遷。	
福 建	譚尚忠		
浙 江	孫　栝		
江 西	吳之黼		
湖 北	汪　新 三、壬寅、十一,4.12；遷晉布。	馮廷丞 三、癸卯、十二,4.13；江南鹽道遷。	
湖 南	(覺羅)伍拉納 正、乙未；改豫按。	姚　頤 正、乙未；陝櫃道遷。	
四 川	鏐其吉		
廣 東	李天培 十、丁丑、十九,11.13；遷晉布。	李廷揚 十、丁丑；興泉永道遷。	
廣 西	杜　琼		
雲 南	許祖京		
貴 州	張誠基		

乾隆四九年　甲辰(1784)

(滿)**伊桑阿** 　六、戊申、廿五,8.10;遷布。	**梁肯堂** 　六、戊申;清河道遷。

(覺羅)**琅玕**

(滿)**福寧** 　十一、己未、八,12.19;改湘按。		(漢)**鄭世勳** 　十一、己未;鄂糧道遷。
馮晉祚 　七、丁巳、四,8.19;遷布。	**楊鐘嶽** 　濟東泰武臨道遷。	**楊廷樺** 　九、丁卯、十五,10.28;原台灣道授。

(覺羅)**長麟**

(覺羅)**伍拉納**

王　昶

陳步瀛 　六、丁未、廿四,8.9;遷布。	**汪　新** 　六、丁未;湘按改。
譚尚忠 　十一、丁丑、廿六,1.6;遷滇布。	**李永祺** 　十一、戊寅、廿七,1.7;松茂道遷。

孫　栝

吳之黼 　五、癸酉、十九,7.6;革。	**姚　梁** 　五、癸酉;署。
馮廷丞 　△十一月,死。	**王廷爕** 　十、乙巳、廿三,12.5;浙糧道遷。

姚　頤 　△解。	**汪　新** 　五月,降晉布授。 　六、丁未;改甘按。	(↑)**德克進布** 　浙道員遷。十一月,革。	(滿)**福寧** 　十一、己未;皖按改。

繆其吉

李廷揚	**姚　棻** 　八、乙酉、二,9.16;汀漳龍道遷。

杜　琼

許祖京

張賦基

按察使年表

年代	乾隆五十年　乙巳(1785)		
直隸	梁肯堂 八、癸卯、廿六,9.29;遷布。	（？)當保 八、癸卯;豫按改。十、戊寅、二,11.3;死。	（滿)英善 十、戊寅;副都衛授。
江蘇	(覺羅)琅玕 四、丁酉、十八, 5.26;遷刑右。	袁鑒 興泉永道遷。四、己亥、廿,5.28; 改晉按。	(覺羅)長麟 (與福寧互調)四、己亥;晉按改湘 按。六、丙戌、九,7.14;湘按改。
安徽	(漢)郭世勳 七、己酉、二,8.6;改湘按。	馮光熊 七、己酉;革甘布授。	
山東	楊廷樺		
山西	(覺羅)長麟 四、己亥;改湘按,旋改蘇按。	袁鑒 四、己亥;蘇按改。	
河南	(覺羅)伍拉納 七、庚戌、三,8.7;遷閩布。	（？)當保 熱河道遷。八、癸卯;改直按。	（？)穆克登 八、癸卯;廣饒九南道遷。
陝西	王昶		
甘肅	汪新 正、戊午、八,2.16;遷黔布。	陳淮 正、己未、九,2.17;蘭州道遷。	
福建	李永祺		
浙江	孫梧		
江西	姚梁 十一、壬戌、十六,12.17;改桂按。	(宗室)額勒樂春 十一、壬戌;潼商道遷。	
湖北	王廷燮		
湖南	(滿)福寧 (與長麟互調)四、己亥;改蘇按。六、丙戌、九,7.14;仍留。七、己酉;遷甘布。		(漢)郭世勳 七、己酉;皖按改。
四川	繆其吉 四、庚子、廿一,5.29;遷魯布。	（？)巴尼璋 四、庚子;高廉道遷。 五、甲寅、六,6.12;黔按互調。	張誠基 五、甲寅;黔按改。
廣東	姚棻		
廣西	杜琮	姚梁 十一、壬戌、十六,12.17;贛按改。	
雲南	許祖京 五、甲寅;遷粵布。	（？)特昇額 五、甲寅;迤南道遷。	
貴州	張誠基 五、甲寅;川按互調。	（？)巴尼璋 五、甲寅;川按改。	

乾隆五一年　丙午(1786)		
(滿)**英普**	(滿)**同興**	(?)**託倫**
二、乙亥、一,2.28;遷湘布。	刑員遷。三、乙丑、廿一,4.19;降道員。	三、乙丑;熱河道遷。
(覺羅)**長麟**	**陳守訓**	**王兆棠**
五、丁巳、十五,6.10;遷布。	濟東道遷。	五、癸亥、廿一,6.16;蘇糧道遷。
馮光熊		
楊廷樺	(?)**歸格**	(滿)**玉德**
閏七、癸酉、二,8.25;革、逮。	魯運使授。九、甲申、十四,11.4;革、逮。	九、甲申;道員遷。
袁鑒	**虞禮寶**	
三、辛未、廿七,4.25;遷直布。	三、辛未;任。	
(?)**穆克登**		
王昶	**周樽**	
閏七、戊寅、七,8.30;遷滇布。	閏七、己卯;鄂糧道遷。	
陳淮	(滿)**景安**	
十、辛丑、一,11.21;遷鄂布。	十、壬寅、二,11.22;河東道遷。	
李永祺		
孫梧		
(宗室)**額勒樂春**		
王廷變	(?)**雙鼎**	**張廷化**
十、辛丑;革、逮。	惠潮嘉道遷。	十二、己未、廿,2.7;驛鹽道遷。
(漢)**郭世勳**	(滿)**恩長**	
九、乙未、廿五,11.15;遷布。	九、乙未;口北道遷。	
張誠基	**陳奉茲**	
△憂免。	五、癸亥、廿一,6.16;建昌道遷。	
姚棻		
姚梁		
(?)**特昇額**	**王懿德**	
七、己酉、八,8.1;召京。	七、己酉;任。	
(?)**巴尼璊**	**陳大文**	
	閏七、戊寅;遼東道遷。	

年 代	乾隆五二年　丁未(1787)	
直 隸	(？)**託倫** 七、甲申、十九，8.31；降熱河道。	(滿)**富尼善** 七、甲申；熱河道遷。
江 蘇	**王兆棠** 二、庚子、二，3.20；遷布。	**康基田** 二、庚子；江南淮徐道遷。
安 徽	**馮光熊** 二、戊申、十，3.28；魯按互調。	(滿)**玉德** 二、戊申；魯按改。
山 東	(滿)**玉德** 二、戊申；皖按互調。	**馮光熊** 二、戊申；皖按改。
山 西	**虞禮寳** 六、庚子、四，7.18；遷桂布。	(？)**明祿** 六、庚子；口北道遷。
河 南	(？)**穆克登**	(滿)**景安** 三、辛未、三，4.20；甘按改。
陝 西	**周 樽**	
甘 肅	(滿)**景安** 三、辛未；改豫按。	**姚 頤** 三、辛未；原湘按授。
福 建	**王永祺**	
浙 江	**孫 梧**	**鍚景照** 四、丙午、九，5.25；冀寧道遷。
江 西	(宗室)**額勒樂春**	
湖 北	**張廷化** 四、丙午；乞養。	**李天培** 四、丙午；前粵布授。
湖 南	(滿)**恩長**	
四 川	**陳寧茲**	
廣 東	**姚棻**	
廣 西	**姚 梁**	
雲 南	**王懿德**	
貴 州	**陳大文**	

乾隆五三年　戊申(1788)

(滿)富尼善
　　七、庚辰、廿, 8.21; 署布。

康基田	**王士棻**
二、壬午、十九, 3.26; 遷寧布。	六、壬寅、十一, 7.14; 刑員授。

(滿)玉德

(滿)馮光熊

(?)明祿

(滿)景安	**陳奉茲**
二、辛丑、八, 3.15; 遷布。	二、癸卯、十, 3.17; 川按改。

周　樽

姚　頤	**(?)恩明**
△死。	十二、丁酉、十, 1.5; 延榆綏道遷。

伊轍布	**萬鍾傑**	**王慶長**
七、庚辰; 遷布。	七、辛巳、廿一, 8.22; 台灣道遷。十月, 留原任。	十、丁巳、廿九, 11.26; 台灣道署。

歸景照

(宗室)額勒樂春

李天培

(滿)恩長

陳奉茲	**(蒙)和寧**
二、癸卯; 改豫按。	二、癸卯; 盧鳳道遷。

姚　棻

姚　梁

王懿德

陳大文

按察使年表

年 代	乾隆五四年　己酉(1789)		
直 隸	(滿)**富尼善** 十、丙子、廿四,12.10;遷皖布。	(?)**忠泰** 十、丁丑、廿五,12.11;歸綏道遷。	
江 蘇	**王士棻**		
安 徽	(滿)**玉德** 六、壬午、廿八,8.18;遷布。	**陳大文** 六、癸酉、十九,8.9;黔按改。	
山 東	(滿)**馮光熊** 正、丁亥、廿,2.14;遷湘布。	**甘定進** 二、戊子、一,2.25;泰武臨道遷。	
山 西	(?)**明禄** 二、戊子;病免。	**蔣兆奎** 二、戊子;河東運使遷。 十一、丁酉、十五,12.31;遷甘布。	**顧長綬** 十一、丁酉;陝糧道遷。
河 南	**陳奉兹**		
陝 西	**周樽** 三、庚申、三,3.29;甘按互調。	(?)**恩明** 三、庚申;甘按改。	
甘 肅	(?)**恩明** 三、庚申;陝按互調。	**周樽** 三、庚申;陝按改。	
福 建	**王慶長** (台灣道署)		
浙 江	**歸景照**		
江 西	(宗室)**額勒樂春** 七、丙午、廿二,9.11;遷陝布。	(?)**託倫** 七、丙午;熱河道遷。	
湖 北	**李天培** 閏五、乙巳、廿,7.12;革、戍。	**成汝舟** 閏五、乙巳;任。	
湖 南	(滿)**恩長**		
四 川	(蒙)**和寧**		
廣 東	**姚棻** 二、庚戌、廿三,3.19;遷贛布。	**張朝縉** 二、庚戌;豫糧鹽道遷。	
廣 西	**姚梁**	**閔嘉言** 十、庚辰、廿八,12.14;高廉道遷。	
雲 南	**王懿德** 正、癸未、廿六,2.20;遷陝布。	**賀長庚** 正、癸未;任。	
貴 州	**陳大文** 六、癸酉;改皖按。	(滿)**萬寧** 六、癸酉;南汝光道遷。	

乾隆五五年　庚戌(1790)

(?)忠泰	(滿)阿精阿 正、壬寅、廿一，3.6；刑郎遷。
王士棻 五、己亥、十九，7.1；革。	陳奉玆 五、己亥；豫按改。
陳大文 △遷寧布。	(?)恩明 四、丁丑、廿七，6.9；陝按改。
甘定進	陸有仁 五、戊子、八，6.20；閩糧道遷。
顧長緘	
陳奉玆 五、己亥；改蘇按。	李濤 五、己亥；任。
(?)恩明 四、丁丑；改皖按。	姚棻瑛 四、丁丑；湘鹽法道遷。

周榑 三、己丑、九，4.22；遷皖布。	張鹹基 前川按(服)署。 十一、丁丑、一，12.6；遷直布。	鄭製錦 十一、丁丑；清河道遷。

王慶長 台灣道署。	
歸景照 九、庚子、廿三，10.30；遷布。	姜開陽 九、庚子；任。
(?)託倫 四、丙寅、十六，5.29；遷布。	司馬駉 四、丙寅；任。
成汝舟	孫曰秉 七、己亥、廿一，8.30；黔糧道遷。
(滿)恩長	
(蒙)和寧 二、辛未、廿，4.4；遷皖布。	閔嘉言 二、辛未；桂按改。
張朝縉	

閔嘉言 二、辛未；改川按。	湯雄業 左江道遷。九、庚子；遷桂布。	(?)善泰 九、庚子；任。

賀長庚	
(滿)萬寧	

按察使年表

年　代	乾隆五六年　辛亥(1791)		
直　隸	(滿)阿精阿		
江　蘇	陳奉茲 十二、癸亥、廿三，1.16；遷寧布。	汪志伊 十二、甲子、廿四，1.17；蘇松常鎮道遷。	
安　徽	(?)恩明		
山　東	陸有仁		
山　西	顧長紱 六、庚申、十七，7.17；黔按互調。	(滿)萬寧 六、庚申；黔按改。 十一、癸酉、二，11.27；遷黔布。	(蒙)特克慎 十一、癸酉；通參授。
河　南	李濤 二、癸丑、八，3.12；病免。	吳璥 二、癸丑；任。	
陝　西	姚棻瑛		
甘　肅	鄭製錦		
福　建	王慶長 三、己亥、廿五，4.27；台灣道遷(未任)。	戚蓼生 四、乙卯、十一，5.13；候補道遷。	
浙　江	姜開陽 九、庚辰、八，10.5；黔按互調。	顧長紱 九、庚辰；黔按改。	
江　西	司馬騊		
湖　北	孫曰秉		
湖　南	(滿)恩長		
四　川	閔嘉言		
廣　東	張朝縉		
廣　西	(?)善泰		
雲　南	賀長庚		
貴　州	(滿)萬寧 六、庚申；晉按互調。	顧長紱 六、庚申；晉按改。 九、庚辰；浙按互調。	姜開陽 九、庚辰；浙按改。

乾隆五七年　壬子(1792)

(滿)**阿精阿**	
汪志伊	
(？)**恩明**	

陸有仁 五、己酉、十二,6.30;遷直布。	(？)**阿彰阿** 五、己酉;肇羅道遷。

(蒙)**特克慎** 九、庚子、四,10.19;改西寧。	(？)**善泰** 九、庚子;桂按改。 十二、丙子、十二,1.23;遷布。	**祖之望** 十二、丙子;常少授。

吳　璥 六、戊寅、十一,7.29;遷布。	**陳文緯** 六、戊寅;河北道遷。
姚學瑛	

鄭製錦 十、庚寅、廿五,12.8;遷直布。	**陸有仁** 十、庚寅;革直布授。

戚蓼生	**錢受椿** 十二、乙酉、廿一,2.1;督糧道遷。

顧長綬 十二、辛巳、十七,1.28;遷布。	**閭嘉言** 十二、壬午、十八,1.29;川按改。
司馬駒	
孫曰秉	
(滿)**恩長**	

閭嘉言 十二、壬午;改浙按。	**林　僑** 十二、壬午;茶鹽道遷。
張朝縉	

(？)**善泰** 九、庚子;改晉按。	(滿)**成林** 九、庚子;前桂道員(服)署。
賀長庚	
姜開陽	

按察使年表

年　代	乾隆五八年　癸丑(1793)	
直　隸	(滿)阿精阿 　　十一、乙未、六，12.8；遷陝布。	(↑)索諾木札木楚 　　十一、乙未；口北道遷。
江　蘇	汪志伊 　　正、壬子、十八，2.28；遷甘布。	熊　枚 　　正、壬子；濟東泰武寧道遷。
安　徽	(↑)恩明	
山　東	(↑)阿彰阿 　　三、乙卯、廿二，5.2；改湘按。	羅　煥 　　三、乙卯；永定河道遷。
山　西	祖之望	
河　南	陳文緯	
陝　西	姚學瑛	
甘　肅	陸有仁	
福　建	錢受椿	
浙　江	閔鶚言 　　三、乙卯；遷川布。	田鳳儀 　　三、乙卯；安襄鄖道遷。
江　西	司馬駒	
湖　北	孫曰秉	
湖　南	(滿)恩長 　　三、癸丑、廿，4.30；召京(降)。	(↑)阿彰阿 　　三、乙卯；魯按改。
四　川	林　儁	
廣　東	張朝縉 　　四、乙亥、十三，5.22；遷浙布。	(滿)倭什布 　　四、丙子、十四，5.23；松茂道遷。
廣　西	(滿)成林 　　正、丙辰、廿，3.4；册封安南國王使臣。 　　八、癸未、廿三，9.27；遷布。	(滿)靊騰安 　　八、癸未；任。
雲　南	賀長庚 　　八、辛巳、廿一，9.25；遷黔布。	(↑)布顏 　　八、辛巳；荊宜施道遷。
貴　州	姜開陽	(滿)西成 　　八、辛巳；湘鹽道遷。

乾隆五九年　甲寅(1794)

(?)索諾木札木楚

熊　枚

(?)恩明

羅　煐	江　蘭	(?)布顏
五、庚子、十四，6.12；降運河道。	五、庚子，布降。八月，護撫。 九、乙酉、一，9.24；滇按互調。	九、乙酉滇按改。

祖之望

陳文緯

姚學瑛

陸有仁

錢受椿

田鳳儀	蒯啓昆
五、戊戌、十二，6.10；遷布。	五、戊戌；江南河庫道遷。

司馬騊

孫日秉	張畏庚
五、辛丑、十五，6.13；遷魯布。	五、壬寅、十六，6.14；漢黃德道遷。

(?)阿彰阿	(滿)西成
十一、癸巳、九，12.1；黔按互調。	十一、癸巳；黔按改。

林　儁

(滿)倭什布	(?)德泰
八、壬申、十八，9.11；遷陝布。	八、癸酉、十九，9.12；興泉永道遷。

(滿)薩騰安

(?)布顏	江　蘭
九、乙酉；魯按互調。	九、乙酉；魯按改。

(滿)西成	(?)阿彰阿
十一、癸巳；湘按互調。	十一、癸巳；湘按改。

年　代	乾隆六十年　乙卯(1795)
直　隸	（?）索諾木札木楚　　　　　　　　　（蒙）全保 　　　　　　　　　　　　　　　　　七、戊寅、廿九,9.12;熱河道遷。
江　蘇	熊　枚　　　　　　康基田　　　　　　　（?）布顔 五、戊辰、十八,7.4;遷滇布。　五、戊辰;河道遷,仍兼幫辦。　十、戊戌;魯按改。 　　　　　　　　　十、戊戌、廿一,12.1;魯按互調。
安　徽	（?）恩明
山　東	（?）布顔　　　　　　　　　　　　　康基田 十、戊戌;蘇按互調。　　　　　　　十、戊戌;蘇按改。
山　西	祖之望　　　　　張曾誼　　　　　　　（?）和明 五、癸丑、三,6.19;遷滇布。　五、丁巳、七,6.15;冀寧道遷。七、戊寅;改浙按。　七、戊寅;河東道遷。
河　南	陳文緯
陝　西	姚學瑛
甘　肅	陸有仁　　　　　　　　　（滿）廣厚 四、甲辰、廿四,6.10;遷布。　四、甲辰;潼商道遷。
福　建	錢受椿　　　　　　　　　李殿圖 二、甲寅、二,2.20;遷桂布。　二、乙卯、三,2.21;鞏秦階道遷。
浙　江	謝啟昆　　　　　　　　　張曾誼 七、戊寅;遷晉布。　　　　七、戊寅;晉按改。
江　西	司馬騊
湖　北	張畏庚
湖　南	（滿）西成　　　　　　　　　（?）尼堪巴圖魯 四、丁未、廿七,6.13;遷桂布。　四、丁未;任。
四　川	林儁　　　　　　　　　楊授 十二、丁酉、廿,1.29;遷布。　十二、丁酉;按衙授。
廣　東	（?）德泰　　　　　　　　蔣肇奎 五、丙辰、六,6.22;革。　五、丁巳、七,6.23;惠潮嘉道遷。
廣　西	（滿）薩騰安
雲　南	江　蘭　　　　　　　　　陳孝昇 四、己亥、十九,6.5;遷撫。　四、辛丑、廿一,6.7;糧儲道遷。
貴　州	（?）阿彰阿　　　　　　　　（滿）常明 七、丙寅、十七,8.31;病免。　七、丙寅;貴東道遷。

嘉 慶 元 年　丙辰(1796)	
(蒙)全保	
(?)布顏 　四、己丑、十四, 5.20; 病免。	李廷敬 　四、己丑; 蘇松太道遷。
(?)恩明	
康基田 　七、庚戌、七, 8.9; 遷布。	張長庚 　七、庚戌; 鄂按改。
(?)和明	
陳文緯	
姚學瑛 　十一、庚申、十九, 12.17; 解。　布政倭什布兼署。	
(滿)廣厚	
李殿圖	
張曾誼	
司馬騊 　十一、癸丑、十二, 12.10; 遷晉布。	汪志伊 　十一、癸丑; 浙布降。
張長庚 　七、庚戌; 改魯按。	(滿)高杞 　七、庚戌; 荊宜施道遷。
(?)尼堪巴圖魯 　七、庚申、十七, 8.19; 改黔按。	(滿)清安泰 　七、庚申; 衡永郴道遷。
楊　撲	
蔣肇奎	
(滿)薩騰安	孫玉庭 　十、己亥、廿七, 11.26; 鹽法道遷。
陳孝昇	
(?)尼堪巴圖魯 　七、庚申; 湘按改。	(滿)常明 　十一、辛未、卅, 12.28; 原任署。△憂免。

按察使年表

年　代	嘉　慶　二　年　丁巳(1797)				
直　隸	(蒙)全保				
江　蘇	李廷敬				
安　徽	(？)恩明				
山　東	張畏庚 九、乙酉、十九,11.7;改鄂按。			荊道乾 九、乙酉;登萊青道遷。	
山　西	(？)和明				
河　南	陳文緯 十二、己酉、十四,1.30;遷魯布。			(漢)馬慧裕 十二、己酉;陝按改。	
陝　西	姚學瑛 正、乙卯、十四, 2.10;革、拿。	(滿)先福 正、乙卯;崇 秦階道遷。 七、庚午、三, 8.24;改川按。	陳用敷 七、庚午;粤按改。 八、丙辰、廿,10.9; 遷皖布。	陸有仁 八、丙辰;革刑 右授。 十一、癸未、十 八,1.4;遷布。	(漢)馬慧裕 十一、癸未;開 歸陳許道遷。 十二、己酉;改 豫按。	(蒙)台斐音 十二、己酉; 熱河道遷。
甘　肅	(滿)廣厚				
福　建	李殿圖				
浙　江	張曾誼	(？)託倫 八、乙巳、九,9.28;贛按互調。		陸伯焜 八、乙巳;贛按改。	
江　西	汪志伊 四、丙子、六,5.2; 遷閩布。	陸伯焜 四、丙子;光少授。 八、乙巳;浙按互調。	(？)託倫 八、乙巳;浙按改。	顏檢 十二、戊午、廿三,2.8; 迤南道遷。	
湖　北	(滿)高杞 九、乙酉、十九,11.7;遷閩布。			張畏庚 九、乙酉;魯按改。	
湖　南	(滿)清安泰				
四　川	楊揆 正、癸亥、廿二,2.18;遷甘布。		張繼辛 正、癸亥;貴西道遷。七、庚午;改黔按。	(滿)先福 七、庚午;陝按改。	
廣　東	蔣肇奎 四、丙子、六,5.2;遷布。		陳用敷 四、丙子;前皖撫授。七、庚午;改陝按。	(？)常齡 七、庚午;鹽運使遷。	
廣　西	孫玉庭				
雲　南	陳孝昇 二、甲戌、三,3.1;遷布。			孫蕃 二、甲戌;陝督糧道遷。	
貴　州	(滿)常明 七、庚午;遷布。			張繼辛 七、庚午;川按改。	

嘉 慶 三 年　戊午(1798)	
(蒙)全保	
李廷敬	
(丁)恩明	
荆道乾	
(丁)和明	李　舟 十、壬寅、十二,11.19;閩糧道遷。
(漢)馬慧裕 十一、庚辰、廿一,12.27;遷晉布。	(滿)瑚圖禮 十一、庚辰;四京候授。
(蒙)台斐音	
(滿)廣厚	
李殿圖 四、癸卯、九,5.24;遷布。	劉　斌 四、癸卯;溫處道遷。
陸伯焜	
顏　檢	
張長庚	
(滿)清安泰	
(滿)先福	
(丁)常齡 十、壬辰、二,11.9;遷布。	吳　俊 十、壬辰;督糧道遷。
孫玉庭	
孫　藩	
張繼辛	方　昂 七、己卯、十七,8.28;江寧鹽道遷。

年代	嘉慶四年　己未(1799)		
直隸	(蒙)全保 七、丁卯、十一,8.11;遷魯布。	(？)完顏岱 七、丁卯;豫糧道遷。 七、丙戌、卅,8.30;改豫按。	(滿)同興 七、丙戌;長蘆運使遷。
江蘇	李廷敬	(？)述德 三、辛未、十三,4.17;登萊青道遷。七、丙戌;老,召京。	張師誠 七、丙戌;豫按改。
安徽	(？)恩明 正、己巳、十,2.14;遷布。	(滿)福慶 正、庚午、十一,2.15;甘涼道遷。	
山東	荊道乾 二、庚寅、二,3.7;遷蘇布。	王汝璧 二、庚寅;大名道遷。	
山西	李　舟		
河南	(滿)瑚圖禮 二、辛丑、十三,3.18;遷刑右。	張師誠 二、辛丑;雁平道遷。七、丙戌;改蘇按。	(？)完顏岱 七、丙戌;直按改。
陝西	(蒙)台斐音		
甘肅	(滿)廣厚 八、戊申、廿二,9.21;遷贛布。	姜開陽 八、戊申;甘鹽法道遷。	
福建	劉　炌 八、壬子、廿六,9.25;遷浙布。	(？)瞻柱 八、壬子;清河道遷。	
浙江	陸伯焜 △病免。(七年死)	王　鯤 二、癸巳、五,3.10;鞏秦階道遷。	
江西	顏　檢 三、辛酉、三,4.7;遷豫布。	邵　洪 三、辛酉;岳常澧道遷。 十一、壬午、廿八,12.24;遷布。	(滿)阿林保 十一、壬午;廣饒九南道遷。
湖北	張長庚		
湖南	(滿)清安泰 三、癸亥、五,4.9;署布。		
四川	(滿)先福		
廣東	吳　俊		
廣西	孫玉庭 三、癸亥;遷湘布。	楊長桂 三、甲子、六,4.10;左江道遷。	
雲南	孫　藩 五、乙酉、廿八,6.30;遷皖布。	張端城 五、乙酉;陝糧道遷。 八、庚戌、廿四,9.23;乞養。	(？)公峨 八、庚戌;天津道遷。
貴州	方　昂 八、辛丑、廿七,9.26;遷蘇布。	(滿)成寧 八、辛丑;辰沅永靖道遷。	

嘉 慶 五 年　庚申(1800)

(滿)**同興**
　　十、丁巳、八，11.24；署布。　　　清河道喬人傑兼署。

　張師誠

(滿)**福慶**

　王汝璧　　　　　　　　　　　　　　　**方維甸**
　　閏四、丁卯、十五，6.7；遷蘇布。　　　　閏四、丁卯；閣讀學授。

　李　舟　　　(?)**璸亨**　　　　　**文　寧**　　　　　**王文溌**
　　二、戊子、五，2.28；　二、戊子、安廬道遷。　四、丁亥；陝安道遷。　十、癸酉；陝按改。
　　遷桂布。　　　　四、丁亥、五，4.28；革。　十、癸酉、廿四，12.10；陝按互調。

(?)**完顏岱**

(蒙)**台斐音**　　　　**溫承惠**　　　　　**王文溌**　　　　　**文　寧**
　　正、丙寅、十三，2.6；　正、丙寅；延楡綏道遷。　六、甲戌；鳳邠道遷。　十、癸酉；晉按改。
　　遷桂布。　　　六、甲戌、廿三，8.13；遷布。　十、癸酉；晉按互調。

　姜開陽

(?)**瞻柱**

　王　錕　　　　　　**秦　瀛**　　　　　(漢)**百　齡**
　　　　　　閏四、癸酉、廿一，6.13；杭嘉湖道遷。　十、癸酉；湘按改。
　　　　　　十、癸酉；湘按互調。

(滿)**阿林保**

　張長庚　　　　　　　　　　　　(滿)**成寧**
　　十、庚午、廿一，12.7；改黔互調。　　　十、庚午；黔按改。

(滿)**清安泰**　　　　　(漢)**百　齡**　　　　　**秦　瀛**
　　二、辛亥、廿八，3.23；遷桂布。　二、辛亥；奉丞授。　十、癸酉；浙按改。
　　　　　　　　十、癸酉；浙按互調。

(滿)**先福**　　　　　　　　　　　**蕫教增**
　　九、壬寅、廿三，11.9；遷豫布。　　九、壬寅；川候補道遷。

　吳　俊

　楊長桂　　　　　　　　　　　(?)**公峨**
　　二、戊子；滇按互調。　　　　　二、戊子；滇按改。

(?)**公峨**　　　　　　　　　　　**楊長桂**
　　二、戊子；桂按互調。　　　　　二、戊子；桂按改。

(滿)**成寧**　　　　　　　　　　　**張長庚**
　　十、庚午；鄂按互調。　　　　　十、庚午；鄂按改。

年　代	嘉　慶　六　年　辛酉(1801)		
直　隷	(滿)同興 三、癸未、七,4.19;遷寧布。	(?)瞻柱 三、癸未;閩按改。	
江　蘇	張師誠 三、丁亥、十一,4.23;遷晉布。	(滿)阿林保 三、丁亥;贛按改。	
安　徽	(滿)福慶 正、乙酉、八,2.28;遷布。	(滿)恩長 正、乙酉;前和闐辦事大臣授。	
山　東	方維甸 十、甲辰、一,11.6;遷豫布。	(蒙)策丹 十、甲辰;運河道遷。 十、丁未、四,11.9;豫按互調。	陳鑰琛 十、丁未;豫按改。
山　西	王文湧 二、辛未、廿五,4.7;遷甘布。	朱紹曾 二、辛未;霸昌道遷。	
河　南	(?)完顏岱 四、壬戌、十六,5.28;遷布。	陳鑰琛 四、壬戌;南汝光道遷。 十、丁未;魯按互調。	(蒙)策丹 十、丁未;魯按改。
陝　西	文　霈		
甘　肅	姜開陽 十一、丁丑、四,12.9;遷閩布。	蔡廷衡 十一、丁丑;蘭州道遷。	
福　建	(?)瞻柱 三、癸未;改直按。	喬人傑 三、癸未;清河道遷。	
浙　江	(漢)百齡 七、癸未、九,8.17;遷黔布。	阿禮布 七、癸未;濟東道遷。	
江　西	(滿)阿林保 三、丁亥;改蘇按。	(?)永憲 三、丁亥;粵鹽運使遷。	(滿)衡齡 七、壬午、八,8.16;鹽道遷。
湖　北	(滿)成寧		
湖　南	秦　瀛		
四　川	董教增		
廣　東	吳俊 四、壬戌、十六,5.28;遷魯布。	陳文 四、壬戌;岳常澧道遷。	
廣　西	(?)公峨		
雲　南	楊長桂		
貴　州	張長庚		

嘉 慶 七 年　壬戌(1802)

(?)瞻柱 正、乙未、廿三，2.25；遷布。	(?)慶童 正、乙未；熱河道遷。
(滿)阿林保 九、丁丑、九，10.5；遷皖布。	(漢)李亨特 九、丁丑；湘按改。
(滿)恩長 十一、壬辰、廿五，12.19；遷桂布。	(?)珠隆阿 十一、壬辰；廬鳳道遷。
陳鍾琛 七、甲午、廿六，8.23；署布，崔應辰署。 十一、庚午、三，11.27；遷布。	金光悌 十一、庚午；閱讀學授。
朱紹曾	
(蒙)策丹	
文　儒	
蔡廷衡	
喬人傑 七、庚辰、十二，8.9；鄂按互調。	(滿)成寧 七、庚辰；鄂按改。
阿禮布	
(滿)衡齡	
(滿)成寧 七、庚辰；閩按互調。	喬人傑 七、庚辰；閩按改。
秦瀛 二、甲子、廿三，3.26；病免。	(漢)李亨特 二、甲子；贛鹽道遷。九、丁丑；改蘇按。 韓崶 九、丁丑；岳常澧道遷。
董教增 八、己酉、十一，9.7；改黔按。	劉清 八、己酉；建昌道遷。
陳文 七、癸巳、廿五，8.22；革。	邱庭漋 七、甲申、十六，8.13；粵糧道遷。
(?)公峨 十二、辛酉、廿四，1.17；遷黔布。	齊布森 十二、辛酉；歸綏道遷。
楊長桂	
張長庚 八、己酉；革。	董教增 八、己酉；川按改。

年　代	嘉 慶 八 年　癸亥（1803）		
直　隸	⑴慶章 八、丁卯、五，9.20；遷陝布。	傅　修 八、丁卯；熱河道遷。	
江　蘇	⑶李亨特		
安　徽	⑴珠隆阿 十一、甲午、三，12.16；召京（閣學）。	⑶鄂雲布 十一、甲午；西寧道遷。	
山　東	金光悌		
山　西	朱紹曾		
河　南	⑶策丹 十一、辛酉、卅，1.12；遷滇布。	⑶台斐音 十一、辛酉；鳳邠道遷。	
陝　西	文　霈 九、癸丑、廿一，11.5；改閩按。	朱　勳 九、癸丑；陝安道遷。	
甘　肅	蔡廷衡 十二、戊寅、十七，1.29；遷布。	⑶崇禄 十二、戊寅；安肅道遷。	
福　建	⑶成寧 九、癸丑；遷湘布。	文　霈 九、癸丑；陝按改。 十一、戊戌、七，12.20；改浙按。	韓　崶 十一、戊戌；湘按改。
浙　江	阿禮布 九、丙午、十四，10.29；遷滇布。	金應琦 九、丙午；河東道遷。十一、戊戌；改湘按。	文　霈 十一、戊戌；閩按改。
江　西	⑶衡齡		
湖　北	喬人傑		
湖　南	韓　崶 十一、戊戌；改閩按。	金應琦 十一、戊戌；浙按改。	
四　川	劉　清		
廣　東	邱庭漋		
廣　西	齊布森 六、己丑、廿六，8.13；改封越南國王使臣。		
雲　南	楊長桂		
貴　州	董教墹		

嘉慶九年　甲子(1804)

傅　修 十二、己卯、廿四,1.24;晉按互調。	(滿)景安 十二、己卯;晉按改。	
(漢)李亨特 十二、丁卯、十二,1.12;改東河。	(滿)鄂雲布 十二、丁卯;皖按改。	
(滿)鄂雲布 十二、丁卯;改蘇按。	楊　護 十二、丁卯;平慶道遷。	
金光悌		
朱紹曾 八、辛巳、廿五,9.28;遷皖布。	(滿)景安 八、辛巳,承德知府遷。 十二、己卯;直按互調。	傅　修 十二、己卯;直按改。
(蒙)台斐音 七、己亥、十三,8.17;遷鄂布。	(?)慶格 七、己亥;冀寧道遷。	
朱　勳		
(滿)崇祿		
韓　對		
文　爟		
(滿)衡齡 十、癸酉、十八,11.19;遷黔布。	許兆椿 十、癸酉;蘇松糧道遷。	
喬人傑	胡克家 四、乙酉、廿七,6.4;開歸道遷。	
金應琦		
劉　清		
邱庭漋 三、辛亥、廿二,5.1;乞養。	秦　瀛 三、辛亥;杭嘉湖道遷。	
齊布森		
楊長桂 四、甲戌、十六,5.24;召京。	李鑾宣 四、甲戌;溫處道遷。	
董教增 六、戊午、一,7.7;遷川布。	李長森 六、戊午;登萊青道遷。	

按察使年表

年　代	嘉　慶　十　年　乙丑(1805)		
直　隸	(滿)景安 五、癸卯、廿,6.17;遷陝布。	(?)慶格 五、癸卯;豫按改。 十、辛丑、廿二,12.12;遷布。	楊志信 十、辛丑;清河道遷。
江　蘇	(滿)鄂雲布 閏六、庚寅、九,8.3;遷皖布。	(?)週昌 閏六、庚寅;台灣道遷。	
安　徽	楊　馥		
山　東	金光悌 十、庚寅、十一,12.1;遷布。	李奕疇 十、庚寅;江安糧儲道遷。	
山　西	傅　修	(?)敦柱 五、壬子、廿九,6.26;改陝按。	李　鍒 五、壬子;清河道遷。
河　南	(?)慶格 五、癸卯;遷直布。	方受疇 五、癸卯;通永道遷。	
陝　西	朱　勳 五、壬子;遷布。	(?)敦柱 五、壬子;魯布改。	
甘　肅	(滿)崇祿 十、庚寅;遷浙布。	吳　沂 十、庚寅;潼商道遷。(未任,道死)	劉大懿 十一、壬戌、十三,1.2;甘涼道遷。
福　建	韓　對 十一、丙辰、七,12.27;遷湘布。	裏秉直 十一、丙辰;杭嘉湖道遷。	
浙　江	文　寧 二、辛未、十七,3.17;遷魯布。	(滿)景敏 二、辛未;汀漳龍道遷。 七、庚辰、卅,9.22;赣按互調。	許兆椿 七、庚辰;赣按改。
江　西	許兆椿 七、庚辰;浙按互調。	(滿)景敏 七、庚辰;浙按改。	
湖　北	胡克家		
湖　南	金應琦 六、庚申、八,7.4;遷晉布。	史積容 六、庚申;衡永郴桂道遷。	
四　川	劉　清		
廣　東	秦　瀛 閏六、壬午、一,7.26;遷浙布。	吳　俊 閏六、壬午;署惠潮嘉道遷。	
廣　西	齊布森 十、戊子、九,11.29;遷豫布。	朱爾滇 十、戊子;肇羅道遷。	
雲　南	李鑾宣 △革(戌)。		
貴　州	李長森 十、辛丑;遷布。	宋　鏐 十、辛丑;池寧太廣道遷。	

嘉慶十一年　丙寅(1806)

楊志信		
(?)遇昌		
楊　馥		
李奕疇 五、甲戌、廿七,7.13;降調。	石韞玉 五、甲戌;潼商道遷。	
李　鋐 八、庚寅、十六,9.27;遷桂布。	(滿)常明 八、庚寅;鄂鹽道遷。 十一、戊申、五,12.14;遷陝布。	張映漢 八、庚寅;鄂糧道遷。
方受疇		
(?)敦柱	(?)素納 七、癸酉、廿八,9.10;陝糧道遷。	
劉大懿		
袁秉直 五、丙寅、十九,7.5;改鄂按。	(滿)慶保 五、丙寅;台灣道遷。	
許兆椿 五、乙丑、十八,7.4;遷寧布。	朱　理 五、乙丑;興泉永道遷。	
(滿)景敏 三、丙辰、八,4.26;遷閩布。	(漢)蔣攸銛 三、丙辰;潮惠嘉道遷。 十一、庚申、十七,12.26;遷滇布。	陳　預 十一、庚申;兗沂曹道遷。
胡克家 五、丙寅;遷蘇布。	袁秉直 五、丙寅;閩按改。	
史積容 十、癸卯、卅,12.9;遷布。	(蒙)巴哈布 十、癸卯;岳常澧道遷。	
劉　清 △憂免。	姚令儀 二、壬寅、廿四,4.12;鹽茶道遷。	
吳　俊		
朱爾漢		
宋　鎔 四、己亥、廿二,6.8;乞養。	朱　棟 四、己亥;南韶連道遷。	

年 代	嘉慶十二年　丁卯(1807)		
直 隸	楊志信 三、乙丑、廿三,4.30;遷魯布。	方受疇 三、乙丑;豫按改。九、戊申、十,10.10;遷布。	(?)素納 九、戊申;陝按改。
江 蘇	(?)遇昌 四、癸未、十一,5.18;革。	(漢)百齡 四、癸未;湘按改。	
安 徽	楊　馥		
山 東	石韞玉 △病免。	朱　棟 六、壬申、二,7.6;豫按改。	
山 西	張映漢		
河 南	方受疇 三、乙丑;改直按。	朱　棟 三、乙丑;黔按改。六、壬申;改魯按。	酯以謙 六、壬申;河陝汝道遷。
陝 西	(?)素納 九、戊申;改直按。	陳　祁 九、戊申;陝安道遷。	
甘 肅	劉大懿		
福 建	(滿)慶保		
浙 江	朱　理		
江 西	陳　預		
湖 北	袁秉直		
湖 南	(蒙)巴哈布	(漢)百　齡 三、壬申、卅,5.7;汀漳龍道遷。四、癸未;改蘇按。	曾　燠 四、癸未;兩淮運使遷。
四 川	姚令儀 五、丁未、六,6.11;遷布。	方　積 五、丁未;茶鹽道遷。	
廣 東	吳　俊		
廣 西	朱爾漢 △三月,死。	王家賓 四、丙子、四,5.11;桂平梧道遷。	
雲 南			
貴 州	朱　棟 三、乙丑;改像按。	查　淳 三、乙丑;湘糧道遷。	

嘉慶十三年　戊辰(1808)

(?)素納

(漢)百　齡	(?)慶格	(?)蔡圖
二、己丑、廿三,3.19;改鴻臚。	二、己丑;候三四京授。 六、乙巳、十一,8.2;遷浙布。	六、乙巳;淮揚道遷。

楊　馥	李奕疇
六、乙巳;遷寧布。	六、乙巳;江南河庫道遷。

朱　棟	(漢)百　齡	陳若霖	朱錫爵
五、乙丑、卅,6.23; 改甘按。	五、乙丑;鴻臚改。 九、甲戌、十一,10.30;遷布。	九、甲戌;川鹽道遷。 十一、壬午、廿一,1.6;改粵按。	十一、壬午;濟東 道遷。

張映漢	劉　清
七、辛未、七,8.28;遷鄂布。	七、辛未;服闋川按授。

諸以謙

陳　祁

劉大懿	朱　棟	(?)常格
	五、乙丑;魯按改。九、甲申、廿一,11.9;解。	九、甲申;雁平道遷。

(滿)慶保	王紹蘭
六、乙巳;遷陝布。	六、乙巳;興泉永道遷。

朱　理	(滿)廣厚
十二、庚申、廿九,2.13;遷魯布。	十二、庚申;喀喇沙爾辦事大臣授。

陳　預	查　淳
九、己丑、廿六,11.14;遷黔布。	九、己丑;黔按改。

袁秉直

曾　燠

方　積

吳　俊	韓　對	陳若霖
六、乙巳;召京。	六、乙巳;刑左降。十一、壬午;遷撫。	十一、壬午;魯按改。

王家賓	梁敦懷	蔣繼勛
三、辛酉、廿五,4.20;休。	三、辛酉;川茶鹽道遷。 十一、丁丑、十六,1.1;滇按互調。	十一、丁丑;滇按改。

蔣繼勛	梁敦懷
十一、丁丑;桂按互調。	十一、丁丑;桂按改。

查　淳	(?)敦柱
九、己丑;改贛按。	九、己丑;興泉永道遷。

按察使年表

年代	嘉慶十四年　己巳（1809）			
直　隸	（？）素納 八、庚戌、廿二，10.1；遷皖布。		（？）福昂 八、庚戌；豫糧道遷。	
江　蘇	（？）縈圖 正、辛巳、廿一，3.6；降三調。		（滿）穆克登布 正、辛巳；浙糧儲道遷。	
安　徽	李奕疇 十、甲辰、十七，11.24；遷布。		（滿）廣泰 十、甲辰；廬鳳道遷。	
山　東	朱錫爵 七、壬申、十四，8.24；遷布。		張　彤 七、壬申；登萊青道遷。	
山　西	劉　清 七、壬申；遷布。	（？）積朗阿 七、壬申；寧夏道遷。 十二、乙巳、廿，1.24；甘按互調。	陳桂生 十二、乙巳；甘按改。	
河　南	諸以謙 正、辛巳；革。		馬書欣 正、辛巳；高廉道遷。	
陝　西	陳　祁 四、戊戌、九，5.22；甘按互調。		（？）常格 四、戊戌；甘按改。	
甘　肅	（？）常格 四、戊戌；陝 按互調。	陳　祁 四、戊戌；陝按改。 十、壬寅、十五，11.22；遷布。	陳桂生 十、壬寅；荊宜施道遷。 十二、乙巳、廿，1.24；晉按互調。	（？）積朗阿 十二、乙巳； 晉按改。
福　建	王紹蘭 二、丁巳、廿七，4.11；憂免。		（？）廣玉 二、丁巳；冀寧道遷。	
浙　江	（滿）廣厚 四、壬子、廿三，6.5；桂按互調。	蔣繼勳 四、壬子；桂按改。 十二、辛卯、六，1.10；遷豫布。	陳　觀 十二、辛卯；閩鹽道遷。	
江　西	查　淳		何　銑 九、甲子、七，10.15；陝安道遷。	
湖　北	袁秉直 正、丁卯、七，2.20；遷贛布。	曾　燠 正、丁卯；湘按改。十二、乙巳；遷粵布。	周季堂 十二、乙巳；贛糧道遷。	
湖　南	曾　燠 正、丁卯；改鄂按。		傅　鼐 正、丁卯；辰沅永靖道遷。	
四　川	方　積 八、庚戌；遷布。		常發祥 八、庚戌；潼商道遷。	
廣　東	陳若霖			
廣　西	蔣繼勳 四、壬子；浙按互調。	（滿）廣厚 四、壬子；浙按改。 五、辛酉、二，6.14；遷浙布。	（？）敦柱 五、辛酉；黔按改。	
雲　南	梁教懷 三、辛酉、一，4.15；遷布。	（滿）同興 三、辛酉；江南河庫道遷。 七、甲子、六，8.16；遷皖布。	（？）岳慶 七、甲子；杭嘉湖道遷。	
貴　州	（？）敦柱 五、辛酉；改桂按。		翁元圻 五、辛酉；迤南道遷。	

嘉慶十五年　庚午(1810)

(？)福昂 　十二、甲午、十四,1.8；蘇按互調。	(滿)靈保 　十二、甲午；蘇按改。

(滿)穆克登布 　三、丙辰、二,4.5；遷浙布。	(滿)靈保 　三、丙辰；岳常澧道遷。 　十二、甲午；直按互調。	(？)福昂 　十二、甲午；直按改。

(滿)廣泰

張　彤

陳桂生

馬書欣	趙宜喜 　二、甲午、十,3.14；常鎮道遷。

(？)常格

(？)積朗阿

(？)廣玉 　十、己亥、十八,11.14；遷浙布。	劉大懿 　十、己亥；前甘按授。

陳　觀

何　銑

周季堂

傅　鼐

常發祥

陳若霖

(？)敦柱	(？)德泰 　正、丙子、廿一,2.24；候員授。

(？)岳慶 　五、辛未、十八,6.19；降(岳常澧道)。	顏　檢 　五、辛未；任。

翁元圻

年　代	嘉慶十六年　辛未(1811)
直　隸	(滿)靈保
江　蘇	(?)福昂 　　九、戊戌、廿三，11.8；滇按互調。　　　　　　(蒙)巴哈布 　　　　　　　　　　　　　　　　　　　　　九、戊戌；滇按改。
安　徽	(滿)廣泰
山　東	張　彤 　　十、丙辰、十一，11.26；解。　　　　　　劉大懿 　　　　　　　　　　　　　　　　　　十、丙辰；閩按改。
山　西	陳桂生 　　四、癸丑、六，5.27；遷布。　　　　　　錢　臻 　　　　　　　　　　　　　　　　　四、癸丑；冀寧道遷。
河　南	趙宜喜 　　六、乙卯、九，7.28；解。　　六、乙卯；天津道沈長春遷。 　　六、乙丑、十九，8.7；回任。　　六、乙丑；加按銜回任。
陝　西	(?)常格
甘　肅	(?)積朗阿
福　建	劉大懿 　　十、丙辰；改魯按。　　　　　　王紹蘭 　　　　　　　　　　　　　十、丙辰；原任服闋授。
浙　江	陳　觀
江　西	何　銑
湖　北	周季堂 　　十、丙寅、廿一，12.6；解、革。　　　　陳若霖 　　　　　　　　　　　　　　　　十一、己丑、十四，12.29；粵按改。
湖　南	傅　鼐 　　六、乙丑；死。　　沈長春 　　六、乙丑；天津道遷。　　(?)慶炆 　　七、癸巳、十七，9.4；西寧道遷。
四　川	常發祥
廣　東	陳若霖 　　十一、己丑；改鄂按。　　　　溫承志 　　　　　　　　　　　　十一、己丑；糧儲道遷。
廣　西	(?)德泰
雲　南	顏　檢 　　閏三、丁未、廿九，5.21；遷撫。　　(蒙)巴哈布 　　閏三、丁未；僕少授。 　　九、戊戌；蘇按互調。　　(?)福昂 　　九、戊戌；蘇按改。
貴　州	翁元圻

嘉慶十七年　壬申(1812)	
(滿)靈保	(?)慶格 六、丁巳、十六,7.24;喀什噶爾幫辦授。
(蒙)巴哈布	
(滿)廣泰	
劉大懿	
錢　臻	
趙宜喜 九、乙亥、六,10.10;改粵按。	譜以謙 九、乙亥;開歸道遷。
(?)常格	
(?)積朗阿 五、己丑、十八,6.26;遷閩布。	(?)遇昌 五、己丑;甘涼道遷。
王紹蘭	
陳　觀 八、乙丑、廿五,9.30;遷寧布。	楊　馥 八、乙丑;淮海道遷。
何　銑 九、甲午、廿五,10.29;遷甘布。	盛惇崇 九、甲午;陝督糧道遷。
陳若霖	
(?)慶炆	
常發祥	
溫承志 九、乙亥、六,10.10;死。	趙宜喜 九、乙亥;豫按改。
(?)德泰	
(?)福昂	
翁元圻	

年　代	嘉慶十八年　癸酉(1813)		
直　隸	(？)慶格 十、丙午、十三,11.5;晉按互調。		錢　臻 十、丙午;晉按改。
江　蘇	(蒙)巴哈布 三、甲戌、七,4.7;遷鄂布。		楊懋恬 三、甲戌;池寧太廣道遷。
安　徽	(滿)廣泰		(？)海慶 十一、丙寅、三,11.25;汀漳龍道遷。
山　東	劉大懿		
山　西	錢　臻 十、丙午;直按互調。		(？)慶格 十、丙午;直按改。
河　南	諸以謙		
陝　西	(？)常格 七、庚寅、廿六,8.21;遷浙布。		(滿)繼昌 七、庚寅;江安糧道遷。
甘　肅	(？)遇昌 三、丁丑、十,4.10;改閩按。		(？)德克精阿 三、丁丑;平慶涇固道遷。
福　建	王紹蘭 三、丁丑;遷布。	(？)遇昌 三、丁丑;甘按改。	(？)瑞麟 五、甲戌、八,6.6;雁平道遷。
浙　江	楊　馥		
江　西	盛惇崇		
湖　北	陳若霖		
湖　南	(？)慶炆 十、丙申、三,10.26;遷陝布。		(滿)恒敏 十、丁酉、四,10.27;湘糧道遷。
四　川	常發祥		
廣　東	趙宜喜		
廣　西	(？)德泰		張凱元 七、壬午、十八,8.13;鄂糧道遷。
雲　南	(？)福昂 七、丁卯、三,7.29;遷黔布。		(？)額特布 七、丁卯;滇糧道遷。
貴　州	翁元圻 九、庚辰、十七,10.10;遷湘布。		伊湯安 九、庚辰;貴西道遷。

嘉慶十九年　甲戌(1814)	

錢　臻		李鑾宣	
八、辛巳、廿三,10.6;遷布。		八、辛巳;通永道遷。	

楊懋恬	(?)慶格		(漢)毓岱
七、丁巳、廿九,9.12;晉按互調。	七、丁巳;晉按改。		十、丙戌;淮徐道遷。
	十、丙戌、廿九,12.10;遷黔布。		

(?)海慶

劉大懿	程國仁
五、丁酉、七,6.24;解、勘。	五、丁酉;光少授。

(?)慶格	楊懋恬	(?)訥福
七、丁巳;蘇按互調。	七、丁巳;蘇按改。	九、戊子;閩按改。
	九、戊子、一,10.13;遷陝布。	

諸以謙	(滿)和舜武	韓克均	伊湯安	(滿)琦善
五、丁酉;	五、丁酉;高廉道遷。	七、辛亥;溫處道遷。	七、壬子;滇按改。	十、甲子;
遷布。	七、辛亥、廿三,9.6;改粤按。	七、壬子、廿四,9.7;滇按互調。	十、甲子、七,11.18;休。	通副授。

(滿)繼昌

(?)德克精阿

(?)瑞麟	(?)訥福	習振翎
八、丁亥、廿九,10.12;遷陝布。	八、丁亥;冀寧道遷。	九、戊子;汀漳龍道遷。
	九、戊子;改晉按。	

楊　馥	(?)廣慶
七、丁巳;遷蘇布。	七、丁巳;滇糧道遷。

盛惇崇	徐　炘	(滿)恒敏
二、丙辰、廿四,3.15;遷陝布。	二、丙辰;江南河庫道遷。	四、庚辰;湘按改。
	四、庚辰、十九,6.7;湘按互調。	

陳若霖	嚴　烺
正、癸未、廿一,2.10;改川按。	正、癸未;蘭州道遷。

(滿)恒敏	徐　炘
四、庚辰;贛按互調。	四、庚辰;贛按改。

常發祥	陳若霖	曹六興
正、癸未;遷黔布。	正、癸未;鄂按改。	十一、甲辰;建昌道遷。
	十一、甲辰、十七,12.18;遷布。	

趙宜喜	(滿)和舜武
七、辛亥;遷滇布。	七、辛亥;豫按改。

張凱元	趙慎畛
五、乙未、五,6.22;解。	六、甲子;惠潮嘉道遷。
六、甲子、五,7.21;革。	

(?)額特布	史致光	伊湯安	韓克均
五、丙申、六,6.23;遷布。	五、丙申;鹽道遷。	六、壬戌;黔按改。	七、壬子;豫按改。
	六、壬戌、三,7.19;黔按互調。	七、壬子;豫按互調。	

伊湯安	史致光	張暉吉
六、壬戌;滇按互調。	六、壬戌;滇按改。	十一、丙辰;古州道遷。
	十一、丙辰、廿九,1.9;遷布。	

按察使年表

年代	嘉慶二十年　乙亥(1815)
直　隸	李巒宣　二、己未、三、3.13;改粵按。　　(?)盛泰　二、己未;通永道遷。
江　蘇	(漢)毓岱　十二、甲寅、四、1.2;黔按互調。　　李堯棟　十二、甲寅;黔按改。
安　徽	(?)海慶　二、丙寅、十、3.20;遷豫布。　　(?)敦良　二、丙寅;延榆綏道遷。
山　東	程國仁
山　西	(?)訥福　八、丁丑、廿五、9.27;遷鄂布。　　習振翎　八、丁丑;閩按改。
河　南	(滿)琦善
陝　西	(滿)繼昌
甘　肅	(?)鐮克精阿　八、壬申、廿、9.22;解。　　(?)玉輅　八、辛巳、廿九、10.1;翰讀學授。九、甲辰、廿二、10.24;改贛按。　　屠之申　九、甲辰;大名道遷。
福　建	習振翎　八、丁丑;改晉按。　　李廣芸　八、丁丑;汀漳龍道遷。
浙　江	(?)廣慶　二、甲申、廿八、4.7;黔按互調。　　張暉吉　二、甲申;黔按改。九、丁未、廿五、10.27;休。　　(滿)明山　九、丁未;熱河道遷。十二、甲寅;改粵按。　　魏元煜　十二、甲寅;蘇松道遷。
江　西	(滿)恒敏　△憂免(僕少)。　　(?)玉輅　九、甲辰;甘按改。
湖　北	嚴烺　五、甲午、十、6.16;遷甘布。　　周光裕　五、甲午;陝糧道遷。
湖　南	徐炘
四　川	曹六興
廣　東	(滿)和舜武　二、己未;遷魯布。　　李巒宣　二、己未;直按改。十二、壬子、二、12.31;遷川布。　　劉玨　十二、壬子;迤南道遷。　　(滿)明山　十二、甲寅;浙按改。
廣　西	趙慎畛　二、甲申;遷粵布。　　(滿)廉敬　二、甲申;口北道遷。△召京。　　祝慶承　六、戊午、四、7.10;通永道遷。
雲　南	韓克均
貴　州	張暉吉　二、甲申;浙按互調。　　(?)廣慶　二、甲申;浙按改。十二、壬子;降。　　李堯棟　十二、壬子;建昌道遷。十二、甲寅;蘇按互調。　　(漢)毓岱　十二、甲寅;蘇按改。

嘉慶二一年　丙子(1816)

(？)盛泰 　　九、己未、十三，11.2；革。	(滿)璸弼 　　九、己未；熱河道遷。
李堯棟 　　五、辛卯、十二，6.7；遷布。	(？)伊什札木察 　　五、辛卯；江南河庫道遷。
(？)敦良	(？)富綸 　　十二、戊戌、廿四，2.9；晉按改。
程國仁 　　七、壬戌、十五，9.6；遷甘布。	張五緯 　　七、壬戌；天津道遷。
習振翎 　　六、戊寅、卅，7.24；遷布。	(？)富綸 　　六、戊寅；雁平道遷。 　　十二、戊戌；改皖按。	汪如淵 十二、戊戌；鴻少授。
(滿)琦善	
(滿)繼昌 　　二、己卯、廿九，3.27；遷滇布。	(滿)恒敏 　　二、己卯；僕少署。
屠之申	
李廣芸 　　九、甲子、十八，11.7；遷布。	(？)麟祥 　　九、甲子；寧紹台道遷。
魏元煜	
(？)玉輅	(滿)廉敬 　　十二、己卯、五，1.21；閱讀學署。
周光裕	
徐　炘 　　三、癸未、三，3.31；遷陝布。	(覺羅)海齡 　　三、癸未；太僕授。
曹六興	
(滿)明山	
祝慶承	
韓克均 　　四、乙亥、廿六，5.22；遷皖布。	(？)廣慶 　　四、乙亥；降調黔按以四品署。
(漢)毓岱	

年 代	嘉慶二二年　丁丑(1817)			
直 隸	(滿)璵弼			
江 蘇	(?)伊什札木賚 十、辛巳、十一，11.19；遷布。	(?)麟祥 十、辛巳；閩按改。		
安 徽	(?)富綸 九、癸丑、十二，10.22；遷桂布。	(宗室)嵩孚 九、癸丑；歸綏道遷。		
山 東	張五緯			
山 西	汪如淵 三、辛未、廿八，5.13；改順尹。	(?)承光 三、辛未；前河東道遷。 七、戊辰、廿六，9.7；贛按互調。	邱樹棠 七、戊辰；贛按改。	
河 南	(滿)琦善			
陝 西	(滿)恒敏 　(署)			
甘 肅	厲之申			
福 建	(?)麟祥 十、辛巳；改蘇按。	廉奇瑜 十、辛巳；臺灣道遷。		
浙 江	魏元煜			
江 西	(滿)廉敬 七、乙丑、廿三，9.4；改滇按。	邱樹棠 七、乙丑；蘇糧道遷。 七、戊辰；晉按互調。	(?)承光 七、戊辰；晉按改。	
湖 北	周光裕 七、癸丑、十一，8.23；遷晉布。	嚴烺 七、癸丑；降調甘布授。		
湖 南	(覺羅)海齡			
四 川	曹六興 九、乙丑、廿四，11.3；遷布。	(?)富信 九、乙丑；寧紹台道遷。 十一、辛酉、廿二，12.29；黔按互調。	韓文綺 十一、辛酉；黔按改。	
廣 東	(滿)明山 二、癸未、九，3.26；遷閩布。	韓文綺 二、癸未；清河道遷。 九、癸丑；黔按互調。	(?)玉麟 九、癸丑；黔按改。	
廣 西	祝慶承 三、甲辰、一，4.16；遷滇布。	程卓樑 三、甲辰；大順廣道遷。		
雲 南	(?)廣慶 七、乙丑；遷魯布。	(滿)廉敬 七、乙丑；署贛按授。		
貴 州	(漢)轍岱 五、庚午、廿七，7.11； 遷布。	(?)玉麟 五、庚午；前贛按授。 九、癸丑；粵按互調。	韓文綺 九、癸丑；粵按改。 十一、辛酉；川按互調。	(?)富信 十一、辛酉；川按改。

嘉慶二三年　戊寅(1818)	
(滿)瑞弼	岳齡安
十二、乙亥、十二, 1.7；遷贛布。	十二、乙亥；濟東道遷。
(?)麟祥	
(宗室)嵩孚	
張五緯	溫承惠
二、己卯、十一, 3.17；革。	二、己卯；刑郎授。
邱樹棠	趙鴻文
十一、乙巳、十一, 12.8；遷布。	十一、乙巳；冀寧道遷。
(滿)琦善	(?)敦良
五、戊午、廿一, 6.24；遷寧布。	五、戊午；僕少授。
(滿)恒敏	(?)特通阿
二、辛未、三, 3.9；授。	九、庚申；南汝光道遷。
九、庚申、廿五, 10.24；遷寧布。	
屠之申	方載豫
七、己酉、十三, 8.14；遷布。	七、己酉；陝安道遷。
糜奇愉	
魏元煜	左　輔
十、乙酉、廿, 11.18；遷粵布。	十、乙酉；雷瓊道遷。
(?)承光	
殷　焜	方　體
	正、庚申、廿二, 2.26；江寧鹽道遷。
(覺羅)海齡	
韓文綺	
(?)玉輅	
程卓樑	張志緒
十一、丁酉、三, 11.30；解。	十一、丁酉；陝安道遷。
(滿)廉敬	
(?)富信	

按察使年表

年 代	嘉慶二四年　己卯(1819)				
直 隸	岳齡安 閏四、庚子、九,6.1;遷魯布。		(？)祥泰 閏四、庚子;安襄鄖荆道遷。		
江 蘇	(？)麟祥				
安 徽	(宗室)嵩孚 四、癸酉、十二,5.5;遷布。		鄒瀚 四、癸酉;汀漳龍道遷。		
山 東	溫承憙 △革。		童槐 八、乙卯、廿六,10.14;贛按改。		
山 西	趙鴻文				
河 南	(？)敦良		(？)德奎 七、甲戌、十四,9.3;翠秦階道遷。		
陝 西	(？)特通阿				
甘 肅	方載豫		(滿)諴端 十一、戊子、卅,1.15;贛按改。		
福 建	廩奇瑜 三、丙午、十四,4.8;遷豫布。	彭希濂 三、丙午;降刑右授。△死。	孫爾準 九、丙寅、七,10.25;贛按改。		
浙 江	左輔				
江 西	(？)承光 六、癸巳、三, 7.24;遷鄂布。	童槐 六、癸巳;兗沂曹濟道遷。 八、乙卯;改魯按。	孫爾準 八、乙卯;閩甌道遷。 九、丙寅;改閩按。	(滿)諴端 九、丙寅;滇糧道遷。 十一、戊子;改甘按。	程祖洛 十一、戊子; 閩讀學遷。
湖 北	方體 四、己丑、廿八,5.21;病免。		陳廷桂 四、己丑;安襄鄖荆道遷。		
湖 南	(覺羅)海齡 閏四、乙卯、廿四,6.16;遷鄂布。		嚴士鋐 閏四、乙卯;川東道遷。		
四 川	韓文綺				
廣 東	(？)玉輅 閏四、壬辰、一,5.24;遷滇布。	劉寶第 閏四、壬辰;天津道遷。 閏四、甲午、三,5.26;滇按互調。	(滿)廉敬 閏四、甲午;滇按改。		
廣 西	張志緒				
雲 南	(滿)廉敬 閏四、甲午;粵按互調。		劉寶第 閏四、甲午;粵按改。		
貴 州	(？)富信 九、戊子、廿九,11.16;遷黔布。		程贊寧 九、戊子;寧太道遷。		

嘉慶二五年　庚辰(1820)			

(?)祥泰 十一、戊寅、廿五,12.30;召京。	(?)廣惠 十一、戊寅;廣儲九南道遷。
(?)麟祥 六、丁未、廿三,8.1;遷鄂布。	(?)明安泰 六、丁未;左江道遷。
鄒　瀚 六、甲午、十,7.19;召京。	(?)德奎 六、甲午;豫按改。
童　槐 九、丙寅、十三,10.19;改鄂按。	(滿)琦善 九、丙寅;豫按改。
趙鴻文 十一、庚申、七,12.12;召京。	陶　澍 十一、庚申;川東道遷。

(?)德奎 六、甲午;改皖按。	(滿)琦善 六、甲午;候補主事授。 九、丙寅;改魯按。	(?)斌良 九、丙寅;陝按改。
(?)特通阿 七、庚申、六,8.14;死。	(?)斌良 七、庚申;蘇松糧道遷。 九、丙寅;改豫按。	陳廷桂 九、丙寅;鄂按遷。

(滿)諴端 十二、甲辰、廿二,1.25;改湘按。	徐承恩 十二、甲辰;淮揚道遷。

孫爾準 四、戊申、廿三,6.3;遷閩布。	(滿)舒靈阿 四、戊申;杭嘉湖道遷。 十二、丁亥、五,1.8;病免。	唐仲冕 十二、丁亥;蘇候補道遷。

左　輔 四、丙戌、一,5.12;遷湘布。	葉汝芝 四、丙戌;河東道遷。

程祖洛 十一、己巳、十六,12.21;遷湘布。	葉世倬 十一、己巳;台灣道遷。 十二、丙午、廿四,1.27;遷晉布。	(滿)嵩溥 十二、丙午;潼商道遷。

陳廷桂 九、丙寅; 改陝按。	童　槐 九、丙寅;魯按改。 十一、己卯、廿六,12.31;改通副。	盧　坤 十一、己卯;兗沂曹濟道遷。 十二、戊戌、十六,1.19;遷甘布。	鄧廷楨 十二、戊戌;西 安府擢。

殷士綬 △病免。	(?)敦良 △前豫按授。 十二、甲辰;召京。	(滿)諴端 十二、甲辰;甘按改。
韓文綺 三、癸酉、十七,4.29;遷贛布。	章　凱 三、癸酉;永寧道遷。 五、壬戌、七,6.17;桂按互調。	張志緒 五、壬戌;桂按改。

(滿)廉敬

張志緒 五、壬戌;川按互調。	章　凱 五、壬戌;川按改。 十一、庚申、七,12.12;召京。	潘恭良 十一、庚申;滇鹽道遷。

劉寶第
程贊寧

年代	道光元年　辛巳(1821)			
直　隸	(？)廣惠	(滿)阿霖 三、己巳、十九,4.20;熱河道遷。 十、丁亥、十,11.4;遷浙布。	(滿)常德 十、戊子、十一,11.5; 湘按改。	
江　蘇	(？)明安泰 正、甲寅、二, 2.4;召京。	(滿)廉敬 正、甲寅;粵按改。 二、乙未、十四,3.17;遷鄂布。	(滿)諴端 二、乙未;湘按遷。 八、甲辰、廿七,9.22;陝按互調。	陳廷桂 八、甲辰; 陝按改。
安　徽	(？)德奎 七、丁卯、十九,8.16;遷鄂布。	(？)憲頤 七、丁卯;廬鳳道遷。		
山　東	(滿)琦善 六、辛卯、十三,7.11;遷閩布。	羅含章 六、壬辰、十四,7.12;兗沂曹濟道遷。		
山　西	陶　澍 八、甲辰;改閩按。	程贊寧 八、甲辰;黔按改。 十二、戊子、十二,1.4;召京。	(滿)常文 十二、戊子;安肅道遷。	
河　南	(？)斌良 九、己未、十二,10.7;召京。	(？)祥德 九、己未;江南糧道遷。		
陝　西	陳廷桂 八、甲辰;蘇按互調。	(遷)諴端 八、甲辰;蘇按改。		
甘　肅	徐承恩			
福　建	唐仲晃 八、甲辰;遷陝 布。	陶　澍 八、甲辰;晉按改。 十、己卯、二,10.27;遷皖布。	蘇兆登 十、己卯;淮揚道遷。	吳榮光 十二、甲申、八,12.31; 閩鹽道遷。
浙　江	葉汝芝			
江　西	(滿)嵩溥 二、乙未;改湘按。	戴敦元 二、乙未;高廉道遷。		
湖　北	鄧廷楨 十二、戊子;遷贛布。	陸　言 十二、戊子;魯運河道遷。		
湖　南	(滿)諴端 二、乙未;改蘇按。	(滿)嵩溥 二、乙未;贛按改。 九、癸亥、十六,10.11;遷桂布。	(滿)常德 九、癸亥;熱河道遷。 十、戊子;改直按。	(滿)蘇明阿 十、戊子;粵按改。
四　川	張志緒 六、壬午、四,7.2;遷川布。	陳中孚 六、壬午;臺灣道遷。 十、戊子;改粵按。	戴三錫 十、戊子;建昌道遷。	
廣　東	(滿)廉敬 正、甲寅;改蘇按。	鄭裕國 正、甲寅;閩糧道遷。 九、癸丑、六,10.1;遷寧布。	(滿)蘇明阿 九、癸丑;浙糧道遷。 十、戊子;改湘按。	陳中孚 十、戊子;川按改。
廣　西	潘恭宸			
雲　南	劉寶第 二、戊戌、十七,3.20;休。	楊國楨 二、戊戌;滇鹽道遷。		
貴　州	程贊寧 八、甲辰;改晉按。	(？)景謙 八、甲辰;迤南道遷。		

道光二年　壬午(1822)		
(滿)**常德** 五、己亥、廿六,7.14;改晉按。	**盧元偉** 五、己亥;粵運使遷。 九、丁亥、十六,10.30;改魯按。	(滿)**福綿** 九、丁亥;魯糧道遷。
陳廷桂		
(?)**惠頤**		
羅含章 正、辛亥、五,1.27;遷豫布。	**楊健** 正、辛亥;兩淮運使遷。 九、丁亥;遷布。	**盧元偉** 九、丁亥;直按改。
(滿)**常文** 五、戊戌、廿五,7.13;改陝按。	(滿)**常德** 五、己亥;直按改。 九、庚子、廿九,11.12;遷浙布。	(?)**齡住** 九、庚子;江南鹽道遷。
(?)**祥德**		
(滿)**鹹端** 五、戊戌;遷贛布。		(滿)**常文** 五、戊戌;晉按改。
徐承恩		
吳榮光 八、戊申、七,9.21;改浙按。	(滿)**蘇成額** 八、戊申;贛糧道遷。 九、癸巳、廿二,11.5;改川按。	**邱鳴泰** 九、癸巳;冀寧道遷。
葉汝芝 正、壬戌、十六,2.7;召京。	**朱桂楨** 正、壬戌;潼商道遷。 八、戊申;遷甘布。	**吳榮光** 八、戊申;閩按改。
戴敦元 正、癸丑、七,1.29;遷晉布。	**史譜** 正、癸丑;浙鹽道遷。 九、癸巳;遷滇布。	**魏元烺** 九、癸巳;川按改。
陸言 五、戊戌;遷魯布。	**黃鳴傑** 五、戊戌;粵按改。	
(滿)**蘇明阿** 六、己未、十七,8.3;遷粵布。	(滿)**訥爾經額** 六、己未;兗沂曹濟道遷。	
戴三錫 七、甲申、十二,8.28;遷寧布。	**魏元烺** 七、甲申;迤南道遷。九、癸巳;改贛按。	(滿)**蘇成額** 九、癸巳;閩按改。
陳中孚 閏三、癸卯、廿八,5.19;遷粵布。	**黃鳴傑** 閏三、癸卯;霸昌道遷。五、己亥;改鄂按。	**李澐** 五、己亥;粵督糧道遷。
潘恭宸 五、壬寅、廿九,7.17;遷贛布。	**費丙章** 六、癸卯、一,7.18;淮陽道遷。	
楊國楨 十二、癸丑、十三,1.24;遷豫布。	**吳廷琛** 十二、癸丑;清河道遷。	
(?)**景謙**		

按察使年表

年代	道光三年　癸未(1823)			
直　隸	(滿)福綿 十二、辛酉、廿七,1.27;還直布。		董　淳 十二、辛酉;通永道遷。	
江　蘇	陳廷桂 正、丁丑、七,2.17;召京。		林則徐 正、丁丑;淮海道遷。	
安　徽	(?)惠顯 十一、丙寅、二, 12.3;遷閩布。	(?)齡住 十一、丙寅;晉按改。	(滿)訥爾經額 十二、壬寅、八,1.8;署魯按署。 十二、庚申;仍署魯按。	劉斯嶭 十二、庚申、廿六, 1.26;魯按改。
山　東	盧元偉 六、庚戌、十三,7.20;召京。	(滿)訥爾經額 六、庚戌;前湘按署。 十二、壬寅;署皖按。　十二、庚申;仍留署。	劉斯嶭 十二、壬寅;浙運使遷。 十二、庚申;改皖按。	
山　西	(?)齡住 十一、丙寅;改皖按。		盧元偉 十一、丙寅;候四京(前魯按)授。	
河　南	(?)祥德 二、乙卯、十五,3.27; 黔按互調。	(滿)蘇成額 二、乙卯;黔按改。 十二、乙卯、廿一,1.21;遷晉布。	(滿)鄂山 十二、乙卯;陝糧道遷。	
陝　西	(滿)常文 正、丁丑;遷陝布。		錢寶甫 正、丁丑;兩淮運使遷。	
甘　肅	徐承恩 正、癸酉、三,2.13;遷皖布。		蔡　炯 正、癸酉;浙運使遷。	
福　建	邱鳴泰			
浙　江	吳榮光 九、戊寅、十三,10.16;改鄂按。		(滿)伊里布 九、戊寅;冀寧道遷。	
江　西	魏元烺			
湖　北	黃鳴傑 九、戊寅; 遷浙布。　　吳榮光 九、戊寅;浙按改。 十、癸亥、廿八,11.30;遷黔布。		宋如林 十、癸亥;浙運使遷。 十二、戊午、廿四,1.24;改黔按。	王惟韵 十二、戊午;浙 運使遷。
湖　南	(滿)訥爾經額 △正月,憂免。	(滿)裕泰 正、庚寅、廿,3.2;成綿龍茂道遷。 二、辛丑、一,3.13;改川按。	王楚堂 二、辛丑;閩鹽道遷。	
四　川	(滿)蘇成額 二、辛丑;改黔按。		(滿)裕泰 二、辛丑;湘按改。	
廣　東	李　湛			
廣　西	費丙章			
雲　南	吳廷琛			
貴　州	(?)景獻 二、辛丑;遷湘布。	(滿)蘇成額 二、辛丑;川按改。 二、乙卯;豫按互調。	(?)祥德 二、乙卯;豫按改。 十二、戊午;病免。	宋如林 十二、戊午;鄂按改。

道 光 四 年　甲申(1824)

藍　淳

林則徐	**葉紹本**	**賀長齡**
八、庚辰、廿,10.12;憂免。	八、庚辰、兩淮運使遷。 九、丙申、七,10.28;桂按互調。	九、丙申;桂按改。

劉斯嵋

㊀**訥爾經額**	**韓文綺**
四月,病假,賀長齡署。 九、壬寅、十三,11.3;署魯布。	九、壬寅;降調蘇撫授。

盧元偉	**邱鳴泰**
	六、乙巳、十三,7.9;閩按改。

㊀**鄂山**	㊀**阿勒清阿**
八、壬戌、二,9.24;遷陝布。	八、壬戌;口北道遷。

錢寶甫	**鄧廷楨**
八、甲申、廿四,10.16;遷晉布。	八、甲申;通永道遷。

蔡　炯

邱鳴泰	**邱樹棠**	**魏元烺**
六、乙巳;改晉按。	六、乙巳;晉撫降。 六、庚申、廿八,7.24;贛按互調。	六、庚申;贛按改。

㊀**伊里布**	㊀**富呢揚阿**	**王惟詢**
閏七、戊申、十八,9.10;遷鄂布。	閏七、戊申;浙運使遷。 九、壬寅;鄂按互調。	九、壬寅;鄂按改。

魏元烺	**邱樹棠**
六、庚申;閩按互調。	六、庚申;閩按改。

王惟詢	㊀**富呢揚阿**
九、壬寅;浙按互調。	九、壬寅;浙按改。

王楚堂

㊀**裕泰**

李　澐

費丙章	**賀長齡**	**葉紹本**
閏七、辛丑、十一,9.3;遷魯布。	閏七、辛丑;兗沂曹濟道遷。 九、丙申;蘇按互調。	九、丙申;蘇按改。

吳廷琛

宋如林

年代	道光五年　乙酉(1825)		
直　隸	蘆　淳 七、戊子、三,8.16;遷川布。	張青選 七、戊子;長蘆運使遷。 八、丁巳、三,9.14;改閩按。	王庭華 八、丁巳;通永道遷。
江　蘇	賀長齡 四、辛未、十四,5.31;遷蘇布。	(漢)慶蕃 四、辛未;魯運河道遷。	
安　徽	劉斯嵋 二、甲戌、十六,4.4;改魯按。	(滿)裕泰 二、甲戌;川按改。	
山　東	韓文綺 二、甲戌;遷川布。	劉斯嵋 二、甲戌、皖按改。六、癸酉;署布,運使王檢署。 十二、庚午、十八,1.25;遷黔布。	梁章鉅 十二、庚午;淮海道遷。
山　西	邱鳴泰		
河　南	(滿)阿勒清阿		
陝　西	鄧廷楨 五、戊申、廿二,7.7;遷陝布。	姚祖同 五、己酉、廿三,7.8;常少授。	
甘　肅	蔡　炯 十、辛巳、廿八,12.7;候四京授。	(?)源溥 十、辛巳;鄂按改。	
福　建	魏元烺 八、丁巳;遷粤布。	張青選 八、丁巳;直按改。	
浙　江	王惟詢 三、甲辰、十七,5.4;自殺。	祁　塤 三、甲辰;豫糧鹽道遷。	
江　西	邱樹棠		
湖　北	(滿)富呢揚阿 十、甲寅、一,11.10;遷黔布。	(?)源溥 十、甲寅;杭嘉湖道遷。 十、辛巳;改甘按。	(?)岳祥 十、辛巳;歸綏道遷。
湖　南	王楚堂 九、乙酉、一,10.12;遷滇布。	吳光悦 九、乙酉;河北道遷。	
四　川	(滿)裕泰 二、甲戌;改皖按。	(蒙)吉恒 二、甲戌;川北道遷。△憂免。	(滿)興科 七、辛丑、十六,8.29;荊宜施道遷。
廣　東	李　澐 正、戊午、卅,3.19;改黔按。	(?)容海 正、戊午;南韶連道遷。 十二、丁丑、廿五,2.1;病免。	周錫章 十二、丁丑;浙運使遷。
廣　西	葉紹本		
雲　南	吳廷琛		
貴　州	宋如林 正、戊午;病免。	李　澐 正、戊午;粤按改。 十一、丁亥、四,12.13;病免。	嚴如煜 十一、丁亥;陝安道遷。

道 光 六 年 丙戌(1826)

王庭華 二、辛酉、九,3.17;遷晉布。	**戴宗沅** 二、辛酉;豫河庫道遷。
(漢)**慶 善**	
(滿)**裕泰** 三、己亥、十八,4.24;遷湘布。	(↑)**岳良** 三、庚子、十九,4.25;潼商道遷。
梁章鉅 十一、癸卯、廿六,12.24;改贛按。	(漢)**鍾 祥** 十一、癸卯;兗沂曹濟道遷。
邱鳴泰 二、癸丑、一,3.9;遷鄂布。	**戴 聰** 二、癸丑;廬鳳道遷。
(滿)**阿勒濟阿**	

姚祖同 正、甲申、二,2.8;解,四京候。	**嚴如熤** 正、甲申;黔按改。 △三月,死。	**顏伯燾** 三、壬辰、十一,4.17;延榆綏道遷。 八、辛亥、二,9.3;署布,陝安道何承勳署。

(↑)**源溥**		
張青選 六、戊辰、十八,7.22;改兩淮鹽政。	**翟錦觀** 六、戊辰;粵運使遷。 八、丙辰、七,9.8;改滇按。	(滿)**鄂順安** 八、丙辰;溫處道遷。
祁 墫 三、乙酉、四,4.10;遷黔布。	**周之琦** 三、乙酉;川鹽茶道遷。	
邱樹棠 十一、癸卯;署刑右。	**梁章鉅** 十一、癸卯;魯按改。 十二、癸丑、六,1.3;遷蘇布。	(滿)**福珠隆阿** 十二、癸丑;浙運使遷。
(↑)**岳祥** 正、壬子、卅,3.8;病免。	(滿)**興科** 正、壬子;川按改。	
吳光悅		
(滿)**興科** 正、壬子;改鄂按。	(蒙)**吉恒** 正、壬子;前任署。	
周錫章		
葉紹本		
吳廷琛 八、丙辰;召京。	**翟錦觀** 八、丙辰;閩按改。	
嚴如熤 正、甲申;改陝按。	**何 金** 正、甲申;貴西道遷。	

按察使年表

年　代	道　光　七　年　　丁亥(1827)				
直　隸	**戴宗沅** 十一、庚戌、九，12.26；署布，清河道陶樑署。				
江　蘇	(漢)**慶　譽** 九、己未、十七，11.5；遷浙布。		(？)**衍慶** 九、己未；南韶連道遷。		
安　徽	(？)**岳良**				
山　東	(漢)**鑑　祥** 閏五、癸酉、廿九，7.22；署布。 十、戊子、十六，12.4；遷魯布。		**李文耕** 十、戊子；鄂按改。		
山　西	**戴　聰**				
河　南	(滿)**阿勒清阿** 八、庚辰、七，9.27；遷粵布。		(滿)**桂良** 八、庚辰；建昌道遷。		
陝　西	**顏伯燾** 五、丙子、一，5.26；改甘按。	**林則徐** 五、丙子；服闋蘇按授。 五、己亥、廿四，6.18；遷寧布。		**方戴豫** 五、己亥；前甘按授。	
甘　肅	(？)**源溥** △死。	**顏伯燾** 五、丙子；陝按署布改。未任，即遷甘布。		(？)**藎迎阿** 六、己丑、十五，8.7；蘭州道遷。	
福　建	(滿)**鄂順安**				
浙　江	**周之琦**				
江　西	(滿)**福珠隆阿** 正、戊子、十二，2.7；鄂按互調。		(滿)**興科** 正、戊子；鄂按改。		
湖　北	(滿)**興科** 正、戊子；贛 按互調。	(滿)**福珠隆阿** 正、戊子；贛按改。 九、乙卯、十三，11.1；巡視兩淮互調。	**張青選** 九、乙卯；巡視兩淮改。 九、乙丑、廿三，11.11；降調，山東運使李文耕授。	**李文耕** 十、戊子；改魯按。	**尹濟源** 十、戊子；成綿龍 茂道遷。
湖　南	**吳光悅** 閏五、辛酉、十七，7.10；遷鄂布。		**龔鯤** 閏五、辛酉；左江道遷。		
四　川	(蒙)**吉恒** 十二、丁亥、十六，2.1；授。				
廣　東	**周錫章** 十、戊子；遷鄂布。		**姚祖同** 十、戊子；候四京授。		
廣　西	**葉紹本** 七、壬子、九，8.30；遷督布。		**何烜** 七、壬子；閩疆道遷。		
雲　南	**瑠錦觀**				
貴　州	**何　金**				

道 光 八 年　戊子(1828)

戴宗沅 　署布,清河道陶樑署。		
(?)衍慶		
(?)岳良		
李文耕		
戴　聰 　八、己卯、十二,9.20;召京。	**(滿)烏爾恭額** 　八、己卯;貴東道遷。 　九、丙寅、廿九,11.6;改粵按。	**(?)額騰伊** 　九、丙寅;蘇松糧道遷。
(滿)桂良		
方載豫		
(?)薩迎阿		
(滿)鄂順安		
周之琦		
(滿)興科 　六、庚寅、廿二,8.2;改奉尹。	**鄭祖琛** 　六、庚寅;兩淮運使遷。	
尹濟源		
龔　鯤	**萬方雍** 　二、癸酉、三,3.18;閱讀學授。	
(蒙)吉恒		
姚祖同 　九、丙寅;召京(三、四京候)。	**(滿)烏爾恭額** 　九、丙寅;晉按改。	
何　煊 　△憂免。	**(漢)佟景文** 　十、辛巳、十五,11.21;兩淮運使遷。	
翟錦觀		
何　金		

按察使年表

年代	道光九年　己丑(1829)		
直隸	**戴宗沅** 八、甲子、三，8.31；遷豫布。　　陶樑署：四、己卯、十六，5.18； 降，天津道李振翥署。		**花　杰** 八、甲子；川茶鹽道遷。
江蘇	(？)**衍慶**		
安徽	(？)**岳良** 三、戊午、廿四，4.27；改閩按。	(蒙)**恩特亨額** 三、戊午；濟東泰武臨道遷。	
山東	**李文耕**		
山西	(？)**額騰伊**		
河南	(滿)**桂良** 三、庚子、六，4.9；遷川布。	(滿)**惠吉** 三、庚子；兗沂曹濟道遷。 十、己卯、十八，11.14；改閩按。	(滿)**麟慶** 十、己卯；開歸陳許道遷。
陝西	**方戴豫** 四、癸未、廿，5.22；遷甘布。	**孔昭虔** 四、癸未；轆糧道遷。	
甘肅	(？)**薩迎阿** 六、癸未、廿一，7.21；遷豫布。	**程矞采** 六、癸未；蘭州道遷。 十、己卯；改粵按。	(？)**惠豐** 十、己卯；霸昌道遷。
福建	(滿)**鄂順安** 三、戊午；遷黔布。	(？)**岳良** 三、戊午；皖按改。 十、己卯；改贛布。	(滿)**惠吉** 十、己卯；豫按改。
浙江	**周之琦** 七、辛丑、九，8.8；遷桂布。	**王定柱** 七、辛丑；兩淮運使遷。 八、辛巳、廿，9.17；兩淮運使多容安署。	
江西	**鄭祖琛** △憂免。	**劉亘麟** 十二、己巳、九，1.3；臺灣道遷。	
湖北	**尹濟源**		
湖南	**萬方雍**		
四川	(蒙)**吉恒**		
廣東	(滿)**烏爾恭額** 十、乙丑、十，10.31；召(奉尹)。	**程矞采** 十、己卯；甘按改。	
廣西	(漢)**佟景文**		
雲南	**翟錦觀**		
貴州	**何　金**		

道 光 十 年　庚寅(1830)	
花　杰	
(?)衍慶	
(蒙)恩特亨額	
李文耕 　八、壬子、廿七, 10.13；改黔按。	趙盛奎 　八、壬子；光禄授。
(?)額騰伊 　十一、癸未、廿九, 1.12；遷鄂布。	夏修恕 　十一、癸未；湘按改。
(滿)麟慶	
孔昭虔 　九、癸酉、十八, 11.3；改浙按。	楊名颺 　九、癸酉；延榆綏道遷。 　十二、甲辰、廿, 2.2；署布。
(?)惠豐	
(滿)惠吉	
王定柱 　九、癸酉；病免。	孔昭虔 　九、癸酉；陝按改。
劉重麟	
尹濟源 　四、丙戌、廿八, 5.20；遷川布。	栗毓美 　四、丙戌；開歸陳許道遷。
萬方雍　　　　夏修恕 　　　　　　　四、庚辰、廿二, 5.14；粵糧道遷。 　　　　　　　十一、癸未；改晉按。　　　徐炘 　　　　　　　　　　　　　　　　　十一、癸未；晉撫降。	
(蒙)吉恒	
程商采	
(漢)佟景文	
翟錦觀 　六、己亥、十三, 8.1；病免。	李羲文 　六、己亥；魯運使遷。
徐鑛 　正、丙辰、廿六, 2.19；成綿龍茂道遷。 　八、辛亥、廿六, 10.12；改順尹，少詹吳邦慶授。	吳邦慶　　　　　　李文耕 　八、壬子；以三品署漕督。　　八、壬子；魯按改。

按察使年表

年　代	道光十一年　辛卯(1831)		
直　隷	花　杰 八、癸卯、廿四,9.29;改川按。	光聰諧 八、癸卯;閩按改。	
江　蘇	(？)衍慶 七、癸丑、三,8.10;遷鄂布。	(？)額騰伊 七、癸丑;鄂布降。	
安　徽	(蒙)恩特亨額 正、己卯、廿五,3.9;遷布。	(蒙)色卜星額 正、己卯;寧池太廣道遷。	
山　東	趙盛奎 十、乙酉、七,11,10;遷寧布。	(滿)經額布 十、乙酉;滇鹽道遷。	
山　西	夏修恕		
河　南	(滿)麟慶		
陝　西	楊名颺 六、己丑、九,7.17;遷陝布。	李羲文 六、己丑;滇按遷。	
甘　肅	(？)意豐		
福　建	(滿)意吉 二、癸巳、十,3.23;遷閩布。	光聰諧 二、癸巳;荊宜施道遷。 八、癸卯;改直按。	鄭祖琛 八、癸卯;服闋贛按授。
浙　江	孔昭虔 正、丙子、廿二,3.6;遷閩布。	陳鑾 正、丙子;粵運使遷。	
江　西	劉重麟		
湖　北	栗毓美		
湖　南	徐炘 正、庚午、十六,2.28;解(四京候)。	楊簧 正、庚午、蘇松糧道遷。	
四　川	(蒙)吉恒 八、癸卯;遷浙布。	花　杰 八、癸卯;直按改。	
廣　東	程矞采 十二、丙午、廿八,1.30;遷浙布。	楊振麟 十二、丙午;浙運使遷。	
廣　西	(漢)佟景文 九、乙丑、十六,10.21;遷皖布。	(？)多容安 九、乙丑;浙運使遷。	
雲　南	李羲文 六、己丑、九,7.17;改陝按。	何煊 六、己丑;服闋桂按授。	
貴　州	李文耕		

道光十二年　壬辰(1832)

光聰諧

(？)額騰伊

(蒙)色卜星額	夏修恕	(滿)怡良
九、甲辰、一,9.24；晉按互調。	九、甲辰；晉按改。 九、丁未、四,9.27；降。	九、丁未；魯運使遷。

(滿)經額布	蘇廷玉
二、戊寅、一,3.2；改豫按。	二、戊寅；蘇松太道遷。

夏修恕	(蒙)色卜星額	龔綬
九、甲辰；皖按互調。	九、甲辰；皖按改。 九、己未、十六,10.9；甘按互調。	九、己未；甘按改。

(滿)麟慶	(滿)經額布
二、戊寅；遷黔布。	二、戊寅；魯按改。

李羲文

(？)惠豐	(？)慶林	龔綬	(蒙)色卜星額
正、辛未、廿三, 2.24；遷湘布。	正、辛未；粵運使遷。 九、戊午、十五,10.8；降道員。	九、戊午；惠潮嘉道遷。 九、己未；晉按互調。	九、己未；晉按改。

鄭祖琛	(？)鳳來
二、乙未、十八,3.19；遷桂布。	二、乙未；湘督糧道遷。

陳鑾	張岳崧
八、甲午、廿,9.14；遷贛布。	八、甲午；浙運使遷。

劉重麟	程懷璟
九、甲辰；遷川布。	九、甲辰；粵運使遷。

栗毓美	朱樹
三、甲寅、七,4.7；遷豫布。	三、甲寅；甘涼道遷。

楊簀

花杰

楊振麟
　　十一、己卯、七,12.28；病假,高廉道許乃濟署。

(？)多容安	(滿)阿勒清阿
十二、己巳、廿七,2.16；召京。	十二、己巳；三等侍衛授。

何爐

李文耕	吳傑
十二、丁卯、廿五,2.14；休。	十二、丁卯；粵運使遷。

年　代	道光十三年　癸巳(1833)		
直　隸	**光聰諧** 正、己亥、廿七，3.18；遷甘布。	**陳崇禮** 正、己亥；長蘆運使遷。	
江　蘇	(?)**額騰伊** 正、丁酉、廿五，3.16；遷黔布。	(滿)**怡良** 正、丁酉；皖按改。十一、乙亥、九，12.19；布政陳鑾兼署。	
安　徽	(滿)**怡良** 正、丁酉；改蘇按。	**蔡世松** 正、丁酉；鳳廬道遷。	
山　東	**蘇廷玉** 七、癸巳、廿五，9.8；改川按。	**牛　鑑** 七、癸巳；滇糧道遷。	
山　西	**龔　綬**		
河　南	(滿)**經額布**		
陝　西	**李義文** 十一、丙戌、廿，12.30；遷川布。	(?)**莫爾廣阿** 十一、丙戌；右江道遷。	
甘　肅	(蒙)**色卜星額** 六、戊申、九，7.25；遷甘布。	**戚宗彝** 六、戊申；左江道遷。	
福　建	(?)**鳳來**		
浙　江	**張岳崧** 五、乙亥、五，6.22；召京(理少、詹事)。	**劉韻珂** 五、乙亥；滇鹽道遷。	
江　西	**程懷璪**		
湖　北	**朱　樹**		
湖　南	**楊　篔** 十、壬戌、廿五，12.6；遷寧布。	**趙炳言** 十、壬戌；惠潮嘉道遷。	
四　川	**花　杰** 七、癸巳；遷閩布。	**蘇廷玉** 七、癸巳；魯按改。	
廣　東	**楊振麟** 五、戊寅、八，6.25；病免。	**郭承恩** 五、戊寅；池寧太廣道遷。	**李恩繹** 九、辛卯、廿四，11.5；長蘆運使遷。
廣　西	(滿)**阿勒清阿**		
雲　南	**何　煊** 七、丁酉、廿九，9.12；遷晉布。	**明額** 七、丁酉；蘭州道遷。 十一、丙戌、廿，12.30；改奉尹。	**鏡寶琛** 十一、丙戌；長蘆運使遷。
貴　州	**吳　傑** 二、壬寅、一，3.21；改順尹。	**王瑞徵** 二、壬寅；常鎮道遷(未任死)。	**楊殿邦** 二、己酉、八，3.28；南韶連道遷。

道光十四年　甲午(1834)

陳崇禮	
(滿)怡良 　七、壬午、十九，8.23；遷贛布。	(蒙)裕謙 　七、壬午；荊宜施道遷。
蔡世松	
牛　鑑 　十二、庚子、十，1.8；改順尹。	程楙采 　十二、庚子；陝糧道遷。
龔　綏	
(滿)經額布 　七、壬午；遷滇布。	楊振麟 　七、壬午；前粵按授。
(?)莫爾廣阿	
戚宗彝 　二、己酉、十四，3.23；病免。	伍長華 　二、己酉；粵運使遷。
(?)鳳來	
劉韻珂	
程懷璟	
朱　樹	
趙炳言	
蘇廷玉	
李恩繹	
(滿)阿勒清阿	
錢寶琛	
楊殿邦	

年　代	道光十五年　乙未(1835)		
直　隷	陳崇禮		
江　蘇	(蒙)裕謙		
安　徽	蔡世松 二、己亥、十，3.8；改順尹。	周天爵 二、己亥；贛按改。	
山　東	程楙采		
山　西	龔　綬 十、丙寅、十，11.30；遷湘布。	(？)慶林 十、丙寅；甘按改。	
河　南	楊振麟		
陝　西	(？)莫爾廣阿 三、乙丑、六，4.3；病免。	李恩繹 三、乙丑；粵按改。	
甘　肅	伍長華 九、乙卯、廿九，11.19；遷滇布。	(？)慶林 九、乙卯；開歸陳許道遷。 十、丙寅；改晉按。	程德潤 十、丙寅；魯運使遷。
福　建	(？)鳳來		
浙　江	劉韻珂 正月，署布改。△憂免。	邵甲名 十二、己卯、廿五，2.11；鄂鹽道遷。	
江　西	程懷璟 正、乙酉、廿五，2.22；改滇按。	周天爵 正、乙酉；廬鳳道遷。 二、己亥；改皖按。	陳繼昌 二、己亥；通永道遷。
湖　北	朱　樹 四、己卯、廿一，6.16；遷豫布。	程　銓 五、己卯、廿一，6.16；汀漳龍道遷。	
湖　南	趙炳言		
四　川	蘇廷玉 十二、甲戌、廿五，1.31；遷川布。	(？)多歡 十二、甲戌；通副授。	
廣　東	李恩繹 三、乙丑；改陝按。	王膏蓮 三、乙丑；冀寧道遷。	
廣　西	(滿)阿勒清阿 二、丙申、七，3.5；遷粵布。	宋其沅 二、丙申；浙運使遷。	
雲　南	錢寶琛 正、乙酉；遷浙布。	程懷璟 正、乙酉；贛按遷。	王惟誠 六、丁酉、九，7.4；溫處道遷。
貴　州	楊殿邦		

道光十六年　丙申(1836)

陳崇禮 四、甲子、十二,5.26;遷直布。	**(蒙)托渾布** 四、甲子;閩糧道遷。
(蒙)裕謙 △憂免。	**李象鵾** 九、壬寅、廿二,10.31;吉南贛寧道遷。
周天爵 十二、癸酉、廿四,1.30;遷陝布。	**徐寶森** 十二、癸酉;右江道遷。

程楙采 六、丁卯、十五,7.28; 遷皖布。	**(?)慶林** 六、丁卯;晉按改。 七、甲申、三,8.14;仍改晉按。	**李振翥** 七、甲申;陝按改。	**李宗傳** 十二、甲子、十五,1.21; 成綿龍茂道遷。

(?)慶林 六、丁卯;改魯按。七、甲申;魯按改。 十二、癸酉、廿四,1.30;改奉尹。	**唐鑑** 六、丁卯;江安糧道遷。 七、甲申;改黔按。	**(滿)圖明額** 十二、癸酉;奉尹授。

楊振麟

李恩繹 二、丙辰、三,3.19;遷贛布。	**李振翥** 二、丙辰;粵運使遷。 七、甲申;改魯按。	**劉鴻翱** 七、甲申;蘭州道遷。

程德潤

(?)鳳來 正、丙申、十二,2.28;遷閩布。	**張灃中** 正、丙申;大順廣道遷。
邵甲名 △憂免。	**梁萼涵** 五、辛卯、九,6.22;光少遷。

陳繼昌

程銓

趙炳言 正、乙巳、廿一,3.8;遷甘布。	**楊慶琛** 正、乙巳;池寧廣太道遷。

(?)多歡

王青蓮

宋其沅

王惟誠

楊殿邦 七、甲申;遷晉布。	**唐鑑** 七、甲申;晉按改。

年　代	道光十七年　丁酉(1837)		
直　隸	(蒙)托渾布 七、癸卯、廿八，8.28；遷直布。	熊常鐇 七、癸卯，冀寧道遷。 十一、庚辰、六，12.3；改浙按。	陸費瑔 十一、庚辰；大順廣道遷。
江　蘇	李象鵾		
安　徽	徐寶森		
山　東	李宗傳		
山　西	(滿)圖明額 二、庚申、十二，3.18；召京(四、五京候)。	(滿)瑞元 二、庚申；闓糧道遷。	
河　南	楊振麟 五、庚辰、四，6.6；遷陝布。	張祥河 五、庚辰；魯糧道遷。△憂免。	成世瑄 九、己卯、四，10.3；江安糧道遷。
陝　西	劉鴻翱		
甘　肅	程德潤		
福　建	張澧中 四、甲子、十七，5.21；遷直布。	常恒昌 四、甲子；光少授。	
浙　江	梁萼涵 十一、庚辰；遷甘布。	熊常鐇 十一、庚辰；直按改。	
江　西	陳繼昌 正、乙未、十七，2.21；遷晉布。	管遹群 正、乙未；長蘆運使遷。	
湖　北	程　銓		
湖　南	楊慶琛		
四　川	(?)多歡		
廣　東	王青蓮		
廣　西	宋其沅		
雲　南	王惟馘		
貴　州	唐鑑		

道光十八年　戊戌（1838）

陸寶璐

李象鵾　二、乙卯、十三，3.8；改黔按。	**（蒙）裕謙**　二、乙卯；服闋前任授。

徐寶森

李宗傳　十一、乙巳、七，12.23；遷鄂布。	**邵甲名**　十一、乙巳；服闋浙按授。

（滿）瑞元

成世瑄

劉鴻翔　四、甲子、廿三，5.16；遷滇布。	**李　鈞**　四、甲子；豫糧道遷。△憂免。	**梁寶常**　七、己巳、卅，9.18；南河河庫道遷。

程德潤　△憂免。	**陶廷杰**　三、丁亥、十五，4.9；蘇松糧道遷。

常恒昌

熊常錞　六、甲午、廿五，8.14；遷粵布。	**周開麒**　六、甲午；魯運使遷。

管涵群

程　銓　十、壬申、四，11.20；召京（四京候）。	**（滿）鄂順安**　十、壬申；駐藏幫辦授。

楊慶琛　七、戊辰、廿九，9.17；遷魯布。	**王　藻**　七、戊辰；粵糧道遷。

（↑）多歡　十一、壬子、十四，12.30；召京（革）。	**蘇廷玉**　十一、壬子；川布署督降。

王青蓮　閏四、癸酉、二，5.25；遷魯布。	**喬用遷**　閏四、癸酉；翠秦階道遷。

宋其沅　二、辛未、廿九，3.24；遷浙布。	**趙炳言**　二、辛未；降調甘布授。六、己卯、十，7.30；遷贛布。	**劉韻珂**　六、己卯；服闋浙按授。七、戊申、九，8.28；遷川布。	**郭文澐**　七、戊申；河東道遷。

王惟誠

唐　鑑　二、乙卯；遷浙布。	**李象鵾**　二、乙卯；蘇按改。

年　代	道光十九年　己亥(1839)		
直　隷	**陸費瑔** 六、庚辰、十六，7.26；遷桂布。	**金應麟** 六、庚辰；鴻臚授。	
江　蘇	（蒙）**裕謙** 三、乙巳、九，4.22；署布，淮徐道朱襄署。 六、丙寅、二，7.12；遷蘇布。	**張霤熙** 六、丙寅；浙運使遷。	
安　徽	**徐寶森** 十一、甲辰、十二，12.17；改魯按。	（？）**文麟** 十一、甲辰；淮海道遷。	
山　東	**邵甲名** 十一、甲辰；遷皖布。	**徐寶森** 十一、甲辰；皖按改。	
山　西	（滿）**瑞元**		
河　南	**成世瑄**		
陝　西	**梁寶常**		
甘　肅	**陶廷杰**		
福　建	**常恒昌**		
浙　江	**周開麒**		
江　西	**管遹群** 十二、癸亥、一，1.5，遷皖布。	**劉體重** 十二、癸亥；彰衛懷道遷。	
湖　北	（滿）**鄂順安** 三、乙巳；遷豫布。	**卞士雲** 三、乙巳；長蘆運使遷。 九、乙未、三，10.9；遷湘布。	（滿）**文沖** 九、乙未；永定河道遷。
湖　南	**王　藻**		
四　川	**蘇廷玉**		
廣　東	**喬用遷**		
廣　西	**郭文匯**		
雲　南	**王惟誠** 八、庚午、七，9.14；遷桂布。	**孫善寶** 八、庚午；霸昌道遷。 十、丁丑、十五，11.20；遷鄂布。	**費開綬** 十、丁丑；浙運使遷。
貴　州	**李象鵾**		

道光二十年　庚子(1840)		

金應麟 △十一月，召京(理少)。	岳鎮南 十一、壬寅、十六，12.9；甘按改。

張晉熙

(？)文麟

徐寶森 十、己巳、十三，11.6；遷皖布。	王篤 十、己巳；魯糧道遷。

(滿)瑞元 四、壬午、廿二，5.23；遷閩布。	陳嘉樹 四、壬午；粵運使遷。

成世瑄 四、戊辰、八，5.9；遷寧布。	張祥河 四、戊辰；服闋豫按授。

梁寶常 四、乙酉、廿五，5.26；遷粵布。	李星沅 四、乙酉；豫糧道遷。 十二、乙亥、十九，1.11；川按互調。	朱士達 十二、乙亥；川按改。

陶廷杰 五、癸卯、十四，6.13；遷陝布。	岳鎮南 五、癸卯；浙運使遷。 十一、壬寅；改直按。	程德潤 十一、壬寅；服闋前任授。

常恒昌 九、甲午、七，10.2；遷浙布。	徐廣縉 九、甲午；贛糧道遷。 十二、乙酉、廿九，1.21；改順尹。	(？)裕麠 十二、乙酉；浙運使遷。

周開祺

劉體重 十二、己卯、廿三，1.15；遷鄂布。	(？)存興 十二、己卯；通永道遷。

(滿)文沖 二、甲申、廿三，3.26；遷東河。	林紱 二、甲申；魯運河道遷。 十二、甲戌、十八，1.10；降。	徐瑾 十二、甲戌；長蘆運使遷。

王藻 三、己亥、九，4.10；遷湘布。	王允中 三、己亥；天津道遷。	(？)蘇彰阿 九、乙卯、廿八，10.23；鎮迪道遷。

蘇廷玉	朱士達 五、丁未、十八，6.17；迤東道遷。 十二、乙亥；陝按互調。	李星沅 十二、乙亥；陝按改。

喬用遷 九、辛卯、四，9.29；遷晉布。	王庭蘭 九、辛卯；魯運使遷。

郅文匯 十二、己卯；遷甘布。	(？)寶清 十二、己卯；濟東泰武臨道遷。

費開綬

李象鵾 二、丙子、十五，3.18；遷黔布。	(滿)文繡 二、丙子；魯運使遷。	李鈞 十二、丁卯、十一，1.3；服闋陝按授。

按察使年表

年　代	道光二一年　辛丑(1841)			
直　隸	**岳鎮南** 十二、己丑、十，1.20；遷滇布。	**李　億** 十二、己丑；大順廣道遷。 十二、乙巳、廿六，2.5；改順尹。		**(?)文柱** 十二、乙巳；河東道遷。
江　蘇	**張晉熙** 閏三、丁卯、十三，5.3；遷豫布。	**李星沅** 五、癸亥、十，6.28；川按改。 十二、己丑；遷贛布。		**(覺羅)崇恩** 十二、己丑；湖惠嘉道遷。
安　徽	**(?)文麟**			
山　東	**王　篤**			
山　西	**陳嘉樹** 八、辛丑、廿，10.4；遷贛布。	**羅繞典** 八、辛丑；陝糧道遷。		
河　南	**張祥河**			
陝　西	**朱士達**			
甘　肅	**程德潤** 二、辛巳、廿六，3.18；遷甘布。	**王兆琛** 二、辛巳；池寧太廣道遷。		
福　建	**(?)裕康**			
浙　江	**周開麒** 正、丁未、廿一，2.12；遷甘布。	**(漢)蔣文慶** 正、丁未；寧夏道遷。		
江　西	**(?)存興**			
湖　北	**徐　璈** 正、甲辰、十八， 2.9；降道員。	**張日晸** 五、癸亥；改川按。 建昌道遷。	**趙仁基** 五、癸亥；吉南贛寧道遷。 △死。	**郭熊飛** 七、壬戌、十，8.26； 延榆綏道遷。
湖　南	**(?)蘇彰阿**			
四　川	**李星沅** 五、癸亥、十，6.28；改蘇按。	**張日晸** 五、癸亥；鄂按改。		
廣　東	**王庭蘭**			
廣　西	**(?)寶清** 七、庚辰、廿八，9.13；冊封越南國王使臣。			
雲　南	**費開綬** 十二、乙巳；遷贛布。	**葉名琛** 十二、乙巳；贛鹽道遷。		
貴　州	**李　鈞**			

道光二二年　壬寅(1842)

(?)文柱 　　十、丙戌、十一,11.13;改滇按。	陸建瀛 　　十、丙戌;天津道遷。
(覺羅)崇恩 　　六、己卯、二,7.9;改魯按。	黃恩彤 　　六、己卯;江南鹽道遷。 　　九、己未、十四,10.17;赴粵。
(?)文麟 　　三、丙子、廿七,5.7;召(四京候)。	萬貢珍 　　三、丙子;平慶涇道遷。
王　篤 　　六、己卯;遷魯布。	(覺羅)崇恩 　　六、己卯;蘇按改。
羅繞典	
張祥河	
朱士達 　　四、甲午、十六,5.25;遷鄂布。	傅繩勳 　　四、甲午;粵運使遷。
王兆琛	
(?)裕康	
(漢)蔣文慶	
(?)存興 　　正、丙辰、七,2.16;遷粵布。	(滿)文俊 　　正、丙辰;粵運使遷。
郭熊飛	
(?)蘇彰阿	

張日晸 　　七、癸亥、十七,8.22;遷豫布。	劉耀椿 　　七、癸亥;興泉永道遷。 　　七、丙辰、十,8.15;解。	潘　鐸 　　七、丙辰;粵運使遷。
王庭蘭 　　四、丙午、廿八,6.6;遷寧布。	徐繼畬 　　四、丙午;粵運使遷。	
(?)寶清		
葉名琛 　　十、乙酉、十,11.12;遷湘布。	(?)文柱 　　十、丙戌;直按改。 　　十二、庚寅、十六,1.16;遷蘇布。	趙光祖 　　十二、庚寅;浙糧道遷。
李　鈞		

年 代	道光二三年　癸卯(1843)			
直 隸	陸建瀛 四、乙亥、二，5.1；遷直布。		陸蕡奎 四、丙子、三，5.2；長蘆運使遷。	
江 蘇	黃恩彤 四、丙子；改粤按。	趙德澅 四、丙子；迤西道遷。	陳　功 十、己未、廿，12.11；兖沂曹濟道遷。 十一、庚寅、廿二，1.11；鄂按互調。	郭熊飛 十一、庚寅；鄂按改。
安 徽	萬貢珍 三、丁卯、廿四，4.23；遷湘布。		管遹群 三、丁卯；已革皖布以六品授。 五、丁巳、十五，6.12；遷浙布。	常大淳 五、丁巳；浙運使遷。
山 東	(覺羅)崇恩 五、戊辰、廿六，6.23；遷寧布。		方　濤 五、戊辰；魯運使遷。 七、丙午、五，7.31；解。	陳慶偕 七、丙午；閩讞學授。
山 西	羅繞典			
河 南	張祥河			
陝 西	傅繩勳			
甘 肅	王兆琛 四、戊子、十五，5.14；遷川布。		楊以增 四、戊子；兩淮運使遷。	
福 建	(？)裕康			
浙 江	(漢)蔣文慶			
江 西	(滿)文俊 △三月，革。		溫予巽 四、甲戌、一，4.30；豫鹽道遷。	
湖 北	郭熊飛 十一、庚寅；蘇按互調。		陳　功 十一、庚寅；蘇按改。	
湖 南	(？)蘇彰阿			
四 川	潘　鐸			
廣 東	徐繼畬 四、乙亥；遷閩布。	黃恩彤 四、丙子；蘇按改。閏七、乙未、廿五，9.18；遷粤布。	孔繼尹 閏七、乙未；粤糧道遷。	
廣 西	(？)寶清			
雲 南	趙光祖			
貴 州	李　鈞		吳振棫 三、己巳、廿六，4.25；黔糧道遷。	

道光二四年　甲辰(1844)		道光二五年　乙巳(1845)		
陸蔭鑫		陸蔭奎		
郭熊飛		郭熊飛		
常大淳		常大淳	張雲藻	
			二、乙未、四,3.11;乞養(旋歿)。	二、乙未;霸昌道遷。
陳慶偕		陳慶諧		
羅繞典	(滿)恒春	(滿)恒春		
二、戊午、廿一,4.8;遷黔布。	二、戊午;永定河道遷。			
張祥河	王　簡	王　簡		
正、乙亥、八,2.25;遷桂布。	正、乙亥;辰沅永靖道遷。			
傅繩勳	汪云任	汪云任	唐樹義	
二、癸卯、六,3.24;遷滇布。	二、癸卯;通參授。		三、甲申、廿三,4.29;蘭州道遷。	
楊以增		楊以增		
(?)裕康		(?)裕康	陳士枚	
		四、壬子、廿二,5.27;遷陝布。	四、壬子;魯運使遷。	
(漢)蔣文慶		(漢)蔣文慶	李侖通	
		五、戊寅、十八,6.22;遷皖布。	五、戊寅;兩淮運使遷。	
溫予巽		溫予巽		
陳　功		陳　功	程煥采	
			七、甲子、五,8.7;鄂鹽道遷。	
(?)蘇彰阿		(?)蘇彰阿	(漢)徐澤醇	
		正、壬申、十,2.16;遷滇布。	正、壬申;江南河庫道遷。	
潘鐸		潘鐸	劉喜海	
		四、甲辰、十四,5.19;遷晉布。	四、甲辰;延榆綏道遷。	
孔繼尹		孔繼尹	嚴良訓	
		七、癸亥、四,8.6;遷桂布。	七、癸亥;鞏秦階道遷。	
(?)寶清		(?)寶清	王壽昌	馮德馨
		二、甲寅、廿三,3.30;遷甘布。	二、甲寅;開歸陳許道遷。	六、癸巳、三,7.7;河東道遷。
趙光祖		趙光祖	(?)普泰	
		八、乙卯、廿六,9.27;遷滇布。	八、乙卯;歸綏道遷。	
吳振棫		吳振棫		

年 代	道光二六年　丙午(1846)
直 隸	陸蔭奎　　　　　　(滿)文俊　　　　　　　　　(滿)兆那蘇圖　　　　　　周開麒 四、辛丑、十六，　　四、辛丑、歸綏道遷。　　十、丁巳；陝安道遷。　　十二、辛未； 5.11；遷蘇布。　　　十、丁巳、五、11.23；改奉尹。　十二、辛未、廿、2.5；閩按互調。　閩按改。
江 蘇	郭熊飛　　　　　　　　　　　　周祖植 正、壬午、廿六、2.21；遷直布。　　　正、壬午；池寧廣太道遷。 　　　　　　　　　　　　　　　　八、乙亥、廿三、10.12；署布。
安 徽	張雲藻
山 東	陳慶偕　　　　　　　　　　　　徐思莊 十、丙寅、十四、12.2；遷閩布。　　十、丙寅；迤東道遷。
山 西	(滿)恒春
河 南	王　簡
陝 西	唐樹義 三、乙酉、卅、4.25；署布。
甘 肅	楊以增　　　　　　　　　　　　蘇敬衡 十、乙亥、廿三、12.11；遷陝布。　　十、乙亥；雷瓊道遷。
福 建	陳士枚　　　　　　　周開麒　　　　　　(滿)兆那蘇圖 十二、丁卯、十六、2.1；遷川布。　十二、丁卯；已革甘布授。　十二、辛未；直按改。 　　　　　　　　　　十二、辛未；直按互調。
浙 江	李禽道　　　　　　　　　　　　李瑋煜 　　　　　　　　　　八、己卯、廿七、10.16；惠潮嘉道遷。
江 西	溫予巽
湖 北	程煥采
湖 南	(漢)徐澤醇
四 川	劉喜海
廣 東	嚴良訓
廣 西	馮德馨
雲 南	(？)普泰
貴 州	吳振棫

道光二七年　丁未(1847)

周開麒 八、癸亥、十七,9.25;改浙按。	**龔　裕** 八、癸亥;清河道遷。	
周祖植 正、丁酉、十七,3.3;改浙按。	**宮慕久** 正、丁酉;蘇松太道遷。	
張雲藻		
徐思莊	**劉源灝** 十、丁卯、廿一,11.28;晉按改。	
(滿)**恒春** 三、乙未、十六,4.30;遷陝布。	**劉源灝** 三、乙未;魯運使遷。 十、丁卯;改魯按。	(蒙)**明誼** 十、丁卯;鎮迪道遷。
王　簡 二、庚午、廿,4.5;遷豫布。	**吳式芬** 二、庚午;右江道遷。	
唐樹義 正、丁酉;遷鄂布。	**嚴良訓** 正、丁酉;粵按改。	
蘇敬衡	(滿)**雲麟** 八、壬申、廿六,10.4;安肅道遷。	
(滿)**兆那蘇圖**		
李璋煜 正、丁酉;改粵按。	**周祖植** 正、丁酉;蘇按改。 八、癸亥;病免。	**周開麒** 八、癸亥;直按改。
溫予巽 八、癸亥;遷直布。	**陸元烺** 八、癸亥;長蘆運使遷。	
程煥采 十一、戊寅、二,12.9;改湘按。	**常大淳** 十一、戊寅;服闋皖按授。	
(漢)**徐澤醇** 十一、戊寅;遷魯布。	**程煥采** 十一、戊寅;鄂按改。	
劉喜海 六、丁巳、十,7.21;遷浙布。	**張集馨** 六、丁巳;陝糧道遷。	
嚴良訓 正、丁酉;改陝按。	**李璋煜** 正、丁酉;浙按改。	
馮德馨		
(?)**普泰**		
吳振棫		

按察使年表

年代	道光二八年　戊申(1848)		
直隸	龔裕 十二、丁卯、廿七,1.21;遷甘布。	(蒙)恒福 十二、戊辰、廿八,1.22;口北道遷。	
江蘇	宮慕久	慶端 正、乙未、廿,2.24;鎮迪道遷。	
安徽	張雲藻 九、丙申、廿六,10.22;遷桂布。	李本仁 九、丙申;贛南道遷。	
山東	劉源灝 六、癸卯、六,7.1;遷魯布。	(漢)蔣霨遠 六、癸卯;迤南道遷。 十二、乙卯、十五,1.9;改浙按。	黄宗漢 十二、乙卯;雷瓊道遷。
山西	(蒙)明誼 八、戊辰、廿七,9.24;甘按互調。	陶樑 八、戊辰;甘按改。	
河南	吳式芬 八、丁巳、十六,9.13;兼署布政。		
陝西	嚴良訓 八、丁巳;遷豫布。	郭夢齡 八、丁巳;蘭州道遷。 九、辛巳、十一,10.7;病免。	朱㴗 九、辛巳;贛糧道遷。
甘肅	(滿)雲麟 六、己酉、七,7.7;遷桂布。	陶樑 六、己酉;漢黄德道遷。 八、戊辰;晉按互調。	明誼 八、戊辰;晉按改。
福建	(滿)兆那蘇圖 九、乙亥、五,10.1;遷晉布。	(?)積喇明阿 九、乙亥;江南鹽道遷。	
浙江	周開麒 十二、乙卯;召京(休)。	(漢)蔣霨遠 十二、乙卯;魯按改。	
江西	陸元烺		
湖北	常大淳 十二、丁卯;遷陝布。	駱秉章 十二、戊辰;右庶授。	
湖南	程焕采 十一、己亥、廿九,12.24;遷蘇布。	楊文定 十一、己亥;潮惠嘉道遷。	
四川	張集馨		
廣東	李璋煜 六、丙午、四,7.4;遷粵布。	趙長齡 十、丙午、六,11.1;粵運使遷。	
廣西	馮德馨 六、戊辰、廿六,7.26;遷寧布。	勞崇光 六、戊辰;冀寧道遷。 十一、乙亥、五,11.30;册封越南國王使臣。	
雲南	(?)普泰		
貴州	吳振棫 八、丁巳、十六,9.13;遷晉布。	武棠 八、戊午、十七,9.14;閩鹽道遷。	

道光二九年　己酉(1849)

(蒙)恒福		

(滿)慶端		(宗室)聯英
九、己酉、十五,10.30;遷閩布。		九、己酉;魯運使遷。

李本仁		

黄宗漢		王懿德
五、辛酉、廿五,7.14;通政程庭桂署。		十二、乙酉;浙按改。
十二、乙酉、廿二,2.3;浙按互調。		

陶　樑	(滿)春熙	孔慶鏏
四、甲辰、六,4.28;遷贛布。	四、甲辰;甘涼道遷。	六、辛卯;甘涼道遷。
	六、辛卯、廿五,8.13;改贛按。	

吴式芬	郭夢齡
八、丙戌、廿一,10.7;遷直布。	八、丙戌;病痊陝按授。

朱　㴐

(蒙)明誼

(?)積喇明阿	陳　阡
八、己丑、廿四,10.10;病免。	八、己丑;潮惠嘉道遷。

(漢)蔣霨遠	王懿德	黄宗漢
十一、甲辰、十一,12.24;遷晉布。	十一、甲辰;魯運使遷。	十二、乙酉;魯按改。
	十二、乙酉;魯按互調。	

陸元烺　(滿)春熙	陳啓邁	憚光宸
六、辛卯;遷贛布。　六、辛卯;晉按改。	七、己亥;左江道遷。	十二、戊辰;粤運使遷。
七、己亥、四,8.21;改湘按。	十二、戊辰、五,1.17;遷直布。	

駱秉章	(滿)椿蔭
閏四、癸酉、六,5.27;遷黔布。	閏四、癸酉;歸綏道遷。

楊文定	(滿)春熙
七、己亥;遷寧布。	七、己亥;贛按改。

張集馨	徐有壬
七、庚申、廿五,9.11;遷黔布。	七、庚申;粤運使遷。

趙長齡	柏　貴	祁宿藻
	四、癸丑、十五,5.7;粤糧道遷。	九、癸卯;粤運使遷。
	九、癸卯、九,10.24;遷粤布。	

勞崇光	吴鼎昌
八、戊辰、三,9.19;遷鄂布。	八、戊辰;陝糧道遷。

(?)普泰	張亮基
七、庚申;召京。	七、庚申;永昌知府擢。

武　棠

按察使年表

年　代	道光三十年　庚戌(1850)			
直　隸	(蒙)恒福			
江　蘇	(宗室)聯英			
安　徽	李本仁			
山　東	王懿德 十、己巳、十一、11.14；遷陝布。	(滿)福濟 十、己巳；晉按改。		
山　西	孔慶鏐 八、壬午、廿三、 9.28；改黔按。	(↑)多豊 八、壬午；冀寧道遷。 八、甲申、廿五、9.30；改陝按。	(滿)福濟 八、甲申；革戶右授。 十、己巳；改魯按。	孫毓溎 十、己巳；吉安知府 擢。
河　南	郭夢齡			
陝　西	朱㷍 八、甲申；遷陝布。	(↑)多豊 八、甲申；晉按改。		
甘　肅	(蒙)明誼 八、甲子、五、9.10；解、勘。	張熙宇 十一、甲辰、十六、12.19；興泉永道遷。		
福　建	陳阡 五、癸卯、十二、6.21；遷蘇布。	蘇敬衡 五、癸卯；前甘按授。 九、癸丑、廿五、10.29；病免。	查文經 九、癸丑；前淮揚道遷。	
浙　江	黄宗漢			
江　西	惲光宸			
湖　北	(滿)椿壽			
湖　南	(滿)春熙 二、辛巳、十八、3.31；署布。 十一、丙午、十八、12.21；改滇按。	陳之驥 十一、丙午；清河道遷。		
四　川	徐有壬 八、癸亥、四、9.9；遷滇布。	呂佺孫 八、癸亥；高廉道遷。		
廣　東	祁宿藻 八、癸未、廿四、9.29；遷湘布。	崔侗 八、癸未；南韶連道遷。		
廣　西	吳鼎昌			
雲　南	張亮基 三、丙辰、廿四、5.5；遷滇布。	梁星源 三、丙辰；南韶連道遷。 十一、丙午、十八、12.21；遷鄂布。	(滿)春熙 十一、丙午；湘按改。	
貴　州	武棠 八、壬午；遷蘇布。	孔慶鏐 八、壬午；晉按改。		

咸 豐 元 年　辛亥(1851)

(蒙)**恒福** 　　七、丙午、廿二，8.18；遷湘布。	**周啓運** 　　七、丙午；通永道遷。
(宗室)**聯英** 　　閏八、戊戌、十五，10.9；遷蘇布。	**查文經** 　　閏八、戊戌；閩按改。
李本仁 　　五、乙巳、十九，6.18；遷皖布。	**張熙宇** 　　五、乙巳；甘按改。
(滿)**福濟**	
孫毓溎 　　八、癸亥、九，9.4；改浙按。	**潘　鐸** 　　八、癸亥；降調豫撫授。
郭夢齡 　　六、丙辰、一，6.29；遷晉布。	**沈兆澐** 　　六、丙辰；江安糧道遷。
(↑)**多慧** 　　二、壬戌、五，3.7；解。	**易　棠** 　　二、丁卯、十，3.12；廣州知府擢。 　　十、壬寅、廿，12.12；署甘按。
張熙宇 　　五、乙巳；改皖按。	**吳鼎昌** 　　五、乙巳；桂按改。十、壬寅；陝按易棠署。
查文經 　　閏八、戊戌；改蘇按。	**楊　培** 　　閏八、戊戌；贛糧道遷。
黃宗漢 　　八、癸亥；遷甘布。	**孫毓溎** 　　八、癸亥；晉按改。
惲光宸	
(滿)**椿壽** 　　二、壬午、廿五，3.27；遷湘布。	**瑞　元** 　　二、壬午；科布多參贊授。
陳之驥	
呂佺孫 　　五、己酉、廿三，6.22；遷黔布。	**蘇敬衡** 　　五、己酉；前閩按授。
崔　侗	
吳鼎昌 　　五、乙巳；改甘按。	**姚瑩** 　　五、乙巳；鄂鹽道遷。
(滿)**春熙** 　　四、丙戌、卅，5.30；解(三四京候)。	(滿)**崇綸** 　　四、丙戌；永定河道遷。
孔慶鏴	

年代	咸豐二年 壬子(1852)			
直 隸	**周啓運** 十二、辛丑、廿六,2.3;改豫按。	**(?)穆清阿** 十二、辛丑;永定河道遷。		
江 蘇	**查文經** 六、戊戌、十九,8.4;甘按互調。	**倪良燿** 六、戊戌;甘按改。		
安 徽	**張熙宇**			
山 東	(滿)**福濟** 十、丁亥、十,11.21;改奉尹。	(滿)**英桂** 十、丁亥;晉按改。		
山 西	**潘鐸** 四、己亥、十九, 6.6;遷湘布。	(滿)**英桂** 四、己亥;登萊青道遷。 十、丁亥;改魯按。	(?)**麟桂** 十、丁亥;浙運使遷。 十一、丁卯、廿一,12.31;遷浙布。	**沈兆澐** 十一、丁卯;豫按 改。
河 南	**沈兆澐** 十一、丁卯;改晉按。	**張集馨** 十一、丁卯;革豫布授。 十二、辛丑;改鄂按。	**周啓運** 十二、辛丑;直按改。	
陝 西	**易棠** 五、甲寅、四,6.21;遷甘布。	(滿)**艮臻** 五、甲寅;河北道遷。		
甘 肅	**吳鼎昌** 四、丁未、廿七,6.14;遷桂布。	**倪良燿** 四、丁未;蘇松糧道遷。 六、戊戌;蘇按互調。	**查文經** 六、戊戌;蘇按改。	
福 建	**楊培** 五、辛酉、十一,6.28;遷川布。	**黃樂之** 五、辛酉;吉寧贛南道遷。 十二、戊寅;浙按互調。	**蘇敬衡** 十二、戊寅、三,1.11;浙按改。	
浙 江	**孫毓溎** 十一、乙丑、十九,12.29;病免。	**蘇敬衡** 十一、乙丑;川按改。 十二、戊寅;閩按互調。	**黃樂之** 十二、戊寅;閩按改。	
江 西	**惲光宸**			
湖 北	**瑞元** △死(端節)。	**張集馨** 十二、辛丑;豫按改。		
湖 南	**陳之驥** 正、己卯、廿八,3.18;病免。	**岳興阿** 正、己卯;蘇鹽道遷。 十二、辛丑;遷鄂布。	**陶恩培** 十二、辛丑;衡州知府擢。	
四 川	**蘇敬衡** 十一、乙丑;改浙按。	(滿)**文煜** 十一、乙丑;霸昌道遷。		
廣 東	**崔侗**			
廣 西	**姚瑩** △死。	**許祥光** 十二、乙巳、卅,2.7;桂平梧鬱道遷。		
雲 南	(滿)**崇綸** 二、丁亥、六,3.26;遷粵布。	**張印塘** 二、丁亥;池寧太廣道遷。 八、丁未、廿九,10.12;留皖辦防。		
貴 州	**孔慶鏐**			

咸豐三年　癸丑(1853)

(?)**穆清阿**

倪良燿
二、壬午、七,3.16;遷寧布。

査文經
二、壬午;甘按改。三、辛未、廿七,5.4;護東河。
五、戊午、十四,6.20;幫辦防勦。

張熙宇
二、甲午、十九,3.28;革。

張印塘
二、甲申、九,3.18;滇按改。
△革。

畢承昭
六、丙申、廿三,7.28;寧紹台道遷。
十二、乙酉、十五,1.13;遷浙布。

(?)**恩錫**
十二、乙酉;候補知府署。

(滿)**英桂**
九、丙寅、廿四,10.26;遷豫撫。

厲恩官
九、丙寅;兖沂曹濟道遷。

沈兆澐
七、甲寅、十一,8.15;代理豫布。

周啓運

張集馨
正、庚戌、五,2.12;鄂按署。
正、乙亥、卅,3.9;鄂按改。
二、癸巳、十八,3.27;遷直布。

林揚祖
二、癸巳;開歸陳許道遷。
八、壬午、十,9.12;署布,已革江督牛鑑署。

(滿)**長臻**
正、壬申、廿七,3.6;改奉尹。

(滿)**文俊**
正、壬申;喀喇沙爾辦事授。

查文經
二、壬午;改蘇按。

(?)**常績**
二、壬午;鎮迪道遷。

蘇敬衡

韓　椿
十、壬午、十一,11.11;浙糧道遷。

黄樂之
三、辛未、廿七,5.4;署布。

惲光宸

張集馨
正、庚戌;豫按署。
正、乙亥;改豫按。

江忠源
正、乙亥;候補道遷。三、壬子、八,4.15;赴江南幫辦軍務。
九、辛酉、十九,10.21;遷皖撫。

唐樹義
六、丁酉、廿四,7.29;
前鄂布署。九、辛酉;授。

陶恩培
十二、戊子、十八,1.16;遷晉布。

(?)**清安泰**
十二、戊子;川茶鹽道遷。

(滿)**文煜**
七、甲寅;遷寧布。

周鳴鑾
七、甲寅;陝安道遷。

司徒照
七、甲子、廿一,8.25;魯運使遷。
十一、己未、十八,12.18;遷陝布。

胡興仁
十一、己未;川北道遷。

崔　侗

許祥光

張印塘
二、甲申;改皖按。

(滿)**清盛**
二、甲申;蘭州道遷。

孔慶鍸

年　代	咸　豐　四　年　甲寅(1854)			
直　隷	(?)穆清阿	吳廷棟 六、甲午、廿七,7.21;永定河道遷。		
江　蘇	查文經 △革。	吳其泰 正、甲子、廿四,2.21;蘇糧道遷。		
安　徽	(?)恩錫			
山　東	厲恩官 三、壬子、十三,4.10;遷布。	譚廷襄 三、己未、廿,4.17;兩淮運使遷。 六、癸未、十六,7.10;改順尹。	(?)昇福 六、癸未;登萊青道署。	
山　西	沈兆澐			
河　南	林揚祖 八、戊戌、二,9.23;改陝按。	余炳燾 八、戊戌;南汝光道遷。		
陝　西	(滿)文俊 八、戊戌;改川按。	林揚祖 八、戊戌;豫按改。		
甘　肅	(?)常績			
福　建	韓椿　　　徐宗幹 正、壬子、十二,　正、壬子;臺灣道遷。 2.9;遷浙布。　三、甲寅、十五,4.12;解。	(覺羅)崇恩 五、癸丑;杭嘉湖道遷。 △憂免。	(滿)瑞璸 九、辛巳、十五,11.5; 鹽法道署。	
浙　江	黃樂之 九、辛巳;召京。	晏端書 九、辛巳;寧紹台道遷。		
江　西	惲光宸			
湖　北	唐樹義 △戰死。	曹楙堅 二、辛巳、十二,3.10;湘鹽道遷。	徐之銘 六、癸未;潼商道遷。	胡林翼 八、戊戌;川按改。
湖　南	(?)清安泰 六、辛卯、廿四,7.18;病免。	(?)文發 六、辛卯;川按改。		
四　川	胡興仁　　　夏廷樾 四、壬午、十四,　四、壬午;川茶鹽 5.10;遷桂布。　道遷。 　　　　　　六、癸未;遷鄂布。	(?)文發 六、癸未;左江道遷。 六、辛卯;改湘按。	胡林翼 六、辛卯;貴東道遷, 仍留湘軍營。 八、戊戌;改鄂按(未任)。	(滿)文俊 八、戊戌; 陝按改。
廣　東	崔侗 八、丁巳、廿一,10.12;遷粵布。	江國霖 八、丁巳;粵運使遷。		
廣　西	許祥光	(滿)文格 八、戊戌;衡永郴桂道遷。		
雲　南	(滿)清盛			
貴　州	孔慶鍸			

咸豐五年　乙卯(1855)

吳廷棟		
吳其泰	錢炘和 十、乙卯、廿五，12.4；天津道遷。	
(？)恩錫		
(？)昇福		
沈兆澐		
余炳燾		
林揚祖		
(？)常續 五、甲子、三，6.16；遷甘布。	(滿)明緒 五、甲子；西寧道遷。	
(滿)瑞璚		
晏端書		
惲光宸 七、癸亥、二，8.14；解。	周玉衡 七、癸亥；吉南贛寧道遷。	
胡林翼 正、丁丑、十三，3.1；遷鄂布。	(滿)文俊 正、丁丑；川按改。 三、乙丑、三，4.18；署鄂布。	李孟祥 三、乙丑；平樂知府署。
(？)文發　(？)魁聯 　正、甲戌、十，2.26；汀漳龍道遷。二、丙申、三，3.20；解，以按察候 補。六、丁未、十六，7.29；復授。七、庚辰、十九，8.31；降知府。	(滿)文格 二、丙申；桂按改。 六、丁未；遷布。	周起濱 七、庚辰；杭 嘉湖道遷。
(滿)文俊 正、丁丑；改鄂按。	馬秀儒 正、丁丑；成綿龍茂道遷。 七、甲子、三，8.15；遷鄂布。	(？)祥奎 七、甲子；延榆綏道遷。
江國霖 五、戊辰、七，6.20；遷粵布。	沈棣輝 五、戊辰；肇羅道遷。	
(滿)文格 二、丙申；改湘按。	張敬修 二、丙申；右江道遷。 九、甲申、廿四，11.3；革。	黃鍾音 九、甲申；雷瓊道遷。
(滿)清盛		
孔慶鏴 六、己未、廿八，8.10；病免。	桑春榮 六、己未；迤南道遷。	

按察使年表

年　代	咸　豐　六　年　丙辰(1856)		
直　隷	**吳廷棟** 十一、庚申、六,12.3；遷魯布。		**陸應穀** 十一、庚申；革豫撫賞四品授。
江　蘇	**錢炘和** 正、壬戌、四,2.9； 遷直布。	**趙德轍** 正、壬戌；常鎮通海道遷。 五、癸亥、七,6.9；署撫。 十一、戊午、四,12.1；遷撫。	**楊能格** 十一、戊午；蘇松太道遷。
安　徽	**(?)恩錫** 六、戊子、三,7.4；兼署布政。		
山　東	**(?)昇福**		
山　西	**沈兆澐**		
河　南	**余炳燾**		
陝　西	**林揚祖**		
甘　肅	**(滿)明緒**		
福　建	**(滿)瑞璸**		
浙　江	**晏端書** 二、癸卯、十五,3.21；遷贛布。		**(滿)慶廉** 二、癸卯；浙運使遷。
江　西	**周玉衡** △死。		**鄧仁堃** 三、壬戌、五,4.9；贛糧道遷。
湖　北	**李孟羣** 十、丁未、廿三,11.20；授。		
湖　南	**周起濱** 四、甲午、八,5.11；改粤按。		**(滿)毓科** 四、甲午；鎮迪道遷。
四　川	**(?)祥奎** 十一、癸亥、九,12.6；遷川布。		**曹鑑瀔** 十一、癸亥；浙運使遷。
廣　東	**沈棣輝** 四、甲午；遷黔布。		**周起濱** 四、甲午；湘按改。
廣　西	**黃鑪音**		
雲　南	**(滿)清盛** 四、乙巳、十九,5.22；解。 十一、丁卯、十三,12.10；仍授。		**(覺羅)海瑛** 四、乙巳；長蘆運使遷。 十一、丁卯；遷黔布。
貴　州	**桑春榮** 三、己未、二,4.6；遷滇布。		**潘　楷** 三、己未；迤東道遷。

咸豐七年　丁巳(1857)

陸應毅 △死。	**(滿)清盛** 正、丙子、廿三,2.17;湘按改。
楊能格 六、癸亥、十四,8.3;遷蘇布。	**王有齡** 六、癸亥;滇糧道遷。
(?)恩錫 △十一、辛卯、十四,12.29;憂、假。	**張光第** 十一、辛卯;廬鳳潁道遷。
(?)昇福 六、辛酉、十二,8.1;召京。	**葉圭書** 六、辛酉;濟東泰武寧道遷。
沈兆澐	
余炳燾 △死。	**周士鐙** 四、丙申、十五,5.8;河北道遷。
林揚祖 十、甲子、十七,12.2;遷陝布。	**蔡宗茂** 十、甲子;潼商道遷。
(滿)明緒	

(滿)瑞璸 正、己未、六,1.31;改浙按。	**(?)保泰** 正、己未;興泉永道遷。

(滿)廉慶 正、己未;遷浙布。	**(滿)瑞璸** 正、己未;閩按改。 正、辛酉、八,2.2;遷閩布。	**徐宗幹** 正、辛酉;前閩按授。

鄧仁堃 正、己卯、廿六,2.20;降。	**憚光宸** 正、己卯;前任授。
李孟羣 三、己卯、廿七,4.21;遷皖布。	**羅遵殿** 三、己卯;兩淮運使遷。

(滿)毓科 正、己未;滇按互調。 六、乙亥、廿六,8.15;改回。	**(滿)清盛** 正、己未;滇按改。 正、丙子;改直。	**劉源灝** 正、丙子;光少授。六、壬子、 三,7.23;遷滇布。	**徐之銘** 六、壬子;前鄂按授。 六、乙亥;改滇按。

曹鍾澍 十一、丙戌、九,12.24;遷桂布。	**張思鐙** 十一、丙戌;川茶鹽道遷。
周起濱	
黃鐘音	**翟誥** 十一、乙酉、八,12.23;辰沅永靖道遷。

(滿)清盛 正、己未;湘按互調。	**毓科** 正、己未;湘按改。 六、乙亥;仍改湘按。	**徐之銘** 六、乙亥;湘按改。

潘楷 六、戊寅、廿九,8.18;召京。	**(?)福連** 六、戊寅;兩淮運使遷。

年 代	咸 豐 八 年　戊午(1858)	
直 隸	(滿)清盛	
江 蘇	王有齡 二、壬子、六，3.20；遷蘇布。	薛　煥 二、壬子；蘇松太道遷。
安 徽	張光第 九、乙未、廿三，10.29；遷皖布。	(?)恩錫 九、乙未；前任(服)署。
山 東	葉圭書	
山 西	沈兆澐	
河 南	周士鑣	
陝 西	蔡宗茂 十一、乙亥、四，12.8；病免。	(滿)明緒 十一、乙亥；前甘按署。
甘 肅	(滿)明緒 △三月，憂免(署陝按)。	(?)祥裕 四、乙卯、十，5.22；鎮迪道遷。
福 建	(?)保泰	(?)裕鐸 十二、壬寅、一，1.4；臺灣道遷。
浙 江	徐宗幹 十二、己未、十八，1.21；遷浙布。	段光清 十二、己未；寧紹台道遷。
江 西	惲光宸 十、乙卯、十三，11.18；遷贛布。	翟誥 十、乙卯；前桂按授。 十二、壬子、十一，1.14；湘按互調。　(滿)毓科 十二、壬子；湘按改。
湖 北	羅遵殿 六、丁卯、廿三，8.2；遷鄂布。	莊受祺 六、丁卯；荊宜施道遷。
湖 南	(滿)毓科 十二、壬子；贛按互調。	翟誥 十二、壬子；贛按改。
四 川	張思鑣	
廣 東	周起濱	
廣 西	翟誥 正、丁酉、廿，3.5；解(按候)。	李承恩 正、丁酉；右江道遷。
雲 南	徐之銘 六、癸丑、九，7.19；署撫。 十一、己亥、廿八，1.1；遷滇撫。	姚錫華 十一、己亥；滇糧道遷。
貴 州	(?)福遜 七、丁亥、十四，8.22；死。	王庭蘭 七、丁亥；候三京授。

咸 豐 九 年　己未(1859)	
(滿)**清盛** 　九、丁丑、十一、10.6；遷魯布。	**吳廷棟** 　九、丁丑；魯布降。
薛　煥 　十一、己巳、四、11.27；遷寧布。	(滿)**聯英** 　十一、己巳；兩淮運使遷。署漕督。
(?)**恩錫** 　　(署)	
葉圭書	
沈兆澐 　十、丙午、十、11.4；遷浙布。	**黃　經** 　十、丙午；河東道遷。
周士鏜 　△憂免。	**賈　臻** 　正、己卯、八、2.10；寧紹台道遷。
(滿)**明緒** 　十、壬戌、廿六、11.20；改塔爾巴哈台參贊。	**雷以諴** 　十、壬戌；革蘇布賞四品授。
(?)**祥裕** 　二、壬戌、廿一、3.25；遷豫布。	(蒙)**恩麟** 　二、壬戌；甘候補道遷。
(?)**裕鐸**	
段光清	
(滿)**毓科** 　九、戊寅、十二、10.7；遷贛布。	**張敬修** 　九、戊寅；候按授。
莊受祺 　四、壬戌、廿二、5.24；遷鄂布。	**嚴樹森** 　四、壬戌；荊宜施道遷。
翟　誥	
張思鏜	**蔣徽蒲** 　六、庚戌、十二、7.11；成綿龍茂道遷。

周起濱 　七、丁丑、九、8.7；遷粵布。	(?)齡椿 　七、丁丑；粵運使遷。 　九、己巳、三，9.28；病免。		(?)伊霖 　九、己巳；肇羅道遷。

李承恩 　四、己未、十九、 5.21；遷桂布。	蔣益澧 　候補道遷。四、丙寅、 廿六，5.28；遷桂布。	李　閧 　四、丙寅；桂平梧鬱道遷。 九、己卯、十三、10.8；遷桂布。	劉長佑 　九、己卯；候按授。十、己 未、廿三、11.17；遷布。	張凱嵩 　十、己未；左 江道遷。

姚錫華	
王庭蘭 　三、庚子、卅、5.2；留皖防剿、	**賈洪詔** 　三、庚子；迤南道遷。

按察使年表

年代	咸豐十年　庚申(1860)			
直　隸	吳廷棟			
江　蘇	(滿)聯英 正、丁亥、廿二， 2.13；改魯按。	湯雲松 正、丁亥；蘇松太道遷。 三、乙酉、廿一，4.11；改浙按。六、 乙丑、三，7.20；浙按互調，仍回任。	王夢齡 三、乙酉；記名按授。 閏三、庚申、廿六， 5.16；遷寧布。	甯曾綸 閏三、庚申；閩糧道 遷。 六、乙丑；改浙按。
安　徽	(?)恩錫 閏三、甲寅、廿，5.10；授。 五、癸丑、廿，7.8；降。	毛鴻賓 五、癸丑；安襄鄖荊道遷。 九、庚戌、廿，11.2；遷蘇布。	李續宜 九、庚戌；荊宜施道遷。	
山　東	葉圭薔 正、丁亥；降。	(滿)聯英 正、丁亥；蘇按改，仍署漕督。 十、壬戌、二，11.14；遷滇布。	運使陳景亮署	貢瑻 十、壬戌、二，11.14； 長蘆運使遷。
山　西	黃　經	(滿)瑞昌 八、癸酉、十二，9.26；冀寧道遷。		
河　南	賈　臻 三、己卯、十五，4.5；遷豫布。	邊浴禮 三、己卯；南汝光道遷。 十、庚辰、廿，12.2；遷豫布。	鄭元善 十、庚辰；南汝光道遷。	
陝　西	雷以諴 正、丁丑、十二，2.3；遷陝布。	(漢)瑛　棨 正、丁丑；豫撫降。 五、甲寅、廿一，7.9；遷陝布。	吳春焆 五、甲寅；潼商道遷。	
甘　肅	(蒙)恩麟			
福　建	(?)裕鐸 閏三、乙卯、廿一， 5.11；遷閩布。	莊受祺 閏三、乙卯；鄂布降。 六、乙丑；遷浙布。	林福祥 六、乙丑；吉南贛寧道遷。 十一、癸巳、四，12.15；遷浙布。	黃安綬 十一、癸巳；汀 漳龍道遷。
浙　江	段光清 三、乙酉、廿一，4.11；革。	湯雲松 三、乙酉；蘇按改。六、乙丑；蘇按互調。	甯曾綸 六、乙丑；蘇按改。	
江　西	張敬修			
湖　北	嚴樹森 閏三、甲寅；遷鄂布。	唐訓方 閏三、甲寅；鄂糧道遷。 十、庚辰、廿，12.2；遷鄂布。	(?)裕麟 十、庚辰；粵鹽道遷。	
湖　南	翟　誥 八、己卯、十八，10.2；署撫。			
四　川	蔣徵蒲			
廣　東	(?)伊霖			
廣　西	張凱嵩 閏三、丙午、十二，5.2；遷桂布。	華日新 閏三、丙午；右江道遷。		
雲　南	姚錫華 二、庚子、五，2.26；遷滇布。	鄧爾恒 二、庚子；滇鹽道遷。 七、辛丑、九，8.25；遷布。	花詠春 七、辛丑；滇糧道遷。	
貴　州	賈洪詔 三、庚寅、廿六，4.16；遷滇布。	龔自閎 三、庚寅；黃西道遷。		

咸豐十一年　辛酉(1861)		
吳廷棟 十二、辛巳、廿八, 1.27; 魯按互調。	**孫　治** 十二、辛巳; 魯按改。	
湯雲松		
李續宜 正、丙申、七, 2.16; 署皖撫。	**張學醇** 正、丙申; 候補道遷。	
賈　璸 十二、丁巳、四, 1.3; 遷魯布。	**孫　治** 十二、丁巳; 天津道遷。 十二、辛巳; 直按互調。	**吳廷棟** 十二、辛巳; 直按改。
(滿)**瑞昌**		
鄭元善 十、丁卯、十二, 11.14; 遷豫布。	**王榮第** 十、丁卯; 彰衛懷道遷。	
吳春煥 五、甲午、七, 6.14; 遷陝布。	**王承基** 五、甲午; 陝糧道遷。	
(蒙)**恩麟** 十二、乙亥、廿二, 1.21; 遷甘布。	**劉于濬** 十二、乙亥; 安肅道遷。	
黃安綬 △死。	**張運蘭** 五、壬辰、五, 6.12; 開歸陳許道遷。	
甯曾綸		
張敬修 七、庚寅、四, 8.9; 病免。	(?)**文輝** 七、庚寅; 荆宜施道遷。	
(?)**裕麟** 九、乙巳、廿, 10.23; 召京。	**閻敬銘** 七、甲午、廿, 8.25; 署。 九、乙巳; 候四京授。	
翟　誥 二、辛巳、廿三, 4.2; 召京。	**倉景恬** 二、辛巳; 岳常澧道遷。	
蔣徵蒲 正、丁酉、八, 2.17; 解。	**蕭浚蘭** 正、丁酉; 甘涼道遷。 四、乙丑、七, 5.16; 遷滇布。	**毛震壽** 四、乙丑; 成綿龍茂道遷。 十一月、署布。
(?)**伊霖** 三、戊申、廿, 4.29; 遷粵布。	**彭玉麐** 三、戊申; 潮惠嘉道遷(留營)。 九、壬寅、十七, 10.20; 遷皖撫。	**劉坤一** 九、癸卯、十八, 10.21; 記按遷。
華日新 七、戊申、廿二, 8.27; 遷蘇布。	**蔣益澧** 七、己酉、廿三, 8.28; 記按授。	
花詠春		
龔自閎		

年代	同 治 元 年　壬 戌(1862)			
直 隸	**孫 治** 十二、甲辰、廿七,2.14;革。		**王榕志** 十二、甲辰;晉按改。	
江 蘇	**湯雲松** 正、丙戌、三,2.1;病免。	**陳士杰** 正、丙戌;候選道遷。 三、己酉、廿七,4.25;乞養。	**劉郇膏** 三、己酉;候補知府擢。	
安 徽	**張學醇** 五、己亥、十八,6.14;革。　黃元吉署。			
山 東	**吳廷棟**			
山 西	(滿)**瑞昌** 六、戊寅、廿七,7.23;革。	**王榕吉** 六、戊寅;大順廣道遷。 十二、甲辰;改直按。	(?)**鎧秀** 十二、甲辰;魯運使遷。	
河 南	**王榮第** 七、壬寅、廿一, 8.16;憂免。	**王憲** 七、壬寅;開歸陳許道遷;並署布。 九、壬申、廿三,11.14;遷布。	洪貞謙署:十、乙酉、 六,11.27;革。	**李鶴年** 九、壬申;常鎮道署。
陝 西	**王承基** 十一、庚戌、二,12.22;休。		**丁寶楨** 十一、庚戌;長沙知府署。	
甘 肅	**劉于潯** 六、己巳、十八,7.14;留贛辦防。			
福 建	**張運蘭** 劉翊宸署:五、庚戌、廿九,6.25;解、勘。			
浙 江	**甯曾綸** 正、丁亥、四, 2.2;死。	**曾國荃** 正、丁亥;候授。未任;記名道張 銓慶署。二、丙辰、三,3.3;遷蘇布。	**李元度** 二、丙辰;浙運使遷。 三、戊子、六,4.4;革。	**劉典** 五、壬辰、十一,6.7; 浙補知府擢。
江 西	(?)**文輝**			
湖 北	**閻敬銘** 八、丁卯、十七,9.10;署布、鹽法道栗燿署。 九、乙亥、廿六,11.17;憂免。		**栗燿** 九、乙亥;授。 十一、丁卯、十九,1.8;病免。	**鷹雲官** 十一、丁卯;荊宜施 道遷。
湖 南	**倉景恬**			
四 川	**毛震壽** 二、丙寅、十三,3.13;遷陝布。		**牛樹梅** 二、丙寅;候補知府擢。	
廣 東	**劉坤一** 閏八、乙巳、廿五,10.18;遷桂布。		**吳昌壽** 閏八、乙巳;粵候補道遷。	
廣 西	**蔣益澧** 正、丁亥;遷浙布。		**蘇鳳文** 正、丁亥;左江道遷。	
雲 南	**花詠春** 三、壬子、卅,4.28;病假二月,道員岑毓英署。			
貴 州	**龔自閎**			

同 治 二 年 癸亥(1863)

王榕志	李鶴年
五、丙寅、廿一,7.6;遷直布。	五、丙寅;豫按遷。

劉郇膏	郭柏蔭
正、戊申、一,2.18;授。 十二、辛巳、九,1.17;遷蘇布。	十二、辛巳;蘇糧道遷。

萬啓琛	馬新貽	(滿)英翰
正、戊申;記名道遷。 三、甲子、十八,5.5;遷蘇布。	三、甲子;記名道遷。 九、壬子、八,10.20;遷皖布。	九、壬子;潁州知府擢。

吳廷棟	丁寶楨
正、戊午、十一,2.28;改大理。	正、戊午;署陝按授。

(?)鐔秀	

李鶴年	王正誼
三、丙辰、十,4.27;授。五、丙寅;改直按。	五、丙寅;記名道署。

丁寶楨	張集馨
(署) 正、戊午;改魯按。	正、戊午;革贛布授。 七、丙午、二,8.15;署撫。

劉于潯	
楊炳鯤署。	

張運蘭	

劉 典	
十、庚寅、十七,11.27;改(服)署。	

(?)文輝	

厲雲官	武文蔚
四、乙未、十九,6.5;遷鄂布。	四、乙未;鄂糧道遷。

倉景恬	(?)兆琛
八、戊寅、四,9.16;病免。	八、戊寅;衡永郴桂道遷。 八、丁亥、十三,9.25;解、勘。

牛樹梅	

吳昌壽	李瀚章
正、乙丑、十八,3.7;授。 六、甲辰、廿九,8.13;遷粵布。	六、甲辰;粵糧道遷。

蘇鳳文	

花詠春	林鴻年	劉嶽昭
	三、乙卯、九,4.26;臨安知府擢。 十一、甲寅、十一,12.21;遷滇布。	十一、甲寅;記按授。

龔自閎	(?)裕麟
五、戊午、十三,6.28;遷黔布。陸傳應代理;八月解。	五、戊午;前鄂按授。

按察使年表

年　代	同　治　三　年　甲子(1864)		
直　隸	李鶴年		
江　蘇	郭柏蔭		
安　徽	(滿)英翰 九、壬寅、四；10.4；遷皖布。	何　璟 九、壬寅；廬鳳道遷。	
山　東	丁寶楨 八、戊戌、卅；9.30；遷魯布。	(?)恩錫 八、戊戌；魯運使遷。	
山　西	(?)鐘秀		
河　南	王正誼 （署）		
陝　西	張集馨		
甘　肅	劉于潯 十、癸未、十六，11.14；病免。	林之望 十、甲申、十七，11.15；鞏秦階道遷。	
福　建	張運蘭 十、庚寅、廿三，11.21；戰死(忠毅)。	王德榜 十、庚寅；記按署。	
浙　江	劉　典 四、癸巳、廿三，5.28；幫軍。 十二、戊辰、一，12.29；解(專辦軍務)。	楊昌濬 十二、戊辰；浙運使遷。	
江　西	(?)文輝		
湖　北	武文蔚 三、戊辰、廿八，5.3；病免。	唐訓方 三、戊辰；候布署。 七、庚戌、十二，8.13；遷直布。	唐際盛 七、庚戌；荊宜施道遷。
湖　南	(?)兆琛 十二、戊寅、十一，1.8；復任。		
四　川	牛樹梅 正、丁未、五，2.12；召京。	蔣志章 正、丁未；粵運使遷。	張兆棟 九、辛亥、十三，10.13；記按授。
廣　東	李瀚章 四、癸巳、廿三，5.28；遷粵布。	李福泰 四、癸巳；粵運使遷。	
廣　西	蘇鳳文		
雲　南	劉嶽昭 八、壬辰、廿四，9.24；遷滇布。	席寶田 八、壬辰；迤東道遷。 九、甲辰、六，10.6；降知府。	趙煥聯 九、甲辰；記按授。
貴　州	(?)裕麟 四、癸未、十三，5.18；遷黔布。	(滿)承齡 四、癸未；黔糧道遷。	

同治四年　乙丑(1865)

李鶴年 十一、壬申、十一，12.28；遷鄂撫。		**張樹聲** 十一、癸酉、十二，12.29；徐海道遷。
郭柏蔭		
何　璟 三、丁未、十二，4.7；遷鄂布。	**李宗羲** 三、丁未；署兩淮運使遷。 八、壬寅、十，9.29；遷寧布。	**吳坤修** 八、壬寅；候按授。
(?)恩錫 八、甲寅、廿二，10.11；改奉尹。		**潘鼎新** 八、甲寅；常鎮通海道遷。
(?)鐘秀 六、庚子、七，7.29；署布。 六、庚申、廿七，8.18；陝按互調。		**陳湜** 六、庚申；陝按改。
王正誼 正、丁酉、一，1.27；授。		

張集馨 正、丁未、十一，2.6；革。	**陳湜** 正、丁未；記按授。 六、庚申；晉按互調。	**(?)鐘秀** 六、庚申；晉按改。 八、丁巳、廿五，10.14；遷布。	**胡肇智** 八、丁巳；汀漳龍道遷。

林之望 七、壬申、十，8.30；遷甘布。	**(漢)楊能格** 七、壬申；候按授。
王德榜 二、己丑、廿三，3.20；授。 七、甲申、廿二，9.11；遷閩布。	**鄧廷枏** 七、甲申；興泉永道遷。
楊昌濬	
(?)文輝	
唐際盛	
(?)兆琛 十二、戊午、廿七，2.12；遷黔布。	**李廷璋** 十二、戊午；平陽知府擢。

張兆棟 二、丙子、十，3.7；改粵按。	**趙畏齡** 二、丙子；前粵按授。 八、乙未、三，9.22；遷陝撫。	**楊重雅** 八、乙未；候補道遷。
李福泰 二、丙子；遷粵布。	**張兆棟** 二、丙子；川按改。 十二、庚戌、十九，2.4；遷川布。	**(?)英秀** 十二、庚戌；高廉道遷。

蘇鳳文 五、乙卯、廿一，6.14；遷桂布。	**殷樹森** 五、乙卯；降補道員授。
趙煥聯	
(滿)承齡 八、庚戌、十八，10.7；死。	**席寶田** 八、庚戌；前滇按授。

年　代	同　治　五　年　　丙寅（1866）			
直　隸	張樹聲			
江　蘇	郭柏蔭 四、庚子、十二，5.25；遷蘇布。		劉秉璋 四、庚子；翰講學授。	
安　徽	吳坤修			
山　東	潘鼎新			
山　西	陳　湜			
河　南	王正誼 八、甲午、八，9.16； 病免。	（?）德蔭 八、甲午；開歸陳許 道遷。	吳昌壽 △降調豫撫授。 十一、丙寅、十一，12.17；遷粵布。	李宗羲 十一、己巳、十四， 12.20；河北道遷。
陝　西	胡肇智 八、壬寅、十六，9.24；改順尹。		（?）英奎 八、甲辰、十八，9.26；甘按改。	
甘　肅	（漢）楊能格	（?）英奎 四、辛亥、廿三，6.5；蘭州道遷。 八、甲辰；改陝按。	劉　典 八、甲辰；前浙按署。 十、戊戌、十三，11.19；幫軍。十二月，授。	
福　建	鄧廷柟 九、癸亥、七，10.15；遷閩布。		康國熙 九、癸亥；延建邵道遷。	
浙　江	楊昌濬 二、丙辰、廿六，4.11；遷浙布。		王凱泰 二、丙辰；補用道遷。	
江　西	（?）文輝			
湖　北	唐際盛 七、乙丑、九，8.18；召京。		李　榕 七、乙丑；浙運使遷。	
湖　南	李廷璋			
四　川	楊重雅			
廣　東	（?）英秀	郭祥瑞 五、己卯、廿一，7.3；粵糧道遷。	李福泰 △原任授。 八、戊子、二，9.10；遷粵布。	
廣　西	嚴樹森 十、丁未、廿二，11.28；遷魯布。		（滿）佛爾國春 十、丁未；桂平鬱梧道遷。	
雲　南	趙煥聯 正、戊子、廿八，3.14；乞養。		宋延春 正、己丑、廿九，3.15；迤西道遷。	
貴　州	席寶田			

同 治 六 年　丁卯(1867)		
張樹聲		
劉秉璋 二、戊戌、十四,3.19;遷晉布。	**李鴻裔** 二、己亥、十五,3.20;徐海道遷。	
吳坤修		
潘鼎新 二、庚戌、廿六,3.31;遷魯布。	**盧定勳** 二、庚戌;魯運使遷。 十二、戊戌、十九,1.13;遷直布。	(滿)**文彬** 十二、戊戌;兗沂曹濟道遷。
陳湜		
李宗羲 十一、乙亥、廿六,12.21;遷豫布。	**胡大任** 十一、乙亥;閣讀學授,仍署晉布。	
(?)**英奎**		
劉典 正、癸酉、十八,2.22;解(三品卿銜)。(專辦軍務)	**張岳齡** 正、癸酉;記名道遷。	
康國器		
王凱泰 七、庚辰、廿九,8.28;遷粵布。	**蔣志章** 七、庚辰;前川按授。 十、丙申、十七,11.12;遷川布。	**劉齊銜** 十、丙申;陝糧道遷。
(?)**文輝** 三、戊辰、十四,4.18;遷贛布。	**王德固** 三、戊辰;補用道授。	
李榕 十、丁亥、八,11.3;遷湘布。	**王文韶** 十、丁亥;安襄鄖荆道遷。 十一、庚午、廿一,12.16;署布。	
李廷璋		
楊重雅 △憂免。	**翁同爵** 八、壬午、八,8.30;長寶道遷。	
郭祥瑞 十一、乙亥、廿六,12.21;降四調。	**梅啓照** 十一、乙亥;長蘆運使遷。	
(滿)**佛爾國春**		
宋延春 二、壬子、廿八,4.2;護督。		
席寶田 二、壬寅、十八,3.23;乞養。	(滿)**葆亨** 二、癸卯、十九,3.24;候補運使遷。	

年　代	同　治　七　年　　戊辰(1868)		
直　隸	張樹聲		
江　蘇	李鴻裔 七、丙戌、十一，8.28；病免。	李元華 七、丙戌；兩淮運使遷。	
安　徽	吳坤修 正、丙辰、七，1.31；署撫。 四、丁酉、十九，5.11；遷皖布。	(滿)裕禄 四、丁酉；熱河道遷。	
山　東	(滿)文彬		
山　西	陳　湜 二、庚寅、十二，3.5；革、戍。	蔣益澧 二、庚寅；候按授。	
河　南	胡大任 七、甲辰、廿九，9.15；遷晉布。	譚鍾麟 七、甲辰；杭嘉湖道遷。	
陝　西	(？)英奎		
甘　肅	張岳齡		
福　建	康國器		
浙　江	劉齊銜		
江　西	王德固		
湖　北	王文韶		
湖　南	李廷璋		
四　川	翁同爵 十二、丙寅、廿三，2.4；遷陝布。	(？)英祥 十二、丙寅；安襄鄖荆道遷。	
廣　東	梅啓照		
廣　西	(滿)佛爾國春		
雲　南	宋延春 三、癸丑、五，3.28；遷滇布。	李元度 三、癸丑；前浙按授。 七、甲申、九，8.26；乞養。	程　誠 七、甲申；迤南道遷。
貴　州	(滿)葆亨		

同 治 八 年　己巳(1869)

張樹聲 三、甲申、十二,3.23;晉按互調。	**史念祖** 三、甲申;晉按改。 十一、甲午、廿七,12.29;解。	**錢鼎銘** 十一、乙未、廿八,12.30;大順廣道遷。
李元華 六、癸卯、三,7.11;改魯按。	**應寶時** 六、癸卯;蘇松太道遷。	
(滿)**裕禄**		
(滿)**文彬** 六、癸卯;遷魯布。	**李元華** 六、癸卯;蘇按改。	
蔣益澧 正、壬辰、廿,3.2; 病免。	**史念祖** 正、壬辰;記名道遷。 三、甲申;直按互調。	**張樹聲** 三、甲申;直按改。 三、辛卯、十九,4.30;留直辦案,河東道李慶翶署。
譚鍾麟 △憂免。	(?)**紹鍼** 二、癸亥、廿一,4.2;開歸陳許道遷。	
(?)**英奎**		
張岳齡 五、丙申、廿五,7.4;病免。	(蒙)**崇福** 五、丙申;鞏秦階道遷。	
康國器 五、丁亥、十六,6.25;遷桂布。	**潘霨** 五、丁亥;魯運使遷。	
劉齊銜 四、庚申、十八,5.29;遷豫布。	(?)**興奎** 四、辛酉、十九,5.30;歸綏道遷。	
王德固 十二、壬寅、五,1.6;遷川布。	(?)**俊達** 十二、壬寅;奉錦山海道遷。	
王文韶 五、甲戌、三,6.12;遷湘布。	**張建基** 五、甲戌;荊宜施道遷。 八、甲子、廿五,9.30;遷鄂布。	**劉策先** 八、甲子;記按授。
李廷璋		
(?)**英祥**		
梅啓照 五、庚子、廿九,7.8;遷寧布。	**孫觀** 六、壬寅、二,7.10;粤運使遷。	
(滿)**佛爾國春**		
程誠		
(滿)**葆亨**		

按察使年表

年　代	同 治 九 年　庚午(1870)		
直　隷	**錢鼎銘** 八、戊戌、四，8.30；遷直布。	**范　樾** 八、戊戌；晉按改。	
江　蘇	**應寶時**		
安　徽	(滿)**裕禄**		
山　東	**李元華**		
山　西	**張樹聲** 七、庚午、六，8.2；遷晉布。	**范　樾** 七、庚午；魯運使遷。八、戊戌；改直。	**李慶翱** 八、戊戌；河東道遷。
河　南	(？)**紹鍼**		
陝　西	(？)**英奎**		
甘　肅	(蒙)**崇福**	**楊重雅** 十二、丁亥、廿六，2.15；前川按授。	
福　建	**潘霨** 七、丁亥、廿三，8.19；遷閩布。	(滿)**葆亨** 七、丁亥；黔按改。	
浙　江	(？)**興奎**		
江　西	(？)**俊達**		
湖　北	**劉策先**		
湖　南	**李廷璋**		
四　川	(？)**英祥**		
廣　東	**孫　觀**		
廣　西	(滿)**佛爾國春**		
雲　南	**程　鹹**		
貴　州	(滿)**葆亨** 七、丁亥；改閩按。	**林肇元** 七、丁亥；黔糧道遷。	

同 治 十 年　辛未(1871)		
范　樑		
應寶時		
(滿)裕祿		
李元華		
李慶翱 十二、甲申、廿九, 2.7; 遷晉布。	蔣學凝 十二、甲申; 安肅道遷。	
(?)紹鍼		
(?)英奎		
楊重雅		
(滿)葆亨		
(?)興奎		
(?)俊達 十二、甲申; 粵按互調。	李文敏 十二、甲申; 粵按改。	
劉策先		
李廷璋	涂宗瀛 七、壬寅、十四, 8.29; 蘇松太道遷。	
(?)英祥		
孫　觀 十一、己丑、三, 12.14; 遷直布。	李文敏 十一、己丑; 大順廣道遷。 十二、甲申; 贛按互調。	(?)俊達 十二、甲申; 贛按改。
(滿)佛爾國春		
程　鍼		
林肇元		

按察使年表

年　代	同治十一年　壬申(1872)		同治十二年　癸酉(1873)	
直　隸	范　樑		范　樑	
江　蘇	應寶時		應寶時	
安　徽	(滿)裕祿 十、丙辰、五，11.5； 遷皖布。	孫衣言 十、丙辰；蘇鹽道遷。	孫衣言	
山　東	李元華		李元華 正、丙戌、六，2.3； 遷魯布。	(?)長廙 正、丙戌；兗沂曹濟 道遷。
山　西	蔣學凝		蔣學凝	
河　南	(?)紹鍼		(?)紹鍼	
陝　西	(?)英奎		(?)英奎 六、丙寅、十九， 7.13；召京。	(滿)裕寬 六、丙寅；閩鹽法道 遷。
甘　肅	楊重雅		楊重雅	
福　建	(滿)葆亨		(滿)葆亨	
浙　江	(?)興奎		(?)興奎	
江　西	李文敏		李文敏	
湖　北	劉策先		劉策先	王大經 五、己卯、二，5.27； 江安糧道遷。
湖　南	涂宗瀛		涂宗瀛 十二、戊子、十四， 1.31；遷湘布。	(蒙)崇福 十二、戊子；前甘按授。
四　川	(?)英祥		(?)英祥	
廣　東	(?)俊達 八、甲戌、廿二， 9.24；遷粵布。	張瀛 八、甲戌；開歸陳許道 遷。	張　瀛	
廣　西	(滿)佛爾國春 十、壬子、一，11.1； 召京。	嚴樹森 十、壬子；革黔布賞四 品署。	嚴樹森	
雲　南	程　誠		程　誠	
貴　州	林肇元		林肇元	

同治十三年　甲戌(1874)

范　樑

應寶時

孫衣言

(?)長廣　　　　　　　　　　　　　陳士杰
十二、戊戌、廿九, 2.5; 病免。　　　十二、戊戌; 前蘇按授。

蔣學凝

(?)紹諴　　　　　　　(?)興奎　　　　　　沈秉成
九、庚戌、十一, 10.20; 遷皖布。　九、庚戌; 浙按改。　十一、癸亥、廿四, 1.1; 蘇松太道遷。

(滿)裕寬

楊重雅

(滿)葆亨

(?)興奎　　　　　　　　　　　　　蒯賀蓀
九、庚戌; 改豫按。　　　　　　　△南汝光道遷。

李文敏

王大經

(蒙)崇福

(?)英　祥

張　瀛

嚴樹森

程　誠　　　　　　　　　　　　　倉景恬
三、癸丑、十一, 4.26; 降一調。　　三、乙卯、十三, 4.28; 前湘按授。

林肇元

按察使年表

年代	光緒元年　乙亥(1875)		
直　隸	**范　樑**		
江　蘇	**應寶時** 八、丁卯、三,9.2;召京。	**勒方錡** 八、丁卯;卽補道遷。	
安　徽	**孫衣言** 八、丁卯;遷鄂布。	**衞榮光** 八、戊辰、四,9.3;江安糧道遷。	
山　東	**陳士杰**		
山　西	**蔣學凝** 二、己丑、廿一,3.28;遷陝布。	**程　豫** 二、己丑;雁平道遷。	
河　南	**沈秉成** 四、乙未、廿九,6.2;改川按。	**傅壽彤** 四、乙未;開歸陳許道遷。	
陝　西	(滿)**裕寬**		
甘　肅	**楊重雅** 十一、己亥、六,12.3;遷桂布。	**成定康** 十一、己亥;甘涼道遷。	
福　建	(滿)**葆亨** 二、丁丑、九,3.16;遷閩布。	**郭嵩燾** 二、丁丑;前兩淮運使遷。 七、壬戌、廿八,8.28;使英。	**張岳齡** 七、壬戌;延建邵道遷。
浙　江	**鬭賀孫** 十一、戊申、十五,12.12;病免。	(?)**興奎** 十一、戊申;前豫按授。	
江　西	**李文敏** 八、丁卯;遷贛布。	**任道鎔** 八、丁卯;開歸陳許道遷。	
湖　北	**王大經**		
湖　南	(蒙)**崇福**		
四　川	(?)**英祥** 四、甲午、廿八,6.1;改桂按。	**沈秉成** 四、乙未;豫按改。 六、己丑、廿四,7.26;病免。	**杜瑞聯** 六、己丑;辰沅永靖道遷。
廣　東	**張　瀛** 五、乙丑、廿九,7.2;遷晉布。	**周恒祺** 五、乙丑;魯糧道遷。	
廣　西	**嚴樹森** 四、甲午;遷桂布。	(?)**英祥** 四、甲午;川按改。 十二、丁卯、四,12.31;病免。	(?)**長慶** 十二、丁卯;前魯按授。
雲　南	**倉景恬**		
貴　州	**林肇元** 九、丁未、十四,10.12;遷黔布。	**余思樞** 九、丁未;貴西道遷。	

光緒二年　丙子(1876)		光緒三年　丁丑(1877)	
范　樏		范　樏 十二、丙戌、六，1.8； 遷桂布。	黎兆棠 十二、丙戌；津海關道遷。
勒方錡		勒方錡 十一、癸亥、十二， 12.16；遷桂布。	龔易圖 十一、癸亥；登萊青道遷。
衛榮光 四、己巳、八，5.1； 遷浙布。	謝膺禧 四、己巳；成綿龍茂道 遷。	謝膺禧 二、乙未、九，3.23； 病免。	王思沂 二、乙未；安廬滁和道遷。
陳士杰		陳士杰	
程　豫 三、辛酉、廿九，4.23；遷川布。	(漢)瑛　棨 三、辛酉；候按授。	(漢)瑛　棨	
傅壽彤		傅壽彤	
(滿)裕寬		(滿)裕寬 十一、壬戌、十一， 12.15；遷豫布。	(滿)慶裕 十一、壬戌；前奉尹授。
成定康		成定康 正、壬申、十六，2.28； 病免。	史念祖 正、壬申；安廬道遷。
張岳齡 十一、己未、二，12.17； 病免。	李明墀 十一、己未；魯運使遷。	李明墀	
(?)興奎	(蒙)升泰 七、丁卯、九，8.27； 河東道遷。	(蒙)升泰	
任道鎔		任道鎔	
王大經		王大經	
(蒙)崇福 三、戊申、十六， 4.10；遷湘布。	傅慶貽 三、戊申；川鹽茶道遷。	傅慶貽	
杜瑞聯 九、戊辰、十一，10.27； 遷滇布。	方濬頤 九、戊辰；兩淮運使遷。	方濬頤	
周恒祺		周恒祺 八、戊子、六，9.12； 遷閩布。	(?)國英 八、戊子；粵運使遷。
(?)長賡		(?)長賡	
倉景恬		倉景恬 十、壬寅、廿一，11.25；署布。	
余思樞		余思樞 十一、庚辰、廿九，1.2； 遷魯布。	吳德溥 十一、庚辰；黔糧道遷。

按察使年表

年 代	光 緒 四 年　戊寅(1878)		
直 隸	黎兆棠 六、壬午、四，7.3；病免。	丁壽昌 六、壬午；津海關道遷。	
江 蘇	龔易圖 △憂免。	(滿)德馨 六、乙未、十七，7.16；開歸陳許道遷。 十、己亥、廿三，11.17；豫按互調。	許應鑅 十、己亥；豫按改。
安 徽	王思沂 七、庚戌、二，7.31；遷陝布。	胡玉坦 七、庚戌；鳳潁六泗道遷。	
山 東	陳士杰		
山 西	(漢)瑛棨 二、丁未、廿七，3.30；召京。	薛允升 二、丁未；成綿龍茂道遷。	
河 南	傅壽彤	許應鑅 十、辛巳、五，10.30；贛南吉寧道遷。 十、己亥；蘇按互調。	(滿)德馨 十、己亥；蘇按改。
陝 西	(滿)慶裕		
甘 肅	史念祖		
福 建	李明墀 二、丁未；遷閩布。	盧士杰 二、丁未；閩鹽道遷。	
浙 江	(蒙)升泰 七、辛亥、三，8.1；遷滇布。	增壽 七、辛亥；岳常澧道遷。	
江 西	任道鎔 二、丁亥、七，3.10；遷浙布。	(?)國英 二、丁亥；粵按改。	
湖 北	王大經 七、辛亥；遷鄂布。	姚覲元 七、辛亥；川東道遷。	
湖 南	傅慶貽		
四 川	方濬頤		
廣 東	(?)國英 二、丁亥；遷嶺按。	(滿)成孚 二、丁亥；粵運使遷。 十、己亥；遷豫布。	金國琛 十、己亥；粵糧道遷。
廣 西	(?)長賡		
雲 南	倉景恬 四、丁未、廿八，5.29；病免。	李德茂 四、丁未；貴東道遷。	
貴 州	吳德溥		

光 緒 五 年　己卯(1879)		
丁壽昌		
許應鑅		
胡玉坦		
陳士杰 正、己巳、廿五,2.15; 遷閩布。	譚鈞培 正、己巳;鳳潁六泗道遷。 正、庚午、廿六,2.16;改湘按。	(?)鹽杰 正、庚午;浙運使遷。 九、辛卯、廿一,11.4;署布,鹽運使李朝儀署。
薛允升 閏三、甲申、十一,5.1;遷魯布。		(滿)松椿 閏三、甲申;江安糧道遷。
(滿)德馨 八、壬寅、一,9.16;遷浙布。		(滿)豫山 八、壬寅;濟東泰武臨道遷。
(滿)慶裕 閏三、甲申;遷閩布。		邊寶泉 閏三、甲申;陝糧道遷。
史念祖		
盧士杰 七、辛卯、十九,9.5;遷寧布。		陳士杰 七、辛卯;前閩布授。
增壽 閏三、甲申;遷浙布。		孫家穀 閏三、甲申;荊宜施道遷。
(?)國英		沈保靖 正、乙丑、廿一,2.11;廣饒九道遷。
姚覲元 十二、丁卯、廿八,2.8;遷粵布。		歐陽正墉 十二、丁卯;兩淮運使遷。
傅慶貽 正、庚午;遷皖布。	譚鈞培 正、庚午;魯按改。 五、甲戌、一,6.20;遷蘇布。	孫澤翹 五、甲戌;衡永郴桂道遷。
方濬頤 閏三、甲午、廿一,5.11;革。		黎培敬 閏三、丙申、廿三,5.13;降調黔撫授。
金國琛 △六月,死。		張　銑 七、己丑、十七,9.3;潮惠嘉道遷。
(?)長廣 正、甲子、廿,2.10;遷豫布。		(滿)崧駿 正、甲子;魯糧道遷。
李德羲		
吳德溥		

年 代	光 緒 六 年　庚辰(1880)	
直 隸	丁壽昌 △死。	方大湜 五、壬辰、廿五，7.2；安襄鄖荊道遷。
江 蘇	許應鑅	
安 徽	胡玉坦	
山 東	(？)靈杰	
山 西	(滿)松椿 十二、戊戌、五，1.4；護撫。	
河 南	(滿)豫山	
陝 西	邊寶泉 正、甲午、廿六，3.6；遷敦布。	沈應奎 正、甲午；陝安道遷。
甘 肅	史念祖	
福 建	陳士杰 二、己未、廿一，3.31；遷閩布。	鹿傳霖 二、己未；惠潮嘉道遷。
浙 江	孫家毅	
江 西	沈保靖	
湖 北	歐陽正墉 (未任)	龐際雲 二、庚子、二，3.12；淮陽海道遷。 三、己卯、十二，4.20；鹽法道訓德標署。
湖 南	孫澤翹	
四 川	黎培敬 六、庚戌、十四，7.20；遷漕督。	游百川 六、庚戌；衡永郴桂道遷。
廣 東	張　鉄 八、庚子、四，9.8；休。	倪文蔚 八、辛丑、五，9.9；開歸陳許道遷。
廣 西	(滿)崧駿	
雲 南	李德義	
貴 州	吳德溥 十二、戊申、十五，1.14；遷滇布。	易佩紳 十二、戊申；貴東道遷。

光 緒 七 年　辛巳(1881)	

方大湜	
許應鑅	
胡玉坦	
(↑)靈杰 二、辛亥、十九,3.18;病免。	潘駿文 二、辛亥;兗沂曹濟道遷。
(滿)松椿	
(滿)豫山	
沈應奎 八、壬申、十三,10.5;遷黔布。	葉伯英 八、壬申;清河道遷。
史念祖 正、丁亥、廿四,2.22;召京。	魏光燾 正、丁亥;平慶涇固化道遷。
鹿傳霖 四、己亥、八,5.5;改川按。	張夢元 四、己亥;臺灣道遷。
孫家穀	
沈保靖 八、辛未、十二,10.4;遷閩布。	(滿)剛毅 八、辛未;潮惠嘉道遷。
龐際雲 八、壬申;遷湘布。	蒯德標 八、壬申;鄂鹽道遷。
孫澤翹	

游百川 四、己亥;改順尹。	鹿傳霖 四、己亥;閩按改。 閏七、丁未、十七,9.10;遷布。	張凱嵩 閏七、丁未;閩讀學授。

倪文蔚 閏七、丁未;遷桂布。	龔易圖 閏七、丁未;服閩蘇按授。
(滿)崧駿 五、丙子、十五,6.11;遷直布。	(↑)國英 五、丙子;前贛按授。
李德羲	
易佩紳	

年 代	光 緒 八 年　壬午(1882)		
直 隷	方大湜 二、庚辰、廿四,4.11;遷晉布。	(滿)剛毅 二、庚辰;贛按改。 十一、乙巳、廿三,1.1;遷粵布。	(滿)松椿 十一、乙巳;晉按改。
江 蘇	許應鑅		
安 徽	胡玉坦 八、壬申、十九,9.30;召京。	孫鳳翔 八、壬申;雷瓊道遷。	
山 東	潘駿文		
山 西	(滿)松椿 十一、乙巳;改直按。	奎　斌 十一、乙巳;口北道遷。	
河 南	(滿)豫山		
陝 西	葉伯英		
甘 肅	魏光燾		
福 建	張夢元		
浙 江	孫家穀 八、壬申;召京。	陳寶箴 八、壬申;河北道遷。	
江 西	(滿)剛毅 二、庚辰;改直按。	劉瑞芬 二、庚辰;蘇松太道遷。	
湖 北	蒯德標		
湖 南	孫澤翹		
四 川	張凱嵩		
廣 東	龔易圖		
廣 西	(？)國英		
雲 南	李德羲		
貴 州	易佩紳 十一、癸巳、十一,12.20;遷晉布。	曾紀鳳 十一、癸巳;貴西道遷。	

光 緒 九 年　癸未(1883)	
(滿)松椿	
許應鑅	
孫鳳翔 十二、戊辰、廿二,1.19;遷豫布。	張端卿 十二、戊辰;陝安道遷。
潘駿文 △降調。	林述訓 五、乙酉、六,6.10;魯運使遷。
奎　斌 十二、丁未、一,12.29;遷晉布。	高崇基 十二、丁未;河東道遷。
(滿)豫山 △降調。	唐咸仰 六、癸酉、廿五,7.28;開歸陳許道遷。
葉伯英 二、戊寅、廿七,4.4;遷陝布。	張　煦 二、戊寅;貴東道遷。
魏光燾 三、辛巳、一,4.7;遷甘布。	譚繼洵 三、辛巳;鞏秦階道遷。
張夢元 二、戊辰、十七,3.25;解(充船政)。	裴蔭森 二、壬申、廿一,3.29;辰沅永靖道遷。 四、壬申、廿二,5.28;鹽道解煜署。
陳寶箴　　　劉盛藻 △降調。　　六、癸酉;大順廣道遷。　李秉衡 　　　　　△死。	李秉衡　　　　　　　　　(↑)國英 十一、戊寅、一,11.30;高廉欽道遷。　十二、丁未;桂按改。 十二、丁未;桂按互調。
劉瑞芬 十、癸丑、六,11.5;遷贛布。	王嵩齡 十、癸丑;贛鹽道遷。
蒯德標 正、甲午、十二,2.19;遷鄂布。	黃彭年 正、甲午;安襄鄖荊道遷。
孫澤翹	
張凱嵩 三、辛巳;遷川布。	(滿)如山 三、辛巳;長蘆運使遷。
龔易圖 六、癸酉;遷滇布。	沈鎔經 六、癸酉;安廬滁和道遷。
(↑)國英 十二、丁未;浙按互調。	李秉衡 十二、丁未;浙按改。
李德羲	
曾紀鳳	

按察使年表

年　代	光　緒　十　年　甲申(1884)	
直　隸	(滿)**松椿**	
江　蘇	**許應鑅** 九、戊午、十七，11.4；遷浙布。	**李嘉樂** 九、戊午；兗沂曹濟道遷。
安　徽	**張端卿**	
山　東	**林述訓**	
山　西	**高崇基** 四、壬申、廿八，5.22；署布，冀寧道黃照臨署。	
河　南	**唐咸仰**	
陝　西	**張　煦**	
甘　肅	**譚繼洵** 十、癸酉、二，11.19；遷甘布。	**陳　彝** 十、甲戌、三，11.20；開歸陳許道遷。
福　建	**裴蔭森** 十二、癸未、十三，1.28；署船政。	
浙　江	(?)**國英** 正、庚辰、四，1.31；召京。	**孫翼謀** 正、癸未、七，2.3；兩淮運使遷。
江　西	**王嵩齡**	
湖　北	**黃彭年**	
湖　南	**孫澤翹**	
四　川	(滿)**如山**	
廣　東	**沈鎔經**	
廣　西	**李秉衡**	
雲　南	**李德羲** 八、丙戌、十五，10.3；病免。	**史念祖** 八、丙戌；前甘按授。
貴　州	**曾紀鳳**	

光緒十一年　乙酉(1885)		

(滿)**松椿** 九、己亥、四, 10.11; 遷湘布。	**陶　模** 九、庚子、五, 10.12; 蘭州道遷。
李嘉樂	
張端卿 十、辛未、六, 11.12; 遷贛布。	(滿)**阿克達春** 十、辛未; 歸綏道遷。
林述訓	
高崇基 二、丁酉、廿七, 4.12; 遷晉布。	(滿)**嵩崑** 二、丁酉; 贛糧道遷。
唐咸仰 六、庚辰、十三, 7.24; 召京。	**許振禕** 六、庚辰; 河北道遷。

張　煦 十一、乙卯、廿一, 12.26; 遷粵布。	**溫忠翰** 十一、乙卯; 溫處道遷。 十二、癸酉、九, 1.13; 鄂按互調。	**黄彭年** 十二、癸酉; 鄂按改。

陳　彝
裴蔭森
孫翼謀

王嵩齡 十、己丑、廿四, 11.30; 遷蘇布。	(?)**瑞璋** 十、庚寅、廿五, 12.1; 寧紹台道遷。
黄彭年 十二、癸酉; 陝按互調。	**溫忠翰** 十二、癸酉; 陝按改。

孫澤翹 三、壬子、十三, 4.27; 召京。	(蒙)**續昌** 三、壬子; 兩淮運使遷。 六、癸未、十六, 7.27; 解(三京候)。	(滿)**崧蕃** 六、癸未; 川鹽道遷。

(滿)**如山** 三、壬子; 召京。	**游智開** 三、壬子; 永定河道遷。
沈鎔經 二、丁酉; 遷滇布。	**于蔭霖** 二、丁酉; 荊宜施道遷。
李秉衡 二、戊寅、八, 3.24; 護撫。 六、戊寅、十一, 7.22; 遷桂布。	(滿)**慶愛** 六、戊寅; 桂鹽道遷。
史念祖	
曾紀鳳 六、庚辰; 遷黔布。	**李元度** 六、庚辰; 前滇按授。

按察使年表

年　代	光緒十二年　丙戌(1886)		
直　隸	**陶　模**		
江　蘇	**李嘉樂** 五、庚子、八，6.9；遷贛布。	**張富年** 正、辛丑、九，6.10；兩淮運使遷。	
安　徽	(滿)**阿克達春** 八、壬戌、二，8.30；護撫。 八、壬申、十二，9.9；遷皖布。	**張岳年** 八、壬申；延榆綏道遷。	
山　東	**林述訓** 二、己卯、十五，3.20；解。	(？)**成允** 二、己卯；浙運使遷。 十一、甲寅、廿五，12.20；鄂按互調。	(蒙)**福潤** 十一、甲寅；鄂按改。
山　西	(滿)**嵩崑**		
河　南	**許振禕** 六、壬午、廿，7.21；遷寧布。	**邵友濂** 六、壬午；蘇松太道遷。	
陝　西	**黃彭年**		
甘　肅	**隙彝** 五、甲午、二，6.3；遷湘布。	**方汝翼** 五、甲午；登萊青道遷。	
福　建	**裴蔭森**		
浙　江	**孫翼謀** 五、乙卯、廿三，6.24；遷湘布。	**劉瑞祺** 五、乙卯；閩糧道遷。 七、甲寅、廿三，8.22；遷豫布。	**蕭　韶** 七、甲寅；惠潮嘉道遷。
江　西	(？)**瑞璋**		
湖　北	**溫忠翰** 八、丙子、十六，9.13；病免。	(蒙)**福潤** 八、丙子；魯運使遷。 十一、甲寅；魯按互調。	(？)**成允** 十一、甲寅；魯按改。
湖　南	(滿)**崧蕃** 九、庚子、十，10.7；遷川布。	(滿)**豫山** 九、壬寅、十二，10.9；前像按授。	
四　川	**游智開** 五、丁酉、五，6.6；護督。		
廣　東	**于蔭霖** 九、壬寅；遷滇布。	**王毓藻** 九、壬寅；粵運使遷。	
廣　西	(滿)**慶愛** 十一、庚戌、廿一，12.16；召京。	**張聯桂** 十一、庚戌；惠潮嘉道遷。	
雲　南	**史念祖**		
貴　州	**李元度**		

光緒十三年　丁亥(1887)

陶　模

張富年

張岳年

(蒙)福潤

(滿)嵩崑

邵友濂	賈致恩
二、壬午、廿四,3.18;遷臺布。	二、癸未、廿五,3.19;兩淮運使遷。

黃彭年	(滿)曾銶
十一、丁卯、十四,12.28;遷蘇布。	十一、戊辰、十五,12.29;陝糧道遷。

方汝翼

裴蔭森

蕭　韶

(？)瑞璋

(？)成允

(滿)豫山

游智開

王毓藻

張聯桂

史念祖	鄧華熙
十、辛丑、十八,12.2;遷黔布。	十、辛丑;迤南道遷。

李元度	馬丕瑤	廖壽豐
二、癸未;遷黔布。	二、癸未;冀寧道遷。	八、甲寅;浙糧道遷。
	八、甲寅、卅,10.16;遷桂布。	

年　代	光緒十四年　戊子(1888)		
直　隸	陶　模 三、庚辰、廿九，5.9；遷陝布。	周　馥 三、庚辰；津海關道遷。	
江　蘇	張富年	陳欽銘 八、己丑、十，9.15；常鎮通海道遷。	
安　徽	張岳年		
山　東	(蒙)福潤		
山　西	(滿)嵩崑		
河　南	賈致恩		
陝　西	(滿)曾鈺 △憂免。	(滿)裕祥 九、辛酉、十三，10.17；右江道遷。	
甘　肅	方汝翼 十、庚辰、二，11.5；遷贛布。	唐樹楠 十、庚辰；陝安道遷。	
福　建	裴蔭森 二、丙戌、四，3.16；解，以三京候，專辦船政。	(滿)奎俊 二、丙戌；興泉永道遷。	
浙　江	蕭　韶 三、庚辰；遷贛布。	王之春 三、庚辰；粵糧道遷。 四、壬寅、廿一，5.31；改粵按。	廖壽豐 四、壬寅；黔按改。
江　西	(?)瑞璋		
湖　北	(?)成允		
湖　南	(滿)豫山 九、甲寅、六，10.10；遷晉布。	薛福成 九、甲寅；寧紹台道遷。	
四　川	游智開 十、丙申、十八，11.21；遷粵布。	何　樞 十、丙申；辰沅永靖道遷。	
廣　東	王毓藻 四、辛丑、廿，5.30；遷魯布。	王之春 四、壬寅；浙按改。	
廣　西	張聯桂		
雲　南	鄧華熙		
貴　州	廖壽豐 四、壬寅；改浙按。	葉永元 四、壬寅；興泉永道遷。	賀良楨 十二、戊子、十一，1.12；長蘆運使遷。

光緒十五年　己丑(1889)

周　馥	

陳欽銘	劉樹堂
三、丙午、一，3.31；使英。 四、己卯、四，5.3；病免。	四、己卯；江寧道遷。

張岳年	(滿)嵩崑
十二、癸酉、二，12.23；遷甘布。	十二、癸酉；晉按改。

(蒙)福潤	

(滿)嵩崑	潘駿文
十二、癸酉；改皖按。	十二、癸酉；前魯按授。

賈致恩	

(滿)裕祥	唐樹楠
正、甲子、十八，2.17；甘按互調。	正、甲子；甘按改。

唐樹楠	(滿)裕祥
正、甲子；陝按互調。	正、甲子；陝按改。

(滿)奎俊	徐文達
十、己丑、十七，11.9；遷晉布。	十、庚寅、十八，11.10；淮陽海道遷。

廖壽豐	

(?)瑞璋	

(?)成允	

薛福成	沈晉祥
四、辛卯、十六，5.15；使英。	四、乙未、廿，5.19；冀寧道遷。 十二、戊子、十七，1.7；護撫。

何　樞	(滿)德壽
十二、癸未、十二，1.2；遷湘布。	十二、癸未；浙運使遷。

王之春	

張聯桂	黍　煥
八、己卯、六，8.31；遷桂布。	八、庚辰、七，9.1；桂平梧道遷。

鄧華熙	岑毓寶
六、丁丑、三，6.30；遷鄂布。	六、丁丑；閩鹽道遷。七、丙辰、十二，8.8；召陛。

賀良楨	田國俊
	三、癸亥、十八，4.17；江南鹽巡道遷。

按察使年表

年　代	光緒十六年　庚寅(1890)		
直　隸	周　馥		
江　蘇	劉樹堂 閏二、己酉、九，3.29；遷閩布。	張國正 閏二、己酉；閩糧道遷。 十、庚申、廿四，12.5；改閩按。	陳　湜 十、庚申；前晉按授。
安　徽	(滿)嵩崑		
山　東	(蒙)福潤 三、壬午、十三，5.1；遷魯布。	曹秉哲 三、壬午；彰衛懷道遷。	
山　西	潘駿文 閏二、己酉、九，3.29；護撫。		
河　南	賈致恩		
陝　西	唐樹楠		
甘　肅	(滿)裕祥		
福　建	徐文達 四、癸丑、十四，6.1；死。	許鈐身 四、癸丑；大順廣道遷。	張國正 十、庚申；蘇按改。
浙　江	廖壽豐 正、丙寅、廿五，2.14；遷閩布。	龔照瑗 正、丁卯、廿六，2.15；蘇松太道遷。	
江　西	(?)瑞璋 二、庚辰、十，2.28；遷寧布。	(?)福裕 二、庚辰；兩淮運使遷。	
湖　北	(?)成允 十、壬子、十六，11.27；遷粵布。	陳寶箴 十、壬子；前浙按授。	
湖　南	沈晉祥		
四　川	(滿)德壽		
廣　東	王之春 十二、癸丑、十八，1.27；遷鄂布。	(滿)額勒精額 十二、癸丑；長蘆運使遷。	
廣　西	秦　煥 四、戊午、十九，6.6；病免。	湯聘珍 四、戊午；臨安開廣道遷。	
雲　南	岑毓寶		
貴　州	田國俊 四、甲辰、五，5.23；乞養。	黃槐森 四、甲辰；迆東道遷。 十一、丙戌、廿，12.31；護撫。	

光緒十七年　辛卯(1891)		
周　馥		
陳　湜		
(滿)嵩崑		
曹秉哲 △死。	(滿)松林 正、辛巳、十六,2.24;滇糧道遷。	
潘駿文 六、甲寅、廿二,7.27;遷閩布。	張汝梅 六、甲寅;右江道遷。	
賈致恩 正、戊子、廿三,3.3;遷浙布。	(?)長祿 正、戊子;贛鹽道遷。	
唐樹楠		
(滿)裕祥		
張國正		
龔照瑗 五、壬辰、五,6.11;遷川布。	黄毓恩 五、壬辰;建昌道遷。	
(?)福裕		
陳寶箴		
沈晉祥 二、丁巳、廿三,4.1;遷甘布。	孫楫 二、丁巳;左江道遷。 十、戊戌、七,11.8;改順尹。	王　廉 十、戊戌;鳳潁六泗道遷。
(滿)德壽		
(滿)額勒精額		
湯聘珍 七、戊子、廿六,8.30;遷魯布。	胡燏棻 七、戊子;天津道遷。	
岑毓寶		
黄槐森 五、辛卯、廿八,7.4;護撫。		

按察使年表

年　代	光緒十八年　壬辰(1892)	光緒十九年　癸巳(1893)
直　隷	周　馥	周　馥
江　蘇	陳　湜	陳　湜
安　徽	(滿)嵩崑	(滿)嵩崑　　　員鳳林 三、辛卯、九，4.24； 三、庚寅、八，4.23；　　貴東道遷。 遷黔布。
山　東	(滿)松林	(滿)松林
山　西	張汝梅	張汝梅
河　南	(?)長祿	(?)長祿
陝　西	唐樹楠	唐樹楠
甘　肅	(滿)裕祥	(滿)裕祥
福　建	張國正	張國正
浙　江	黃毓恩	黃毓恩　　趙舒翹　　聶緝槼 三、戊戌、十　三、戊戌；溫處　十二、庚戌； 六，5.1；遷　道遷。　　蘇松太道遷。 閩布。　　十二、庚戌、二， 　　1.8；遷浙布。
江　西	(?)福裕	(?)福裕
湖　北	陳寶箴	陳寶箴
湖　南	王　廉	王　廉
四　川	(滿)德壽　　　(滿)文光 四、庚子、十二，5.8；　四、庚子；潼商道遷。 遷皖布。	(滿)文光
廣　東	(滿)額勒精額	(滿)額勒精額
廣　西	胡燏棻	胡燏棻
雲　南	岑毓寶	岑毓寶
貴　州	黃槐森　　　　唐樹森 二、庚子、十一，　二、庚子；金衢嚴道遷。 3.9；遷桂布。	唐樹森

光緒二十年　甲午(1894)

周　馥

陳　湜

貟鳳林
八、戊午、十四,9.13;護撫。

(滿)松林

張汝梅

(宀)晨祿

唐樹楠	(滿)曾鈺	李有棻
正、甲辰、廿六,3.3;病免。	正、甲辰;前任授。十二、壬戌、廿,1.15;遷甘布。	十二、壬戌;高廉欽道遷。

(滿)裕祥

張國正

聶緝槼

(宀)福裕	何維楷	翁曾桂
六、乙丑、廿,7.22;改奉尹。	六、乙丑;平慶涇固化道遷。	十二、乙卯、十三,1.8;岳常澧道遷。

陳寶箴	龍錫慶
十、戊午、十五,11.12;遷直布。	十、己未、十六,11.13;閩鹽道遷。

王　廉	俞廉三
七、壬寅、廿八,8.28;護撫。	十二、丁卯;冀寧道遷。
十二、丁卯、廿五,1.20;遷皖布。	

(滿)文光

(滿)額勒精額	張人駿
十一、戊寅、六,12.2;遷豫布。	十一、戊寅;桂平梧道遷。

胡燏棻
十、戊申、五,11.2;駐津專辦糧臺。

岑毓寶
十一、戊戌、廿六,12.22;護撫。
十二、丙寅、廿四,1.19;兼護雲督。

唐樹森

按察使年表

年 代	光緒二一年　乙未(1895)		
直 隸	周　馥 四、己巳、廿八,5.22;病免。	朱靖旬 四、己巳;岳常澧道遷。	季邦楨 十、辛卯、廿四,12.10;閩按改。
江 蘇	陳　湜 七、庚戌、十二,8.31;遷贛布。	吳承潞 七、辛亥、十三,9.1;蘇松太道遷。	
安 徽	臭鳳林 三、丙申、廿五,4.19;遷晉布。	趙爾巽 三、丙申;貴東道遷。	
山 東	(滿)松林 閏五、癸卯、三,6.25;改奉尹。	(滿)松壽 閏五、甲辰、四,6.26;陝糧道遷。	
山 西	張汝梅 正、庚辰、八,2.2;遷陝布。	劉　蕭 正、庚辰;贛糧道遷。	
河 南	(?)長祿		
陝 西	李有棻		
甘 肅	(滿)裕祥 九、丙午、九,10.26;遷滇布。	丁體常 九、丙午;鞏秦階道遷。	
福 建	張國正 五、丙子、六,5.29;遷魯布。	季邦楨 五、丙子;長蘆運使遷。 十、辛卯;改直按。	張曾敭 十、辛卯;閩鹽道遷。
浙 江	聶緝槼		
江 西	翁曾桂		
湖 北	龍錫慶 七、甲子、廿六,9.14;遷浙布。	惲祖翼 七、甲子;漢黃德道遷。	
湖 南	俞廉三		
四 川	(滿)文光		
廣 東	張人駿 十二、戊辰、二,1.16;遷粵布。	(?)魁元 十二、戊辰;粵糧道遷。	
廣 西	胡燏棻 十一、辛酉、廿五,1.9;改順尹。	桂中行 十一、癸亥、廿七,1.11;岳常澧道遷。	
雲 南	岑毓寶 閏五、丙辰、十六,7.8;遷黔布。	湯壽銘 閏五、丙辰;臨安開廣道遷。	
貴 州	唐樹森 六、壬申、三,7.24;遷黔布。	邵積誠 六、壬申;貴西道遷。	

光緒二二年　丙申(1896)		
季邦楨 正、壬子、十七, 2.29; 召陞。		
吳承潞		
趙爾巽		
(滿)**松壽** 四、丁丑、十二, 5.24; 改贛按。	(漢)**毓　賢** 四、丁丑; 兗沂曹濟道遷。	
劉　蔪		
(?)**長祿**		
李有棻		
丁體常		
張曾敭		
聶緝槼 七、丁巳、廿四, 9.1; 遷蘇布。	**丁　峻** 七、丁巳; 安廬滁和道遷。	
翁曾桂 四、丙子、十一, 5.23; 遷贛布。	(滿)**松壽** 四、丁丑; 魯按改。 九、乙未、三, 10.9; 遷寧布。	**張紹華** 九、乙未; 通永道遷。
惲祖翼 十、乙丑、四, 11.8; 遷浙布。	**馬恩培** 十、乙丑; 江安糧道遷。	
俞廉三 六、丁卯、三, 7.13; 遷晉布。	**桂中行** 六、丁卯; 桂按改。	
(滿)**文光**		
(?)**魁元**		
桂中行 六、丁卯; 改湘按。	**蔡希邠** 六、丁卯; 太平歸順道遷。	
湯壽銘		
邵積成 正、戊申、十三, 2.25; 遷黔布。	(滿)**文海** 正、戊申; 遼東道遷。 二、乙亥、十, 3.23; 改駐藏。	**李希蓮** 二、乙亥; 長蘆運使遷。

按察使年表

年　代	光緒二三年　　丁酉（1897）	
直　隸	**季邦楨** 六、癸未、廿五，7.24；遷閩布。	**袁世凱** 六、癸未；溫處道遷。
江　蘇	**吳承潞**	
安　徽	**趙爾巽**	
山　東	（漢）**毓　賢**	
山　西	**劉　蔴**	
河　南	（?）**長祿**	
陝　西	**李有棻**	
甘　肅	**丁體常**	
福　建	**張曾敭** 二、庚辰、廿一，3.23；病免。	**李興銳** 二、庚辰；長蘆運使遷。
浙　江	**丁　峻**	
江　西	**張紹華**	
湖　北	**馬恩培**	
湖　南	**桂中行** △死。	**李經羲** 五、丁未、十九，6.18；長寶道遷。
四　川	（滿）**文光**	
廣　東	（?）**魁元**	
廣　西	**蔡希邠**	
雲　南	**湯壽銘** 十、己未、三，10.28；遷滇布。	（?）**興祿** 十、己未；迤東道遷。
貴　州	**李希蓮** 九、己丑、三，9.28；遷陝布。	（?）**玉恒** 九、己巳；貴西道遷。

光緒二四年　戊戌(1898)

袁世凱		周　蓮	(覺羅)廷雍
八、壬午、一,9.16;解(侍候)。		八、壬午;興泉永道遷。 十二、丙戌、七,1.18;改閩按。	十二、丙戌;奉尹授。

吳承潞	陸元鼎
六、辛卯、九,7.27;遷閩布。	六、辛卯;蘇糧道遷。

趙爾巽	徐壽朋	(滿)聯元	(滿)聯魁
五、丁丑、廿五, 7.13;改陝按。	五、丁丑;徽寧池太廣道遷。 六、己酉、廿七,8.14;召京(使朝)。	惠潮嘉道遷。十一、甲寅、五, 12.17;解,以三京候,直總。	十一、甲寅;安廬 和滁道遷。

(漢)毓　賢	(滿)景星	胡景桂
八、癸卯、廿二,10.7;改湘布。	八、癸卯;晉按改。 十、丙戌、六,11.19;遷豫布。	十、丙戌;寧夏道遷。

(滿)景星	(蒙)錫良
正、丙申、十二,2.2;長蘆運使遷。 八、癸卯;改魯按。	八、癸卯;冀寧道遷。

(?)長祿	(滿)延祉
十、甲辰、廿四,12.7;遷寧布。	十、甲辰;粵糧道遷。

李有棻	袁　昶	趙爾巽	(滿)端方
四、戊戌、十六,6.4; 遷陝布。	四、戊戌;徽寧池太廣道遷。 五、丙子、廿四,7.12;遷寧布。	五、丁丑;皖按改。 九、己巳、十九,11.2;遷浙布。	九、己巳;候按授。

丁體常	(滿)春桂	何福堃
九、己巳;遷甘布。	九、己巳;魯糧道遷。 十一、癸丑、四,12.16;解(總)。	十一、癸丑;安肅道遷。

李興銳	周　蓮
十二、丙戌;遷閩布。	十二、丙戌;直按改。

丁　峻

張紹華	(滿)恩壽
十、乙酉、五,11.18;遷寧布。	十、丙戌、六,11.19;陝安道遷。

馬恩培	瞿廷韶
四、丁酉、十五,6.3;病免。	四、丁酉;漢黃德道遷。

李經羲	蔡希邠
七、甲戌、廿三,9.8;遷閩布。	七、甲戌;桂按改。

(滿)文光
七、戊午、七,8.23;護督。

(?)魁元

蔡希邠	張廷燎
七、甲戌;改湘按。	七、甲戌;迤西道遷。

(?)興祿	鄒馨蘭
七、丁丑、廿六,9.11;革。	七、己卯、廿八,9.13;臨安開廣道遷。

(?)玉恒

按察使年表

年 代	光緒二五年　己亥(1899)			
直　隸	(覺羅)廷雍			
江　蘇	陸元鼎 十一、丙寅、廿二, 12.24; 護撫。			
安　徽	(滿)聯魁			
山　東	胡景桂			
山　西	(蒙)錫良 正、庚申、十二, 2.21; 改湘按。	李廷簫 正、庚申; 安廬滁和道遷。		
河　南	(滿)廷祉			
陝　西	(滿)端方 九、丙午、一, 10.5; 護撫。 九、癸亥、十八, 10.22; 遷陝布。	(漢)馬相如 九、癸亥; 延榆綏道遷。 十一、癸亥、十九, 12.21; 病免。	馮光遹 十一、癸亥; 雷瓊道遷。	
甘　肅	何福堃			
福　建	周　蓮			
浙　江	丁　峻	李光久 四、庚辰、三, 5.12; 蘇松太道遷。 △九、乙丑、廿, 10.24; 解, 專辦海防。	(?)榮銓 △九月, 永定河道遷。	
江　西	(滿)恩壽 四、甲申、七, 5.16; 遷寧布。	陳澤霖 四、甲申; 冀寧道遷。 五、辛亥、五, 6.12; 召陸。		
湖　北	瞿廷韶			
湖　南	蔡希邠 正、己未、十一, 2.20; 革。	(蒙)錫良 正、庚申; 晉按改。 二、壬午、四, 3.15; 遷布。	(滿)文光 二、壬午; 川按改。 八、丙申、廿一, 9.25; 遷新布。	胡廷幹 八、丙申; 閩糧道遷。
四　川	(滿)文光 二、壬午; 改湘按。	張曾敭 二、壬午; 前閩按授。 七、癸酉、廿八, 9.2; 遷閩布。	萬培因 七、癸酉; 長蘆運使遷。	
廣　東	(?)魁元 正、甲寅、六, 2.15; 遷桂布。	吳引孫 正、甲寅; 寧紹台道遷。		
廣　西	張廷燎			
雲　南	鄒蘭馨			
貴　州	(?)玉恒 九、辛酉、十六, 10.20; 改奉尹。	陳慶滋 九、辛酉; 永定河道遷。 十一、辛酉、十七, 12.19; 病免。	林紹年 十一、辛酉; 迤南道遷。	

光緒二六年　庚子(1900)

（覺羅）**廷雍**
六、戊寅、八, 7.4; 署布。
六、甲申、十四, 7.10; 遷直布。

周　浩
六、乙酉、十五, 7.11; 吉南贛寧道遷。

陸元鼎
十二、辛亥、十四, 2.2; 遷蘇布。

馘　勳
十二、辛亥; 寧紹台道遷。

（滿）**聯魁**

胡景桂
十、癸卯、五, 11.26; 改湘按。

尚其亨
十、癸卯; 魯糧道遷。

李廷簫
四、辛巳、十, 5.8; 遷晉布。

（蒙）**升允**
四、辛巳; 陝糧道遷。
閏八、壬寅、三, 9.26; 遷甘布。

沈家本
閏八、壬寅; 通永道遷。

（滿）**延祉**
八、戊子、十九, 9.12; 遷豫布。

鐘　培
八、戊子; 口北道遷。

馮光遹

何福堃
十、癸丑、十五, 12.6; 暫護陝督。

周　蓮
閏八、壬寅; 遷閩布。

吳重憙
閏八、壬寅; 江安糧道遷。

（?）**榮銓**
十、壬寅、四, 11.25; 遷浙布。

（?）**世杰**
十、癸卯、五, 11.26; 浙運使遷。

陳澤霖
五、辛酉、廿一, 6.17; 勤王。

余聯沅
八、庚寅、廿一, 9.14; 蘇松太道遷。
九、甲午、廿六, 11.17; 遷湘布。

柯逢時
九、乙未、廿七, 11.18; 兩淮運使遷。

瞿廷韶
十二、己酉、十二, 1.31; 遷鄂布。

李岷琛
十二、庚戌、十三, 2.1; 贛糧道遷。

胡廷幹
十、癸卯、五, 11.26; 遷魯布。

胡景桂
十、癸卯; 魯按改。

萬培因

夏　崑
八、壬辰、廿三, 9.16; 川東道遷。

吳引孫

張廷燎

鄒馨蘭
閏八、癸亥、廿四, 10.17; 病免。

全楙續
閏八、癸亥; 迤西道遷。

林紹年

年　代	光緒二七年　辛丑(1901)		
直　隸	周　浩		
江　蘇	誠　勳 七、癸未、廿,9.2,遷浙布。	(?)效曾 七、癸未;蘇糧道遷。	
安　徽	(滿)聯魁		
山　東	尚其亨		
山　西	沈家本 三、丙子、十,4.28;解。	陳　璚 三、丙子;岳常澧道遷。 十一、甲戌、十二,12.22;改川按。	吳廷斌 十一、甲戌;河東道遷。
河　南	鐘　培		
陝　西	馮光遹	李紹芬 三、丙子;潼商道遷。 四、壬戌、計七,6.13;遷陝布。	樊增祥 六、丙申、二,7.17;鳳穎六泗道遷。
甘　肅	何福堃 正、庚午、三,2.21;遷甘布。	潘效蘇 正、庚午;巴里坤道遷。 十二、乙未、三,1.12;遷新布。	(?)豐紳泰 十二、乙未;魯運使遷。
福　建	吳重憙 九、庚寅、廿八,11.8;遷寧布。	楊文鼎 九、庚寅;閩鹽道遷。	
浙　江	(?)世杰	(?)湍多布 四、辛丑、六,5.23;湘鹽道遷。	
江　西	柯逢時 九、庚午、八,10.19;遷贛布。	(?)明徽 九、庚午;廣饒九南道遷。	
湖　北	李岷琛		
湖　南	胡景桂		
四　川	夏旹 十一、甲戌;遷陝布。	陳　璚 十一、甲戌;晉按改。	
廣　東	吳引孫		
廣　西	張廷燎 三、戊寅、十二,4.30;遷浙布。	(?)希賢 三、戊寅;右江道遷。	
雲　南	全梁纘		
貴　州	林紹年 三、己巳、三,4.21;遷滇布。	曹鴻勳 三、己巳;迤東道遷。	

光緒二八年　壬寅(1902)	
周　浩 九、癸亥、六，10.7；遷新布。	**楊士驤** 九、癸亥；通永道遷。
(？)效曾	
(滿)聯魁	
尚其亨	
吳廷斌 十二、辛亥、廿五，1.23；遷晉布。	**(？)豐紳泰** 十二、辛亥；甘按改。
鎦　培	
樊增祥 十二、壬子、廿六，1.24；改浙按。	**許涵度** 十二、壬子；武昌鹽法道遷。
(？)豐紳泰 十二、辛亥；改晉按。	**黃　雲** 十二、辛亥；蘭州道遷。
楊文鼎	
(？)湍多布	**樊增祥** 十二、壬子；陝按改。
(？)明徵	**陳慶滋** 五、己卯、廿，6.25；前贛按授。
李岷琛	
胡景桂	**黃建笎** 正、乙亥、十四，2.21；津海關道遷。
陳　璚	
吳引孫 十二、甲辰、十八，1.16；遷新布。	**程儀洛** 十二、甲辰；兩淮運使遷。
(？)希賢	
全楙績	
曹鴻勳	

年　代	光緒二九年　癸卯(1903)		
直　隸	楊士驤 六、戊午、六，7.29；遷贛布。	(蒙)寶棻 六、戊午；鄂按改。	
江　蘇	(?)效曾 十一、己酉、廿九，1.16；遷蘇布。	(滿)恩銘 十一、己酉；兩淮運使遷。	
安　徽	(滿)聯魁 正、丙寅、十，2.7；遷皖布。	漢子瀘 正、丙寅；荊宜施道遷。	
山　東	尚其亨		
山　西	(?)豐紳泰		
河　南	鐘　培		
陝　西	許涵度 九、癸卯、廿三，11.11；遷川布。	樊增祥 九、癸卯；浙按改。	
甘　肅	黃　雲		
福　建	楊文鼎 二、辛亥、廿六，3.24；降道員。	朱其煊 二、壬子、廿七，3.25；安襄鄖荊道遷。	
浙　江	樊增祥 九、癸卯；改陝按。	李希杰 九、癸卯；登萊青道遷。	
江　西	陳慶滋		
湖　北	李岷琛 閏五、丁酉、十四，7.8；遷贛布。	(蒙)寶棻 閏五、丁酉；贛糧道遷。 六、戊午；改直按。	岑春萱 六、戊午；漢黃德道遷。
湖　南	黃建筦　　胡湘林 五、丁卯、十三，　五、丁卯；冀寧道遷。 6.8；遷寧布。　閏五、丙申、十三，7.7；遷桂布。	沈瑜慶 閏五、丁酉；淮揚道遷。 七、庚子、十八，9.9；改順尹。	龐鴻書 七、辛丑、十九，9.10； 大順廣道遷。
四　川	陳　璚 正、丙子、廿，2.17；遷川布。	馮　煦 正、丁丑、廿一，2.18；河東道遷。	
廣　東	程儀洛		
廣　西	(?)希賢 閏五、丙申；革。	劉心源 閏五、丙申；吉南贛寧道遷。	
雲　南	全楙績 二、甲寅、廿九，3.27；改黔按。	劉春霖 二、甲寅；臨安開廣道遷。	
貴　州	曹鴻勳 二、甲寅；遷黔布。	全楙績 二、甲寅；滇按改。	

光緒三十年　甲辰(1904)

(蒙)寶棻	
(滿)恩銘	
濮子潼	
尚其亨 　九、戊戌、廿三，10.31；護撫。 　十二、庚戌、六，1.11；遷魯布。	余肇康 　十二、庚戌；荆宜施道遷。
(?)豐紳泰	
鐔　培	
樊增祥 　十一、壬午、八，12.14；遷陝布。	胡景桂 　十一、壬午；寧夏道遷。
黄　雲	
朱其煊	
李希杰 　十二、壬子、八，1.13；召陞。	
陳慶滋	
岑春萱	
龐鴻書	
馮　煦	
程儀洛	
劉心源	
劉春霖 　正、丁酉、十八，3.4；遷滇布。	袁開第 　正、丁酉；貴東道遷。
全楙績	

按察使年表

年代	光緒三一年　乙巳（1905）			
直　隸	**（蒙）寶棻** 九、癸未、十三，10.11；遷浙布。	**（蒙）增韞** 九、癸未；署鄂按授。		
江　蘇	**（滿）恩銘** 八、甲寅、十四，9.12；遷寧布。	**袁樹勛** 八、甲寅；蘇松太道遷。		
安　徽	**濮子潼** 二、辛酉、十八，3.23；粵按互調。 三、壬辰、十九，4.23；仍留。八、甲寅；遷蘇布。	**程儀洛** 二、辛酉；粵按改。 三、壬辰；改晉按。	**陳啓泰** 八、甲寅；通永道遷。	
山　東	**余肇康** 四、癸亥、廿一，5.24；改贛按。	**（滿）連甲** 四、癸亥；冀寧道遷。		
山　西	**（？）豐紳泰** 二、甲辰、一，3.6； 改浙按。	**沈瑜慶** 二、甲辰；順尹授。 三、壬辰；改粵按。	**程儀洛** 三、壬辰；皖按改。	**吳　匡** 八、戊午、十八，9.16； 河東道遷。
河　南	**鍾　培**			
陝　西	**胡景桂**	**（？）錫桐** 正、戊戌、廿五；潼商道遷。		
甘　肅	**黃　雲**			
福　建	**朱其煊**			
浙　江	**李希杰** 二、甲辰；改順尹。	**（？）豐紳泰** 二、甲辰；晉按改。 六、辛酉、十九，7.21；遷甘布。	**王仁寶** 六、辛酉；天津道遷。	
江　西	**陳慶滋** 四、壬戌、廿，5.23；解。	**余肇康** 四、癸亥；魯按改。		
湖　北	**岑春蓂** 九、辛巳、十一，10.9；署黔撫。	奉天驛巡道增韞署：九、癸未；授直按。		
湖　南	**龐鴻書** 正、乙未、廿二，2.25；遷湘布。	**（滿）英瑞** 正、乙未；魯運使遷。 十二、己酉、十一，1.5；遷湘布。	**顏鍾驥** 十二、己酉；浙糧道遷。	
四　川	**馮　煦** 八、戊午；遷皖布。	**（？）和爾廣額** 八、戊午；署鎮迪道遷。		
廣　東	**程儀洛** 二、辛酉；皖按互調。	**濮子潼** 二、辛酉；皖按改。三、壬辰；仍留皖。	**沈瑜慶** 三、壬辰；晉按改。	
廣　西	**劉心源** 二、己未、十六，3.21；解。	**余誠格** 二、己未；太平思順道遷。		
雲　南	**袁開第** 正、丙戌、十三，2.16；遷黔布。	**陳　燦** 正、丙戌；滇糧道遷。		
貴　州	**全樹橒**			

光緒三二年　丙午(1906)

(蒙)增韞	王清穆	陸嘉穀
六、己卯、十四,8.3;遷閩布。	六、己卯;商右丞授。 十二、己巳、七,1.20;病免。	十二、己巳;長蘆運使遷。
袁樹勳	朱家寶	
正、乙未、廿七,2.20;改順尹。	正、丙申、廿八,2.21;通永道遷。	
陳啓泰	(?)世黼	
八、癸未、十九,10.6;遷蘇布。	八、癸未;寧紹台道遷。	
(滿)連甲	袁大化	黃雲
四、丁巳、廿,5.13;改學使。	四、丁巳;徐州道遷。 十一、乙未、二,12.17;遷豫布。	十一、丙申、三,12.18;甘按改。
吳匡	丁寶銓	
八、癸酉、九,9.26;遷晉布。	八、癸酉;冀寧道遷。	
鍾培		
(?)錫桐		
十、癸未、十九,10.6;署布。		
黃雲	馮汝騤	
十一、丙申;改魯按。	十一、丙申;徽寧池太廣道遷。	
朱其煊		
王仁寶	顏鍾驥	
正、甲午、廿六,2.19;病免。	正、甲午;湘按改。	
余肇康	秦炳直	
三、己丑、廿二,4.15;降二調。	三、乙未、廿八,4.21;欽廉道遷。	
岑春蓂	梁鼎芬	
七、庚戌、十五,9.3;授湘撫。	七、壬子、十七,9.5;安襄鄖荆道遷。	
顏鍾驥	(漢)繼昌	莊廣良
正、甲午;改浙按。	正、甲午;漢黃德道遷。 二、丁未、十,3.4;遷寧布。	二、丁未;辰沅永靖道遷。
(?)和爾賡額		
沈瑜慶	朱壽鏞	
五、辛亥、十五,7.6;遷贛布。	五、辛亥;南汝光道遷。	
余誠格	王芝祥	
十一、丁未、十四,12.29;遷桂布。	十一、丁未;桂平梧道署。	
陳燦		
全栤續	(?)興祿	松堮
三、戊寅、十一,4.4;召。	三、戊寅;迤東道遷。 十一、丁酉、四,12.19;遷布。	十一、丁酉;貴東道遷。

按察使年表

年　代	光緒三三年　丁未(1907)			
直　隸	陸嘉毅			
江　蘇	朱家寶 三、己亥、八， 4.20；署吉撫。	陸鍾琦 三、己亥，蘇糧道遷。十一、 壬寅，十五，12.19；贛按互調。	（滿）瑞澂 十一、壬寅；贛按改。十二、 丙寅，九，1.12；遷布。	李經邁 十二、丙寅；裁缺光 祿授。
安　徽	（?）世菖　鄭孝胥 　　　四、壬午、廿二，6.2；候四京授。 　　　四、丁亥、廿七，6.7；粵按互調。		朱壽鏞 四、丁亥；粵按改。九、丁未、 十九，10.25；豫按互調。	鍾　培　（?）玉山 九、丁未；　十、癸未、廿五，11.30； 豫按改。　鳳潁六泗道遷。
山　東	黃　雲 十二、丙寅；召京。		胡建樞 十二、丙寅；兗沂曹濟道遷。	
山　西	丁寶銓 八、壬申、十三，9.20；召京。 十二、戊寅、廿一，1.24；遷晉布。		（?）志森 十二、戊寅；冀寧道遷。	
河　南	鍾　培 九、丁未；皖按互調。	朱壽鏞 九、丁未；皖按改。 十一、庚戌、廿三，12.27；遷陝布。	左孝同 十一、庚戌；府丞授。	
陝　西	（?）錫桐			
甘　肅	馮汝騤 二、戊辰、七，3.20；遷陝布。	沈秉堃 二、戊辰；成綿龍茂道遷。	陳燦 二、壬申；滇按改。	
		二、壬申、十一，3.24；滇按互調。		
福　建	朱其燀			
浙　江	顏鍾驥 七、戊午、廿九，9.6；遷陝布。		崔永安 七、戊午；浙運使遷。	
江　西	桑炳直 六、丙寅、七，7.16；署粵提。	（滿）瑞澂 八、乙酉、廿六，10.3；蘇松太道遷。 十一、壬寅；蘇按互調。	陸鍾琦 十一、壬寅；蘇按改。	
湖　北	梁鼎芬 十二、癸未、廿六，1.29；病免。		陳夔麟 十二、癸未；荊宜施道遷。	
湖　南	莊賡良			
四　川	（?）和爾廣額			
廣　東	朱壽鏞 四、丁亥；皖按互調。	鄭孝胥 四、丁亥；皖按改。 七、丁未、十八，8.26；病免。	王人文 七、丁未；桂平梧道遷。	
廣　西	王芝祥 四、壬午、十二，6.2；授。			
雲　南	陳燦 二、壬申；甘按互調。	沈秉堃 二、壬申；甘按改。		
貴　州	松堦 八、癸亥、四，9.11；遷黔布。	關以鏞 八、癸亥；迤西道遷。	楊文鼎 九、庚子、十二，10.18；前閩按授。	

光緒三四年　戊申(1908)

陸嘉穀	何彥昇
二、癸酉、十七,3.19;病免。	二、癸酉;青萊登膠道遷。

李經邁	左孝同
二、癸亥、七,3.9;豫按互調。	二、癸亥;豫按改。

(?)玉山

胡建樞

(?)志森

左孝同	李經邁	(?)惠森
二、癸亥;蘇按互調。	二、癸亥;蘇按改。 九、丙戌、四,9.28;浙按互調。	九、丙戌;浙按改。

(?)錫桐

陳　燦

朱其煊	鹿學艮
四、戊午、四,5.3;遷魯布。	四、戊午;閩鹽道遷。

崔永安	(?)惠森	李經邁	李傳元
四、丙寅、十二,5.11; 遷直布。	四、丙寅;浙運使遷。 九、丙戌;豫按互調。	九、丙戌;豫按改。 十二、丙辰、五,12.27;解。	十二、丙辰;浙糧道遷。

陸鍾琦	陳夔麟
二、戊辰、十二,3.14;改湘按。	二、戊辰;鄂按改。

陳夔麟	楊文鼎
二、戊辰;改贛按。	二、戊辰;黔按改。

莊賡良	陸鍾琦
二、戊辰;遷湘布。	二、戊辰;贛按改。

(?)和爾賡額

王人文	魏景桐
二、己未、三,3.5;遷陝布。	二、己未;滇按改。

王芝祥

沈秉堃	魏景桐	(漢)世　增
正、戊申、廿二,2.23;遷滇布。	正、戊申;臨安開廣道遷。 二、己未;改粵按。	二、己未;兗沂曹濟道遷。

楊文鼎	(蒙)常裕	王正雅
二、戊辰;改鄂按。	二、戊辰;吏左丞授。 十二、辛巳、卅,1.21;病免。	十二、辛巳;臨安開廣道遷。

按察使年表

年　代	宣　統　元　年　己酉(1909)		
直　隸	**何彥昇** 十一、癸丑、七，12.19；遷甘布。	**王乃徵** 十一、癸丑；岳常澧道遷。 十二、乙未、廿，1.30；改順尹。	**齊燿琳** 十二、乙未；天津道遷。
江　蘇	**左孝同**		
安　徽	(?)**玉山**		
山　東	**胡建樞**		
山　西	(?)**志森** 十、戊子、十二，11.24；遷晉布。	**王慶平** 十、戊子；浙運使遷。	
河　南	(?)**惠森**		
陝　西	(?)**錫桐**		
甘　肅	**陳　燦**		
福　建	**鹿學艮**		
浙　江	**李傳元**		
江　西	**陳夔麟** 七、己巳、廿二，9.6；遷粵布。	**陶大均** 七、己巳；署外左丞授。	
湖　北	**楊文鼎** 九、辛未、廿五，11.7；遷鄂布。	**李樹棠** 九、辛未；清河道遷。	**沈潘** 十二、丁亥、十二，1.22；陝安道遷。
湖　南	**陸鍾琦** 五、癸丑、五，6.22；遷蘇布。	**周儒臣** 五、甲寅、六，6.23；岳常澧道遷。	
四　川	(?)**和爾賡額** 二、丁卯、十七，3.8；解。	**江毓昌** 二、戊辰、十八，3.9；辰沅永靖道遷。	
廣　東	**魏景桐** 四、丁亥、九，5.27；遷桂布。	**趙彥瀕** 四、丁亥；兩淮運使遷。	
廣　西	**王芝祥**		
雲　南	(漢)**世增** 六、丙午、廿九，8.14；改交涉使。	**湯壽潛** 六、丙午；前署兩淮運使授。 十、壬辰、十六，11.28；改贛學。	**蔡樹聲** 十、壬辰；迤西道遷。
貴　州	**王正雅** 四、甲午、廿八，6.15；憂免。	**嚴篤熙** 四、甲午；貴東道遷。 九、辛酉、十五，10.28；革。	(?)**文澂** 九、辛酉；軍機領班章京授。

宣統二年 庚戌(1910)	▲七、壬戌、廿一，8.25；改稱提法使，全任。

齊耀琳	▲	
左孝同	▲	
(？)玉山 七、壬寅、一，8.5；遷皖布。		吳品珩 ▲ 七、癸卯、二，8.6；荆宜施道遷。
胡建樞	▲	
王慶平	▲	
(？)惠森	▲	(？)和爾廣額 九、丙午、六，10.8；前川按授。
(？)錫桐	▲	
陳燦 七、癸亥、廿二，8.26；遷甘布。	▲	劉毅孫 七、癸亥；三品軍機章京授。
鹿學艮	▲	
李傳元	▲	
陶大均	▲	(？)文炳 七、甲子、廿三，8.27；廣饒九南道遷。
沈潘		馬吉樟 〔原缺〕 三、丁卯、廿三，5.2；武昌鹽法道遷。
周儒臣	▲	
江輈昌	▲	
趙彥澐 四、癸巳、廿，5.28；遷浙布。		俞鐘穎 ▲ 四、癸巳；瓊崖道遷。
王芝祥	▲	
彙樹聲	▲	
(？)文徵	▲	

按察使年表

年代	宣統三年　辛亥(1911)		
直 隸	**齊耀琳** 六、壬午、十六，7.11；遷蘇布。	**翁斌孫** 六、壬午；晉勸業道遷。	
江 蘇	**左孝同** 閏六、乙卯、十九，8.13；署布。		
安 徽	**吳品珩** 閏六、辛卯、廿五，7.20；遷皖布。	**張　毅**(未任) 閏六、辛卯；甘涼道遷(死)。	
山 東	**胡建樞**		
山 西	**王慶平** 二、癸巳、廿四，3.24；遷晉布。	**李盛鐸** 二、癸巳；順丞授。	
河 南	(?)**和爾廣額**		
陝 西	(?)**錫桐**		
甘 肅	**劉毅孫**		
福 建	**鹿學艮**		
浙 江	**李傳元** 三、癸卯、五，4.3；解。	(?)**啓鈞** 三、癸卯；杭嘉湖道遷。	
江 西	(?)**文炳** 四、庚午、二，4.30；病免。	**張學華** 四、庚午；濟東泰武臨道遷。	
湖 北	**馬吉璋**		
湖 南	**周儒臣** 三、庚申、廿二，4.20；遷川布。	**張鎮芳** 三、庚申；長蘆運使遷。 三、癸亥、廿五，4.23；暫留原任。六、甲戌、八，7.3；長蘆劉鍾琳署。	
四 川	**江毓昌** 三、壬寅、四，4.2；病免。	(?)**常裕** 三、壬寅；病痊黔按授。	
廣 東	**俞鍾穎** 四、壬辰、廿四，5.22；遷豫布。	**王秉恩** 四、壬辰；瓊崖道遷。	
廣 西	**王芝祥** 閏六、戊戌、二，7.27；遷桂布。	**歐陽中鵠** 閏六、戊戌；右江道遷。	
雲 南	**秦樹聲** 三、己亥、一，3.30；粵學互調。	**沈曾桐** 三、己亥；粵學改。 八、丙申；修墓假。	**龔心湛** 八、丙申、二，9.23；臨安開廣道遷。
貴 州	(?)**文徵**		

附: 武昌起義各省光復後清政府的任免	

胡建樞
　　十、辛酉、廿七, 12.17; 遷魯撫。

聶憲藩
　　十、辛酉; 濟東泰武臨道遷。十二、甲辰、十一, 1.29; 候補道丁道津署。

李盛鐸
　　十一、乙丑、二, 12.21; 遷晉布。

許世英
　　十一、乙丑; 奉天高審廳廳丞授。

劉毅孫
　　十、己亥、五, 11.25; 解。

趙惟熙
　　十、甲辰、十, 11.30; 甘巡警道遷。

張鎮芬
　　十一、己卯、十六, 1.4; 解(三京候)。

朱益濬
　　(署撫)　十一、甲申、廿一, 1.9; 辰沅永靖道遷。

(?)常裕
　　十、丁未、十三, 12.3; 休。

附 錄 一

清代各省按察使重要變化概況

年　　　　代		單 位	變　化　概　況
順 治 元 年	1644	2	設置山東、山西。
順 治 二 年	1645	8	設置江南、河南、陝西、浙江、江西、湖廣。
順 治 四 年	1647	9	設置福建。
順 治 六 年	1649	11	設置廣東、四川。
順 治 八 年	1651	12	設置廣西。
順 治 十 五 年	1658	13	設置貴州。
順 治 十 六 年	1659	14	設置雲南。
康 熙 三 年	1664	16	江南分設江蘇、安徽；陝西分設陝西、甘肅。
康 熙 五 年	1666	17	湖廣分設湖北、湖南。
雍 正 二 年	1724	18	設置直隸。

附　錄　二

清代各省按察使重要變化簡圖

年代 / 代 / 單位	順治元年 一六四四 二	順治二年 一六四五 八	順治四年 一六四七 九	順治六年 一六四九 一一	順治八年 一六五一 一二	順治十五年 一六五八 一三	順治十六年 一六五九 一四	康熙三年 一六六四 一六	康熙五年 一六六六 一七	雍正二年 一七二四 一八
直　隷										○
江　蘇		○	○	○	○	○	○	○	○	○
安　徽		○	○	○	○	○	○	○	○	○
山　東	○	○	○	○	○	○	○	○	○	○
山　西	○	○	○	○	○	○	○	○	○	○
河　南		○	○	○	○	○	○	○	○	○
陝　西		○	○	○	○	○	○	○	○	○
甘　肅		○	○	○	○	○	○	○	○	○
福　建			○	○	○	○	○	○	○	○
浙　江		○	○	○	○	○	○	○	○	○
江　西		○	○	○	○	○	○	○	○	○
湖　北		○	○	○	○	○	○	○	○	○
湖　南		○	○	○	○	○	○	○	○	○
四　川				○	○	○	○	○	○	○
廣　東				○	○	○	○	○	○	○
廣　西					○	○	○	○	○	○
雲　南								○	○	○
貴　州						○	○	○	○	○

駐 防 大 臣 年 表

附：青海辦事大臣
西藏辦事大臣

順治元年至宣統三年

（1644—1911）

駐防大臣年表

年代	順 治 元 年　甲申(1644)	
盛京	(滿)**何洛會** 　八、丁巳、二,9.2;正藍旗内大臣任爲盛京總管。 　　左翼:(滿)阿哈尼堪　鑲黄旗梅勒章京任,旋出征。 　　右翼:(滿)碩詹　正紅旗梅勒章京任,旋出征。	

年代	順 治 二 年　乙酉(1645)	
盛京	(滿)**何洛會** 　六、辛未、廿,7.13;改駐防西安。	(滿)**葉克書** 　三、甲午、十一,4.7;梅勒章京任爲盛京總管。
江寧	十一、甲寅、六,12.23; 　　左翼:(滿)巴山　甲喇章京、工左任。 　　右翼:(滿)康喀賴　梅勒章京任。	
西安	(滿)**何洛會** 　六、辛未;内大臣、盛京總管改駐防西安。 　十一、戊辰、廿,1.6;授定西大將軍,出征四川。	
杭州	十一、甲寅; 　　左翼:(滿)朱瑪喇　梅勒章京、兵右任。 　　右翼:(滿)和託　梅勒章京任,旋出征。	
武昌	(漢)**祖可法** 　十一、甲寅;總兵任爲武昌駐防。	
平陽	(滿)**阿山**(三等公) 　△二月,都統任爲鎮守平陽等處將軍。	
廬鳳	(滿)**準塔**(三等男晉三等子) 　△六月,固山額真任爲鎮守廬鳳淮揚等處將軍。 　△十二月,出征。	

年代	順治三年　丙戌(1646)	順治四年　丁亥(1647)
盛京	(滿)**葉克書**(三等男) 　五、癸亥、十八,6.30; 　梅勒章京改授昂邦章京,鎮守盛京。	(滿)**葉克書**
江寧	(滿)**巴山** 　二、丙申、十九,4.4; 　左翼副都統、侍郎,命鎮守江寧。 　三、丙辰、九,4.24; 　授昂邦章京,提督滿兵。 (滿)康喀賴	(滿)**巴山** 　(滿)康喀賴　△死。
	(漢)**張大猷** 　二、丙申;梅勒章京,命鎮守江寧。 　三、丙辰;授昂邦章京,提督漢軍及漢兵。	(漢)**張大猷** 　(江南提督總兵官)
西安	(滿)**傅喀蟾** 　二、丙申;甲喇章京,命鎮守西安。 　三、丙辰;授昂邦章京,提督滿兵。	(滿)**傅喀蟾**
	(漢)**李思忠** 　二、丙申;梅勒章京,命鎮守西安。 　三、丙辰;授昂邦章京,提督漢軍及漢兵。	(漢)**李思忠** 　(陝西提督總兵官)
杭州	(滿)**朱瑪喇**	(滿)**朱瑪喇** 　十、丙戌、十九,11.15; 　梅勒章京,命率將士更番駐防杭州。
武昌	(漢)**祖可法** 　△病免。	杭州
平陽	(滿)**阿山** 　正、辛酉、十三,2.28;解。(四年死)	(滿)**董阿賴** 　正、壬子、十,2.14; 　梅勒章京,命率將士更番駐防杭州。

駐防大臣年表

年代	順 治 五 年　戊子(1648)	順 治 六 年　己丑(1649)
盛京	(滿)葉克舒	(滿)葉克舒
江寧	(滿)巴山 (漢)張大猷	(滿)巴山 (漢)張大猷(三等子)
西安	(滿)傅喀蟾 (漢)李思忠	(滿)傅喀蟾 (漢)李思忠
杭州	(滿)朱瑪喇 　　（出征江西） (滿)董阿賴	(滿)董阿賴 　　△召京，授左都。
寶慶	(漢)劉之源　　　　　　(漢)佟圖賴(二等男) 四、丙戌、廿一，5.13；　（同左） 固山額真，命爲定南 將軍，駐防寶慶。	(漢)劉之源(一等男)　　(漢)佟圖賴 （往湘潭等處作戰）　（往衡州等處作戰）
漢中	(？)庫魯克達爾漢阿賴 　　固山額真 (宗室)吳達海 　　（刑尚） 四、庚辰、十五，5.7；命駐防漢中。 (漢)李國翰　　侍衛 四、丙戌、廿一，5.13； 命爲定西將軍，駐防漢中。 吳三桂　　平西王 四、丁亥、廿二，5.14；命由錦州移鎭漢中。	(？)庫魯克達爾漢阿賴 (宗室)吳達海 　　（刑尚） (漢)李國翰(晉一等伯) 吳三桂

年代	順治七年　庚寅(1650)	順治八年　辛卯(1651)
盛 京	(滿)葉克書	(滿)葉克書
江 寧	(滿)巴山 (漢)張大猷	(滿)巴山 (漢)張大猷
西 安	(滿)傅喀蟬 (漢)李思忠(一等男)	(滿)傅喀蟬 (漢)李思忠
杭 州	(漢)吳汝玠 　三、癸酉、廿,4.20；禮左、梅勒章京任。	(漢)吳汝玠 (漢)劉之源(三等子) 　△副將駐防,旋攻舟山。
漢 中	(?)庫魯克達爾漢阿賴 (漢)李國翰 吳三桂	(?)庫魯克達爾漢阿賴 吳三桂 　九、壬午、八,10.21；命征四川。 (漢)李國翰 　十、辛酉、十七,11.29；,命隨吳三桂征川。

駐防大臣年表

年代	順治九年　壬辰(1652)
盛京	(滿)葉克舊
江寧	(滿)巴山　△回京。(康十二死)　　　(滿)喀喀木　五、壬午、十二,6.17;梅勒章京授昂邦章京、江寧總管。 (漢)張大猷　正、乙酉、十三,2.21;死。　　(漢)祖澤遠　二、乙丑、廿三,4.1;任。七、戊戌、廿九,9.1;改湖督。　　(?)管效忠　八、乙巳、六,9.8;授昂邦章京、提督漢兵。
西安	(滿)傅喀塘　　　(?)庫魯克達爾漢阿賴　十、戊申、十,11.10;固山額真,由漢中駐防改。 (漢)李思忠
杭州	(漢)吳汝玠
漢中	(?)庫魯克達爾漢阿賴　十、戊申;改駐防西安。　　(滿)阿爾津(一等子)　十、辛酉、廿三,11.23;護統授安西將軍。十二、己未、廿一,1.20;授定南將軍,出征湖廣。 吳三桂 (漢)李國翰(晉三等侯)。

年代	順治十年　癸巳(1653)	順治十一年　甲午(1654)
盛京	(滿)**葉克舒**	(滿)**葉克舒**
吉林	(滿)**沙爾虎達**(一等男) 　　五、甲戌、九,6.4;梅勒 　　章京改授昂邦章京,鎮 　　守寧古塔地方。　〔九年、七、丁亥、 　　十八,8.21;已命 　　以梅勒章京駐防 　　寧古塔地方。〕	(滿)**沙爾虎達**
江寧	(滿)**喀喀木**(三等男) 　　五、乙亥、十,6.5; 　　任爲靖南將軍,征粵。旋留。 (?)**管效忠**	(滿)**喀喀木** (?)**管效忠** 　　〔四、丙戌、廿七,6.11;移駐鎮江。〕
西安	(滿)**傅喀蟾** (漢)**李思忠**	(滿)**傅喀蟾** (漢)**李思忠** 　　△休。(十四年死)
杭州	(漢)**吳汝玠**	(漢)**吳汝玠**
漢中	**吳三桂** 　　(四川平定,還鎮漢中)。 (漢)**李國翰**	**吳三桂** (漢)**李國翰**

駐防大臣年表

年 代	順治十二年　乙未(1655)	順治十三年　丙申(1656)
盛京	(滿)葉克書	(滿)葉克書
吉林	(滿)沙爾虎達	(滿)沙爾虎達
江寧	(滿)喀喀木 (⌥)管效忠	(滿)喀喀木 (⌥)管效忠
京口	(漢)石廷柱(二等子) 　　五、丁酉、十四,6.17;固山額真 　　授鎮海將軍(掛印),駐防京口。	(漢)石廷柱
西安	(滿)傅喀蟯	(滿)傅喀蟯
漢中	吳三桂 (漢)李國翰	吳三桂 (漢)李國翰
杭州	(漢)吳汝玠 (漢)趙國祚 　　十二、辛未、廿一,1.17;固山額真命駐防杭州。	(漢)吳汝玠 (漢)趙國祚

順治十四年　丁酉(1657)

(滿)**葉克書**
　　△革。
　　(十五年死)

(滿)**敦拜**(一等子)
　　八、壬申、二, 9.9; 致仕護統起用,任爲昂邦章京。

(滿)**沙爾虎達**

(滿)**喀喀木**

(?)**管效忠**

(漢)**石廷柱**
　　△二月,休。(十八年死,忠勇)

(滿)**傅喀蟾**

　吳三桂
　　十二、癸未、十五,1.18; 授平西大將軍,攻黔。
(漢)**李國翰**
　　(同征)

(漢)**吳汝玠**
　　十二、壬午、十四,1.17; 休。(康十一死)
(漢)**趙國祚**

駐防大臣年表

年 代	順治十五年　戊戌(1658)
盛京	(滿)敦拜
吉林	(滿)沙爾虎達
江寧	(滿)喀喀木 (?)管效忠
京口	
西安	(滿)傅喀蟾
漢中	吳三桂 　　(攻黔) (漢)李國翰 　　七、癸亥、廿八，8.26；死(敏壯)。
杭州	(滿)科魁 　　八、丙子、十一，9.8；梅勒章京授爲昂邦章京。 　　〔七、辛酉、廿六，8.24；設滿洲昂邦章京一員統 　　帥，撤回漢軍固山額真一員〕。　　　　　　　　(漢)趙國祚 　　　　　　　　　　　　　　　　　七、甲子、廿九，8.27；改浙江總督。
貴州	(蒙)明安達禮 　　十二、戊子、廿六，1.18；固山額真授爲安南將軍，駐防貴州。

年 代	順治十六年　己亥(1659)	順治十七年　庚子(1660)
盛京	(滿)敦拜	(滿)敦拜　　　　(滿)吴庫禮 正、辛未、十五、　　二、壬寅、十七、 2.25；死(襄　　　3.27；漕運侍郎 壯)。　　　　　　改。
吉林	(滿)沙爾虎達　　　(滿)巴海 正、甲辰、十二、2.3；　正、甲辰； 死(襄壯)。　　　任爲昂邦章京。	(滿)巴海
江寧	(滿)喀喀木　　　(漢)高明忠 　　　　　　　　十二、丁未、廿一、2.1； 　　　　　　　　梅勒章京任。 (?)管效忠	(滿)喀喀木　　　(漢)高明忠 (?)管效忠 三、辛未、十六、4.25；革。
京口	(漢)劉之源 八、癸巳、五、9.20；固山額真授爲鎮海大將軍、 駐防鎮江。	(漢)劉之源
西安	(滿)傅喀蟾	(滿)傅喀蟾
漢中	吴三桂 三、甲寅、廿三、4.14；　　　　〔裁〕 移鎮雲南。	
荆州	(蒙)明安達禮 二、丙子、十五、3.7；駐防貴州改、授安南將軍。 旋命駐防舟山。(十七年回京)	
杭州	(滿)科魁	(滿)科魁
貴州	(蒙)明安達禮 二、丙子；改駐防荆州。　　〔雲南戰爭結束、 　　　　　　　　　　　　撤回駐防。〕	
廣東		(漢)沈永忠 八、戊戌、十五、9.19；阿思哈哈番品級 任爲協鎮將軍(掛印)、鎮守廣東。

駐防大臣年表

年代	順治十八年 辛丑(1661)	康熙元年 壬寅(1662)
盛京	(滿)吳庫禮 (駐防盛京昂邦章京)	(滿)吳庫禮 〔鎮守遼東等處將軍〕
吉林	(滿)巴海	(滿)巴海 〔鎮守寧古塔等處將軍〕
江寧	(滿)喀喀木 (漢)高明忠	(滿)喀喀木 (△改總管爲將軍) (漢)高明忠 (改設江寧鎮總兵官)
京口	(漢)劉之源	(漢)劉之源
蘇州	(漢)祖永烈 十、丁巳、十一,12.2;江寧總兵任爲寧海將軍,駐防蘇州。	(漢)祖永烈
杭州	(滿)科魁	(滿)科魁
西安	(滿)傅喀蟾 (總管)	(滿)傅喀蟾
廣東	(漢)沈永忠　　　　(漢)王國光 四、乙酉、六,5.4;　四、乙酉;原任粵督 移駐潮州。　　　加鎮海將軍,鎮守 　　　　　　　廣東。	(漢)沈永忠 (漢)王國光 五、癸巳、廿一,7.6;改正紅漢都。
廣西	(漢)線國安 四、乙酉;廣東都統、三等伯,加征剿將軍,鎮守廣西。(十一年,命爲衆官統領,駐鎮桂林;旋征滇、粵。十六年,回京。)	(漢)線國安

康 熙 二 年 癸卯(1663)	康 熙 三 年 甲辰(1664)
(滿)吳庫禮	(滿)吳庫禮
(滿)巴海	(滿)巴海
(滿)喀喀木	(滿)喀喀木
(漢)劉之源	(漢)劉之源　　　　　(漢)李顯貴 六、癸亥、十二,7.5;　六、辛亥、廿,7.13; 老休。(八年死)　　　鑲白漢都授。
(漢)祖永烈	(漢)祖永烈 〔閏六、己卯、十九, 8.10;撤回駐防漢 軍官兵。〕
(滿)科魁　　　(滿)圖爾白紳 五、丁丑、十,6.15;杭州副 都統遷杭州將軍。	(滿)圖爾白紳
(滿)傅喀蟾　　　(滿)噶褚哈 △出征西山。　　　九、乙丑、一,10.1;都統 (八年死)　　　　授鎮西將軍。	(滿)噶褚哈
(漢)沈永忠 (漢)王國光	(漢)沈永忠 (漢)王國光
(漢)線國安	(漢)線國安

年代	康 熙 四 年　乙巳(1665)	康 熙 五 年　丙午(1666)
盛京	(滿)**吳庫禮**　　(滿)**遠都** 八、癸未、卅，　　四、辛巳、 10.8；死。　　　　廿五、6.8； 　　　　　　　　　副都統授。　〔六、己未、四， 　　　　　　　　　　　　　　　 7.16；鎮守奉 　　　　　　　　　　　　　　　 天等處將軍。〕	(滿)**遠都**
吉林	(滿)**巴海**	(滿)**巴海**
江寧	(滿)**喀喀木**	(滿)**喀喀木**
京口	(漢)**李顯貴**	(漢)**李顯貴**
杭州	(滿)**圖爾白紳**	(滿)**圖爾白紳**
西安	(滿)**噶褚哈**	(滿)**噶褚哈**
廣東	(漢)**沈永忠** 　十、壬申、廿，11.26；由肇慶移駐廣州。 　十二、乙亥、廿四，1.28；休。(兵撤回京，旋死) (漢)**王國光**	(漢)**王國光** 　九、庚辰、三，9.30；撤　〔已駐有平南王〕 回京師。 　(康九死，襄壯)
廣西	(漢)**線國安**	(漢)**線國安**　　(漢)**孫延齡** 　△休。　　　　　五、丙午、廿六，6.28；孔 　　　　　　　　　有德婿授廣西將軍。 　　　　　　　　　(由衡州移駐桂林)

年代	康 熙 六 年　丁未(1667)	康 熙 七 年　戊申(1668)
盛 京	(滿)**達都**	(滿)**達都**　　　　(滿)**吳瑪護** 　（八年六月予祭）　　九、庚子、四,10.9; 　　　　　　　　　盛戶授。
吉 林	(滿)**巴海**	(滿)**巴海**
江 寧	(滿)**喀喀木**	(滿)**喀喀木**　　　　(滿)**額楚** 　△死。　　　　　九、庚子;江寧副都遷。
京 口	(漢)**李顯貴**	(漢)**李顯貴**
杭 州	(滿)**圖爾白紳**	(滿)**圖爾白紳**　　　(滿)**圖喇** 　△休。　　　　　十一、己未、廿四, 　（十四年死,敏果）　12.27;杭州副都遷。
西 安	(漢)**噶褚哈** 　△改正紅滿都(兵尚)。	(滿)**瓦爾喀** 　九、庚子;西安副都遷。
廣 西	(漢)**孫延齡**	(漢)**孫延齡**

駐防大臣年表

年代	康熙八年 己酉(1669)	康熙九年 庚戌(1670)
盛京	(滿)吳瑪護	(滿)吳瑪護　　　　(滿)阿穆爾圖 　九、壬申、十八，　　六、己酉、廿四,8.9; 　10.31;死。　　　　正黃滿副授。
吉林	(滿)巴海	(滿)巴海
江寧	(滿)額楚	(滿)額楚
京口	(漢)李顯貴	(漢)李顯貴
杭州	(滿)圖喇	(滿)圖喇
西安	(滿)瓦爾喀	(滿)瓦爾喀
廣西	(漢)孫延齡	(漢)孫延齡

康 熙 十 年　辛亥(1671)	康 熙 十一 年　壬子(1672)
(滿)阿穆爾圖	(滿)阿穆爾圖
(滿)巴海	(滿)巴海
(滿)額楚	(滿)額楚
(漢)李顯貴　　　　(漢)柯永蕖 　二、甲辰、廿二、　　　三、己未、八，4.16； 　4.1；病免。　　　　鑲紅漢都授。	(漢)柯永蕖
(滿)圖喇	(滿)圖喇
(滿)瓦爾喀	(滿)瓦爾喀
(漢)孫延齡	(漢)孫延齡

駐防大臣年表

年　代	康熙十二年　癸丑(1673)	康熙十三年　甲寅(1674)
盛 京	(滿)**阿穆爾圖**　　　(滿)**倭内** 　△死(襄壯)。　　　十二、乙丑、卅, 2.5; 　　　　　　　　　正黃滿副授。	(滿)**倭内**
吉 林	(滿)**巴海**	(滿)**巴海**
江 寧	(滿)**額楚**	(滿)**額楚**
京 口	(漢)**柯永蓁**　　　(漢)**王之鼎** 　　　　　　十、壬寅、六, 11.14; 　　　　　　江南提督改。	(漢)**王之鼎** 　　(鎮海將軍)
杭 州	(滿)**圖喇**	(滿)**圖喇** 　六、壬子、十九, 7.22;　　鎮東將軍喇哈達掌印。 　病假回京(旋死)。
西 安	(滿)**瓦爾喀** 　十二、丁巳、廿二, 1.28;命攻四川。	(滿)**瓦爾喀** 　△八月,死。
廣 西	(漢)**孫延齡** 　十二、丁巳;授撫蠻將軍。	(漢)**孫延齡** 　二、辛酉、廿七, 4.2;從吳三桂反清。

康熙十四年　乙卯(1675)	康熙十五年　丙辰(1676)
(滿)倭内	(滿)倭内
(滿)巴海	(滿)巴海 〔據《歷代職官表》卷四八，移駐吉林〕。
(滿)額楚	(滿)額楚
(漢)王之鼎	(漢)王之鼎 三、庚申、八，5.20；參贊軍務。
(滿)圖喇 五、丁卯、九，6.2；死。　(滿)喇哈達署　(？)雅達理署 三、丁卯、九，4.3；改參贊。　三、丁卯；副都署。	(滿)喇哈達 (？)雅達理署　八、戊寅；副都署。 八、戊寅、廿八，10.5；病免。
(滿)佛尼勒 二、庚戌、廿二，3.17；西安副都遷。 三、甲子、六，3.31；加振武將軍。	(滿)佛尼勒
(漢)孫延齡	(漢)孫延齡

駐防大臣年表

年 代	康熙十六年　丁巳(1677)	康熙十七年　戊午(1678)
盛京	(滿)**倭内**	(滿)**倭内**　　(滿)**安珠瑚** 七、甲寅、十六，　　七、甲寅；寧古塔副都 9.1；解。　　　　　統。
吉林	(滿)**巴海**	(滿)**巴海**
江寧	(滿)**額楚**	(滿)**額楚**
京口	(漢)**王之鼎**	(漢)**王之鼎**　　(漢)**楊鳳翔** 十一、癸亥、廿六，　　十二、丙子、十，1.21； 1.8；改福建水路　　副都(安南將軍)改。 提督。
杭州	(滿)**喇哈達** 　(寧海將軍)	(滿)**喇哈達**
西安	(滿)**佛尼勒** 　△四月，削振武將軍。	(滿)**佛尼勒**
廣西	(漢)**孫延齡** 　△十月，吳三桂孫吳世琮誘殺。	

年 代	康熙十八年　己未（1679）	康熙十九年　庚申（1680）
盛京	（滿）**安珠瑚**	（滿）**安珠瑚**
吉林	（滿）**巴海**	（滿）**巴海**
江寧	（滿）**額楚**	（滿）**額楚**
京口	（漢）**楊鳳翔**	（漢）**楊鳳翔**
杭州	（滿）**喇哈達**	（滿）**喇哈達** 八、庚申、四，8.27；駐守福州。
福州		（漢）**馬九玉** 閏八、辛卯、五，9.27；授福建將軍。
廣州		（漢）**王永譽** 閏八、壬子、廿六，10.18；江南提督授。 〔閏八、戊戌、十二，10.4；設置。〕
西安	（滿）**佛尼勒** 十二、己卯、十八，1.19；出征四川。	（滿）**佛尼勒** 十一、甲戌、十九，1.8；改授建威將軍。
漢中	（滿）**鄂克濟哈** 十二、己卯；署副都，領振武將軍鎮守。	（滿）**鄂克濟哈**

駐防大臣年表

年代	康熙二十年　辛酉(1681)	康熙二一年　壬戌(1682)
盛京	(滿)**安珠瑚**	(滿)**安珠瑚**
吉林	(滿)**巴海**	(滿)**巴海**
江寧	(滿)**頼楚** △十月，死。	(滿)**瓦岱** 十一、丁巳、十四，12.12；鑲黃護統授。
京口	(漢)**楊鳳翔**	(漢)**楊鳳翔**
杭州	(滿)**喇哈達**	(滿)**喇哈達**　　　(滿)**馬哈達** 八、壬寅、廿七， 9.28；召京。
福州	(漢)**馬九玉**	(漢)**馬九玉**　　　(漢)**佟國瑤** 五、丙寅、十九，　　六、乙酉、九，7.13； 6.24；解、回京。　　裁缺鄖陽提督授。
廣州	(漢)**王永譽**	(漢)**王永譽**
西安	(滿)**佛尼勒**	(滿)**佛尼勒**　　　(滿)**希福** △死(恭靖)。　　　十一、甲寅、十一， 　　　　　　　　12.9；正紅滿副遷。
漢中	(滿)**鄂克濟哈**　　　(滿)**吳丹** 七、戊辰、十七，　　七、戊辰、建威將 8.30；召京。　　　軍駐守。 〔十二、戊子、九，1.17；設漢軍將軍。〕	(滿)**吳丹** (出征四川)
荊州	〔十二、戊子；設滿洲將軍。〕	

年　代	康熙二二年　癸亥(1683)	康熙二三年　甲子(1684)
盛京	(滿)安珠瑚　正、甲子、廿二，2.17；革。　(滿)伊巴漢　二、辛巳、九，3.6；前鋒統領遷。	(滿)伊巴漢
吉林	(滿)巴海　六、庚辰、九，7.3；革。　(滿)殷圖　八、壬寅、三，9.23；正紅蒙都授。	(滿)殷圖
黑龍江	(滿)薩布素　十、壬戌、廿五，12.12；寧古塔副都遷。　[九、丁丑、九，10.28；增設。]	(滿)薩布素
江寧	(滿)瓦岱	(滿)瓦岱
京口	(漢)楊鳳翔	(漢)楊鳳翔
杭州	(滿)馬哈達	(滿)馬哈達　十一、丁亥、廿六，12.31；改正白滿都。　(滿)胡圖　十二、丙申、五，1.9；江寧副都遷。
福州	(漢)佟國瑤	(漢)佟國瑤
廣州	(漢)王永譽	(漢)王永譽
西安	(滿)希福	(滿)希福
漢中	(滿)吳丹	(滿)吳丹
荆州	(滿)噶爾漢　三、戊午、十六，4.12；正紅滿都授。	(滿)噶爾漢

駐防大臣年表

年　代	康熙二四年　乙丑(1685)		康熙二五年　丙寅(1686)
盛京	(滿)伊巴漢 十一、辛未、十五， 12.10；改左翼前 鋒統領。	(貝勒)察尼 十二、庚寅、四， 12.29；任。	(貝勒)察尼
吉林	(滿)殷圖		(滿)殷圖
黑龍江	(滿)薩布素		(滿)薩布素
江寧	(滿)瓦岱 十、己亥、十二， 11.8；改鑲黃滿 都。	(滿)博霽 十、甲寅、廿七， 11.23；鑲白滿都 授。	(滿)博霽
京口	(漢)楊鳳翔		(漢)楊鳳翔
杭州	(滿)胡圖		(滿)胡圖
福州	(漢)佟國瑤		(漢)佟國瑤
廣州	(漢)王永譽		(漢)王永譽
西安	(滿)希福		(滿)希福
漢中	(滿)吳丹		(滿)吳丹 〔六、辛巳、廿九，8.17；撤回駐防。〕
荊州	(滿)噶爾漢		(滿)噶爾漢

年 代	康熙二六年　丁卯(1687)	康熙二七年　戊辰(1688)
盛京	(貝勒)**寨尼**	(貝勒)**寨尼**　　　　(輔國公)**綽克託** 十二、壬子、十三,　十、庚戌、十一、 1.4;死(恪僖)。　　11.3;任。
吉林	(滿)**殷圖**	(滿)**殷圖**
黑龍江	(滿)**薩布素**	(滿)**薩布素**
江寧	(滿)**博霽**	(滿)**博霽**
京口	(漢)**楊鳳翔**	(漢)**楊鳳翔**
杭州	(滿)**胡圖**　　　(滿)**郭丕** 五、甲申、七,6.16;　四、甲戌、廿七,6.6; 死(敏恪)。　　　兵左改。	(滿)**郭丕**
福州	(漢)**佟國瑤**	(漢)**佟國瑤**
廣州	(漢)**王永譽** 十二、癸亥、十九,1.21;改正紅漢都。	(漢)**拜音達禮** 正、癸卯、廿九,3.1;廣州副都遷。
西安	(滿)**希福**	(滿)**希福**　　　　(滿)**尼雅翰** 十二、庚子、一,　十二、乙巳、六, 12.23;改正紅蒙　12.28;前鋒統 都。　　　　領授。
荆州	(滿)**噶爾漢**	(滿)**噶爾漢**　　　(滿)**巴渾德** 六、丁未、六,7.3;　六、丁未; 改正紅蒙都。　　正黃滿都授。

駐防大臣年表

年 代	康熙二八年　己巳(1689)	康熙二九年　庚午(1690)
盛京	(輔國公)綽克託	(輔國公)綽克託
吉林	(滿)殷圖　　　　　(滿)佟保 五、壬戌、廿七，　　六、乙亥、十，7.26； 7.13；革。　　　　前鋒統領遷。	(滿)佟保
黑龍江	(滿)薩布素	(滿)薩布素 〔據《歷代職官表》卷四八，駐墨爾根。〕
江寧	(滿)博霽	(滿)博霽
京口	(漢)楊鳳翔	(漢)楊鳳翔　　(漢)張思恭　　(漢)董元卿 三、庚子、九，　三、丁巳、廿六，　七、庚寅、 4.17；休。　　5.4；副都遷。　一，8.5； (卅年死，敏　九、辛亥、廿四，　副都遷。 壯)　　　　10.25；死。
杭州	(滿)郭丕	(滿)郭丕
福州	(漢)佟國瑤　　　　(漢)石文炳 十一、乙卯、廿二，　九、庚戌、十七，10.29； 1.2；死(忠愨)。　正白漢都授。	(漢)石文炳
廣州	(漢)拜音達禮	(漢)拜音達禮
西安	(滿)尼雅翰	(滿)尼雅翰
荊州	(滿)巴渾德	(滿)巴渾德

康熙三十年　辛未(1691)	年代	康熙三一年　壬申(1692)
(輔國公)綽克託	盛京	(輔國公)綽克託
(滿)佟保	吉林	(滿)佟保
(滿)薩布素	黑龍江	(滿)薩布素
(滿)博霽	江寧	(滿)博霽　　　　(滿)繆齊納 八、戊戌、廿一，　九、癸亥、十七， 10.1；改西安。　10.26；護統遷。
(漢)董元卿	京口	(漢)董元卿
(滿)郭丕	杭州	(滿)郭丕
(漢)石文炳	福州	(漢)石文炳
(漢)拜音達禮	廣州	(漢)拜音達禮
(滿)尼雅翰　　　　(滿)馬喇 △九、庚午、十九，　九、庚午； 11.8；解。　　　護軍統領遷。	西安	(滿)馬喇　　　　(滿)博霽 九、己巳、廿三，　八、戊戌；江寧 11.1；死(敏恪)。　改。
	荊州	(滿)莽奕祿
(滿)巴渾德　　　　(滿)莽奕祿 十、癸巳、十二，　十、癸卯、十二， 12.1；改正黃滿　12.11；鑲白滿都授。 都。	右衛	(滿)希福 十二、壬寅、廿八，2.2； 都統授建威將軍，駐右衛。
	歸化城	

駐防大臣年表

年代	康熙三二年　癸酉(1693)	康熙三三年　甲戌(1694)
盛京	(輔國公)綽克託	(輔國公)綽克託
吉林	(滿)佟保	(滿)佟保
黑龍江	(滿)薩布豪	(滿)薩布豪
江寧	(滿)繆齊納	(滿)繆齊納
京口	(漢)董元卿	(漢)董元卿
杭州	(滿)郭丕	(滿)郭丕　　四、戊辰、一，4.24；休。　(滿)查木揚　四、辛巳、十四、5.7；正藍護統遷。
福州	(漢)石文炳	(漢)石文炳　九、壬午、十七，11.4；改正白漢都。　(漢)金世榮　十、乙巳、十一，11.27；江南提督授。
廣州	(漢)拜音達禮	(漢)拜音達禮
西安	(滿)博霽	(滿)博霽
荆州	(滿)莽奕祿	(滿)莽奕祿
右衛	(滿)希福	(滿)希福
歸化城	(滿)費揚古(三等伯)　五、庚戌、七，6.10；內大臣授安北將軍，駐歸化城。	(滿)費揚古　(旋師) 七、癸酉、七，8.27；授將軍印，任右衛大臣。

年 代	康熙三四年　乙亥(1695)	康熙三五年　丙子(1696)
盛京	㈠辅国公)綽克託	㈠辅国公)綽克託
吉林	(滿)佟保	(滿)佟保　　　　(滿)沙納海 　六、癸丑、廿九，　　七、己巳、十五，8.12； 　7.27；革。　　　　寧古塔副都遷。
黑龍江	(滿)薩布素	(滿)薩布素
江寧	(滿)繆齊納　　　(滿)鄂羅舜 　十二、丙午、十八，　七、壬午、廿二，8.31； 　1.22；死。　　　　江寧副都遷。	(滿)鄂羅舜
京口	(漢)董元卿	(漢)董元卿
杭州	(滿)查木揚	(滿)查木揚
福州	(漢)金世榮	(漢)金世榮
廣州	(漢)拜音達禮	(漢)拜音達禮
西安	(滿)博霽	(滿)博霽
荆州	(滿)莽奕祿	(滿)莽奕祿
右衛	(滿)希福　　　　(滿)費揚古 　六、甲午、四，　　　十、癸巳、四，11.10； 　7.14；革。　　　　授右衛將軍，兼歸化 　　　　　　　　　　城事務。 　　　　　　　　　　十一、戊子、卅，1.4； 　　　　　　　　　　授撫遠大將軍。	(滿)費揚古　　　(宗室)費揚固 　(出征)　　　　　十二、辛卯、九，1.1； 　　　　　　　　　右衛護統遷。
歸化城	(滿)費揚古 　(右衛將軍兼)	
寧夏	(覺羅)舒恕 　七、己巳、九，8.18；右衛左翼護統遷。	(覺羅)舒恕 　正月，授揚威將軍。

駐防大臣年表

年代	康熙三六年 丁丑(1697)	康熙三七年 戊寅(1698)
盛京	(輔國公)**綽克託**	(輔國公)**綽克託** (貝子)**蘇努** 四、戊午、 十四,5.23;革。 四、壬申、廿八,6.6;署。
吉林	(滿)**沙納海**	(滿)**沙納海**
黑龍江	(滿)**薩布素**	(滿)**薩布素**
江寧	(滿)**鄂羅舜**	(滿)**鄂羅舜**
京口	(漢)**董元卿**	(漢)**董元卿** (漢)**馬自德** 十二、丙辰、十六, 十二、己未、十九, 1.16;病免。 1.19;副都遷。
杭州	(滿)**查木揚**	(滿)**查木揚**
福州	(漢)**金世榮**	(漢)**金世榮**
廣州	(漢)**拜音達禮**	(漢)**拜音達禮** (漢)**盧崇耀** 八、己未、十八, 七、己亥、廿七,9.1; 9.21;死。 粵提授。
西安	(滿)**博霽**	(滿)**博霽**
荊州	(滿)**莽奕祿**	(滿)**莽奕祿**
右衛	(宗室)**費揚固**	(宗室)**費揚固**
寧夏	(覺羅)**舒恕** 閏三、癸巳、十三,5.3;撤防,召京。	

年代	康熙三八年　己卯(1699)	康熙三九年　庚辰(1700)
盛京	(貝子)**蘇努**	(貝子)**蘇努**
吉林	(滿)**沙納海**	(滿)**沙納海**
黑龍江	(滿)**薩布素** 〔據《歷代職官表》卷四八,復駐齊齊哈爾城。〕	(滿)**薩布素**
江寧	(滿)**鄂羅舜**	(滿)**鄂羅舜**
京口	(漢)**馬自德**　　　(漢)**馬三奇** 　(卅九年死)　　　　二、辛丑、一,3.2; 　　　　　　　　　浙提改。	(漢)**馬三奇**
杭州	(滿)**查木揚**　　　(滿)**丹岱** 　十、庚午、六,　　四、乙巳、六,5.5; 　11.26;死(敏恪)。　左副都遷。	(滿)**丹岱**
福州	(漢)**金世榮**	(漢)**金世榮**
廣州	(漢)**盧崇耀**	(漢)**盧崇耀**
西安	(滿)**博霽**	(滿)**博霽**
荆州	(滿)**莽奕祿**	(滿)**莽奕祿**
右衛	(宗室)**費揚固**	(宗室)**費揚固**

駐防大臣年表

年 代	康熙四十年　辛巳(1701)	康熙四一年　壬午(1702)
盛京	(貝子)**蘇努**	(貝子)**蘇努**
吉林	(滿)**沙納海**　　　　(宗室)**楊福** 　二、乙丑、七,3.16；　　二、乙丑；奉副都 　改黑龍江。　　　　　　統。	(宗室)**楊福**
黑龍江	(滿)**薩布素**　　　　(滿)**沙納海** 　二、己未、一,3.10；　　二、乙丑；吉林改。 　革。	(滿)**沙納海**
江寧	(滿)**鄂羅舜**	(滿)**鄂羅舜**
京口	(漢)**馬三奇**	(漢)**馬三奇**
杭州	(滿)**丹岱**	(滿)**丹岱**
福州	(漢)**金世榮**	(漢)**金世榮** 　十、丙午、廿九,12.17；改閩浙總督,仍兼。
廣州	(漢)**盧崇耀** 　十二、壬申、廿,1.17；召陞。 　都統嵩祝兼理。	(漢)**盧崇耀**　　　　(漢)**管源忠** 　九、辛亥、三,10.23；　九、丙寅、十八,11.7； 　改鑲白漢都。　　　　　南昌總兵遷。
西安	(滿)**博霽**	(滿)**博霽**
荆州	(滿)**莽奕祿**	(滿)**莽奕祿**
右衛	(宗室)**費揚固**	(宗室)**費揚固**

康熙四二年　癸未(1703)	康熙四三年　甲申(1704)
(貝子)**蘇努**	(貝子)**蘇努**
(宗室)**楊福**	(宗室)**楊福**
(滿)**沙納海**　　　　(滿)**博定** 　七、丁巳、十三,8.25;　　八、丁亥、十四,9.24; 　休。　　　　　　　　　奉副都遷。	(滿)**博定**
(滿)**鄂羅舜**	(滿)**鄂羅舜**
(漢)**馬三奇**	(漢)**馬三奇**
(滿)**丹岱**　　　　(宗室)**諾羅布** 　三、丙寅、廿一,　　　四、丁亥、十二, 　5.6;罷。　　　　　　5.27;正黃蒙都授。	(宗室)**諾羅布**
(漢)**金世榮** 　(閩浙總督兼)	(漢)**金世榮** 　(閩浙總督兼)
(漢)**管源忠**	(漢)**管源忠**
(滿)**博霽**	(滿)**博霽** 　正、辛酉、廿一,2.25;兼管川陝總督。
(滿)**莽奕禄**　　　　(?)**莽喀** 　三、丙寅;休。　　　四、丁亥; 　(旋死,敏肅)　　　正黃漢都授。	(?)**莽喀**
(宗室)**費揚固**	(宗室)**費揚固**

駐防大臣年表

年代	康熙四四年　乙酉(1705)	康熙四五年　丙戌(1706)
盛京	(貝子)蘇努	(貝子)蘇努
吉林	(宗室)楊福	(宗室)楊福
黑龍江	(滿)博定	(滿)博定
江寧	(滿)鄂羅舜　　　　　(?)達佳 七、丙戌、廿五，　　九、甲申、廿三，11.9； 9.12；死。　　　　正紅漢都授。	(?)達佳　　　　　(?)諳滿 八、壬辰、七，9.13；　二、壬子、廿三，4.6； 死。　　　　　　　荊州副都遷。
京口	(漢)馬三奇	(漢)馬三奇
杭州	(宗室)諳羅布	(宗室)諳羅布
福州	(漢)金世榮　　　　(漢)祖良璧 十二、壬子、廿二，　十二、丙辰、廿六， 2.5；解兼職。　　　2.9；正藍漢副都遷。	(漢)祖良璧
廣州	(漢)管源忠	(漢)管源忠
西安	(滿)博霽 　(兼管川陝總督)	(滿)博霽 　(兼管川陝總督)
荊州	(?)莽喀	(?)莽喀
右衛	(宗室)費揚固	(宗室)費揚固

康熙四六年　丁亥(1707)	康熙四七年　戊子(1708)
(貝子)蘇努	(貝子)蘇努　　　　(覺羅)孟俄洛
	△免。　　　　正、癸酉、廿五, 2.16;
	正白護統遷。
(宗室)楊福	(宗室)楊福
(滿)博定	(滿)博定　　　　(宗室)發度
	九、庚寅、十七,　十一、丙申、廿四,1.4;
	10.30；改領侍　右副都遷。
	衛內大臣。
(?)諾滿　　　　(滿)鄂克遜	(滿)鄂克遜
十二、己亥、廿一,　四、戊申、廿六, 5.27;	
1.13；死。　　　江寧副都遷。	
(漢)馬三奇	(漢)馬三奇
(宗室)皓羅布	(宗室)皓羅布
(漢)祖良璧	(漢)祖良璧
(漢)管源忠	(漢)管源忠
(滿)博霽	(滿)博霽　　　　(滿)席柱
(兼管川陝總督)	九、乙亥、二,　閏三、甲辰、廿七,5.17;
	10.15；死。　　正白蒙都授。
(?)莽喀　　　　(滿)達爾占	(滿)達爾占
四、戊申；　　　五、戊寅、廿七,6.26;	
改正黃蒙都。　　正白護統遷。	
(宗室)費揚固	(宗室)費揚固

駐防大臣年表

年 代	康熙四八年　己丑(1709)	康熙四九年　庚寅(1710)
盛京	(覺羅)**孟俄洛**　　　(滿)**嵩祝** 二、己酉、八，　　二、戊午、十七， 3.18；改吉林。　　3.27；正紅滿都署。	(滿)**嵩祝** （署）
吉林	(宗室)**楊福**　　　(覺羅)**孟俄洛** 二、己酉；改黑龍江。　二、己酉；盛京改。	(覺羅)**孟俄洛**
黑龍江	(宗室)**發度**　　　(宗室)**楊福** 二、乙巳、四，3.14；　二、己酉； 革。　　　　　吉林改。	(宗室)**楊福**
江寧	(滿)**鄂克遜**	(滿)**鄂克遜**
京口	(漢)**馬三奇**	(漢)**馬三奇**
杭州	(宗室)**諾羅布**	(宗室)**諾羅布**
福州	(漢)**祖良璧**	(漢)**祖良璧** 八、甲申、廿二，10.14；兼署閩督。
廣州	(漢)**管源忠**	(漢)**管源忠**
西安	(滿)**席柱**	(滿)**席柱**
荊州	(滿)**達爾占**	(滿)**達爾占**
右衛	(宗室)**費揚固**	(宗室)**費揚固**

康熙五十年　辛卯(1711)	康熙五一年　壬辰(1712)
(滿)嵩祝　　　　　　　　(滿)唐保住 　十、丁巳、二,11.11；改禮尚。	(滿)唐保住
(覺羅)孟俄洛	(覺羅)孟俄洛
(宗室)楊福	(宗室)楊福
(滿)鄂克遜	(滿)鄂克遜
(漢)馬三奇	(漢)馬三奇
(宗室)諾羅布	(宗室)諾羅布
(漢)祖良璧	(漢)祖良璧
(漢)管源忠	(漢)管源忠
(滿)席柱	(滿)席柱
(滿)達爾占	(滿)達爾占
(宗室)費揚固	(宗室)費揚固 　正、癸丑、廿九,3.6；封輔國公。

駐防大臣年表

年　代	康熙五二年　癸巳(1713)	康熙五三年　甲午(1714)
盛京	(滿)唐保住	(滿)唐保住
吉林	(覺羅)孟俄洛	(覺羅)孟俄洛
黑龍江	(宗室)楊福	(宗室)楊福
江寧	(滿)鄂克遜	(滿)鄂克遜
京口	(漢)馬三奇 十二、癸巳、廿，2.4；革。	(漢)何天培 正、戊辰、廿六，3.11；廣州副都遷。
杭州	(宗室)諾羅布	(宗室)諾羅布
福州	(漢)祖良璧	(漢)祖良璧
廣州	(漢)管源忠	(漢)管源忠
西安	(滿)席柱	(滿)席柱
荆州	(滿)達爾占	(滿)達爾占
右衛	(宗室)費揚固	(輔國公)費揚固

康熙五四年　乙未(1715)

(滿)**唐保住**

(覺羅)**孟俄洛**
　　(五五年死)

(滿)**睦森**
　　三、庚子、四,4.7；正白護統署。

(宗室)**楊福**
　　五、丙午、十一,6.12；死(襄毅)。　　五、丙午；三官保署。

(滿)**鄂克遜**

(漢)**何天培**

(宗室)**諾羅布**
　　五、辛酉、廿六,6.27；
　　襲封順承郡王。

(?)**達拜**
　　六、癸酉、九,7.9；江寧副都署。
　　(五五年死)

(?)**塔拜**
　　十二、己巳、七,1.1；
　　江寧副都遷。

(漢)**祖良璧**
　　八、甲申、廿二,10.14；兼署閩督。

(漢)**管源忠**

(滿)**席柱**

(滿)**達爾占**
　　六、壬申、八,7.8；病免。(五九年死)

(?)**拜音布**
　　七、辛酉、廿八,8.26；正紅蒙都授。

(輔國公)**費揚固**

駐防大臣年表

年　代	康熙五五年　丙申(1716)	康熙五六年　丁酉(1717)
盛京	(滿)**唐保住**	(滿)**唐保住** (署)
吉林	(滿)**睦森**	(滿)**睦森**
黑龍江	(滿)**托留** 三官保署。　十、戊子、二, 11.15; 伯都納副都遷。	(滿)**托留**
江寧	(滿)**鄂克遜**	(滿)**鄂克遜**
京口	(漢)**何天培**	(漢)**何天培**
杭州	(?)**塔拜**	(?)**塔拜**
福州	(漢)**祖良璧**	(漢)**祖良璧**
廣州	(漢)**管源忠**	(漢)**管源忠**
西安	(滿)**席柱**　　(滿)**額倫特** 三、乙卯、廿四,　閏三、癸亥、三, 4.24; 4.16; 革。　　湖督署。	(滿)**額倫特**
荆州	(?)**拜音布**	(?)**拜音布**
右衛	(輔國公)**費揚固**	(輔國公)**費揚固**

康熙五七年　戊戌(1718)	康熙五八年　己亥(1719)
(滿)**唐保住** 　　（署）	(滿)**唐保住** 　　（署）
(滿)**睦森**	(滿)**睦森**
(滿)**托留**	(滿)**托留**
(滿)**鄂克遜**　　　　　(？)**雍吉訥** 　△休。(雍七死，武襄)　九、丙戌、十一，11.3； 　　　　　　　　　　鑲藍蒙都授。	(？)**雍吉訥**
(漢)**何天培**	(漢)**何天培**
(？)**塔拜**	(？)**塔拜**
(漢)**祖良璧**　　　　　(漢)**黃秉鉞** 　△死。　　　　　　三、丙寅、十七，4.17； 　　　　　　　　　　正黃漢副授。	(漢)**黃秉鉞**
(漢)**管源忠**	(漢)**管源忠**
(滿)**額倫特**	(滿)**額倫特**　　　　　　(？)**宗查布** 　　△戰死(忠勇)。　　七、癸未、十二，8.27； 　　　　　　　　　　　副都遷。
(？)**拜音布**	(？)**拜音布**
(輔國公)**費揚固**　　　(覺羅)**顏壽** 　正、乙亥、廿六，　三、丙寅； 　2.25；病免。　　　歸化城副都遷。	(覺羅)**顏壽**

駐防大臣年表

年 代	康熙五九年　庚子(1720)	康熙六十年　辛丑(1721)
盛京	(滿)唐保住 　　(署)	(滿)唐保住 　　(署)
吉林	(滿)睦森　　　　(宗室)巴賽 　　　　　　　△正黃滿都署。	(宗室)巴賽
黑龍江	(滿)托留　　　　(滿)陳泰 二、丙辰、十九，　二、甲子、廿七, 4.4; 3.27; 死。　　　黑副都還。	(滿)陳泰
江寧	(?)雍吉訥	(?)雍吉訥
京口	(漢)何天培	(漢)何天培
杭州	(?)塔拜	(?)塔拜
福州	(漢)黃秉鉞	(漢)黃秉鉞
廣州	(漢)管源忠	(漢)管源忠
西安	(?)宗査布 正、丁酉、卅, 3.8; 改駐防西寧。	(覺羅)伊禮布 六、壬子、廿二, 7.16; 右翼滿副署。
荆州	(?)拜音布	(?)拜音布
右衛	(覺羅)顏壽	(覺羅)顏壽

康熙六一年　壬寅(1722)

(滿)唐保住
　　十二、壬戌、十一，1.17；授。

(宗室)巴賽
　　十二、壬戌；授。

(滿)陳泰

(?)雍吉訥

(漢)何天培

(?)塔拜	**(滿)安鮐** 　　十、戊辰、十六，11.24；左都授。

(漢)黃秉鉞 　　四、癸未、廿九，6.12；革。 　　石文焯署。	**(漢)李樹德** 　　十月，魯撫改。 　　十二、辛酉、十，1.16；署鑲白漢都。	**(漢)宜兆熊** 　　十二、辛酉；鑲白漢都署。

(漢)管源忠

(覺羅)伊禮布	**(輔國公)延信** 　　十二、癸亥、十二，1.18；授。（未到） 　　仍署撫遠大將軍。

(?)拜音布 　　正、丙午、廿，3.7；休。	**(滿)阿魯** 　　三、丙戌、一，4.16；西安副都遷。

(覺羅)顏壽

駐防大臣年表

年　代	雍 正 元 年　癸卯(1723)	
盛京	(滿)**唐保住**	
吉林	(宗室)**巴賽**	
黑龍江	(滿)**陳泰**	
江寧	(?)**雍吉訥**	
京口	(漢)**何天培** 　　三、辛丑、廿二，4.26；署蘇撫。 　　右翼副都張天植署。	(漢)**李　林** 　　九、丁酉、廿一，10.19；鑾儀使署。
杭州	(滿)**安鈶**	
福州	(漢)**宜兆熊** 　　二、辛未、廿一，3.27；授。	
廣州	(漢)**管源忠**	
西安	(貝勒)**延信**　(未到) 　　△二月，晉貝子。　　五、己巳、廿七，6.29；右翼前鋒統領普照署。 　　三月，晉貝勒。	
荊州	(滿)**阿魯**	
右衛	(覺羅)**顏壽**	
阿爾泰	〔總領阿爾泰駐防兵丁將軍，又稱 　　鎮守茂岱察罕叟爾等處地方將軍。〕	

年 代	雍 正 二 年　甲辰(1724)	
盛京	(滿)**唐保住** 　十二、癸未、十四，1.27；解。	(滿)**綽奇** 　十二、癸未；正黄蒙都(署步統)授。
吉林	(宗室)**巴賽** 　二、丁未、三，2.26；召京。	(滿)**哈達** 　二、丁未；正白漢副遷。
黑龍江	(滿)**陳泰** 　（十二、丙申、廿七，2.9；命由齊齊哈爾移住黑龍江。）	
江寧	(?)**雍吉訥**	
京口	(漢)**李　林**	
杭州	(滿)**安鉛**	
福州	(漢)**宜兆熊**	
廣州	(漢)**管源忠**	
荆州	(滿)**阿魯**	
西安	(貝勒)**延信**（未到） 　五、辛酉、十九，7.9；左副都伊禮布署。	(?)**蘇丹** 　六月，正黄蒙都署。 　十一、丁未、七，12.22；改寧夏。
右衛	(覺羅)**顔壽** 　六、戊子、十七，8.5；降山西左副都。	(?)**吳禮布** 　六、戊子；山西右副都遷。
寧夏	(?)**蘇丹** 　十一、丁未；正黄蒙都署西安改。	〔十、乙未、廿五，12.10；增設。〕
阿爾泰	(?)**丁壽** 　七、壬戌、廿一，9.8；鑲藍蒙都授。 　十二、壬辰、廿三，2.5；改授參贊。	(?)**穆克登** 　十二、壬辰；前鋒統領授。
青海		

駐防大臣年表

年代	雍 正 三 年　乙巳(1725)		
盛京	(滿)綽奇 　　十一、癸亥、廿九, 1.2; 改鑲藍滿都。	(滿)噶爾弼 　　十一、癸亥; 鑲藍滿都授。	
吉林	(滿)哈達		
黑龍江	(滿)陳泰		
江寧	(?)雍吉訥 　　四、庚辰、十三, 5.24; 召京。	(?)葦吉那 　　四、庚辰; 杭州右副都遷。	
京口	(漢)李　林 　　三、丙寅、廿八, 5.10; 改廣州。	(漢)何天培 　　三、丙寅; 署蘇撫回任。	
杭州	(滿)安鮐	(漢)年羹堯 　　四、己卯、十二, 5.23; 川陝總督改。 　　七、壬戌、廿七, 9.3; 革。	(滿)鄂彌達 　　七、壬戌; 原副都遷。
福州	(漢)宜兆熊 　　七、壬寅、七, 8.14; 署閩督。		
廣州	(漢)管源忠 　　三、丙寅; 休。	(漢)李　林 　　三、丙寅; 京口改。	
荊州	(滿)阿魯 　　正、丙辰、十七, 3.1; 改鑲藍滿都。	(?)吳納哈 　　正、丙辰; 江寧左副都遷。	
西安	(貝勒)延信 　　正、丙辰; 命由甘州赴任。		
右衛	(?)吳禮布		
寧夏	(?)蘇丹 　　二、乙酉、十七, 3.30; 改正紅滿都。	(?)席伯 　　二、乙酉; 步軍總尉加副都銜遷。	
阿爾泰	(?)穆克登 　　三、丙辰、十八, 4.30; 命掌振武將軍印。		
青海	(?)達鼐 　　十二、辛巳、十八, 1.20; 駐青海副都授"總理青海番子事務"。		

雍 正 四 年　丙午(1726)

(滿)**噶爾弼** 　十、壬申、十四,11.7；左都兼奉尹尹泰協理。	
(滿)**哈達**	
(滿)**陳泰** 　二、甲子、一,3.4；召京。	(滿)**傅爾丹** 　二、甲子；內大臣署。
(?)**董吉那** 　三、戊申、十六,4.17；召京。	(覺羅)**伊禮布** 　三、戊申；西安右滿副都遷。
(漢)**何天培** 　十二、壬午、廿五,1.16；改兵尚。	(漢)**毛文銓** 　十二、壬午；閩撫授。
(滿)**鄂彌達** 　三、辛亥、十九,4.20；授。	
(漢)**宜兆熊** 　九、壬辰、三,9.28；改湖督。	(漢)**蔡良** 　九、壬辰；南贛總兵遷。
(漢)**李　杕** 　五、丁酉、六,6.5；召京。	(滿)**石禮哈** 　五、丁酉；威寧總兵遷。　　　粵督孔毓珣署。 　十一、癸丑、廿五,12.18；署粵提。
(?)**吳納哈**	
(貝勒)**延信**	
(?)**吳禮布** 　二、辛卯、廿八,3.31；改正黃蒙都。	(宗室)**申穆德** 　二、辛卯；正黃蒙都改。
(?)**席伯**	
(?)**穆克登** 　六、癸亥、二,7.1；免。	(輔國公)**巴賽** 　六、癸亥；振武將軍。
(?)**達鼐**	

駐防大臣年表

年代	雍正五年　丁未(1727)
盛京	(滿)**噶爾弼**　　△死。　　　　(覺羅)**伊禮布**　　閏三、己卯、廿三，5.13；江寧改。
吉林	(滿)**哈達**
黑龍江	(滿)**傅爾丹**　　十二、壬午、一，1.11；召京。　　(滿)**那蘇圖**　　十二、壬午；兵右授。
江寧	(覺羅)**伊禮布**　閏三、己卯；改盛京。　　(漢)**何天培**　四、癸巳、七，5.27；兵尚署。　　(蒙)**拉錫**　十、甲申；鑲白滿都署。 十、甲申、二，11.14；召京。
京口	(漢)**毛文銓**　五、己卯、廿四，7.12；解。　　(?)**金以坦**　五、乙亥、廿，7.8；鑲紅漢副授。
杭州	(滿)**鄂彌達**
福州	(漢)**蔡　良**
廣州	(滿)**石禮哈**　九、壬申、十九，11.2；署粵撫。
荆州	(?)**吳納哈**
西安	(貝勒)**延信**　九、丙辰、三，10.17；陛見，旋革。　　(?)**常色禮**　十一、壬戌、十，12.22；鑲黃蒙都授。 大學士富寧安署。
右衛	(宗室)**申穆德**
寧夏	(?)**席伯**
阿爾泰	(輔國公)**巴賽**　△召還(留防)。　　(滿)**博爾屯**　十、癸巳、十一，11.23；護統授。
青海	(?)**達鼐**
西藏	(漢)**僧格**　五、丁巳、二，6.20；閣學，命赴藏辦事。
	(滿)**馬喇**　五、丁巳、二，6.20；副都統，命赴藏辦事。

雍 正 六 年　戊申（1728）

（覺羅）**伊禮布**
　　　　九、癸亥、十六，10.18；改天津都統。　　　盛刑武格暫署。

（滿）**哈達**

（滿）**那蘇圖**

（蒙）**拉錫**　　　　　　　　　　　　　　　（？）**來文**
　　　　二、庚子、十九，3.29；召京。　　　　　　　　二、庚子；上駟院總管授。

（？）**金以坦**　　　　　　　　　　　　　　（漢）**祖秉衡**
　　　　八、壬辰、十四，9.17；改鑲藍漢副。　　　　八、甲午、十六，9.19；大同總兵授。

（滿）**鄂彌達**

（漢）**蔡　良**　　　　　　**石禮哈**（未任）　　　　　（滿）**阿爾賽**
　六、丙戌、七，7.13；廣州互改。　　六、丙戌；廣州改。（七年、正、　　十二、己未、十九，1.18；副都遷。
　　　　　　　　　　　　　　　　己巳、廿四，2.21；授鑲白漢都。）

（滿）**石禮哈**　　　　　　　　　　　　　　（漢）**蔡　良**
　（署粵撫）六、丙戌；福州互改。　　　　　　　六、丙戌；福州改。

（？）**吳納哈**

（？）**常色禮**
　　（留軍前）　富寧安：七、壬申、廿三，8.28；予祭。
　　　　　　　西琳：七、乙亥、廿六，8.31；陝撫署。

（宗室）**申穆德**

（？）**席伯**

（滿）**博爾屯**

（？）**達鼐**

（漢）**僧格**
　　（閣學）

（滿）**馬喇**
　　（副都統）

年代	雍正七年　己酉(1729)	
盛京	武格 (盛刑署) 二、戊寅、三,3.2;改陝撫。	(滿)**多索禮** 二、戊寅;錦州副都改。
吉林	(滿)**哈達**	
黑龍江	(滿)**那蘇圖**	
江寧	(?)**來文** 閏七、乙酉、十三,9.5;革。	(滿)**鄂彌達** 閏七、乙酉;杭州改。
京口	(漢)**祖秉衡** 八、癸卯、一,9.23;改正白漢都。	(漢)**王　釴** 八、癸卯;正黄漢副授。
杭州	(滿)**鄂彌達** 閏七、乙酉;改江寧。	(?)**阿里衮** 閏七、乙酉;河南副都遷。
福州	(滿)**阿爾賽**	
廣州	(漢)**蔡　良**	
荆州	(?)**吳納哈**	
西安	(?)**常色禮** 十、甲寅、十三,12.3;移駐涼州。　吏尚署川陝總督查郎阿兼。 (雍八死)	
右衛	(宗室)**申穆德**	
寧夏	(?)**席伯**	
阿爾泰	〔撤回〕	
青海	(?)**達鼐**	
西藏	(漢)**僧　格** (閣學)	
西藏	(滿)**馬喇** △二月,授鑲藍滿副,仍留。	

年代	雍 正 八 年　庚戌(1730)	
盛京	(滿)**多索禮** 　　正、丁丑、八，2.24；降寧古塔副都。	(滿)**那蘇圖** 　　正、丁丑；黑改。
吉林	(滿)**哈達** 　　正、丁丑；改荊州。	(滿)**常德** 　　正、丁丑；寧古塔副都遷。
黑龍江	(滿)**那蘇圖** 　　正、丁丑；改盛京。	(滿)**卓爾海** 　　正、丁丑；齊齊哈爾副都遷。
江寧	(滿)**鄂彌達**	
京口	(漢)**王�釴**	
杭州	(？)**阿里衮**	
福州	(滿)**阿爾賽**	
廣州	(漢)**蔡良**	
荊州	(？)**吳納哈** 　　正、丁丑；老休。三、乙亥、七，4.23；仍管。	(滿)**哈達** 　　正、丁丑；吉改。三、乙亥；改內大臣。
青州		〔七年、七、甲寅、十一，1729.8.5； 　增設。〕
西安	(？)**綦布** 　　二、戊辰、廿九，4.16；鑲紅蒙副授。	
右衛	(宗室)**申穆德**	
寧夏	(？)**席伯** 　　六、庚子、三，6.17；死(襄壯)。　　十二、丁巳、廿三，1.30；刑右常賚署。	
青海	(？)**達鼐**	
西	(漢)**僧　格** 　　(閣學)	
藏	(滿)**馬喇** 　　△十一月，改正黃護統。	

駐防大臣年表

年　代	雍　正　九　年　辛亥(1731)		
盛　京	(滿)**那蘇圖**		
吉　林	(滿)**常德**		
黑龍江	(滿)**卓爾海**		
江　寧	(滿)**鄂彌達** 八、己亥、九、9.9；改青州。		(？)**穆森** 八、己亥；正白滿副授， 十二、丙申、七、1.4；江督尹繼善協辦。
京　口	(漢)**王釴**		
杭　州	(？)**阿里袞**		
福　州	(滿)**阿爾賽** 九、甲戌、十四、10.14；署閩陸提。　　右翼副都顧宏燾署。		
廣　州	(漢)**蔡　良** 十二月，死(勤恪)。　　十二、壬子、廿三、1.20；廣州左翼副都馬士傑署。		
荊　州	(？)**吳哈納** (暫管)		(？)**袞泰** 八、庚戌、廿、9.20；內大臣授。
青　州	(滿)**鄂彌達** 八、己亥；江寧改。		
西　安	(？)**蔡布**		
右　衛	(宗室)**申穆德**		
寧　夏	(滿)**傅泰**		
寧　夏	刑右常賚署： 二、戊戌、五、3.12； 授鎮安將軍。	二、戊戌；戶右署。 七、甲戌、十三、8.15；授。	八、甲辰、十四、9.14；常賚仍理將軍事。 寧夏左翼副都卓鼐署鎮安將軍，統甘涼 等處兵丁。
青　海	(？)**達鼐**		
西　藏	(漢)**僧　格** 十二、丙申；遷理額侍，留。		(？)**青保** 二、己酉、十六、3.23；正藍蒙副派。
西　藏	(滿)**馬喇** 二、己酉；召回(仍留)。 十二、辛卯、二、12.30；正黃護統授工尚。		(？)**苗壽** 二、己酉；大理卿派。

年 代	雍 正 十 年　壬子(1732)	
盛京	(滿)那蘇圖	
吉林	(滿)常德 　九月、甲午、十,10.28;往北路軍營。 　十一、丙戌、三,12.19;授靖邊副將軍。	(滿)杜寶 　十一、丙戌;正白滿副署。
黑龍江	(滿)卓爾海 　九、乙酉、一,10.19;授內大臣,仍署。	(滿)塔爾岱 　九、乙酉;任。
江寧	(?)穆森 　七、壬寅、十八,9.6;召京。	(?)吳納哈 　七、壬寅;已休荊州任。
京口	(漢)王 釴	
杭州	(?)阿里袞	
福州	(滿)阿爾賽	
廣州	(漢)柏之蕃 　二、庚寅、二,2.27;鑲黃漢都授。	
荊州	(?)袞泰	
青州	(滿)鄂彌達	
西安	(?)橐布 　七、己亥、十五,9.3;派赴寧夏。　　禮左杭奕禄署。	
右衛	(宗室)申穆德	
寧夏	(滿)傅泰 　七、乙酉、一,8.20;改正紅滿都,仍署。	(?)卓鼐 　七、乙酉;副都遷。八月,署鎮安將軍。
青	(?)達鼐 　十、壬午、廿八,12.15;解(仍留)。	
海	(滿)馬爾泰 　十、壬午;工左掌辦青海防務。	
西	(漢)僧格 　九、己酉、廿五,11.12;改鑲紅蒙都,留。	(?)靑保 　九、庚戌、廿六,11.13;改鑲黃滿都,留。
藏	(滿)馬喇 　正、戊子、卅,2.25;仍留,協同辦事。 　(工尚:七、乙酉、一,8.20;革。	(?)苗壽 　(大理卿)

駐防大臣年表

年 代	雍正十一年　癸丑(1733)	
盛京	(滿)**那蘇圖** 　　四、丙子、廿五,6.7;署黑將。　　刑尚海壽署。	
吉林	(滿)**杜賚** 　　　(署)	
黑龍江	(滿)**塔爾岱** 　　五、乙未、十五,6.26;授靖邊右副將軍。	(滿)**卓爾海** 　　(署)四、丙子;往察罕叟爾軍營。　盛將那蘇圖署。
江寧	(?)**吳納哈**	
京口	(漢)**王　釴**	
杭州	(?)**阿里袞**	
福州	(滿)**阿爾賽** 　　正、辛丑、十九,3.4;署陸提。	
廣州	(漢)**柏之蕃**	
荊州	(?)**袞泰**	
青州	(滿)**鄂彌達**	
西安	(?)**綦布**	
右衛	(宗室)**申穆德**	
寧夏	(?)**卓鼐**	
定邊	(蒙)**策凌** 　　十、丁卯、十九,11.25;額駙,親王授定邊左副將軍(科布多)。	
青 海	(?)**達鼐** 　　　(仍留) (滿)**禺爾泰** 　　　(工左)	
西 藏	(漢)**僧格** 　　正、戊子、六,2.19;召回(理尚)。 (滿)**馬喇** 　　(副都統)　三、壬午;總理藏務。	(?)**青保** 　　三、壬午、一,4.14;總理藏務。 (?)**苗壽** 　　(大理卿)　三、壬午;總理藏務。

雍正十二年　甲寅(1734)		
(滿)那蘇圖		
(滿)杜寶 （署）		
(滿)卓爾海 （署）		
(?)吳納哈		
(漢)王軾		
(?)阿里袞 　十、丁未、五,10.31；改青州。	(覺羅)傅森 　十、丁未；乍浦副都遷。	
(滿)阿爾賽 　七、戊子、十五,8.13；署督。　粵海關監督準泰署。		
(漢)柏之蕃 　七、丙戌、十三,8.11；降調。	(漢)張正興 　七、丙戌；湘提授。	
(?)袞泰		
(滿)鄂彌達 　十、丁未；署天津都統。	(?)阿里袞 　十、丁未；杭州改。	
(?)秦布		
(宗室)申穆德		
(?)卓鼐 　三、辛丑、廿五,4.28；革。	(滿)阿魯 　三、辛丑；天津都統授。（留軍營）　（滿)傅泰仍署。	
(蒙)策凌 　五、丁酉、廿二,6.23；召京。		
(?)達弼 　四、丙午、一,5.3；死。	(?)色楞 　四、丙午；散秩大臣任。	
(滿)馬爾泰 　（工左）　八、丙寅、廿三,9.20；召回。	(滿)德齡 　八、丙寅；前鄂撫任。	
(?)青保 　二、甲戌、廿八,4.1；革。	(?)伯阿爾遜 　二、甲戌；散秩大臣任。	
(滿)馬喇 　（副都統）	(?)苗壽 　（大理）　二、甲戌；革。	(?)那蘇泰 　二、甲戌；鑲白蒙副任。

駐防大臣年表

年 代	雍正十三年　乙卯(1735)		
盛京	(滿)那蘇圖 　正、己丑、十八,2.10；署黑將。　鑲藍滿副柏修署。		
吉林	(滿)杜寶 　(署)	(滿)博第 　十二、丙寅、一,1.13；正白蒙都授。	
黑龍江	(滿)卓爾海 　(署)正、己丑；辦副都事。 　盛將那蘇圖署。	(滿)塔爾岱 　三、辛卯、廿一,4.13；回任, 　給病假一年,仍那蘇圖署。	(滿)吳札布 　十二、丙寅；護統授。
江寧	(?)吳納哈		
京口	(漢)王釴		
杭州	(覺羅)傅森		
福州	(滿)阿爾賽 　二、壬子、十一,3.5；署陸提。　粵海關監督準泰署。		
廣州	(漢)張正興		
荊州	(?)袞泰		
青州	(?)阿里袞		
西安	(?)蔡布		
右衛	(宗室)申穆德	(?)岱琳布 　十一、丁巳、廿二,1.4；鑲紅漢都授。	
寧夏	(滿)阿魯	(滿)傅泰：正、辛卯、廿,2.12；革。　正、辛卯；副都赫星署。	
定邊	(蒙)策凌		
青海	(?)色楞		
	(滿)德齡		
	(?)伯阿爾遜		
西藏	(滿)馬喇 　△八月,死。	(?)那蘇泰	

年 代	乾 隆 元 年　丙辰(1736)	
盛 京	(滿)**那蘇圖** 　　八、丁亥、廿六,9.30;改兵尚。	(滿)**博第** 　　八、丁亥;吉林改。
吉 林	(滿)**博第** 　　八、丁亥;改盛京。	(滿)**吉黨阿** 　　八、丁亥;前鋒統領授。
黑龍江	(滿)**吳札布** 　　(二年五月死)	(滿)**額爾圖** 　　十一、甲午、五,12.6;副都遷。
江 寧	(?)**吳納哈** 　　六、癸未、廿,7.28;死(簡謐)。	(?)**岱林布** 　　十二、丁亥、廿八,1.28;右衛改。
京 口	(漢)**王釳**	
杭 州	(覺羅)**傅森**	
福 州	(滿)**阿爾賽**	
廣 州	(漢)**張正興**	
荊 州	(?)**袞泰**	
青 州	(?)**阿里袞** 　　八、丁亥;降調。	(?)**阿思海** 　　九、丙辰、廿五,10.29;領侍衛內大臣任。
西 安	(?)**寨布**	
右 衛	(?)**岱琳布** 　　十二、丁亥;改江寧。	(?)**王常** 　　十二、丁亥;參贊大臣授。
寧 夏	(滿)**阿魯**	
涼 州	(?)**烏赫魯** 　　九、己未、廿八,11.1;成都副都遷。	
定 邊	(蒙)**策凌**	
青 海	(?)**色楞** 　　四、丙戌、廿二,6.1;撤回。	
	(滿)**德齡** 　　四、丙戌;仍留。	
西 藏	(?)**伯阿爾遜** 　　四、丙戌;撤回。	(滿)**杭奕祿** 　　三、癸亥、廿九,5.9;工右(左)任。
	(?)**那蘇泰**	

駐防大臣年表

年 代	乾 隆 二 年　丁巳(1737)		
盛 京	(滿)博第		
吉 林	(滿)吉黨阿		
黑龍江	(滿)額爾圖		
江 寧	(?)岱林布		
京 口	(漢)王　欽		
杭 州	(覺羅)傅森		
福 州	(滿)阿爾賽 三、己酉、廿一，4.20； 廣州互改。	(漢)張正興 三、己酉；廣州改。 五、甲辰、十七，6.14；降調。	(?)隆昇 五、甲辰；鑲紅漢副授。
廣 州	(漢)張正興 三、己酉；福州互改。	(滿)阿爾賽 三、己酉；福州改。	
荆 州	(?)袞泰		
青 州	(?)阿思海		
西 安	(?)寨布		
右 衛	(?)王常 三、庚戌、廿二，4.21；移駐歸化城。		
寧 夏	(滿)阿魯		
涼 州	(?)烏赫魯		
定 邊	(蒙)策凌		
青			
海	(滿)德齡 七、壬辰、六，8.1；改鑲紅漢副。	(滿)巴靈阿 七、壬辰；副都任。	
西	(滿)杭奕祿 （工左）		
藏	(?)那蘇泰 閏九、丙辰、一，10.24；召回(熱河副都)。		

年 代	乾 隆 三 年　戊午(1738)	乾 隆 四 年　己未(1739)
盛京	(滿)博第　　　　　(滿)額爾圖 　五、辛未、廿,7.6;　　五、辛未;黑改。 　黑將互改。	(滿)額爾圖
吉林	(滿)吉黨阿	(滿)吉黨阿
黑龍江	(滿)額爾圖　　　　(滿)博第 　五、辛未;盛京互改。　五、辛未;盛京改。	(滿)博第
江寧	(?)岱林布	(?)岱林布
京口	(漢)王　釴	(漢)王　釴
杭州	(覺羅)傅森	(覺羅)傅森
福州	(?)隆昇	(?)隆昇
廣州	(滿)阿爾賽	(滿)阿爾賽
荊州	(?)袞泰	(?)袞泰
青州	(?)阿思海　　　　(?)欽拜 　八、甲辰、廿四,　　八、甲辰;署領侍衛 　10.7;召京。　　　內大臣授。	(?)欽拜
西安	(?)橥布	(?)橥布
右衛	(?)王常	(?)王常
寧夏	(滿)阿魯	(滿)阿魯
涼州	(?)烏赫魯	(?)烏赫魯
定邊	(蒙)策凌	(蒙)策凌
青海	(滿)巴靈阿	(滿)巴靈阿
西藏	(滿)杭奕祿　　　　(滿)紀山 　(工左)　　　　　九、甲寅、五、10.17; 　△召京。　　　　副都任。	(滿)紀山

駐防大臣年表

年 代	乾 隆 五 年　庚申(1740)		
盛京	(滿)額爾圖		
吉林	(滿)吉黨阿		
黑龍江	(滿)博第		
江寧	(?)岱林布		
京口	(漢)王 鈫		
杭州	(覺羅)傳森		
福州	(?)隆昇 二、戊寅、七,3.4;革。	(滿)策楞 二、戊寅;副都署。	
廣州	(滿)阿爾賽		
荊州	(?)衮泰		
青州	(?)欽拜		
西安	(?)襄布 三、丙辰、十五,4.11;召京,旋革。	(?)綽爾多 三、丙辰;任。	
右衛	(?)王常 二、辛巳、十,3.7;病免。	(?)伊勒慎 都統授。七、丁丑、九,8.30;召京。	(滿)補熙 七、丁丑;正紅滿都授。
寧夏	(滿)阿魯 五、丁未、八,6.1;死(果遠)。	(滿)杜賽 五、丁未;任。	
涼州	(?)烏赫魯 正、辛未、廿九,2.26;入藏。　副都黑色署。		
定邊	(蒙)策凌 十、己酉、十二,11.30;召京。　阿岱暫署。		
青海	(滿)巴靈阿 正、辛未;入藏(改正藍滿副)。	(宗室)莽鵠賽[莽古賽] 正、辛未;任。	
西藏	(滿)紀山		

乾隆六年　辛酉(1741)		乾隆七年　壬戌(1742)
(滿)額爾圖		(滿)額爾圖
(滿)吉黨阿　　　　　(滿)鄂彌達 　八、辛亥、十九,　　　　八、辛亥;兵右改。 　9.28;召京。		(滿)鄂彌達
(滿)博第		(滿)博第
(?)岱林布 　正、己丑、廿三,　　　副都統七神保兼署。 　3.10;憂。		(?)岱林布
(漢)王　鉽		(漢)王　鉽
(覺羅)傅森		(覺羅)傅森[富森]
(滿)策楞 　五、己丑、廿六,7.8,兼署閩督。		(滿)策楞
(滿)阿爾賽		(滿)阿爾賽 　六、庚戌、廿三,7.24;召京。　　副都高文涵署。
(?)袞泰		(?)袞泰
(?)欽拜		(?)欽拜
(?)綽爾多		(?)綽爾多
(滿)補熙 　　　　　　　　　　[亦稱綏遠城將軍]		(滿)補熙
(滿)杜賽[都賽]		(滿)杜賽
(?)烏赫魯[烏和圖]		(?)烏赫魯
(蒙)策凌		(蒙)策凌
(宗室)莽鵠賽		(宗室)莽鵠賽
(滿)紀山　　　　　(?)索拜 　九、辛卯、廿九,　　九、辛卯; 　11.7;召回。　　　鑲黃滿副改副都任。		(?)索拜

年代	乾隆八年　癸亥(1743)	乾隆九年　甲子(1744)
盛京	(滿)**額爾圖**	(滿)**額爾圖** 七、壬辰、十七，8.24；解。 (滿)**達勒當阿** 七、壬辰；熱河副都遷。
吉林	(滿)**鄂彌達** 九、丁亥、八，10.24；改荆州。 (滿)**博第** 九、丁亥；黑將改。	(滿)**博第** 三、丁酉、十九，5.1；改西安。 (滿)**巴靈阿** 三、丁酉；正藍滿副遷。
黑龍江	(滿)**博第** 九、丁亥；改吉林。 (覺羅)**傅森** 九、丁亥；杭州改。	(覺羅)**傅森**
江寧	(?)**岱林布**	(?)**岱林布**
京口	(漢)**王　釴**	(漢)**王　釴**
杭州	(覺羅)**傅森** 九、丁亥；改黑將。 (?)**薩爾哈岱** 九、丁亥；副都遷。	(?)**薩爾哈岱**
福州	(滿)**策楞** 正、丁巳、二，1.27；改廣州。 (滿)**新柱** 正、丁巳；鑲白滿都授。	(滿)**新柱**
廣州	(滿)**阿爾賽** 正、丁巳；改湖督。 (滿)**策楞** 正、丁巳；福州改。兼署廣督。	(滿)**策楞** 正、辛巳、三，2.15；署粵撫。
荆州	(?)**袞泰** 九、丁亥；老休。 (滿)**鄂彌達** 九、丁亥；吉林改。	(滿)**鄂彌達** 二、丁丑、廿九，4.11；改湖督。 (滿)**德敏** 五、癸卯、廿六，7.6；正白漢都署。
青州	(?)**欽拜**	(?)**欽拜**
西安	(?)**綽爾多** 十二、丁卯、十八，2.1；涼州互改。 (?)**烏赫魯** 十二、丁卯；涼州改。	(?)**烏赫魯** 三、丁酉；召京。 (滿)**博第** 三、丁酉；吉林改。副都奇爾丹署。
右衛	(滿)**補熙** 二月，兼管晉提。 〔亦稱歸化城將軍〕	(滿)**補熙** 〔改綏遠城將軍〕
寧夏	(滿)**杜賚**	(滿)**杜賚**
涼州	(?)**烏赫魯** 十二、丁卯；西安互改。 (?)**綽爾多** 十二、丁卯；西安改。	(?)**綽爾多**
定邊	(蒙)**策凌**	(蒙)**策凌**
青海	(宗室)**莽鵠賚**	(宗室)**莽鵠賚**
西藏	(?)**索拜**	(?)**索拜** 六、癸丑、七，7.16；任滿。 (滿)**傅清** 六、癸丑；副都任。

乾隆十年　乙丑(1745)	乾隆十一年　丙寅(1746)
(滿)達勒當阿	(滿)達勒當阿
(滿)巴靈阿	(滿)巴靈阿　　　　(蒙)阿蘭泰 八、丁卯、四、9.18；　八、丁卯； 召京，旋革。　　　鑲藍蒙都遷。
(覺羅)傅森	(覺羅)傅森
(?)岱林布	(?)岱林布
(漢)王鉽	(漢)王鉽
(?)薩爾哈岱	(?)薩爾哈岱
(滿)新柱	(滿)新柱
(滿)策楞　　　　　(?)西特庫 四、乙卯、十三，　五、癸未、十二、6.11； 5.14；改粵督。　鑲藍蒙都授。	(?)西特庫
(滿)德敏 九、甲午、廿五、10.20；授。	(滿)德敏
(?)欽拜　　　　　(滿)額爾圖 十一、丙戌、十九，　十一、丙戌； 12.11；改內大臣。　西安副都遷。	(滿)額爾圖
(滿)博第	(滿)博第
(滿)補熙	(滿)補熙
(滿)杜賽	(滿)杜賽
(?)綽爾多	(?)綽爾多
(蒙)策凌	(蒙)策凌
(宗室)莽鵠賚　　　(?)衆佛保 十二、丁巳、廿、1.11；　十二、甲子、廿七、1.18； 改正白漢副。　　副都衛任。	(?)衆佛保
(滿)傅清 (十一、己卯、十二、12.4；駐藏辦事大臣。)	(滿)傅清

年代	乾隆十二年　丁卯(1747)	乾隆十三年　戊辰(1748)
盛京	(滿)**達勒當阿** 〔據《歷代職官表》卷四八，改爲鎮守盛京等處將軍。〕	(滿)**達勒當阿** 四、癸酉、廿，5.16；改刑尚。 (蒙)**阿蘭泰** 四、乙亥、廿二，5.18；吉林改。
吉林	(蒙)**阿蘭泰**	(蒙)**阿蘭泰** 四、乙亥；改盛京。 (?)**索拜** 四、乙亥；古北總兵授，旋回原任。 (滿)**永興** 閏七、己巳、十七，9.9；鑲白漢都遷。
黑龍江	(覺羅)**傅森**	(覺羅)**傅森**
江寧	(?)**岱林布**	(?)**岱林布** (?)**保德** 六、甲寅、一，6.26；錦州副都遷。
京口	(漢)**王　釴**	(漢)**王　釴**
杭州	(?)**薩爾哈岱**	(?)**薩爾哈岱**
福州	(滿)**新柱**	(滿)**新柱** 閏七，己巳；署湖督。 (?)**馬爾拜** 閏七、己巳；拉林副都遷。
廣州	(?)**西特庫**	(?)**西特庫**
荆州	(滿)**德敏**	(滿)**德敏**
青州	(滿)**額爾圖**	(滿)**額爾圖**
西安	(滿)**傅第**	(滿)**傅第**
綏遠城	(滿)**補熙**	(滿)**補熙**
寧夏	(滿)**杜賚**	(滿)**杜賚**
涼州	(?)**綽爾多**	(?)**綽爾多**
定邊	(蒙)**策凌**	(蒙)**策凌**
青海	(?)**衆佛保**	(?)**衆佛保**
西藏	(滿)**傅清**	(滿)**傅清** 三、壬寅、十八，4.15；召京(天津都統)。 (滿)**拉布敦** 四、庚申、七，5.3；署直提任。
	(?)索拜 三、丙午、十六，4.25；古北總兵駐藏，協同辦事。	(?)索拜 (協同辦事)。

乾隆十四年　己巳(1749)		
(蒙)**阿蘭泰**		
(滿)**永興** 　　十二、辛卯、十七, 1.24；改湖督。	(滿)**新柱** 　　十二、辛卯；湖督改。	
(覺羅)**傅森** 　　三、丁丑、廿九, 5.15；改西安。	(滿)**傅爾丹** 　　三、丁丑；護統授。	
(？)**保德**		
(漢)**王　釴**	**趙宏恩** 　　十二、庚辰、六, 1.13；工尚改。	
(？)**薩爾哈岱**		
(？)**馬爾拜** 　　九、辛未、廿六, 11.5；荆州互改。	(滿)**德敏** 　　九、辛未；荆州改。	
(？)**西特庫**		
(滿)**德敏** 　　九、辛未；福州互改。	(？)**馬爾拜** 　　九、辛未；福州改。	
(滿)**額爾圖** 　　十二、乙未、廿一, 1.28；革。	(？)**西勒捫** 　署天津都統任。	(滿)**錫爾瑞**
(滿)**博第** 　　三、丁丑；改正白蒙都。	(覺羅)**傅森[富森]** 　　三、丁丑；黑改。	
(滿)**補熙** 　　九、壬戌、十七, 10.27；病免。 　　(十八年死,溫僖)	(？)**八十五** 　　九、壬戌；歸化城副都兼管。 　　十、丁酉、廿二, 12.1；改正紅滿副。	(？)**富昌[富常]** 　　十、丁酉；任。
(滿)**杜寳**		
(？)**綽爾多**		
(蒙)**策凌**		
(？)**衆佛保** 　　二、丁酉、十九, 4.5；改正黃蒙副。	(蒙)**班第** 　　二、丁酉；革川撫賞副都銜任。	
(滿)**拉布敦** 　　二、丙申、十八, 4.4；召回。 　　十二、壬寅、廿八, 2.4；工左任。	(滿)**紀山** 　　二、丙申；革川撫任。 　　十二、壬寅；召回。	
(滿)**傅清** 　　十、丙申、廿一, 11.30；陝提改副都銜任。		

駐防大臣年表

年　代	乾隆十五年　庚午(1750)		
盛京	(蒙)阿蘭泰		
吉林	(滿)新柱 五、甲寅、十三,6.16；召陸(荆將)。	(?)卓鼐 五、甲寅；歸化城都統遷。	
黑龍江	(滿)傅爾丹		
江寧	(?)保德 四、甲午、廿二,5.27；改正黃蒙副。	(滿)錫爾瑞 五、辛亥、十,6.13；青州改。	
京口	趙宏恩 八、庚辰、十,9.10；革。	(漢)李繩武 九、乙巳、六,10.5；陝提改。十一月,署安西。 十一月,暫管安西。江督黃廷桂管。	
杭州	(?)薩爾哈岱		
福州	(滿)德敏 六、己丑、十八,7.21；荆州互改。	(滿)新柱 六、己丑；荆州改。	
廣州	(?)西特庫		
荆州	(?)馬爾拜 五、辛亥；改天津都統。	(滿)新柱 五、甲寅,吉將改。六、己丑；福州互改。	(滿)德敏 六、己丑；福州改。
青州	(滿)錫爾瑞 五、辛亥；改江寧。	(?)羅山 天津都統任；旋病免。(十六年死)	(?)那彦泰 十、甲戌、五,11.3；副都遷。
西安	(覺羅)傅森		
綏遠城	(?)富昌		
寧夏	(滿)杜寶		
涼州	(?)綽爾多		
定邊	(蒙)策凌 二、己丑、十六,3.23；死。貝勒羅卜藏署。	(蒙)成袞札布(親王) 六、丙子、五,7.8；策凌長子授。	
青海	(蒙)班第 五、丙午、五,6.8；往藏。	(滿)紀山 五、丙午、任。十一、甲寅、十五,12.13；革。	(蒙)舒明 十一、甲寅；副都任。
西藏	(滿)拉布敦 四、丁丑、五,5.10；召回。	(?)同寧 四、丁丑；吏右派。四、庚子、廿八,6.2；革。	(蒙)班第 五、丙午；青海改派。
藏	(滿)傅清 十一、甲寅；死(襄烈)。	(?)那木札勒 十一、甲寅；工左任。	

乾隆十六年　辛未(1751)

(蒙)阿蘭泰

(?)卓蕭	(滿)永興	(滿)傅森
四、辛未、四,4.29;改杭州。	前湖督任;旋革。	四、乙酉、十八,5.13;任。

(滿)傅爾丹

(滿)錫爾瑞

(漢)李繩武	(漢)王進泰	(?)薩爾哈岱
(差安西)七、庚午、六,8.26;改甘提。	三、壬戌、廿五,4.20;天津鎮遷。四、辛未;改壽春鎮。十、乙卯、廿二,12.9;壽春鎮改回。	四、辛未;杭州改。十、乙卯;回任。

(?)薩爾哈岱	(?)卓蕭
四、辛未;改京口。十、乙卯;回任。	四、辛未;吉將改。十、乙卯;革。

(滿)新柱

(?)西特庫[錫特庫]

(滿)德敏

(?)那彥泰

(覺羅)傅森

(?)富昌

(滿)杜寶

(?)綽爾多

(蒙)成衮札布

(蒙)舒明

(蒙)班第	(?)多爾濟
十二、甲辰、十二,1.27;召京。	十二、甲辰;副都任。

(?)那木札勒
(工左)

駐防大臣年表

年 代	乾隆十七年　壬申(1752)	乾隆十八年　癸酉(1753)
盛京	(蒙)阿蘭泰	(蒙)阿蘭泰
吉林	(滿)傅森	(滿)傅森
黑龍江	(滿)傅爾丹　　　(?)綽爾多 二、己酉、十七,4.1;　　十二、戊戌、十二, 死(溫慤)。　　　　1.15;安西提督改。	(?)綽爾多
江寧	(滿)錫爾璸	(滿)錫爾璸
京口	(漢)王進泰　　　(?)海常 十二、戊戌;　　　十二、戊戌; 改安西提督。　　　熱河副都遷。	(?)海常
杭州	(?)薩爾哈岱	(?)薩爾哈岱
福州	(滿)新柱	(滿)新柱
廣州	(?)錫特庫	(?)錫特庫
荊州	(滿)德敏	(滿)德敏
青州	(?)那彥泰	(?)那彥泰　　　(滿)色爾圖 八、甲申、二,8.29;　八、甲申;任。 改鑲白蒙都。
西安	(覺羅)傅森	(覺羅)傅森
綏遠城	(?)富昌	(?)富昌
寧夏	(滿)杜寶	(滿)杜寶
涼州	(?)綽爾多　　　(?)七十五 六、癸卯、十四,　　六、癸卯;任。 7.24;改安西提督。	(?)七十五
定邊	(蒙)成衰札布	(蒙)成衰札布
青海	(蒙)舒明	(蒙)舒明
西藏	(?)多爾濟	(?)多爾濟
	(?)那木札勒　　　(?)舒泰 五、戊子、廿八,7.9;　五、戊子;副都任。 召京。	(?)舒泰

年　代	乾隆十九年　甲戌(1754)
盛　京	(蒙)阿蘭泰　八、戊申、一，9.17；召京。十二月，定北將軍參贊。　(滿)清保　八、癸丑、六，9.22；黑將署。
吉　林	(滿)傅森
黑龍江	(?)綽爾多　(滿)清保　五、辛巳、三，6.22；任。八、癸丑；署盛京。　(滿)達勒當阿　八、癸丑；吏尚署。
江　寧	(滿)錫爾璊
京　口	(?)海常
杭　州	(?)薩爾哈岱
福　州	(滿)新柱
廣　州	(?)錫特庫
荊　州	(滿)德敏
青　州	(滿)色爾圖
西　安	(覺羅)傅森
綏遠城	(?)富昌
寧　夏	(滿)杜賚
涼　州	(?)七十五　二、癸未、三，2.24；病免。　(?)保德　二、癸未；任。
定　邊 左	(蒙)成衮札布　四、庚寅、十一，5.2；革，改喀爾喀副將軍。　(滿)策楞　四、庚寅、廿九，7.丙午、廿九，9.15；革。　(蒙)班第　七、丙午、廿九，9.15；署兵尚。九、辛丑、廿五，11.9；授兵尚。十二、壬辰、十七，12.30；召京。十二、戊申、四，1.5；授定北將軍。　(?)阿睦爾撒納(親王)　十二、戊申；任。
定　邊 右	(蒙)薩喇勒　十二、戊申；北路參贊授。
青　海	(蒙)舒明　八、己巳、廿二，10.8；召京(左副)。　(?)德爾素
西　藏	(?)多爾濟　四、乙酉、六，4.27；召回。　(宗室)薩喇善　四、乙酉；副都任。
西　藏	(?)舒泰

駐防大臣年表

年代	乾隆二十年　乙亥(1755)		
盛京	(滿)**清保** （署）		
吉林	(滿)**傅森** 十二、庚戌、十一，1.12；改兵尚。	(滿)**額勒登** 十二、辛亥、十二，1.13；副都遷。	
黑龍江	(滿)**達勒當阿** 五、癸巳、廿，6.29；回吏尚任。	(署)七、丁亥、十五，8.22；改荆州。	(滿)**達色** 七、丁亥；副都遷。
江寧	(滿)**錫爾瑞** 十、甲寅、十四，11.17；死。	(滿)**德敏** 七、丁亥；荆州改。	
京口	(?)**海常**		
杭州	(?)**薩爾哈岱**		
福州	(滿)**新柱**		
廣州	(?)**錫特庫** 十一、壬午、十三，12.15；改巴里坤都統。	(漢)**李侍堯** 十一、壬午；戶右署。	
荆州	(滿)**德敏** 七、丁亥；改江寧。	(滿)**綽勒多** 七、丁亥；黑將改。 十二、辛亥；改涼州。	(?)**尚簡保** 十二、辛亥；副都遷。
青州	(滿)**色爾圖** 正、辛卯、十七，2.27；休。	(?)**噶爾錫** 天津都統遷。十月，回任。	(?)**色克愼** 十、庚戌、十，11.13；副都遷。
西安	(覺羅)**傅森**		
綏遠城	(?)**富昌**		
寧夏	(?)**巴海** 正、辛卯；改天津都統。	(滿)**和起** 正、辛卯；副都遷。	
涼州	(?)**保德** 二、癸酉、廿九，4.10；召京， 解。	(蒙)**伍彌泰** 三、甲戌、一，4.11；鑲白蒙副遷。 十二、庚戌；駐藏。	(滿)**綽勒多** 十二、辛亥；荆州改。
定邊左	(?)**阿睦爾撒納** 六、庚午、廿八，8.5；革。	(滿)**哈達哈** 十、丙寅、廿六，11.29；工尚掌理。	
定邊右	(蒙)**薩喇勒**(一等公)		
青海	(?)**德爾素**		
西藏	(宗室)**薩喇善**		
西藏	(?)**舒泰** （召回）	(蒙)**伍彌泰** 十二、庚戌；鑲白蒙都以將軍銜任。	

乾隆二一年　丙子(1756)

（滿）**清保**
　　三、己巳、一，3.31；授。

（滿）**額勒登**

（滿）**達色**　　　　　　　　　　　　　　　　（滿）**綽勒多**
　　八、壬寅、六，8.31；改正紅蒙都。　　　　　　八、壬寅；涼州改。

（滿）**德敏**

（？）**海常**　　　　　　　　　　　　　　　　（漢）**李繩武**
　　　　　　　　　　　　　　　　　　　　　　閏九、丁巳、廿二，11.14；安西提督改。

（？）**薩爾哈岱**

（滿）**新柱**

（漢）**李侍堯**

（？）**尚簡保**

（？）**色克慎**　　　　　　（滿）**舍圖肯**　　　　　　（滿）**達色**
　　十、庚寅、廿六，12.17；革。　　十、辛卯、廿七，12.18；副都遷。　　十二、癸酉；正紅蒙都授。
　　　　　　　　　　　　　　　十二、癸酉、十，1.29；改寧夏。

（覺羅）**傳森**　　　　　　　　　　　　　　（滿）**都寶**

（？）**富昌**
　　八、庚戌、十四，9.8；出征。　　　涼州保德署。

（滿）**和起**　　　　　　　　　　　　　　　（滿）**舍圖肯**
　　十一、庚申、廿七，1.16；戰死(武烈)。　　　十二、癸酉；青州改。

（滿）**綽勒多**　　　　　　　　　　　　　　（？）**保德**
　　八、壬寅；改黑將。　　　　　　　　　　八、壬寅；原任授。八、庚戌、十四，9.8；署綏將。

（滿）**哈達哈**　　　　　　　　　　　　　　（蒙）**成袞札布**（親王）
　　八、乙巳、九，9.3；撤回。　　　　　　　八、乙巳；任。

（蒙）**薩喇勒**　　　　　　　　　　　　　　（滿）**兆惠**
　　三、甲申、十六，4.15；革、逮。　　　　　五、甲戌、七，6.4；戶左授。

（？）**德爾寨**
　　十一、壬子、十九，1.8；留任三年。

（宗室）**薩喇善**

（蒙）**伍彌泰**

年　代	乾隆二二年　丁丑(1757)		
盛　京	(滿)**清保**		
吉　林	(滿)**額勒登** 十二、壬戌、四，1.13；予祭(恭簡)。	(宗室)**薩喇善** 八、丁卯、八，9.20；鑲黃漢副授。〔改爲吉林將軍〕	
黑龍江	(滿)**綽勒多**		
江　寧	(滿)**德敏**		
京　口	(漢)**李繩武** △六月，授鎮海將軍。九、戊申、十九，10.31；病免(死)。　　　　　　　　　　　　　　　　〔缺裁〕		
杭　州	(?)**薩爾哈岱**		
福　州	(滿)**新柱**		
廣　州	(漢)**李侍堯**		
荆　州	(?)**尚簡保** 正、丁酉、五，2.22，病免(死)。	(宗室)**嵩椿** 正、丁酉；鑲黃漢都授。	
青　州	(滿)**遠色**		
西　安	(滿)**都賚**		
綏遠城	(?)**富昌** 四、庚午、九，5.26；休。	(?)**松阿哩** 四、庚午、任。 四、丙子、十五，6.1；涼州互改。	(?)**保德** 四、丙子；涼州改。
寧　夏	(滿)**舍圖肯**		
涼　州	(?)**保德** 四、丙子、綏遠互改。	(?)**松阿哩** 四、丙子、綏遠改。	
定 邊　左	(蒙)**成袞札布** 正、甲午、二，2.19；授定邊將軍。	(蒙)車布登札布署。 十、辛未、十二，11.23；改右。	(蒙)納木扎勒署。
定 邊　右	(滿)**兆惠** 二月，遷戶尙。 四、甲申、廿三，6.9；召回。　雅爾哈善管。	(蒙)**車布登札布**(郡王) 十、辛未、署左改。	
青　海	(?)**德爾素**		
西 藏	(宗室)**薩喇善** 五、乙卯、廿五，7.10；召京(吉將)。	(滿)**官保** 五、乙卯；鑲黃漢副授。	
	(蒙)**伍彌泰**		

年　代	乾隆二三年　戊寅(1758)	
盛京	(滿)清保	
吉林	(宗室)薩喇善	
黑龍江	(滿)綽勒多	
江寧	(滿)德敏 　十、甲戌、廿一,11.21；改左都。	(滿)福增格 　十、甲戌；副都遷。
杭州	(?)薩爾哈岱	
福州	(滿)新柱	
廣州	(漢)李侍堯 　四、丙子、廿一,5.27；兼署廣督。	
荊州	(宗室)嵩椿	
青州	(滿)達色	
西安	(滿)都賚 　八、甲戌、廿一,9.22；改兵尚。	(?)松阿哩 　八、甲戌；涼州改。
綏遠城	(?)保德	
寧夏	(滿)舍圖肯	
涼州	(?)松阿哩 　八、甲戌；改西安。	(宗室)蘊著 　八、甲戌；綏遠右衛副都遷。
定邊左	(蒙)成袞札布	
定邊右	(蒙)車布登札布　(蒙)納木札勒署。	
青海	(?)德爾桑 　二、甲申、廿八,4.5；召京。	(?)集福 　二、甲申；副都任。
西藏	(滿)官保	
	(蒙)伍彌泰	

駐防大臣年表

年　代	乾隆二四年　己卯(1759)		
盛京	(滿)清保		
吉林	(宗室)薩喇善		
黑龍江	(滿)綽勒多		
江寧	(滿)福增格 九、戊午、十一, 10.31；改廣州。	(蒙)伍彌泰 九、戊午；正藍蒙都授。	
杭州	(?)薩爾哈岱		
福州	(滿)新柱 九、戊午；改正藍蒙都。	(滿)舍圖肯 九、戊午；廣州改。	
廣州	(漢)李侍堯 正、己亥、十七, 2.14；授廣督。	(滿)舍圖肯 正、己亥；寧夏改。 九、戊午；改福州。	(滿)福增格 九、戊午；江寧改。
荆州	(宗室)蒿椿		
青州	(滿)達色 正、己亥；改寧夏。	(宗室)額爾德蒙額 正、己亥；荆州副都遷。	
西安	(?)松阿哩		
綏遠城	(?)保德 六、甲寅、五, 6.29；革。	(宗室)恆祿 六、甲寅；鑲藍護統授。	
寧夏	(滿)舍圖肯 正、己亥；改廣州。	(滿)達色 正、己亥；青州改。	
涼州	(宗室)薀著		
定邊左	(蒙)成袞札布		
定邊右	(蒙)車布登札布 △赴葉爾羌。	(滿)富德 十二、己卯、三, 1.20；授領侍衛內大臣。	
青海	(?)集福 四、乙亥；廿五, 5.21；改駐藏。	(?)多爾濟 四、乙亥；前駐藏授。	
西藏	(滿)官保		
西藏	(蒙)伍彌泰 四、乙亥；召回。	(蒙)集福[積福] 四、乙亥；青海西寧副都任。	

年代	乾隆二五年　庚辰(1760)	
盛京	(滿)清保	
吉林	(宗室)薩喇善 十、戊寅、七,11.14;革、戌。	(宗室)恆祿 十、戊寅;綏將改。
黑龍江	(滿)綽勒多	
江寧	(蒙)伍彌泰	
杭州	(?)薩爾哈岱 七、辛未、廿九,9.8;死。	(蒙)福祿 七、辛未;副都遷。　伊鹽阿署。
福州	(滿)舍圖肯	
廣州	(滿)福增格	
荆州	(宗室)嵩椿 十二、丙申、廿六,1.31;改西安。	(滿)德敏 十二、丙申;左都改。
青州	(宗室)額爾德蒙額	
西安	(?)松阿哩	(宗室)嵩椿 十二、丙申;荆州改。
綏遠城	(宗室)恆祿 十、戊寅;改吉林。	(宗室)如松 十、戊寅;兵左授。
寧夏	(滿)達色	
涼州	(宗室)蘊著	
伊犁	(滿)阿桂 八、壬辰、廿一,9.29;副都任總理伊犁事務。	
定邊左	(蒙)成袞札布	
定邊右	〔二、壬寅、廿七,4.12;撤兵。〕	(滿)富德 三、己未、十四,4.29;授理尚。
青海	(?)多爾濟	
西藏	(滿)官保	
	(蒙)集福	

駐防大臣年表

年　代	乾隆二六年　辛巳(1761)	
盛京	(滿)**清保**	
吉林	(宗室)**恆祿**	
黑龍江	(滿)**綽勒多**	
江寧	(蒙)**伍彌泰**	
杭州	(蒙)**福祿**	
福州	(滿)**舍圖肯**	
廣州	(滿)**福增格**	
荊州	(滿)**德敏** （廿八年三月死，溫愨）	(？)**崇樁** △任。
青州	(宗室)**額爾德蒙額** 十一、辛丑、七，12.2；召京(散秩大臣)。	〔十一、辛丑；缺裁。〕
西安	(宗室)**嵩樁** 十一、辛丑；改察都。	(宗室)**如松** 十一、辛丑；綏將改。
綏遠城	(宗室)**如松** 十一、辛丑；改西將。	(蒙)**舒明** 十一、辛丑；理右授。
寧夏	(滿)**達色**	
涼州	(宗室)**蘊著**	
伊犁	(滿)**阿桂**	
定邊左副	(蒙)**成衮札布**	
青海	(？)**多爾濟**	
西	(滿)**官保** 正、癸亥、廿三，2.27；改刑右。	(？)**福肅** △任。
藏	(蒙)**集福**	

年　代	乾隆二七年　壬午(1762)	
盛京	(滿)**淸保** 閏五、癸亥、一，6.22； 署正白漢都。　　盛刑朝銓署。	(滿)**舍圖肯** 閏五、癸亥；福將改。
吉林	(宗室)**恆祿**	
黑龍江	(滿)**綽勒多** 八、丙辰、廿六，10.13；死(質慇)。	(？)**國多歡**
江寧	(蒙)**伍彌泰** △四月，召京(散秩大臣)。	(？)**容保** 四、辛未、八，5.1；正黃滿副、青海辦事授。
杭州	(蒙)**福祿**	
福州	(滿)**舍圖肯** 閏五、癸亥；改盛將。	(滿)**福增格** 閏五、癸亥；廣將改。
廣州	(滿)**福增格** 閏五、癸亥；改福將。	(蒙)**明福** 閏五、癸亥；乍浦副都授。
荊州	(？)**崇椿**	
西安	(宗室)**如松** 閏五、辛卯、廿九，7.20；襲信郡王。	(宗室)**嵩椿** 閏五、辛卯；察都仍授。
綏遠城	(蒙)**舒明** △正月，死。	(宗室)**蘊蓄** 正、丁巳、廿三，2.16；涼將改。
寧夏	(滿)**達色**	
涼州	(宗室)**蘊蓄** 正、丁巳；改綏將。	(宗室)**額爾德蒙額** 正、丁巳；原青將授。
伊犁	(滿)**明瑞** 十、乙巳、十六，12.1；正白領衛授。	[十、乙巳；設管理伊犁等處將軍。]
定邊左副	(蒙)**成袞札布**	
青海	(？)**多爾濟** 正、甲寅、廿，2.13；改理左。	(？)**容保** 正、甲寅；正黃滿副授。 四、辛未；改寧將。
西藏	(？)**福鼐**	
	(蒙)**集福**	

駐防大臣年表

年　代	乾隆二八年　癸未(1763)		
盛京	(滿)舍圖肯		
吉林	(宗室)恆祿		
黑龍江	(?)國多歡 　十二、乙未、十三，1.15；召京。	(滿)富僧阿 　十二、乙未；荆將改。	
江寧	(?)容保		
杭州	(蒙)福祿		
福州	(滿)福增格	(蒙)明福 　十二、甲午、十二，1.14；廣將改。	
廣州	(蒙)明福 　十二、甲午；改福將。	(?)楊寧 　十二、甲午；寧夏總兵授。	
荆州	(滿)豐安 　正、丁卯、九，2.21；歸化城都統授。 　正、壬申、十四，2.26；改正紅蒙副。	(滿)富僧阿 　正、壬午、廿四，3.8；副都授。 　十二、乙未；改黑將。	(?)色克愼 　十二、乙未；直提改。
西安	(宗室)嵩椿		
綏遠城	(宗室)蘊著		
寧夏	(滿)達色		
涼州	(宗室)額爾德蒙額	(蒙)巴祿(一等公) 　△正藍蒙都授。	
伊犁	(滿)明瑞		
定邊左副	(蒙)成袞札布		
青海	〔二、壬寅、十四，3.28；缺裁。〕	(?)七十五 　△十、丙申、十三，11.17；任。	〔復設〕
西藏	(?)福珊		
	(蒙)集福		

乾隆二九年　甲申(1764)		乾隆三十年　乙酉(1765)	
(滿)舍圖肯		(滿)舍圖肯	
(宗室)恆禄		(宗室)恆禄	
(滿)富僧阿		(滿)富僧阿	
(?)容保		(?)容保 十一、甲午、廿三， 1.3；改西將。	(?)富椿 十一、甲午； 成都副都授。
(蒙)福禄		(蒙)福禄	
(蒙)明福		(蒙)明福	
(?)楊寧		(?)楊寧	
(?)色克慎 七、戊辰、十八，8.15； 改正黃蒙都。	(?)素玉 七、戊辰； 青州副都授。	(?)素玉	
(宗室)嵩椿 十、乙未、十七， 11.10；革。	(滿)新柱 十、乙未；理尚授。	(滿)新柱 十一、甲午；改理尚。	(?)容保 十一、甲午；寧將改。
(宗室)蘊著		(宗室)蘊著 十二、戊申、七，1.17； 改工尚。	(宗室)嵩椿 十二、戊申；革西將授。
(滿)達色		(滿)達色	(覺羅)永泰 十一、癸巳、廿二，1.2； 直提授。
(蒙)巴禄		(蒙)巴禄	
(滿)明瑞		(滿)明瑞	
(蒙)成袞札布		(蒙)成袞札布	
(?)七十五		(?)七十五	
(?)福巔 二、丁亥、五，3.7；召回。	(?)阿敏爾圖 二、丁亥；副都授。	(?)阿敏爾圖	
(蒙)集福		(蒙)集福	

駐防大臣年表

年代	乾隆三一年　丙戌(1766)	
盛京	(滿)舍圖肯	
吉林	(宗室)恆祿	
黑龍江	(滿)富僧阿	
江寧	(?)富椿	
杭州	(蒙)福祿	
福州	(蒙)明福	
廣州	(?)楊寧	
荊州	(?)寨玉	
西安	(?)容保	
綏遠城	(宗室)嵩椿 　十一、己丑、廿三、12.24；解、勘。	(蒙)巴祿 　十二、丙辰、廿、1.20；涼將改。
寧夏	(覺羅)永泰 　七、戊子、廿、8.25；死(恪靖)。	(滿)額僧格 　五、乙亥、七、6.13；大同鎮遷。
涼州	(蒙)巴祿 　十一、丁卯、一、12.2；署正白漢都。十二、丙辰；改綏將。	〔裁缺〕
伊犁	(滿)明瑞	
定邊左副	(蒙)成袞札布	
青海	(?)七十五 　六、甲辰、六、7.12；召京。	(?)海明 　六、甲辰；任。十二、癸丑、十七、1.17；議。
西藏	(?)阿敏爾圖 　四、辛亥、十二、5.20；病、回京。	(滿)官保 　四、辛亥；工右授。
	(蒙)集福 　五、丁亥、十九、6.25；解。	(?)託雲 　十二、辛丑、五、1.5；成都副都授。

年 代	乾隆三二年　丁亥(1767)	
盛京	(滿)舍圖肯 　閏七、癸巳、二, 8.25; 革。	(滿)新柱 　七、己丑、廿七, 8.21; 理尚授。
吉林	(宗室)恆祿	
黑龍江	(滿)富僧阿	
江寧	(?)富椿	
杭州	(蒙)福祿 　三、丙戌、廿二, 4.20; 改西將。	額僧格 　三、丙戌; 寧將改。
福州	(蒙)明福	
廣州	(?)楊寧 　正、癸巳、廿八, 2.26; 改川提。	(?)容保 　二、戊戌、四, 3.3; 西將改。
荊州	(?)素玉 　二、戊戌; 改西將。	(?)永瑞 　二、戊戌; 青州副都遷。
西安	(?)容保 　二、戊戌; 改廣將。　(?)素玉 　　　　　　　　　二、戊戌; 荊將改。 　　　　　　　　　三月、革、逮。　陝撫明山署。	(蒙)福祿 　三、丙戌; 杭將改。
綏遠城	(蒙)巴祿	
寧夏	(滿)額僧格 　三、丙戌; 改杭將。	(?)穆爾泰 　三、丙戌; 京口副都遷。
伊犁	(滿)明瑞 　三、乙丑、一, 3.30; 改雲督。	(滿)阿桂 　三、庚午、六, 4.4; 前工尚授。
定邊左副	(蒙)成袞札布 　九、壬辰、一, 10.23; 差庫倫。	
青海	〔九、壬辰; 缺裁。〕	(?)傅景 　九、甲午、三, 10.25; 辦理事務。
西	(滿)官保 　七、己丑、廿七, 8.21; 改正紅蒙都。	(宗室)莽古賚 　七、己丑; 正藍滿副授。
藏	(?)託雲	

駐防大臣年表

年 代	乾隆三三年　戊子(1768)	
盛京	(滿)**新柱** 正、癸卯、十四　3.2；死(勤肅)。	(蒙)**明福** 正、丙午、十七，3.5；福將改。 十二、丁卯、十三，1.20；召京。副都額爾德蒙額署。
吉林	(宗室)**恆祿**	
黑龍江	(滿)**富僧阿** 九、己酉、廿四，11.3；改西將。	(滿)**傅玉** 九、己酉；前鋒統領授。
江寧	(?)**富椿** 二、丙戌、廿八，4.14；召京。	(?)**容保** 二、丙戌；廣將改。
杭州	(滿)**額僧格** △九月，死。	(?)**穆爾泰** 九、己酉；寧將改。
福州	(蒙)**明福** 正、丙午；改盛將。	(?)**常在** 正、丙午；錦州副都遷。
廣州	(?)**容保** 二、丙戌；改江將。	(宗室)**增海** 三、辛亥、廿三，5.9；寧古塔副都遷。
荊州	(?)**永瑞** 三、辛卯、三，4.19；赴滇。	六、戊午、二，7.15；湖督定長兼署。十二月，死。 十二、乙丑、十一，1.18；江督署湖督高晉兼署。
西安	(蒙)**福祿** 九、己酉；改正白領衞。 (卅四年休，卅六年死。)	(滿)**富僧阿** 九、己酉；黑將改。
綏遠城	(蒙)**巴祿** 三、乙巳、十七，5.3；改察都。	(滿)**傅良**(一等伯) 三、乙巳；鑲藍漢都授。
寧夏	(?)**穆爾泰** 九、己酉；改杭州。	(?)**偉普** 九、己酉；涼州副都遷。
伊犁	(滿)**阿桂** 二月，授副將軍。 四、戊寅、廿一，6.5；改兵尚。	(滿)**伊勒圖** 七、辛丑、十六，8.27；理尚授，仍兼。　　禮尚永貴署。
定邊左副	(蒙)**成袞札布**	
青海	(?)**傅景**	
西	(宗室)**莽古賚**	
藏	(?)**託雲**	

乾隆三四年　己丑(1769)

(蒙)**明福**
　　正、辛卯、七, 2.13；解、勘。

(宗室)**恆禄**
　　正、乙未、十一, 2.17；吉將改。

(宗室)**恆禄**
　　正、乙未；改盛將。

(滿)**傅良**
　　正、乙未；綏將改。

(滿)**傅玉**

(?)**容保**

(?)**穆爾泰**

(?)**常在**　　(宗室)**增海**
　　正、乙未；改綏將。　　正、辛丑、十七, 2.23；廣將改。　十、乙卯、七, 11.4；署伊將。　　十、乙卯；溫福署。
　　　　　　　　　　　　十、壬申、廿四, 11.21；授理尚。

(宗室)**增海**
　　正、辛丑；改福將。

特克慎
　　正、辛丑；任。

(?)**永瑞**
　　四、丁卯、十五, 5.20；革。

(?)**雅朗阿**
　　四、丁卯；成都副都遷。

(滿)**富僧阿**

(滿)**傅良**　　　(?)**常在**
　　正、乙未；改吉將。　　七、乙未；福將改。
　　　　　　　　　　　七、乙巳、廿五, 8.26；赴西藏。　　副都常青署。

(?)**諾倫**
　　二、癸未、卅, 4.6；
　　青州副都遷。

(?)**偉善**

(滿)**伊勒圖**
　　理尚兼：十、甲子、十六, 11.13；授副將軍。十、壬申；改兵尚。　　十、乙卯；福將增海署；十、壬申；授理尚。
　　十二、辛亥、三, 12.30；回任。

(蒙)**成衮札布**

(?)**傅景**

(宗室)**莽古賚**

(?)**託雲**
　　七、乙巳；召京。

(?)**常在**
　　七、乙巳；綏將授。

駐防大臣年表

年代	乾隆三五年　庚寅(1770)	乾隆三六年　辛卯(1771)
盛京	(宗室)恆禄	(宗室)恆禄
吉林	(滿)傅良　　　　(?)富椿 四、己未、十二,5.7;　　四、己未;前江將授。 召京(鑲藍漢都)。	(?)富椿
黑龍江	(滿)傅玉　　　　(宗室)增海 七、丙午、二,8.22;召京。　七、丙午、 (鑲紅漢都)　理尚授。 (十、辛丑、廿九,12.15;授荊將。)	(宗室)增海
江寧	(?)容保	(?)容保
杭州	(?)穆爾泰	(?)穆爾泰
福州	(宗室)弘晌 △正月,鑲藍蒙副授。	(宗室)弘晌
廣州	特克慎	特克慎　　　　(?)纛璜 十、丁亥、廿,11.26; 鑲紅漢都授。
荊州	(?)雅朗阿　　　　(滿)傅玉 十、庚子、廿八,12.14;　十、辛丑;鑲紅漢 降三調。　　　都(前黑將)授。	(滿)傅玉
西安	(滿)富僧阿	(滿)富僧阿
綏遠城	(?)諾倫	(?)諾倫
寧夏	(?)偉善	(?)偉善
伊犁	(滿)伊勒圖 六、壬辰、十八,8.8;兵尚授。	(滿)伊勒圖　　　　(滿)舒赫德 七、丁未、九,　　七、己巳、二,11.8;都統授。 8.18;授參贊,　十一、丁巳、廿一,12.26; 往烏什。　　授戶尚,留任。
定邊左副	(蒙)成袞札布	(蒙)成袞札布　　　　(蒙)車布登札布(親王) 八、己丑、廿一,　　八、己丑;前定右任。 9.29;死。
青海	(?)傅景　　　　(蒙)伍彌泰 十、乙未、廿三,　　十、乙未; 12.9;召京。　　內大臣授。	(蒙)伍彌泰
西藏	(宗室)莽古賚	(宗室)莽古賚
	(?)常在	(?)常在　　　　(滿)索琳 三、癸丑、十二,　三、癸丑;降調戶右、 4.26;死。　　副都銜授。

乾隆三七年　壬辰(1772)			
(宗室)**恆禄** 　六、辛巳、十七, 7.17；死(恭愨)。		(宗室)**增海** 　六、辛巳；黑將改。	
(？)**富椿**			
(宗室)**增海** 　六、辛巳；改盛將。		(滿)**傅玉** 　六、辛巳；江將改。	
(？)**容保** 　五、癸卯、九, 6.9； 　改綏將。	(滿)**傅玉** 　五、癸卯；荊將改。 　六、辛巳；改黑將。	(？)**拜凌阿** 　六、辛巳；黔提改。十一、 　丙申、五, 11.29；改廣將。	(宗室)**嵩椿** 　十一、丙申； 　正紅蒙都授。
(？)**穆爾泰**			
(宗室)**弘晌**			
(？)**秦璜** 　十一、丙申；革。		(？)**拜凌阿** 　十一、丙申；江將改。	
(滿)**傅玉** 　五、癸卯；改江將。		(？)**綽和諾** 　五、癸卯；荊州副都遷。	
(滿)**富僧阿**			
(？)**諾倫**		(？)**容保** 　五、癸卯；江將改。	
(？)**偉善**			
(滿)**舒赫德** 　(戶尚)			
(蒙)**車布登札布**			
(蒙)**伍彌泰**			
(宗室)**莽古賚**			
(滿)**索琳**			

駐防大臣年表

年代	乾隆三八年　癸巳(1773)	
盛京	(宗室)**增海** 　　五、乙亥、十七,7.6;死(勤果)。	(宗室)**弘晌** 　　五、乙亥;福將改。
吉林	(?)**富椿**	
黑龍江	(滿)**傅玉**	
江寧	(宗室)**嵩椿**	
杭州	(?)**穆爾泰**	
福州	(宗室)**弘晌** 　　五、乙亥;改盛將,閩督鍾音暫署。	(?)**薩哈岱** 　　五、丙戌、廿八,7.17;正藍漢都授。
廣州	(?)**拜凌阿** 　　八、辛卯、五,9.20;病免。 廣督李侍堯兼署。	(滿)**明亮** 　　八、癸巳、七,9.22;正藍漢副授。 八月,授定邊右副將軍。
荆州	(?)**綽和諾**	
西安	(滿)**富僧阿**	
綏遠城	(?)**容保**	
寧夏	(?)**偉善**	(滿)**傅良** 　　△正紅蒙都授。
伊犁	(滿)**舒赫德** 　　(戶尚)七、戊午、一,8.18;召京。	(滿)**伊勒圖** 　　七、戊午;塔爾巴哈台參贊授。
定邊左副	(蒙)**車布登札布** 　　八、甲辰、十八,10.3;解(革)。	(?)**瑚圖靈阿** 　　八、甲辰;卓索圖盟長署。
青海	(蒙)**伍彌泰** 　　十一、壬申、十七,12.30;改駐藏。	(?)**福祿** 　　十一、壬申;任。
西藏	(宗室)**莽古賚** 　　十一、壬申;召京(正白滿副)。	(蒙)**伍彌泰** 　　十一、壬申;西寧改。
	(滿)**索琳** 　　正、庚戌、廿,2.11;召京。	(宗室)**恆秀** 　　正、庚戌;副都衛授。

乾隆三九年　甲午(1774)	乾隆四十年　乙未(1775)
(宗室)弘暾	(宗室)弘暾
(?)富椿	(?)富椿
(滿)傅玉	(滿)傅玉
(宗室)嵩椿	(宗室)嵩椿
(?)穆爾泰　　　(宗室)額爾德蒙額 十二、庚寅、十一、　　十二、庚寅、 1.12；解。　　　　盛京副都遷。	(宗室)額爾德蒙額
(?)薩哈岱	(?)薩哈岱　　　(滿)永德 五、壬戌、十六、　　五、壬戌；前桂撫授。 6.13；召京。
(滿)明亮 (定邊右副將軍)	(滿)明亮　　　(宗室)永瑋(輔國公) (定邊右副將軍)　　　九、戊辰； 九、戊辰、廿三、10.17；解。　正白蒙都授。
(?)綽和諾　　　(宗室)興肇 五、戊辰、十六、　　五、戊辰、正藍　常禄署。 6.24；革。八月，死。護統授(軍營)。	(宗室)興肇
(滿)富僧阿	(滿)富僧阿　　　(滿)傅良 三、丁巳、十、4.9；　三、丁巳；寧將改。 死。
(?)容保	(?)容保
(滿)傅良	(滿)傅良　　　(滿)三全 三、丁巳；改西將。　三、丁巳；熱河副都遷。
(滿)伊勒圖	(滿)伊勒圖
(?)瑚圖靈阿 二、壬辰、九、3.20；授。	(?)瑚圖靈阿
(?)福禄	(?)福禄　　　(蒙)惠齡 十一、乙酉、十二、　十一、乙酉； 1.2；革。　　　副都衛授。
(蒙)伍彌泰	(蒙)伍彌泰　　　(滿)留保住 十、己卯、五、10.28；　十、己卯；任。 召京(理尚)。
(宗室)恆秀	(宗室)恆秀

駐防大臣年表

年　代	乾隆四一年　丙申(1776)		
盛 京	(宗室)弘晌		
吉 林	(？)富椿		
黑龍江	(滿)傅玉		
江 寧	(宗室)嵩椿		
杭 州	(宗室)額爾德蒙額		
福 州	(滿)永德		
廣 州	(宗室)永瑋		
荆 州	(宗室)興肇		
西 安	(滿)傅良 　十二、丙午、九，1.17；召京。 　(四二年死，恭勤。)	(蒙)伍彌泰 　十二、丙午；綏將改。	
成 都	［二、丙辰、十四，4.2；增設。］	(滿)明亮 　三、己卯、八，4.25；定邊右副授。	
綏遠城	(？)容保 　十、壬寅、四，11.14；病免。	(蒙)伍彌泰 　十、壬寅；理尚授。十二、丙午； 　改西將。	(？)雅朗阿 　十二、戊申、十一，1.19； 　黑副都遷。
寧 夏	(滿)三全		
伊 犂	(滿)伊勒圖 　(病)　索諾木策凌署。		
定　邊 左　副	(？)瑚圖靈阿 　八、戊申、九，9.21；病，召京。	(？)巴圖 　八、戊申；任。	
青 海	(蒙)憲齡		
西 藏	(滿)留保住		
	(宗室)恆秀		

乾隆四二年　丁酉(1777)

（宗室）弘晌

（？）富椿
六、乙卯、廿一，7.25；改杭將。

（滿）福康安
六、乙卯；戶左授。

（滿）傅玉

（宗室）嵩椿

（宗室）額爾德蒙額
六、乙卯；召京。

（？）富椿
六、乙卯；吉將改。

（滿）永德

（宗室）永璋

（宗室）興肇

（蒙）伍彌泰

（滿）明亮

（？）雅朗阿

（滿）三全

（滿）伊勒圖

（？）巴圖

（蒙）惠齡
△三、戊子、廿二，4.29；召京。

（？）法福禮
三、戊子；任。

（滿）留保住

（宗室）恆秀
十、庚子、八，11.7；改鑲黃漢副。

（宗室）恆瑞
十、庚子；頭等侍衛任。

駐防大臣年表

年 代	乾隆四三年　戊戌(1778)
盛京	(宗室)弘晌　　　　　　　　　　　　　(滿)福康安 　　十一、癸丑、廿七, 1.14；解、勘。　　　　十一、癸丑；吉將改。
吉林	(滿)福康安　　　　　　　　　　　　　(滿)和隆武 　　十一、癸丑；改盛將。　　　　　　　十一、癸丑；任。
黑龍江	(滿)傅玉
江寧	(宗室)嵩椿
杭州	(?)富椿
福州	(滿)永德
廣州	(宗室)永瑋
荆州	(宗室)興肇
西安	(蒙)伍彌泰
成都	(滿)明亮　　　　　　　　　　　　(蒙)特成額 　　二、壬子、廿一, 3.19；改川提。　　　二、壬子；禮尚授。
綏遠城	(?)雅朗阿
寧夏	(滿)三全　　　　　　(滿)和隆武(一等子)　　　　　　(?)札什札木寨 　　△革。　　　　　　四、乙未、五, 5.1；正藍蒙都授。 　　　　　　　　　　十一、癸丑；改吉將。
伊犁	(滿)伊勒圖
定邊左副	(?)巴圖
青海	(?)法福禮
西藏	(滿)留保住 (宗室)恆瑞

乾隆四四年　己亥(1779)

(滿)**福康安**	
(滿)**和隆武**	
(滿)**傅玉** 　八、甲戌、廿三,10.2;召京。(十一月,授杭將)	(宗室)**永瑲** 　八、甲戌;廣將改。
(宗室)**嵩椿**	
(?)**富椿** 　十一、癸未、三,12.10;休。	(滿)**傅玉** 　十一、癸未;原黑將授。
(滿)**永德**	
(宗室)**永瑲** 　八、甲戌;改黑將。	(?)**福僧額** 　八、甲戌;散秩大臣授。
(宗室)**興肇**	
(蒙)**伍彌泰**	
(蒙)**特成額**	
(?)**雅朗阿** 　△四月,襲爵,卸。	(宗室)**弘晌** 　四月,前盛將授。
(?)**札什札木素** 　三、乙巳、廿一,5.6;降三調。	(宗室)**莽古賚** 　三、乙巳;盛京副統遷。
(滿)**伊勒圖**	
(?)**巴圖**	
(?)**法福禮**	
(滿)**留保住**	(滿)**索琳** 　正、辛丑、十六,3.3;任。
(宗室)**恆瑞**	

駐防大臣年表

年代	乾隆四五年　庚子(1780)		
盛京	(滿)福康安 　三、丁酉、十八,4.22;改雲督。	(?)索諾木策凌 　三、丁酉;烏魯木齊都統授。	
吉林	(滿)和隆武		
黑龍江	(宗室)永瑋		
江寧	(宗室)蒿椿		
杭州	(滿)傅玉 　△改廣將。	(漢)王進泰 　△七月,正黃漢都授。	
福州	(滿)永德		
廣州	(?)福僧額	(?)傅玉 　△杭將改。	
荆州	(宗室)興肇		
西安	(蒙)伍彌泰		
成都	(蒙)特成額		
綏遠城	(宗室)弘昫		
寧夏	(宗室)莽古賚		
伊犁	(滿)伊勒圖		
定邊左副	(?)巴圖 　十一、壬午、八,12.3;革。	(滿)慶桂 　十一、壬午;吏左授。	
青海	(?)法福禮	(?)諾木歡 　△六月,任。	
西	(滿)索琳 　二、庚戌、一,3.6;死。	(?)保泰 　二、庚戌;任。	(滿)博清額 　十一、壬午;理尚兼。
藏	(宗室)恆瑞		

乾隆四六年　辛丑(1781)

(?)索諾木策凌	

| (滿)和隆武 | |

| (宗室)永璋 | |

| (宗室)嵩椿
　　三、甲午、廿一,4.14;改綏將。 | (覺羅)萬福
　　三、甲午;鑲藍滿副授。 |

| (漢)王進泰 | |

| (滿)永德 | |

| (滿)傅玉 | |

| (宗室)興肇 | |

| (蒙)伍彌泰 | |

| (蒙)特成額 | |

| (宗室)弘晌
　　三、甲午;死(勒肅)。 | (宗室)嵩椿
　　三、甲午;江將改。 |

| (宗室)莽古寶 | |

| (滿)伊勒圖 | |

| (滿)慶桂
　　三、戊寅、五,3.29;病免,巴圖署。
　　(四七年,盛將。) | (滿)奎林
　　七、丙午、六,8.24;烏魯木齊都統授。 |

| (?)諾木歡
　　五、丁酉、廿五,6.16;召京。 | (蒙)留保住
　　五、丁酉;副都授。十一、丁巳、十九,1.2;授理右。 |

| (滿)博清額
　　(理尚兼) | |

| (宗室)恆瑞
　　△改熱河副都。 | |

駐防大臣年表

年代	乾隆四七年　壬寅(1782)
盛京	(?)**索諾木策凌** 　五、丁酉、一,6.11; 　革、逮。　　　　(滿)**慶桂** 　　　前定左授。 　　　九、乙巳、十一,10.17;吉將互調。　　　(宗室)**永瑋** 　　　　　九、乙巳;吉將改。
吉林	(滿)**和隆武** 　八、癸酉、九,9.15;死。　　(宗室)**永瑋** 　　八、癸酉;黑將改。 　　九、乙巳;盛將互調。　　(滿)**慶桂** 　　　九、乙巳;盛將改。
黑龍江	(宗室)**永瑋** 　八、癸酉;改吉將。　　　　(宗室)**恆秀** 　　　　八、癸酉;熱河副都遷。
江寧	(覺羅)**萬福**
杭州	(漢)**王進泰** 　十二、甲申、廿二,1.24;召京。 　(五二年死,恭勤)　　　(滿)**常青** 　　　十二、甲申;察都授。
福州	(滿)**永德** 　十、庚寅、廿七,12.1;署閩提赴台。
廣州	(滿)**傅玉** 　△四月,襲三等公。
荆州	(宗室)**興肇**
西安	(蒙)**伍彌泰**
成都	(蒙)**特成額**
綏遠城	(宗室)**嵩椿**
寧夏	(宗室)**莽古賚**
伊犂	(滿)**伊勒圖**
定邊左副	(滿)**奎林**
青海	(蒙)**留保住** 　(理右兼)
西藏	(滿)**博清額** 　(理尚兼)

乾隆四八年　癸卯(1783)	
(宗室)**永瑺**	
(滿)**慶桂**	
(宗室)**恆秀**	
(覺羅)**萬福**	
(滿)**常青**	
(滿)**永德**	
(滿)**傅玉** 　五、丁未、十七,6.16;改西將。	(滿)**存泰** 　五、丁未;成都副都遷。
(宗室)**興肇**	
(蒙)**伍彌泰** 　五、丁未;改吏尚,授協。	(滿)**傅玉** 　五、丁未;廣將改。
(蒙)**特成額** 　四、辛巳、廿一,5.21;署督。	
(宗室)**嵩椿**	
(宗室)**莽古賚**	
(滿)**伊勒圖** 　六、辛酉、一,6.30;召陞。八、甲戌、十五,9.11;仍授。	六、辛酉;烏魯木齊都統明亮署。 七月,解。海禄署:八、甲戌;解。
(滿)**奎林**	
(蒙)**留保住** 　(理右兼)	
(滿)**博清額** 　(理尚兼)	

駐防大臣年表

年　代	乾隆四九年　甲辰(1784)			
盛京	(宗室)**永瑋**			
吉林	(滿)**慶桂** 　三、辛亥、廿六、4.15;改福將。		(滿)**都爾嘉** 　三、辛亥;密雲副都授。	
黑龍江	(宗室)**恆秀**			
江寧	(覺羅)**萬福**			
杭州	(滿)**常青** 　五、乙卯、一、6.18; 　改福將。	(宗室)**永鐸**(未任) 　西安副都遷。六、辛卯、 　八,7.24;西將互調。	(滿)**傅玉** 　六、辛卯;西將 　改。(未任)老, 　召京。	(宗室)**莽古賚** 　六、甲辰、廿一, 　8.6;寧將改。
福州	(滿)**永德** 　三、辛亥;召京。	(滿)**慶桂** 　三、辛亥;吉將改。五、乙卯;改工尚。		(滿)**常青** 　五、乙卯;杭將改。
廣州	(滿)**存泰**			
荊州	(宗室)**興肇**			
西安	(滿)**傅玉** 　六、辛卯;杭將互調。		(宗室)**永鐸** 　六、辛卯;杭將改。	
成都	(蒙)**特成額** 　正、丙辰、卅,2.20;改湖督。		(蒙)**保寧** 　正、丙辰;江提授。	
綏遠城	(宗室)**嵩椿** 　六、甲辰;改寧將。	(蒙)**烏爾圖納遜** 　察都授。 　九、乙丑、十三,10.26;察都互調。	(蒙)**積福** 　九、乙丑;察都改。	
寧夏	(室宗)**莽古賚** 　六、甲辰;改杭將。		(宗室)**嵩椿** 　六、甲辰;綏將改。	
伊犁	(滿)**伊勒圖**			
定邊左副	(滿)**奎林**			
青海	(蒙)**留保住** 　(理右兼)　十一、庚辰、廿九,1.9;改駐藏。		(?)**福祿** 　十一、庚辰;理左授。	
西藏	(滿)**博清額** 　(理尚兼)十一、庚辰;召京。		(蒙)**留保住** 　十一、庚辰;理右、青海改。	

乾隆五十年　乙巳(1785)		乾隆五一年　丙午(1786)	
(宗室)**永瑋**		(宗室)**永瑋**	
(滿)**都爾嘉**		(滿)**都爾嘉**	
(宗室)**恆秀**		(宗室)**恆秀**	
(覺羅)**萬福** 七月，死(莊靖)。	(?)**西明**(公) 七、庚戌、三，8.7； 內大臣授。	(?)**西明**	
(宗室)**莽古賚** △死。	(滿)**寶琳** 十、丙戌、十，11.11； 山海關副都遷。	(滿)**寶琳**	
(滿)**常青**		(滿)**常青** 六、辛丑、廿九，7.24；署督。 十、辛丑、一，11.21；改閩督。	(宗室)**恆瑞** 十、辛丑； 熱河副都遷。
(滿)**存泰**		(滿)**存泰**	
(宗室)**興肇**		(宗室)**興肇**	
(宗室)**永鐸** 三、戊辰、十九，4.27； 改伊犂參贊。	(?)**晨清** 三、戊辰、 烏魯木齊都統授。	(?)**晨清**	
(蒙)**保寧**		(蒙)**保寧** 三、丙辰、十二，4.10； 改川督。	(滿)**鄂輝** 三、丙辰；滇提授。
(蒙)**積福**		(蒙)**積福** 八、庚申、廿，10.11； 寧將互調。	(宗室)**嵩椿** 八、庚申；寧將改。
(宗室)**嵩椿**		(宗室)**嵩椿** 八、庚申；綏將互調。	(蒙)**積福** 八、庚申；綏將改。
(滿)**伊勒圖** 七、丁巳、十，8.14； 死(襄武)。	(滿)**奎林** 七、乙亥、廿八，9.1； 烏魯木齊都統授。	(滿)**奎林**	
(滿)**奎林** 三、戊辰、 改烏魯木齊都統。	(滿)**復興** 三、戊辰、工尚授。	(滿)**復興**	
(?)**福祿** (理左)		(?)**福祿** (理左)正、丙寅、廿一， 2.19；召京。	(蒙)**普福** 正、丙寅；任。
(蒙)**留保住** (理右:六、丙戌、九，1.14；遷理尚。)		(蒙)**留保住** (理尚)八、己未、十九， 10.10；召京。	(蒙)**慶麟**(一等公) 八、己未；京口副都遷。
			(蒙)**雅滿泰** 八、己未； 喀喇沙爾辦事授。

駐防大臣年表

年　代	乾隆五二年　丁未(1787)	
盛京	(宗室)永瑋 　　十二、庚申、廿七, 2.3；死(勤恪)。	(宗室)永鐸(未任) 　　十二、庚申；烏魯木齊都統授。
吉林	(滿)都爾嘉	
黑龍江	(宗室)恆秀	
江寧	(？)西明	(滿)永慶(三等伯) 　　五、甲午、廿八, 7.12；乍浦副都遷。
杭州	(滿)寶琳	
福州	(宗室)恆瑞 　　四月, 授參贊。 　　十二、己酉、十六, 1.23；解。	(滿)常青 　　十二、己酉；湖督授。(將軍赴台)
廣州	(滿)存泰 　　十二、己酉；召京。十二、庚申、廿七, 2.3； 　　仍任。	(滿)圖桑阿 　　十二、己酉；涼州副都遷。 　　十二、庚申；改荊將。
荊州	(宗室)興肇 　　十二、庚申；改西將。	(滿)圖桑阿(一等侯) 　　十二、庚申；廣將改。
西安	(？)長清 　　十二、庚申；死(莊毅)。	(宗室)興肇 　　十二、庚申；荊將改。
成都	(滿)鄂輝	
綏遠城	(宗室)嵩樽	
寧夏	(蒙)積福 　　十二、甲辰、十一, 1.18；召京(正白蒙都)。 　　(五四年死)	(？)旺沁班巴爾 　　十二、甲辰；副都遷。
伊犁	(滿)奎林 　　九、乙酉、廿一, 10.31；革、逮。 　　烏魯木齊都統永鐸署。	(蒙)保寧 　　十一、乙酉、廿二, 10.30；川督授。
定邊左副	(滿)復興	
青海	(蒙)普福	
西藏	(蒙)慶麟 　　十二月, 伊犁參贊大臣舒廉協理。	
	(蒙)雅滿泰	

乾隆五三年　戊申(1788)

(宗室)**永鐸** 　　△未任,病免。	(滿)**都爾嘉** 　　十、癸卯、十五,11.12;吉將改。
(滿)**都爾嘉** 　　十、癸卯;改盛將。	(宗室)**恆秀** 　　十、癸卯;黑將改。
(宗室)**恆秀** 　　十、癸卯;改吉將。	(宗室)**琳寧** 　　十、癸卯;山海關副都遷。
(滿)**永慶**	
(滿)**寶琳**	
(滿)**常青** 　　正、丙戌、廿三,2.29;革。	(滿)**魁麟** 　　正、丙戌;建昌鎮遷。 　　(七、甲子、四,8.5;改名魁倫。)
(滿)**存泰** 　　十二、庚子、十三,1.8;署正黃漢都。	(滿)**普德** 　　十二、庚子;鑲黃護統授。
(滿)**圖桑阿**	
(宗室)**興肇** 　　十、癸卯;綏將互調。	(宗室)**嵩椿** 　　十、癸卯;綏將改。
(滿)**鄂輝**	
(宗室)**嵩椿** 　　十、癸卯;西將互調。	(宗室)**興肇** 　　十、癸卯;西將改。
(?)**旺沁班巴爾**	
(蒙)**保寧**	
(滿)**復興**	
(蒙)**普福** 　　十二、癸丑、廿六,1.21;改駐藏協辦。	(蒙)**奎舒** 　　十二、癸丑;任。
(蒙)**慶麟** 　　十、己亥、十一,11.8;革公爵。 　　十二、辛卯、四,12.30;降。(賞頭等侍衛,留)	(滿)**舒廉** 　　十、壬寅、十四,11.11;掌欽差關防。
(蒙)**雅滿泰** 　　十二、辛卯;降。	(蒙)**普福** 　　十二、癸丑;青海授。

駐防大臣年表

年 代	乾隆五四年　己酉(1789)
盛京	(滿)**都爾嘉**　　　　　　　　　　　　　　　(宗室)**嵩椿** 　　四、壬子、廿六、5.20；改黑將。　　　　　　四、壬子；西將改。
吉林	(宗室)**恆秀**　　　　　　　　　　　　　　　(宗室)**琳寧** 　　四、壬子；改西將。　　　　　　　　　　　四、壬子；黑將改。
黑龍江	(宗室)**琳寧**　　　　　　　　　　　　　　　(滿)**都爾嘉** 　　四、壬子；改吉將。　　　　　　　　　　　四、壬子；盛將改。
江寧	(滿)**永慶**
杭州	(滿)**寶琳**
福州	(滿)**魁倫**
廣州	(滿)**普德**
荊州	(滿)**圖桑阿**
西安	(宗室)**嵩椿**　　　　　　　　　　　　　　　(宗室)**恆秀** 　　四、壬子；改盛將。　　　　　　　　　　　四、壬子；吉將改。
成都	(滿)**鄂輝**
綏遠城	(宗室)**興肇**
寧夏	(?)**旺沁班巴爾**
伊犁	(蒙)**保寧**
定邊左副	(滿)**復興**　　　　　　　　　　　　　　　　(宗室)**恆瑞** 　　四、庚子、十四、5.8；死(勤毅)。　兵尚慶桂署。　四、庚子；正黃漢都授。
青海	(蒙)**奎舒**
西藏	(滿)**舒廉**
	(蒙)**普福** 　　二、辛卯、四、2.28；授理左，仍留。

乾隆五五年　庚戌(1790)

(宗室)**嵩椿**		
(宗室)**琳寧**		
(滿)**都爾嘉**		
(滿)**永慶**		
(滿)**寶琳**		
(滿)**魁倫**		
(滿)**善德**		
(滿)**圖桑阿** 　十二、己未、十三,1.17;改寧將。	(滿)**舒亮** 　十二、己未;鑲黄護統授。	
(宗室)**恆秀**		
(滿)**鄂輝** 　四、戊寅、廿八,6.10;往藏,川督孫士毅兼署。 　十、甲子、十七,11.23;改川督。	(滿)**成德** 　十、甲子;川提授。	
(宗室)**興肇**		
(?)**旺沁班巴爾** 　十二、己未;革。	(滿)**圖桑阿** 　十二、己未;荆將改。	
(蒙)**保寧** 　六、壬子、三,7.14;署川督。　　永保署。		
(宗室)**恆瑞**		
(蒙)**奎舒**		
(滿)**舒廉** 　三、壬寅、廿二,5.5;改户右。	(蒙)**普福** 　五、戊戌、十八,6.30;幫辦改。七月,降。	(?)**保泰** 　八月,任。
(蒙)**普福** 　五、戊戌;遷駐藏。	(滿)**舒廉** 　四、庚辰、卅,6.12;革户右,仍留。(賞副都銜)	

駐防大臣年表

年　代	乾隆五六年　辛亥(1791)		
盛京	(宗室)**嵩椿** 九、庚辰、八，10.5；病，召京。 (六十年死，勤僖)	(宗室)**琳寧** 九、庚辰；吉將改。	
吉林	(宗室)**琳寧** 九、庚辰；改盛將。	(宗室)**恆秀** 九、庚辰；西將改。	
黑龍江	(滿)**都爾嘉** 十二、丁卯、十七，1.20；召京。	(滿)**明亮** 十二、丁卯；刑尚授。	
江寧	(滿)**永慶**		
杭州	(滿)**寶琳**		
福州	(滿)**魁倫**		
廣州	(滿)**善德**		
荊州	(滿)**舒亮** 十一、己丑、十八，12.13；改西將。	(？)**富昌** 十一、己丑；熱副都遷。	
西安	(宗室)**恆秀** 九、庚辰；改吉將。	(滿)**舒亮** 十一、己丑；荊將改。	
成都	(滿)**成德** 十一、辛巳、十，12.5；革(賞副都)。	(滿)**奎林** 十一、辛巳；駐藏大臣、參贊授。　觀成署。	
綏遠城	(宗室)**興肇**		
寧夏	(滿)**圖桑阿**		
伊犁	(蒙)**保寧**		
定邊 左副	(宗室)**恆瑞**		
青海	(蒙)**奎舒**		
西藏	(？)**保泰** 九、壬辰、廿，10.17；革。	(滿)**奎林** 九、壬辰；閩水提授，參贊。 十一、辛巳；改成將。	(滿)**鄂輝** 十一、辛巳；革川督授 (賞副都)。
	(滿)**舒廉** 九、壬辰；以副督協辦。△十二月，死。		

乾隆五七年　壬子(1792)

（宗室）**琳寧**

（宗室）**恆秀**　　　　　　　　　　　　　　　（宗室）**恆瑞**（未任）
　　十二、庚辰、十六，1.27；定左互調。　　　　　十二、庚辰；定左改。

（滿）**明亮**

（滿）**永慶**

（滿）**寶琳**

（滿）**魁倫**

（滿）**善德**　　　　　　　　　　　　　　　　（？）**富昌**
　　十二、丙戌、廿二，2.2；改正紅蒙都。　　　　　十二、丙戌；荊將改。

（？）**富昌**　　　　　　　　　　　　　　　　　（宗室）**永琨**
　　十二、丙戌；改廣將。　　　　　　　　　　　　十二、丙戌；任。

（滿）**舒亮**

（滿）**奎林**　　　　　　　　　　　　　　　　（滿）**觀成**
　　三、壬辰、廿三，4.14；死(武毅)。　　　　　　三、壬辰；川提署。

（宗室）**興肇**　　　　　　　　　　　　　　　（滿）**圖桑阿**
　　十、癸巳、廿八，12.11；解，議。(五八年荊將)　十、癸巳；寧將改。

（滿）**圖桑阿**　　　　　　　　　　　　　　　（？）**隆興**
　　十、癸巳；改綏將。　　　　　　　　　　　　　十、癸巳；任。

（蒙）**保寧**

（宗室）**恆瑞**　　　　　　　　　　　　　　　（宗室）**恆秀**（未任）
　　十二、庚辰；吉將互調。　　　　　　　　　　　十二、庚辰；吉將改。

（蒙）**奎舒**　　　　　　　　　　　　　　　　（蒙）**特克慎**
　　九、庚子、四，10.19；改理右。　　　　　　　　九、庚子；晉按授。(賞副都銜)

（滿）**鄂輝**　　　　　　　　　　　　　　　　（滿）**和琳**
　　△召京。　　　　　　　　　　　　　　　　　二、己巳、卅，3.22；兵右授。
　　　　　　　　　　　　　　　　　　　　　　八、癸酉、七，9.22；遷工尚。

（滿）**舒廉**　　　　　　　　　　　　　　　　（滿）**成德**
　　正、丙戌、十六，2.8；死。　　額勒登保暫代。　正、丙戌；前成將任。

駐防大臣年表

年 代	乾隆五八年　癸丑(1793)		
盛京	(宗室)**琳寧**		
吉林	(宗室)**恆秀** 正、甲辰、十, 2.20; 留任。		
黑龍江	(滿)**明亮**		
江寧	(滿)**永慶**		
杭州	(滿)**寶琳**		
福州	(滿)**魁倫**		
廣州	(?)**富昌**		
荊州	(宗室)**永琨** 四、辛卯、廿九, 6.7; 改寧將。	(滿)**慶桂** 四、辛卯; 兵尚授。 八、戊子、廿八, 10.2; 仍兵尚。	(宗室)**興肇** 八、戊子; 前綏將授。
西安	(滿)**舒亮**		
成都	(滿)**觀成** 正、庚子、六, 2.16; 授。		
綏遠城	(滿)**圖桑阿**		
寧夏	(?)**隆興** 四、辛卯; 召京(授鑲紅漢都)。	(宗室)**永琨** 四、辛卯; 荊將改。	
伊犁	(蒙)**保寧**		
定邊左副	(宗室)**恆瑞** 正、甲辰、留任。		
青海	(蒙)**特克慎**		
西藏	(滿)**和琳** （工尚兼）		
藏	(滿)**成德** 十一、甲午、五, 12.7; 召回。	(蒙)**和寧** 十一、甲午; 陝布授。	

乾隆五九年　甲寅(1794)

(宗室)**琳寧**

(宗室)**恆秀**	(滿)**寶琳**	(滿)**秀林**
正、丁酉、九, 2.8；解(革)。	正、乙卯、廿七, 2.26；杭將改。 八、丁酉、十三, 10.6；死(勤恪)。	八、丁酉；吉副都授。

(滿)**明亮**	(滿)**舒亮**
十二、丙子、廿三, 1.13；改伊將。	十二、己卯、廿六, 1.16；西將改。

(滿)**永慶**

(滿)**寶琳**	(滿)**善德**	(滿)**成德**
正、乙卯；改吉將。 浙撫吉慶兼署。	二、辛酉、三, 3.4；正紅蒙都授。 △召京。	四、己卯、廿三, 5.21； 駐藏幫辦署。

(滿)**魁倫**

(？)**富昌**

(宗室)**興肇**

(滿)**舒亮**	(滿)**圖桑阿**
十二、己卯；改黑將。	十二、己卯；綏將改。

(滿)**觀成**

(滿)**圖桑阿**	(宗室)**永琨**
十二、己卯；改西將。	十二、己卯；寧將改。

(宗室)**永琨**	(滿)**保成**
十二、己卯；改綏將。	十二、己卯；熱副都遷。

(蒙)**保寧**	(滿)**明亮**
十二、丙子；改吏尚。	十二、丙子；黑將改。

(宗室)**恆瑞**

(蒙)**特克慎**

(滿)**和琳**	(蒙)**松筠**
七、甲辰、十九, 8.14；改川督。	七、甲辰；工尚兼任。

(蒙)**和寧**

駐防大臣年表

年　代	乾隆六十年　乙卯(1795)		
盛京	(宗室)琳寧		
吉林	(滿)秀林		
黑龍江	(滿)舒亮 九、乙丑、十七,10.29;革。	(宗室)永琨 九、乙丑;定左改。	
江寧	(滿)永慶 十二、辛丑、廿四,2.2;召京(署鑲白副都)。	(?)那奇泰 十二、辛丑;熱副都授。	
杭州	(滿)成德		
福州	(滿)魁倫 六、戊申、廿九,8.13;署閩撫,兼署閩督。		
廣州	(?)富昌		
荆州	(宗室)興肇		
西安	(滿)圖桑阿 九、乙丑;改定左。	(宗室)恆瑞 九、乙丑;綏將改。	
成都	(滿)觀成		
綏遠城	(宗室)永琨 八、壬午、四,9.16;定左互調。	(宗室)恆瑞 八、壬午;定左改。 九、乙丑;改西將。	(蒙)烏爾圖納遜 九、乙丑;察都改。
寧夏	(滿)保成		
伊犁	(滿)明亮 九、丙寅、十八,10.30;革。	(蒙)保寧 九、丙寅;吏尚授。	
定邊左副	(宗室)恆瑞 八、壬午;綏將互調。	(宗室)永琨 八、壬午;綏將改。 九、乙丑;改黑將。	(滿)圖桑阿 九、乙丑;西將改。
青海	(蒙)特克慎 九、丙寅;改理右。(改駐庫倫)	(?)策巴克 九、丙寅;任。	
西藏	(蒙)松筠 (工尚)		
	(蒙)和寧		

嘉　慶　元　年　丙辰(1796)	嘉　慶　二　年　丁巳(1797)
(宗室)琳寧	(宗室)琳寧
(滿)秀林	(滿)秀林
(宗室)永琨	(宗室)永琨　　　　　　　　(蒙)額勒伯克 五、庚戌、十一, 6.5;　　　五、庚戌;三姓副都遷。 改定左。
(?)那奇泰	(?)那奇泰
(滿)成德	(滿)成德
(滿)魁倫　　　　　　　(?)富昌 六、乙亥、一, 7.5;　六、丙子、二, 7.6; 改閩督。　　　　　廣將改。	(?)富昌
(?)富昌　　　　　　(滿)明亮 六、丙子;　　　　三、己酉、三, 4.10;會剿。 改福將。　　　　六、丙子;革伊將授。	(滿)明亮
(宗室)興肇	(宗室)興肇
(宗室)恆瑞 　三、己酉;會剿當陽教軍。	(宗室)恆瑞
(滿)觀成	(滿)觀成
(蒙)烏爾圖納遜　　　(滿)富銳 三、壬申、廿六, 5.3;　三、乙亥、廿九, 5.6; 改理尚。　　　　　　正藍蒙都授。	(滿)富銳
(滿)保成	(滿)保成
(蒙)保寧 　(吏尚)	(蒙)保寧* 　(吏尚)十一、戊子、廿三, 1.9;授協。
(滿)圖桑阿	(滿)圖桑阿　　　　　　　(宗室)永琨 三、己酉、九, 4.5;　　　三、己酉;黑將改。 解、勘(革)。
(?)策巴克	(?)策巴克　　(蒙)奎舒 　　　　　　　五、壬子、十三, 6.7;理左授。
(蒙)松筠 　(工尚)	(蒙)松筠 　(工尚)
(蒙)和寧	(蒙)和寧

駐防大臣年表

年　代	嘉　慶　三　年　戊午(1798)		
盛京	(宗室)**琳寧**		
吉林	(滿)**秀林**		
黑龍江	(蒙)**額勒伯克** 二、丁酉、三,3.19;病免(死)。	(?)**那奇泰** 二、丁酉;江將改。	
江寧	(?)**那奇泰** 二、丁酉;改黑將。	(滿)**慶霖** 二、丁酉;寧古塔副都遷。	
杭州	(滿)**成德**		
福州	(?)**富昌** 十一、甲子、五,12.11;兼署閩督。		
廣州	(滿)**明亮** △出征。	(?)**崇尚** 七、庚午、八,8.19;正黃滿副授。	
荊州	(宗室)**興肇**		
西安	(宗室)**恆瑞**		
成都	(滿)**觀成** △四月,革(旋授西安副都)。	(滿)**富成** △三月,江提授。	
綏遠城	(滿)**富銳** 正、庚寅、廿五,3.12;正黃領衛授。 △召京,授鑲藍蒙都(兵尚)。	(蒙)**烏爾圖納遜**(未任) 正、庚寅;正藍護統授。	(滿)**永慶** 正、庚寅;正藍蒙都署。 五月,授。
寧夏	(滿)**保成** △死。	(?)**富楞泰** 五、乙亥、十二,6.25;涼州副都遷。	(?)**德勒格楞貴** 七、庚午、八,8.19;正白滿副遷。
伊犁	(滿)**保寧*** (吏尚)		
定邊左副	(宗室)**永琨**		
青海	(蒙)**奎舒** (理左兼)		
西藏	(蒙)**松筠** (工尚)		
	(蒙)**和寧**		

嘉 慶 四 年　己未(1799)

(宗室)**琳寧**		
(滿)**秀林**		
(?)**那奇泰**		
(滿)**慶霖** 　正、甲子、五,2.9；福將互調。	(?)**富昌** 　正、甲子；福將改。	
(滿)**成德** 　十、壬寅、十七,11.14；休。	(漢)**范建中** 　十、壬寅；左都授。	
(?)**富昌** 　正、甲子；江將互調。	(滿)**慶霖** 　正、甲子；江將改。	
(?)**崇尚**		
(宗室)**興肇** 　十、己丑、四,11.1；革。(十三年,杭將)	(宗室)**弘豐** 　十、己丑；鑲黃護統授。	
(宗室)**恆瑞** 　正、丙戌、廿七,3.3；署陝督。　西安副都觀成兼署。		
(滿)**富成** 　四、丙辰、廿八,6.1；革。 　(五年戰死)	(漢)**慶成** 　四、丙辰；署正黃漢都授。 　八月、革、拿。	(滿)**阿迪斯** 　九、壬戌、七,10.5；左都授。
(滿)**永慶**		
(?)**德勒格楞貴** 　三、丙寅、八,4.12；改鑲黃蒙都。	(?)**斌寧** 　三、丙寅；鑲黃漢都授。	
(蒙)**保寧**＊＊ 　(吏尚：正、戊辰、九,2.13；遷武英。)		
(宗室)**永琨** 　三、乙亥、十七,4.21；召京。	(?)**綿佐** 　三、乙亥；任。	
(蒙)**奎舒** 　(理左)九、戊辰、十三,10.11；革。	(滿)**台斐蔭** 　九、戊辰；領隊賞三等侍衛授。	
(蒙)**松筠** 　(正、戊辰、九,2.13；改戶尚。) 　正、庚辰、廿一,2.25；召京。	(滿)**英善** 　正、戊辰；兵左任。 　(二月改吏右、六月改吏左。)	
(蒙)**和寧**		

年代	嘉慶五年　庚申(1800)	
盛京	(宗室)**琳寧** 三、辛酉、九,4.2;召京。	(宗室)**晉昌**(輔國公) 三、辛酉;鑲紅滿副遷。
吉林	(滿)**秀林**	
黑龍江	(?)**那奇泰** 正、戊寅、廿五,2.18;降。(熱河副都)	(?)**景熠** 正、戊寅;内務大臣授。
江寧	(?)**富昌**	
杭州	(漢)**范建中** 七、癸巳、十三,9.1;病免(恪慎)。	(蒙)**普福** 七、癸巳;(理左改)鑲黄滿副遷。
福州	(滿)**慶霖**	
廣州	(?)**崇尚** 八、戊寅、廿八,10.16;病免。	(宗室)**書敬** 八、戊寅;左都授。
荆州	(宗室)**弘豐**	
西安	(宗室)**恆瑞**	
成都	(滿)**阿迪斯** 三、乙丑、十三,4.6;革。　川督勒保暫署。	(蒙)**德楞泰**(二等子) 四、乙酉、三,4.26;任。
綏遠城	(滿)**永慶**	
寧夏	(?)**斌寧**	(蒙)**蘇寧阿** 正、癸亥、十,2.3;甘提授。
伊犁	(蒙)**保寧**** 正、辛酉、八,2.1;召京。 閏四、甲子、十二,6.4;仍署。	(蒙)**松筠** 正、辛酉;陝督授。 閏四、甲子;解。
定邊左副	(?)**綿佐**	
青海	(滿)**台費蔭** 九、丙申、十七,11.3;解(閣學)。	(蒙)**台布** 九、丙申;革陝撫授。
西藏	(滿)**英善** 二、丁未、廿四,3.19;革吏左,賞四品,仍任。	
	(蒙)**和寧**	

嘉慶六年　辛酉(1801)

(宗室)晉昌

(滿)秀林

(?)景熠
二、戊午、十二,3.25;革。

(?)那奇泰
二、戊午;烏里雅蘇台參贊授。

(?)富昌

(蒙)普福

(滿)慶霖

(宗室)書敬

(宗室)弘豐

(宗室)恆瑞
△死。

(滿)賽沖阿
六、丙辰、十一,7.21;陝提授。

(蒙)德楞泰
△正月,晉一等子。九月,晉二等伯。

(滿)永慶
五、乙巳、卅,7.10;召京(鑲白蒙都)。

(?)崇尚
五、乙巳;前廣將授。

(蒙)蘇寧阿

(蒙)保寧**

(?)綿佐

(蒙)台布

(滿)英善

(蒙)和寧

(滿)福寧
四、癸亥、十七,5.29;頭等侍衛授。

駐防大臣年表

年　代	嘉　慶　七　年　　壬戌(1802)		
盛京	(宗室)晉昌		
吉林	(滿)秀林		
黑龍江	(？)那奇泰		
江寧	(？)富昌		
杭州	(蒙)普福 四、壬子、十二、5.13； 改左都。	(宗室)弘豐 四、壬子；荊將改。 △死。	(漢)張承勳(一等侯) 十、己酉、十一、11.16； 鑲白漢都授。
福州	(滿)慶霖		
廣州	(宗室)喜敬 十二、甲寅、十七、1.10；召京(死)。	(宗室)慶怡(輔國公) 十二、甲寅；鑲黃蒙副遷。	
荊州	(宗室)弘豐 四、壬子；改杭將。	(宗室)積拉塔(輔國公) 四、壬子；正藍滿副遷。	
西安	(滿)賽沖阿 二、乙卯、十四、3.17；改寧將。	(滿)額勒登保 二、乙卯；理尚授。七月，赴楚。	(滿)興奎 七、壬辰、廿四、8.21； 烏魯木齊都統授。
成都	(蒙)德楞泰 △十一月，晉一等侯。		
綏遠城	(？)崇尚		
寧夏	(蒙)蘇寧阿 二、乙卯；召京。	(滿)賽沖阿 二、乙卯；西將改。	
伊犁	(蒙)保寧** 正、壬午、十、2.12；召京。	(蒙)松筠 正、壬午；伊犁領隊授。	
定邊左副	(？)綿佐		
青海	(蒙)台布		
西藏	(滿)英善		
	(滿)福寧		

駐防大臣年表

嘉慶八年　癸亥(1803)

（宗室）**晉昌**
　　八、壬午、廿,10.5;革。

（蒙）**富俊**
　　八、壬午;吉將改。

（滿）**秀林**
　　五、癸丑、廿,7.8;改江將。
　　八、壬午;仍回任。

（蒙）**富俊**
　　五、癸丑;署鑲紅漢都授。
　　八、壬午;改盛將。

（?）**那奇泰**
　　十二、戊寅、十七,1.29;革。

（滿）**觀明**
　　十二、戊寅;察都授。

（?）**富昌**　　　　　　　　（滿）**秀林**　　　　　　　　　　　　　　　　（?）**崇尚**
　　五、癸丑;召京。　　　　　五、癸丑;吉將改。八、壬午;仍回任。　　　八、壬午;綏將改。

（漢）**張承勳**

（滿）**慶霖**

（宗室）**慶怡**

（宗室）**積拉堪**

（滿）**興奎**

（蒙）**德楞泰**
　　△降二等侯。

（?）**崇尚**　　　　　　　（?）**德勒格楞貴**　　　　　　　（?）**奇臣**
　　八、壬午;改江將。　　　　八、壬午;鑲黃蒙都授。　　　十二、癸未、廿二,2.3;正白滿副遷。

（滿）**賽沖阿**

（蒙）**松筠**

（?）**綿佐**　　　　　　　　　　　（宗室）**成寬**（輔國公）
　　七、丙午、十四,8.30;改右翼前統。　　七、丙午;右翼前統授。

（蒙）**台布**　　　　　　（?）**恆伯**　　　　　　　　　　　（滿）**都爾素**
　　閏二月,病免。　　　　閏二、丙寅、一,3.23;三等侍衛授。　　閏二、丁卯;
　　　　　　　　　　　　閏二、丁卯、二,3.24;巴里坤領隊互調。　巴里坤領隊改。

（滿）**英善**　　　　　　　　　　（滿）**福寧**
　　十一、辛丑、十,12.23;召京。　　十一、辛丑;幫辦授。

（滿）**福寧**　　　　　　　　　　（滿）**成林**
　　十一、辛丑;改駐藏辦事大臣。　　十一、辛丑;藍翎侍衛授。

駐防大臣年表

年　代	嘉　慶　九　年　　甲子(1804)	
盛京	(蒙)**富俊**	
吉林	(滿)**秀林**	
黑龍江	(滿)**覲明**	
江寧	(？)**崇尚**	
杭州	(漢)**張承勳**　　正、甲午、四，2.14；召京(旋死)。	(？)**明俊**　　正、甲午；散秩大臣授。
福州	(滿)**慶霖**	
廣州	(宗室)**慶怡**	
荊州	(宗室)**積拉塪**	
西安	(滿)**興奎**　　正、丁未、十七，2.27；寧將互調。	(滿)**賽沖阿**　　正、丁未；寧將改。
成都	(蒙)**德楞泰**　　△復一等侯。	
綏遠城	(？)**奇臣**　　四、戊子、卅，6.7；改烏魯木齊都統。	(滿)**春寧**(一等男)　　四、戊子；鑲藍蒙都授。
寧夏	(滿)**賽沖阿**　　正、丁未；西將互調。	(滿)**興奎**　　正、丁未；西將改。
伊犂	(蒙)**松筠**	
定邊左副	(宗室)**成寶**	
青海	(滿)**都爾嘉**	
西藏	(滿)**福寧**　　十、甲戌、十九，11.20；召京。	(？)**策拔克**　　十、甲戌；熊岳副都授。
	(滿)**成林**	

嘉 慶 十 年　乙丑(1805)

(蒙)**富俊**

(滿)**秀林**

(滿)**覿明**

(?)**崇尚**	(?)**弘廉**
十、甲辰、廿五，12.15；病免。	十、甲辰；廣將改。

(?)**明俊**

(滿)**慶霖**	(滿)**陽春**
△正月，病免。（十一年死）	正、辛丑、十六，2.15；青州副都遷。

(宗室)**慶怡**	(?)**弘廉**	(滿)**賽沖阿**
三、甲辰、廿，4.19；病，召京。	三、甲辰；和闐辦事授。 十、甲辰；改江將。	十、甲辰；西將改。

(宗室)**積拉塔**

(滿)**賽沖阿**	(?)**札勒杭阿**
十、甲辰；改廣將。	十、甲辰；烏魯木齊提督授。

(蒙)**德楞泰**	(漢)**慶　成**
八、乙巳、廿五，10.17；改正白領衛。 （十一年，西將）	八、乙巳；鄂提授。

(滿)**春寧**

(滿)**興奎**

(蒙)**松筠**

(宗室)**成寬**

(滿)**都爾嘉**	(?)**玉寧**	(?)**貢楚克札布**
四、戊辰、十五，5.13；革。	四、戊辰；理右任。 十、壬辰、十三，12.3；改駐藏。	十、壬辰；刑左任。

(?)**策拔克**	(?)**玉寧**
十、壬辰；解（革）。	十、壬辰；西寧改（理右）。

(滿)**成林**	(?)**文弼**
十、壬辰；改伊犁領隊。	十、甲申、五，11.25；成都副都任。

駐防大臣年表

年代	嘉慶十一年　丙寅(1806)	嘉慶十二年　丁卯(1807)
盛京	(蒙)富俊	(蒙)富俊
吉林	(滿)秀林	(滿)秀林
黑龍江	(滿)觀明	(滿)觀明
江寧	(?)弘廏	(?)弘廏
杭州	(?)明俊	(?)明俊
福州	(滿)陽春　三、壬戌、十四,5.2;廣將互調。　(滿)賽沖阿　三、壬戌;廣將改。	(滿)賽沖阿
廣州	(滿)賽沖阿　三、壬戌;福將互調。　(滿)陽春　三、壬戌;福將改。	(滿)陽春
荊州	(宗室)積拉塔	(宗室)積拉塔　(?)永慤　二、戊子、十六,3.24;召京(革)。　二、戊子;鑲黃蒙都授。
西安	(?)札勒杭阿　十、乙酉、十二,11.21;改鑲白蒙都。　(蒙)德楞泰　十、乙酉;正藍漢都授。	(蒙)德楞泰
成都	(漢)慶成　△革、戌。　(滿)特清額　六、壬午、六,7.21;甘提授。十一、癸亥、十,12.19;署川督。	(滿)特清額
綏遠城	(滿)喜寧	(滿)喜寧　△死(壯勇)。△九月,副都統宗室慶怡兼署。　(宗室)來儀　九、壬寅、四,10.4;鑲黃蒙副遷。
寧夏	(滿)興奎	(滿)興奎
伊犁	(蒙)松筠	(蒙)松筠
定邊左副	(宗室)成寬	(宗室)成寬　△革(死)。參贊祥保署。　(宗室)晉昌　十二、庚辰、十三,1.10;喀什噶爾參贊授。
青海	(?)貢楚克札布　(刑左)十二、壬午、九,1.17;召京。　(?)恆伯　十二、壬午;閣學任。	(?)恆伯　五、乙巳、四,6.9;革。　(滿)那彥成　五、乙巳;喀喇沙爾辦事大臣授。
西藏	(?)玉寧　(理右:正、壬戌、十四,3.3;改理左。)	(?)玉寧
	(?)文弼	(?)文弼

嘉慶十三年　戊辰(1808)	
(蒙)**富俊**	
(滿)**秀林**	
(滿)**覬明**	
(?)**弘康**	
(?)**明俊**　　十一、庚寅、廿九，1.14；改廣將。	(宗室)**興肇**　　十一、庚寅；鑲紅漢副遷。
(滿)**賽沖阿**	
(滿)**陽春**　　十一、庚寅；召京(改和闐辦事)。	(?)**明俊**　　十一、庚寅；杭將改。
(?)**永懿**	
(蒙)**德楞泰**	
(滿)**特清額**	
(宗室)**來儀**	
(滿)**興奎**	
(蒙)**松筠**	
(宗室)**晉昌**	
(滿)**那彥成**　　三、丙辰、廿，4.15；改江南副總河。	(滿)**文孚**　　三、丙辰；通副賞副都任。
(?)**玉寧**　　十、乙巳、十三，11.30；回京。	(?)**文弼**　　十、乙巳；幫辦大臣遷。
(?)**文弼**　　十、乙巳；遷辦事大臣。	(滿)**隆福**　　十、乙巳；鑲黃蒙副任。

駐防大臣年表

年 代	嘉慶十四年 己巳(1809)		
盛京	(蒙)**富俊**		
吉林	(滿)**秀林** 十二、辛丑、十六,1.20；改工尚。	(滿)**賽沖阿** 十二、壬寅、十七,1.21；西將改。	
黑龍江	(滿)**觀明** 三、己卯、十九,5.3；改定左。	(?)**斌靜** 三、己卯；齊齊哈爾副都遷。	
江寧	(?)**弘廙**		
杭州	(宗室)**興肇** 三、己卯；改荊將。	(?)**雙喜** 三、己卯；密雲副都遷。	(?)**福會** 十、乙巳、十八,11.25；正藍滿副遷。
福州	(滿)**賽沖阿** 三、丙子、十六,4.30；改西將。	(?)**遠沖阿** 三、丙子；西安左副遷。	(漢)**慶成** 九、己未、二,10.10；鄂提授。
廣州	(?)**明俊**	(滿)**慶溥** 六、乙未、六,7.18；鄂提授。	
荊州	(?)**永懃**	(宗室)**興肇** 三、己卯；杭將改。	
西安	(蒙)**德楞泰** △晉三等公。 三、丙子；死(壯果)。	(滿)**賽沖阿** 三、丙子；福將改。 十二、壬寅；改吉將。	(滿)**阜保** 十二、壬寅；京右授。
成都	(滿)**特清額** △十月，署川督。		
綏遠城	(宗室)**來儀**		
寧夏	(滿)**興奎** 正、甲申、廿四,3.9； 改烏魯木齊都統。	(滿)**珠隆阿** △正月，鑲藍蒙副授。 △五月，死。	(滿)**隆福** 六、甲午、五,7.17； 駐藏幫辦授。
伊犁	(蒙)**松筠** 三、己卯；解。(陝督)	(宗室)**晉昌** 三、己卯；定左改。	
定邊左副	(宗室)**晉昌** 三、己卯；改伊將。	(滿)**觀明** 三、己卯；黑將改。	
青海	(滿)**文孚**		
西藏	(?)**文弼**		
	(滿)**隆福** 六、甲午；改事將。	(滿)**陽春** 六、甲午；和闐辦事大臣授。	

嘉慶十五年　庚午(1810)

(蒙)**富俊** 八、丁亥、五，9.3；革、戌。	(滿)**觀明** 八、丁亥；定左改。
(滿)**賽沖阿**	
(?)**斌靜**	
(?)**弘廉**	
(?)**福會** 八、甲申、二，8.31；改廣將。	(宗室)**積拉塔** 八、甲申；熱都授。
(漢)**慶成**	

(滿)**慶溥** 七、庚辰、廿八，8.27；召京(定左)。	(滿)**阜保**(未任) 七、庚辰；前西將授。	(?)**福會** 八、甲申；杭將改。

(宗室)**興肇** 十二、壬寅、廿二，1.16；察都互調。	(宗室)**慶怡** 十二、壬寅；察都改。
(滿)**阜保** 六、丁酉、十四，7.15；召京。	(滿)**祥保** 六、丁酉；鑲藍蒙副遷。
(滿)**特清額**	
(宗室)**來儀**	
(滿)**隆福** △七月，死。	(?)**富色經** 八、丙戌、四，9.2；涼州副都遷。
(宗室)**晉昌**	
(滿)**觀明** 八、丁亥；改盛將。	(滿)**慶溥** 八、丁亥；前廣將授。
(滿)**文孚**	
(?)**文弼**	
(滿)**陽春**	

駐防大臣年表

年代	嘉慶十六年　辛未(1811)		
盛京	(滿)**觀明** 十二、癸丑、九，1.22;解(革)。	(滿)**和寧** 十二、癸丑;盛刑遷。	
吉林	(滿)**賽沖阿**		
黑龍江	(?)**斌靜**		
江寧	(?)**弘康**		
杭州	(宗室)**積拉墶**		
福州	(漢)**慶成**		
廣州	(?)**福會**		
荊州	(宗室)**慶怡** 七、乙巳、廿九，9.16;解(革)。	(?)**恆寧** 七、乙巳;正白漢副遷。	
西安	(滿)**祥保**		
成都	(滿)**特清額** △死。	(滿)**豐紳** 閏三、丁酉、十九，5.11;川提授。	
綏遠城	(宗室)**來儀** 閏三、辛巳、三，4.25;召京。(廿一年死)	(?)**果勒豐阿** 閏三、辛巳;正黃漢副遷。	
寧夏	(?)**富色鏗**		
伊犁	(宗室)**晉昌**		
定邊 左副	(滿)**慶溥**		
青海	(滿)**文孚** 十、丙辰、十一，11.26;召京。	(?)**福克精阿** 十、丙辰;正黃蒙副授。	
西藏	(?)**文弼** 二、癸未、四，2.26;降三調。	(滿)**陽春** 二、癸未;幫辦遷。 十、乙亥、卅，12.15;革。	(滿)**瑚圖禮** 十、乙亥;阿克蘇辦事授。
西藏	(滿)**陽春** 二、癸未;遷辦事大臣。	(蒙)**慶惠** 二、癸未;原工左授。	

嘉慶十七年　壬申(1812)		
(滿)和寧		
(滿)賽沖阿		
(?)斌靜		
(?)弘康	(宗室)興肇 △十二月, 密雲副都授。	
(宗室)積拉堪		
(漢)慶成 三、辛丑、廿九, 5.9; 死(襄恪)。	(?)扎拉芬 三、辛丑; 福州副都遷。	
(?)福會 △召京。(寧將)	(蒙)本智 十二、甲寅、十五, 1.17; 簽副都遷。	
(?)恆寧		
(滿)祥保 三、辛卯、十九, 4.29; 改成將。	(滿)明亮 三、辛卯; 鑲白滿副遷。	
(滿)豐紳 三、辛卯; 改駐藏幫辦大臣。 三、壬辰、廿, 5.30; 仍留。	(滿)祥保 三、辛卯; 西將改。 三、壬辰; 改西藏幫辦。	
(?)果勒豐阿		
(?)富色鏗		
(宗室)晉昌		
(滿)慶溥		
(?)福克精阿		
(滿)瑚圖禮		
(蒙)慶惠	(滿)豐紳 三、辛卯; 成將授。三、壬辰; 回任。	(滿)祥保 三、壬辰; 成將改。

年 代	嘉慶十八年　癸酉(1813)	
盛京	(滿)**和寧** △解、議。	(宗室)**晉昌** 十二、丁巳、廿四、1.15；烏魯木齊都統改。
吉林	(滿)**賽沖阿** 四、戊戌、一，5.1；改成將。	(滿)**喜明** 四、戊戌；直提授。
黑龍江	(?)**斌靜** 四、癸亥、廿六，5.26；解(革)。	(蒙)**富俊** 四、癸亥；盛工授。
江寧	(宗室)**興肇**	
杭州	(宗室)**積拉堪**	
福州	(?)**扎拉芬**	
廣州	(蒙)**本智**	
荊州	(?)**恆寧**	
西安	(滿)**明亮** 三、甲戌、七，4.7；召京。	(滿)**穆克登布** 三、甲戌；左江鎮授。
成都	(滿)**豐紳** 二、壬戌、廿四，3.26；憂免。(旋死，勤襄) 川督常明兼署。	(滿)**賽沖阿** 四、戊戌；吉將改。
綏遠城	(?)**果勒豐阿**	
寧夏	(?)**富色鯉** 二、辛酉、廿三，3.25；降頭等侍衛。	(?)**福會** 二、辛酉；正藍蒙都授。
伊犁	(宗室)**晉昌** 六、庚申、廿五，7.22；革(署正白漢都)。	(蒙)**松筠**＊＊ 六、庚申；協、吏尚兼。九月，遷東閣，仍兼。
定邊左副	(滿)**慶溥**	
青海	(?)**福克精阿**	
西藏	(滿)**瑚圖禮** 九、壬申、九，10.2；改理右。	
	(滿)**祥保**	

嘉慶十九年　甲戌(1814)

(宗室)**晉昌** 四、己卯、十八，6.6；兵尚降盛京副都統和寧署： 五、癸巳、三，6.20；授熱都，仍署。		

(滿)**喜明** 二、辛丑、九，2.28；改駐藏幫辦。	(蒙)**富俊** 二、壬子、廿，3.11；黑將改。

(蒙)**富俊** 二、壬子；改吉將。	(滿)**特依順保** 二、壬子；西寧鎮授。

(宗室)**興肇** 閏二、辛卯、廿九，4.19；召京。(廿五年死)	(滿)**穆克登布** 閏二、辛卯；寧將改。

(宗室)**積拉堪**

(？)**扎拉芬**

(蒙)**本智**

(？)**恆寧**

(滿)**穆克登布** 閏二、戊辰、六，3.27；改寧將。	(滿)**祥保** 閏二、戊辰；駐藏改。 十二、癸酉、十七，1.26；改察都。	(？)**成德** 十二、癸酉；鑲藍漢都授。

(滿)**賽沖阿**

(？)**果勒璧阿**

(？)**福會** 閏二、戊辰；召京。	(滿)**穆克登布** 閏二、戊辰；西將改。 閏二、辛卯；改江將。	(？)**德寧阿** 閏二、辛卯；寧古塔副都遷。

(蒙)**松筠****

(滿)**慶溥** 十、乙丑、八，11.19；改左都。	(宗室)**伊沖阿** 十、乙丑；左都授。

(？)**福克精阿**

(滿)**喜明**
閏二、戊辰；幫辦授。

(滿)**祥保** 閏二、戊辰；改西將。	(滿)**喜明** 二、辛丑；吉將改。 閏二、戊辰；遷駐藏。	(？)**珂什克** 閏二、戊辰；太僕授。

年　代	嘉慶二十年　乙亥(1815)		
盛京	(宗室)晉昌		
吉林	(蒙)富俊		
黑龍江	(滿)特依順保		
江寧	(滿)穆克登布		
杭州	(宗室)積拉堪		
福州	(?)扎拉芬		
廣州	(蒙)本智		
荆州	(?)恆寧		
西安	(?)成德		
成都	(滿)賽沖阿		
綏遠城	(?)果勒豐阿		
寧夏	(?)德寧阿		
伊犁	(蒙)松筠** 十、庚申、九，11.9；召京。	(蒙)晟齡 十、庚申；伊犁參贊遷。	
定邊左副	(宗室)伊沖阿		
青海	(?)福克精阿 十、丁卯、十六，11.16； 召京。	(?)來靈 十、丁卯；革察副賞頭等侍衛任。 十、辛未、廿，11.20；改庫車辦事。	(宗室)緒莊 十、辛未；庫車辦事改。
西藏	(滿)喜明 十一、丁亥、六，12.6；授理右，仍留。		
	(?)珂什克		

嘉慶二一年　丙子(1816)	嘉慶二二年　丁丑(1817)
(宗室)晉昌	(宗室)晉昌　　　　　(蒙)富俊 　　　二、癸未、九，3.26；　　二、癸未；吉將改。 　　　改伊將。
(蒙)富俊	(蒙)富俊　　　　　　(？)松寧 　　　二、癸未；改盛將。　　二、癸未；西寧辦事 　　　　　　　　　　　　(理左)授。
(滿)特依順保	(滿)特依順保
(滿)穆克登布	(滿)穆克登布
(宗室)積拉堪	(宗室)積拉堪　　　　　(漢)毓秀 　　　△死。　　　　　　八、壬辰、廿一，10.1； 　　　　　　　　　　　　正白滿副授。
(？)扎拉芬	(？)扎拉芬
(蒙)本智	(蒙)本智
(？)恆寧	(？)恆寧
(？)成德	(？)成德
(滿)賽沖阿	(滿)賽沖阿　　　　　(？)德寧阿 　　　六、甲戌、二，7.15；　六、甲戌；寧將改。 　　　改正白漢都。　　　　十、辛巳、十一，11.19；兼署川督。
(？)果勒豐阿	(？)果勒豐阿
(？)德寧阿	(？)德寧阿　　　　　(滿)祥保 　　　六、甲戌；改成將。　　六、甲戌；察都改。
(蒙)長齡	(蒙)長齡　　　　　　(宗室)晉昌 　　　二、癸未；改陝督。　　二、癸未；盛將改。
(宗室)伊沖阿	(宗室)伊沖阿　　　　　(滿)喜明 　　　四、壬辰、十九，　　五、辛酉、十八，7.2； 　　　6.3；改理尚。　　　駐藏(理右)授。
(宗室)緒莊　　(？)松寧 　△降四等　　二、戊寅、廿八，3.26；吉林副都任。 　侍衛，召京。　四、辛未、廿二，5.18；授理左，仍任。	(？)松寧　　　　　　(？)納爾松阿 　二、癸未；改吉將。(理左)　二、癸未；衢州鎮任。
(滿)喜明 　（理右）	(滿)喜明　　　　　(滿)玉麟 　五、辛酉；改定左。　五、辛酉；葉爾羌辦事授。
(？)珂什克	(？)珂什克

駐防大臣年表

年 代	嘉慶二三年　戊寅(1818)		
盛京	(蒙)富俊 九、丁巳、廿二, 10.21; 改吉將。	(滿)賽沖阿 九、丁巳; 正白漢都授。	
吉林	(?)松寧 九、丁巳; 改熱都(黑將)。	(蒙)富俊 九、丁巳; 盛將改。	
黑龍江	(滿)特依順保 十一、己亥、五, 12.2; 改定左。	(?)松寧 十一、己亥; 熱都改。	
江寧	(滿)穆克登布 十二、戊子、廿五, 1.20; 召京(正藍漢都)。	(蒙)本智 十二、戊子; 廣將改。	
杭州	(漢)毓秀 △死。	(?)薩炳阿 十一、己未、廿五, 12.22; 杭州副都授。	
福州	(?)扎拉芬		
廣州	(蒙)本智 十二、戊子; 改江將。	(滿)八十六 十二、戊子; 綏將改。	
荊州	(?)恆寧		
西安	(?)成德		
成都	(?)德寧阿		
綏遠城	(?)果勒豐阿 十一、戊申; 十四, 12.11; 革。	(滿)八十六 十一、戊申; 青州副都授。 十二、戊子; 改廣將。	(蒙)祿成 十二、戊子; 吉林副都遷。
寧夏	(滿)祥保		
伊犁	(宗室)晉昌		
定邊左副	(滿)喜明 十一、己亥、五, 12.2; 死(勤毅)。	(滿)特依順保 十一、己亥; 黑將改。	
青海	(?)納爾松阿 七、壬子、十六, 8.17; 解(革)。	(滿)秀寧 七、辛亥、十五, 8.16; 英吉沙爾領隊任。	
西藏	(滿)玉麟		
	(?)珂什克		

	嘉慶二四年　己卯(1819)

(滿)**賽沖阿**	(蒙)**松筠**
九、癸酉、十四,11.1;改理尚。	九、癸酉;兵尚授。
(蒙)**富俊**	
(?)**松寧**	
(蒙)**本智**	
(?)**薩炳阿**	
(?)**扎拉芬**	(滿)**祥保**
九、庚辰、廿一,11.8;改鑲黃蒙都。	九、庚辰;寧將改。
(滿)**八十六**	
(?)**恆寧**	
(?)**成德**	
(?)**德寧阿**	
(蒙)**祿成**	
(滿)**祥保**	(滿)**格布舍**
九、庚辰;改福將。	九、庚辰;鑲黃蒙都授。
(宗室)**晉昌**	
(滿)**特依順保**	
(滿)**秀寧**	
(滿)**玉麟**	
(?)**珂什克**	(?)**靈海**
十一、丙寅、八,12.24;召京。	十一、丙寅;閱讀學任。

駐防大臣年表

年 代	嘉慶二五年　庚辰(1820)		
盛京	(蒙)松筠 四、乙巳、廿,5.31;降山海關副都。	(?)松寧 四、戊申、廿三,6.3;黑將改。	
吉林	(蒙)富俊		
黑龍江	(?)松寧 四、戊申;改盛將。	(宗室)奕顥 四、戊申;鑲紅滿都授。	
江寧	(蒙)本智 十一、癸酉、廿,12.25;召京。	(滿)八十六 十一、癸酉;廣將改。 十一、辛巳、廿八,1.2;召京。	(滿)普恭 十一、辛巳;禮尚授。
杭州	(?)薩炳阿		
福州	(滿)祥保 十二、丙戌、四,1.7;召京。	(滿)和世泰 十二、丙戌;理尚授。	
廣州	(滿)八十六 十一、癸酉;改江將。	(?)孟住 十一、癸酉;鑲紅漢都授。	
荊州	(?)恆寧		
西安	(?)成德		
成都	(?)德寧阿 十、戊申、廿五,11.30;改烏魯木齊都統。	(滿)呢瑪善 十、戊申;南陽鎮授。	
綏遠城	(蒙)禄成		
寧夏	(滿)格布舍		
伊犁	(宗室)晉昌 四、癸巳、八,5.19;改正黃領衛。	(蒙)慶祥 四、癸巳;伊犁參贊遷。	
定邊左副	(滿)特依順保		
青海	(滿)秀寧 二、庚寅、四,3.17;解、勘。	(?)寨納 二、庚寅;喀什噶爾幫辦任。	
西藏	(滿)玉麟 十、戊子、五,11.10;召京。(道元,兵左)	(滿)文幹[文寧] 十、戊子;革豫撫、賞副都銜任。	
	(?)靈海		

道 光 元 年　辛巳(1821)		
(?)松寧		
(蒙)富俊		
(宗室)奕頴		
(滿)普恭		
(?)薩炳阿		
(滿)和世泰		
(?)孟住		
(?)恆寧	(?)綿齡 六、壬寅、廿四, 7.22; 鑲白漢副授。	
(?)成德 △解。(十一月, 授散秩大臣)	(漢)徐錕 五、丙子、廿七, 6.26; 直提授。	
(滿)呢瑪善 三、丁卯、十七, 4.18; 赴滇軍營, 德英阿署; 四、庚寅、十, 5.11; 欽、總統(大姚彝民)。		
(蒙)禄成		
(滿)格布舍		
(蒙)慶祥		
(滿)特依順保		
(?)素納 十、乙酉、八, 11.2; 召京。	(滿)松廷 十、乙酉; 太僕任。	
(滿)文幹 八、庚辰、三, 8.29; 兼鑲黃漢副。		
(?)靈海 十、甲申、七, 11.1; 召京。	(?)那丹珠 十、甲申; 鴻臚授。 十、乙酉、八, 11.2; 留原任。	(?)保昌 十、乙酉; 閣讀學授。

駐防大臣年表

年 代	道光二年　壬午(1822)				
盛京	(?)松寧 正、庚午、廿四、2.15；改黑將。		(宗室)晉昌 正、庚午；兵尚授。		
吉林	(蒙)富俊 六、己巳、廿七、8.13，改理尚。		(?)松筵 六、己巳；黑將改。		
黑龍江	(宗室)奕顥 正、庚午； 改定左。	(?)松筵[松寧] 正、庚午；盛將改。 六、己巳；改吉將。	(滿)德英阿 六、己巳；烏魯木齊都統改。 十二、庚申、廿、1.31；綏將互調。		(蒙)祿成 十二、庚申； 綏將改。
江寧	(滿)普恭				
杭州	(?)薩炳阿 十二、乙卯、十五、1.26；改福將。		(?)綽哈納 十二、乙卯；南韺遷。		
福州	(滿)和世泰 十二、乙卯；改鑲白蒙都。		(?)薩炳阿 十二、乙卯；杭將改。		
廣州	(?)孟住 十二、乙卯；改正黃漢都。		(?)弘善 十二、乙卯；泰寧鎮授。		
荊州	(?)綿齡				
西安	(漢)徐　鯤 五、癸巳、廿、7.8；革(賞藍衞，烏什辦事)。		(滿)賽沖阿 五、癸巳；御前、領衞授。		
成都	(滿)呢瑪善				
綏遠城	(蒙)祿成 十二、庚申；黑將互調。		(滿)德英阿 十二、庚申；黑將改。		
寧夏	(滿)格布舍 九、癸酉、二、10.16；召陸，副都卓爾琿保署。				
伊犁	(蒙)慶祥				
定邊左副	(滿)特依順保 正、庚午；召京。		(宗室)奕顥 正、庚午；黑將改。		
青海	(滿)松廷 △憂免。	(滿)廉敬 八、辛未、卅、10.14；三京候任。 九、丙子、五、10.19；乞養。		(滿)武隆阿 九、丙子；喀什噶爾參贊任。	
西藏	(滿)文幹				
	(?)保昌				

道　光　三　年　癸未(1823)

(宗室)**晉昌**

(？)**松森** | (蒙)**松筠**
九、壬辰、廿七, 10.30; 死。 | 九、壬辰; 左都授。

(蒙)**禄成**

(滿)**普恭**

(？)**綽哈納**

(？)**薩炳阿**

(？)**弘瞥**

(？)**綿齡**

(滿)**賽沖阿**

(滿)**呢瑪善**
　九、辛卯、廿六, 10.29; 召陸, 川督陳若霖兼署:
十二、辛酉、廿七, 1.27; 召京, 副督蘇沖阿署。

(滿)**德英阿**

(滿)**格布舍**

(蒙)**慶祥**

(宗室)**奕顥** | (？)**果勒豐阿**
　六、丁巳、廿, 7.27; 召京。 | 　六、丁巳; 散秩授。

(滿)**武隆阿** | (滿)**松廷** | (滿)**穆蘭岱**
　五、壬午、十四, 6.22; 召京。 | 　五、壬午; 閣學授。 | 　七、壬午; 西寧鎮授。
　 | 　七、壬午、十六, 8.21; 改駐藏。 |

(滿)**文幹** | (滿)**松廷**
　七、壬午; 出缺。 | 　七、壬午; 西寧改。(閣學)

(？)**保昌**

駐防大臣年表

年 代	道 光 四 年　甲申(1824)	
盛京	(宗室)晉昌	
吉林	(蒙)松筠 二、丁酉、三、3.3；改左都。	(蒙)富俊 二、丁酉；理尚授。
黑龍江	(蒙)祿成	
江寧	(滿)普恭 六、辛酉、廿九、7.25；召京。	(?)官清 六、辛酉；鎮篁鎮授。
杭州	(?)綽哈納	
福州	(?)薩炳阿	
廣州	(?)弘善	(宗室)果齊斯歡 六、辛酉；泰寧鎮授。
荊州	(?)綿齡 △閏七、戊申、十八、9.10；死。	(滿)慶山 閏七、戊申；昭通鎮授。
西安	(滿)賽沖阿 六、辛酉；召京。	(滿)桓格 六、辛酉；漳州鎮遷。
成都	(滿)呢瑪善 △死(勤襄)。　署川督戴三錫兼署。	(滿)德英阿 閏七、丁未、十七、9.9；綏將改。
綏遠城	(滿)德英阿 閏七、丁未；改成將。	(宗室)奕顥 閏七、丁未；鑲藍蒙都授。
寧夏	(滿)格布舍	
伊犁	(蒙)慶祥	
定邊 左副	(?)果勒豐阿 十二、癸未、廿五、2.12；病免。	(滿)慶保 十二、癸未；熱都改。
青海	(滿)穆蘭岱	
西藏	(滿)松廷 (閣學)	
	(?)保昌	

<table>
<tr><td colspan="2" align="center">道 光 五 年　乙酉(1825)</td></tr>
<tr><td>(宗室)晉昌</td><td></td></tr>
<tr><td>(蒙)富俊</td><td></td></tr>
<tr><td>(蒙)禄成</td><td></td></tr>
<tr><td>(?)官清</td><td></td></tr>
<tr><td>(?)綽哈納</td><td>(滿)舒明阿
十、庚午、十七,11.26;工左授。</td></tr>
<tr><td>(?)薩炳阿</td><td></td></tr>
<tr><td>(宗室)果齊斯歡</td><td></td></tr>
<tr><td>(滿)慶山</td><td></td></tr>
<tr><td>(滿)桓格</td><td></td></tr>
<tr><td>(滿)德英阿
七、丁未、廿二,9.4;改定左。</td><td>(滿)瑚松額
七、丁未;察都改。</td></tr>
<tr><td>(宗室)奕顥</td><td></td></tr>
<tr><td>(滿)格布舍</td><td></td></tr>
<tr><td>(蒙)慶祥
十一、癸卯、廿,12.29;往喀什噶爾(張格爾)。
十一、壬子、廿九,1.7;改喀什噶爾參贊。</td><td>(蒙)長齡**
十、庚辰、廿七,12.6;署。
十一、壬子;文華、陝督授,留任。</td></tr>
<tr><td>(滿)慶保
七、丁未;病,回京。
九、庚戌、廿六,11.6;病免。</td><td>(滿)德英阿
七、丁未;成將改。
九月,左都松筠署;十月,回京。</td></tr>
<tr><td>(滿)穆蘭岱</td><td></td></tr>
<tr><td>(滿)松廷
(閣學)</td><td></td></tr>
<tr><td colspan="2">(?)保昌　　　　(?)效良　　　　　　　(?)廣慶
十、甲戌、廿一,11.30;召京。　十、甲戌;頭等侍衛授。　　　十二、丙子;前庫倫辦事授。
　　　　　　　　　十二、丙子、廿四,1.31;傷免。</td></tr>
</table>

駐防大臣年表

年　代	道　光　六　年　　丙戌 (1826)		
盛京	(宗室)**晉昌**		
吉林	(蒙)**富俊**		
黑龍江	(蒙)**祿成**		
江寧	(？)**官清**	(滿)**普恭** 九、乙酉、七、10.7；正藍漢都(原任)授。	
杭州	(滿)**舒明阿** 正、辛丑、十九、2.25；死。	(滿)**觀喜** 正、辛丑；正定鎮授。 二、庚午、十八、3.26；改荆將。	(？)**果勒豐阿** 二、庚午；署鑲紅漢都授。
福州	(？)**藤炳阿** 九、癸卯、廿五、10.25；改西將。	(宗室)**果齊斯歡** 九、癸卯；廣將改。	
廣州	(宗室)**果齊斯歡** 九、癸卯；改福將。	(滿)**慶保** 九、癸卯；前定左授。	
荆州	(滿)**慶山** 二、庚午；改西將。	(滿)**觀喜** 二、庚午；杭將改。	
西安	(滿)**桓格** 二、庚午；召京。	(滿)**慶山** 二、庚午；荆將改。 九、癸卯；改寧將。	(？)**藤炳阿** 九、癸卯；福將改。
成都	(滿)**瑚松額**		
綏遠城	(宗室)**奕顥**		
寧夏	(滿)**格布舍** 七、辛丑、廿一、8.24；駐哈密(張格爾)。　副都國祥護。 九、癸卯；改定左。		(滿)**慶山** 九、癸卯；西將改。
伊犁	(蒙)**長齡 **** 七、甲辰、廿四、8.27；授揚威將軍(張格爾)。　定左德英阿署。		
定邊左副	(滿)**德英阿** 七、丁酉、十七、8.20；授伊犁參贊，倫布多爾濟署。 七、甲辰；署伊將。	(滿)**格布舍** 九、癸卯；寧將改。	
青海	(滿)**穆蘭岱**		
西藏	(滿)**松廷** 　(閣學)		
	(？)**廣慶**		

道 光 七 年　丁亥(1827)

(宗室)晉昌	(宗室)奕顥
閏五、戊申、四,6.27;綏將互調。	閏五、戊申;綏將改。

(蒙)富俊	(滿)博啓圖
七、己未、十六,9.6;召京,授協(理尚)。	七、己未;察都改。

(蒙)禄成	

(滿)普恭	

(?)果勒豐阿	(?)富祥
十、己丑、十七,12.5;死(勤敏)。	十、己丑;青州副都遷。

(宗室)果齊斯歡	

(滿)慶保	

(滿)觀喜	

(?)薩炳阿	

(滿)瑚松額	

(宗室)奕顥	(宗室)晉昌
五、庚寅、十五,6.9;召京。　歸化城副都富爾嵩阿署。	閏五、戊申;盛將改。
閏五、戊申;盛將互調。	

(滿)慶山	

(蒙)長齡**	(滿)德英阿
九、癸亥、廿一,11.9;回京。十一、乙巳、四,12.21;命暫緩回京。	九、癸亥;伊犁參贊遷。
(八年、六、甲戌、六,1828.7.17;回京。)	

(滿)格布舍	(?)彥德
十二、甲戌、三,1.19;召京。	十二、甲戌;塔爾巴哈台參贊遷。

(滿)穆蘭岱	

(滿)松廷	(?)惠顯
(閣學)正、癸卯、廿七,2.22;遷兵右。	三、癸卯、廿八,4.23;左副任。

(?)廣慶	

駐防大臣年表

年代	道光八年　戊子(1828)
盛京	(宗室)**奕顥**
吉林	(滿)**博啓圖**
黑龍江	(蒙)**祿成**　四、甲申、十五、5.28；解(革)。(自殺)　　(宗室)**果齊斯歡**　四、甲申；綏將改。九、乙丑、廿八、11.5；死(文僖)。　　(滿)**特依順保**　九、乙丑；綏將改。
江寧	(滿)**普恭**　正、甲子、廿四、3.9；改福將，京口副都春升署。　　(?)**巴璊阿**　二、己丑、十九、4.3；正白漢副授。
杭州	(?)**富祥**
福州	(宗室)**果齊斯歡**　正、甲子；改綏將。　　(滿)**普恭**　正、甲子；江將改。
廣州	(滿)**慶保**
荊州	(滿)**觀喜**
西安	(?)**臨炳阿**
成都	(滿)**瑚松額**　七、乙丑、廿七、9.6；召陞。
綏遠城	(宗室)**晉昌**　正、甲子；召京(死)。　　(宗室)**果齊斯歡**　正、甲子；福將改。四、甲申；改黑將。　　(滿)**特依順保**　四、甲申；署甘提授。九、乙丑；改黑將。　　(滿)**那彥寶**　九、乙丑；塔爾巴哈台參贊授。
寧夏	(滿)**慶山**　七、丁未、九、8.19；降。　　(滿)**英和**　七、丁未；熱都改。八、己卯、十二、9.20；病免。　　(滿)**昇寶**　八、己卯；熱都改。
伊犁	(滿)**德英阿**
定邊左副	(?)**彥德**
青海	(滿)**穆蘭岱**
西	(?)**惠顯**
藏	(?)**廣慶**　十、壬午、十六、11.22；召京。　　(?)**盛泰**　十、壬午；候三京任。

道　光　九　年　　己丑(1829)

(宗室)奕顥

(滿)博啓圖	(滿)瑚松額
二、甲午、卅，4.3；署鑲紅漢都。	二、甲午；成將改。

(滿)特依順保

(?)巴瑋阿

(?)富祥

(滿)普恭	(?)薩炳阿
八、甲子、三，8.31；召陛，副都富亮護。△死。	十二、甲戌、十四，1.8；西將改。

(滿)慶保

(滿)觀喜	(漢)徐　錕
六、丙子、十四，7.14；病免。(果毅)　　副都齊克唐阿護。	六、丙子；綏靖鎮授。

(?)薩炳阿	(滿)達凌阿
九、庚申、廿九，10.26；召陛。　副都霍忠武署。十二、甲戌；改福將。	十二、甲戌；塔爾巴哈台參贊授。

(滿)瑚松額	(滿)昇寅
二、甲午；改吉將。	二、甲午；寧將改。

(滿)那彥寶

(滿)昇寅	(?)富爾嵩	(滿)格布舍
二、甲午；改成將。	二、甲午；歸化城副都遷。三、丙午、十二，4.15；病免。	三、丙午；正白蒙都授。

(滿)德英阿	(滿)玉麟
六、甲戌、十二，7.12；死(剛果)。	六、甲戌；兵尚授。

(?)彥德

(滿)穆蘭岱

(?)意顯
八、辛未、十，9.7；授理左，留任。

(?)盛泰

駐防大臣年表

年　代	道　光　十　年　　庚寅(1830)		
盛京	(宗室)**奕顥** 三、甲辰、十六,4.8;解、議。	(滿)**瑚松額** 三、甲辰;吉將改。	
吉林	(滿)**瑚松額** 二、乙丑、六,2.28;憂假,副都倭楞泰護。 三、甲辰;改盛將。	(滿)**福克精阿**(一等子) 三、甲辰;察都改。	
黑龍江	(滿)**特依順保** 三、乙卯、廿七,4.19;改寧將。	(滿)**富僧德** 三、乙卯;正黃蒙都授。 九、乙丑、十,10.26;召京,齊齊哈爾副都玉英署。	
江寧	(?)**巴瑋阿**		
杭州	(?)**富祥**		
福州	(?)**薩炳阿**		
廣州	(滿)**慶保**		
荊州	(漢)**徐　錕** 六、戊戌、十二,7.31;改西將。	(滿)**慶山** 六、戊戌;烏里雅蘇台參贊遷。	
西安	(滿)**達凌阿** 六、戊戌;死(武壯)。	(漢)**徐　錕** 六、戊戌;荊將改。	
成都	(滿)**昇寅** 三、壬寅、十四,4.6;綏將互調。	(滿)**那彥寶** 三、壬寅;綏將改。	
綏遠城	(滿)**那彥寶** 三、壬寅;成將互調。	(滿)**昇寅** 三、壬寅;成將改。	
寧夏	(滿)**格布舍** 三、乙卯;死(昭武)。	(滿)**特依順保** 三、乙卯;黑將改。	
伊犁	(滿)**玉麟**		
定邊左副	(?)**彥德** 十、庚子、十六,11.30;召京。	(?)**樂善** 十、庚子;庫倫辦事授。	
青海	(滿)**穆蘭岱** 八、辛卯、六,9.22;病免(死)。	(滿)**布彥泰** 八、辛卯;哈密辦事授。 九、庚午、十五,10.31;解。	(滿)**恆敬** 九、庚午;正白漢副授。
西	(?)**惠顯** 七、丙子、廿一,9.7;改盛刑。 十、癸卯、十九,12.3;召京。	(滿)**興科** 十、癸卯;幫辦遷。	
藏	(?)**盛泰** 閏四、壬寅、十五,6.5;病免。	(滿)**興科** 閏四、壬寅;前奉尹授。 十、癸卯;遷駐藏。	(滿)**隆文** 十、癸卯;闊學任。

道光十一年　辛卯(1831)

(滿)瑚松額	
(滿)福克精阿 　九、甲子、十五, 10.20; 革。	(覺羅)寶興 　九、甲子; 吏左授。　　協、工尚富俊署。
(滿)富僧德	
(？)巴璋阿	
(？)富祥	
(？)薩炳阿	
(滿)慶保	
(滿)慶山	
(漢)徐　錕	
(滿)那彥寶 　二、乙未、十二, 3.25; 兼署川督。	
(滿)昇寅 　十二、乙酉、七, 1.9; 改左都。	(？)彥德 　十二、乙酉; 前定左署理右、鑲紅漢都授。
(滿)特依順保	
(滿)玉麟	
(？)樂善	
(滿)恆敬	
(滿)興科	
(滿)隆文 　(閣學)	

駐防大臣年表

年代	道光十二年　壬辰(1832)
盛京	(滿)瑚松額 　　三、丙辰、九,4.9;召京,正藍滿副奕顥署。 　　十一、乙亥、三,12.24;署福將;旋赴臺灣。
吉林	(覺羅)寶興
黑龍江	(滿)富僧德
江寧	(?)巴瑋阿　　　　　　　　　　　　　　　　(蒙)巴哈布 　　十一、戊戌、廿六,1.16;休。　　　　　　　十一、戊戌;正藍滿副授。
杭州	(?)富祥
福州	(?)薩炳阿　　　　　　　　　　　　(漢)徐　錕 　　八、乙未、廿一,9.15;死。　　　　　八、乙未;西將改。 　　　　　　　　　　　　　　　　　十、庚午、廿八,12.19;折回原任,勘。十一、乙亥;盛將瑚松額署。
廣州	(滿)慶保　　　　　　　　　　　　　(滿)慶山 　　十一、戊戌;休。　　　　　　　　　十一、戊戌;荆將改。
荆州	(滿)慶山　　　　　　　　　　　　　(?)蘇勒芳阿 　　十一、戊戌;改廣將。　　　　　　　十一、戊戌;威寧鎮授。
西安	(漢)徐　錕　　　　　　(滿)特依順保　　　　　　(滿)桓格 　　八、乙未;改福將。　　　八、乙未;寧將改。　　　　九、甲寅;理左改。 　　　　　　　　　　　　九、甲寅、十一,10.4;改伊將。
成都	(滿)那彥寶
綏遠城	(?)彥德
寧夏	(滿)特依順保　　　　　　　　　　(?)和世泰 　　八、乙未;改西將。　　　　　　　八、乙未;內大臣授。
伊犂	(滿)玉麟　　　　　　　　　　　　　(滿)特依順保 　　九、甲寅;召京。(十三年死,文恭)　　九、甲寅;西將改。
定邊 左副	(?)樂譽
青海	(滿)恆敬　　　　　　　　　　　　　(滿)舒通阿 　　十、庚申、十八,12.9;病免。　　　　十、庚申;西寧鎮授。
西藏	(滿)興科 (滿)隆文 　　(閣學)

道光十三年　癸巳(1833)

(滿)瑚松額 　　四、戊申、八、5.26;改成將。	(覺羅)寶興 　　四、戊申;吉將改。
(覺羅)寶興 　　四、戊申;改盛將。	(?)保昌 　　四、戊申;熱都改。
(滿)富僧德	
(蒙)巴哈布	
(?)富祥	

(漢)徐　鉁 　　正、己卯、七、2.26;革(駐藏幫辦)。	(滿)慶山 　　正、己卯;廣將改。 　　四、辛丑、一、5.19;定左互調。	(?)樂善 　　四、辛丑;定左改。

(滿)慶山 　　正、己卯;改福將。	(滿)哈豐阿 　　正、己卯;烏魯木齊提督授。
(?)蘇勒芳阿	
(滿)桓格	
(滿)那彥寶 　　四、戊申;召京,署正黃蒙都,休。 　　(二十三年死)	(滿)瑚松額 　　四、戊申;盛將改。
(?)彥德	
(?)和世泰	
(滿)特依順保	
(?)樂善 　　四、辛丑;福將互調。	(滿)慶山 　　四、辛丑;福將改。
(滿)舒通阿	
(滿)興科 　　正、己卯;召京。(十九年死)	(滿)隆文 　　(閣學)　正、己卯;幫辦遷。
(滿)隆文 　　(閣學)　正、己卯;遷駐藏。	(漢)徐　鉁 　　正、己卯;革福將,降副都授。

駐防大臣年表

年 代	道光十四年　甲午(1834)			
盛京	(覺羅)寶興			
吉林	(?)保昌			
黑龍江	(滿)富僧德 十二、甲辰、十四,1.12;改西將。	(宗室)奕經 十二、甲辰;戶右授。		
江寧	(蒙)巴哈布			
杭州	(?)富祥 十二、甲辰;休。	(滿)桓格 十二、甲辰;西將改。		
福州	(?)樂善			
廣州	(滿)哈豐阿			
荆州	(?)蘇勒芳阿			
西安	(滿)桓格 十二、甲辰;改杭將。	(滿)富僧德 十二、甲辰;黑將改。		
成都	(滿)瑚松額			
綏遠城	(?)彥德			
寧夏	(?)和世泰			
伊犁	(滿)特伊順保			
定邊左副	(滿)慶山 八、癸丑、廿一,9.23;病免。(廿一年死)	(滿)武忠額 八、癸丑;熱都署。		
青海	(滿)舒通阿			
西	(滿)隆文 (閣學) 八、癸丑;改理右。	(滿)文蔚 八、甲寅、廿二,9.24;左副任。		
藏	(漢)徐鯤 八、甲寅;召京。	(?)嵩濂 八、甲寅; 鴻臚任。	(?)那當阿 九、己巳、七,10.9;前荆州左翼副都任。 十、丁酉、六,11.6;改哈密幫辦。	(?)慶祿 十、丁酉; 潼商道任。

道光十五年　乙未(1835)

(覺羅)**寶興** 　正、丙戌、廿六，2.23；改成將。	(宗室)**奕經** 　正、丙戌；黑將改。

(?)**保昌** 　正、丙戌；改黑將。 　二、戊午、廿九，3.27；黑將改。 　閏六、丁卯、九，8.3；改定左。	(滿)**蘇清阿** 　正、丙戌，伊犁參贊授。 　死(剛愨)。	(宗室)**祥康** 　閏六、丁卯；黑將改。 　降副部。	(?)**樂善** 　十二、乙亥、 　廿一，2.7； 　福將改。

(宗室)**奕經** 　正、丙戌；改盛將。	(?)**保昌** 　正、丙戌；吉將改。 　二、戊午；改吉將。	(宗室)**祥康** 　二、戊午；刑右授。 　閏六、丁卯；改吉將。	(滿)**哈豐阿** 　閏六、丁卯；廣將改。

(蒙)**巴哈布**

(滿)**桓格**

(?)**樂善** 　十二、乙亥；改吉將。	(滿)**長清** 　十二、乙亥；烏魯木齊都統改。

(滿)**哈豐阿** 　閏六、丁卯；改黑將。	(?)**蘇勒當阿** 　閏六、丁卯；右江鎮授。八、癸未、廿七，10.18；死。	(?)**蘇勒芳阿** 　八、癸未；荊將改。

(?)**蘇勒芳阿** 　八、癸未；改廣將。	(?)**德克金布** 　八、癸未；烏魯木齊提督授。

(滿)**富僧德**

(滿)**瑚松額** 　正、丙戌；改陝督。	(覺羅)**寶興** 　正、丙戌；盛將改。

(?)**彥德**

(?)**和世泰**

(滿)**特依順保**

(滿)**武忠額** 　閏六、丁卯；改左都。	(?)**保昌** 　閏六、丁卯；吉將改。

(滿)**舒通阿**

(滿)**文蔚** 　十二、乙亥；改盛刑。	(?)**慶祿** 　十二、乙亥；幫辦遷。

(?)**慶祿** 　十二、乙亥；遷駐藏。	(滿)**鄂順安** 　十二、乙亥；盛刑降藍翎侍衛任。

駐防大臣年表

年 代	道光十六年　丙申(1836)	
盛京	(宗室)奕經 　　九、己酉、廿九,11.7;改吏尚。	(覺羅)寶興 　　九、己酉;成將改。
吉林	(？)樂善 　　四、甲戌、廿二,6.5;召京。	(宗室)祥康 　　四、甲戌;盛京副都署。
黑龍江	(滿)哈豐阿	
江寧	(蒙)巴哈布	
杭州	(滿)桓格	
福州	(滿)晨清 　　七、己亥、十八,8.29;病假,副都張仙保署。	
廣州	(？)蘇勒芳阿	
荆州	(？)德克金布	
西安	(滿)富僧德	
成都	(覺羅)寶興 　　九、己酉;改盛將。	(滿)凱音布 　　九、己酉;左都授。
綏遠城	(？)彦德	
寧夏	(？)和世泰	
伊犁	(滿)特依順保	
定邊左副	(？)保昌	
青海	(滿)舒通阿 　　△死。	(？)德楞額 　　三、癸卯、廿,5.5;西寧鎮授。
西	(？)慶祿 　　八、丙辰、五,9.15;改黔布。	(滿)關聖保 　　八、丙辰;太僕授。
藏	(滿)鄂順安 　　十二、庚午、廿一,1.27;降四瀾,暫留。	

道光十七年　丁酉(1837)

(覺羅)**寶興**

(宗室)**祥康**
　　正、丙午、廿八,3.4;授。

(滿)**哈豐阿**

(蒙)**巴哈布**	(?)**佈勒亨**
六、己未、十三,7.15;死(勤勇)。	六、己未;廣州滿洲副都遷。

(滿)**桓格**

(滿)**長清**	(滿)**嵩溥**
三、甲午、十七,4.21;死(勤絾)。	三、甲午;熱都改。

(?)**蘇勒芳阿**	(?)**德克金布**
七、壬午、七,8.7;降調(西寧)。	七、壬午;荊將改。

(?)**德克金布**	(?)**樂善**	(?)**德楞額**
七、壬午;改廣將。	七、壬午;裹都改。	八、丁巳;西寧辦事授。
	八、丁巳、十二,9.11;病免。	

(滿)**富僧德**

(滿)**凱音布**

(?)**彥德**	(滿)**棍楚克策楞**
十二、庚午、廿七,1.22;召京。	十二、庚午;前塔爾巴哈台參贊授。

(?)**和世泰**

(滿)**特依順保**
　　十、癸丑、九,11.6;召陸,參贊奕山署。

(?)**保昌**

(?)**德楞額**	(?)**蘇勒芳阿**
八、丁巳;改荊將。	八、丁巳;降調廣將賞副都銜任。

(滿)**關聖保**

(滿)**鄂順安**

駐防大臣年表

年 代	道光十八年　戊戌(1838)		
盛京	(覺羅)寶興 閏四、己丑、十八,6.10;改川督。		(宗室)耆英 閏四、己丑;熱都改。
吉林	(宗室)祥廣		
黑龍江	(滿)哈豐阿 十一、丙寅、廿八,1.13;召陞。　齊齊哈爾副都舒倫保署。		
江寧	(?)佈勒亨		
杭州	(滿)桓格 六、丙申、廿七,8.16;召、議(降二調)。　副都恆興署。		(?)和世泰 六、丙申;寧將改。
福州	(滿)嵩溥		
廣州	(?)德克金布		
荆州	(?)德楞額		
西安	(滿)富僧德		
成都	(滿)凱音布 十一、壬子、十四,12.30;解、議,降二品,留任。		
綏遠城	(滿)棍楚克策楞		
寧夏	(?)和世泰 六、丙申;改杭將。		(滿)特依順 六、丙申;密雲副都遷。
伊犂	(滿)特依順保 四、庚午、廿九,5.22;改內大臣。		(宗室)奕山 四、庚午;伊犂參贊遷。
定邊左副	(?)保昌		
青海	(?)蘇勒芳阿 十、庚寅、廿二,12.8;召京。		(滿)訥爾經額 十、庚寅;駐藏幫辦遷。
西藏	(滿)關聖保 十二、丁亥、廿,2.3;授閣學。		
西藏	(滿)鄂順安 十、壬申、四,11.20;改鄂按。 改西寧。	(滿)訥爾經額 十、壬申;任。	(?)孟保 十、庚寅;正紅蒙副任。

道光十九年　己亥(1839)

(宗室)**耆英**		
(宗室)**祥康**		
(滿)**哈豐阿** 　　九、丁未、十五, 10.21; 改廣將。	(滿)**棍楚克策楞** 　　九、丁未; 綏將改。	
(?)**佈勒亨**		
(?)**和世泰** 　　三、丙辰、廿, 5.3; 解(革)。	(滿)**奇明保** 　　三、丙辰; 錦州副都遷。	
(滿)**嵩溥** 　　九、戊戌、六, 10.12; 召京(綏將)。	(?)**保昌** 　　九、戊戌; 前定左授。	
(?)**德克金布** 　　九、丁未、十五, 10.21; 改綏將。 　　十一、戊申、十六, 12.21; 綏將改。	(滿)**哈豐阿** 　　九、丁未; 黑將改。 　　十一、戊申; 改西將。	
(?)**德楞額**		
(滿)**富僧德** 　　九、丁未; 革。	(?)**蘇勒芳阿** 　　九、丁未; 前西寧辦事授。 　　死(壯敏)。	(滿)**哈豐阿** 　　十一、戊申; 廣將改。
(滿)**凱音布** 　　三、乙卯、十九, 5.2; 死。	(滿)**廉敬** 　　三、乙卯; 烏魯木齊都統授。 　　八、庚午、七, 9.14; 改定左。	(滿)**經額布** 　　八、庚午; 魯撫授。
(滿)**棍楚克策楞** 　　九、丁未; 改黑將。	(?)**德克金布** 　　九、丁未; 廣將改。 　　十一、戊申; 改廣將。	(滿)**嵩溥** 　　十一、戊申; 前福將授。
(滿)**特依順**		
(宗室)**奕山**		
(?)**保昌** 　　八、庚午; 召京(福將)。	(滿)**廉敬** 　　八、庚午; 成將改。	
(滿)**訥爾經額**		
(滿)**關聖保** 　　五、丙午、十二, 6.22; 遷禮右, 留任。 　　(閏學) 十、辛卯、廿九, 12.4; 召京。	(?)**孟保** 　　十、辛卯; 幫辦改。	
(?)**孟保** 　　十、辛卯; 改駐藏。	(?)**海樸** 　　十、辛卯; 正白漢副授。	

駐防大臣年表

年 代	道光二十年　庚子(1840)			
盛京	(宗室)耆英			
吉林	(宗室)祥康 四、己巳、九、5.10；解、議。	(滿)經額布 四、己巳；成將改。	副都禄普署：九、壬寅、十五、10.10；授西將。副都果陞阿、盛户惟勤署。	
黑龍江	(滿)棍楚克策楞			
江寧	(?)佈勒亨			
杭州	(滿)奇明保			
福州	(?)保昌			
廣州	(?)德克金布 四、己巳；改成將。	(?)阿精阿 四、己巳；廿提授。		
荊州	(?)德楞額 八、癸未、廿六、9.21；改定左。	(?)布彥圖 八、癸未；西安左副都遷。十、丁卯、十一、11.4；西將互調。	(?)禄普 十、丁卯；西將改。十、乙酉、十九、11.22；改定左。	(宗室)奕湘 十、乙酉；滿洲副都遷。十一、癸卯；定左改。十一、癸卯、十七、12.10；定左互調。
西安	(滿)哈豐阿 九、壬寅；死(愍勤)。	(?)禄普 九、壬寅；署吉將授。十、丁卯；荊將互調。	(?)布彥圖 十、丁卯；荊將改。	
成都	(滿)經額布 四、己巳；改吉將。	(?)德克金布 四、己巳；廣將改。死(勤勇)。	(滿)廉敬 八、癸未；定左改。	
綏遠城	(滿)嵩溥 六、丁卯、九、7.7；休。(廿六年死)	(滿)色克精額 六、丁卯；禮左授。		
寧夏	(滿)特依順			
伊犁	(宗室)奕山 三、庚戌、廿、4.21；召京。	(滿)布彥泰 三、庚戌；察都改。		
定邊左副	(滿)廉敬 八、癸未；改成將。	(?)德楞額 八、癸未；荊將改。休。	(?)禄普 十、乙酉；荊將改。十一、癸卯；荊將互調。	(宗室)奕湘 十一、癸卯；荊將改。
青海	(滿)納爾經額 二、癸亥、二、3.5；改熱都。	(?)法豐阿 二、癸亥；鑲紅蒙副授。		
西藏	(?)孟保 (?)海樸			

道光二一年　辛丑(1841)	
(宗室)耆英	
(滿)經額布	
(滿)棍楚克策楞	
(?)佈勒亨 　　十、己丑、九, 11.21；召京。	(?)德珠布 　　十、己丑；前青州副都授。
奇明保	
(?)保昌	
(?)阿精阿	
(?)禄普	
(?)布彥圖	
(滿)廉敬	
(滿)色克精額 　　四、甲辰、廿, 6.9；改禮尚。	(?)奕興 　　五、壬午、廿九, 7.17；盛京副都遷。
(滿)特依順 　　五、丙辰、三, 6.21；召京。	(?)舒倫保 　　五、丙辰；齊齊哈爾副都遷。
(滿)布彥泰	
(宗室)奕湘	
(?)法豐阿	
(?)孟保	
(?)海樸	

駐防大臣年表

年代	道光二二年　壬寅(1842)		
盛京	(宗室)耆英 正、甲子、十五,2.24;改廣將。	(宗室)禧恩 正、甲子;闈學署,盛兵道慶護。 五、己未、十一,6.19;遷理左,仍署。旋授。	
吉林	(滿)經額布		
黑龍江	(滿)棍楚克策楞		
江寧	(?)德珠布		
杭州	(滿)奇明保 二、丙申、十七,3.28; 召京。(廿三年死)	(宗室)耆英 二、丙申;廣將署。 二、丙午、廿七,4.7;授欽,駐杭州。 四、甲午、十六,5.25;回廣將任,參贊特依順署。 四、甲辰、廿六,6.4;令仍留杭州,特依順仍署。	(滿)特依順 九、癸亥、十八, 10.21;參贊授。
福州	(?)保昌 九、甲戌、廿九,11.1;召京。	(蒙)璧昌 九、甲戌;陝撫授。	
廣州	(?)阿精阿　(宗室)耆英 正、甲子;休,　正、甲子;盛將改。 暫署。　二、丙申;署杭將。 　九、己未、十四,10.17;改江督。	二、丙申;阿精阿暫署; 九、辛亥、六,10.9;病免。 廣州滿洲副都裕瑞暫署。	(滿)伊里布 九、己未; 署乍浦副都任,欽。
荊州	(?)祿普		
西安	(?)布彥圖		
成都	(滿)廉敬		
綏遠城	(?)奕興		
寧夏	(?)舒倫保		
伊犂	(滿)布彥泰		
定邊左副	(宗室)奕湘		
青海	(?)法豐阿		
西	(?)孟保 十一、丁未、三,12.4;召京。	(?)海樸 十一、丁未;幫辦遷。	
藏	(?)海樸 十一、丁未;遷駐藏。	(宗室)訥勒亨額 十一、丁未;通政任。 十一、辛亥、七,12.8;改盛刑。	(?)鏱方 十一、辛亥;正紅漢副任。

道光二三年　癸卯(1843)

(宗室)禧恩		
(滿)經額布		
(滿)棍楚克策楞		
(?)德珠布		
(滿)特依順		

(蒙)璧昌
　　三、庚戌、七，4.6；署江督。

(滿)伊里布	(?)禄普	(宗室)奕湘
二、乙未、廿二，3.22；死(文敏)。	二、丁酉、廿四，3.24；荊將改。	二、己亥；定左改。
	二、己亥、廿六，3.26；定左互調。	

(?)禄普	(?)恆通
二、丁酉；改廣將。	二、丁酉；寧夏副都遷。

(?)布彦圖

(滿)廉敬
　　十一、庚寅、廿二，1.11；召陸，川督寶興兼署。

(?)奕興	(?)禄普
二、辛丑、廿八，3.28；定左互調。	二、辛丑；定左改。
三、乙丑、廿二，4.21；改回。	三、乙丑；改鑲紅蒙都。

(?)舒倫保

(滿)布彦泰

(宗室)奕湘	(?)禄普	(?)奕興	(蒙)桂輪
二、己亥；廣將互調。	二、己亥；廣將改。	二、辛丑；綏將改。	三、乙丑；熱都改。
	二、辛丑；綏將互調。	三、乙丑；仍改綏將。	

(?)法豐阿	(?)德興
閏七、丙戌、十六，9.9；召京。	閏七、丙戌；馬蘭鎮授。

(?)海樸	(?)孟保	(滿)琦善
三、丙寅、廿三，4.22；革。	三、丙寅；前任授。	十、庚戌；革熱都賞二等侍衞任。
	十、庚戌、十一，12.2；革。	

(?)鍾方

駐防大臣年表

年 代	道光二四年　甲辰(1844)		道光二五年　乙巳(1845)	
盛京	(宗室)禧恩		(宗室)禧恩 九、丙戌、廿八， 10.28；病免。	(宗室)奕湘 九、丙戌； 廣將改。
吉林	(滿)經額布		(滿)經額布	
黑龍江	(滿)棍楚克策楞		(滿)棍楚克策楞	
江寧	(?)德珠布 正、己卯、十二， 2.29；召京。	(?)岳興阿 江寧副都 穆騰額護	(?)岳興阿 三、癸巳、廿六， 5.13；大名鎮授。	
杭州	(滿)特依順		(滿)特依順	
福州	(蒙)璧昌 二、戊戌、一，3.19； 署江督，敬敫署。 十二、丙午、十四，1.21；授江督。	(宗室)敬敫 十二、丙午； 副都遷。	(宗室)敬敫	
廣州	(宗室)奕湘		(宗室)奕湘 九、丙戌， 改盛將。	(?)穆特恩 廣州副都 裕瑞署。 青州副都遷。 九、丙戌；
荆州	(?)恆通		(?)恆通	
西安	(?)布彥圖		(?)布彥圖	
成都	(滿)廉敬 十一、庚寅、廿七，1.5；川督寶興兼署。		(滿)廉敬	
綏遠城	(?)奕興 七、辛卯、廿六，9.8；召京，袞都鵪鶉署。		(?)奕興	
寧夏	(?)舒倫保		(?)舒倫保	
伊犂	(滿)布彥泰		(滿)布彥泰 十一、辛酉、四， 12.2；改陝督。	(滿)薩迎阿 參贊舒興阿署　十一、辛酉； 熱都改。
定邊左副	(蒙)桂輪		(蒙)桂輪	
青海	(?)德興		(?)德興 九、乙丑、七，10.7；召。	(滿)達洪阿 九、乙丑； 賞副都銜任。
西	(滿)琦善		(滿)琦善	
藏	(?)鍾方 五、己丑、廿三，7.8； 改哈密辦事。	(滿)瑞元 五、己丑； 哈密辦事任。	(滿)瑞元	

道光二六年　丙午(1846)

(宗室)奕湘

(滿)經額布

(滿)棍楚克策楞

(?)岳興阿

(滿)特依順	(蒙)桂輪
十一、乙丑、十三, 12.1；定左互調。	十一、乙丑；定左改。

(宗室)敬斅

(?)穆特恩

(?)恆通

(?)布彥圖

(滿)廉敬

(?)奕興

(?)舒倫保

(滿)薩迎阿

(蒙)桂輪	(滿)特依順
十一、乙丑；杭將互調。	十一、乙丑；杭將改。

(滿)達洪阿	(?)哈勒吉那
十二、甲子、十三, 1.29；病免。	十二、甲子；九江鎮任。

(滿)琦善	(滿)斌良
十二、庚午、十九, 2.4；改川督。	十二、庚午；刑右任。

(滿)瑞元	(?)文慶	(?)穆騰額
四、庚戌、廿五, 5.20；改科布多參贊。	理郎任。病免。	六、甲子、十一, 8.2；戶郎任。

駐防大臣年表

年 代	道光二七年　丁未(1847)			
盛京	(宗室)**奕湘** 　八、戊辰、廿二, 9.30；杭將互調。　三月，盛刑廣林署。		(?)**奕興** 　八、戊辰；杭將改。	
吉林	(滿)**經額布**			
黑龍江	(滿)**棍楚克策楞** 　十一、甲申、八, 12.15；死。		(?)**英隆** 　十一、甲申；綏將改。	
江寧	(?)**岳興阿** 　二、甲寅、四, 　3.20；病免。	(?)**英隆** 　二、甲寅；齊齊哈爾副都遷。 　四、庚午、廿二, 6.4；綏將互調。	(?)**奕興** 　四、庚午；綏將改。 　五、乙巳、廿七, 7.9；改杭將。	(滿)**裕瑞** 　五、乙巳； 　副都遷。
杭州	(蒙)**桂輪** 　五、乙巳；病免。	(?)**奕興** 　五、乙巳；江將改。 　八、戊辰；盛將互調。	(宗室)**奕湘** 　八、戊辰；盛將改。	
福州	(宗室)**敬數** 　六、丙子、廿九, 8.9；死。	(蒙)**璧昌** 　六、丙子；內大臣授。		
廣州	(?)**穆特恩**			
荊州	(?)**恆通** 　正、乙酉、五, 2.19；降三品，休。	(宗室)**鐵麟** 　正、乙酉；察都改。 　十二、庚申、十五, 1.20；死(文恪)。	(滿)**廣福** 　十二、庚申；刑左授。	
西安	(?)**布彥圖** 　十二、丁巳、十二, 1.17；老，休。	(?)**扎勒罕泰** 　十二、丁巳；御前侍衞授。		
成都	(滿)**廉敬**			
綏遠城	(?)**奕興** 　四、庚午；江將互調。	(?)**英隆** 　四、庚午；江將改。 　十一、甲申；改黑將。	(?)**成玉** 　十一、甲申；烏魯木齊提督授。	
寧夏	(?)**舒倫保**			
伊犁	(滿)**薩迎阿**			
定邊左副	(滿)**特依順**			
青海	(?)**哈勒吉那**			
西藏	(滿)**斌良**			
	(?)**穆騰額**			

道光二八年　戊申(1848)

(?)奕興

(滿)經額布
十二、乙丑、廿五, 1.19; 降三調。

(?)倭什訥
十二、乙丑; 荆將改。

(?)英隆

(滿)裕瑞
十二、戊午、十八, 1.12; 改福將。

(宗室)祥厚
十二、戊午; 荆州副都遷。

(宗室)奕湘

(蒙)豐昌
十二、戊午; 病免。

(滿)裕瑞
十二、戊午; 江將改。

(?)穆特恩

(滿)廣福
三、癸卯、廿九,
5.2; 病免。

(滿)裕誠
三、癸卯; 察都改。
十、壬戌、廿二, 11.17; 改成將。

(?)倭什訥
十二、癸卯、三, 12.28; 馬蘭鎮授。
十二、乙丑; 改吉將。

(滿)台湧
十二、乙丑;
甘提授。

(?)扎勒罕泰

(滿)廉敬
十、壬戌; 召京(死)。　川督琦善兼署。

(滿)裕誠
十、壬戌; 荆將改。

(?)成玉
九、辛巳、十一, 10.7; 召陸(陝提)。
歸化城副都盛壎署。

(滿)托明阿
十一、甲午、廿四, 12.19; 陝提授。

(?)舒倫保

(滿)薩迎阿

(滿)特依順
十、庚申、廿, 11.15; 病假, 參贊車林多爾濟署。

(?)哈勒吉那

(滿)斌良
正、己丑、十四, 2.18; 死。

(?)穆騰額
正、己丑; 幫辦遷。

(?)穆騰額
正、己丑; 遷駐藏。

(覺羅)崇恩
正、己丑; 革魯撫任。
十二、乙丑; 降三調。

(滿)鄂順安
十二、乙丑; 革豫撫任。

駐防大臣年表

年　代	道光二九年　己酉(1894)	道光三十年　庚戌(1850)
盛京	(？)奕興	(？)奕興
吉林	(？)倭什訥	(？)倭什訥　　　　　(滿)固慶 五、癸丑、廿二，　　　五、甲寅、廿三，7.2； 7.1；改成將。　　　　杭州副都遷。
黑龍江	(？)英隆	(？)英隆
江寧	(宗室)祥厚	(宗室)祥厚
杭州	(宗室)奕湘	(宗室)奕湘　　　　(？)倭什訥 十一、甲寅、廿六，　　十一、甲寅；成將改。 12.29；成將互調。
福州	(滿)裕瑞	(滿)裕瑞
廣州	(？)穆特恩	(？)穆特恩
荊州	(滿)台湧	(滿)台湧
西安	(？)扎勒罕泰	(？)扎勒罕泰
成都	(滿)裕誠 九、甲辰、十，10.25；署川督。	(滿)裕誠　(？)倭什訥　　　(宗室)奕湘 五、癸丑；　五、癸丑；吉將改。十　十一、甲寅； 召京。　　一、甲寅；杭將互調。　杭將改。
綏遠城	(滿)托明阿	(滿)托明阿
寧夏	(？)舒倫保	(？)舒倫保
伊犂	(滿)薩迎阿	(滿)薩迎阿　　　　(宗室)奕山 十一、戊戌、十，　十一、戊戌， 12.13；召京。　　伊犂參贊遷。
定邊左副	(滿)特依順　　(？)奕格 正、癸未、十四，　正、癸未、 2.6；死。　　　左翼前鋒統領授。	(？)奕格
青海	(？)哈勒吉那 四、丁巳、十九，5.11；兼鑲白蒙副。	(？)哈勒吉那 五、壬子、廿一，6.30；川督琦善兼署。
西藏	(？)穆騰額	(？)穆騰額
	(滿)鄂順安	(滿)鄂順安

咸 豐 元 年　辛亥(1851)		
(？)奕興		
(滿)固慶		
(？)英隆		
(宗室)祥厚		
(？)倭什訥		
(滿)裕瑞 　　八、戊辰、十四,9.9;改成將。	(滿)桂良 　　八、戊辰;鑲白滿都授。	
(？)穆特恩		
(滿)台湧		
(？)扎勒罕泰 　　五、戊戌、十二,6.11,死(威恪)。	(？)舒倫保 　　五、戊戌;寧將改。	
(宗室)奕湘 　　八、戊辰;改禮尚。	(滿)裕瑞 　　八、戊辰;福將改。	
(滿)托明阿		
(？)舒倫保 　　五、戊戌;改西將。	(？)成凱 　　五、戊戌;正黃蒙副遷。	
(宗室)奕山		
(？)奕格		
(？)哈勒吉那 　　十一、癸丑、二,12.23;召京。	(蒙)阿彥達 　　十一、癸丑;正紅蒙副授。旋令留京。	(？)吳必淳 　　十二、辛卯、十,1.30;乍浦副都授。
(？)穆騰額		
(滿)鄂順安 　　三、己丑、二,4.3;病免。	(？)額勒亨額 　　三、己丑;科布多幫辦任。	

駐防大臣年表

年 代	咸 豐 二 年　壬子(1852)	
盛京	(?)奕興	
吉林	(滿)固慶	
黑龍江	(?)英隆	
江寧	(宗室)祥厚	
杭州	(?)倭什訥 八、辛卯、十三,9.26;死。	(?)有鳳 八、辛卯;廣州滿洲副都遷。
福州	(滿)桂良 四、辛丑、廿一,6.8;改兵尚。	(滿)怡良 四、辛丑;前閩督授。
廣州	(?)穆特恩	
荆州	(滿)台湧	
西安	(?)舒倫保	
成都	(滿)裕瑞 七、壬申、廿四,9.7;兼署川督。	
綏遠城	(滿)托明阿	
寧夏	(?)成凱	
伊犂	(宗室)奕山	
定邊左副	(?)奕格 四、癸卯、廿三,6.10;召京。 參贊車林多爾濟署。	(?)扎拉芬泰 四、癸卯;塔爾巴哈台參贊遷。
青海	(?)吳必淳	
西藏	(?)穆騰額 六、壬寅、廿三,8.8;病免。	(?)海枚 六、壬寅;科布多幫辦任。
	(?)額勒亨額	(?)寶清 二、丙午、廿五,4.14;革刑左賞三等侍衛任。

咸豐三年　癸丑(1853)

(?)**奕興**
　　九、辛酉、十九, 10.21; 病假, 盛刑書元署。

(滿)**固慶**　　　　　　　　　　　　　(?)**景淳**
　　正、壬申、廿七, 3.6; 革。　　　　　　正、乙丑、廿, 2.27; 盛刑授。

(?)**英隆**

(宗室)**祥厚**　　　　　　　(滿)**托明阿**
　　正、壬申; 署欽、江督。　　　二、癸巳、十八, 3.27; 綏將改。三月, 赴魯會防, 川提蘇布通阿署。
　　(旋被殺)　　　　　　　　　六、辛巳、八, 7.13; 幫軍。△十月, 傷免。

(?)**有鳳**　　　　　　　　　(滿)**瑞昌**
　　二、癸巳; 改福將。　　　二、癸巳; 吉林副都遷。三、戊午、十四, 4.21; 署金州副都。
　　　　　　　　　　　　　　三、壬戌、十八, 4.25; 命帶盛京官兵入京。

(滿)**怡良**　　　　　　　　　　　(?)**有鳳**
　　二、壬辰、十七, 3.26; 改江督。　　二、癸巳; 杭將改。　二、己亥、廿四, 4.2; 副都東純暫署。
　　　　　　　　　　　　　　　　　　　　　　　　　　六月、八月, 兼署閩督, 副都巴彥岱署。

(?)**穆特恩**

(滿)**台湧**
　　四、戊子、十四, 5.21; 召陸。
　　八、癸巳、廿一, 9.23; 兼署鄂提。

(?)**舒倫保**

(滿)**裕瑞**　　　　　　　　　　　(覺羅)**樂斌**
　　八、己卯、七, 9.9; 改川督。　　　　　　八、己卯; 綏將改。

(滿)**托明阿**　　　　(覺羅)**樂斌**　　　　　　(蒙)**善祿**
　　二、癸巳; 改江將。　二、癸巳; 烏魯木齊都統改。　八、己卯; 黔提授。
　　　　　　　　　　　八、己卯; 改成將。　　　　　九、甲寅、十二, 10.14; 幫軍。

(?)**成凱**

(宗室)**奕山**

(?)**扎拉芬泰**

(?)**吳必淳**

(?)**海枚**　　　　　　　　(滿)**文蔚**　　　　　　　(?)**赫特賀**
　　三、丁卯、廿三, 4.30; 解。　　三、丁卯; 哈密辦事授。　　五、戊午; 庫車辦事授。
　　　　　　　　　　　　　　　五、戊午、十四, 6.20; 改奉尹。

(?)**寶清**　　　　　　　　　　　　　(?)**諄齡**
　　正、乙丑、廿, 2.27; 死。　　　　　　正、乙丑; 任。

駐防大臣年表

年　代	咸　豐　四　年　　甲　寅(1854)	
盛京	(?)**奕興** 二、癸巳、廿四、3.22；革。	(?)**英隆** 二、癸巳；黑將改。　　副都承志暫署。
吉林	(?)**景淳**	
黑龍江	(?)**英隆** 二、癸巳；改盛將。	(?)**奕格** 二、癸巳；鑲紅蒙都授。
江寧	(滿)**托明阿** 八、庚戌、十四、10.5；欽授(江北大營)。	川提蘇布阿通署：二、壬午、十三、3.11；陣亡。 前桂提福興護。
杭州	(滿)**瑞昌**	
福州	(?)**有鳳**	
廣州	(?)**穆特恩**	
荆州	(滿)**台湧** 二、辛巳、十二、3.10；改湖督。	(滿)**官文** 二、辛巳；荆州左翼副都遷。
西安	(?)**舒倫保** 三、辛酉、廿二、4.19；赴直防剿。	(滿)**扎拉芬** 喀什噶爾領隊署。七、乙丑、廿八、8.21；授。 八、己酉、十三、10.4；署陝提。
成都	(覺羅)**樂斌** 九、丁亥、廿一、11.11；兼署川督。	
綏遠城	(蒙)**善祿** 八、乙丑、廿九、10.20；副都德勝署。 十一、戊子、廿三、1.11；死(勤壯)。	(?)**華山泰** 十一、戊子；署察都授。
寧夏	(?)**成凱**	
伊犂	(宗室)**奕山** 十、戊午、廿三、12.12；召京。	(?)**扎拉芬泰** 十、戊午；定左改。
定邊 左副	(?)**扎拉芬泰** 十、戊午；改伊將。	(?)**奕興** 十、戊午；鑲紅漢都授。
青海	(?)**吳必淳** 九、戊寅、十二、11.2；病免。	(滿)**東純** 九、戊寅；福州副都改。
西藏	(?)**赫特賀** 十、丙辰、廿一、12.10；授鑲白蒙副。	
	(?)**醇齡** 九、乙酉、十九、11.9；病免。	(滿)**轍檢** 九、乙酉；大理任。

咸豐五年　乙卯(1855)

(?)英隆 　　十二、乙巳、十六,1.23;改熱都。	(宗室)奕湘 　　十二、乙巳;定左改。
(?)景淳	
(?)奕格 　　十二、丁未、十八,1.25;病免。	(宗室)奕山 　　十二、丁未;前伊將授。
(滿)托明阿 　　福興署:正、庚午、六,2.22;憂,仍署。	
(滿)瑞昌	
(?)有鳳	
(?)穆特恩	

(滿)官文 　　四、己未、廿七,6.11;改湖督。　副都戴增署。		(宗室)綿洵 　　四、己未;江寧副都遷。五、癸亥、二,6.15;幫軍。 　　八、己亥、九,9.19;暫署湘提。
(滿)扎拉芬 　　四、己未;戰死(武介)。	(滿)瑞麟 　　四、己未;戶左授。副都舒精阿署。 　　十一、己卯、廿,12.28;改禮尚。	(蒙)慶祺 　　十一、己卯;泰寧鎮授。
(覺羅)樂斌		

(?)華山泰 　　二、乙卯、廿二,4.8; 　　病免。	(?)慶如 　　二、乙卯;金州副都遷。 　　十二、乙巳;改定左。	(?)成凱 　　十二、乙巳;寧將改。　歸化城副都德勝署。
(?)成凱 　　十二、乙巳;改綏將。		(?)雙成 　　十二、丙午、十七,1.24;西安副都遷。
(?)扎拉芬泰		

(?)奕興 　　九、乙丑、五,10.15;病免。	(宗室)奕湘 　　九、乙丑;理尚授。 　　十二、乙巳;改盛將。參贊哈勒吉那署。	(?)慶如 　　十二、乙巳;綏將改。
(滿)東純		
(?)赫特賀		
(滿)毓橄	(?)滿慶 　　正、乙亥、十一,2.27;巴里坤領隊任。	

年 代	咸 豐 六 年　丙辰(1856)	
盛京	(宗室)奕湘 　　三、己未、二,4.6；病免。	(蒙)慶祺 　　三、己未；西將改。
吉林	(?)景淳	
黑龍江	(宗室)奕山	
江寧	(滿)托明阿 　　三、甲子、七,4.11；革。 福興署：二、壬子、廿四,3.30；幫辦江南軍務。 　　三、己未；授西將，仍留任。十、丁亥、三,10.31；赴贛。	(滿)都興阿 　　五、辛酉、五,6.7；京口副都遷。 　　十、丁亥；江提和春署。
杭州	(滿)瑞昌	
福州	(?)有鳳 　　九、壬午、廿八,10.26；改成將。	(滿)東純 　　九、壬午；西寧改。
廣州	(?)穆特恩 　　五、辛酉；死(勤恪)。	(?)穆克德訥 　　五、辛酉；乍浦副都遷。
荊州	(宗室)綿洵	
西安	(蒙)慶祺 　　三、己未；改盛將。	(滿)福興 　　三、己未；署江將授，仍留。正白滿都薩迎阿署， 　　十、丁亥；赴贛。
成都	(覺羅)樂斌 　　八、戊子、四,9.2；兼署川督。 　　九、壬午；改陝督。	(?)有鳳 　　九、壬午；福將改。
綏遠城	(?)成凱	
寧夏	(?)璺成	
伊犁	(?)扎拉芬泰 　　十、壬子、廿八,11.25；召京。	(?)常清 　　十、壬子；葉爾羌參贊遷。
定邊左副	(?)慶如	
青海	(滿)東純 　　九、壬午；改福將。	(?)圖伽布 　　九、壬申、十八,10.16；前伊犁參贊任。
西藏	(?)赫特賀	
	(?)滿慶	

咸豐七年　丁巳(1857)

(慶)**慶祺**

(？)**景淳**

(宗室)**奕山**

(滿)**都興阿**
　　　七、甲辰、廿五，9.13；幫辦軍務。

(滿)**瑞昌**

(滿)**東純**

(？)**穆克德訥**

(宗室)**綿洵**

(滿)**福興**
　　　薩迎阿署：五、丙辰、六，5.28；死(恪僖)。
　　　鑲紅漢都劉鎮署。

(？)**有鳳**
　　　七、甲午、十五，9.3；兼署川督。

(？)**成凱**

(？)**雙成**	(滿)**倭什琿布**
	十一、乙未、十八，1.2；烏魯木齊都統改。

(？)**常清**	(？)**扎拉芬泰**
四、癸卯、廿二，5.15；召京。	四、癸卯；原任授。

(？)**慶如**

(？)**圖伽布**

(？)**赫特賀**	(？)**滿慶**
閏五、乙未、十五，7.6；病免。	閏五、乙未；幫辦遷。

(？)**滿慶**	(？)**安誠**	(？)**恩慶**
閏五、乙未；遷駐藏。	閏五、乙未；任。	七、乙未；古城領隊任。
	七、乙未、十六，9.4；病免。	

駐防大臣年表

年代	咸豐八年　戊午(1858)	咸豐九年　己未(1859)
盛京	(蒙)慶祺　　　　(?)玉明 六、己酉、五、7.15；　六、己酉；禮左署。 召京(直督)。　　　六、庚申、十六、7.26； 　　　　　　　　禮左授。	(?)玉明
吉林	(?)景淳	(?)景淳
黑龍江	(宗室)奕山	(宗室)奕山　　　(?)特普欽 八、己亥、二、8.29；革。　八、己亥；副都署。
江寧	(滿)都興阿　　　　(滿)和喜 九、戊戌、廿六、11.1；改荆將。　九、戊戌； 六、丁未、三、7.13；　　江提授。 京口副都魁玉署。	(滿)和喜 二、丙午、五、3.9；節制江北軍務。
杭州	(滿)瑞昌	(滿)瑞昌
福州	(滿)棟純	(滿)棟純
廣州	(?)穆克德訥	(?)穆克德訥
荆州	(宗室)綿洵　　　　(滿)都興阿 九、戊戌、　左翼副都　九、戊戌； 死(莊武)。　載增署。　江將改。	(滿)都興阿
西安	(滿)福興　　　(滿)托明阿 六、癸丑、九、　六、甲寅、十、7.20； 7.19；召京。　直提授。	(滿)托明阿
成都	(?)有鳳 十一、乙酉、十四、12.18； 病假，川督王慶雲兼署。	(?)有鳳 四、壬寅、二、5.4；兼署川督。
綏遠城	(?)成凱	(?)成凱
寧夏	(滿)倭什琿布	(滿)倭什琿布
伊犁	(?)扎拉芬泰	(?)扎拉芬泰
定邊左副	(?)慶如	(?)慶如
青海	(?)圈伽布　　　(滿)福濟 十、辛酉、十九、11.24；　十、辛酉； 改烏魯木齊都統。　閣學任。	(滿)福濟
西藏	(?)滿慶	(?)滿慶　　　(滿)崇實 十、壬戌、廿六、11.20；閣學任。
	(?)恩慶	(?)恩慶

咸豐十年　庚申(1860)

（?）玉明
　　八、己卯、十八，10.2；赴京合防，盛戶倭仁署。

（?）景淳

（?）特普欽
　　（署）

（滿）和春
　　四、乙酉、廿一，6.10；死(忠壯)，魁玉署。
　　五、丙申、三，6.21；副都巴棟阿署：十、乙丑、五、11.17；病免。

（滿）魁玉
　　十、乙丑；江寧副都署。

（滿）瑞昌
　　四、癸巳、廿九，6.18；總統江南軍務。

（滿）東純
　　二、辛酉、廿六，3.18；署成將。

（?）文清
　　二、辛酉；前吏左授。

（?）穆克德訥

（滿）都興阿
　　四、庚辰、十六，6.5；督辦江蘇江北軍務。　　右翼副都富森署。
　　十、辛巳、廿一，12.3；督辦江北軍務。

（滿）托明阿

（?）有鳳
　　二、辛酉；革。

（滿）東純
　　二、辛酉；福將署。五月，兼督。
　　七、丁未、十五，8.31；死(恭介)。　　副都全亮署。

（?）成凱

（滿）倭什琿布
　　二、己未、廿四，3.16；改理尚。

（?）奕梁
　　二、己未；任。

（?）扎拉芬泰
　　七、己酉、十七，9.2；死。

（?）常清
　　七、己酉；烏魯木齊都統改。

（?）慶如
　　六、乙亥、十三，7.30；改鑲白漢都。

（蒙）明誼
　　十、甲申、廿四，12.6；鑲白漢都授。

（滿）福濟
　　六、丙子、十四，7.31；改工左。

（滿）文俊
　　六、丙子；刑右任。
　　九、乙卯、廿五，11.7；召京。

（?）多慧
　　九、乙卯；任。

（滿）崇實
　　七、丁未、十五，8.31；署川督。

（?）恩慶

駐防大臣年表

年代	咸豐十一年　辛酉(1861)	同治元年　壬戌(1862)
盛京	(?)玉明	(?)玉明
吉林	(?)景淳 （改名景綸）	(?)景綸［景淳］
黑龍江	(?)特普欽 （署）	(?)特普欽 十、己丑、十、12.1；授。
江寧	(滿)魁玉 （署）△十月， 改署京口副都。　　(滿)都興阿 十、己巳、十四， 11.16；荆將改。	(滿)都興阿
杭州	(滿)瑞昌 十二、丁丑、廿四，1.23；太平軍進攻，死。	(滿)慶端 七、甲辰、廿三，8.18；閩督授。
福州	(?)文清	(?)文清
廣州	(?)穆克德訥	(?)穆克德訥
荆州	(滿)都興阿 十、己巳；改江將。　　(滿)多隆阿 十、己巳； 正紅蒙都授。	(滿)多隆阿 五、丁酉、十六，6.12； 督陝軍務，署左翼副都巴揚阿兼署。 十一、壬戌、十四，1.3；授欽、督陝軍務。
西安	(滿)托明阿	(滿)托明阿 九、壬子、三、10.25； 病免。　　(?)穆騰阿 九、壬子； 鑲黃蒙都授。
成都	(滿)福濟 正、丁酉、八，2.17；工左授。　　(滿)崇實 七、丙午、廿，8.25；改雲督。　　七、丙午； 駐藏署川督授。	(滿)崇實
綏遠城	(?)成凱 八、己卯、廿三， 9.27；赴京合防。　　(?)德勒克多爾濟 八、己卯；庫倫辦事署。	(?)德勒克多爾濟
寧夏	(?)奕梁	(?)奕梁
伊犁	(?)常清	(?)常清
定邊左副	(蒙)明誼 二、壬申、十四，3.24；查勘中俄邊界， 參贊平瑞署。	(蒙)明誼 四、乙亥、廿三，5.21；參贊麟興署。
青海	(?)多慧	(?)多慧
西藏	(滿)崇實 七、丙午；（署川督） 改成將。　　(?)景紋 十、丁丑、廿二， 11.24；任。	(?)景紋
西藏	(?)恩慶	(?)恩慶

同 治 二 年 　癸亥(1863)

(?)玉明

(?)景綸

(?)特普欽

(滿)都興阿

(滿)慶端	(滿)伊勒東阿	(?)國瑞
	正、己巳、廿二、3.11；理尚授。 十、己卯、六、11.16；死。	十、己卯；工右、正藍滿副授。　乍浦副都明興署。

(?)文清	(覺羅)奮齡	(滿)英桂
三、甲子、十八、5.5；召京。	三、甲子；閩督授。 十、辛丑、廿八、12.8；死(恪慎)。	十、辛丑；晉撫授。

(?)穆克德訥	(?)庫克吉泰	(滿)瑞麟
正、己巳；召京。	正、己巳；左翼副都署。 五、壬戌、十七、7.2；病免。	五、壬戌；熱都改。

(滿)多隆阿	(漢)富明阿
九、丙辰、十二、10.24；改西將。	九、丙辰；正紅漢都授。 十、癸卯、卅、12.10；幫軍。

(?)穆騰阿	(滿)多隆阿
九、丙辰；革(巴里坤領隊)。	九、丙辰；荊將改。 十、壬辰、十九、11.29；出省作戰。　副都德興阿兼署。

(滿)崇實

(?)德勒克多爾濟

(?)奕梁	(?)慶昀
二、辛卯、十五、4.2；病免。	二、辛卯；察都改。

(?)常清

(蒙)明誼

(?)多慧	(滿)毓科	(?)玉通
三、壬戌、十六、5.3；革。	三、壬戌；四京候任。 七、乙巳、一、8.14；病免。	七、乙巳；烏什辦事任。

(?)景紋

(?)恩慶

駐防大臣年表

年　代	同　治　三　年　甲子(1864)	
盛京	(?)玉明 五、丁巳、十八，6.21；召陸，盛戶寶珣署。	
吉林	(?)景綸 十一、己未、廿二，12.20；解、議(革)。	(滿)卓保 十一、己未；戶左署。
黑龍江	(?)特普欽 八、甲申、十六，9.16；假，盛京副都寶善署。	
江寧	(滿)都興阿 四、庚寅、廿，5.25；改西將。	(漢)富明阿 四、庚寅；荊將改。
杭州	(?)國瑞	
福州	(滿)英桂	
廣州	(滿)瑞麟	
荊州	(漢)富明阿 四、庚寅；改江將。	(蒙)穆圖善 四、庚寅；西安左翼副都遷。 九、癸卯、五，10.5；幫軍。
西安	(滿)多隆阿 三、庚戌、十，4.15；督辦陝甘兩省軍務。 四、庚寅；死(忠勇)。	(滿)都興阿 四、庚寅；江將改。 五、乙巳、六，6.9；兼署陝督。
成都	(滿)崇實	
綏遠城	(?)德勒克多爾濟	
寧夏	(?)慶昀	
伊犁	(?)常清 十、辛未、四，11.2；革。	(滿)明緒 (閣學)　十、辛未；伊犁參贊遷。
定邊左副	(蒙)明誼	
青海	(?)玉通	
西藏	(?)景紋	
	(?)恩慶	

同治四年 乙丑(1865)

(？)**玉明** 七、己丑、廿七,9.16; 解、議。	(？)**恩合** 七、己丑;吉將署。 十二、乙卯、廿四,2.9;革。	(滿)**都興阿** 十二、丙辰、廿五,2.10;西將改。 正黃漢都福興署。
(滿)**阜保** 閏五、己丑、廿六,7.18; 赴喀爾喀。	(？)**恩合** 閏五、己丑;錦州副都遷。 七、己丑;署盛將,阜保署。	(？)**德英** 九、丁丑、十五,11.3;阿勒楚喀副都署。
(？)**特普欽**		
(漢)**富明阿** 二、壬辰、廿六,3.23;病假,魁玉署。 閏五、丁亥、廿四,7.16;病免(吉將)。		(滿)**魁玉** 閏五、丁亥;京口副都遷。
(？)**國瑞** 四、癸巳、廿九,5.23;革。		(？)**崑壽** 閏五、己丑;廣東陸提授。
(滿)**英桂**		
(滿)**瑞麟** 二、壬午、十六,3.13;署廣督。		
(蒙)**穆圖善** 閏五、丁丑、十四,7.6;改寧將。		(？)**巴揚阿** 閏五、戊寅、十五,7.7;右翼副都遷。
(滿)**都興阿** 十二、丙辰;改盛將。		(？)**庫克吉泰** 十二、丁巳、廿六,2.11;廣州副都遷。
(滿)**崇實** 八、甲辰、十二,10.1;兼署川督。		
(？)**德勒克多爾濟**		
(？)**慶昀** 閏五、丁丑;死(莊恪)。		(蒙)**穆圖善** 閏五、丁丑;荆將改。 十二、丙辰;督甘軍。
(滿)**明緒**		
(蒙)**明誼**		
(？)**玉通**		
(？)**景紋**		
(？)**恩慶**		

年 代	同 治 五 年　丙寅(1866)	
盛京	(滿)都興阿	
吉林	(?)德英 二、壬子、廿二,4.7;憂免(黑將)。	(漢)富明阿 二、壬子;前江將授。
黑龍江	(?)特普欽	
江寧	(滿)魁玉	
杭州	(?)崑壽 六、乙巳、十八,7.29;病免。	(?)連成 六、乙巳;密雲副都遷。
福州	(滿)英桂 八、壬寅、十六,9.24;兼署閩督。	
廣州	(滿)瑞麟 八、壬寅;改廣督。	(?)慶春 八、甲辰、十八,9.26;錦州副都遷。
荊州	(?)巴揚阿	
西安	(?)庫克吉泰 五、乙亥;督辦新疆北路軍務。六、壬辰、五,7.16;正白滿副穆隆阿署。	
成都	(滿)崇實	
綏遠城	(?)德勒克多爾濟 六、己酉、廿二,8.2;改定左。	(滿)福興 六、己酉;察都改。
寧夏	(滿)穆圖善 八、壬寅;兼署陝督。　　金順署。	
伊犁	(滿)明緒 五、乙亥、十七,6.29;伊犁失守,死(忠節)。 庫爾喀喇領隊李雲麟代辦。	(滿)榮全 五、乙亥;伊犁參贊署。
定邊左副	(蒙)明誼 六、己酉;病免,參贊麟興署。	(?)德勒克多爾濟 六、己酉;綏將改。
青海	(?)玉通	
西	(?)景紋	
藏	(?)恩慶	(滿)瑞昌 二、丁酉、七,3.23;革晉按賞三品任。

同治六年　丁卯(1867)

(滿)**都興阿**

(漢)**富明阿**

(?)**特普欽**
　　十、乙未、十六，11.11；病免。

(滿)**德英**
　　十、乙未；吉林副都署。

(滿)**魁玉**

(?)**連成**
　　九、庚午、廿，10.17；憂假，明興署。

(滿)**英桂**
　　七、庚申、九，8.8；兼署閩督。
　　十二、丁酉、十八，1.12；兼署閩督。

(?)**慶春**

(?)**巴揚阿**

(?)**庫克吉泰**

(滿)**崇實**

(滿)**福興**
　　二、丙戌、二，3.7；病免。(光四死，莊愨)
　　歸化城副都桂成署：四、辛丑；病免。

(滿)**裕瑞**
　　四、辛丑、十八，5.21；正白蒙都授。

(蒙)**穆圖善**
　　署陝督。　　金順署。
　　五、乙亥、廿三，6.24；赴甘，豐紳護。

(滿)**榮全**
　　(署)

(?)**德勒克多爾濟**
　　四、丙午、廿三，5.26；解。

(?)**麟興**
　　四、丙午；參贊遷。

(?)**玉通**

(?)**景紋**

(滿)**瑞昌**
　　三、己卯、廿五，4.29；病免。

(蒙)**恩麟**
　　三、己卯；前甘布賞三等侍衞任。

駐防大臣年表

年　代	同　治　七　年　　戊辰(1868)	
盛京	(滿)**都興阿** 　閏四、辛未、廿四,6.14;授欽、督軍。 　七、丙戌、十一,8.28;回任。	
吉林	(漢)**富明阿**	
黑龍江	(滿)**德英** 　(署)	
江寧	(滿)**魁玉**	
杭州	(?)**遵成**	
福州	(滿)**英桂** 　七、乙未、廿,9.6;改閩督。	(滿)**文煜** 七、乙未;正藍漢都授。
廣州	(?)**慶春** 　十二、戊辰、廿五,2.6;改察都。　　廣督瑞麟兼署。	(滿)**長善** 　　十二、戊辰;山海關副都遷。
荆州	(?)**巴揚阿**	
西安	(?)**廓克吉泰**	
成都	(滿)**崇實**	
綏遠城	(滿)**裕瑞** 　正、丁卯、十八,2.11;死(恪勤)。　　前定左德克勒多爾濟署。	(?)**定安** 　正、丁卯;密雲副都遷。
寧夏	(蒙)**穆圖善** 　署陝督。　　金順署。	
伊犁	(滿)**榮全** 　(署)	
定邊左副	(?)**麟興**	
青海	(?)**玉通**	
西藏	(?)**景紋** 　六、癸亥、十七,8.5;解(降四調)。	(蒙)**恩麟** 　六、癸亥;幫辦遷。
	(蒙)**恩麟** 　六、癸亥;遷駐藏。	(?)**德泰** 　六、癸亥;正紅漢軍參領任。

同 治 八 年　己巳(1869)	同 治 九 年　庚午(1870)
(滿)都興阿	(滿)都興阿
(漢)富明阿	(漢)富明阿　　　　　(?)奕榕 九、甲申、廿一、　　　　　九、甲申； 10.15；病免。　　　　　錦州副都署。
(滿)德英 　　(署)	(滿)德英 九、甲申；授。
(滿)魁玉	(滿)魁玉 八、丁酉、三、8.29；署江督。 八、辛亥、十七,9.12；兼署通商大臣。
(?)連成	(?)連成
(滿)文煜	(滿)文煜
(滿)長善	(滿)長善
(?)巴揚阿	(?)巴揚阿
(?)庫克吉泰　　　　(?)克蒙額 九、乙酉、十七、　左翼副都　九、乙酉；墨爾 10.21；改熱都。圖明額署。根城副都遷。	(?)克蒙額
(滿)崇實	(滿)崇實
(?)定安	(?)定安
(蒙)穆圖善 十、甲辰、六、11.9；卸署陝督。	(蒙)穆圖善 金順署。
(滿)榮全 　　(署)	(滿)榮全 　　(署)
(?)麟興　　　　　(滿)福濟 四、乙巳、三、　　　　四、乙巳； 5.14；革。　　　　布倫托海辦事授。	(滿)福濟
(?)玉通	(?)玉通　　　　(漢)豫　師 正、戊子、廿二、　正、庚寅、廿四,2.23； 2.21；死。蘭州道賞副都銜任。
(蒙)恩麟	(蒙)恩麟
(?)德泰	(?)德泰

駐防大臣年表

年代	同治十年　辛未(1871)	
盛京	(滿)**都興阿** 六、壬戌、三，7.20；病假，盛戶瑞聯署。	
吉林	(？)**奕榕**	
黑龍江	(滿)**德英**	
江寧	(滿)**魁玉** 六、庚辰、廿一，8.7；改成將。	(？)**穆騰阿** 六、庚辰；鑲白蒙都授。
杭州	(？)**連成**	
福州	(滿)**文煜** 九、甲午、七，10.20；兼署閩督。	
廣州	(滿)**長善**	
荆州	(？)**巴揚阿**	
西安	(？)**克蒙額**	
成都	(滿)**崇實** 正、癸卯、十三，3.3；召陛，川督吳棠兼署。 六、庚辰；改鑲白蒙都。	(滿)**魁玉** 六、庚辰；江將改。
綏遠城	(？)**定安**	
寧夏	(蒙)**穆圖善**	
伊犁	(滿)**榮全**	
定邊左副	(滿)**福濟** 四、乙酉、廿六，6.13；革。　科布多參贊奎昌署。	(滿)**金順** 四、乙酉；寧夏副都遷。
青海	(漢)**豫　師**	
西藏	(蒙)**恩麟**	
	(？)**德泰**	

同治十一年　壬申(1872)	同治十二年　癸酉(1873)
(滿)都興阿	(滿)都興阿
(?)奕榕	(?)奕榕
(滿)德英	(滿)德英
(?)穆騰阿	(?)穆騰阿
(?)連成 　七、甲辰、廿二,8.25;閩督李鶴年兼署。	(?)連成　　　　(滿)善慶 　六、癸亥、十六,7.10;　　六、癸亥;杭州副都遷。 　召京。
(滿)文煜	(滿)文煜
(滿)長善	(滿)長善
(?)巴揚阿	(?)巴揚阿
(?)克蒙額	(?)克蒙額
(滿)魁玉	(滿)魁玉
(?)定安	(?)定安
(蒙)穆圖善	(蒙)穆圖善
(滿)榮全	(滿)榮全
(滿)金順　　　　(?)常順 　八、癸酉、廿一,9.23;　八、癸酉; 　革(伊將)。　　　科布多參贊署。	(?)常順
(漢)豫　師	(漢)豫　師
(蒙)恩麟　　　　(?)承繼 　七、庚寅、八,8.11;　　七、己亥、十七,8.20; 　降三調。　　　　通副任。	(?)承繼
(?)德泰　　　　(?)希凱 　十二、癸亥、十三,1.11;　十二、癸亥;閣讀學 　革。　　　　　賞頭等侍衛授。	(?)希凱

駐防大臣年表

年　代	同治十三年　甲戌(1874)	
盛京	(滿)**都興阿**	
吉林	(?)**奕榕**	
黑龍江	(滿)**德英** 正、癸酉、廿九、3.17；死(莊毅)。　墨爾根副都依克唐阿護。	(滿)**豐紳** 正、癸酉；錦州副都遷。
江寧	(?)**穆騰阿**	
杭州	(滿)**善慶** 七、乙丑、廿五、9.5；改綏將。	(蒙)**希元** 七、丙寅、廿六、9.6；荊州左翼副都遷。
福州	(滿)**文煜**	
廣州	(滿)**長善**	
荊州	(?)**巴揚阿**	
西安	(?)**克蒙額** 正、癸酉；署寧將，左翼副都圖明額護。	
成都	(滿)**魁玉**	
綏遠城	(?)**定安** 七、乙丑、病免。	(滿)**善慶** 七、乙丑；杭將改。
寧夏	(蒙)**穆圖善** 正、癸酉；入覲，西將克蒙額署。	
伊犁	(滿)**榮全**	
定邊左副	(?)**常順** 二、甲戌、一、3.18；解、議。	(滿)**額勒和布** 四、壬辰、廿、6.4；襄都改。
青海	(漢)**豫　師**	
西藏	(?)**承繼** 九、壬寅、三、10.12；死。	(?)**松湉** 九、壬寅；閣學任。
	(?)**希凱**	

光 緒 元 年　乙亥(1875)

(滿)都興阿	(滿)崇實
正、癸卯、五,2.10;召陸,盛戶志和署。 二、己卯、十一,3.18;死(清愍)。	二、己卯;刑尚署。 三、丙寅、廿九,5.4;兼署盛戶。

(?)奕榕	(蒙)穆圖善
六、戊辰、三,7.5;降筆帖式。	六、戊辰;寧將署正白漢都署。

(滿)豐紳

(?)穆騰阿

(蒙)希元

(滿)文煜

(滿)長善

(?)巴揚阿

(?)克蒙額
　　二、己卯;署寧將,左翼副都圖明頔護。

(滿)魁玉

(滿)善慶

(蒙)穆圖善	(?)克蒙額
二、己卯;入覲。四月,署正白漢都。 六、戊辰,署吉將。	二、己卯;西將署。

(滿)榮全

(滿)額勒和布

(漢)豫　師

(?)松溎

(?)希凱

駐防大臣年表

年　代	光　緒　二　年　　丙子(1876)	
盛京	(滿)**崇實** 　十、庚戌、廿三，12.8；死。	(滿)**崇厚** 　十、庚戌；兵左署，管奉尹。
吉林	(蒙)**穆圖善** 　四、庚辰、十九，5.12；革。	(?)**古尼音布** 　四、庚辰；錦州副都署。
黑龍江	(滿)**豐紳**	
江寧	(?)**穆騰阿**	
杭州	(蒙)**希元** 　十、壬子、廿五，12.10；改荆將。	(?)**果勒敏** 　十、壬子；廣州副都遷。
福州	(滿)**文煜**	
廣州	(滿)**長善**	
荆州	(?)**巴揚阿** 　十、壬子；死(威勤)。	(蒙)**希元** 　十、壬子；杭將改。
西安	(?)**克蒙額** 　四、辛巳、廿，5.13；改寧將。	(?)**圖明額** 　四、辛巳；左翼副都署。
成都	(滿)**魁玉**	
綏遠城	(滿)**善慶** 　十、甲寅、廿七，12.12；改鑲白蒙都。	(?)**慶春** 　十、甲寅；察都改。
寧夏	(?)**克蒙額** 　四、辛巳；授。	
伊犁	(滿)**榮全** 　十、乙卯、廿八，12.13；召京。	(滿)**金順** 　十、乙卯；烏魯木齊都統改。
定邊左副	(滿)**額勒和布**	
青海	(漢)**豫　師**	
西藏	(?)**松溎**	
	(?)**希凱** 　四、甲戌、十三，5.6；病免。	(?)**桂豐** 　四、甲戌；通政任。

光緒三年　丁丑(1877)

（滿）**崇厚**

（?）**古尼音布**
　　四、甲辰、十九，5.31；回原任。

（滿）**銘安**
　　四、甲辰；盛刑署。

（滿）**豐紳**

（?）**穆騰阿**

（?）**果勒敏**

（滿）**文煜**
　　四、壬辰、七，5.19；召京。

（?）**慶春**
　　四、壬辰；綏將改。

（滿）**長善**

（蒙）**希元**

（?）**圖明額**
　　四、戊申、廿三，6.4；卸署。
　　五、戊寅、廿四，7.4；病免。

（?）**廣科**
　　四、戊申；左翼前鋒統領授。

（滿）**魁玉**
　　八、己丑、七，9.13；病免。

（?）**恆訓**
　　八、己丑；定左改。

（?）**慶春**
　　四、壬辰；改福將。

（宗室）**瑞聯**
　　四、壬辰；察都改。

（?）**克蒙額**

（滿）**金順**

（滿）**額勒和布**
　　七、乙丑、十二，8.20；病免。

（?）**恆訓**
　　七、乙丑；成都副都遷。
　　八、己丑；改成將。

（?）**春福**
　　八、己丑；察都授。

（漢）**豫　師**

（?）**松湘**

（?）**桂豐**

駐防大臣年表

年 代	光 緒 四 年　戊寅(1878)	
盛京	(滿)崇厚 　　五、辛未、廿二,6.22;使俄。	(?)岐元 　　五、辛未;盛戶署,管奉尹。
吉林	(滿)銘安 　　(盛刑署)十、戊戌、廿二,11.16;赴黑,吏右崇綺暫署。	
黑龍江	(滿)豐紳	
江寧	(?)穆騰阿	
杭州	(?)果勒敏 　　六、庚寅、十二,7.11;召京。	(?)廣科 　　六、庚寅;西將改。
福州	(?)慶春	
廣州	(滿)長善	
荊州	(蒙)希元	
西安	(?)廣科 　　六、庚寅;改杭將。	(?)克蒙額 　　六、庚寅;寧將改。
成都	(?)恆訓	
綏遠城	(宗室)瑞聯	
寧夏	(?)克蒙額 　　六、庚寅;改西將。	善慶 　　六、庚寅;鑲白蒙都授。
伊犁	(滿)金順	
定邊左副	(?)春福	
青海	(漢)豫師 　　正、壬戌、十二,2.13;署烏魯木齊都統。 　　十、乙未、十九,11.13;解。	(滿)喜昌 　　十、乙未;鑲黃漢副任。 鎮迪道福裕署。
西	(?)松溎	
藏	(?)桂豐 　　十、丁亥、十一,11.5;召京。	(滿)錫縝 　　十、丁亥;閣讀學任。

光 緒 五 年　己卯(1879)

(?)岐元	
十一、丁亥、十八，12.30；授。	

(滿)銘安	
五、壬寅、廿九，7.18；盛刑授。	

(滿)豐紳	(蒙)希元
十一、丁亥；改綏將。	十一、丁亥；荊將改。

(?)穆騰阿	

(?)廣科	(宗室)瑞聯
十一、丙戌、十七，12.29；死(勤愨)。　　副都富爾蓀署。	十一、丁亥；綏將改。

(?)慶春	(滿)穆圖善
六、己未、十七，8.4；病免。	六、己未；察都改。

(滿)長善	

(蒙)希元	(?)景豐
十一、丁亥；改黑將。	十一、丁亥；察都改。

(?)克蒙額	

(?)恆訓	

(宗室)瑞聯	(滿)豐紳
十一、丁亥；改杭將。	十一、丁亥；黑將改。

(滿)善慶	

(滿)金順	

(?)春福	(?)吉和
九、甲申、十四，10.28；降三調。 十一、庚午、一，12.13；召京。	十一、庚午；廣州漢軍副都遷。

(滿)喜昌	

(?)松湄	(滿)色楞額
十一、庚午；召京。	十一、庚午；幫辦遷。

(滿)錫縝	(滿)色楞額	(?)維慶
二、辛丑、廿七，3.19；病免。	二、辛丑；察副都任。 十一、庚午；遷駐藏。	十一、庚午；成都副都任。

年 代	光 緒 六 年　庚辰(1880)	
盛京	(?)岐元	
吉林	(滿)銘安	
黑龍江	(蒙)希元 三、丙戌、十九,4.27;改江將。	(?)定安 三、丙戌;前綏將授。
江寧	(?)穆騰阿 三、丙戌;改鑲黃蒙都。	(蒙)希元 三、丙戌;黑將改。
杭州	(宗室)瑞聯 十一、庚午、六,12.7;改工尚。	(?)吉和 十一、辛未、七,12.8;鑲藍蒙都授。
福州	(滿)穆圖善	
廣州	(滿)長善	
荊州	(?)景豐	
西安	(?)克蒙額	
成都	(?)恆訓	
綏遠城	(滿)豐紳	
寧夏	(滿)善慶	
伊犁	(滿)金順	
定邊左副	(?)吉和 六、丙午、十,7.16;留京(杭將)。	(滿)杜嘎爾 六、丙午;參贊遷。
青海	(滿)喜昌 正月,召陸。四月,鄧承偉署。 六、丙午;改烏里雅蘇台參贊。	(宗室)福錕 六、丙午;太僕任。
西	(滿)色楞額	
藏	(?)維慶	

光緒七年　辛巳(1881)	
(?)岐元 六、辛卯、一,6.26;召陞,盛户恩錫署。 閏七、丙申、六,8.30;改成將。	(蒙)崇綺 閏七、丙申;熱都改。
(滿)銘安	
(?)定安 十二、丙寅、八,1.27;病免。	(?)文緒 十二、丙寅;黑副都署。
(蒙)希元	
(?)吉和 十、甲申、廿五,12.16;乞養(西將)。　杭州副都富爾蓀署。	(?)古尼音布 十、甲申;錦州副都遷。
(滿)穆圖善	
(滿)長善	
(?)景豐 八、乙丑、六,9.28;死。	(?)祥亨 八、戊辰、九,10.1;察都改。
(?)克蒙額 閏七、丙申、六,8.30;召京(綏將)。	(?)恆訓 閏七、丙申;成將改。
(?)恆訓 二、甲寅、廿二,3.21;召陞,副都托克湍署。 閏七、丙申;改西將。	(?)岐元 閏七、丙申;盛將改。
(滿)豐紳	
(滿)善慶	
(滿)金順	
(滿)杜噶爾	
(宗室)福錕	
(滿)色楞額	
(?)維慶	

駐防大臣年表

年 代	光 緒 八 年　壬午(1882)
盛京	(蒙)崇綺
吉林	(滿)銘安
黑龍江	(?)文緒 (署)
江寧	(蒙)希元
杭州	(?)古尼音布
福州	(滿)穆圖善
廣州	(滿)長善
荆州	(?)祥亨
西安	(?)恆訓
成都	(?)岐元
綏遠城	(滿)豐紳
寧夏	(滿)善慶
伊犁	(滿)金順
定　邊 左　副	(滿)杜嘎爾
青海	(宗室)福錕　　　　　　　　　　　　　　　　(?)李愼 　　正、辛亥、廿四,3.13;改兵右。　　　　　　　正、辛亥;延榆綏道任。
西	(滿)色楞額
藏	(?)維慶　　　　　　　　　(?)鄂禮　　　　　　　　　(?)崇綱 　　正、丁酉、十,2.27;召京。　　正、丁酉;閱讀學任。　　　三、己酉;成綿龍茂道任。 　　　　　　　　　　　　　三、己酉、廿三,5.10;解、議。

光 緒 九 年 癸未(1883)

(蒙)**崇綺** 　　十二、戊辰、廿二,1.19;病免。	(滿)**慶裕** 　　十二、戊辰;東河授。

(滿)**銘安** 　　二、乙亥、廿四,4.1;病免。　吉林副都玉亮署。	(蒙)**希元** 　　二、乙亥;江將改。

(?)**文緒**
　　（署）

(蒙)**希元** 　　二、乙亥;改吉將。　江寧副都姚田護。	(滿)**善慶** 　　二、乙亥;寧將改。

(?)**古尼音布**

(滿)**穆圖善**

(滿)**長善**

(?)**祥亨**

(?)**恆訓** 　　十一、乙未、十八,12.17;死。	(滿)**恭鏜** 　　十一、乙未;烏魯木齊都統改。 　　十二、丁巳、十一,1.8;病免。	(?)**吉和** 　　十二、丁巳;察都改。

(?)**岐元**

(滿)**豐紳**

(滿)**善慶** 　　二、乙亥;改江將。	(?)**奕榕** 　　二、乙亥;寧夏副都遷。

(滿)**金順**

(滿)**杜噶爾**

(?)**李慎**

(滿)**色楞額**

(?)**崇綱**

駐防大臣年表

年 代	光 緒 十 年　甲申(1884)
盛京	(滿)**慶裕**
吉林	(蒙)**希元**
黑龍江	(?)**文緒** 四、己未、十五、5.9；授。
江寧	(滿)**善慶**　　　　　　　　(宗室)**瑞聯**　　　　　　　　(滿)**豐紳** (福將)　三、庚寅、十五，　　　三、庚寅；正藍漢都(前兵尚)授。　　閏五、丁卯； 4.10；改正紅漢都。　　　　閏五、丁卯、廿四，7.16；病免。　　綏將改。
杭州	(?)**古尼音布**
福州	(滿)**穆圖善** 七、庚申、十八，9.7；幫辦閩軍。
廣州	(滿)**長善**　　　　　　　　　　(滿)**繼格** 四、己未；召京(杭將)。　　　　　　四、己未；熱都改。
荊州	(?)**祥亨**
西安	(?)**吉和**
成都	(?)**岐元**
綏遠城	(滿)**豐紳**　　　　　　　　　　(?)**克蒙額** 閏五、丁卯；改江將。　　　　　　閏五、丁卯；鑲黃蒙都授。
寧夏	(?)**奕榕**
伊犁	(滿)**金順**
定邊左·副	(滿)**杜噷爾**
青海	(?)**李慎**
西藏	(滿)**色楞額** (?)**崇綱**

光緒十一年　乙酉(1885)	光緒十二年　丙戌(1886)
(滿)慶裕	(滿)慶裕
(蒙)希元	(蒙)希元
(?)文緒	(?)文緒　　　　　　　(滿)恭鏜 　五、丙午、十四,6.15;病免。　　五、丙午;前西將署。
(滿)豐紳	(滿)豐紳
(?)古尼音布 　七、壬戌、廿六,9.4;署福將。　杭州副都恭壽署。	(?)古尼音布
(滿)穆圖善 　七、壬戌、召陛,杭將古尼音布署。 　十、丁亥、廿二,11.28;授欽、東三省練兵大臣。	(滿)穆圖善
(滿)繼格	(滿)繼格
(?)祥亨	(?)祥亨
(?)吉和	(?)吉和
(?)岐元	(?)岐元
(?)克蒙額	(?)克蒙額
(?)奕榕　　　　　　(?)維慶 　正、丁卯、廿七,　　正、丁卯; 　3.13;病免。　　　錦州副都遷。	(?)維慶
(滿)金順 　八、庚午、四,9.12;召陛,塔爾巴哈台參贊錫綸署。	(滿)金順　　　　　　(滿)色楞額 　七、戊戌、七,8.6;　八、壬戌、二,8.30; 　死(忠介)。　　　庫倫辦事授。
(滿)杜嘎爾	(滿)杜嘎爾
(?)李慎	(?)李慎
(滿)色楞額　　　　　(?)文碩 　十一、丙辰、廿二,12.27;　十一、丙辰; 　改庫倫辦事。　　　閣學任。	(?)文碩
(?)崇綱	(?)崇綱　　　(?)尚賢　　　(蒙)升泰 　五、丁酉、五,　五、庚子、八,　十、己卯; 　6.6;病免。　6.9;閣學任。　前閣學任。 　　　　　十、己卯、廿, 　　　　　11.15;召京。

駐防大臣年表

年代	光緒十三年　丁亥(1887)		光緒十四年　戊子(1888)	
盛京	(滿)慶裕		(滿)慶裕	
吉林	(蒙)希元		(蒙)希元 四、己酉、廿八， 6.7；改福將。	(滿)長順 四、己酉； 正白漢都授。
黑龍江	(滿)恭鏜 (署)		(滿)恭鏜 四、己酉；授。	
江寧	(滿)豐紳		(滿)豐紳	
杭州	(?)古尼音布		(?)古尼音布 三、癸亥、十二， 4.22；病免。	(滿)長善 三、癸亥； 正藍蒙都授。
福州	(滿)穆圖善 十、己亥、十六，11.30； 死(果勇)。	(滿)善慶 十、己亥； 正紅漢都授。	(滿)善慶 四、己酉；死(勤敏)。 九、戊寅、卅，11.3； 閩督卞寶第兼署。	(蒙)希元 四、己酉； 吉將改。
廣州	(滿)繼格		(滿)繼格	
荆州	(?)祥亨		(?)祥亨	
西安	(?)吉和		(?)吉和 四、戊子、七，5.17； 病免(杭將)。	(?)尚宗瑞 四、戊子； 鑲黃蒙都授。
成都	(?)岐元		(?)岐元	
綏遠城	(?)克蒙額		(?)克蒙額	
寧夏	(?)維慶		(?)維慶 三、己未、八，4.18； 死(恪勤)。	(?)鐘泰 三、己未； 廣州漢軍副都遷。
伊犂	(滿)色楞額		(滿)色楞額	
定邊左副	(滿)杜嘎爾		(滿)杜嘎爾	
青海	(?)李慎		(?)李慎 二、丁酉、十五， 3.27；病免。	(?)薩凌阿 二、丁酉；裁缺 烏魯木齊領隊任。
西藏	(?)文碩		(?)文碩 正、癸酉、廿一， 3.3；召京。	(滿)長庚 正、癸酉； 伊犂副都任。
	(蒙)升泰		(蒙)升泰	

光緒十五年　己丑(1889)

(滿)慶裕	(滿)裕祿
七、壬子、八, 8.4; 病免。	七、甲寅、十, 8.6; 湖督授。

(滿)長順

(滿)恭鏜	(滿)依克唐阿
正、癸亥、十七, 2.16; 改杭將。	正、癸亥; 琿春副都遷。

(滿)豐紳

(滿)長善	(滿)恭鏜	(？)吉和
正、癸亥; 死。	正、癸亥; 黑將改。	七、戊午、十四, 8.10; 前西將授。
	七、丁巳、十三, 8.9; 死。	

(蒙)希元

(滿)繼格

(？)祥亨

(？)尚宗瑞

(？)岐元

(？)克蒙額

(？)鐘泰

(滿)色楞額

(滿)杜噶爾	(？)托克湍
四、丁丑、二, 5.1; 死(武靖)。	四、己卯、四, 5.3; 齊齊哈爾副都遷。

(？)薩淩阿

(滿)長庚

(蒙)升泰

駐防大臣年表

年　代	光緒十六年　庚寅(1890)		
盛京	(滿)裕祿		
吉林	(滿)長順		
黑龍江	(滿)依克唐阿		
江寧	(滿)豐紳		
杭州	(?)吉和		
福州	(蒙)希元		
廣州	(滿)繼格		
荆州	(?)祥亨		
西安	(?)尚宗瑞		
成都	(?)岐元		
綏遠城	(?)克蒙額		
寧夏	(?)鐘泰		
伊犁	(滿)色楞額 五、辛未、三,6.19;死。　右翼副都富勒銘署。		(滿)長庚 五、乙亥、七,6.23;駐藏授。
定邊左副	(?)托克湍		
青海	(?)薩凌阿		
西藏	(滿)長庚 五、乙亥;改伊將。		(蒙)升泰 五、乙亥;幫辦遷。
	(蒙)升泰 五、乙亥;遷駐藏。		(?)紹緘 五、乙亥;前晉布任。

光緒十七年　辛卯(1891)

(滿)裕祿		
(滿)長順		
(滿)依克唐阿		
(滿)豐紳		
(？)吉和		
(蒙)希元 　　十二、庚戌、廿, 1.19；兼署閩督、福建船政。		
(滿)繼格		
(？)祥亨		
(？)尚宗瑞 　　二、乙巳、十一, 3.20；病免。	(？)恭壽 　　二、乙巳；杭州副都遷。 　　十一、戊子、廿八, 12.28；改成將。	(滿)榮祿 　　十一、戊子；前工尚授。
(？)岐元 　　十一、丁亥、廿七, 12.27；死。 　　副都雅爾堅護。	(？)恭壽 　　十一、戊子；西將改。	
(？)克蒙額		
(？)鎧泰		
(滿)長庚		
(？)托克湍　　參贊崇歡署。	(？)永德 　　六、甲寅、廿二, 7.27；察副都遷。	
(？)薩凌阿 　　二、丁未、十三, 3.22；憂假, 甘涼道奎順署。		
(蒙)升泰		
(？)紹鍼 　　二、丙午、十二, 3.21；死。	(？)奎煥 　　二、丙午；記名副都授。	

駐防大臣年表

年 代	光緒十八年　壬辰(1892)		光緒十九年　癸巳(1893)	
盛京	(滿)裕祿		(滿)裕祿	
吉林	(滿)長順		(滿)長順 二、癸酉、廿，4.6；省假，副都沙克都林扎布護。	
黑龍江	(滿)依克唐阿		(滿)依克唐阿	
江寧	(滿)豐紳		(滿)豐紳	
杭州	(?)吉和		(?)吉和	
福州	(蒙)希元 五、乙酉、廿八，6.22；兼署閩督。		(蒙)希元	
廣州	(滿)繼格		(滿)繼格	
荊州	(?)祥亨		(?)祥亨	
西安	(滿)榮祿		(滿)榮祿	
成都	(?)恭壽		(?)恭壽	
綏遠城	(?)克蒙額		(?)克蒙額	
寧夏	(?)鍾泰		(?)鍾泰	
伊犁	(滿)長庚		(滿)長庚	
定邊左副	(?)永德		(?)永德	
青海	(?)薩凌阿 九、乙未、十，10.30；病免。	(?)奎順 九、乙未；甘涼道遷。	(?)奎順	
西藏	(蒙)升泰 八、丙寅、十一，10.1；死(恭勤)。	(?)奎煥 九、甲辰、十九，11.8；幫辦遷。	(?)奎煥	
西藏	(?)奎煥 九、甲辰；遷駐藏。	(漢)延　茂 九、甲辰；理少任。	(漢)延　茂	

光緒二十年　甲午(1894)	

(滿)**裕祿**

(滿)**長順**
　九、壬寅、廿九, 10.27; 出師奉天, 恩澤署: 十、甲子; 授黑將, 仍署。

(滿)**依克唐阿**	(蒙)**恩澤**
七月, 出師。齊齊哈爾副都增祺署。	十、甲子、廿一, 11.18; 署吉將授, 仍署。
十、壬戌、十九, 11.16; 革。	

(滿)**豐紳**
　七、辛巳、七, 8.7; 祝嘏。　　江督劉坤一兼署: 十、戊申、五, 11.2; 召陞。
　　　　　　　　　　　　　　十、辛亥、八, 11.5; 署江督張之洞兼署。

(?)**吉和**

(蒙)**希元**	(滿)**慶裕**
七、甲午、廿, 8.20; 固督譚鐘麟兼署。	八、癸亥、十九, 9.18; 熱都改。
八、壬戌、十八, 9.17; 死。	

(滿)**繼格**
　七、甲申、十, 8.10; 祝嘏, 副都存興署。

(?)**祥亨**

| (滿)**榮祿** | (?)**國俊** |
| 　九、壬寅; 改步統。 | 　十、乙巳、二, 10.30; 密雲副都遷。 |

(?)**恭壽**
　六、乙卯、十, 7.12; 祝嘏, 川督劉秉璋兼署。

| (?)**克蒙額** | (?)**永德** |
| 　十二、辛酉、十九, 1.14; 降。 | 　十二、辛酉; 前定左授。 |

(?)**鐘泰**

(滿)**長庚**

(?)**永德**	(?)**崇歡**
七、戊子、十四, 8.14; 召陞。	七、戊子; 署。
十一、庚辰、八, 12.4; 留京(綏將)。	十一、庚辰; 烏里雅蘇台參贊遷。

(?)**奎順**

(?)**奎焕**

| (漢)**延　茂** | (?)**訥欽** |
| 　四、戊辰、廿二, 5.26; 召京。 | 　六、己未、十四, 7.16; 任。 |

年　代	光緒二一年　乙未（1895）	
盛京	（滿）裕祿 　八、癸巳、廿五，10.13；改福將。	（滿）依克唐阿 　八、癸巳；鑲黃漢都授。
吉林	（滿）長順	
黑龍江	（蒙）恩澤	
江寧	（滿）豐紳	
杭州	（？）吉和	
福州	（滿）慶裕 　八、丁亥、十九，10.7；死。	（滿）裕祿 　八、癸巳；盛將改。
廣州	（滿）繼格 　三、辛卯、廿，4.14；解。	（？）保年 　三、癸巳、廿二，4.16；京口副都遷。 　閏五月，召陸，廣督譚鍾麟兼署。
荊州	（？）祥亨	
西安	（？）國俊	
成都	（？）恭壽	
綏遠城	（？）永德	
寧夏	（？）鑪泰	
伊犁	（滿）長庚	
定邊左副	（？）崇歡	
青海	（？）奎順	
西藏	（？）奎煥	
	（？）訥欽	

光緒二二年　丙申(1896)		光緒二三年　丁酉(1897)	
(滿)**依克唐阿**		(滿)**依克唐阿**	
(滿)**長順** 四、庚午、五， 5.17；病免。	(漢)**延　茂** 四、壬申、七，5.19； 副都署。	(漢)**延　茂** (署)	
(蒙)**恩澤**		(蒙)**恩澤**	
(滿)**豐紳**		(滿)**豐紳**	
(?)**吉和** 五、甲辰、十，6.20； 病免。	(?)**濟祿** 五、丙午、十二，6.22； 盛京副都邊。	(?)**濟祿**	
(滿)**裕祿** 　六、壬午、十八，7.28；兼充船政大臣。		(滿)**裕祿** 十一、癸卯、十八， 12.11；改川督。	(滿)**增祺** 十一、己酉、廿四，12.17； 齊齊哈爾副都邊。
(?)**保年**		(?)**保年**	
(?)**祥亨**		(?)**祥亨**	
(?)**國俊**		(?)**國俊**	
(?)**恭壽**		(?)**恭壽** 九、戊子、二，9.27；兼署川督。	
(?)**永德**		(?)**永德**	
(?)**鍾泰**		(?)**鍾泰**	
(滿)**長庚**		(滿)**長庚**	
(?)**崇歡**		(?)**崇歡** 十一、戊戌、十三， 12.6；病免。	(滿)**貴恆** 十一、戊戌； 前刑尚授。
(?)**奎順**		(?)**奎順** 三、甲辰、十五，4.16；憂假，聯魁署。	
(?)**奎煥** 二、壬申、七，3.20； 召京。	(滿)**文海** 二、乙亥、十，3.23； 黔按任。	(滿)**文海**	
(?)**訥欽**		(?)**訥欽**	

駐防大臣年表

年代	光緒二四年　戊戌(1898)	
盛京	(滿)依克唐阿	
吉林	(漢)延　茂 五、丁巳、五,6.23；授。	
黑龍江	(蒙)恩澤	
江寧	(滿)豐紳 十一、丙辰、七,12.19；死(靖果)。	(漢)毓賢 十一、丙辰；湘布署。
杭州	(?)濟祿	
福州	(滿)增祺 閏三、癸亥、十,4.30；兼充船政大臣。 九、辛酉、十一,10.25；兼署閩督。	
廣州	(?)保年 七、甲子、十三,8.29；死。　滿洲副都存興護。	(?)壽蔭 七、丁卯、十六,9.1；熱都改。
荆州	(?)祥亨	
西安	(?)國俊	
成都	(?)恭壽 五、乙亥、廿三,7.11；兼署川督。 七、戊午、七,8.23；死。　存恩署。	(滿)裕祥 七、戊辰、十七,9.2；滇撫授。
綏遠城	(?)永德	
寧夏	(?)鍾泰 五、丁丑、廿五,7.13；病假,副都色普徵額署。	
伊犁	(滿)長庚	
定邊左副	(滿)貴恆 九、癸亥、十三,10.27；病免。	(滿)連順 九、癸亥；庫倫辦事授。
青海	(?)壺順 六、戊申、廿六,8.13；召京。	(滿)闓普通武 六、戊申；禮左授。
西藏	(滿)文海	
	(?)訥欽 七、壬申、廿一,9.6；休。	(?)裕鋼 七、甲戌、廿三,9.8；雅州知府任。

光緒二五年　己亥(1899)

(滿)**依克唐阿** 　　二、己卯、一、3.12；死(誠勇)。　　盛禮文興護。	(滿)**增祺** 　　三、壬申、廿五、5.4；福將改。
(漢)**延　茂** 　　七、壬申、廿七、9.1；解。	(滿)**長順** 　　七、壬申；前任授。
(蒙)**恩澤** 　　十二、丙申、廿三、1.23；病免(旋死，壯敏)。	(漢)**壽　山** 　　十二、丙申；副都署。
(漢)**毓　賢** 　　二、辛巳、三、3.14；改魯撫。　　副都額勒春護。	(滿)**崇善** 　　二、壬午、四、3.15；錦州副都遷。
(?)**濟祿** 　　五、甲子、十八、6.25；改荊將。	(滿)**常恩** 　　五、甲子；杭州副都遷。
(滿)**增祺** 　　三、己酉、十一、4.19；召陸，閩督許應騤兼署。 　　三、壬申；改盛將。	(滿)**善聯** 　　三、癸酉、廿六、5.4；鄂布署，兼充船政大臣。
(?)**壽蔭**	
(?)**祥亨** 　　五、甲子；病免。	(?)**濟祿** 　　五、甲子；杭將改。
(?)**國俊**	
(滿)**裕祥** 　　六、庚辰、四、7.11；病免。	(漢)**綽哈布** 　　六、庚辰；寧將改。
(?)**永德**	
(?)**鐘泰** 　　五、丁卯、廿一、6.28；病免。	(漢)**綽哈布**　　　　　　(?)**錫振** 　　五、丁卯；錦州副都遷。　　六、庚辰；西安右翼副都遷。 　　六、庚辰；改成將。
(滿)**長庚**	
(滿)**連順**	
(滿)**闊普通武**	
(滿)**文海**	
(?)**裕鋼**	

駐防大臣年表

年　代	光緒二六年　庚子(1900)		
盛京	(滿)**增祺** 八、戊子、十九,9.12；江將互調。	(滿)**崇善** 八、戊子；江將改。　盛户清盛兼署。	
吉林	(滿)**長順**		
黑龍江	(漢)**壽山** 八、戊子、解、勘。 九、甲戌、六,10.28；死(忠恪)。	(漢)**延茂** 八、戊子；前吉將授。	(漢)**綽哈布** 九、甲戌、成將改。 齊齊哈爾副都薩保署。
江寧	(滿)**崇善** 八、戊子；盛將互調。	(滿)**增祺**(未任) 八、戊子；盛將改。	(?)**信格** 十二、壬寅、五,1.24；密雲副都遷。
杭州	(滿)**常恩**		
福州	(滿)**善聯** 四、乙酉、十四,5.12；卸船政。 十二、辛亥、十四,2.2；死。	(滿)**景星** 十二、辛亥；鄂撫授。　閩督許應騤兼署。	
廣州	(?)**壽蔭**		
荊州	(?)**濟祿**		
西安	(?)**國俊** 三、庚申、十八,4.17；病免。	(?)**惠銘** 三、庚申；鑲白滿副授。	
成都	(漢)**綽哈布** 閏八月、兼署川提。　川督奎俊兼署。 九、甲戌、改黑將。		
綏遠城	(?)**永德**		
寧夏	(?)**錫振**	(滿)**色普徵額** 六、辛未、一,6.27；副都遷。	
伊犁	(滿)**長庚**		
定邊左副	(滿)**連順**		
青海	(滿)**闊普通武**		
西藏	(滿)**文海** 三、庚戌、八,4.7；死。	(?)**慶善** 三、庚戌；任。 九、甲戌；死。	(?)**裕鋼** 九、甲戌；幫辦遷。
	(?)**裕鋼** 九、甲戌；遷駐藏。	(?)**安成** 九、乙亥、七,10.29；川候補道任。	

光緒二七年　辛丑(1901)

(滿)**崇善** 　　正、甲戌、七，2.25；改綏將。	(滿)**增祺** 　　正、甲戌；前寧將授。
(滿)**長順**	
(漢)**綽哈布** 　　齊齊哈爾副都薩保署。	
(？)**信格** 　　二、丙午、十，3.29；綏將互調。	(滿)**崇善** 　　二、丙午；綏將改。
(滿)**常恩**	
(滿)**景星** 　　五、丙戌、廿二，7.7；兼管船政事務。	
(？)**壽蔭**	
(？)**濟祿**	
(？)**惠銘**	

川督奎俊兼署。	(滿)**長庚**(未任) 　　十一、乙丑、三，12.13；鑲藍漢都授。

(？)**永德** 　　(自殺)	(滿)**崇善** 　正、甲戌；盛將改。　副都奎誠署。 　二、丙午；江將互調。	(？)**信格** 　二、丙午；江將改。 　六、癸卯、九，7.24；歸化城副都文瑞兼署。

(滿)**色普徵額**	
(滿)**長庚** 　　七、丙子、十三，8.26；召京(鑲藍漢都)。	(？)**馬亮** 　　七、丙子；密雲副都遷。
(滿)**連順**	
(滿)**闊普通武**	
(？)**裕鋼**	
(？)**安成**	

駐防大臣年表

年　代	光緒二八年　壬寅(1902)		
盛京	(滿)**增祺**		
吉林	(滿)**長順**		
黑龍江	(漢)**綽哈布** 六、乙卯、廿七，7.31；改鑲黃蒙都。	(?)**薩保** 六、乙卯；齊齊哈爾副都署。	
江寧	(滿)**崇善** 三、丙戌、廿六，5.3；改福將。	(?)**信恪** 三、丙戌；綏將改。	
杭州	(滿)**常恩**		
福州	(滿)**景星** 三、丙戌；病免，閩督許應騤兼署。	(滿)**崇善** 三、丙戌；江將授。	
廣州	(?)**壽蔭**		
荆州	(?)**濟禄**		
西安	(?)**惠銘** 六、己亥、十一，7.15；副都恩存署。	(?)**長春** 十二、丙午、廿，1.18；署成將授。	
成都	(滿)**長庚**(未任) 六、丁酉、九，7.13；副都長春署：十二、丙午；授西將。 十二、丙午；副都蘇嚕岱署。		
綏遠城	(?)**信恪** 三、丙戌；改江將。	(?)**鐘泰** 三、丙戌；前寧將授。 十一、己巳、十三，12.12；死。	(?)**恆壽** 十一、己巳；涼州副都遷。
寧夏	(滿)**色普徵額**		
伊犁	(?)**馬亮**		
定邊左副	(滿)**連順**		
青海	(滿)**闊普通武**		
西藏	(?)**裕鋼**	(?)**有泰** 十一、己未、三，12.2；鴻少任。	
	(?)**安成** 十一、壬午、廿六，12.25；病免。	(滿)**訥欽** 十一、壬午；前盛京副都賞三品任。	

光緒二九年　癸卯(1903)	光緒三十年　甲辰(1904)
(滿)增祺	(滿)增祺
(滿)長順	(滿)長順　　　　　　　(?)富順 正、癸巳、十四、2.29;　　　正、癸巳; 死(忠靖)。　　　　　　三姓副都署。
(?)薩保 　(署)	(?)薩保　　　　　　　(漢)達　桂 (署)四、戊辰、廿、6.3;卸。　四、戊辰;署。
(?)信恪　　　　　(?)永隆 八、丁巳、六、　江寧副都　八、戊午、七、9.27; 9.26;病免。　奎芳署。　鑲藍滿副遷。	(?)永隆
(滿)常恩	(滿)常恩　　　　　　　(宗室)瑞興 十、辛未、廿七、　　　十、辛未、 12.3;解。　　　　　荊州副都遷。
(滿)崇善 三、癸亥、八、4.5;兼署閩督。 閏五、甲申、一、6.25;督辦船政事宜。	(滿)崇善 七、戊戌、廿二、9.1;兼署閩督。
(?)壽蔭	(?)壽蔭
(?)濟祿　　　　　(漢)綽哈布 二、辛丑、十六、　左翼副都　二、壬寅、十七、3.15; 3.14;死。　　瑞興護。　鑲黃蒙都授。	(漢)綽哈布　　　　　(蒙)清銳 四、癸亥、十五、5.29;署成將。　四、癸亥;左都署; 十、戊申、四、11.10;改成將。　十、戊申;授。
(?)長春	(?)長春
(滿)長庚(未任) 副都蘇嚕岱署。	(滿)長庚　　　　　　(漢)綽哈布 四、癸亥;署兵尚。　四、癸亥;荊將署; (十、戊申;授。)　十、戊申;授。
(?)恆壽　　　　　(滿)貽穀 八、壬戌、十一、10.1;死。　八、壬戌;兵左授。	(滿)貽穀
(滿)色普徵額	(滿)色普徵額
(?)馬亮	(?)馬亮
(滿)連順	(滿)連順　　　　　　(?)奎順 十二、己酉、五、1.10;　十二、己酉;察都改。 召京(鑲藍蒙都)。
(滿)闊普通武　　　　(滿)準良 四、己酉、廿五、　　　四、己酉; 5.21;休。　　　　泰寧鎮任。	(滿)準良　　　　　　(滿)延祉 八、壬戌、十六、　　　八、壬戌; 9.25;召京。　　　馬蘭鎮任。
(?)有泰	(?)有泰
(滿)訥欽　　　　(滿)桂霖 正、甲戌、十八、　正、辛巳、廿五、 2.15;病免。　2.22;貴西道任。	(滿)桂霖　　　　　　(滿)鳳全 四、乙卯、七、5.21;　四、乙卯、 病免。　　　　川候補道任。

駐防大臣年表

年代	光緒三一年　乙巳(1905)	
盛京	(滿)**增祺** 　三、戊寅、五，4.9；召陞，奉尹廷杰署。 　四、丙午、四，5.7；憂免。	(漢)**趙爾巽** 　四、丙午；署戶尚授。
吉林	(？)**富順** 　七、乙未、廿四，8.24；召京。	(漢)**達桂** 　七、乙未；阿勒楚喀副都署。
黑龍江	(漢)**達桂** 　四、壬子、十，5.13；召陞。	**程德全** 　四、壬子；齊齊哈爾副都署。
江寧	(？)**永隆**	
杭州	(宗室)**瑞興** 　三、戊寅；召陞，副都德濟署。 　九、癸未、十三，10.11；兼署浙撫。	
福州	(滿)**崇善** 　正、甲午、廿一，2.24；兼署閩督。	
廣州	(？)**壽陞**	
荊州	(蒙)**清銳**	
西安	(？)**長春**	
成都	(漢)**綽哈布**	
綏遠城	(滿)**貽穀**	
寧夏	(滿)**色普徵額**	
伊犁	(？)**馬亮** 　六、庚戌、八，7.10；改定左。	(滿)**長庚** 　六、庚戌；兵尚授。
定邊左副	(？)**奎順** 　六、庚戌；召京(正藍漢都)。	(？)**馬亮** 　六、庚戌；伊將改。
青海	(滿)**延祉** 　六、辛未、廿九，7.31；改庫倫辦事。	(？)**慶恕** 　六、辛未；翚泰階道任。
西	(？)**有泰**	
藏	(滿)**鳳全** 　△被殺(威脅)。	(？)**聯豫** 　三、壬辰、十九，4.23；雅州知府任。

光緒三二年　丙午(1906)		
(漢)趙爾巽		
(漢)達　桂 　二、辛亥、十四，3.8；憂假，副都成勳暫署。		
程德全 　（署）		
(？)永隆 　二、丙午、九，3.3；死。　副都振格署。	(滿)鹹勳 　二、丙午；皖撫授。 　十、乙丑、二，11.17；改廣將。	(蒙)清銳 　十、乙丑；前兵尚授。
(宗室)瑞興		
(滿)崇善		
(？)壽蔭 　十、乙丑；召京。	(滿)鹹勳 　十、乙丑；江將改。	
(蒙)清銳 　正、癸巳、廿五，2.18；改兵尚。	(？)戴卓 　正、癸巳；鑲紅漢都授。	
(？)長春 　正、辛卯、廿三，2.16；召京。	(滿)松溎 　正、壬辰、廿四，2.17；工尚授。	
(漢)綽哈布		
(滿)貽毅		
(滿)色普徵額		
(滿)長庚		
(？)馬亮		
(？)慶恕		
(？)有泰 　十、癸未、廿，12.5；召京。	(？)聯豫 　十、癸未；幫辦遷。	
(？)聯豫 　十、癸未；遷駐藏。	張蔭棠 　十、癸未；候五京任。	

駐防大臣年表

年代	光緒三三年　丁未(1907)		
盛京	(漢)趙爾巽　　〔三、己亥、八、4.20;缺裁。〕　　三、壬子、廿一、5.3;改川督。		
吉林	(漢)達桂（署）　　〔三、己亥;缺裁。〕　　五、丁酉、七、6.17;回阿勒楚喀副都本任。		
黑龍江	程德全（署）　　〔三、己亥;缺裁。〕　　三、丙辰、廿五、5.7;記名副督署黑撫。		
江寧	(蒙)清鋭		
杭州	(宗室)瑞興		
福州	(滿)崇善 正、壬子、廿,3.4;兼署閩督。 六、庚申、一,7.10;病免。 六、丁卯、八,7.17;閩督松壽兼署。	(蒙)特圖慎 六、庚申;鑲藍蒙都授。 九、丁酉、九,10.15;病免。	(滿)樸壽 九、丁酉;正黃漢都授。 兼管船政。
廣州	(滿)誠勳 正、壬子、廿,3.4;改察都(廣將)。	(?)景灃 正、壬子;鑲藍漢都授。	
荊州	(?)戴卓 正、壬子;病免。　副都隆斌護。	(滿)松湅 正、壬子;西將改。 十、壬戌、四,11.9;死。	(?)恩存 十、壬戌;西將改。
西安	(滿)松湅 正、壬子;改荊將。	(?)恩存 正、壬子;西安左翼副都遷。 十、壬戌;改荊將。	(漢)鳳山 十、壬戌;正白蒙副遷。 十、癸未、廿五、11.30;留京練兵。 陝撫恩壽兼署。
成都	(漢)綽哈布		
綏遠城	(滿)貽毅		
寧夏	(滿)色普徵額 八、丙戌、廿七,10.4;召京。	(滿)增祺 八、丙戌;前盛將授。 九、丁未、十九,10.25;改正黃蒙都。	(?)台布 九、丁未;正黃蒙都授。
伊犁	(滿)長庚		
定邊左副	(?)馬亮		
青海	(?)慶恕		
西	(?)聯豫		
藏	張蔭棠		

年 代	光緒三四年　戊申（1908）	
江寧	（蒙）**清銳**	
杭州	（宗室）**瑞興**	
福州	（滿）**樸壽**	
廣州	（?）**景澧** 九、己酉、廿七，10.21；改內務大臣。	（滿）**增祺** 九、己酉；正黃蒙都授。　滿洲副都孚琦署。
荆州	（?）**恩存**	
西安	（漢）**鳳 山** 八、辛未、十八，9.13；改鑲黃漢都。	（滿）**文瑞** 八、辛未；成都副都遷。
成都	（漢）**綽哈布** 八、辛未；死（武勤）。	（?）**馬亮** 八、辛未；鑲黃漢都授。　正白漢副蘇嚕岱署。
綏遠城	（滿）**貽穀** 四、丙辰、二，5.1；革、拿。　歸綏道胡孚宸護。	（滿）**信勤** 四、丙辰；墾務大臣兼署。
寧夏	（?）**台布**	
伊犂	（滿）**長庚**	
定邊左副	（?）**馬亮** 四、己卯、廿五，5.24；改鑲黃漢都。	（滿）**堃岫** 四、己卯；理左授。
青海	（?）**慶恕**	
西藏	（?）**聯豫** 二、庚申、四，3.6；召京。（仍留）	（漢）**趙爾豐** 二、庚申；川滇邊務大臣兼。
	張蔭棠	**溫宗堯** 六、己卯、廿五，7.23；蘇候補道任。

駐防大臣年表

年　代	宣　統　元　年　　己酉(1909)	
江寧	(蒙)清鋭	
杭州	(宗室)瑞興	
福州	(滿)樸壽	
廣州	(滿)增祺	
荆州	(?)恩存	
西安	(滿)文瑞	
成都	(?)馬亮 　　九、癸丑、七、10.20；死(勇僖)。 　　川督趙爾巽兼署。	(滿)玉崑 　　十、丙戌、十、11.22；涼州副都遷。
綏遠城	(滿)信勤 　　　(署)	
寧夏	(?)台布	
伊犁	(滿)長庚 　　五、甲寅、六、6.23；改陝督。	(?)廣福 　　五、甲寅；副都署。
定邊左副	(滿)堃岫	
青海	(?)慶恕	
西藏	(?)聯豫 　　閏二、辛丑、廿一、4.11；請陸，命留。	(漢)趙爾豐
	溫宗堯	

宣 統 二 年　庚戌(1910)

(蒙)**清鋭** 　八、乙亥、四,9.7;病免。	(滿)**鐡良** 　八、乙亥;前陸尚授。
(宗室)**瑞興** 　七、甲辰、三,8.7;解。	(滿)**志鋭** 　七、甲辰;寧夏副都遷。
(滿)**樸壽**	

(滿)**增祺**
　九、丁巳、十七,10.19;兼署廣督。
　十二、辛巳、十一,1.11;召陸,副都孚琦兼署。

(?)**恩存** 　四、己丑、十六,5.24;改鑲紅漢都。	(?)**聯芳** 　四、己丑;外左改。病免。	(漢)**鳳　山** 　八、戊子、十七,9.20;鑲黄漢都授。

(滿)**文瑞**

(滿)**玉崑**

(滿)**信勤** 　九、丙午、六,10.8;病免。	(滿)**堃岫** 　九、丙午;定左改。吏右瑞良署。

(?)**台布**

(?)**廣福**
　三、癸亥、十九,4.28;授。

(滿)**堃岫** 　九、丙午;改綏將。	(?)**奎芳** 　九、丙午;京口副都遷。

(?)**慶恕**

(?)**聯豫**	(漢)**趙爾豐**

温宗堯
　七、庚午、廿九,9.2;解。

駐防大臣年表

年代	宣統三年　辛亥(1911)
江寧	(滿)鐵良
杭州	(滿)志鋭　　正、庚申、廿一、2.19；伊將互調。　　　　(?)廣福　　正、庚申；伊將改。
福州	(滿)樸壽
廣州	(滿)增祺　二、辛卯、廿二、3.22；召京。副都孚琦署：三、庚戌、十二、4.10；黨人温生才炸斃。　　(滿)誠勳　二、辛卯；熱都改。閏六、丁巳、廿一、8.15；充弼德院顧問大臣。　　(漢)鳳山　閏六、丁巳；荆將改。
荆州	(漢)鳳山　閏六、丁巳；改廣將。　　　　(宗室)壽耆　閏六、丁巳；理尚授，左翼副都連魁署。
西安	(滿)文瑞
成都	(滿)玉崑
綏遠城	(滿)堃岫　正、丙寅、廿七、2.25；倉侍桂春署。
寧夏	(?)台布
伊犂	(?)廣福　正、庚申；杭將互調。　　　　(滿)志鋭　正、庚申；杭將改。
定邊左副	(?)奎芳
青海	(?)慶恕
西藏	(?)聯豫　　　　(漢)趙爾豐　三、庚申、廿二、4.20；署川督。
	〔二、丙戌、十七、3.17；改設左右參贊各一員。〕　左參贊　羅長裿　三、壬寅、四、4.2；任。　右參贊　錢錫寶　三、壬寅；任。

附：武昌起義、各省光復後清政府的任免

(滿)樸壽
　　十二、乙巳、十二, 1.30；頑拒被殺(忠廟)。

(漢)鳳　山
　　九、庚午、六, 10.27；死(勤節)。黨人李沛基炸斃。

(?)恩澤
　　九、庚午；荊州副都遷。
　　廣州漢軍副都春祿署：十二月，解。副都文泰兼署。

(宗室)壽耆
　　八、壬戌、廿八, 10.19；留京。

(?)連魁
　　八、壬戌；授。

(滿)文瑞
　　△自殺。

(滿)志銳
　　十、癸丑、十九, 12.9；死。
　　十二、己亥、六, 1.24；(文貞)。

附 録 一

清代各地駐防將軍重要變化概況

順治元年　　　（1644）　設置盛京總管（康熙四年改稱將軍）。

順治二年　　　（1645）　設置江寧、西安、杭州、武昌、平陽、廬鳳（旋裁）。

順治三年　　　（1646）　武昌、平陽裁撤。

順治五年　　　（1648）　設置寶慶、漢中。

順治六年　　　（1649）　寶慶裁撤。

順治十年　　　（1653）　設置吉林。

順治十二年　　（1655）　設置京口。

順治十五年　　（1658）　設置貴州。

順治十六年　　（1659）　設置荊州（旋裁）。漢中、貴州裁撤。

順治十七年　　（1660）　設置廣東。

順治十八年　　（1661）　設置蘇州、廣西。

康熙三年　　　（1664）　蘇州裁撤。

康熙五年　　　（1666）　廣東裁撤。（已駐有平南王）

康熙十三年　　（1674）　廣西裁撤（將軍孫延齡從吳三桂反清）。

康熙十八年　　（1679）　設置漢中。

康熙十九年　　（1680）　設置福州、廣州。

康熙二十年　　（1681）　設置荊州。

康熙二二年　　（1683）　設置黑龍江。

康熙二五年　　（1686）　漢中裁撤。

康熙三一年　　（1692）　設置右衛。

康熙三二年　　（1693）　設置歸化城。

康熙三四年　　（1695）　設置寧夏。歸化城由右衛兼。

康熙三六年　　（1697）　寧夏裁撤。

雍正元年　　　（1723）　設置阿爾泰。

雍正二年　　　（1724）　設置寧夏。

雍正三年　　　（1725）　*設置青海。

雍正五年　　　（1727）　*設置西藏。

雍正七年	（1729）	阿爾泰裁撤。設置青州。
雍正十一年	（1733）	設置定邊（左副將軍）。
乾隆元年	（1736）	設置涼州。
乾隆九年	（1744）	右衛改綏遠城。
乾隆十九年	（1754）	定邊增設右副將軍。
乾隆二二年	（1757）	京口裁撤。
乾隆二五年	（1760）	設置伊犁。定邊右副將軍裁撤。
乾隆二六年	（1761）	青州裁撤。
乾隆二八年	（1763）	*青海裁撤，旋即復設。
乾隆三一年	（1766）	涼州裁撤。
乾隆三二年	（1767）	*青海裁撤，旋即復設。
乾隆四一年	（1776）	設置成都。
光緒三三年	（1907）	盛京、吉林、黑龍江裁撤（改設巡撫）。

清代各地駐防將

年代　單位	順治元年 一六四四 一	順治二年 一六四五 一—七—六	順治三年 一六四六 六—四	順治五年 一六四八 四—六	順治六年 一六四九 六—五	順治十年 一六五三 五—六	順治十二年 一六五五 六—七	順治十五年 一六五八 七—八	順治十六年 一六五九 八—九—六	順治十七年 一六六〇 六—七	順治十八年 一六六一 七—九	康熙三年 一六六四 九—八	康熙五年 一六六六 八—七	康熙十三年 一六七四 七—六	康熙十八年 一六七九 六—七	康熙十九年 一六八〇 七—九
盛京	○	○	○	○	○	○	○	○	○	○	○	○	○	○	○	○
吉林						○	○	○	○	○	○	○	○	○	○	○
黑龍江																
江寧		○	○	○	○	○	○	○	○	○	○	○	○	○	○	○
京口								○	○	○	○	○	○	○	○	○
蘇州											○	●				
廬鳳		●														
杭州		○	○	○	○	○	○	○	○	○	○	○	○	○	○	○
福州																○
廣州										○	○	○	●			○
廣西											○	○	○	●		
貴州								○	●							
荊州									●							
武昌		○	●													
寶慶				○	●											
西安		○	○	○	○	○	○	○	○	○	○	○	○	○	○	○
漢中				○	○	○	○	○	●						○	○
成都																
右衛																
綏遠城																
歸化城																
涼州																
定邊																
寧夏																
阿爾泰																
伊犁																
青州																
平陽		○	●													

軍 重 要 變 化 簡 圖

康熙二十年	康熙二二年	康熙二五年	康熙三一年	康熙三二年	康熙三四年	康熙三六年	雍正元年	雍正二年	雍正七年	雍正十一年	乾隆元年	乾隆九年	乾隆二二年	乾隆二五年	乾隆二六年	乾隆三一年	乾隆四一年	光緒三三年
一六八一	一六八三	一六八六	一六九二	一六九三	一六九四	一六九七	一七二三	一七二四	一七二九	一七三三	一七三六	一七四四	一七五七	一七六〇	一七六一	一七六六	一七七六	一九〇七
九—十	十一	十一—十	十一—十	十一—十二	十二—十三—十二	十二—十一	十一—十二	十二—十三	十三—十二—十三	十三—十四	十四—十五	十五	十五—十四	十四—十五	十五—十四	十四—十三	十三—十四	十四—十一
○	○	○	○	○	○	○	○	○	○	○	○	○	○	○	○	○	○	◉
○	○	○	○	○	○	○	○	○	○	○	○	○	○	○	○	○	○	◉
○	○	○	○	○	○	○	○	○	○	○	○	○	○	○	○	○	○	◉
○	○	○	○	○	○	○	○	○	○	○	○	○	○	○	○	○	○	○
○	○	○	○	○	○	○	○	○	○	○	○	○	●					
○	○	○	○	○	○	○	○	○	○	○	○	○						
○	○	○	○	○	○	○	○	○	○	○	○	○						
○	○	○	○	○	○	○	○	○	○	○	○	○	○	○	○	○	○	○
○	○	●														○	○	○
										○	○	○	○	○	○	○	○	○
			○	●								○	○	○	○	○	○	○
										○	○	○	○	○	○	●		
				○	●		○	○	○	○	○	○	○	○	○	○	○	○
						○	●											
														○	○	○	○	○
						○	○	○	○	○	○	○	●					

提 督 年 表

附: 九門提督
海軍提督

順治三年至宣統三年

(1646—1911)

提 督 年 表

年代	順治三年　丙戌(1646)	順治四年　丁亥(1647)
蘇松	**吳勝兆** 二、癸巳、十六, 4.1; 加都同充。 [二年已見]	**吳勝兆**　　　　　　(漢)**張天祿** 四、辛卯、廿, 5.24反清。　十二、癸未、十七, 六、甲午、廿五, 7.26; 殺。　1.11; 徽寧改。 　　　　　　　　　　(蘇松常鎮提督)
徽寧	(漢)**張天祿** 二、己卯、二, 3.18; 總兵加都同充。 (徽寧池太提督) [二年已作徽州提督]	(漢)**張天祿** 十二、癸未; 改蘇松。 [併入蘇松]
浙江	**田　雄** 二、辛卯、十四, 3.30; 杭州總兵加都同充。	**田　雄**
福建		**劉　忠** 十一、癸卯、七, 12.2; 加都同充。
江西	**金聲桓** 五、庚申、十五, 6.27; 提督剿撫總兵官改提 督總兵官充。	**金聲桓**
湖廣	(漢)**孫定遼** 七、乙巳、一, 8.11; 牛錄章京加都同充。	(漢)**孫定遼**　　　　　(漢)**柯永盛** 十二、乙未、廿九, 1.23;　八、乙酉、十七, 戰死鄖陽。　　　　　9.15; 南贛總兵加 　　　　　　　　　　右都督充。
廣東		**李成棟** 六、甲戌、五, 7.6; 左都督充。

年　代	順　治　五　年　戊子(1648)	順　治　六　年　己丑(1649)
蘇松	(漢)張天祿 　　(三等子)	(漢)張天祿
浙江	田　雄	田　雄
福建	劉　忠　　　　　(漢)蕫學禮 　△改湖南授剿提督。　七、庚辰、十七,9.4; 　(十三年戰死)　　　授右都督充。	(漢)蕫學禮　　　(漢)楊名高 　△召京。　　　　正、己卯、廿,3.2;甲喇章 　　　　　　　　京授都同充。
江西	金聲桓 　二、甲戌、九,3.2;南昌反清,稱豫國公。	(漢)劉光弼 　八、乙卯、廿八,10.4;署都同充。
湖廣	(漢)柯永盛	(漢)柯永盛
廣東	李成棟 　△正月,反清(明桂王授惠國公),六年死。	

年　代	順　治　七　年　庚寅(1650)	順　治　八　年　辛卯(1651)
蘇松	(漢)張天祿	(漢)張天祿
浙江	田　雄 　二、丁酉、十四,3.15;加左都督,仍充。	田　雄 　　(一等子)
福建	(漢)楊名高	(漢)楊名高
江西	(漢)劉光弼	(漢)劉光弼
湖廣	(漢)柯永盛	(漢)柯永盛

提督年表

年代	順治九年　壬辰(1652)	順治十年　癸巳(1653)
蘇松	(漢)張天祿	(漢)張天祿
浙江	田　雄	田　雄 十、癸亥、一，11.20；移住定海。
福建	(漢)楊名高	(漢)楊名高
江西	(漢)劉光弼	(漢)劉光弼
湖廣	(漢)柯永盛	(漢)柯永盛
廣西	(漢)線國安(二等男) 二、乙丑、廿三，4.1；定南王下左翼都同充。	(漢)線國安 閏六、壬申、九，8.1；加左都督，仍充。

年代	順治十一年　甲午(1654)	順治十二年　乙未(1655)
蘇松	(漢)張天祿 四、丙戌、廿七，6.11；由蘇州移鎮吳淞。	(漢)張天祿 八、壬申、廿一，9.20；降三留。 十二、癸酉、廿三，1.19；革、逮。(十六年死)
浙江	田　雄	田　雄
福建	(漢)楊名高	(漢)楊名高
江西	(漢)劉光弼	(漢)劉光弼
湖廣	(漢)柯永盛	(漢)柯永盛
廣西	(漢)線國安 九、庚寅、四，10.13；封三等伯。	(漢)線國安

年 代	順治十三年　丙申(1656)	順治十四年　丁酉(1657)	順治十五年　戊戌(1658)
蘇 松	(漢)**馬進寶** 　　二、乙卯、六，3.1；左都督金 　　華總兵充。	(漢)**馬逢知** 　　九、乙丑、廿六，11.1；馬進寶 　　改名馬逢知。 　　十、庚寅、廿一，11.26；專管陸 　　師。	(漢)**馬逢知**
浙 江	田　雄	田　雄	田　雄
福 建	(漢)**楊名高**　(漢)**馬得功** 　　二、辛酉、　　二、甲戌、 　十二，3.7；　廿五，3.20； 　革。(旋死)　左都督充。	(漢)**馬得功**	(漢)**馬得功**
江 西	(漢)**劉光弼**	(漢)**劉光弼**	(漢)**劉光弼**
湖 廣	(漢)**柯永盛**	(漢)**柯永盛**	(漢)**柯永盛**
廣 西	(漢)**線國安**	(漢)**線國安**	(漢)**線國安**

提督年表

年代	順治十六年　己亥(1659)	順治十七年　庚子(1660)
蘇松	(漢)馬逢知	(漢)馬逢知　　　　梁化鳳 正、庚申、四、2.14；　正、甲申、廿八、3.9；蘇松 解(殺)。　　　　　水師遷。
浙江	田　雄	田　雄
福建	(漢)馬得功	(漢)馬得功
江西	(漢)劉光弼　　楊　捷　　嚴自明 正、辛亥、十九、　二、壬戌、一、　十、庚子、十三、 2.10；休。　　　2.21；總兵遷。11.26；四川永 (康十二死)　　七、甲戌、十五、寧鎮遷。 　　　　　　9.1；改隨征江 　　　　　　南左路總兵。	嚴自明
湖廣	(漢)柯永盛	(漢)柯永盛
廣西	(漢)線國安 十二、壬子、廿六、2.6；解。 [十二、壬子；靖南王] [耿繼茂移鎮，裁。]	楊遇明 九、甲戌、廿二、10.25；湖廣右路總兵遷。 [九、癸亥、十一、10.14；] [　復　設。]
四川		鄭蛟麟 二、丙申、十一、3.21；梅勒章京授都同充。 [二、丙戌、一、3.11；] [　增　設。]
貴州	(漢)李本深(三等子) 十一、己卯、廿二、1.4；經略下左標提督改。	(漢)李本深

年 代	順 治 十 八 年　辛 丑(1661)	
直 隸	(漢)**劉良佐** 　九、壬辰、十六,11.7;裁缺江安授。	[九、壬辰;增設。]
江 南	**梁化鳳** 　九、壬辰;原蘇松授。	[九、壬辰;裁江安、廬鳳二缺, 　改爲江南通省提督。]
江 安	(漢)**劉良佐** 　五、己巳、廿一,6.17;散秩大臣授。九、壬辰;改直隸。	[五、己巳;設。九、壬辰;裁。]
廬 鳳	**楊　捷** 　七、甲戌、廿七,8.21;江南隨征授。九、壬辰;改山東。	[七、甲戌;設。九、壬辰;裁。]
山 東	**楊　捷** 　九、壬辰;裁缺廬鳳授。	[九、壬辰;增設。]
山 西	(漢)**柯永盛** 　九、壬辰;湖廣改。	[九、壬辰;增設。]
河 南	**許天寵** 　九、壬辰;福建隨征中路授。	[九、壬辰;增設。]
陝 西	**王一正** 　二、丁未、廿七,3.27;由興安移鎮漢中。	[二、丁未;增設。]
福 建	(漢)**馬得功** 　三、乙丑、十六,4.14;封三等侯。	
浙 江	**田　雄** 　三、乙丑;封三等侯。	
江 西	**嚴自明**	
湖 廣	(漢)**柯永盛** 　九、壬辰;改山西。	(漢)**董學禮** 　九、甲午、十八,11.9;浙江隨征授。
四 川	**鄭蛟麟**	
廣 東	**楊遇明** 　四、乙酉、六,5.4;廣西改。	[四、乙酉;增設。]
廣 西	**楊遇明** 　四、乙酉;改廣東。	**馬　雄**(二等男) 　四、乙酉;廣西左鎮總兵遷。
雲 南	**張　勇** 　九、壬辰;臨元總兵遷。	[九、壬辰;增設。]
貴 州	(漢)**李本深**	

提 督 年 表

年　代	康熙元年　壬寅(1662)	康熙二年　癸卯(1663)
直　隷	(漢)劉良佐	(漢)劉良佐
江　南	梁化鳳	梁化鳳
山　東	楊　捷	楊　捷
山　西	(漢)柯永盛	(漢)柯永盛
河　南	許天寵	許天寵
陝　西	王一正	王一正
甘　肅		張　勇 六、壬戌、廿六,7.30;雲南改。 (以提督衡調回鎮寧)。
福　陸 建	(漢)馬得功	(漢)馬得功
建　水	(漢)施　琅 七、戊戌、廿七,9.9;同安總兵遷。	(漢)施　琅
浙　陸	田　雄	田　雄　　　　(?)哈爾庫 七、甲申、十九,8.21;　六、乙丑、廿九,8.2; 死(毅勇)。　　　延綏總兵遷。
江　水	張　杰 七、戊戌;京口左路水師總兵遷。	張　杰
江　西	鷮自明	鷮自明
湖　廣	(漢)董學禮	(漢)董學禮
四　川	鄭蛟麟	鄭蛟麟
廣　東	楊遇明	楊遇明
廣　西	馬　雄	馬　雄
雲　南	張　勇 六、壬戌;改甘肅。	張　勇　　　　張國柱 六、壬戌;改甘肅。　十二、丁酉、四,1.1; 　　　　　永順總兵遷。
貴　州	(漢)李本深	(漢)李本深

年　代	康 熙 三 年　甲辰(1664)	
直　隸	(漢)劉良佐	
江　南	梁化鳳	
山　東	楊　捷	
山　西	(漢)柯永盛	
河　南	許天寵	
陝　西	王一正 △十月，解。(四年二月降調)	(?)柏永馥 十、丙戌、廿八，12.15；西寧總兵遷。
甘　肅	張　勇	
福　陸 　建 　水	(漢)馬得功 　正、丙戌、廿三，2.19；戰死(襄武)。	王進功 正、丙子、十三，2.9；隨征右路總兵遷。
	(漢)施　琅	
浙　陸 　江 　水	(?)哈爾庫	
	張　杰	
江　西	嚴自明	
湖　廣	(漢)董學禮 　△解。(五年死)	胡茂禎 十、丁亥、廿九，12.16；寧夏總兵遷。
四　川	鄭蛟麟	
廣　陸 　東 　水	楊遇明	
	(漢)常進功 　閏六、庚午、十，8.1；浙水左路遷。	[六、癸丑、廿二，7.15；增設。]
廣　西	馬　雄	
雲　南	張國柱	
貴　州	(漢)李本深	

提督年表

年 代		康熙四年　乙巳(1665)	康熙五年　丙午(1666)
直　隷		(漢)劉良佐	(漢)劉良佐　　　　(?)胡拜 二、己卯、廿八，4.2；　三、壬辰、十二，4.15； 休。(六年死)　　　原副都授。
江　南		梁化鳳	梁化鳳
山　東		楊　捷	楊　捷
山　西		(漢)柯永盛	(漢)柯永盛
河　南		許天寵	許天寵
陝　西		(?)柏永馥	(?)柏永馥
甘　肅		張　勇	張　勇
福　建	陸	王進功	王進功
	水	(漢)施　琅	(漢)施　琅
浙　江	陸	(?)哈爾庫	(?)哈爾庫
	水	張　杰	張　杰
江　西		巖自明	巖自明
湖　廣		胡茂禎	胡茂禎
四　川		鄭蛟麟	鄭蛟麟
廣　東	陸	楊遇明	楊遇明
	水	(漢)常進功	(漢)常進功
廣　西		馬　雄	馬　雄
雲　南		張國柱	張國柱
貴　州		(漢)李本深	(漢)李本深

康 熙 六 年　丁未(1667)	康 熙 七 年　戊申(1668)
(?)胡拜	(?)胡拜 　　改授湖提　　　　　　　　［裁］
梁化鳳	梁化鳳
楊　捷	楊　捷 　　　　　　　　　　　　　［裁］
(漢)柯永盛	(漢)柯永盛 　　(十四年死)　　　　　　　［裁］
許天寵	許天寵 　　　　　　　　　　　　　［裁］
(?)柏永馥	(?)柏永馥
張　勇	張　勇
王進功	王進功
(漢)施　琅	(漢)施　琅 　　　　　　　　　　　　　［裁］
(?)哈爾庫　　　　劉邦柱 　十一、乙丑、廿五，　十二、丙戌、十六，1.29； 　1.8；解。　　　　原副都授。	劉邦柱
張　杰	張　杰 　　(十一年予祭)　　　　　　　［裁］
嚴自明	嚴自明 　　　　　　　　　　　　　［裁］
胡茂禎	胡茂禎　　　　　(?)胡拜 　　　　　　　　△裁缺直提授。
鄭蛟麟	鄭蛟麟
楊遇明	楊遇明
(漢)常進功　　　(漢)塞白理 　十一、乙丑；解、革。　十二、丙戌；江南隨征左 　　　　　　　　翼總兵遷。	(漢)塞白理 　　　　　　　　　　　　　［裁］
馬　雄	馬　雄
張國柱	張國柱
(漢)李本深	(漢)李本深

提督年表

年代	康熙八年　己酉(1669)	年代	康熙九年　庚戌(1670)
江南	梁化鳳	江南	梁化鳳
陝西	(?)柏永馥	山東	楊捷 二、庚辰、廿二,3.13;原任授。 ［二、庚辰;增設。］
甘肅	張勇	陝西	(?)柏永馥　　　(漢)王輔臣 七、丁巳、三,8.17;雲南援剿總兵遷。
福建	王進功	甘肅	張勇
浙江	劉邦柱　　　(漢)塞白理 九、庚子、十,10.4; 九、庚戌、廿,10.14; 革。　　　　　原粤水提督授。	福建	王進功
湖廣	(?)胡拜	浙江	(漢)塞白理
四川	鄭蛟麟	湖廣	(?)胡拜
廣東	楊遇明	四川	鄭蛟麟
廣西	馬雄	廣東	楊遇明　　　　　嚴自明 五、庚辰、廿五, 七、丁丑、廿三,9.6; 7.11;休。　　　原江西授。
雲南	張國柱	廣西	馬雄
貴州	(漢)李本深	雲南	張國柱
		貴州	(漢)李本深

康 熙 十 年　辛亥(1671)		康 熙 十 一 年　壬子(1672)
梁化鳳 十一、戊申、一,12.1; 死(敏壯)。	(漢)王之鼎 八、戊申、卅,10.2; 副都遷。	(漢)王之鼎
楊　捷		楊　捷
(漢)王輔臣		(漢)王輔臣
張　勇		張　勇
王進功		王進功
(漢)塞白理		(漢)塞白理
(?)胡拜		(?)胡拜 十一、乙未、廿四, 1.11;革。　　(漢)馬寧 十二、乙巳、四,1.21;雲南 前鎮遷。
鄭蛟麟		鄭蛟麟 十二、壬戌、廿一,2.7;改鑾儀使。
嚴自明		嚴自明
馬　雄		馬　雄
張國柱		張國柱
(漢)李本深		(漢)李本深

提督年表

年代	康熙十二年　癸丑(1673)
江南	(漢)**王之鼎**　　　　　　　　　　　　　　**楊　捷** 十、壬寅、六，11.14；改京口將軍。　　　　十、丁未、十一，11.19；山東改。
山東	**楊　捷**　　　　　　　　　　　　　(漢)**馬　寧** 十、丁未；改江南。　　　　　　　　　　十、癸丑、十七，11.25；湖廣改。
陝西	(漢)**王輔臣**
甘肅	**張　勇**
福建	**王進功**
浙江	(漢)**塞白理**
湖廣	(漢)**馬　寧**　　　　　　**王可臣**　　　　　　　(漢)**桑　峨** 十、癸丑；改山東。　　十一、戊辰、三，12.10；西寧鎮遷。　十二、丁巳、廿二，1.28；雲南改。 　　　　　　　　　　△十二月，召京。
四川	**馬化麒** 正、甲午、廿三，3.11；夔州總兵遷。
廣東	**嚴自明**
廣西	**馬　雄**
雲南	**張國柱**　　　　　　　　　　　(漢)**桑　峨** △從吳三桂反清。　　　　　九、丁卯、一，10.10；寧夏鎮遷。十二、丁巳；改湖廣。
貴州	(漢)**李本深** △十二、丁巳；從吳三桂反清。(廿一年殺)

年 代	康 熙 十 三 年　甲寅(1674)		
江南	**楊　捷**		
安徽	(漢)**王永譽** △九月，河南改。		[復設]
山東	(漢)**馬　寧** △出征(攻吳三桂)。	(漢)**周卜世** △十一月，前倉侍、山東援剿提督授。 十二、戊申、十九，1.14；改晉提。	(漢)**柯永蓁** △前京口將軍授。
山西	(漢)**周卜世** 十二、戊申；魯提改。		[復設]
河南	(漢)**王永譽** 正、庚寅、廿五，3.2；任。△九月，改安徽。	(?)**佟徽年** 九、己丑、廿八，10.27；河北總兵遷。	[復設]
陝西	(漢)**王輔臣**(三等子) △十二、癸巳、四，12.30；反清。		
甘肅	**張　勇**		
福建	**王進功**	(漢)**段應舉** △鑲藍漢副授。	
浙江	(漢)**塞白理**		
江西	(漢)**趙國祚** 正、庚寅；原浙提授。		[復設]
湖廣	(漢)**桑　峨**		
鄖陽	(漢)**佟國瑤** 正、己丑、廿四，3.1；副都遷。		[增設]
四川	**馬化麒**		
廣東	**嚴自明**		
廣西	**馬　雄** 九、乙酉、廿四，10.23；降吳三桂。		
雲南	(?)**胡拜** 二、癸丑、十九，3.25；額駙授。		
貴州	(漢)**趙　賴** 二、癸丑；副都授。		

提督年表

年代		康熙十四年　乙卯（1675）
江　南		楊　捷
崇　明		（漢）劉兆麒 　正、甲申、廿五，2.19；直隸援剿提督授。　　　　　　　　　　　［增設］
安　徽		（漢）王永譽
山　東		（漢）柯永蓁
山　西		（漢）周卜世
河　南		（?）佟徽年
陝　西		陳　福 　三、丁丑、十九，4.13；寧夏總兵遷。△十二、乙亥、廿二，2.5；被殺（忠愍）。
甘　肅		張　勇 　三、丁丑；授靖逆將軍。四、乙未、七，5.1；授靖逆侯。
福　建		（漢）段應舉
浙　江	陸	（漢）塞白理　　　　　　　　　　　　　　（漢）石調聲 　△死。　　　　　　　　　　　　　　　　十一、癸巳、九，12.25；杭州副都授。
	水	（漢）常進功 　九、庚子、十五，11.2；原粵水提授。　　　　　　　　　　　［增設］
江　西		（漢）趙國祚
湖　廣		（漢）桑　峩
鄖　陽		（漢）佟國瑤
四　川		禺化麒
廣　東		嚴自明
廣　西		
雲　南		（?）胡拜
貴　州		（漢）趙　賴

年代	康熙十五年　丙辰(1676)	年代	康熙十六年　丁巳(1677)
江　南	楊　捷	江　南	楊　捷
崇　明	(漢)劉兆麒	安　徽	(漢)王永譽
安　徽	(漢)王永譽	崇　明	(漢)劉兆麒
山　東	(漢)柯永蓁	山　東	(漢)柯永蓁
山　西	(漢)周卜世　九、戊戌、十九,10.25;解。	山　西	
河　南	(?)佟徽年	河　南	
陝　西	王進寶　正、丁亥、四、2.17;西寧總兵遷。八、丙子、廿六,10.3;授奮威將軍。	陝　西	王進寶
甘　肅	張　勇	甘　肅	張　勇
涼　州	(漢)孫思克　八、丙子;甘肅總兵遷。　[增設]	涼　州	(漢)孫思克(三等男)
寧　夏	趙良棟　正、丙申、十三、2.26;天津總兵遷。　[增設]	寧　夏	趙良棟
福　建	(漢)段應舉	福建　陸	(漢)段應舉
		福建　水	黄世芳　(海澄公管水提事)　[增設]
浙江　陸	(漢)石調聲	浙江　陸	(漢)石調聲
江　水	(漢)常進功	江　水	(漢)常進功
江　西	(漢)趙國祚	江　西	(漢)趙國祚
建　撫	(漢)趙　賴　三、壬子、卅、5.12;貴州改江西吉撫等處提督。　[增設]	建　撫	(漢)趙　賴
湖　廣	(漢)桑　峨　二、庚午、十八、3.31;加右都督。	湖　廣	(漢)桑　峨
鄖　陽	(漢)佟國瑤	鄖　陽	(漢)佟國瑤
四　川	馬化麒	四　川	馬化麒
廣　東	嚴自明　(從吳三桂)	廣　東	嚴自明　四月,降清。六月,召京。(改鑾儀使)　　(漢)王可臣　六、甲戌、廿九、7.28;鑾儀使改。
廣　西		廣　西	
雲　南	(?)胡拜	雲　南	(?)胡拜
貴　州	(漢)趙　賴　三、壬子;改建撫。	貴　州	

提　督　年　表

年　代	康熙十七年　戊午（1678）		
九　門	（滿）費揚武 [增設]		
江　南	楊　捷 五、己酉、十，6.28；改閩陸。	（漢）王永譽 五、戊午、十九，7.7；安徽改。	
安　徽	（漢）王永譽 五、戊午；改江南。 [裁]		
崇　明	（漢）劉兆麒		
東　山	（漢）柯永蕘 五、丙寅、廿七，7.15；革。　　巡撫趙祥星署。		
山　西			
河　南			
陝　西	王進寶		
甘　肅	張　勇		
涼　州	（漢）孫思克		
寧　夏	趙良棟		
福　　　建 陸 水	（漢）段應舉 五、己酉；解。	楊　捷 五、己酉；江南改（兼水陸）。十一、癸亥、廿六，1.8；授昭武將軍，管陸路。	
	黃世芳 五月，死。　[裁]	（漢）王之鼎 十一，癸亥；京口將軍授。 [復設]	
浙　江 陸 水	（漢）石調聲		
	（漢）常進功		
江　西	（漢）趙國祚		
建　撫	（漢）趙　頴 △改湖南。	許　貞 △七月，左都督授建撫廣饒南吉六府提督。	
湖　廣	（漢）桑　峨		
鄖　陽	（漢）佟國瑤		
湖　南	（漢）趙　頴 △建撫改。 [增設]		
四　川	馬化麒		
廣　東	（漢）王可臣 三、乙未、廿四，4.15；死（襄敏）。	（漢）侯襲爵 四、丙子、七，5.26；高雷總兵遷。	
廣　西			
雲　南	（?）胡拜		
貴　州			

年 代	康熙十八年　己未(1679)		
九　門	(滿)**費揚武**		
江　南	(漢)**王永譽**		
崇　明	(漢)**劉兆麒**		
山　東	**何　傅**		
山　西			
河　南			［裁］
陝　西	**王進寶**		
甘　肅	**張　勇**		
涼　州	(漢)**孫思克**		
寧　夏	**趙良棟** 十二、壬午、廿一、1.22；授勇略將軍。		
福 陸 　 建 水	**楊　捷**		
	(漢)**王之鼎** 五、乙巳、十二、6.19；改四川。	**萬正色** 四、戊辰、四、5.13；岳州總兵改閩水師總兵，旋遷。	
浙 陸 　 江 水	(漢)**石調聲**		
	(漢)**常進功** 十一、甲辰、十三、12.15；解。		［裁］
江　西	(漢)**趙國祚** 十一、丁巳、廿六、12.28；休。(二七年死、敏壯)	**許　貞** 十一、丁巳；改轄全省。	
建　撫	**許　貞** 十一、丁巳；改轄全省。		［裁］
湖　廣	(漢)**桑　峨** 二、辛巳、十六、3.27；改雲南。	(漢)**徐治都** 三、甲辰、九、4.19；彝陵總兵遷。	
鄖　陽	(漢)**佟國瑤**		
湖　南	(漢)**趙　賴** 二、辛巳；改貴州。		三、甲辰、九、4.19；［裁］
四　川	**馬化麒**	(漢)**王之鼎** 五、乙巳；閩水提改。	
廣　東	(漢)**侯襲爵**		
廣　西	(？)**折爾肯** 二、甲午、廿九、4.9；南贛總兵遷。		
雲　南	(漢)**桑　峨** 二、辛巳；湖廣改。		
貴　州	(漢)**趙　賴** 二、辛巳；湖南改。		

提督年表

年代	康熙十九年　庚申(1680)	康熙二十年　辛酉(1681)
九門	(滿)費揚武	(滿)費揚武
江南	(漢)王永譽　　　楊捷 閏八、壬子、廿六，　九、己未、四，10.25； 10.18；改廣州將軍。　閩陸提改。	楊捷
崇明	(漢)劉兆麒	(漢)劉兆麒
山東	何傳	何傳
山西		〔裁〕
陝西	王進寶	王進寶
甘肅	張勇	張勇
涼州	(漢)孫思克	(漢)孫思克
寧夏	趙良棟 正、戊午、廿八，2.27改雲督。	〔裁〕
福建 陸	楊捷　　　(?)諾邁 九、己未；改江南。　九、丁丑、廿二，11.12； 狼山總兵遷。	(?)諾邁　　　萬正色 七、己卯、廿八，9.10；　七、己卯；水提改。 召京。
福建 水	萬正色	萬正色　　　施琅 七、己卯；改陸提。　七、己卯；原任授。
浙江	(漢)石調聲	(漢)石調聲
江西	許貞	許貞
湖廣	(漢)徐治都	(漢)徐治都
鄖陽	(漢)佟國瑤	(漢)佟國瑤
四川	(漢)王之鼎　　　(漢)楊茂勳 戰死(忠毅)。　十二、乙未、十，1.29； 原川督暫管。	
廣東	(漢)侯襲爵	(漢)侯襲爵
廣西	(?)折爾肯	(?)折爾肯
雲南	(漢)桑峨	(漢)桑峨
貴州	(漢)趙賴	(漢)趙賴

年代	康熙二一年　壬戌(1682)	年代	康熙二二年　癸亥(1683)
九門	(滿)費揚武	九門	(滿)費揚武
江南	楊捷	江南	楊捷
崇明	(漢)劉兆麒	崇明	(漢)劉兆麒 △解,以旗員用(黑龍江總管)。　［裁］
山東	何傅 二、乙酉、七,3.15;改四川。　［二、癸巳、十五,3.25;裁。］	陝西	王進寶
陝西	王進寶	甘肅	張勇
甘肅	張勇	涼州	(漢)孫思克 三、戊午、十六,4.12;革。(留總兵任)　［裁］
涼州	(漢)孫思克	福建　陸	萬正色
福建　陸 建　水	萬正色 (漢)施琅	建　水	(漢)施琅 九、戊寅、十,10.29;授靖海將軍,封靖海侯。
浙江	(漢)石調聲	浙江	(漢)石調聲 △革。(廿七年死)
江西	許貞 十二、癸未、十,1.7;改廣東。　［十二、辛卯、十八,1.15;裁。］	湖廣	(漢)徐治都
湖廣	(漢)徐治都	四川	何傅
郧陽	(漢)佟國瑤 (六、乙酉、九,7.13;授福將)　［二、辛巳、三,3.11;裁。］	廣東	許貞
四川	何傅 二、乙酉;山東改。	廣西	趙應奎　　　　(?)吉孫略 四、壬辰、廿,　　十、己酉、十二,11.29; 5.16;死(襄壯)。　左江總兵遷。
廣東	(漢)侯襲爵　　　　許貞 十二、丙子、三,　　十二、癸未;江西改。 12.31;改貴州。	雲南	(漢)桑峨
廣西	(?)折爾肯　　　　趙應奎 (廿五年死)　　二、己亥、廿一, 　　　　　　3.29;袁臨總兵遷。	貴州	(漢)侯襲爵
雲南	(漢)桑峨		
貴州	(漢)趙賴　　　　(漢)侯襲爵 十一、庚申、十七,　十二、丙子;廣東改。 12.15;授正藍漢都。 (卅一年死)		

提 督 年 表

年代	康熙二三年　甲子(1684)	康熙二四年　乙丑(1685)
九門	(滿)費揚武　　　　(滿)麻吉勒 二、壬子、十六，　二、乙丑、廿九，4.13； 3.31；休。　　　　督捕右理遷。	(滿)麻吉勒
江南	楊　捷	楊　捷
陝西	王進寶	王進寶　　　　　　何　傅 九、辛巳、廿四，　九、戊辰、十一，10.8； 10.21；死(忠勇)。　四川改。
甘肅	張　勇　　　　(漢)孫思克 八、壬子、十九，　五、丙子、十一，6.23； 9.27；死(襄壯)。　涼州總兵遷。	(漢)孫思克
福建　陸	萬正色	萬正色
福建　水	(漢)施　琅	(漢)施　琅
浙江	陳世凱 正、乙未、廿九，3.14；溫州總兵遷。	陳世凱
湖廣	(漢)徐治都	(漢)徐治都
四川	何　傅	何　傅　　　　　　吳　英 九、戊辰；改陝西。　九、乙酉、廿八，10.25； 　　　　　　　　　舟山總兵遷。
廣東	許　貞	許　貞
廣西	(?)吉孫略　　　(漢)李林盛 △死。　　　十一、甲戌、十三， 　　　　　　　12.18；登州總兵遷。	李林盛
雲南	(漢)桑　峨	(漢)桑　峨
貴州	(漢)侯襲爵	(漢)侯襲爵

康熙二五年　丙寅(1686)	康熙二六年　丁卯(1687)
㈡麻吉勒	㈡麻吉勒
楊　捷	楊　捷
何　傅	何　傅
㈡孫思克	㈡孫思克
萬正色　　　　　㈡張雲翼 四、戊申、廿四, 5.16；　　．四、戊申；原大理任。 改雲南。	㈡張雲翼
㈡施　琅	㈡施　琅
陳世凱	陳世凱
㈡徐治都	㈡徐治都
吳　英	吳　英
許　貞	許　貞
㈡李林盛	㈡李林盛
㈡桑　峨　　　　　萬正色 　△死。　　　　　四、戊申；閩陸提改。	萬正色
㈡侯襲爵	㈡侯襲爵

提督年表

年代	康熙二七年　戊辰(1688)	康熙二八年　己巳(1689)
九門	(滿)麻吉勒	(滿)麻吉勒　　　　(滿)開音布 　　△死。　　　四、丙子、十，5.28； 　　　　　　　正白滿副授。
江南	楊　捷	楊　捷
陝西	何　傅	何　傅
甘肅	(漢)孫思克	(漢)孫思克
福建　陸	(漢)張雲翼	(漢)張雲翼
水	(漢)施　琅	(漢)施　琅
浙江	陳世凱	陳世凱　　　　(漢)金世榮 十二、丙寅、四，1.13；　十二、癸酉、十一， 死(襄敏)。　　　　1.20；漳州總兵遷。
湖廣	(漢)徐治都	(漢)徐治都
四川	吳　英	吳　英
廣東	許　貞	許　貞
廣西	(漢)李林盛	(漢)李林盛
雲南	萬正色　　　　(?)諾穆圖 七、壬午、十二，　八、丙午、六，8.31；鑲 8.7；革。　　　藍副都授。	(?)諾穆圖
貴州	(漢)侯襲爵 　△十二月，死。	(漢)馬三奇 二、辛酉、廿三，3.14；廣東總兵遷。

康熙二九年　庚午(1690)	康熙三十年　辛未(1691)
(滿)開音布	(滿)開音布
楊　捷　　　(漢)金世榮 　△死(敏壯)。　十二、戊午、二, 12.31; 　　　　　　　浙江改。	(漢)金世榮
何　傅	何　傅
(漢)孫思克	(漢)孫思克
(漢)張雲翼	(漢)張雲翼
(漢)施　琅	(漢)施　琅
(漢)金世榮　　　(漢)馬三奇 　十二、戊午;改江南。　十二、戊午;貴州改。	(漢)馬三奇
(漢)徐治都	(漢)徐治都
吳　英	吳　英
許　貞	許　貞
(漢)李林盛	(漢)李林盛
(?)諾穆圖	(?)諾穆圖
(漢)馬三奇　　　陳　奇 　十二、戊午;改浙江。　十二、戊午;京口水師總 　　　　　　　　兵遷。	陳　奇

提督年表

年代		康熙三一年　壬申(1692)	康熙三二年　癸酉(1693)
九門		(滿)開音布	(滿)開畜布
江南		(漢)金世鎣	(漢)金世鎣
陝西		何　傅　　　(漢)李林隆 八、癸巳、十六，　八、辛丑、廿四, 10.4; 9.26;休。　　　正黃漢副授。	(漢)李林隆
甘肅		(漢)孫思克 十一、丙寅、廿一, 12.28;授振武將軍。	(漢)孫思克
福建	陸	(漢)張雲翼	(漢)張雲翼
	水	(漢)施　琅	(漢)施　琅
浙江		(漢)馬三奇	(漢)馬三奇
湖廣		(漢)徐治都	(漢)徐治都
四川		吳　英	吳　英
廣東		許　貞	許　貞
廣西		(漢)李林盛	(漢)李林盛
雲南		(?)諾穆圖	(?)諾穆圖
貴州		陳　奇　　　　李芳述 八、辛丑;西寧總兵遷。	李芳述

康熙三三年　甲戌(1694)	康熙三四年　乙亥(1695)
㈣開音布	㈣開音布
㈣金世榮　　　　張旺 十、乙巳、十一, 11.27;　十一、癸酉、九, 12.25; 改福州將軍。　　　南贛總兵遷。	張旺
㈣李林隆	㈣李林隆
㈣孫思克	㈣孫思克
㈣張雲翼	㈣張雲翼
㈣施琅	㈣施琅
㈣馬三奇	㈣馬三奇
㈣徐治都 六、辛丑、五, 7.26; 授鎮平將軍。	㈣徐治都
吳英	吳英
許貞	許貞　　　　㈣李鎮鼎 △死。　　　六、辛丑、十一, 7.21;天 　　　　　津總兵遷。
㈣李林盛	㈣李林盛
⑺諾穆圖　　　㈣偏圖 二、丁丑、九, 3.4;　　二、丁丑;永順總兵遷。 改鑲藍漢都。	㈣偏圖
李芳述	李芳述

提 督 年 表

年代	康熙三五年 丙子(1696)	康熙三六年 丁丑(1697)
九 門	(滿)**開音布** 八、甲辰、廿一,9.16;改兵尚,仍兼。	(滿)**開音布** 九、庚子、廿三,11.6;兵尚改鑲白滿都,仍兼。
江 南	**張　旺**　　　(漢)**張雲翼** 六、壬子、廿八,7.26;　六、壬子;閩陸提改。 改閩水提。	(漢)**張雲翼**
陝 西	(漢)**李林隆**	(漢)**李林隆**
甘 肅	(漢)**孫思克**	(漢)**孫思克**
福 陸	(漢)**張雲翼**　　　　**吳　英** 六、壬子;改江南。　　十、戊辰、十四,8.11; 　　　　　　　　　四川改。	**吳　英**
建 水	(漢)**施　琅**　　　　**張　旺** △死(襄壯)。　　六、壬子;江南改。	**張　旺**
浙 江	(漢)**馬三奇**	(漢)**馬三奇**
湖 廣	(漢)**徐治都**	(漢)**徐治都**　　　　　**林本植** 九、乙巳、廿八,　五、癸巳、十四,7.2;京 11.11;死(襄毅)。　口水師總兵遷。
四 川	**吳　英**　　　　**岳昇龍** 七、戊辰;改閩陸提。　七、戊辰;天津總兵遷。	**岳昇龍**
廣 東	(漢)**李鎮鼎**	(漢)**李鎮鼎**　　　　(漢)**盧崇耀** 七、甲申、六,8.22;　七、丙申、十八,9.3; 死。　　　　　　鑲黃漢副授。
廣 西	(漢)**李林盛**	(漢)**李林盛**
雲 南	(漢)**偏　圖**	(漢)**偏　圖**
貴 州	**李芳述**	**李芳述**

康熙三七年　戊寅(1698)		康熙三八年　己卯(1699)	
(滿)開音布		(滿)開音布 九、辛亥、十六,11.7;解鑲白滿都。	
(漢)張雲翼		(漢)張雲翼	
李林隆 四、壬申、廿八,6.6; 改鑲紅漢都。	(漢)李林盛 五、壬辰、十九,6.26; 廣西改。	(漢)李林盛	
(漢)孫思克		(漢)孫思克	
吳　英 六、辛亥、八,7.15; 改水提。	王萬祥 六、辛亥;台灣總兵遷。	王萬祥	
張　旺 五、壬寅、廿九,7.6; 改廣西。	吳　英 六、辛亥;陸提改。	吳　英	
(漢)馬三奇		(漢)馬三奇 二、辛丑、一,3.2; 改京口將軍。	趙弘燦 二、辛丑;南贛總兵遷。
林本楨		林本楨	
岳昇龍		岳昇龍	
(漢)盧崇耀 七、己亥、廿七,9.1; 改將軍。	殷化行 七、己亥;寧夏總兵遷。	殷化行	
(漢)李林盛 五、壬辰;改陝西。	張　旺 五、壬寅;閩水提改。	張　旺	
(漢)偏　圖		(漢)偏　圖	
李芳述		李芳述	

提督年表

年代	康熙三九年　庚辰(1700)	康熙四十年　辛巳(1701)
九門	(滿)開音布	(滿)開音布
江南	(漢)張雲翼	(漢)張雲翼
陝西	(漢)李林盛	(漢)李林盛　　　　　潘育龍 四、甲子、七、5.14；　四、甲子；天津總兵遷。 改甘肅。
甘肅	(漢)孫思克　　　雷繼尊 二、辛卯、廿七、4.16；　二、辛卯；都統署。 休。(旋死，襄武)	雷繼尊　　　　(漢)李林盛 四、甲子；死(敏愨)。　四、甲子；陝西改。
福建　陸	王萬祥	王萬祥　　　　　梁鼐 △死(敏壯)。　十、庚申、七、11.6；蘇 松總兵遷。
福建　水	吳英	吳英
浙江	趙弘燦	趙弘燦
湖廣	林本植	林本植
四川	岳昇龍　　　　唐希順 正、壬子、十八、3.8；　△正月，任。 解。(三月革)	唐希順　　　　　岳昇龍 十、戊辰、十五、11.14；　十、戊辰；原任授。 休。(四七年死)
廣東	殷化行	殷化行
廣西	張旺	張旺
雲南	(漢)偏圖	(漢)偏圖
貴州	李芳述	李芳述

康熙四一年　壬午(1702)	康熙四二年　癸未(1703)
㈠開音布　　　㈠託合齊 閏六、壬午、二，　六、癸丑、三，6.27；正白 7.26；死(肅敏)。　滿副授。	㈠託合齊
㈠張雲翼	㈠張雲翼
潘育龍	潘育龍
㈠李林盛	㈠李林盛
梁　鼐	梁　鼐
吳　英	吳　英
趙弘燦　　　　王世臣 十二、乙未、十九，　十二、乙未；彝陵總兵遷。 2.4；改廣東。	王世臣
林本植	林本植　　　　俞益謨 正、丁卯、廿一，3.8；休。　正、丁卯；大同總兵遷。
岳昇龍	岳昇龍
殷化行　　　　趙弘燦 十二、丙申、廿，2.5休。　十二、乙未；浙江改。	趙弘燦
張　旺	張　旺
㈠偏　圖	㈠偏　圖
李芳述	李芳述

提 督 年 表

年代		康熙四三年　甲申(1704)	康熙四四年　乙酉(1705)
九門		(滿)託合齊	(滿)託合齊
江南		(漢)張雲翼	(漢)張雲翼
陝西		潘育龍	潘育龍
甘肅		(漢)李林盛　　　吳洪 二、丁酉、廿七，　三、辛酉、廿二，4.25； 4.1；休。　　正紅漢副署。	吳洪
福建	陸	梁鼐	梁鼐
	水	吳英	吳英
浙江		王世臣	王世臣
湖廣		俞益謨	俞益謨
四川		岳昇龍	岳昇龍
廣東		趙弘燦	趙弘燦
廣西		張旺	張旺
雲南		(漢)偏圖	(漢)偏圖
貴州		李芳述	李芳述

康熙四五年　丙戌(1706)	康熙四六年　丁亥(1707)
(滿)託合齊	(滿)託合齊
(漢)張雲翼	(漢)張雲翼
潘育龍	潘育龍
吳　洪	吳　洪　　　　　(滿)殷泰 三、己卯、廿六, 4.28;　四、庚戌、廿八, 5.29; 病免(旋死)。　　　西寧總兵遷。
梁　鼐　　　　　藍　理 五、丁丑、廿, 6.30;　六、壬寅、十六, 7.25; 改閩督。　　　　天津總兵遷。	藍　理
吳　英	吳　英 五、戊寅、廿七, 6.26; 授威略將軍。
王世臣	王世臣
俞益謨	俞益謨
岳昇龍	岳昇龍
趙弘燦　　　　　黃　登 十二、辛亥、廿七,　十二、辛亥; 任。 1.30; 改廣督。	黃　登
張　旺	張　旺
(漢)偏　圖	(漢)偏　圖
李芳述	李芳述

提 督 年 表

年代	康熙四七年　戊子(1708)	康熙四八年　己丑(1709)
九門	(滿)**託合齊**	(滿)**託合齊**
江南	(漢)**張雲翼**	(漢)**張雲翼**　　　　　　**師懿德** 　　　　　　　　　七、辛卯、廿二,8.27; 　　　　　　　　　天津總兵遷。 十二、甲辰、八, 1.7; 死(恪定)。
陝西	**潘育龍**	**潘育龍** 八、乙巳、七,9.10; 授鎮綏將軍。
甘肅	(滿)**殷泰**	(滿)**殷泰**　　　　　　**江琦** 七、庚寅、廿一,8.26;　七、庚寅;延綏總兵遷。 改川陝總督。
福建 陸	**藍　理**	**藍　理**
水	**吳　英**	**吳　英**
浙江	**王世臣**	**王世臣**
湖廣	**俞益謨**	**俞益謨**
四川	**岳昇龍**	**岳昇龍**
廣東	**黃　登**　　　(漢)**施世驃** 七、辛丑、廿七,　　閏三、乙未、十八,5.8; 9.11; 死。　　　　定海總兵遷。	(漢)**施世驃**
廣西	**張　旺**	**張　旺**
雲南	(漢)**偏　圖**	(漢)**偏　圖**
貴州	**李芳述** △十二月,死。	**李芳述**　　　　　　**王文雄** 四、壬寅、一,5.10;　二、己酉、八,3.18; 死(壯敏)。　　　　登州總兵遷。

康熙四九年　庚寅(1710)	康熙五十年　辛卯(1711)
(滿)託合齊	(滿)託合齊　　　　　　(滿)隆科多 十、乙亥、廿, 11.29;　　十一、壬辰、七, 12.16; 病假(旋降、殺)。　　　侍衞授。
師懿德	師懿德
潘育龍	潘育龍
江　琦	江　琦
藍　理	藍　理　　　　　　　　(漢)楊　琳 九、壬辰、六, 10.17;革。　九、辛丑、十五, 10.26; 　　　　　　　　　　鑲紅漢副授。
吳　英	吳　英
王世臣	王世臣 十、庚午、十六, 1.23;休。
俞益謨	俞益謨　　　　　　　　　　(滿)額崙特 正、壬辰、三, 2.19;解、勘。　鎮篳總兵　九、庚寅、四, 八、壬午、廿五, 10.7;休。　張谷貞署。 10.15;副都授。
岳昇龍	岳昇龍　　　　　　馬際伯 九、甲午、八, 10.19;　九、辛丑、十五, 10.26; 病免。(五二年死)　西寧總兵遷。
(漢)施世驃	(漢)施世驃
張　旺	張　旺
(漢)偏　圖	(漢)偏　圖　　　　　　張谷貞 十一、壬辰;改鑲白漢副。　十一、辛丑、十六, 12.25; 　　　　　　　　　鎮篳總兵遷。
王文雄	王文雄

提督年表

年代	康熙五一年　壬辰(1712)	康熙五二年　癸巳(1713)
九門	(滿)隆科多	(滿)隆科多
江南	師懿德	師懿德
陝西	潘育龍	潘育龍
甘肅	江琦	江琦
福建　陸	(漢)楊琳	(漢)楊琳
福建　水	吳英　　　　(漢)施世驃 十、癸酉、廿三,　　九、丁酉、十七,10.16; 11.21;死。　　　　廣東改。	(漢)施世驃
浙江	吳郡 △定海總兵遷。	吳郡
湖廣	(滿)額倫特	(滿)額倫特　　　(漢)高其位 四、癸亥、十六,　　四、癸酉、廿六,5.20;襄 5.10;改湖督。　　陽總兵遷。
四川	馬際伯　　　　康泰 七、己酉、廿八,　　四、甲子、十二,5.16; 8.29;死(襄毅)。　宣化總兵遷。	康泰
廣東	(漢)施世驃　　王文雄 九、丁酉;閩水提改。　十、丙寅、十六,11.14; 　　　　　　　　貴州改。	王文雄
廣西	張旺　　　　　張朝午 九、庚子、廿,　　六、辛酉、九,7.12;鑲 10.19;死。　　藍漢副授。	張朝午
雲南	張谷貞	張谷貞
貴州	王文雄　　　　張文煥 十、丙寅;改廣東。　十、丙寅;大同總兵遷。	張文煥

康熙五三年 甲午(1714)		康熙五四年 乙未(1715)	
(滿)隆科多		(滿)隆科多	
師懿德	穆廷栻	穆廷栻	杜呈泗
四、戊子、十七, 5.30; 改甘肅。	四、戊子;蘇松總兵遷。	二、甲午、廿七, 4.1; 改閩陸提。	二、甲午;閩陸提改。
潘育龍		潘育龍	
江 琦	師懿德	師懿德	
十二、己巳、一, 1.6; 死。	四、戊子;江南改。		
(漢)楊 琳		杜呈泗	穆廷栻
十二、壬辰、廿四, 1.29;改粵撫。		正、壬戌、廿五, 2.28; 天津總兵遷。 二、甲午;改江南。	二、甲午;江南改。
(漢)施世驃		(漢)施世驃	
吳 郡		吳 郡	吳 陞
		(△五五年死,武寧)	十、戊辰、六, 11.1;定海總兵遷。
(漢)高其位		(漢)高其位	
康 泰		康 泰	
王文雄		王文雄	
張朝午		張朝午	
張谷貞		張谷貞	
張文煥		張文煥	

提督年表

年代		康熙五五年　丙申(1716)	康熙五六年　丁酉(1717)
九門		(滿)隆科多	(滿)隆科多
江南		杜呈泗	杜呈泗
陝西		潘育龍	潘育龍
甘肅		師懿德	師懿德
福建	陸	穆廷栻	穆廷栻
	水	(漢)施世驃	(漢)施世驃
浙江		吳　陞	吳　陞
湖廣		(漢)高其位	(漢)高其位
四川		康　泰	康　泰 九、辛未、廿, 10.24; 召京。　松潘總兵路振揚署
廣東		王文雄	王文雄
廣西		張朝午　　　(漢)左世永 (五六年死,襄毅)　閏三、丁丑、十七, 5.8; 　　　　　　　廣州副督授。	(漢)左世永
雲南		張谷貞	張谷貞
貴州		張文煥	張文煥

康熙五七年　戊戌(1718)	康熙五八年　己亥(1719)	康熙五九年　庚子(1720)
(滿)隆科多	(滿)隆科多	(滿)隆科多 十一、庚寅、廿七，12.26； 遷理尚，仍兼。
杜呈泗　　趙　珀 (五八年死)　九、戊戌、廿三， 　　　　　11.15；正黄漢副 　　　　　授。	趙　珀	趙　珀
潘育龍	潘育龍　　馬見伯 十、甲寅、十五，　六、丙寅、廿五， 11.26；死　　　8.10；天津總兵 (襄勇)。　　　遷。	馬見伯
師懿德　　路振聲 △召京。　二、癸卯、廿四， (雍十二年死)3.25；蕭州總兵 　　　　　遷。	路振聲	路振聲
穆廷栻	穆廷栻	穆廷栻
(漢)施世驃	(漢)施世驃	(漢)施世驃
吳　陞	吳　陞	吳　陞
(漢)高其位	(漢)高其位	(漢)高其位
康　泰	康　泰	康　泰
王文雄　　姚　堂 二、乙巳、廿六，二、壬寅、廿三， 3.27；解。　3.24；台灣總兵 (雍元死)　　遷。	姚　堂	姚　堂
(漢)左世永	(漢)左世永	(漢)左世永
張谷貞	張谷貞	張谷貞
張文煥	張文煥	張文煥 九、戊寅、十四，　九、戊寅；南陽 10.15；署雲督。　總兵張致署。

提督年表

年代	康熙六十年　辛丑(1721)	康熙六一年　壬寅(1722)
九門	(滿)隆科多 （理尚兼）	(滿)隆科多 十一、丙午、廿五,1.1;事繁卸兼,護統袞泰署。 十二、甲子、十三,1.19;改吏尚,仍兼。
江南	趙珀　　　　　(漢)高其位 正、壬申、十,2.6;　　六、壬辰、二,6.26; 召京。(六一年革)　　湖廣改。	(漢)高其位
陝西	馬見伯　　　　李麟 九、丙申、八,10.28;　四、甲午、四,4.29;登 死。　　　　　　州總兵遷。	李麟
甘肅	路振聲	路振聲
福建 陸	穆廷栻　　　　吳陞 △九月,死(清恪)。　△九月,浙提改。	吳陞
福建 水	(漢)施世驃　　　姚堂 十、壬午、廿五,　　十、壬午;廣東改。 12.13;死(勇果)。	姚堂
浙江	吳陞　　　　　鍾世臣 △九月,改福建陸提。　十、壬申、十五,12.3; 　　　　　　　登州總兵遷。	鍾世臣
湖廣	(漢)高其位　　　(漢)魏經國 六、壬辰;改江南。　　六、壬辰;天津總兵遷。	(漢)魏經國
四川	康泰　　　　　岳鍾琪 （戰死,壯勇）　　五、癸酉、十三,6.7;署 　　　　　　　永寧副將署。	岳鍾琪
廣東	姚堂　　　　　(漢)馮毅 十、壬午;改閩水提。　十二、壬戌、六,1.22; 　　　　　　　廣州副部署。	(漢)馮毅 十二、壬戌、十一,1.17;授。
廣西	(漢)左世永	(漢)左世永
雲南	張谷貞	張谷貞
貴州	張文煥 （署雲督）　張致署。	張文煥　　　　趙坤 十二、戊辰、十七,　十二、戊辰;麗鶴總兵 1.23;病免。　　　遷。

年代	雍 正 元 年　癸卯 (1723)		
九門	(滿) 隆科多 （吏尚兼）		
直隸	董象緯 二、戊辰、十八,3.24;古北口總兵遷。 九、己卯、三,10.1;改廣東。	何祥薑 九、己卯;登州總兵遷。	［二、戊辰;增設。]
江南	(漢) 高其位		
陝西	李　麟 七、己亥、廿二,8.22;改鑾儀使。	楊盡信 七、己丑;西寧總兵遷,留涼州。	都統噶爾弼署。
甘肅	路振聲	楊啓元 四、壬戌、十三,5.17;寧夏總兵署。	
福建 陸	吳　陞		
福建 水	姚　堂 十、戊辰、廿二,11.19;死。	藍廷珍 九、乙未、十九,10.17;台灣總兵遷。	
浙江	鍾世臣		
湖廣	(漢) 魏經國		
四川	岳鍾琪		
廣東	(漢) 馮　毅 十二、丙午、一,12.27;死。	董象緯 九、己卯;直隸改。	
廣西	(漢) 左世永 六、丁巳、十,7.11;改正黃漢都。	韓良輔 六、丁巳;天津總兵遷。	
雲南	張谷貞 九、乙巳、廿九,10.27;死(勤果)。	(漢) 郝玉麟 九、辛巳、五,10.3;麗鶴總兵遷。	
貴州	趙　坤		

提 督 年 表

年代	雍正二年　甲辰(1724)		
九門	(滿)隆科多 　　(吏尚兼)　　十一、癸丑、十三,12.28;鑲藍護統綽奇署: 　　　　　　　十二、癸未、十四,1.27;改奉將。		(滿)阿齊圖 　　　　十二、癸未;鑲白蒙副署。
直隸	何祥臺		
江南	(漢)高其位		
陝西	噶爾弼 　五月,改署副將軍。	蘇丹 　五月,正黃蒙都署。 　六、甲申、十三,8.1;改署陝將。	楊啓元 　　　六、甲申;甘改。
甘肅	楊啓元 　六、甲申;改陝西。	岳鐘琪 　六、甲申;四川提督兼理。	
福建　陸	吳陞		
水	藍廷珍		
浙江	鐘世臣 　七、戊辰、廿七,9.14;死。	(漢)楊長春 　七、戊辰;南贛總兵遷。	
湖廣	(漢)魏經國		
四川	岳鐘琪 　正、丁亥、十二,2.6;授奮威將軍。　六、甲申;兼理甘提。護統納泰署。 　三、甲申、十,4.3;三等公。		
廣東	董象緯		
廣西	韓良輔		
雲南	(漢)郝玉麟		
貴州	趙坤		

雍 正 三 年　乙巳(1725)

(滿)隆科多	(滿)阿齊圖
△正月,解。	正、癸亥、廿四,3.8;授。

何祥薈	

(漢)高其位	(漢)魏經國
七、壬子、十七,8.24;遷文淵。	七、壬子;湖廣改。

楊啓元	馬　煥	
八、辛卯、廿六,10.2;革。	五、辛亥、十四,6.24;大同總兵署。	十一、庚子、六,12.10;副將姚文玉署。
	八、辛卯;授。	

岳鍾琪		
四、己卯、十二,5.23;署川陝總督。	四、己卯;寧夏總兵王嵩署。	八、辛卯、廿六,10.2;南韶總兵宋可進署。
	十二、壬午、十九,1.21;安西總兵孫繼宗署。	

吳　陞	

藍廷珍	

(漢)楊長春	

(漢)魏經國	趙　坤
七、壬子;改江南	七、壬子;鑾儀使署川提改。

岳鍾琪	納泰	趙　坤	周　瑛
三、癸亥、廿五,5.7;兼署甘撫。	三月,	三、甲子、廿六,5.8;鑾儀使署。	七、壬子;松潘總兵遷。
四、己卯、十二,5.23;署川陝總督。	召京。	七、壬子;改湖廣。	

蕫象緯	萬際瑞
七、壬子;改鑾儀使。	七、壬子;瓊州總兵遷。

韓良輔	

(漢)郝玉麟	

趙　坤	馬會伯
三、丁未、九,4.21;改鑾儀使。	三、丁未;永北總兵遷。

提督年表

年代	雍正四年　丙午(1726)		
九門	(滿)阿齊圖		
直隸	**何祥瑞** 三、癸丑、廿一,4.22; 改正白漢副。	**宋可進** 三、癸丑;涼州總兵遷。 十二、丁卯、十,1.1;改甘提。	**郭成功** 十二、丁卯;甘州參將署。
江南	(漢)魏經國		
陝西	**馬　煥** 三、己亥、七,4.8;革。	**路振揚** 三、己亥;重慶總兵遷。	
甘肅	**孫繼宗** 三、戊戌;改川北總兵。	**馬會伯** 三、己酉、十七,4.18;黔提改。 九、癸巳、四,9.29;改川提。	**宋可進** 十二、丁卯;古北總兵遷。
福建 陸	**吳　陞** 八、辛巳、廿二,9.17;休。(五年死)	**丁士傑** 八、辛巳;漳州總兵遷。	
水	**藍廷珍**		
浙江	(漢)**楊長春** 九、戊午、廿九,10.24;死(勤恪)。	**石雲倬** 七、甲辰、十四,8.11;南嶺總兵遷。	
湖廣	**趙　坤** 十、丁卯、九,11.2;改鑾儀使。	**馮允中** 十、丁卯;襄陽總兵遷。	
四川	**周　瑛** 三、己未、廿七,4.28;　三月,安西總兵潘之善署。 改鑾儀使。		**馬會伯** 九、癸巳;甘提署。 十、丁丑、十九,11.12;改川撫。
廣東	**萬際瑞** 十一、癸丑、廿五,12.18;改登州總兵。　廣將石禮哈署。		**王紹緒** 十二、己未、二,12.24;狼山總兵遷。
廣西	**韓良輔** 八、癸未、廿四,9.19;署桂撫。		
雲南	(漢)郝玉麟		
貴州	**馬會伯** 三、己酉、十七,4.18;改甘肅。	**楊天縱** 三、己酉;臨元總兵遷。	

雍 正 五 年　丁未(1727)	雍 正 六 年　戊申(1728)
(滿)阿齊圖	(滿)阿齊圖
郭成功　　　　　楊　鯤 五、乙亥、廿，7.8；　五、乙亥；正定總兵遷。 改寧夏總兵。	楊　鯤
(漢)魏經國　　　(漢)柏之蕃 十二、丙申、十五，　十二、丙申；兗州總兵遷。 1.25；解。	(漢)柏之蕃
路振揚	路振揚　　　　　紀成斌 十、癸巳、十六，11.17；　七、戊辰、十九，8.24；廬 改兵尚。　　　州總兵遷。
宋可進	宋可進
丁士傑　　　　　石雲倬 十二、壬寅、廿一，　十二、壬寅；浙江改。 1.31；革。	石雲倬
藍廷珍	藍廷珍
石雲倬　　　　　陳天培 十二、壬寅；改閩陸提。　十二、丙午、廿五，2.4； 　　蘇松總兵遷。	陳天培
馮允中　　　　　劉世明 八、己酉、廿六，10.10；　八、己酉；興安總兵署。 署大通總兵。	劉世明　　　　　岳超龍 八、乙未、十七，9.20；　八、乙未；天津總兵署。 改甘撫。
(漢)黃廷桂 二、己巳、十二，3.4；宣化總兵遷。	(漢)黃廷桂
王紹緒	王紹緒
韓良輔　　　　　田　畯 二、戊寅、廿一，3.13；　二、戊寅；涼州總兵遷。 改桂撫。	田　畯　　　　　張　溥 十一、甲戌、廿八，12.28； 鑲紅漢副署。
(漢)郝玉麟	(漢)郝玉麟
楊天縱	楊天縱

年代	雍 正 七 年　己 酉 (1729)		
九門	(滿)阿齊圖 九、辛巳、十、10.31；禮左鄂爾奇協辦。		
直隸	楊　鯤 正、壬申、廿七、2.24；協辦直督（旋革）。	(漢)魏經國 正、壬申；鑲紅漢都署。	
江南	(漢)柏之蕃		
陝西	紀成斌 七、甲辰、一、7.26；大同總兵張善署。八月，改寧夏總兵。 八、庚申、十八、10.10；安西總兵潘之善署。		
甘肅	宋可進		
福建 陸	石雲倬		
水	藍廷珍 七、乙巳、二、7.27；死（襄毅）。	許良彬 十二、辛酉、廿一、2.8；南澳總兵署。	
浙江	陳天培 閏七、戊子、十六、 9.8；解。	尚　瀜 閏七、戊子；潮州總兵遷。 （八年二月死）	萬際瑞 八、甲寅、十二、10.4；登州總兵遷。
湖廣	岳超龍 （署）		
四川	(漢)黃廷桂		
廣東	王紹緒		
廣西	張　溥 四、甲申、十、5.7；授。		
雲南	(漢)郝玉麟 三、乙巳、一、3.29；遷廣東總督。	張耀祖 三、乙巳；麗鶴總兵遷。	
貴州	楊天縱		

雍正八年　庚戌(1730)	雍正九年　辛亥(1731)
(滿)阿齊圖	(滿)阿齊圖 十二、庚子、十一，1.8；命統東路喀爾喀兵。
(漢)魏經國　　(漢)范時捷　　　路振揚 十月，死　　十、丁未、十二，11.21；　十二、戊午； (僖恪)。　　散秩大臣任。十二、戊　鑾儀使署。 　　　　　　午、廿四，1.31；署陝提。	路振揚 (署)
(漢)柏之蕃　　　　王紹緒 七、庚辰、十三，8.26；召京。　七、庚辰；廣東改。 (九月，署鑲白漢都)	王紹緒 九、乙亥、十五，10.15；召陸。　南陽總兵馬世龍署。
紀成斌 　　　十二、戊午；直提范時捷署。	紀成斌　　　　　　樊　廷 二、壬戌、廿九，4.5；　二、壬戌；肅州總兵遷。 改四川。
宋可進	宋可進
石雲倬　　　　張起雲 十二、戊午；往肅州。　十二、戊午；南澳總兵署。	張起雲　　　　　　　　王　郡 九、甲戌、十四，10.14；署廣東，　十二、甲寅； 將軍阿爾賽署。　　　　　　　潮州總兵署。 十二、甲寅、廿五，1.22；病死(恪毅)。
許良彬 十、壬寅、七，11.16；授。	許良彬
萬際瑞	萬際瑞
岳超龍 五、癸巳、廿六，7.10；授。	岳超龍
(漢)黃廷桂	(漢)黃廷桂　　　紀成斌　　　　顏清如 二、壬戌、廿九，二、壬戌；陝提改。十　十二、丁未；延 4.5；改川督。　二、丁未、十八，1.15；綏總兵遷。 　　　　　　革(旋授副將)。
王紹緒　　　　　張　溥 七、庚辰；改江南。　七、庚辰；廣西改。	張　溥 九、甲戌；署廣督。　署閩陸提張起雲署： 　　　　　　　　十二、甲寅；未任死。
張　溥　　　　張應宗 七、庚辰；改廣東。　七、庚辰；臨元總兵遷。	張應宗
張耀祖	張耀祖　　　哈元生　　　　　蔡成貴 正、辛巳、十七，正、辛巳；安籠總兵遷。　九、丁卯；左 2.23；革。　九、丁卯、七，10.7；江總兵遷。 　　　　　改貴州。
楊天縱	楊天縱　　　　　哈元生 九、丁卯；休。　九、丁卯；雲南改。 (十年死，襄壯)

提 督 年 表

年代	雍正十年　壬子(1732)	雍正十一年　癸丑(1733)
九門	(滿)阿齊圖 （出征）　閏五、壬辰、七，6.28；兵尚鄂爾奇署。 閏五、戊戌、十三，7.4；原甘布鐘保協理。 八、己巳、十五，10.3；刑右覺和託協理。	莽鵠立　　　(滿)鄂善 二、戊午、六，3.21；　九、戊戌、廿，10.27； 鑲白滿都署。　　署。
直隸	路振揚 （署）	路振揚 （署）
江南	王紹緒　　　南天祥 　　　　六、己未、四，7.25；麗鶴 　　　　總兵遷。	南天祥
陝西	樊　廷 閏五、戊戌、十三，7.4； 往軍營。　　河北鎮李繩武署。	樊　廷 （出征）　李繩武署。
甘肅	宋可進　　　劉世明 十、壬戌、八，　十、壬戌；原閩督西路副 11.25；革。　將軍署。	劉世明
福建　陸	王　郡 三、庚申、三，3.28；授。	王　郡 正、辛丑、十九，3.4；署水提。　將軍阿爾賽署。
水	許良彬	許良彬　　　王　郡 二、庚申、八，3.23；　正、辛丑；陸提署。 死（壯毅）。
浙江	萬際瑞	萬際瑞
湖廣	岳超龍　　(漢)張正興 十一、己酉、廿六，　六、己卯、廿四，8.14； 1.11；死。　杭州副都授。	(漢)張正興
四川	顏清如	顏清如
廣東	張　溥	張　溥
廣西	張應宗	張應宗
雲南	蔡成貴	蔡成貴
貴州	哈元生 七、己亥、十五，9.3；召陞。　左江總兵霍昇署。	哈元生

雍正十二年　甲寅(1734)	雍正十三年　乙卯(1735)
(滿)鄂善 九、辛卯、十九,10.15;授正藍滿都,仍兼。	(滿)鄂善
路振揚 （署）	路振揚 （署）
南天祥　　　　　(滿)補熙 九、己卯、七,10.3;　　九、己卯;宣化總兵遷。 署宣化總兵。	(滿)補熙
樊　廷 （出征）　李繩武署。	樊　廷 （出征）　李繩武署。
劉世明　　　　　二格 十二、己未、十八,　　十二、己未;左副署。 1.11;革(殺)。	二格 （左副署）
王　郡　　　　　　　　　　　　蘇明良 （署水提）　十、庚戌、八,11.3;建寧總兵李蔭梘署。 　　　　改水提　二、壬子、十一,3.5;　閏四、乙亥、六, 　　　　　　　將軍阿爾賽署。　5.27;台灣總兵署。	王　郡　　　　　　　　　　　　蘇明良 改水提　二、壬子、十一,3.5;　閏四、乙亥、六, 　　　將軍阿爾賽署。　5.27;台灣總兵署。
王　郡 （陸提署）	王　郡 陸提改
萬際瑞　　　　　李燦 九、戊子、十六,　　九、戊子;蘇松總兵遷。 10.12;病免。	李　燦
(漢)張正興　　　　　薴芳 七、丙戌、十三,8.11;　七、丙戌;臨元總兵遷。 改廣將。	薴芳　　　　　楊凱 六月,授副將軍。十一、　十一、乙丑,卅,1.12;鎮 己未、廿四,1.6;革、逮。　篁總兵遷。
顏清如	顏清如　　　　　(漢)黃廷桂 △革　　　　十二、丁卯、二,1.14;裁 　　　　　　缺川督授。
張　溥	張　溥
張應宗　　　　　霍昇 十一、癸酉、二,　　十一、癸酉;左江總兵遷。 11.26;病免。	霍　昇
蔡成貴	蔡成貴
哈元生	哈元生 五、丁巳、十八,7.8;授揚威將軍。 十一、己未、廿四,1.6;革將軍。

提督年表

年代	乾隆元年　丙辰(1736)		
九門	（滿）鄂善 　七、戊午、廿六,9.1；授吏左,兼。		
直隸	路振揚 　正、丙辰、廿一,3.3；回鑾儀使原任。	（宗室）璋格 正白滿都署： 七、癸卯、十一,8.17；卸。	（宗室）德沛 　七、癸卯；兵左授。
江南	（滿）補熙 　二、己巳、五,3.16；署漕督。六、丙戌廿三, 　8.1；授。	南天祥 　六、丁亥、廿四,8.1；大同總兵遷。	
陝西	樊廷 　三、辛亥、十七,4.27； 　改哈密總兵。	河北總兵李繩武署：五月,改甘肅。 五、己未,7.4；原廣將柏之蕃 署：七、丙辰、廿四,8.3；卸署。	楊珌 　九、丙午、十五,10.19；涼州總兵 署。
甘肅	二格 　二、乙酉、廿一,4.1；左副署。 　二、辛卯、廿七,4.7；改兵右,仍署。五、己未；回任。	李繩武 　五、己未署陝提改。	
福建　陸	蘇明良 （署）		
福建　水	王郡		
浙江	李燦		
湖廣	楊凱 　九、庚申、廿九,11.2；革。	顏清如 　九、庚申；提督衙署。十二月,授。	
四川	（漢）黃廷桂 　十一、丙申、七,12.8；召京。	王進昌 　十一、丙申；宜昌總兵遷。	
廣東	張溥		
廣西	霍昇		
雲南	蔡成貴		
貴州	哈元生 　四、辛巳、十七,5.27；革、逮。	王無黨 　四、辛巳；左江總兵署。十二月,授。	

乾隆二年　丁巳（1737）	乾隆三年　戊午（1738）
（滿）**鄂善** 　　（吏左兼）	（滿）**鄂善** 　十二、己卯、一，1.10；　户左喀爾吉善： 　吏左遷兵尚，兼。　　七月，協辦。十一月，署。
（宗室）**德沛**　　　　（?）**瞻岱** 　二、辛巳、廿三，　　　二、辛巳；正紅滿副授。 　3.23；改甘撫。	（?）**瞻岱**　　　　　　（滿）**永常** 　三、戊辰、十六，5.4；　三、丁丑、廿五，5.13；馬 　改甘肅。　　　　　　蘭總兵署，旋授。
南天祥	**南天祥**
楊珫 　　（涼州總兵署）	（漢）**李繩武**　　　　　**楊珫** 　三、戊辰；甘肅改　　二、己酉、廿七，4.15； 　（駐哈密）。　　　　仍署。
（漢）**李繩武**	（漢）**李繩武**　　　　（?）**瞻岱** 　二、甲辰、廿二，4.10；駐哈密。　三、戊辰；直隸改。 　三、戊辰；改陝西。
蘇明良 　十、乙未、十一，12.2；授。	**蘇明良**
王郡	**王郡**
李燦	**李燦**
顏清如	**顏清如**
王進昌	**王進昌**
張溥　　　　　**張天駿** 　正、戊午、廿九，　二、丙子、十八，3.18；南澳署。 　2.28；死（敦恪）。　十、乙未、十一，12.2；授。	**張天駿**　　　　　（滿）**保祝** 　十、戊子、九，11.20；　十二、己亥、廿一，1.30； 　召京。　　　　　　馬蘭總兵署。
霍昇	**霍昇**　　　　　　**譚行義** 　十二、壬寅、廿四，2.2；　十二、壬寅；鎮箪總兵署。 　病免。
蔡成貴	**蔡成貴**
王無黨	**王無黨**

提督年表

年代	乾隆四年　己未(1739)	
九門	(滿)鄂善 （兵尚兼）	
直隸	(滿)永常	
江南	南天祥	
陝西	楊琰 十一、己酉、六，12.6；回涼州任。	韓良卿 十一、己酉；肅州總兵遷。
甘肅	(↑)瞻岱	
福建　陸	蘇明良	
福建　水	王郡	
浙江	李燦	
湖廣	顏清如 十一、辛酉、十八，12.18；休。	杜愷 十一、癸亥、廿，12.20；昭通總兵遷。
四川	王進昌 十二、庚辰、八，1.6；免。	鄭文煥 六、壬辰、十七，7.22；昭通總兵遷。
廣東	(滿)保祝 十一、甲辰、一，12.1；授。	
廣西	譚行義 十一、甲辰；授。	
雲南	蔡成貴	
貴州	王無黨	

年代	乾隆五年　庚申(1740)	乾隆六年　辛酉(1741)
九門	(滿)鄂善 　(兵尚兼)	(滿)鄂善　　　　(滿)舒赫德 　(兵尚兼)三、庚寅、　三、庚寅；兵左兼。 　廿五,5.10；革、逮。
直隸	(滿)永常　　　(漢)黃廷桂 十一、辛未、四,12.22；　十一、辛未；天津總兵 改鑲紅滿都。　　遷。	(漢)黃廷桂　　　(滿)塞楞額 九、乙亥、十三,　九、乙亥；副都授。 10.22；改甘撫。
江南	南天祥	南天祥　　　　吳進義 六、甲寅、廿一,8.2；　七、癸酉、十一,8.21； 休。　　壽春總兵遷。
陝西	韓良卿　　　　周開捷 九、辛巳、十三,11.2；　九、辛巳；寧夏總兵署。 改甘肅。　　十二月,授。	周開捷
甘肅	(?)瞻岱　韓良卿　(漢)李繩武 △死　九、辛巳；陝西改　十二、癸卯、七 (恭勤)。十二月,死(勤毅)。1.23；哈密改。	(漢)李繩武
安西	(滿)永常 [二、甲戌、三,2.9；]　鑲紅滿都授。 [裁總兵,改設提督。]	(滿)永常
福建 陸	蘇明良	蘇明良
福建 水	王　郡	王　郡
浙江	李　燦　　　　裴　鋮 四、甲戌、四,4.29；　四、甲戌；定海總兵署。 病免。　　六月,授。	裴　鋮
湖廣	杜　愷	杜　愷　　　　王無黨 三、戊寅、十三,　三、戊寅；貴州改。 4.28；解。
四川	鄭文煥	鄭文煥
廣東	(滿)保祝	(滿)保祝
廣西	譚行義	譚行義
雲南	蔡成貴	蔡成貴　　　　潘紹周 六、甲寅；休。　六、丙辰、廿三,8.4； 　松潘總兵遷。
貴州	王無黨	王無黨　　　　韓　勳 三、戊寅；改湖廣。　三、戊寅；古州總兵遷。

年代	乾 隆 七 年　壬戌(1742)			
九門	(滿)**舒赫德** （兵左兼）．			
直隸	(滿)**塞楞額** 十、甲辰、十九，11.15；改陝撫。	(滿)**保祝** 十、甲辰；廣東改。		
江南	**吳進義**			
陝西	**周開捷** 三、丁亥、廿八，5.2；病免。	**許仕盛** 三、丁亥；西寧總兵署。		
甘肅	(漢)**李繩武**			
安西	(滿)**永安**			
福建　陸	**蘇明良** 十、丙午、廿一，11.17；廣東互改。	**武進陞** 十、丙午；廣東改。		
福建　水	**王　郡**			
浙江	**裴　鉽** 十、辛卯、六，11.2；革。	**陳倫炯** 十、丁酉、十二，11.8；狼山總兵遷。		
湖廣	**王無黨**			
四川	**鄭文煥**			
廣東	(滿)**保祝** 十、甲辰；改直隸。	**武進陞** 瓊州遷。 十、丙午；閩陸互改。	**蘇明良** 十、丙午；閩陸改。 （八年三月死）	**林君陞** 十二、丙午、廿一，1.16； 金門總兵遷。
廣西	**譚行羲**			
雲南	**潘紹周**			
貴州	**韓　勳**			

乾 隆 八 年　癸 亥(1743)

(滿)**舒赫德**
　　（兵左兼）

(滿)**保祝**

吳進義

許仕盛	**豆 斌**	(漢)**李質粹**
二、乙巳、廿一, 3.16;	二、乙巳肅州總兵改。	六、丁巳;廣西改。
肅州總兵互改。	六、丁巳、六,7.26;廣西互改。	七月,憂,涼州總兵段起賢署。

(漢)**李繩武**

(滿)**永安**

武進陞

王 郡

陳倫炯

王無黨

鄭文煥

林君陞

譚行義	(漢)**李質粹**	**豆 斌**
五、戊申、廿六,7.17;宣化總兵互改。	五、戊申;宣化總兵改。	六、丁巳;陝西改。
	六、丁巳;陝西互改。	

潘紹周

韓 勳	**丁士傑**	
△死(壯果)。	十、丁巳、八,11.23;宣化總兵遷。	冷文瑞署。

提 督 年 表

年代	乾隆九年　甲子(1744)	乾隆十年　乙丑(1745)
九門	(滿)**舒赫德** （兵左兼）	(滿)**舒赫德** （兵左兼）
直隸	(滿)**保祝** 四、庚午、廿三，　四、庚午；天津總兵傅清署。 6.3；病免。	(滿)**保祝**　　　　（?）**瑪爾拜** 十、丁巳、十九，11.12；　十、丁巳；熱河副都授。 改正紅蒙都。
江南	**吳進義**	**吳進義**
陝西	(漢)**李質粹** 十二、辛酉；署川提。　段起賢署	(漢)**李質粹** （署川提）　涼州鎮總兵段起賢署。
甘肅	(漢)**李繩武**　　（滿)**永常** 五、戊寅、一,6.11；　五、戊寅；安西改。許 安西互改。　　　仕盛署。	**永常**
安西	(滿)**永常**　　　　(漢)**李繩武** 五、戊寅；甘肅互改。　五、戊寅；甘肅改。	(漢)**李繩武**
福建 陸	**武進陞**	**武進陞**
福建 水	**王　郡**	**王　郡**
浙江	**陳倫炯**	**陳倫炯**
湖廣	**王無黨**	**王無黨**
四川	**鄭文煥**　　　　(漢)**李質粹** 十二、辛酉、十八，　十二、辛酉；署。 1.20；召京。	(漢)**李質粹** （署）
廣東	**林君陞**	**林君陞**
廣西	**豆　斌**	**豆　斌**
雲南	**潘紹周**	**潘紹周**
貴州	**丁士傑**	**丁士傑**

乾隆十一年　丙寅(1746)		乾隆十二年　丁卯(1747)	
(滿)**舒赫德** （兵左兼）		(滿)**舒赫德** 五、戊戌、九，6.16；兵左改户右，仍兼。	
(?)**瑪爾拜** 十二、癸酉、十二，1.22； 改拉林副都。	(?)**索拜** 十二、癸酉；熱河副都 授。	(?)**索拜** 三、丙午、十六，4.25； 駐藏。	(滿)**拉布敦** 三、丙午；正白副都署。
吳進義 七、戊午、廿四，9.9； 改浙江。	**譚行義** 七、戊午；登州總兵遷。	**譚行義**	
(漢)**李質粹** （署川提）	**許仕盛** 五、己酉、十四，7.2；甘 州總兵遷。	**許仕盛** 二、戊辰、八，3.18；召京。	(滿)**瑚寶** 二、戊辰；大同總兵遷。
(滿)**永常**		(滿)**永常**	
(漢)**李繩武**		(漢)**李繩武**	
武進陞		**武進陞**	
王　郡 閏三、壬子、十六，5.6；休。 （乾廿一年死，勤愨）	**張天駿** 閏三、壬子；台灣總兵 遷。	**張天駿**	
陳倫炯 七、戊午、廿四，9.9，解 （降三調）。	**吳進義** 七、戊午；江南改。	**吳進義**	
王無黨		**王無黨**	
(漢)**李質粹** 八、己巳、六，9.20；解。	**武繩謨** 八、己巳；潮州總兵遷。	**武繩謨**	
林君陞		**林君陞**	
豆　斌		**豆　斌**	
潘紹周		**潘紹周**	
丁士傑		**丁士傑**	

提督年表

年代	乾隆十三年　戊辰（1748）		
九門	（滿）**舒赫德**（軍） 九、己卯、廿八，11.18；暫直。十、丙戌、五，11.25；遷兵尚。 十一、庚辰、卅，1.18；改户尚，仍兼。		
直隸	（滿）**拉布敦** 四、庚申、七，5.3；駐藏。　熱河副都滿福兼署。		（滿）**傅清** 閏七、己巳、十七，9.9；天津總兵署。
江南	**譚行羲**		
陝西	（滿）**瑚寶** 九、丁卯、十六，11.6；改甘撫。		（漢）**李繩武** 九、己巳、十八，11.8；甘肅改。
甘肅	（滿）**永常** 八、甲申、二，9.24；安西互改。	（漢）**李繩武** 八、甲申；安西改。 九、己巳；改陝西。	（?）**海亮** 九、己巳；太原總兵遷。
安西	（漢）**李繩武** 八、甲申；甘肅互改。	（滿）**永常** 八、甲申；甘肅改。	
福建　陸	**武進隆**		
福建　水	**張天駿**		
浙江	**吳進義**		
湖廣	**王無黨** 二、丙辰、二，2.29；召京（革）。		**史載賢** 二、丁巳、三，3.1；潮州總兵遷。
四川	**武繩謨** 五、乙未、十二，6.7；召京（雲南）。		**岳鍾琪**（三等公） 五、乙未；已革大將軍予總兵衘授。
廣東	**林君陞** （憂）		**黄有才** 正、丙申、十一，2.9；左翼總兵遷。
廣西	**豆　斌**		
雲南	**潘紹周** 閏七、乙亥、廿三，9.15；召京。		**武繩謨** 閏七、乙亥；四川改。
貴州	**丁士傑**		

乾隆十四年　己巳(1749)

(滿)舒赫德
十二、辛卯、十七,1.24;改兵尚,仍兼。

(滿)傅清	**李繩武**	**潘紹周**	**(?)海亮**	**(滿)布蘭泰**
二、庚寅、十二, 3.29;陝西互改。	二、庚寅;陝西改。 四、己亥、廿二,6.6; 改閩陸。	四、己亥;前滇提授。 六、庚子、廿四;8.6,病免。	六、庚子;甘提改。 十、甲辰、廿九,12.8; 降馬蘭總兵。	十、甲辰;馬蘭 總兵遷。

譚行義	**武進陞**
十、庚子、廿五,12.4;改浙江。	十、庚子;狼山總兵遷。

(漢)李繩武	**(滿)傅清**	**(漢)李繩武**
二、庚寅;直隸互改。	二、庚寅;直隸改。 十、丙申、廿一,11.30;駐藏。	十、庚子;浙江改。

(?)海亮	**(滿)永常**	**成元震**
六、庚子;改直隸。	六、庚子;安西改。十一、庚午、 廿五,1.3;仍回安西。	十一、庚午;河州總兵遷。

(滿)永常	**王能愛**
六、庚子;改甘肅。十一、庚午;回任。	六、庚子;西寧總兵遷。十一、庚午;病解。

武進陞	**(漢)李繩武**	**吳進義**
四、己亥;降狼山總兵。	四、己亥;直隸改。 九、戊辰、廿三,11.2;浙江互改。	九、戊辰;浙江改。

張天駿

吳進義	**(漢)李繩武**	**譚行義**
九、戊辰;閩陸互改。	九、戊辰;閩陸改。十、庚子;改陝西。	十、庚子;江南改。

史戴賢	**齊大勇**
六、丙午、卅,8.12;興漢總兵互改。	六、丙午;興漢總兵改。

岳鍾琪
八、乙巳、廿九,10.10;召陸。　松潘總兵哈攀龍署。

黃有才

豆　斌

武繩謨	**冶大雄**
	二、乙未、十七,4.3;昭通總兵遷。

丁士傑

年代	乾隆十五年　庚午(1750)	
九門	(滿)舒赫德 （兵尚兼）	
直隸	(滿)布蘭泰	
江南	武進陞	
陝西	(漢)李繩武 九、乙巳、六,10.5;改京口將軍。	哈攀龍 九、乙巳;署。
甘肅	成元震	
安西	(滿)永常 十一、乙丑、廿六,12.24;憂免。	(漢)李繩武 十一、乙丑;京口將軍署。
福建 陸	吳進義	
水	張天駿	
浙江	譚行義	
湖廣	齊大勇	
四川	岳鐘琪	
廣東	黃有才	
廣西	豆　斌	
雲南	冶大雄	
貴州	丁士傑	

乾隆十六年　辛未(1751)

（滿）**舒赫德**
　　（兵尚兼）九、甲申、廿一，11.8；差江南。　　工尚哈達哈署。

（滿）**布蘭泰**

武進陞

哈攀龍　　　　　　　　　　**齊大勇**　　　　　　　　　　　**豆　斌**
正月，改署湖廣。　　　　正、癸卯、五，1.31；湖廣改。正、壬戌、廿四，　正、壬戌、廣西改；七月，召陞。
　　　　　　　　　　　2.19；改甘提。七、庚午、六，8.26；甘提改。

成元震　　　　　　　　　　**齊大勇**　　　　　　　　（漢）**李繩武**　　　　　　**豆　斌**
正、壬戌；降總兵。　　　正、壬戌；陝西改。　　　京口改。九、庚寅、廿七，　九、庚寅；任。
　　　　　　　　　　　七、庚午；仍回。　　　　11.14；改安西。

（滿）**永常**　　　　　　　　　　　　　　　　（漢）**李繩武**
九、庚寅；改湖督。　　　　　　　　　　　九、庚寅；甘肅改。

吳進義　　　　　　　　　　　　　　　**譚行義**
二、乙未、廿七，3.24；浙江互改。　　　二、乙未；浙江改。

張天駿　　　　　　　　　　**林君陞**　　　　　　　　　　**李有用**
三、辛丑、四，3.30；解。　　三、辛丑；廣東改。六、甲子、　　六、甲子；台灣總兵遷。
　　　　　　　　　　　廿九，8.20；仍回。

譚行義　　　　　　　　　　　　　　　**吳進義**
二、乙未；閩陸提互改。　　　　　　　二、乙未；閩陸提改。

齊大勇　　　　　　　　　　　　　　　**哈攀龍**
正、癸卯；改陝西。　　　　　　　　　正、癸卯；署陝西改署。

岳鍾琪

黃有才　　　　　　　　　　　　　　　**林君陞**
正、壬戌；改廣西。三、辛丑；仍留，旋死。　正、壬戌；台灣遷。三、辛丑；改閩水提。六、甲子；仍回。

豆　斌　　　　　　　　**黃有才**　　　　　　　　　　**岳鍾璜**
正、壬戌；改陝西。　　　正、壬戌；廣東改。三、辛丑；仍留原任。　三、辛丑；昭通總兵遷。

冶大雄

丁士傑

年代	乾隆十七年　壬申(1752)
九門	(滿)舒赫德 （兵尚兼）三、己巳、八，4.21；戶左兆惠署。
直隸	(滿)布蘭泰　　　　　　　　　　　　　馬負書 　九、丙子、十九，10.25；病免(慇慃)。　　　　代辦，旋改署。
江南	武進陞
陝西	齊大勇
甘肅	豆　斌
安西	(漢)李繩武　　　　　(?)綽爾多　　　　　　　　　(漢)王進泰 　六、癸卯、十四，7.24；革。　涼州將軍改。十二、戊戌、十二，1.15；改黑將。　十二、戊戌、京口將軍授。
福建　陸	譚行義
福建　水	李有用
浙江	吳進義　　　　　　　　　　　　　史宏蘊 　二、辛丑、九，3.4；解(革)。　　　　二、辛丑；寧夏總兵遷。
湖廣	哈攀龍 　（署）
四川	岳鍾琪
廣東	林君陞 　　　瓊州總兵胡貴署。
廣西	岳鍾璜
雲南	冶大雄　　　　　　　　　　　　　呂　瀚 　五、戊寅、十八，6.29；革(改哈密)。　五、戊寅；哈密總兵遷。　　王無黨署。
貴州	丁士傑

乾隆十八年　癸酉(1753)	乾隆十九年　甲戌(1754)

乾隆十八年　癸酉(1753)

(滿)**舒赫德**
十二、丁亥、七、12.30；　　　　四、丙申、十一、5.13；
赴鄂爾坤軍營。　　　　　　　工尚哈達哈署。

(漢)**馬負書**　　　　　　**吳進義**
十、庚寅、九、11.3；　　　十、庚寅；宣化總兵遷。
改署閩陸。

武進陞　　　　　　**林君陞**
六、庚寅、六、7.6；　　　六、庚寅；廣東改。
署延綏總兵。

齊大勇

豆　斌

(漢)**王進泰**

譚行義　　　　　(漢)**馬負書**
十、庚寅；病免　　　　十、庚寅；直隸署。
(旋死，恭愍)。

李有用

史宏蘊

哈攀龍
（署）

岳鐘琪

林君陞　　　　　　**胡　貴**
六、庚寅；改江南。　　　六、庚寅；瓊州總兵遷。

岳鐘璜

呂　瀚

丁士傑　　　　　　**宋　愛**
十二、辛卯、十一、1.3；　十二、辛卯；古州總兵遷。
降左江總兵(旋革)。

乾隆十九年　甲戌(1754)

(滿)**舒赫德**　　　　(滿)**阿里袞**
七、丙午、廿九、9.15；革。　　七、丙午；戶右兼。

吳進義

林君陞

齊大勇

豆　斌　　　**武進陞**　　　(漢)**王進泰**
三、庚申、十、　延綏總兵遷。四、壬午、　　四、壬午；
4.2；改廣西。　三、4.24；改浙江。　　安西改。

(漢)**王進泰**　　　　　　**豆　斌**
四、壬午；改甘肅。　　　四、壬午；廣西改。

(漢)**馬負書**
七、己亥、廿二、9.8；授。

李有用

史宏蘊　　　　　　**武進陞**
四、壬午、三、4.24；改廣西。　四、壬午；甘肅改。

哈攀龍
（署）

岳鐘琪　　　　　　**岳鐘璜**
三、庚申；死(襄勤)。　　三、庚申；廣西改。

胡　貴

岳鐘璜　　**豆　斌**　　　**史宏蘊**
三、庚申；　三、庚申；甘肅改。　四、壬午；
改四川。　四、壬午；改安西。　浙江改。

呂　瀚

宋　愛

提督年表

年代		乾隆二十年　乙亥(1755)	乾隆二一年　丙子(1756)
九門		(滿)阿里衮 十、甲辰、四，11.7；遷戶尚，仍兼。	(滿)阿里衮 （戶尚兼）五、癸酉、六，　大學傅恒兼署。 6.3；赴軍營。
直隸		吳進義	吳進義
江南		林君陞　　　　陳鳴夏 四、辛未、廿八，6.7；　四、辛未；定海總兵遷。 病免（旋死）。	陳鳴夏
陝西		齊大勇	齊大勇
甘肅		(漢)王進泰	(漢)王進泰
安西		豆　斌 正、戊子、十四，　哈密總兵治大雄署。 2.24；出征。	豆　斌　　　(漢)李繩武 四月，病免。閏九、丁　河州總兵遷。閏九、 巳、廿二，11.14；起用。　丁巳；改京口將軍。
福建	陸	(漢)馬負書	(漢)馬負書
	水	李有用	李有用
浙江		武進陞	武進陞
湖廣		哈攀龍 （署）	哈攀龍 四、辛酉、廿四，5.22；授。
四川		岳鍾璜	岳鍾璜
廣東		胡　貴	胡　貴
廣西		史宏蘊	史宏蘊
雲南		呂　瀚	呂　瀚　　　　王朝輔 四、丁未、十，5.8；死。二、丙午、八，3.8；潮州 　　　　　　　　總兵遷。
貴州		宋　愛　　　　董　芳 △十月，死。　十、壬子、十二，11.15； 　　　　　　松潘總兵遷。	董　芳

乾隆二二年　丁丑(1757)	乾隆二三年　戊寅(1758)
(滿)阿里袞 　二、乙酉、廿三，4.11；戶尚降戶左。	(滿)阿里袞 　(戶左兼)四、甲戌、十九，5.25；革，留副都。 　十一、丁未、廿四，12.24；授吏左。 　十二、戊午、六，1.4；遷兵尚。
吳進義	吳進義
陳鳴夏　　　　黃仕簡(一等海澄公) 　三、乙未、四，4.21；　三、乙未；衢州總兵遷。 改廣東。	黃仕簡　　　　(漢)王進泰 　△憂免。　　　　五、丙申、十一，6.16；甘肅改。
齊大勇　　　　馬得勝 　十二、乙亥、十七，　十二、乙亥；肅州改。 1.26；改湖廣。	馬得勝　　　　藍孟 　　　　　　　八、丁丑、廿四，9.25；潮州 　　　　　　　總兵遷。
(漢)王進泰	王進泰　　劉順 　五、丙申；　五、丙申；署安西改。 改江南；　六、甲子、十，7.14；　大同總兵額 　　　　仍留署安西。　　僧額署。
豆斌 　傅魁署：四月斬。 　五月，西寧總兵劉順署。	豆斌 　劉順署：五、丙申；遷甘提。 　六、甲子；仍留署。
(漢)馬負書	(漢)馬負書
李有用　胡貴　　　馬大用 　　　三、乙未；廣東改。六、癸　六、癸酉；潮 　　　酉、十三，7.28；改浙江。州總兵遷。	馬大用
武進陞　　　　胡貴 　六、癸酉；休。　六、癸酉；閩水提改。	胡貴　　　　倪鴻範 　五、甲辰、十九，　五、甲辰；南澳總兵遷。 6.24；改廣東。
哈攀龍　　　　齊大勇 　十二、丁卯、九，南嶺總兵　十二、乙亥； 1.18；署貴州。王綏署。　陝西改。	齊大勇
岳鍾璜	岳鍾璜
胡貴　　　　陳鳴夏 　三、乙未；改閩水提。　三、乙未；江南改。	陳鳴夏　　　　胡貴 　七、壬子、廿八，8.31；　五、甲辰；浙江改。 死(恭毅)。
史宏蘊	史宏蘊
王朝輔	王朝輔　　　(？)額爾格圖 　二、庚午、十四，3.22；　二、庚午；太原總兵遷。 病免。
藍芳　　　　哈攀龍 　十二、丁卯；召京，　十二、丁卯；湖廣署。 旋死。　　　　十二、乙亥；授。	哈攀龍

年代	乾隆二四年 己卯(1759)		
九門	(滿)**阿里袞** （兵尚兼）		
直隸	**吳進義**		
江南	(漢)**王進泰**		
陝西	**蘦孟** 延綏總署張接天署。		
甘肅	**劉順** 七、丙辰、八，8.30；安西互改。	**闔相師** 七、丙辰；安西改。	
安西	**豆斌** 二、己巳、十八，3.16；戰死，(壯節)。	**闔相師** 肅州總兵遷。 七、丙辰；甘肅互改。	**劉順** 七、丙辰；甘肅改。
福建 陸	(漢)**馬負書**		
水	**馬大用** 閏六、庚寅、十二，8.4；病免(慎懋)。	**馬龍圖** 閏六、庚寅；台灣總兵遷。	
浙江	**倪鴻範**	**王無黨** 九、甲戌、廿七，11.16；涼州總兵遷。	
湖廣	**齊大勇** 六、庚戌、一，6.25；革。	**黃仕簡** 五、己酉、卅，6.24；原江南提督(服)署。	
四川	**岳鍾璜**		
廣東	**胡貴**		
廣西	**史宏蘊**		
雲南	(?)**額爾格圖**		
貴州	**哈攀龍** 六、戊午、九，7.3；解。九、癸酉、廿六，11.15；病免。	**馮哲** 九、癸酉；昭通總兵遷。	

乾隆二五年　庚辰(1760)	乾隆二六年　辛巳(1761)
(滿)阿里袞(軍) （兵尚兼）△七、甲寅、十二，8.22；直軍。	(滿)阿里袞(軍) （兵尚兼）　二、庚辰、十，3.16；戶左吉慶署。
吳進義	吳進義
(漢)王進泰	(漢)王進泰　　　　　齊　斌 　二、庚辰；桂提互調。　二、庚辰；桂提改。
薑　孟	薑　孟
闔相師	闔相師
劉　順 　　　　　　　　[十二月，稱巴里坤提督]	劉　順　　　　　(滿)五福 十一、癸丑、十九，12.14；　十一、癸丑；甘肅鎮署。 病免。(十二月死，壯靖)　十二、壬申、八，1.2；授。
(漢)馬負書	(漢)馬負書
馬龍圖	馬龍圖　　　　　　甘國寶 正、戊申、八，2.12；革。　正、丁巳、十七，2.21； 　　　　　　　　　台灣鎮遷。
王無黨	王無黨
黃仕簡　　　　李　勳 九、丁未、六，10.14；　九、丁未；吉州總兵遷。 改廣東。	李　勳
岳鍾璜	岳鍾璜
胡　貴　　　　黃仕簡 十一、癸卯、三，12.9；　九、丁未、六，10.14；湖 予祭(勤愨)。　　　　廣改。	黃仕簡
史宏蘊　　　　齊　斌 　　　　　　十一、乙丑、廿五，12.31； 　　　　　　壽春總兵遷。	齊　斌　　　　(漢)王進泰 二、庚辰；江南互調。　二、庚辰；江南改。
(?)額爾格圖	(?)額爾格圖
馮　哲	馮　哲

提督年表

年代	乾隆二七年　壬午(1762)		
九門	(滿)**阿里袞**(軍) （兵尚兼）		
直隸	**吳進義** 二、癸酉、九,3.4;死(壯愨)。	**齊斌** 二、癸酉;江提改。 九、辛巳、廿一,11.7;仍回。	(?)**色克愼** 九、辛巳;馬蘭鎭遷。
江南	**齊斌** 二、癸酉;改直提。九、辛巳;回任。	**王綬** 二、癸酉;壽春鎭遷。九、辛巳;回原任。	
陝西	**董孟**		
甘肅	**閭相師** 正、庚子、六,1.30;病免。 （三月死,桓肅）	**武進陞** △原浙提授。 十二、己丑、一,1.14;改浙提。	**王澄** 十二、己丑;昭通鎭遷。
巴里坤	(滿)**五福**		
福建　陸	(漢)**馬負書**		
福建　水	**甘國寶**		
浙江	**王無黨** 二、癸巳、十七,3.12;病免。 （廿八年死,壯愨）	**李國柱** 二、癸巳;衢州鎭遷。△憂免。	**武進陞** 十二、己丑;甘提改。
湖廣	**李勳**		
四川	**岳鍾璜**		
廣東	**黃仕簡**		
廣西	(漢)**王進泰**		
雲南	(?)**額爾格圖**		
貴州	**馮哲**		

乾隆二八年　癸未(1763)	乾隆二九年　甲申(1764)
(滿)阿里袞(軍) 　(兼步統)五、癸亥、七,6.17;差陝,刑尚舒赫德兼署。 　六、戊戌、十二,7.22;暫管陝撫。	(滿)阿里袞 *(軍) 　十一、丁卯、廿,12.12;兵尚改戶尚,授協。
(?)色克慎　　　　(覺羅)永泰 　十二、乙未、十三,　　十二、乙未;衢州鎮遷。 　1.15;改荊將。	(覺羅)永泰
齊斌	齊斌
董孟　　　　李時升 　　　　十二、乙未;曲尋鎮遷。	李時升 　　　　　　[三、乙卯、四,4.4;] 　　　　　　[由固原移駐西安。]
王澄	王澄
(滿)五福	(滿)五福
(漢)馬負書	(漢)馬負書
甘國寶　　　黃仕簡 　　　十、己亥、十六,11.20; 　　　粵提改。	黃仕簡　　　　吳必達 　八、己亥、廿,9.15;粵提互調。　八、己亥;粵提改。
武進陞	武進陞
李勳	李勳
岳鍾璜	岳鍾璜
黃仕簡　　　吳必達 　十、己亥;改閩水提。　十、己亥;左翼鎮遷。	吳必達　　　黃仕簡 　八、己亥;閩水提互調。　八、己亥;閩水提改。
(漢)王進泰　　　許成麟 　△親老留京　　　十、丁未、廿四,11.28; 　(署鑲白漢都)。　南贛鎮遷。	許成麟
(?)額爾格圖　　　(?)達啟 　九、乙卯、一,10.7;　六、戊戌、十二,7.22;涼 　死(勤恪)。　　　州鎮遷。	(?)達啟
馮哲	馮哲

提 督 年 表

年代		乾隆三十年　乙酉(1765)		乾隆三一年　丙戌(1766)	
九門		(滿)阿里袞*(軍) (戶尚兼)		(滿)阿里袞*(軍) (戶尚兼)	
直隸		(覺羅)永泰 十一、癸巳、廿二, 1.2；改寧將。	馮哲 十一、甲午、廿三,1.3； 黔提改。	馮哲	
江南		齊斌 二、甲辰、廿八,3.19； 改正黃漢都。	馬銘勳 二、甲辰；蘇松鎮遷。	馬銘勳	
陝西		李時升		李時升 八、辛亥、十四,9.17； 改滇提。	汪騰龍 八、辛亥；西寧鎮遷。
甘肅		王澄		王澄	
巴里坤		(滿)五福		(滿)五福	
福建	陸	(漢)馬負書		(漢)馬負書	
	水	吳必達		吳必達	
浙江		武進陞 二、辛酉、十六, 4.5；死(良毅)。	黃正綱 溫州鎮段　二、辛酉； 秀林署。　碣石鎮遷。	黃正綱	
湖廣		李勳		李勳 二、癸亥、廿三,4.2； 改滇提。	李國柱 二、癸亥；處州鎮遷。
四川		岳鍾璜		岳鍾璜	
廣東		黃仕簡		黃仕簡	
廣西		許成麟		許成麟	
雲南		(?)達啓		(?)達啓 二、癸亥； 革。	李勳　李時升 二、癸亥；湖提改。　八、辛亥； △死(莊毅)。　陝提改。
貴州		馮哲 十一、甲午；改直提。	譚五格 十一、甲午；古州鎮遷。	譚五格	

乾隆三二年　丁亥(1767)		
(滿)**阿里袞**＊(軍) (戶尚兼)		
馮　哲	(漢)**王進泰** 七、辛巳、十九，8.13；鑲紅漢都授。	
馬銘勳 十一、辛卯、一，12.21；改川提。	**黄定綱** 十一、辛卯；浙提改。	
汪騰龍		
王　澄		
(滿)**五福**		
(漢)**馬負書** 九、甲寅、廿三，11.14；死(昭毅)。	**黄仕簡** 九、甲寅；粵提改。	
吳必達		
黄正綱 十一、辛卯；改江提。	**段秀林** 十一、辛卯；溫州鎮遷。	
李國柱 八、乙亥、十四，10.6；改黔提。	(?)**福永** 八、乙亥；寧夏鎮遷。	
岳鍾璜 十一、辛卯；死(莊恪)。	**馬銘勳** 十一、辛卯；江提改。	
黄仕簡 九、甲寅；改閩陸提。	**甘國寶** 九、甲寅；台灣鎮遷。	
許成麟		
李時升 正、癸巳、廿八，2.26；革。	(?)**楊　寧** 廣將授。七、丁亥、廿五，8.19；黔提互調。	**譚五格** 七、丁亥；黔提改。
譚五格 七、丁亥；滇提互調。	(?)**楊　寧** 七、丁亥；滇提改。八、乙亥；改都統。	**李國柱** 八、乙亥；湖提改。

年 代	乾隆三三年　戊子(1768)		
九門	(滿)阿里袞*(軍) (戶尚兼)　正、戊申、十九、3.7；差滇，刑尚舒赫德署。舒赫德：二、丙戌、廿八、4.14；差，吏尚託恩多署。託恩多：十二、庚申、六、1.13；革，工尚福隆安兼署。		
直隸	(漢)王進泰		
江南	黃正綱		
陝西	汪騰龍		
甘肅	王　澄 △死。	路　戣 二、辛巳、廿三、4.9；建昌鎮遷。	
巴里坤	(滿)五福 二、乙亥；改滇提。	(?)福永 二、乙亥、十七、4.3；湖提改。十、庚午、十六、11.24；改正藍蒙都。	馬銘勳 十、庚午；川提改，暫辦湖提事。
福建　陸	黃仕簡		
福建　水	吳必邁		
浙江	段秀林		
湖廣	(?)福永 二、乙亥；改巴提。	李國柱 二、乙亥；黔提改。	十、庚午；巴提馬銘勳暫辦。
四川	馬銘勳 十、庚午；改巴提。	董天弼 十、庚午；松潘鎮遷。	
廣東	甘國寶		
廣西	許成麟		
雲南	譚五格 二、丙寅、八、3.25；革、逮。	(?)立柱 鎮箪鎮遷。改黔提。	(滿)五福 二、乙亥；巴提改。
貴州	李國柱 二、乙亥；改湖提。	(?)立柱 滇提改。	哈國興 十、己未、五、11.13；普洱鎮遷。

乾隆三四年　己丑(1769)

(滿)**阿里袞** *			(滿)**福隆安**(軍)
（户尚兼）十一、乙酉、七，12.4；死。　七、甲申、四，8.5；户左英廉署。		十一、乙酉；工尚兼。	

(漢)**王進泰**

黄正綱	**馬　全**
十二、壬申、廿四，1.20；改粤提。	十二、壬申；蘇松鎮遷。

汪騰龍

路　犇
倉侍温福署：四、己未、七，5.12；授閩撫。
福森布署：九、丙申、十七，10.16；往喀什噶爾辦事。巴里坤鎮巴彦弼署。

馬銘勳

黄仕簡	**甘國寶**
十二、壬申；改閩水提。	十二、壬申；粤提改。

吳必達	**葉相德**	**黄仕簡**
四、己未、七，5.12；降台灣鎮。	台灣鎮遷。十一月，死(壯果)。	十二、壬申；閩陸提改。
十二、庚戌、二，12.29；仍授。壬申、廿四，1.20；革。		

段秀林

李國柱

董天弼

甘國寶	**黄正綱**
十二、壬申；改閩陸提。	十二、壬申；江提改。

許成麟	**王　濤**
△降(狼山鎮)。	十二、丁卯、十九，1.15；南贛鎮遷。

(滿)**五福**	**李本忠**	(?)**長齡**	**哈興國**
四、丁卯、十五，5.20；革。	四、丁卯；普洱鎮遷。	十月，曲尋鎮遷。十二、壬子、十二，壬子；黔提改。	
	八月，死(勤毅)。	四，12.31；黔提互調。	

哈興國	(?)**長齡**
十二、壬子；滇提互調。	十二、壬子；滇提改。

年代	乾隆三五年　庚寅(1770)	
九門	(滿)福隆安(軍) （工尚兼）七、丁巳、十三, 9.2; 憂, 戶左英廉署。	
直隷	(漢)王進泰	
江南	馬　全	
陝西	汪騰龍	
甘肅	路　戕	
巴里坤	馬銘勳 四、壬戌、十五, 5.10; 改湖提。	(?)巴彥弼 四、壬戌; 巴里坤鎮遷。
福建 陸	甘國寶	
福建 水	黃仕簡	
浙江	段秀林	
湖廣	李國柱 八、乙亥、二, 9.20; 改署黔提。	馬銘勳 四、壬戌; 巴提改。
四川	薑天弼	
廣東	黃正綱	
廣西	王　濤 四、辛亥、四, 4.29; 解、勘。	解　遜 四、癸丑、六, 5.1; 狼山鎮遷。
雲南	哈國興 四、辛亥; 降(古州鎮)。	(?)長青 四、辛亥; 黔提改。
貴州	(?)長青 四、辛亥; 改滇提。 八、乙亥; 湖提李國柱署(降補克州)。	(?)拜凌阿 四、壬戌、十五, 5.10; 古州鎮遷。

乾隆三六年　辛卯(1771)	乾隆三七年　壬辰(1772)
(滿)福隆安(軍) 〔工尚兼〕	(滿)福隆安(軍) 〔工尚兼〕
(漢)王進泰	(漢)王進泰
馬　全	馬　全　　　邱若龍　　　段秀林 十、辛卯、卅，　河北鎮遷。　　十二、癸亥； 11.24；改甘提。　十二、癸亥；死。　浙提改。
汪騰龍	汪騰龍　　　　哈國興 六、丙戌、廿二，7.22；　六、丙戌；古州鎮遷。 解(降參將)。
路　峩	路　峩　　　　　馬　全 十、辛卯；死。　法鹽阿署。　十、辛卯；江提改。 　　　　　　　　　　　　　暫留原任。
(？)巴彥弼	(？)巴彥弼
甘國寶	甘國寶
黄仕簡	黄仕簡
段秀林	段秀林 十二、癸亥、三、12.26；改江提。暫留。
馬銘勳　　　　　李國柱 二、丁酉、廿六，　　二、丁酉；兖州鎮遷。 4.10；革。	李國柱
董天弼　　　(滿)阿桂 十二、己巳、三、1.7；　十二、己巳；前禮尚、 革。(卅七年重慶鎮)。　副將軍署。	(滿)阿桂 (署)　△二月，授參贊大臣赴南路軍營。
黄正綱	黄正綱
解　遜	解　遜
(？)長青	(？)長青
(？)拜凌阿	(？)拜凌阿　　　　　李煦 六、辛巳、十七，　六、辛巳；古州鎮遷。 7.17；改寧將。

提 督 年 表

年 代	乾隆三八年　癸巳(1773)		
九門	(滿)福隆安(軍) (工尚兼)		
直隷	(漢)王進泰 七、壬戌、五，8.22；改川提。　宣化鎮達齊署。		段秀林 七、乙丑、八，8.25；浙提改。
江南	段秀林 (留浙) 七、乙丑；改直提。　蘇松鎮陳奎署。		(漢)陳　杰 正、丁巳、廿七，2.18；壽春鎮署。
陝西	哈國興 正、癸巳、三，1.25；死(壯武)。	馬　彪 正、癸巳；昭通鎮遷。	
甘肅	馬　全 正月，赴川。六、乙巳、十七，8.5；改川提。	(?)法靈阿 六、乙巳；肅州鎮遷。	
巴里坤	(?)巴彥弼 九、丙子、廿，11.4；召京。	俞金鰲 九、丙子；漳州鎮遷。	
福建	陸	甘國寶		
	水	黃仕簡		
浙江	段秀林 (改江提仍留) 七、乙丑；改直提。	李杰龍 七、乙丑；處州鎮遷。	
湖廣	李國柱		
四川	正、己亥、九，1.31；重慶鎮董天弼署。 六、乙巳；革、逮。(△戰死)	馬　全 六、乙巳；甘提改。旋死 (壯節)。	(漢)王進泰 七、壬戌；直提改。
廣東	黃正綱 六、乙未、七，7.26；死。	章　紳 六、乙未；漳州鎮遷。	
廣西	解　遜		
雲南	(?)晨青		
貴州	李　煦 四、丁巳、廿九， 6.18；革。	四、丁巳；川北鎮牛天昇署，戰死(毅節)。 拜凌阿署：八、辛卯；病免。	竇　璸 八、辛卯、五，9.20；古州鎮署。

乾隆三九年 甲午(1774)	乾隆四十年 乙未(1775)
(滿)福隆安(軍) (工尚兼)	(滿)福隆安(軍) (工尚兼)
段秀林	段秀林
(漢)陳 杰 (署)	(漢)陳 杰
馬 彪	馬 彪
(?)法靈阿 七、己未、八,8.14;憂,仍任。	(?)法靈阿
俞金鰲	俞金鰲
甘國寶	甘國寶
黃仕簡	黃仕簡
李杰龍	李杰龍
李國柱	李國柱
(漢)王進泰　　　　(滿)桂林 三、丙子、廿三,5.3;　　△九月,頭等侍衛授。 改桂提。	(滿)桂林
章 紳	章 紳
解 遜　　　　(漢)王進泰 三、丙子;革(賞副都衛,　三、丙子;川提改。 軍營)。	(漢)王進泰 九、戊辰、廿三,;10.17;召京(正藍漢都)。
(?)長青	(?)長青
竇 璡	竇 璡

提督年表

年代	乾隆四一年　丙申(1776)		
九門	(滿)**福隆安** (工尚兼) 正、己丑、十七、3.6；改兵尚。 十、己亥、一、11.11；卸兼。	(滿)**豐昇額**(軍) 十、己亥；戶尚兼。	
直隷	**段秀林** 三、丁亥、十六、5.3；改湖提。	(漢)**王進泰** 正藍漢都授。 十、壬寅、四、11.14；改鑲白漢都。	(?)**長壽** 十、壬寅；滇提改。
江南	(漢)**陳　杰** 三、丁亥；授。		
陝西	**馬　彪**		
甘肅	(?)**法靈阿**		
巴里坤	**俞金鰲**		
福建 陸	**甘國寶**	**李國樑** 十二、甲寅、十七、1.25；漳州鎮遷。	
福建 水	**黃仕簡**		
浙江	**李杰龍**		
湖廣	**李國柱** 三、丁亥；休。	**段秀林** 三、丁亥；直提改。	
四川	(滿)**桂林** 二、丙辰、十四、4.2；移駐美諾。		
廣東	**章　紳**		
廣西	(滿)**書麟** 四、己酉、八、5.25；西安副都授。		
雲南	(?)**長壽** 十、壬寅；改直提。	(蒙)**海祿** 十、壬寅；天津鎮遷。	
貴州	**竇　璸** 三、丁亥；授。九、癸巳、廿五、11.5；召陸，黔撫裴宗錫兼署。		

乾隆四二年　丁酉(1777)	乾隆四三年　戊戌(1778)
(滿)**豐昇額**(軍)　　　(滿)**和珅**(軍) （戶尚兼）　　　　十、戊戌；戶左兼。 十、戊戌、六，11.5；死。	(滿)**和珅**(軍) （戶左兼）
(?)**長齡**	(?)**長齡**
(漢)**陳　杰**　　　　　　　**俞金鰲** 十一、庚午、八，　蘇松鎮陳奎署。　十一、庚午； 12.7；巴提互調。　　　　　　巴提改。	**俞金鰲**　　　**陳　奎**　　(漢)**李奉堯** 七、庚寅、三，　七、庚寅；　十二、丁卯、十一、 8.24；改閩陸　蘇松鎮遷。　1.28；壽春鎮遷。 提。　　　　　　　　　　署浙提改。
馬　彪	**馬　彪**
(?)**法靈阿**	(?)**法靈阿**
俞金鰲　　　　(漢)**陳　杰** 十一、庚午；江提互調。　十一、庚午；江提改。	**陳　杰**　　　　　**喬　照** △憂免。　　　二、己未、廿八，3.26； 　　　　　　　巴里坤鎮遷。
李國樑	**李國樑**　　　　　**俞金鰲** △憂免。　　　七、庚寅；江提改。
黃仕簡	**黃仕簡**
李杰龍	**李杰龍**　　　　(漢)**劉　鑑** 十一、丙午、廿，1.7；　壽春鎮　十一、丙午； 改管屯田總兵。　李奉堯署。　西寧鎮遷。
段秀林　　　　　**竇　璸** 三、戊辰、二，4.9；病免。　三、戊辰；黔提改。	**竇　璸**
(滿)**桂林**	(滿)**桂林**　　　　(滿)**明亮** 二、壬子、廿一，　二、壬子；成將授。 3.19；遷廣督。
章　紳	**章　紳**
(滿)**書麟**	(滿)**書麟** △憂，回京。（署兵左）
(蒙)**海祿**	(蒙)**海祿**
竇　璸　　　　　**敖　成** 三、戊辰；改湖提。　三、戊辰；鎮遠鎮遷。	**敖　成**

提 督 年 表

年 代	乾隆四四年　己亥(1779)	乾隆四五年　庚子(1780)
九門	(滿)**和珅**(軍) 　　(戶左兼)	(滿)**和珅**(軍) 　　(戶左兼) 三、辛丑、廿二,4.26;遷戶尚,仍兼。
直隸	(?)**長青**	(?)**長青**
江南	(漢)**李奉堯**	(漢)**李奉堯**
陝西	**馬彪**	**馬彪**
甘肅	(?)**法靈阿**　　(滿)**仁和** 　三、甲辰、廿,5.5;革。　三、乙巳、廿一,5.6; 　　　　　　　　　　天津鎮遷。	(滿)**仁和**
巴里坤	**喬照**	**喬照**
福建　陸	**俞金鰲**	**俞金鰲**
建　　水	**黃仕簡**	(漢)**黃仕簡**
浙江	(漢)**劉鑑**	(漢)**劉鑑**
湖廣	**賽琫**	**賽琫**　　　　　**李國樑** 七、庚辰、四,8.3;　七、庚辰、署。 署粵提。　　　　十二、辛亥、七、1.1;授。
四川	(滿)**明亮**	(滿)**明亮**
廣東	**章紳**	**章紳**　　　　　**賽琫** 八、辛未、廿五,　七、庚辰;湖提(服)署。 9.23;解。
廣西	(滿)**五福** 　正、丙申、十一,2.26;松潘鎮遷。	(滿)**五福**
雲南	(蒙)**海祿**	(蒙)**海祿**
貴州	**敖成**	**敖成**

乾隆四六年　辛丑(1781)

(滿)**和珅**(軍) 　　(户尚兼)	
(?)**長青** 　　六、甲戌、三,7.23;改浙提。	(滿)**剛塔** 　　六、甲戌;天津鎮遷。
(漢)**李奉堯** 　　七、甲寅、十四,9.1;改閩陸提。	(?)**長青** 　　七、甲寅;浙提改。
馬　彪	
(滿)**仁和** 　　七、己巳、廿九,9.16;革。(五十年死)	**俞金鰲** 　　七、甲寅;閩陸提改。
喬　照 　　七、甲寅;改浙提。	**彭廷棟** 　　七、甲寅;安籠鎮遷。
俞金鰲 　　閏五月,召陸,漳州鎮孫猛署。七、甲寅;改甘提。	(漢)**李奉堯** 　　七、甲寅;江提改。
黄仕簡	
(漢)**劉　鑑** 　　△革(伊犁屯田)。　　　(?)**長青** 　　　六、甲戌;直提改。七、甲寅;改江提。　　　**喬　照** 　　七、甲寅;巴提改。	
李國樑	
(滿)**明亮** 　　七、丙午、六,8.24;改烏魯木齊都統。	(滿)**成德** 　　七、丙午;川北鎮遷。
竇　瓆	
(滿)**五福**	
(蒙)**海祿**	
敖　成	

提督年表

年代	乾隆四七年　壬寅(1782)		乾隆四八年　癸卯(1783)	
九門	(滿)**和珅**(軍) (戶尚兼)		(滿)**和珅**(軍) (戶尚兼)	
直隸	(滿)**剛塔** 七、癸丑、十八，8.26；改 駐馬蘭。十、丁亥、廿四， 11.28；仍任，兼馬蘭鎮。	**(?)長青** 七、癸丑；江提(服) 署。十、丁亥；(服)署 閩陸提。	(滿)**剛塔**	
江南	**(?)長青** 三、己未、廿二，5.4； 憂免。	**(蒙)保寧** 三、己未；馬蘭鎮遷。	(蒙)**保寧**	
陝西	**馬彪**		**馬彪**	
甘肅	**俞金鰲**		**俞金鰲**	
巴里坤	**彭廷棟**		**彭廷棟**	
福建　陸	(漢)**李奉堯** 十、丁亥；降調。福將永德 兼署。	**(?)長青** 十、丁亥；直 提(服)署。	**(?)長青**	
建　水	**黃仕簡**		**黃仕簡**	
浙江	**喬照**		**喬照**	
湖廣	**李國樑**		**李國樑**	
四川	(滿)**成德**		(滿)**成德**	
廣東	**寶琦**		**寶琦**	
廣西	(滿)**五福**		(滿)**五福** △死。	**烏大經** 二、戊子、廿七，3.29； 古州鎮遷。
雲南	(蒙)**海祿**		(蒙)**海祿** 六、辛酉、一，6.30； 署烏魯木齊都統。	(滿)**鄂輝** 六、辛酉；建昌鎮遷。
貴州	**敖成**		**敖成**	

乾隆四九年　甲辰(1784)

(滿)**和珅** * (軍)
　　(户尚兼)七、癸酉、廿,9.4;改吏尚,授協,仍兼。

(滿)**剛塔**	**李國樑**
閏三、庚午、十五,5.4;改陝提。	閏三、庚午;浙提改。

(蒙)**保寧**	**任承恩**	**藍元枚**
正、丙辰、卅,2.20;改成將。	二、丁巳、一,2.21;壽春鎮遷。	四、己酉;蘇松鎮遷。
	四、己酉、廿五,6.12;改閩陸提。	

馬彪	(滿)**剛塔**	(蒙)**哈當阿**
閏三、庚午;改湖提。	閏三、庚午;直提改。五、庚辰、	五、庚辰;任。
	廿六,7.13;革,逮。	

俞金鰲	(漢)**閻正祥**
六、壬寅、十九,8.4;湖提互調。	六、壬寅;湖提改。

彭廷棟	(漢)**劉鑑**
閏三、辛未、十六,5.5;降調。	閏三、辛未;伊犁屯田總兵授。四、庚戌;革。
四、庚戌、廿六,6.13;仍留。	

(?)**長齡**	**任承恩**
	四、己酉;江提改。

黃仕簡

喬照	**陳大用**
	六、壬寅;(服)署。

李國樑	**馬彪**	(漢)**閻正祥**	**俞金鰲**
閏三、庚午;改直提。	閏三、庚午;陝提改。	閏三月,漳州鎮遷。	六、壬寅;廿提改。
	旋死(勤襄)。	六、壬寅;甘提互調。	

(滿)**成德**

賣瑄

烏大經

(滿)**鄂輝**

敖成	(?)**保成**
正、壬子、二,2.10;死(勇愨)。	正、壬子;鎮遠鎮遷。

提督年表

年代	乾隆五十年　乙巳(1785)	乾隆五一年　丙午(1786)
九門	(滿)**和珅** * (軍) (吏尚兼)	(滿)**和珅** ** (軍) 閏七、乙未、廿四, 9.16；吏尚授文華, 仍兼。
直隸	**李國樑**	**李國樑**
江南	**藍元枚**	**藍元枚**
陝西	(蒙)**哈當阿**	(蒙)**哈當阿**
甘肅	(漢)**闖正祥**	(漢)**闖正祥**
巴里坤	**彭廷棟**	**彭廷棟**
福建 陸	**任承恩**	**任承恩**
福建 水	**黃仕簡**	**黃仕簡**
浙江	**陳大用** (署)	**陳大用** 四、乙未、廿二, 5.19；授。
湖廣	**俞金鰲**	**俞金鰲**
四川	(滿)**成德**	(滿)**成德**
廣東	**賣瓊**	**賣瓊**　　　　(漢)**高璜** 七、己巳、廿八, 8.21；　　七、己巳；騰越鎮遷。 革。(降開化鎮)
廣西	**烏大經**	**烏大經**　　　　(滿)**三德** 三、丙辰、十二, 4.10；　　三、丙辰；興漢鎮遷。 改滇提。
雲南	(滿)**鄂輝**	(滿)**鄂輝**　　　　**烏大經** 三、丙辰；改成將。　三、丙辰；桂提改。
貴州	(?)**保成**	(?)**保成**

<table>
<tr><td colspan="3" align="center">乾 隆 五 二 年　丁未(1787)</td></tr>
<tr>
<td colspan="3">(滿)和珅**(軍)
　(文華兼)</td>
</tr>
<tr>
<td colspan="2">李國樑
　三、癸巳、廿五,5.12;死(恪慎)。　李奉堯署。</td>
<td>俞金鰲
　三、癸巳;湖提改。</td>
</tr>
<tr>
<td colspan="2">藍元枚
　二月,署閩陸提。三、己丑、廿一,5.8;改。</td>
<td>(漢)陳　杰
　三、己丑;狼山鎮遷。</td>
</tr>
<tr>
<td colspan="3">(蒙)哈當阿</td>
</tr>
<tr>
<td colspan="2">(漢)闓正祥
　三、癸巳;改湖提。</td>
<td>蘇　靈
　三、癸巳;河州鎮遷。</td>
</tr>
<tr>
<td colspan="3">彭廷棟</td>
</tr>
<tr>
<td>任承恩
　二月,赴台灣。
　三、己丑;革、逮。</td>
<td>藍元枚
　三、己丑;江提改。四、辛丑、四,5.20;授參贊。
　六、壬子、十六,7.30;改水提。常泰署。</td>
<td>柴大紀
　六、壬子;台灣鎮遷。
　七、戊寅、十三,8.25;授參贊。</td>
</tr>
<tr>
<td>黃仕簡
　三、己巳;解(革)。</td>
<td>海壇鎮郝壯猶署:四月,正法。
台灣鎮柴大紀署:六、壬子;授水提。</td>
<td>藍元枚
　六、壬子;陸提改。
　八月,死(襄毅)。</td>
</tr>
<tr>
<td colspan="3">陳大用</td>
</tr>
<tr>
<td colspan="2">俞金鰲
　三、癸巳;改直提。</td>
<td>(漢)闓正祥
　三、癸巳;甘提改。</td>
</tr>
<tr>
<td colspan="3">(滿)成德</td>
</tr>
<tr>
<td colspan="3">(漢)高　璟</td>
</tr>
<tr>
<td colspan="3">(滿)三德</td>
</tr>
<tr>
<td colspan="3">烏大經</td>
</tr>
<tr>
<td colspan="3">(?)保成</td>
</tr>
</table>

提 督 年 表

年代	乾隆五三年　戊申(1788)		
九門	(滿)和珅**(軍) (文華兼)		
直隷	俞金鰲		
江南	(漢)陳　杰		
陝西	(蒙)哈當阿 七、己巳、九，8.10；改閩水提。	王　彙 七、己卯、十九，8.20；河州鎮遷。	
甘肅	蘇　靈		
巴里坤	彭廷棟		
福建 陸	柴大紀 正、丙戌、廿三，2.29；革、逮(殺)。　常泰署。	梁朝桂 △正月，狼山鎮遷。	
福建 水	蔡攀龍 正、丙戌，狼山鎮遷。七、己巳；召京(降狼山)。	(蒙)哈當阿 七、己巳；陝提改。	
浙江	陳大用 △憂免。	許世亨 二、丁未、十四，3.21；咸寧鎮遷。 七、戊辰、八，8.9；改桂提。	(滿)觀成 七、己卯；壽春鎮遷。 八、壬子、廿三，9.22；署川。
湖廣	(漢)閻正祥		
四川	(滿)成德 八、壬子；赴藏。　浙提觀成署。		
廣東	高　璞		
廣西	(滿)三德 七月，死(服毅)。	許世亨 七、戊辰；浙提改。	
雲南	烏大經		
貴州	(ァ)保成		

乾 隆 五 四 年　己酉(1789)

(滿)**和珅****(軍)
　　(文華兼)

　　俞金鰲

(漢)**陳　杰**　　　　　　　　　　　　　(滿)**觀成**
　　五、癸未、廿七,6.20;浙提互調。　壽春鎮王炳署。　　　五、癸未;浙提改。

　　王　彙

　　蘇　靈

　　彭廷棟　　　　　　　　　　　　　(滿)**興奎**
　　△署大同鎮。　　　　　　　　　　　△西寧鎮遷。

　　梁朝桂　　　　　　　　　　　　　(蒙)**海祿**
　　六、己未、五,7.26;桂提互調。　　　六、己未;桂提改。

(蒙)**哈當阿**

(滿)**觀成**　　　　　　　　　　　　　(漢)**陳　杰**
　　五、癸未;江提互調。　　　　　　　五、癸未;江提改。

(漢)**闊正祥**

(滿)**成德**

(漢)**高　璜**

　　許世亨　　　　　　(蒙)**海祿**　　　　　　　　　**梁朝桂**
　　△戰死(昭毅)。　　　正、癸未、廿六,2.2?;左江鎮遷。　　六、己未;閩陸提改。
　　　　　　　　　　　　六、己未;閩陸提互調。

　　烏大經

(?)**保成**

提督年表

年代		乾隆五五年　庚戌(1790)	乾隆五六年　辛亥(1791)
九門		(滿)**和珅**＊＊(軍) (文華兼)	(滿)**和珅**＊＊(軍) (文華兼)
直隸		**俞金鰲**　　　　(漢)**閻正祥** △三月,湖提互調。　三月,湖提改。	(漢)**閻正祥**
江南		(滿)**覲成**　　　　　　**陳大用** 七、己卯、一,8.10;　七、己卯;任。 召京。(鑲紅蒙副) (十月,授川提)。	**陳大用**
陝西		**王　彙**	**王　彙**
甘肅		**蘇　靈**	**蘇　靈**
巴里坤		(滿)**興奎**	(滿)**興奎**
福建	陸	(蒙)**海祿**	(蒙)**海祿**　　　　(?)**瑪爾吉阿** △二月,死。　　九、癸巳、廿一,10.18; 　　　　　　河州鎮遷。
	水	(蒙)**哈當阿**	(蒙)**哈當阿**　　　(滿)**奎林** 九、壬辰、廿,10.17;台灣　(前伊將署)九、壬 鎮遷,仍兼。改台灣鎮。辰;改駐藏大臣。
浙江		(漢)**陳　杰**	(漢)**陳　杰**
湖廣		(漢)**閻正祥**　　　　**俞金鰲** △三月,直提互調。　三月,直提改。	**俞金鰲**
四川		**成德**　　　(滿)**覲成** 十、甲子、十七,　十、甲子;前江提授。 11.23;改成將。	(滿)**覲成**
廣東		(漢)**高　璂**	(漢)**高　璂**　　　　**孫起蛟** 七、丁亥、十四,8.13;　七、丁亥;任。 解(革)。
廣西		**梁朝桂**	**梁朝桂**
雲南		**烏大經**	**烏大經**　　　　**路超吉** △憂免。　　　四、丙寅、廿二, 　　　　　5.24;河州鎮遷。
貴州		(?)**保成**　　　　**彭廷棟** 正、戊戌、十七,3.2;大 同鎮遷。	**彭廷棟**

乾隆五七年　壬子(1792)	乾隆五八年　癸丑(1793)
(滿)**和珅****(軍) 　　(文華兼)	(滿)**和珅****(軍) 　　(文華兼)
(漢)**閻正祥**　　　　(漢)**慶　成** 　二、癸卯、四, 2.25;　三、甲戌、五, 3.27; 　病免。　　　　　　戶左授。	(漢)**慶　成**
陳大用	**陳大用**
王　彙	**王　彙**　　　　　**柯　藩** 　四、甲戌、十二, 5.21;　四、甲戌;兗州鎮遷。 　改浙提。
蘇　靈　　　　　**烏大經** 　三、戊子、十九, 4.10;　三、戊子;前滇提(服) 　解、議。(降永州鎮)　署。	**烏大經**
(滿)**興奎**	(滿)**興奎**
(?)**瑪爾吉阿**	(?)**瑪爾吉阿**
(蒙)**哈當阿**	(蒙)**哈當阿**
(漢)**陳　杰**	(漢)**陳　杰**　　　　　**王　彙** 　四、甲戌、十二, 5.21;　四、甲戌;陝提改。 　解、議(革)。
俞金鰲	**俞金鰲**　　　　　**梁朝桂** 　九、甲辰、十四, 10.18;　九、甲辰;桂提改。 　病免(死)。
(滿)**觀成** 　三、壬辰、廿三, 4.14;署成將。	(滿)**觀成**　　**彭承堯**　　(滿)**穆克登阿** 　正、庚子、六,　正、庚子;川北鎮遷。　九、甲辰;建 　2.16;改成將。　九、甲辰;改桂提。　昌鎮遷。
孫起蛟　　　　　**賣　瓄** 　△死。　　　　十、丁亥、廿二, 12.5; 　　　　　　　昭通鎮遷。	**賣　瓄**
梁朝桂	**梁朝桂**　　　　　**彭承堯** 　九、甲辰;改湖提。　九、甲辰;川提改。
路超吉	**路超吉**
彭廷棟	**彭廷棟**

提 督 年 表

年代	乾隆五九年　甲寅(1794)		乾隆六十年　乙卯(1795)	
九門	(滿)和珅**(軍) (文華兼)		(滿)和珅**(軍) (文華兼)	
直隸	(漢)慶　成		(漢)慶　成	
江南	陳大用		陳大用 八、己亥、廿一,10.3; 革。(嘉八死)	(漢)王　柄 八、己亥;滇提改。
陝西	柯　藩		柯　藩	
甘肅	烏大經		烏大經	
巴里坤	(滿)興奎		(滿)興奎	
福建　陸	(?)瑪爾吉阿		(?)瑪爾吉阿	
福建　水	(蒙)哈當阿		(蒙)哈當阿	
浙江	王　彙		王　彙 	(漢)蒼　保 △雷瓊鎮遷。
湖廣	梁朝桂 △六月,革。(十月死)	劉君輔 十、戊寅、廿四,11.16; 永州鎮遷。	劉君輔	
四川	(滿)穆克登阿		(滿)穆克登阿	
廣東	竇　瑸 四、乙亥、十九, 5.17;休。	路超吉 四、乙亥;滇提改。	路超吉	
廣西	彭承堯		彭承堯	
雲南	路超志 四、乙亥;改粵提。	(漢)王　柄 四、乙亥;壽春鎮遷。	(漢)王　柄 八、己亥;改江提。	(滿)珠隆阿 十、戊寅、一,11.11; 鎮遠鎮遷。
貴州	彭廷棟 三、丙申、九,4.8;召陸。	台州鎮馬鈶蛟署。	彭廷棟 七、乙丑、十六, 8.30;死。	(蒙)花蓮布 七、乙丑;安龍鎮遷。

提督年表

嘉慶元年　丙辰(1796)	嘉慶二年　丁巳(1797)
(滿)**和珅**＊＊(軍) 　　(文華兼)	(滿)**和珅**＊＊(軍) 　　(文華兼)
(漢)**慶　成** 　　三、己酉、三、4.10；會剿當陽教軍。	(漢)**慶　成**
(漢)**王　柄**	(漢)**王　柄**　　　　(滿)**富成** 　　九、庚寅、廿四、11.12；　　九、庚寅；兗州鎮遷。 　　改湖提。
柯　藩	**柯　藩**
烏大經	**烏大經**
(滿)**興奎**	(滿)**興奎**
(?)**瑪爾吉阿**	(?)**瑪爾吉阿**
(蒙)**哈當阿**	(蒙)**哈當阿**
(漢)**蒼　保**	(漢)**蒼　保**
劉君輔　　　　　(滿)**鄂輝** 　九、癸丑、十一、10.11；休。　九、癸丑；都統銜授。	(滿)**鄂輝**(封三等男)　　(漢)**王　柄** 　九、丁亥、廿一、11.9；　　九、庚寅；江提改。 　遷雲督。
(滿)**穆克登阿**	(滿)**穆克登阿**
路超吉　　　　　**孫全謀** 　十二、辛卯、廿、1.17；　十二、辛卯；黃岩鎮遷。 　降署涼州鎮。	**孫全謀**
彭承堯	**彭承堯**　　　　　**蘇　靈** 　△死。　　　　　　　△二月，永州鎮遷。
(滿)**珠隆阿**　　　(滿)**文圖** 　十、辛巳、九、11.8；　十、辛巳；興漢鎮遷。 　改黔提。	(滿)**文圖**
(蒙)**花蓮布**　　　(滿)**珠隆阿** 　十、辛巳；死(壯節)。　十、辛巳；滇提改。	(滿)**珠隆阿**

年代	嘉慶三年 戊午(1798)	
九門	(滿)和珅**(軍) （文華兼）	
直隸	(漢)慶 成 　八、乙卯、廿四，10.3；傷，免。	(↑)愛星阿 　八、乙卯；三等侍衛授。
江南	(滿)富成 　△三月，改成將。	(滿)定柱 　三、庚寅、廿六，5.11；壽春鎮遷。
陝西	柯 藩 　三、丁卯、三，4.18；革(授南陽鎮)。	王文雄 　三、丁卯；南陽鎮遷。
甘肅	烏大經 　十、己酉、十九，11.26；改滇提。	(滿)達三泰 　十、己酉；松潘鎮遷。
巴里坤	(滿)興奎	
福建　陸	(↑)瑪爾吉阿	
水	(蒙)哈當阿	
浙江	(漢)蒼 保	
湖廣	(漢)王 柄	
四川	(滿)穆克登阿 　四、癸亥、廿九，6.13；革。	(滿)七十五 　四、癸亥；西安右副授。
廣東	孫全謀	
廣西	薛 靈	
雲南	(滿)文圖 　八、丁巳、廿六，10.5；病免。(五年死)	烏大經 　十、己酉；甘提改。
貴州	(滿)珠隆阿	

嘉 慶 四 年　己未(1799)	嘉 慶 五 年　庚申(1800)
(滿)**和珅****(軍)　(定親王)**綿恩**　(蒙)**布彥達賚** 正、丁卯、八，　正、丁卯；管理。　六、己丑； 2.12；革。　六、己丑、二，7.4；卸。　户尚兼。	(蒙)**布彥達賚** (户尚兼)
(?)**愛星阿**　　　(滿)**特清額** 六、丙申、九，　左都阿迪　六、己亥、十二， 7.11；病免。　斯署。　7.14；馬蘭鎮遷。	(滿)**特清額**
(滿)**定柱**	(滿)**定柱** 四、壬寅、廿，5.13；赴豫。
王文雄	**王文雄**　　　　(滿)**賽冲阿** 八、丙辰、六，9.24；　陝安鎮慶成署。　八、丙辰；三 陣亡(壯節)。　姓副都授。
(滿)**達三泰**　　　(蒙)**蘇寧阿** △戰死(壯節)。　正、戊辰、九，2.13；天津 鎮遷。	(蒙)**蘇寧阿**　　　(蒙)**吉蘭泰**　　　**楊遇春** 正、癸亥、十，2.3；　正、癸亥；寧夏鎮遷。　三、癸丑；西 改寧將。(仍署)　三、癸丑、一，3.25；革。　寧鎮署。
(滿)**興奎**　　　(滿)**圖桑阿** 八、己丑、三，9.2；改　八、己丑；三等侍衛授。 烏魯木齊都統。	(滿)**圖桑阿**
(?)**瑪爾吉阿**　　　**顏鳴皋** 六、丙申、九，7.11；漳州 鎮遷。	**顏鳴皋**
(蒙)**哈當阿**　　　**李南馨** 五月，由台回任。十一、丙子、　十一、丙子；金門 廿二，12.28；病免(死)。　鎮遷。	**李南馨**
(漢)**蒼　保**	(漢)**蒼　保**
(漢)**王　柄**	(漢)**王　柄**
(滿)**七十五**	(滿)**七十五** 三、辛酉、九，4.2；解、勘。　參贊德楞泰署。 七、丁亥、十，8.26；仍授。　革川督勒保署。
孫全謀	**孫全謀**
蘇　靈	**蘇　靈**
烏大經	**烏大經**
(滿)**珠隆阿**	(滿)**珠隆阿**

提 督 年 表

年代	嘉 慶 六 年　辛酉(1801)		
九門	(蒙)布彥達賚 （戶尚兼） 正、辛巳、四,2.16;死。	(滿)明安 正、壬午、五,2.17;工左授。	
直隸	(滿)特清額		
江南	(滿)定柱 正、丙申、十九,3.3;病免。	常懷義 正、丙申;天津鎮遷。(未任旋死)	(?)哈豐阿 正、丁酉、廿,3.4;泰寧鎮遷。
陝西	(滿)賽冲阿 六、丙辰、十一,7.21;改西將。	(漢)慶成 六、丙辰;陝安鎮遷。	
甘肅	楊遇春 三、丙戌、十,4.22;授。　寧夏鎮蘇寧阿署。		
巴里坤	(滿)圖桑阿 △九月,死。	(?)札勒杭阿 十、戊午、十五,11.20;正定鎮遷。	
福建　陸	顏鳴皋		
福建　水	李南馨 △死。	李長庚 九、壬寅、廿八,11.4;定海鎮遷。 十一、丙子、三,12.8;浙提互調。	(漢)蒼保 十一、丙子;浙提改。
浙江	(漢)蒼保 十一、丙子;閩水提互調。	李長庚 十一、丙子;閩水提改。	
湖北	[二、庚午、廿四,4.6;增設。]	(蒙)長齡 二、庚午;宜昌鎮遷。	
湖南	(漢)王柄	[二、庚午;改稱湖南提督。]	
四川	(滿)七十五 十一、丙申、廿三,12.28;解(革)。	(滿)豐紳 十二、辛酉、十九,1.22;肅州鎮遷。	
廣東	孫全謀		
廣西	蘇靈 △十一月,死。	胡天格 十二、己酉、七,1.10;漳州鎮遷。	
雲南	烏大經		
貴州	(滿)珠隆阿		

嘉慶七年　壬戌(1802)	嘉慶八年　癸亥(1803)
(滿)**明安**　　　　(宗室)**禄康** 正、乙未、廿三，　　正、丙申、廿四，2.26；刑尚 2.25；革、逮。　　兼。旋改專辦。三、辛卯、 廿一，4.22；授戶尚，仍兼。	(宗室)**禄康** (戶尚兼)
(滿)**特清額**	(滿)**特清額**　　　　(蒙)**長齡** 五、辛酉、廿八，7.16；　　五、辛酉；京左遷。 改甘提。
(?)**哈豐阿**	(?)**哈豐阿**
(漢)**慶　成**　　　　**楊遇春** (署鄂提)七、壬辰、廿四，　七、壬辰；甘提改。 8.21；回旗守制。	**楊遇春**
楊遇春　　　　(滿)**穆克登額** 七、壬辰；　　寧將蘇寧阿署。　七、壬辰；永州 改陝提。　　　　　　　鎮遷。	(滿)**穆克登額**　(滿)**卓保**　　(滿)**特清額** 　　　　四、乙丑、一，5.21；　五、辛酉； 　　　　河州鎮遷。　　　直提改。 　　　　五、辛酉；改京右(提銜)。
(?)**札勒杭阿**	(?)**札勒杭阿**
顏鳴皋	**顏鳴皋**
(漢)**蒼　保**　　　　**倪定得** 三、丙申、廿六，4.27；　三、丙申；海壇鎮遷。 病免(死)。	**倪定得**
李長庚	**李長庚**
(蒙)**長齡**　　　　(漢)**慶　成** 九、己丑、廿一，　　九、己丑；原陝提署。 10.17；病免。	(漢)**慶　成**
(漢)**王　柄**	(漢)**王　柄**
(滿)**豐紳**	(滿)**豐紳**
孫全謀	**孫全謀**
胡天格	**胡天格**
烏大經	**烏大經**
(滿)**珠隆阿**	(滿)**珠隆阿**　　　　(滿)**富志那** 十一、庚申、廿九，1.11；　十一、庚申；鎮筸鎮遷。 召京。(十四年寧將)

年代	嘉 慶 九 年　甲子(1804)	
九門	(宗室)**禄康** * (户尚兼)六、戊辰、十一,7.17;授協。	
直隸	(蒙)**長齡** 十二、戊午、三,1.3;改皖撫。	**薛大烈** 十二、戊午;天津鎮遷。
江南	**馬　瑜** 正、甲寅、廿四,3.5;重慶鎮遷。 四、乙亥、十七,5.25;改滇提。	(滿)**阜保** 四、乙亥;京右遷。
陝西	**楊遇春**	
甘肅	(滿)**特清額**	
巴里坤	(↑)**札勒杭阿**	
福建 陸	**顏鳴皋**	(漢)**王　柄** 十二、癸亥、八,1.8;湘提改。
福建 水	**倪定得**	
浙江	**李長庚**	
湖北	(漢)**慶　成**	
湖南	(漢)**王　柄** 十二、癸亥;改閩陸提。	**仙鶴林** 十二、癸亥;鎮箪鎮遷。
四川	(滿)**豐紳**	
廣東	**孫全謀** 六、癸未、廿六,8.1;降都司。	**魏大斌** 六、癸未;左翼鎮署。
廣西	**胡天格**	
雲南	**烏大經** △死。	**馬　瑜** 四、乙亥、十七,5.25;江提改。
貴州	(滿)**富志那**	

嘉 慶 十 年　乙丑(1805)

(宗室)**禄康***
　（戶尚兼）

薛大烈

(滿)**卓保**

楊遇春

(滿)**特清額**

(?)**札勒杭阿**	**孫廷璧**	(滿)**定柱**
十、甲辰、廿五,12.15;改西將。	十、甲辰;鄂提改。△死。	十一、己未、十,12.30;鄂提改。

(漢)**王　柄**

倪定得	**李長庚**	**許文謨**
四、庚午、十七,5.15;病免。	四、庚午;浙提改。閏六、庚寅、九,8.3;仍回。	閏六、庚寅;粤提改。

李長庚	**孫廷璧**
四、庚午;改閩水提。閏六、庚寅;回任。	四、庚午;蘇松鎮遷。閏六、庚寅;陸提候補(鄂)。

(漢)**慶　成**	**孫廷璧**	(滿)**定柱**	(滿)**慶溥**
八、乙巳、廿五,10.17;改成將。	八、乙巳;候提授。十、甲辰;改巴里坤。	十、甲辰;前江提授。十一、己未;改巴里坤。	十一、己未;鄖陽鎮遷。

仙鶴林

(滿)**豐紳**

魏大斌	**許文謨**	**錢夢虎**
五、乙未、十二,6.9;降千總。	五、乙未;高廉鎮遷。閏六、庚寅;改閩水提。	閏六、庚寅;前碣石鎮遷。

胡天格

馬　瑜

(滿)**富志那**

提督年表

年代	嘉慶十一年　丙寅(1806)	嘉慶十二年　丁卯(1807)
九門	(宗室)**禄康**＊＊　　　　(滿)**文寧** 十一、庚申、十七，12.26；　十一、庚申；工右授。 遷東閣，卸兼。	(滿)**文寧**
直隸	**薛大烈**　　　　(？)**色克通阿** 八、壬辰、十八，9.29；　八、壬辰；天津鎮署。 赴陝軍營。十一、癸酉，　十一、癸酉；授。 卅，1.8；改陝提。	(？)**色克通阿**
江南	(滿)**阜保**	(滿)**阜保**
陝西	**楊遇春**　　　　**薛大烈** 十一、癸酉；解、議。　十一、癸酉；直提改。	**薛大烈**
甘肅	(滿)**特清額**　　　　(蒙)**百祥** 六、壬午、六，7.21；　六、壬午；涼州鎮遷。 改成將。	(蒙)**百祥**
巴里坤	(滿)**定柱**	(滿)**定柱**
福建　陸	(漢)**王柄**　　　　**許文讜** 八、癸卯、廿九，　八、癸卯；閩水提改。 10.10；病免。	**許文讜**
福建　水	**許文讜**　　　　**張見陞** 八、癸卯；改閩陸提。　八、癸卯；福寧鎮遷。	**張見陞**
浙江	**李長庚**	**李長庚** △十二、壬辰、十五，1.22；戰死
湖北	(滿)**慶溥**	(滿)**慶溥**
湖南	**仙鶴林**	**仙鶴林**
四川	(滿)**豐紳**	(滿)**豐紳**
廣東	**錢夢虎**	**錢夢虎**
廣西	**胡天格**	**胡天格**
雲南	**馬瑜**	**馬瑜**
貴州	(滿)**富志那**	(滿)**富志那**

嘉慶十三年　戊辰(1808)		
(滿)**文寧** 五、甲辰、九，6.2；降編修。	(滿)**宜興** 五、甲辰；左都授。	
(?)**色克通阿** 十、丙午、十四，12.1；改烏魯木齊都統。	**薛大烈** 十、丙午；江提改。	
(滿)**阜保** 四、辛卯、廿五，5.20；降。	**薛大烈** 四、辛卯；陝提改。十、丙午；改直提。	**田永桐** 十、丙午；南陽鎮遷。
薛大烈 四、辛卯；改江提。	**楊遇春** 四、辛卯；寧陝鎮遷。	
(蒙)**百祥**		
(滿)**定柱**		
許文謨		
張見陞 六、丁酉、三，7.25；革、逮。	**王得祿** 六、丁酉；浙提改。	
李長庚 正、戊午、廿一，2.17；死(忠毅)。	**王得祿** 正、戊午；南澳鎮遷。六、丁酉；改閩水提。	**何定江** 六、丁酉；定海鎮遷。△死。
(滿)**慶溥**		
仙鶴林 閏五、壬午、十七，7.10；解(革)。	**蒲尚佐** 閏五、壬午；臨元鎮遷。	
(滿)**豐紳**		
錢夢虎		
胡天格		
馬　瑜 正、戊申、十一，2.7；憂免。	**孫清元** 正、戊申；永州鎮遷。	
(滿)**富志那**		

提督年表

年代	嘉慶十四年　己巳(1809)		
九門	(滿)**宜興** 正、癸未、廿三，3.8；死。	(宗室)**祿康** * 正、癸未；東閣兼。 十二、辛丑、十六，1.20；降戶尚，仍授協。	
直隸	**薛大烈**		
江南	**田永祠**		
陝西	**楊遇春**		
甘肅	(蒙)**百祥** 九、己巳、十二，10.20；解。 (革、戌)	(蒙)**魁保** 九、己巳；綏靖鎮遷。 十、癸卯、十六，11.23；湘提互調。	**蒲尚佐** 十、癸卯；湘提改。
巴里坤	(滿)**定柱**		
福建　陸	**許文謨**		
建　水	**王得祿** 九、己巳；授子爵(鎮壓蔡牽)。		
浙江	**邱良功** 正、戊辰、八，2.21；定海鎮遷。		
湖北	(滿)**慶溥** 六、乙未、六，7.18；改廣將。	(漢)**慶　成** 六、乙未；馬蘭鎮遷。 九、己未、二，10.10；改福將。	**駱朝貴** 九、己未；川北鎮遷。
湖南	**蒲尚佐** 十、癸卯；甘提互調。	(蒙)**魁保** 十、癸卯；甘提改。	
四川	(滿)**豐紳**		
廣東	**錢夢虎** 四、戊午、廿九，6.11；病免。	**孫全謀** 四、戊午；左翼鎮遷。 十一、乙亥、十九，12.25；革。	**童鎮陞** 十一、乙亥；黃岩鎮遷。
廣西	**胡天格**		
雲南	**孫清元**		
貴州	(滿)**富志那**		

年代	嘉 慶 十 五 年　庚 午 (1810)		
九門	(宗室)**禄康**** 五、癸亥、十,6.11;户尚仍遷東閣。		
直隸	**薛大烈** 二、壬寅、十八,3.22;降天津鎮。	(滿)**喜明** 二、丁未、廿三,3.27;滇提改。	
江南	**田永桐** 六、戊戌、十五,7.16;病免。	**馬瑜** 六、戊戌;服闋滇提授。	
陝西	**楊遇春**		
甘肅	**蒲尚佐**		
巴里坤	(滿)**定柱**		
福建　陸	**許文謨**		
建　水	**王得禄**		
浙江	**邱良功**		
湖北	**駱朝賣** 十二、癸未、三,12.28;死。	(滿)**吉林泰** 十二、癸未;宜昌鎮遷。	
湖南	(蒙)**魁保**		
四川	(滿)**豐紳**		
廣東　陸	**童鎮陞** 九、癸丑、一,9.29;改粵水提。	**薛大烈** 九、癸丑;天津鎮遷。	
東　水	[八、壬子、卅,9.28;增設。]	**童鎮陞** 九、癸丑;粵陸提改。	
廣西	**胡天格** 八、壬子;病免。	(蒙)**德成額** 八、壬子;壽春鎮遷。	
雲南	**孫清元** 正、戊寅、廿三,2.26;改黔提。	(滿)**喜明** 正、戊寅;徐州鎮遷。二、丁未;改直提。	(滿)**雙林** 二、丁未;右翼鎮遷。
貴州	(滿)**富志那** 正、戊寅;死。	**孫清元** 正、戊寅;滇提改。	

提督年表

年代	嘉慶十六年 辛未(1811)	嘉慶十七年 壬申(1812)
九門	(宗室)**祿康**＊＊　　　(滿)**吉綸** 六、癸丑、七、7.26；　　六、丁巳、十一、7.30； 革。　　　　　　　　　工尚兼。	(滿)**吉綸** (工尚兼)
直隸	(滿)**喜明**	(滿)**喜明**
江南	**馬瑜**	**馬瑜**
陝西	**楊遇春**	**楊遇春**
甘肅	**蒲尚佐**	**蒲尚佐**
巴里坤	(滿)**定柱**	(滿)**定柱**　　　　　　**劉芬** △七月，死。　　八、壬子、十二，9.17； 　　　　　　　　狼山鎮遷。
福建 陸	**許文謨**	**許文謨**
福建 水	**王得祿**	**王得祿**
浙江	**邱良功**	**邱良功**
湖北	(滿)**吉林泰**	(滿)**吉林泰**
湖南	(蒙)**魁保**	(蒙)**魁保**
四川	(滿)**豐紳**　　　　**孫清元** 閏三、丁酉、十九，　閏三、丁酉；黔提改。 5.11；改成將。	**孫清元**
廣東 陸	**薛大烈**	**薛大烈**
廣東 水	**童鎮陞**	**童鎮陞**
廣西	(蒙)**德成額**　　　(滿)**九十** △死。　　　　　十、辛酉、十六，12.1； 　　　　　　　　建寧鎮遷。	(滿)**九十**
雲南	(滿)**雙林**	(滿)**雙林**
貴州	**孫清元**　　　(漢)**蔡鼎** 閏三、丁酉；改川提。閏三、丁酉；河北鎮遷。	(漢)**蔡鼎**

嘉慶十八年　酉癸(1813)

(滿)吉綸　九、己卯、十六,10.9;革。

(滿)英和　九、己卯;禮右、京右授。九、癸巳、卅,10.23;遷工尚,仍兼。

(滿)喜明　四、戊戌、一,5.1;改吉將。
(漢)毓秀　四、庚子、三,5.3;留。
馬瑜　四、庚子;江提改。四、戊戌;改熱都。九、乙亥、十二,10.5;赴滑縣(天理會),馬蘭鎮福長安署。

馬瑜　四、庚子;改直提。
(滿)烏爾卿額　四、庚子;太原鎮遷。

楊遇春　九、乙亥;赴大名一帶剿辦(天理會)。

蒲尚佐

劉芬

許文謨

王得祿

邱良功

(滿)吉林泰

(蒙)魁保

孫清元　七、乙亥、十一,8.6;死。
(滿)多隆武　七、乙亥;壽春鎮遷。十、癸卯、十,11.2;赴軍營,松潘鎮福智署。

薛大烈

童鎮陞

(滿)九十

(滿)雙林

(漢)蔡鼎

嘉慶十九年　甲戌(1814)

(滿)英和　二、丙辰、廿四,3.15;工尚改吏尚,仍兼。

馬瑜　二、辛亥、十九,3.10;改江提。
(漢)徐錕　二、辛亥;正定鎮遷。

(滿)烏爾卿額　△改喀什噶爾辦事。
馬瑜　二、辛亥;直提改。四、庚寅、廿九,6.17;降徐州鎮。
沈洪　四、庚寅;徐州鎮遷。

楊遇春

蒲尚佐

劉芬

許文謨

王得祿

邱良功

(滿)吉林泰

(蒙)魁保

(滿)多隆武

薛大烈　二、壬子、廿,3.11;降漢中鎮。
吳廷剛　二、壬子;漢中鎮遷。九、戊申、廿一,11.2;死。
王兆夢　九、戊申;左江鎮遷。

童鎮陞

(滿)九十　△死。
馬元　八、丙子、十八,10.1;涼州鎮遷。

(滿)雙林

(漢)蔡鼎

提督年表

年代	嘉慶二十年　乙亥(1815)	嘉慶二一年　丙子(1816)
九門	(滿)英和 (吏尚兼)	(滿)英和 (吏尚兼)
直隸	(漢)徐錕	(漢)徐錕
江南	沈洪	沈洪
陝西	楊遇春	楊遇春
甘肅	蒲尚佐　　　　楊芳 正、丁未、廿一,3.1;　正、丁未;漢中鎮遷。 病免(死)。	楊芳
巴里坤	劉芬	劉芬
福建　陸	許文謨	許文謨
建　水	王得祿	王得祿
浙江	邱良功	邱良功
湖北	(滿)吉林泰 △死。	(滿)吉林泰　　　闔俊烈 　　　　　　　八、壬午、六,9.26;前西安鎮遷。
湖南	(蒙)魁保　　　　祝廷彪 正、丁未;病免。　正、丁未;陝安鎮遷。 (廿三年死)	祝廷彪
四川	(滿)多隆武	(滿)多隆武
廣東　陸	王兆夢	王兆夢
東　水	童鎮陞	童鎮陞　　孫全謀　　　李光顯 △病免。　八、庚辰、四,9.24;　八、辛丑、廿五, 　　　　陽江鎮遷。△死。　10.15;定海鎮遷。
廣西	馬元	馬元
雲南	(滿)雙林	(滿)雙林
貴州	(漢)蔡鼎	(漢)蔡鼎

嘉 慶 二 二 年　丁丑(1817)	嘉 慶 二 三 年　戊寅(1818)
(滿)英和 （吏尚兼）	(滿)英和 （吏尚兼）
(漢)徐　錕	(漢)徐　錕
沈　洪	沈　洪　　　　　(滿)雙林 十二、乙亥、十二, 1.7；死。　十二、乙亥；古州鎮遷。
楊遇春	楊遇春
楊　芳	楊　芳
劉　芬	劉　芬
許文謨	許文謨
王得祿	王得祿
邱良功　　　　　林　孫 三、甲寅、十一, 4.26；　三、甲寅；金門鎮遷。 死(剛勇)。	林　孫
閻俊烈	閻俊烈
祝廷彪	祝廷彪
(滿)多隆武	(滿)多隆武　　　　　何君佐 正、壬戌、廿四, 2.28；　正、壬戌；南韶連鎮遷。 降南韶連鎮。
王兆夢	王兆夢
李光顯	李光顯
馬　元	馬　元
(滿)雙林	(滿)雙林　　　　　張　鳳 四、戊寅、十一, 5.15；　四、戊寅；古州鎮遷。 降古州鎮。
(漢)蔡　鼎	(漢)蔡　鼎

提 督 年 表

年代		嘉慶二四年 己卯(1819)	嘉慶二五年 庚辰(1820)
九門		(滿)**英和** (吏尚兼)	(滿)**英和**(軍) 九、庚申、七、10.13；入直。十、戊子、五、11.10；吏尚改戶尚，仍兼。十二、乙未、十三、1.16；罷直。
直隸		(漢)**徐 錕**	(漢)**徐 錕**
江南		(滿)**雙林　　馬　瑜　　　童鎮陞** △死。　　四、庚寅、廿九、5.22；　　七、庚午；前 　　　　兗州鎮遷。七、庚午、　　粵水提授。 　　　　十、8.30；死(壯勤)。	**童鎮陞　　　　王應鳳** 十二、乙巳、廿三，　　十二、乙巳；建寧鎮遷。 1.26；召京。
陝西		**楊遇春**	**楊遇春**
甘肅		**楊 芳**	**楊 芳**
巴里坤		**劉 芬**	**劉 芬　　(漢)蔡 鼎** 　　　　五、壬戌、七、6.17；黔提 　　　　改。
福建	陸	**許文謨**	**許文謨**
	水	**王得祿**	**王得祿　　　　羅鳳山** 十二、乙巳；改浙提。　十二、乙巳；南澳鎮遷。
浙江		**林 孫**	**林 孫　　　　王得祿** 十二、乙巳；召京。　十二、乙巳；閩水提改。
湖北		**閻俊烈**	**閻俊烈**
湖南		**祝廷彪**	**祝廷彪**
四川		**何君佐**	**何君佐**
廣東	陸	**王兆夢**	**王兆夢**
	水	**李光顯　　　　沈 烜** 三、乙未、三、3.28；　三、乙未；陽江鎮遷。 召京(死)。	**沈 烜**
廣西		**馬 元**	**馬 元　　　　馬應國** 七、庚午、十六、　七、庚午；高州鎮遷。 8.24；死(壯勤)。
雲南		**張 鳳**	**張 鳳**
貴州		(漢)**蔡 鼎**	(漢)**蔡 鼎　　(滿)多隆武** 五、壬戌；改巴里　五、壬戌；南韶連鎮遷。 坤提督。

道光元年　辛巳(1821)			
(滿)英和 　（戶尚兼）			
(漢)徐　鋘 　五、丙子、廿七, 6.26；改西將。	楊　芳 　五、丙子；甘提改。		
王應鳳			
楊遇春			
楊　芳 　五、丙子；改直提。	齊　慎 　五、丙子；陝安鎮遷。		
(漢)蔡　鼎			
許文謨			
羅鳳山 　五、戊寅、廿九, 6.28；死(勤勇)。	許松年 　五、戊寅；粵陸提改。		
王得祿			
閻俊烈			
祝廷彪			
何君佐 　五、戊寅；黔提互調。十、戊子、十一, 11.5；黔提改回。	羅思舉 　五、戊寅；黔提改。十、戊子；改滇提。		
王兆夢 　正、癸亥、十一, 　2.13；死(勇慎)。	(滿)多隆武 　正、甲子、十二, 2.14；黔提改。 　五、戊午、九, 6.8；召京。	許松年 　五、戊午；碣石鎮遷。 　五、戊寅；改閩水。	李增階 　五、戊寅；雷瓊鎮遷。
沈　烜			
馬應國 　十、戊子；召京(降)。	李錦麟 　十、戊子；滇提改。		
張　鳳 　三、乙丑、十五, 4.16；革。	李錦麟 　三、乙丑；騰越鎮遷。十、戊子；改桂提。	羅思舉 　十、戊子；川提改。	
(滿)多隆武 　正、甲子；改粵陸。	羅思舉 　正、甲子；重慶鎮遷。 　五、戊寅；川提互調。	何君佐 　五、戊寅；川提改。 　仍改川。	劉榮慶 　十、戊子；大同鎮遷。

年 代	道 光 二 年　壬午(1822)		
九門	(滿)**英和** * （戶尚兼）六、戊辰、廿六，8.12；授協。		
直隸	**楊　芳**		
江南	**王應鳳**		
陝西	**楊遇春**		
甘肅	**齊　慎**		
巴里坤	(漢)**蔡　鼎** 　正、壬戌、十六，2.7召京。	**達凌阿** 　正、壬戌；陝安鎮遷。	
福建　陸	**許文謨**		
水	**許松年**		
浙江	**王得祿** 　七、甲午、廿二，9.7；病免。	**沈添華** 　七、乙未、廿三，9.8；溫州鎮遷。	
湖北	**閻俊烈** 　二、乙酉、九，3.2；病免。	**何君佐** 　二、丙戌、十，3.3；川提改。 　三、壬子、七，3.29；改粵陸。	**何占鼇** 　三、壬子；漢中鎮遷。
湖南	**祝廷彪**		
四川	**何君佐** 　二、丙戌；改鄂提。	**桂　涵** 　二、丙戌；川北鎮遷。	
廣東　陸	**李增階** 　三、壬子；改粵水提。	**何君佐** 　三、壬子；鄂提改。	
水	**沈　烜** 　三、壬子；休。	**李增階** 　三、壬子；粵陸提改。	
廣西	**李錦麟**		
雲南	**羅思舉**		
貴州	**劉榮慶**		

道 光 三 年　癸未(1823)	道 光 四 年　甲申(1824)
(滿)英和* 　(戶尚兼)	(滿)英和* 　(戶尚兼)
楊　芳　　　(滿)武隆阿 十二、壬寅、八,1.8;　十二、壬寅;閣學授。 改湘提。	(滿)武隆阿
王應鳳	王應鳳
楊遇春	楊遇春
齊　愼	齊　愼
達凌阿	達凌阿
許文謨	許文謨　　　　馬濟勝 正、丙戌、廿二,2.21;　正、丙戌;浙提改。 浙提互調;
許松年	許松年
沈添華　　　　馬濟勝 十二、壬寅;革。　十二、壬寅;河北鎮遷。	馬濟勝　　　許文謨　　　　蕭福祿 正、丙戌;閩　正、丙戌;閩陸提改。　七、戊子; 陸提互調。　七、戊子、廿七,　狼山鎮遷。 　8.21;死(壯勇)。
何占鼇	何占鼇
祝廷彪　　　　楊　芳 十二、壬寅;召京　十二、壬寅;直提改。 (頭等侍衛)。	楊　芳
桂　涵	桂　涵
何君佐	何君佐
李增階　　　　陳夢熊 三、癸巳、廿四,5.4;　三、癸巳;定海鎮遷。 憂免。	陳夢熊
李錦麟	李錦麟
羅思舉	羅思華
劉榮慶	劉榮慶

提督年表

年代	道光五年 乙酉（1825）		
九門	（滿）**英和** * （户尚兼）		
直隸	（滿）**武隆阿** 八、己未、五，9.16；改贛撫。	**何占鼇** 八、己未；鄂提改。	
江南	**王應鳳**		
陝西	**李遇春** 十、庚辰、廿七，12.6；署陝督。	**楊芳** 十、庚辰；湘提改。	
甘肅	**齊慎**		
巴里坤	**達凌阿**		
福建 陸	**馬濟勝**		
福建 水	**許松年**		
浙江	**蕭福祿**		
湖北	**何占鼇** 八、己未；改直提。	**羅思舉** 八、己未；滇提改。	
湖南	**楊芳** 十、庚辰；改陝提。	**閻俊烈** 十、庚辰；前鄂提授。	
四川	**桂涵**		
廣東 陸	**何君佐**		
廣東 水	**陳夢熊** 十一、辛丑、十八，12.27；召京（休）。（八年死）	**李增階** 十一、辛丑；服闋原任授。	
廣西	**李錦麟**		
雲南	**羅思舉** 八、己未；改鄂提。	**李國樑** 八、己未；臨元鎮遷。	
貴州	**劉榮慶**		

道 光 六 年　丙戌(1826)	道 光 七 年　丁亥(1827)
(滿)英和* 　十二、戊午、十一、1.8；户尚改理尚，仍兼。	(滿)英和*　　　(滿)穆彰阿　　　(宗室)耆英 　二、壬申、廿六，　二、壬申；工尚兼。　五、丁亥；户右 　3.23；卸兼。　　　五、丁亥、十二、6.6；　兼京左遷。 　　　　　　　　　卸兼。
何占鼇 　九、癸巳、十五、10.15；署陝提，宣化鎮海凌阿署。	何占鼇 　(署陝提)三、庚辰、五、3.31；前陝安鎮馬騰龍署。
王應鳳	王應鳳
楊　芳 　七、甲辰、廿四、8.27；授參贊赴新(張格爾)， 　西安鎮德克登額署。九、癸巳；直提何占鼇署。	楊　芳 　閏五、甲子、廿、7.13；授參贊。　　　直提何 　九、癸亥、廿一、11.9；留喀什噶爾辦善後。　占鼇署。
齊　慎 　七、甲辰；赴新(張格爾)。 　九、辛巳、三、10.3；阿克蘇辦事特伊順保署。	齊　慎 　(赴新)　　特伊順保署。
達凌阿 　七、甲午、十四、8.17；援喀什噶爾，英惠兼署。	達凌阿
馬濟勝	馬濟勝
許松年　　　　　劉起龍 　八、庚戌、一、9.2；革。　九、丁未、廿九、10.29； 　(七年死)　　　　　南澳鎮遷。	劉起龍
蕭福祿	蕭福祿
羅思舉	羅思舉
闔俊烈　　　(滿)桓格 　四、辛未、廿、5.26；　四、辛未；前西將授。 　召京(休)。	(滿)桓格
桂　涵	桂　涵
何君佐	何君佐　　　　　　劉榮慶 　十二、壬午、十一、1.27；病免。　十二、壬午；黔提改。
李增階	李增階
李錦麟	李錦麟
李國棟	李國棟
劉榮慶	劉榮慶　　　　　　余步雲 　十二、壬午；改粵陸提。　十二、壬午；重慶鎮遷。

提督年表

年代	道光八年　戊子(1828)		
九門	(宗室)耆英 (戶右兼)		
直隸	何占鰲 九、壬寅、五, 10.13；甘提互調。	馬騰龍署：八、辛未；授重慶鎮。 署甘提胡超署。	齊　慎 九、壬寅；甘提改。
江南	王應鳳		
陝西	楊　芳 正、癸亥、廿三, 3.8；封果勇侯。		
甘肅	齊　慎 九、壬寅；直 提互調。	特伊順保署：四、甲申；授綏將。 胡超署：四、甲申、十五, 5.28；重慶鎮署甘提。 八、辛未、四, 9.12；改署直提。十一、癸亥、廿七, 1.2；授漢中鎮。	何占鰲 九、壬寅；直 提改。
巴里坤	(滿)逹凌阿 九、乙丑、廿八, 11.5；改塔爾巴哈台參贊。	呂天俸 漢中鎮遷。病免。	(滿)哈豐阿 十一、癸亥；漢中鎮遷。
福建　陸	馬濟勝		
福建　水	劉起龍		
浙江	蕭福祿 三、丁巳、十八, 5.1；解(休)。(死,襄恪)	王　雄 三、庚申、廿一, 5.4；太原鎮遷。	
湖北	羅思舉		
湖南	(滿)桓格 十一、庚申、廿四, 12.30；召京。(理左)	曾　受 十一、庚申；鄖陽鎮遷。	
四川	桂　涵		
廣東　陸	劉榮慶		
廣東　水	李增階		
廣西	李錦麟		
雲南	李國棟		
貴州	余步雲		

道 光 九 年　己丑(1829)	道 光 十 年　庚寅(1830)
(宗室)耆英 　　九、己酉、十八，10.15；户右遷禮尚，仍兼。	(宗室)耆英 　　(禮尚兼)
齊　慎	齊　慎
王應鳳	王應鳳
楊　芳	楊　芳 　九、戊午三，10.19；出關(新　　九、戊午；宣化鎮海凌阿 　疆回民) 十、乙未、十一，　署；十、己丑、五，11.19；授 　11.25；授參贊大臣。　　　湘提，西安鎮劉鳳翥署。
何占鼇　　　　　　胡　超 　正、乙卯、廿，　　寧夏鎮史　正、乙卯、漢 　2.23；死(勤襄)。　善載署。　中鎮遷。	胡　超 　九、戊午；出關，寧夏鎮中福署。
(滿)哈豐阿	(滿)哈豐阿 　九、戊午；出關，都統成格署。
馬濟勝	馬濟勝
劉起龍	劉起龍　　　　　陳化成 　二、癸亥、四，2.26；死。　二、癸亥；金門鎮遷。
王	王　雄[戴雄] 　四、辛酉、三，4.25；准復姓戴。
羅思舉	羅思舉
曾　受	曾　受　　　(滿)海凌阿 　十、己丑；休(旋死)。　十、己丑；宣化鎮署陝提授。
桂　涵	桂　涵
劉榮慶	劉榮慶
李增階	李增階
李錦麟　　　蘇兆熊 　△死。　　三、戊戌、四，4.7；潮州鎮遷。	蘇兆熊
李國棟	李國棟
余步雲	余步雲

提 督 年 表

年代	道光十一年　辛卯(1831)	道光十二年　壬辰(1832)
九門	(宗室)耆英 (禮尚兼)	(宗室)耆英 (禮尚兼)
直隸	齊　慎	齊　慎　　　　　薛　陞 二、壬辰、十五、3.16；　二、壬辰；大名鎮遷。 病免。
江南	王應鳳	王應鳳 △死。
陝西	楊　芳 六、己丑、九，7.17；令回任。	楊　芳
甘肅	胡　超	胡　超
巴里坤	(滿)哈豐阿	(滿)哈豐阿
福建　陸	馬濟勝	馬濟勝
福建　水	陳化成	陳化成
浙江	戴　雄	戴　雄
湖北	羅思舉	羅思舉 六、辛卯、十六，7.13；兼署湘提。
湖南	(滿)海凌阿	(滿)海凌阿　　　　余步雲 三、己酉、二、4.2；　三、己酉；黔提改。 戰死(壯勇)。　　　六、辛卯；署粵陸提，鄂提 　　　　　　　　　羅思舉兼署。
四川	桂　涵	桂　涵
廣東　陸	劉榮慶	劉榮慶　　　　　劉廷斌 六、辛卯；　　　九、壬子、九，10.2； 休(革)。　湘提余步雲署。台灣鎮遷。十、戊辰、 　　　　　　　　　廿六，12.17；赴台。
廣東　水	李增階	李增階
廣西	蘇兆熊	蘇兆熊
雲南	李國棟	李國棟
貴州	余步雲	余步雲　　　　　唐文淑 三、己酉；改湘提。　三、己酉；漳州鎮遷。

道光十三年　癸巳(1833)

（宗室）耆英
　　（禮尚兼）

薛　陞

段　琨
　正、癸未、十一, **3.2**；南陽鎮遷。

楊　芳	胡　超
三、乙酉、十四, **5.3**；改川提。	三、乙酉；甘提改。

胡　超	齊　慎
三、乙酉；改陝提。	四、庚戌、十, **5.28**；前直提授。

（滿）哈豐阿	（？）德克金布
正、己卯、七, **2.26**；改廣將。	正、己卯；河州鎮遷。

馬濟勝
　四、壬戌、廿二, **6.9**；封二等男。十二、辛丑、五, **1.14**；晉封二等子。

陳化成

戴　雄

羅思舉

余步雲

桂　涵	楊　芳
三、乙酉；死(壯勇)。　　川督那彥寶兼署。	三、乙酉；陝提改。

劉廷斌	曾　勝
六、甲子、廿五, **8.10**；革(死)。	六、甲子；南韶連鎮遷。

李增階

蘇兆熊	陳階平
六、戊辰、廿九, **8.14**；病免。	六、戊辰；鎮筸鎮遷。

李國棟

唐文淑

年代	道光十四年　甲午(1834)	道光十五年　乙未(1835)
九門	(宗室)耆英 七、丙子、十三,8.17;禮尚改工尚,仍兼。 十一、丙戌、廿五,12.25;工尚改户尚,仍兼。	(宗室)耆英 (户尚兼)
直隸	薛陞	薛陞 正、丁卯、七,2.4; 改湘提。　周悦勝 正、丁卯;大名鎮遷。
江南	段琨	段琨
陝西	胡超	胡超
甘肅	齊慎	齊慎
巴里坤	(?)德克金布	(?)德克金布　　(?)中福 八、癸未、廿七,　　八、癸未;寧夏鎮遷。 10.18;改荆將。
福建 陸	馬濟勝	馬濟勝
福建 水	陳化成	陳化成
浙江	戴雄	戴雄
湖北	羅思舉	羅思舉
湖南	余步雲	余步雲　　　　薛陞 正、丁卯;改川提。　正、丁卯;直提改。
四川	楊芳 十二、癸巳、三,1.1;召京,候議。	余步雲 正、丁卯;湘提改。
廣東 陸	曾勝	曾勝
廣東 水	李增階　　　關天培 九、乙丑、三,10.5;革。　九、乙丑;蘇松鎮遷。	關天培
廣西	陳階平	陳階平
雲南	李國棟	李國棟
貴州	唐文淑	唐文淑　　　　祝廷彪 △死。　　十、丙子、廿一,12.10; 　　　　陝安鎮遷。

道光十六年　丙申(1836)	道光十七年　丁酉(1837)
(宗室)耆英　　　　　(宗室)奕經 七、庚子、十九,8.30；户　九、己酉；吏 尚改吏尚。九、己酉、廿九,　尚兼。 11.7；降(侍候)。	(宗室)奕經 　　(吏尚兼)
周悦勝　　　　　　唐　俸 十一、甲辰、廿五,1.1；　十一、甲辰；正定鎮遷。 改甘提。	唐　俸
段　琨	段　琨
胡　超	胡　超
齊　慎　　　　　　周悦勝 十一、甲辰；改川提。　十一、甲辰；直提改。	周悦勝
(?)中福	(?)中福
馬濟勝　　　　　　謝金章 十一、壬辰、十三,12.20；　十一、壬辰；河北鎮遷。 死(昭武)。	謝金章
陳化成	陳化成
戴　雄　　　　　　李國棟 十一、戊戌、十九,12.26；　十一、甲辰；滇提改。 死(果毅)。	李國棟
羅思舉	羅思舉
薛　陞	薛　陞
余步雲　　　　　　齊　慎 十一、甲辰；改滇提。　十一、甲辰；甘提改。	齊　慎
曾　勝	曾　勝　　　　　　郭繼昌 五、戊子、十二,6.14；　五、戊子；延綏鎮遷。 死(勤勇)。
關天培	關天培
陳階平	陳階平
李國棟　　　　　　余步雲 十一、甲辰；改浙提。　十一、甲辰；川提改。	余步雲
祝廷彪	祝廷彪

提督年表

年代	道光十八年　戊戌（1838）
九門	（宗室）**奕經** （吏尚兼）
直隸	**唐俸**
江南	**段琚** 正、丁亥、十四，2.8；病免。　　　　　　**陳階平** 正、丁亥；桂提改。
陝西	**胡超**
甘肅	**周悅勝**
巴里坤	（？）**中福**
福建　陸	**謝金章**　　　　　　**張國相**　　　　　　**余步雲** 六、戊戌、廿九，8.18；死　　六、戊戌；曹州鎮遷。　　　八、丁酉；黔提改。 （勤襄）。　　　　　　八、丁酉、廿八，10.16；黔提互調。
福建　水	**陳化成**
浙江	**李國棟**　　　　　　　　　**祝廷彪** 正、戊戌、廿五，2.19；死（襄恪）。　　正、戊戌；黔提改。
湖北	**羅思舉**
湖南	**薛陞**　　　　　　　　　**楊芳** 正、庚寅、十七，2.11；桂提互調。　正、庚寅；桂提改。
四川	**齊慎**　　　　　　　　**張必祿** 正、戊戌、改滇提。十一、丁巳、十九，1.4；滇提改。　正、戊戌；建昌鎮遷。十一、壬子、十四，12.30；解（革）。
廣東　陸	**郭繼昌**
廣東　水	**關天培**
廣西	**陳階平**　　　　　　**楊芳**　　　　　　　**薛陞** 正、丁亥；改江提。　　正、丁亥；鎮箪鎮遷。正、庚寅；湘提互調。　正、庚寅；湘提改。
雲南	**余步雲**　　　　　　**齊慎**　　　　　　　**汪道誠** 正、戊戌；改黔提。　　正、戊戌；川提改。十一、丁巳；改川提。　十一、丁巳；處州鎮遷。
貴州	**祝廷彪**　　　　　　**余步雲**　　　　　　**張國相** 正、戊戌；改浙提。　　正、戊戌；滇提改。八、丁酉；閩陸互調。　八、丁酉；閩陸改。

道光十九年　己亥(1839)	道光二十年　庚子(1840)
(宗室)奕經 （吏尚兼）	(宗室)奕經 （吏尚兼）
唐·俸　　　　周悦勝 九、己未、廿七，　　九、己未；甘提改。 11.2；死(勤壯)。	周悦勝
陳階平　　　　陳化成 十二、丙戌、廿四,1.28；　十二、丙戌；閩水提改。 閩水提互調。	陳化成
胡　超	胡　超
周悦勝　　　(?)阿精阿 九、己未；改直提。　九、己未；安義鎮遷。	(?)阿精阿　　　　馬騰龍 四、己巳、九、5.10；　四、己巳；松潘鎮遷。 改廣將。
(?)中福	(?)中福
余步雲	余步雲　　　　(?)普陀保 十二、戊寅、廿二，　十二、戊寅；昭通鎮遷。 1.14；改浙提。
陳化成　　　　陳階平 十二、丙戌；江提互調。　十二、丙戌；江提改。	陳階平
祝廷彪	祝廷彪　　　　　余步雲 十二、戊寅；休。　十二、戊寅；閩陸提改。 (廿二年死)
羅思舉	羅思舉　　　　劉允孝 三、庚戌、廿,4.21；　三、壬子、廿二,4.23；天 死(壯勇)。　津鎮遷
楊　芳	楊　芳
齊　慎	齊　慎
郭繼昌	郭繼昌
關天培	關天培
薛　陞	薛　陞
汪道誠	汪道誠
張國相	張國相

提督年表

年代	道光二一年　辛丑(1841)
九門	(宗室)**奕經**＊ （吏尚兼）二、己巳、十四，**3.6**；授協。九、乙卯、四，**10.18**；授揚威將軍，赴浙防英，理尚恩桂兼署。
直隷	**周悦勝**
江南	**陳化成**
陝西	**胡　超** 八、甲辰、廿三，**10.7**；赴山海關增防。 九、戊午、七，**10.21**；改往天津防堵。九、乙卯、四，**10.18**；授參贊赴浙。
甘肅	**馬騰龍**
巴里坤	(？)**中福**
福建　陸	(？)**普陀保**
福建　水	**陳階平**　　　　　　　　　　　**賣振彪** 三、己丑、四，**3.26**；休。　　　三、己丑；粵水提改。
浙江	**余步雲**
湖北	**劉允孝**
湖南	**楊　芳** 正、甲午、八，**1.30**；授參贊赴粵防英。六、癸巳、十一，**7.28**；病，命回任。 八、乙酉、四，**9.18**；病假。九、辛酉、十，**10.24**；回里。　　　　　西安鎮台湧署。
四川	**齊　慎** 二、戊寅、廿三，**3.15**；授參贊，赴粵防英。
廣東　陸	**郭繼昌**　　　　　　　　　　**張青雲** △死。　　　　　　　　　五、壬申、十九，**7.7**；川北鎮遷。
廣東　水	**關天培**　　　　　　**賣振彪**　　　　　　**吴建勳** 二、壬午、廿七，**3.19**；殉國(忠節)。二、壬午；金門鎮遷。三、己丑；改閩水提。三、己丑；海壇鎮遷。
廣西	**薛　陞**
雲南	**汪道誠**
貴州	**張國相**

道 光 二 二 年　壬寅(1842)

(宗室)**奕經***	(宗室)**恩桂**
十、甲午、十九, 11.21; 革、逮。	十、乙未、廿, 11.22; 吏尚兼。

周悦勝		**陳金綬**
二、癸卯、廿四, 4.4; 赴津防堵。 南贛鎮長春、伊犁鎮昌伊蘇署。		十、甲辰; 天津鎮遷。
十、甲辰、廿九, 12.1; 改甘提。		

陳化成		**尤 渤**
五、壬戌、十四, 6.22; 殉國(忠愍)。 鄂提劉允孝署(死)。		八、庚子、廿四, 9.28; 壽春鎮遷。

胡 超

馬騰龍	**周悦勝**
十、甲辰; 病免。	十、甲辰; 直提改。

(?)**中福**

(?)**普陀保**

賣振彪

余步雲	**段永福**	**李廷鈺**
四、庚子、廿二, 5.31; 革、逮。	四、庚子; 桂提改。九、庚午、廿五, 10.28; 死。	九、庚午; 狼山鎮遷。

劉允孝	(?)**桂明**
五、壬戌; 署江提。八、庚子; 病免。	八、庚子; 建昌鎮遷。

楊 芳	(?)**長春**
三、丁丑、廿八, 5.8; 病免。(廿六年死, 勤勇)　台湧署: 十二、甲午、廿, 1.20; 卸。	三、丁丑; 南贛鎮遷。

齊 慎
二、癸卯、廿四, 4.4; 授參贊, 赴浙防英。九、癸亥、十八, 10.21; 回任。

張青雲

吳建勳

薛 陞	**段永福**	(?)**達里保**
四、己亥、廿一, 5.30; 病免。	四、己亥; 安義鎮遷。四、庚子; 改浙提。	四、庚子; 高州鎮遷。

汪道誠

張國相

提 督 年 表

年代	道光二三年　癸卯(1843)	道光二四年　甲辰(1844)
九門	(宗室)恩桂 （吏尚兼）	(宗室)恩桂 （吏尚兼）
直隸	陳金綬	陳金綬
江南	尤　渤	尤　渤
陝西	胡　超	胡　超
甘肅	周悦勝	周悦勝
巴里坤	(?)中福	(?)中福　　　(?)玉明　　　(?)成玉 六、壬子、十七、　六、壬子；登州鎮　八、壬子； 7.31；病免。　　遷。八、壬子、　開化鎮遷。 　　　　　　　十八、9.29；病免。
福建　陸	(?)普陀保　　　徐華清 　　　　　　九、己卯、十、11.1；河 　　　　　　州鎮遷。	徐華清
福建　水	竇振彪	竇振彪
浙江	李廷鈺　　　　　詹功顯 十一、癸巳、廿五，　十一、癸巳；金門鎮遷。 1.14；革。	詹功顯
湖北	(?)桂明	(?)桂明
湖南	(?)長春	(?)長春　　　　　石玉生 三、己巳、二，　　三、庚午、三，4.20；宣化 4.19；死。　　　鎮遷。
四川	齊　慎	齊　慎　　　(滿)托明阿 三、乙未、廿八，　五、壬午、十六，7.1；重慶 5.15；死(勇毅)。　鎮遷。
廣東　陸	張青雲	張青雲
廣東　水	吳建勳　　　　　賴恩爵 十一、癸酉、五，　十一、癸酉；南澳鎮遷。 12.25；降副將。	賴恩爵
廣西	(?)達里保	(?)達里保　　　馬殿甲 　　　　　　十、壬寅、九，11.18；南韶 　　　　　　連鎮遷。
雲南	汪道誠	汪道誠　　　　張必禄 △死(勤果)。　十二、戊戌、六，1.13；延昌 　　　　　　鎮遷。
貴州	張國相	張國相

道 光 二 五 年　乙巳(1845)	道 光 二 六 年　丙午(1846)
(宗室)恩桂 　（吏尚兼）	(宗室)恩桂 　（吏尚兼）
陳金綬	陳金綬
尤　渤	尤　渤
胡　超　　　　　　石玉生 　正、辛巳、十九，2.25；　正、辛巳；湘提改。 　改廿提。	石玉生
周悅勝　　　　　　胡　超 　正、辛巳；死(壯敏)。　正、辛巳；陝提改。	胡　超　　　　　(滿)台湧 　五、丙辰、二，5.26；革。　五、丙辰；伊犁鎮遷。
(?)成玉	(?)成玉
徐華清	徐華清
竇振彪	竇振彪
詹功顯	詹功顯　　　　　　張成龍 　十一、乙酉、四，12.21；　十一、乙酉；黃岩鎮遷。 　病免。
(?)桂明	(?)桂明　　　　　　榮玉材 　十二、庚午、十九，2.4；　十二、庚午；鎮遠鎮遷。 　病免。
石玉生　　　　　　王宗賣 　正、辛巳；改陝提。　正、辛巳；麗鶴鎮遷。	王宗賣
(滿)托明阿	(滿)托明阿　　　　(蒙)善祿 　正、戊寅、廿二，2.17；　正、戊寅；天津鎮遷。 　病免。
張齊雲	張齊雲
賴恩爵	賴思爵
馬殿甲	馬殿甲
張必祿	張必祿　　　　　　(?)薩德布 　閏五、癸巳、九，7.2；休。　閏五、癸巳；開化鎮署。 　(卅年死，武壯)
張國相　　　　　　王一鳳 　三、丁丑、十六，　三、丁丑；昭通鎮遷。 　4.22；病免。	王一鳳

提督年表

年代	道光二七年　丁未(1847)	
九門	（宗室）恩桂 （吏尚兼）	
直隸	陳金綬	
江南	尤　渤	
陝西	石玉生	
甘肅	（滿）台灃	
巴里坤	（?）成玉 　十一、甲申、八，12.15；改綏將。	（滿）托明阿 　十一、甲申；病痊川提授。
福建 陸	徐華清	
水	賣振彪	
浙江	張成龍 　△死。	（蒙）善祿 　七、辛卯、十四，8.24；川提改。
湖北	榮玉材 　三、癸未、四，4.18；改滇提。	閔正鳳 　三、癸未；正定鎮遷。
湖南	王宗貴	
四川	（蒙）善祿 　七、辛卯；改浙提。	向　榮 　七、辛卯；通永鎮遷。
廣東 陸	張霄雲	
水	賴恩爵	
廣西	馬殿甲	
雲南	（?）薩德布 　三、癸未；改以總兵留滇候補。	榮玉材 　三、癸未；鄂提改。
貴州	王一鳳	

道光二八年　戊申(1848)	道光二九年　己酉(1849)
(宗室)恩桂　　　　(滿)文慶 二、壬子、八、3.12；　二、壬子；吏尚兼。 死(文鬷)。	(宗室)文慶 (吏尚兼)
陳金綬	陳金綬
尤　渤	尤　渤　　　(滿)福珠隆阿 十二、庚寅、廿七，2.8；　十二、庚寅；天津鎮遷。 病免。(咸二死)
石玉生　　(滿)托明阿　　(?)成玉 二、辛未、廿七，　二、辛未；巴里坤改。　十一、甲午； 3.31；巴里坤互　十一、甲午、廿四，　綏將改。 調。　　　　12.19；綏將互調。	(?)成玉
(滿)台湧　　　　(滿)博勒恭武 十二、乙丑、廿五，　十二、丁卯、廿七，1.21； 1.19；改荆將。　宜昌鎮遷。	(滿)博勒恭武　　　羅應鼇 四、壬寅、四，4.26；　四、壬寅；鄂提改。 鄂提互調。
(滿)托明阿　　　石玉生 二、辛未；陝提互調。　二、辛未；陝提改。	石玉生
徐華清	徐華清
竇振彪	竇振彪
(蒙)普祿	(蒙)普祿
閔正鳳　　　　羅應鼇 三、戊戌、廿四，4.27；　三、戊戌；大名鎮遷。 改桂提。	羅應鼇　　　(滿)博勒恭武 四、壬寅；甘提互調。　四、壬寅；甘提改。
王宗寶	王宗寶　　　(?)英俊 四、壬寅；休。　四、癸卯、五，4.27；永州 鎮遷。
向　榮	向　榮
張青雲　　　(?)祥麟 △病免。　五、丙戌、十四，6.14；太原 鎮遷。	(?)祥麟
賴恩爵	賴恩爵　　　　洪名香 正、丙申、廿七，　正、丙申；碣石鎮遷。 2.19；病免。
馬殿甲　　　　閔正鳳 三、戊戌；病免。　三、戊戌；鄂提改。 (廿九年死)	閔正鳳
榮玉材	榮玉材
王一鳳　　梁勝瀾　　秦鍾英 九、戊戌、廿八，　九、戊戌；處州　十、甲寅、十四， 10.24；病免。　鎮遷。△死。　11.9；安義鎮遷。	秦鍾英

提督年表

年代	道光三十年　庚戌(1850)
九門	(滿)**文慶**　七、丙辰、廿六,9.2;革。　　(蒙)**賽尚阿** *(軍)　七、丙辰;戶尚兼。十、丙戌、廿八,12.1;授協。
直隸	**陳金綬**
江南	(滿)**福珠隆阿**
陝西	(?)**成玉**　七、己酉;病免。　**向　榮**　七、己酉、十九,8.26;湘提改。八、甲申、廿五,9.30;桂提互調。　**閔正鳳**　八、甲申;桂提改。九、庚戌、廿二,10.26;革。　**陶煜文**　九、辛亥、廿三,10.27;通永鎮遷。十、庚午、十二,11.15;改粤陸提。　**石玉山**　十、庚午、巴里坤改。
甘肅	**羅應韜**　九、辛丑、十三,10.17;死(簡恪)。　　(?)**索文**　九、辛丑;寧夏鎮遷。
巴里坤	**石玉生**　十、庚午;改陝提。　　(?)**桂明**　十、庚午;前鄂提授。
福建　陸	**徐華清**　十一、庚戌;死(威恪)。　　(?)**炳文**　十一、庚戌;大名鎮遷。
水	**竇振彪**　二、癸未、廿,4.2;死。　　**鄭高祥**　二、癸未;黃巖鎮遷。
浙江	(蒙)**善祿**
湖北	(滿)**博勒恭武**
湖南	(?)**英俊**　二、癸酉、十,3.23;革。　**向　榮**　二、癸酉;川提改。七、己酉;改陝。　**余萬清**　七、己酉;川北鎮遷。
四川	**向　榮**　二、癸酉;改湘提。　　(?)**蘇布通阿**　二、癸酉;川北鎮遷。
廣東　陸	(?)**祥麟**　十、庚午;死(恭愨)。　　**陶煜文**　十、庚午;陝提改。
水	**洪名香**
廣西	**閔正鳳**　八、甲申;陝提互調。　　**向　榮**　八、甲申;陝提改。
雲南	**榮玉材**
貴州	**蔡鐘英**

咸 豐 元 年　辛亥(1851)

(蒙)**賽尚阿****(軍)
　　正、戊子、一, 2.1; 遷文華, 仍兼。三、丙申、九, 4.10; 授欽, 赴湘防堵, 吏尚柏復署。

　陳金綬

(滿)**福珠隆阿**

　石玉山

(？)**索文**

(？)**桂明**

(？)**炳文**

　鄭高祥

(蒙)**善禄**	**葉紹春**
十二、庚子、十九, 2.8; 改黔提。	十二、庚子; 福寧鎮遷。

(滿)**博勒恭武**

余萬清	**鮑起豹**
七、庚戌、廿六, 8.22; 憂免(留營)。	七、庚戌; 滇提改。

(？)**蘇布通阿**

　陶煜文

　洪名香

　向　榮
　　九、庚午、十八, 11.12; 革(留營), 劉長清署。

榮玉材	**鮑起豹**
二、己未、二, 3.4; 改黔提。七、庚戌; 黔提改。	二、己未; 涼州鎮遷。七、庚戌; 改湘提。

秦鑣英	榮玉材	(？)**重綸**	(蒙)**善禄**
二、己未; 死。	二、己未; 滇提改。七、庚戌; 改滇提。	威寧鎮遷。病免。	十二、庚子; 浙提改。

提督年表

年 代	咸 豐 二 年　壬子(1852)		
九門	(蒙)**賽尚阿** 九、己酉、二，10.14；革、戍。	(定郡王)**載銓** 九、辛亥、四，10.16；授。	
直隸	**陳金綬** 十一、癸亥、十七，12.27；赴豫防堵，保恒署。		
江南	(滿)**福珠隆阿** 四、甲辰、廿四，6.11；改陝提。 十一、乙亥；陝提改。	**楊　霖** 四、甲辰；壽春鎮遷。 七、癸亥、十五，8.29；死。	(滿)**雙福** 七、癸亥；古州鎮遷。署鄂提授，仍署。 十一、乙亥；改鄂提。
陝西	**石玉山** 四、甲辰；死。	(滿)**福珠隆阿** 四、甲辰；江提改。 十一、乙亥、廿九，1.8；改江提。	(?)**桂明** 十一、乙亥；巴里坤改。
甘肅	(?)**索文**		
巴里坤	(?)**桂明** 十一、乙亥；改陝提。	(?)**業布沖額** 十二、丙子、一，1.9；巴里坤鎮遷。	
福建　陸	(?)**炳文**		
水	**鄭高祥**		
浙江	**葉紹春**		
湖北	(滿)**博勒恭武** 三、丙子、廿四，5.14；召京，古州鎮雙福署。 十一、丙寅、廿，12.30；革。(咸三，正法)	(滿)**雙福** 十一、乙亥； 江將改。	十二、甲午、十九，1.27；革桂提向榮署。 十二、辛丑、廿六，2.3；授欽。
湖南	**鮑起豹**		
四川	(?)**蘇布通阿** 八、辛丑、廿三，10.6；赴湘軍營。		
廣東　陸	**陶煜文** 三、甲戌、廿四，5.12；粵撫葉名琛兼署。 四、癸卯、廿三，6.10；病免。	(?)**崑壽** 四、癸卯；南韶連鎮遷。	
水	**洪名香**		
廣西	**向　榮** 八、己卯、一，9.14；革、戍。十二、己卯、四，1.12；仍授。 十二、癸巳、十八，1.26；革。(十二、甲午；署鄂提。)	(滿)**福興** 八、己卯；高州鎮遷。十二、己卯；革。	
雲南	**榮玉材**		
貴州	(蒙)**善祿** 九、丙子、廿九，11.10；入覲。		

咸豐三年　癸丑(1853)

(定郡王)載銓	(蒙)花沙納	(滿)聯順
	正、壬申、廿七，3.6；鑲藍漢都任。 九、癸丑、十一，10.13；解。	九、癸丑；左都兼。

陳金綬
保恒署。十、乙未、廿四，11.24；正定鎮張殿元署。

(滿)福珠隆阿	鄧紹良	(滿)和春
二、癸巳、十八，3.27；戰死(壯敏)。	二、癸巳；壽春鎮遷。 六、乙未、廿二，7.27；革。	六、乙未；延綏鎮署。 十一、甲辰、三，12.3；授。

(?)桂明

(?)索文

(?)業布沖額

(?)炳文

鄭高祥	施得高	李廷鈺
三、庚申、十六，4.23；革。	三、庚申；金門鎮遷。十一、丙寅、廿五，12.25；病免。	十一、丙寅；前浙提授。

葉紹春

(滿)雙福	向　榮	
戰死(武烈)。	正、乙丑、廿，2.27；授。	宜昌鎮阿勒精阿署：七月，死(勇慎)。 湖督張亮基兼署。八、癸巳、廿一，9.23；荊將台湧兼署。

鮑起豹

(?)蘇布通阿
三、戊午、十四，4.21；署寧將。

(?)崑壽

洪名香

(?)惠慶
四、辛卯、十七，5.24；左江鎮遷。

榮玉材

(蒙)善祿	(?)佈克慎
二、庚寅、十五，3.24；赴豫，會辦防務。 八、己卯、七，9.9；改綏將。	八、己卯；右江鎮遷。

提督年表

年　代	咸　豐　四　年　　甲　寅(1854)		
九門	(滿)**聯順** 　　（左都兼）		
直隸	**陳金綏** 　　正定鎮張殿元署：十、辛丑、六，11.25；卸。		
江南	(滿)**和春**		
陝西	(？)**桂明** 　　延綏鎮豐坤署。八、己酉、十三，10.4；西將扎拉芬署。		
甘肅	(？)**索文**		
巴里坤	(？)**業布沖額**		
福建　陸	(？)**炳文** 　　二、壬午；革。	**棄定三** 　　二、壬午；鎮遠鎮遷。臨元鎮文俊署：△十一月，死。 　　十二、甲辰、十，1.27；汀州鎮張廣信署。	
建　水	**李廷鈺**		
浙江	**葉紹春**		
湖北	**向　榮** 　　荆將台湧兼署：二月，改湖督仍兼署。三、甲辰、五，4.2；革。 　　二、癸酉；黔提佈克愼署：九、己丑、十三，11.13；往嶺。延綏鎮豐紳署。		
湖南	**鮑起豹** 　　四、辛卯、廿三，5.19；革。 　　六、庚辰、十三，7.7；降副將。	(？)**常存** 　　四、辛卯；騰越鎮遷。	(滿)**塔齊布** 　　四、辛卯；署。六、庚辰；補用副將授。
四川	(？)**蘇布通阿** 　　二、壬午、十三，3.11；改署江將。	(？)**萬福** 　　二、壬午；松潘鎮遷。	
廣東　陸	(？)**崑壽**		
東　水	**洪名香**		
廣西	(？)**惠慶**		
雲南	**榮玉材**		
貴州	(？)**佈克愼** 　　二、癸酉、四，3.2；革(留營)。	**趙萬春** 　　二、癸酉；安義鎮遷。十二、庚戌、十六，2.2；革。	

咸 豐 五 年　乙卯(1855)

(滿)**聯順**
　　九、乙丑、五, 10.15; 左都改理尚, 仍兼。

陳金綬

(滿)**和春**

(?)**桂明**		**孔廣順**	**鄧紹良**
三、丁丑、十五, 4.30; 病免。	西將扎拉芬署: 三、己巳、 七, 4.22; 赴鄂, 刑右署陝 撫載齡兼署。	三、丁丑; 大同鎭遷。 九、乙酉、廿五, 11.4; 革、拿, 陝撫吳振棫兼署。	九、戊子、廿八, 11.7; 革江提授。

(?)**索文**

(?)**業布沖額**

秦定三

李廷鈺

葉紹春

向　榮

(滿)**塔齊布**	**武隆額**
八、己亥、九, 9.19; 死(忠武)。	八、己亥; 建昌鎭遷。 十、辛卯、一, 11.10; 駐亳州(防捻), 鄖陽鎭楊載福署。

(?)**萬福**
　　三、癸未、廿一, 5.6; 兼署黔提。

(?)**崑壽**

洪名香	**吳元猷**
三、乙亥、十三, 4.28; 休。	三、乙亥; 瓊州鎭遷。

(?)**惠慶**

榮玉材	(?)**文祥**
二、癸卯、十, 3.27; 病免。	二、癸卯; 松潘鎭遷。

	(滿)**孝順**
三、癸未; 川提萬福兼署。	三、甲申、廿二, 5.7; 漢中鎭遷。

年　代	咸 豐 六 年　丙辰(1856)		
九門	(滿)**聯順** （理尚兼）		
直隸	**陳金綬** 　三、甲子、七，4.11；革(死)。	（?）**雙銳** 　三、甲子；天津鎮署。 　三、甲戌、十七，4.21；憂假。　　刑右國瑞暫署。	
江南	(滿)**和春** 　八、甲午、十，9.8；督辦江南軍務。十、丁亥、三，10.31；署江將。		
陝西	**鄧紹良** 　三、丁丑、廿，4.24；幫辦軍務。九、壬午、廿八，10.26；改浙提。	**經文岱** 　九、壬午；涼州鎮遷。	
甘肅	（?）**索文**		
巴里坤	（?）**業布沖額**		
福建　陸	**秦定三** 　十、丁酉、十三，11.10；赴皖會剿(捻軍)。		
福建　水	**李廷鈺** 　五、戊午、二，6.4；召京。	**林建猷** 　五、戊午；福寧鎮遷。七月，召陸。	**鍾寶三** 　十一、癸亥、九，12.6；海壇鎮遷。
浙江	**葉紹春**	**鄧紹良** 　九、壬午；陝提改。	
湖北	**向　榮** 　七、癸酉、十八，8.18；死(忠武)。	（?）**德安** 　七、甲戌、十九，8.19；右江鎮遷。	
湖南	**武隆額** 　四、己酉、廿三，5.26；革。	**張殿元** 　四、己酉；徐州鎮遷。	
四川	（?）**萬福**		
廣東　陸	（?）**崑壽**		
廣東　水	**吳元猷**		
廣西	（?）**惠慶**		
雲南	（?）**文祥**		
貴州	(滿)**孝順**		

咸豐七年　丁巳(1857)	咸豐八年　戊午(1858)
(滿)聯順　　　　(宗室)文彩 十、乙亥、廿六，8.15；　　十、乙亥；工尚兼。 卸兼。	(宗室)文彩　　　(端親王)端華 四、丙寅、廿一，6.2；　　四、丙寅；兼。 卸兼。
(?)雙銳　　　　張殿元 △死(恭愨)。　　閏五、壬寅、廿二，7.13； 　　　　湘提改。	張殿元　(滿)托明阿　　史榮椿 四、丁巳、十二，四、丁巳；頭等侍衞授。六、甲寅； 5.24；革。六、甲寅、十，7.20；大名鎮遷。 改西將。
(滿)和春	(滿)和春　　　張國樑 九、戊戌、廿六，11.1；九、戊戌；湘提改。 改江將。
經文岱	經文岱
(?)索文	(?)索文
(?)業布沖額	(?)業布沖額
秦定三　　　　楊載福 △死。　　十、甲戌、廿七，12.12； 　　　　鄖陽鎮遷。	楊載福　　　　張廣信 六、癸丑、九，7.19；六、癸丑；汀州鎮遷。 改閩水提。
鍾寶三	鍾寶三　　　　楊載福 △革。　　六、癸丑；閩陸提改。
鄧紹良	鄧紹良　　　　鄭魁士 十一、庚子、廿九，1.2；十二、丙辰、十五，1.18； 戰死(忠武)。　壽春鎮遷。
(?)德安 二、丙申、十四，3.9；前鄖陽鎮訥欽暫署。	(?)德安 三、己丑、十三，4.26；訥欽署：七、丁酉、廿四，9.1； 往廬州，會辦軍務。授鄖陽鎮，安義鎮顏朝斌署。
張殿元　　　　張國樑 閏五、壬寅；改直提。閏五、壬寅；漳州鎮遷。	張國樑　　周文受 九、戊戌；九、戊戌；十一、甲申、十三，12.17； 改江提。漳州鎮署。永州鎮樊燮署。
(?)萬福	(?)萬福
(?)崑燾	(?)崑燾
吳元猷	吳元猷 二、戊辰；廿二，4.5；革。
(?)惠慶　　　　奚應龍 三、辛巳、廿九，4.23；三、辛巳；右江鎮遷。 解，議。	奚應龍
(?)文祥	(?)文祥
(滿)孝順　　　　佟攀梅 二、己酉、廿七，3.22；二、己酉；古州鎮遷。 死(壯肅)。	佟攀梅　　　　蔣玉龍 正、己卯、二，2.15；革。正、己卯；川北鎮遷。

提督年表

年代	咸豐九年　己未(1859)
九門	(端親王)**端華**
直隸	**史榮椿**　　　　　　　　　　　　　　　(?)**樂善** 　五、丙申、廿七,6.27;戰死(忠壯)。　　　　五、丙申;河北鎮遷。
江南	**張國樑**
陝西	**經文岱**
甘肅	(?)**索文**　　　　　　　　　　　　　　　**郭相忠** 　八、戊申、十一,9.7;死(武靖)。　　　　　八、戊申;肅州鎮遷。
巴里坤	(?)**業布沖額**
福建 陸 水	**張廣信** 　六、庚申、廿二,7.21;死(勤勇)。　　　　**李若珠** 　　　　　　　　　　　　　　　　　　　　六、庚申、右江鎮遷。七、丙申、八,8.6;幫辦江南軍務。 　　　　　　　　　　　　　　　　　　　　十、丙辰、廿,11.14;革。 **楊載福**
浙江	**鄭魁士**
湖北	(?)**德安**　　　　　　　**周天培**　　　　　　　　　　**王浚** 　　　　　　　　　　　四、壬戌、廿二,5.24;麗鶴鎮遷。　　十一、丁丑、十二,12.15;陝安鎮遷。 　　　　　　　　　　　十一、丁丑;戰死(武壯)。
湖南	**周天受** 　五、壬午、十三,6.13;督辦寧國軍務。
四川	**萬福**　　　　　　　　　　　　　　　　(?)**阜陞** 　十一、己巳、四,11.27;革。　　　　　　　十一、己巳;重慶鎮遷。
廣東 陸 水	(?)**崑壽**
廣西	**奚應龍**　　　　　　　　　　　　　　　(?)**慶寅**
雲南	(?)**文祥**　　　　　　　　　　　　　　　**傅振邦** 　四、壬子、十二,5.14;召京(降總兵)。　永昌協申有謀署。　四、壬子;徐州鎮遷。
貴州	**蔣玉龍**　　　　　　　　　　　　　　　**田興恕** 　十二、丙午、十一,1.3;革。　　　　　　　十二、丙午;候補總兵署。

咸豐十年　庚申(1860)

（端親王）**端華**

（？）**樂善**
七、庚子、八,8.24;戰死(威毅)。

（？）**成保**
七、庚子;山海關副都署。

張國樑
八、丁丑、十六,9.30;死(忠武)。

李世忠
八、丁丑;總兵遷。十一、丁未、十八,12.29;閩陸提曾秉忠署。

經文岱

郭相忠
七、丁未、十五,8.31;改川提。

（？）**成瑞**
七、丁未;寧夏鎮遷。

（？）**業布沖額**

李若珠
四、壬辰、廿八,6.17;復任。十、辛巳、廿一,12.3;幫辦江北軍務。
十一、辛丑、十二,12.23;乞養。

曾秉忠
十一、辛丑;汀州鎮遷。
十一、丁未;署江提。

楊載福

鄭魁士
五、丙辰、廿三,7.11;降。　已革總兵米興朝暫署。

饒廷選
五、壬戌、廿九,7.17;南贛鎮遷。

王浚
四、乙酉、廿一,6.10;戰死(勤勇)。

江長貴
四、乙酉;皖南鎮署。四、癸巳、廿九,6.18;幫辦江南軍務。

周天受
△八月,戰死(忠壯)。

（？）**文安**
十、甲子、四,11.16;鎮篁鎮遷。

（？）**阜隍**

（？）**占泰**
正、甲午、廿九,2.20;川北鎮遷。七、丁未;革。

郭相忠
七、丁未;甘提改。

（？）**崑壽**

（？）**慶寅**
閏三、丁未、十三,
5.3;死。

張玉良
閏三、丁未;肅州鎮遷。四、乙酉;署欽。
四、癸巳;革。(咸十一年戰死,忠壯。)

潘慶
四、癸巳;陽江鎮署。

傅振邦
十二、己卯、廿,1.30;病免。

（？）**福隍**
十二、己卯;昭通鎮遷。

田興恕
十、辛酉、一,11.13;授。十二、己巳、十,1.20;授欽,督辦全省軍務。

提 督 年 表

年代	咸豐十一年　辛酉(1861)	
九門	(端親王)**端華**	(蒙)**瑞常** 九、己丑、四，10.7；工尚兼。十、丙辰、一，11.3；改户尚，仍兼。
直隷	(?)**成保** 五、戊子、一，6.8；回副都原任。	(?)**成明** 五、戊子；西寧鎮署。
江南	**李世忠**	
陝西	**經文岱**	
甘肅	(?)**成瑞**	
巴里坤	(?)**業布沖額**	
福建 陸	**曾秉忠**	
福建 水	**楊戴福** 七、乙未、九，8.14；省假。	
浙江	**饒廷選**	
湖北	**江長貴**	
湖南	(?)**文安**	**周寬世** 正、辛丑、十二，2.21；永州鎮遷。
四川	**郭相忠** 四、壬戌、四，5.13；戰死。	**蔣玉龍** 四、壬戌；已革黔提賞二品署。
廣東 陸	(?)**崑壽**	
廣東 水		
廣西	**潘慶** 正、癸丑、廿四，3.5；病免。　桂撫劉長佑兼署。	
雲南	(?)**福陞**	
貴州	**田興恕** 八、甲戌、十八，9.22；兼署黔撫。	

年　代		同 治 元 年　壬戌(1862)		
九　門		(蒙)瑞常 二、辛酉、八，3.8；户尚改吏尚，仍兼。十、戊子、九，11.30；卸。		(宗室)存誠 十、戊子；禮右(京左)兼。
直　隸		(?)成明 四、丙子、廿四，5.22；赴陝。　三口通商大臣崇厚暫署。		(?)寶山 四、丙子；盛京副都署。 十二、甲辰、廿七，2.14；辦直魯防務。
江　南		李世忠		
陝　西		經文岱 三、甲申、二，3.31；病免。	孔廣順 三、甲申；署甘提授。八、甲戌、廿四，9.17；休。	雷正綰 八、甲戌；陝安鎮遷。
甘　肅		(?)成瑞 正、丙申、十三， 2.11；解(革)。	孔廣順 二、辛酉；革陝提署。三、甲申；改陝提。	馬德昭 三、甲申；大名鎮署。 八、己卯、廿九，9.22；授。
烏魯木齊		(?)業布沖額　　　　　　[巴里坤提督改稱]		
福　建	陸	曾秉忠 二、丁丑、廿四，3.24；革。		王明山 二、己卯、廿六，3.26；壽春鎮遷。
	水	楊載福〔岳斌〕 七、乙巳、廿四，8.19；改名岳斌。十一、乙亥、廿七，1.16；吳鴻源署。		
浙　江		饒廷選 正、庚子、十七，2.15；死(果壯)。		鮑　超 正、庚子；綏靖鎮遷。 九、癸酉、廿四，11.15；記提秦如虎署。
湖　北		江長貴		
湖　南		周寬世		
四　川		蔣玉龍		
廣　東	陸	(?)崑壽		
	水			
廣　西		馮子材 正、庚子；西寧鎮遷。十二、辛丑、廿四，2.11；署黔提江忠義署。		
雲　南		(?)福陞 七、乙酉、四，7.30；召京。　前雲督張亮基署。		胡中和 七、乙酉；建昌鎮遷。
貴　州		田興恕 七、丁未、廿六，8.21；解、議。 十一、乙亥；撤查。	前署黔撫江忠義署：十二、辛丑；署桂提。 黔撫張亮基兼署。	
長　江 水　師		[五、甲辰、廿三，6.19；增設。]		黄翼升 五、辛亥、卅，6.26；淮陽鎮署。

提督年表

年代		同治二年　癸亥（1863）		
九門		（宗室）**存誠** 正、己巳、廿二，**3.11**；禮右遷理尚，仍兼。		
直隸		（？）**寶山** 二、癸巳、十七， 4.4；降三調。　　鑲黃漢副恒齡署。	山海關副都成保署。 鄂提江長貴署：十一、戊申、五，12.15；赴皖。	（滿）**訥欽** 十一、戊申；前 郿陽鎮署。
江南		**李世忠**		
陝西		**雷正綰**		
甘肅		**馬德昭** 八、辛巳、七，9.19；革。	**陶茂林** 八、壬午、八，9.20；漢中鎮署。十、己卯、六，11.16；授。	
烏魯木齊		（？）**業布沖額**		
福建	陸	**王明山** 十一、戊申；憂免。	**蕭孚泗** 十一、戊申；歸德鎮遷。	
	水	**楊岳斌** 　　　　吳鴻源署：八、己丑、十五，9.27；革、拿。林文察署：戰死（剛愍）。		
浙江		**鮑超** 　　　　記提秦如虎署。		
湖北		**江長貴** 署直提：十一、戊申、五，12.15；赴皖。		
湖南		**周寬世**		
四川		**蔣玉龍** 四、辛丑、廿五，6.11；病免（勇果）。	**胡中和** 四、辛丑；滇提改。	
廣東	陸	（？）**崑燾**		
	水			
廣西		**馮子材** 　　　　江忠義署：八、癸未、九，9.21；赴贛。十二、丁丑、五，1.13；死，誠恪。丁憂副將蕭榮芳代辦。		
雲南		**胡中和**　　　　（？）**福陞** 四、辛丑；改川提。　　四、辛丑；前任授。十二、戊子、十六，1.24；革。		**唐友耕** 十二、戊子；重慶鎮遷。
貴州		**田興恕** 四、戊戌、廿二，6.8；革、逮。	**沈宏富** 八、庚辰、六，9.18；昭通鎮署。	
長江水師		**黃翼升** （署）		

同 治 三 年　甲子(1864)

(宗室)**存誠**
　(理尚兼)

(滿)**訥欽**　　　　　　　　　　　　**徐廷楷**
　二、丙戌、十五,**3.22**;赴寧夏。　　　　二、丙戌;通永鎮署。

李世忠　　　　　　　　　　　　**李朝斌**
　四、己丑、十九,5.24;葬親,假。　　　四、己丑;處州鎮遷。

雷正綰
　四、庚寅、廿,5.25;幫辦軍務。

陶茂林

(?)**業布沖額**　　　　　　(?)**文祥[文祺]**
　六、戊寅、九,7.12;病免。　　　六、戊寅;哈密辦事授。十、己巳、二,10.31;改名文祺。

蕭孚泗　　　　　　　　　　　　**郭松林**
　六、戊戌、廿九,8.1;封一等男。七、乙丑、廿七,8.28;憂免。　　七、乙丑;福山鎮遷。

楊岳斌　　　　　　　　　　　　**吳全美**
　四、癸巳、廿三,5.28;督辦贛皖軍務。　　　五、丙午、七,6.10;溫州鎮遷。
　五、乙巳、六,6.9;遷陝督。　　台灣鎮曾玉明署。

鮑　超
　記提秦如虎署:十、庚辰、十三,11.11;病免。左江鎮高連陞署。

江長貴

周寬世

胡中和

(?)**崑壽**

馮子材

唐友耕

沈宏富

黃翼升
　四、己丑;授。

提 督 年 表

年 代	同 治 四 年　乙丑 (1865)	
九 門	(宗室) 存誠 （理尚兼）	
直 隸	徐廷楷	劉銘傳 七、辛巳、十九，9.8；候補提督授。
江 南	李朝斌	
陝 西	雷正綰	
甘 肅	陶茂林 五、丙申、二，5.26；憂，改署。九、庚寅、廿八，11.16；革。	曹克忠 九、庚寅；河州鎮遷。
烏魯木齊	(？)文祺 正、甲辰、八，2.3；死(武毅)。	(？)成祿 正、乙巳、九，2.4；陝安鎮遷。
福建 陸	郭松林	
福建 水	吳全美	
浙 江	鮑　超 左江鎮高連陞署：閏五、己丑、廿六，7.18；授粤陸提。記提黃少春署。	
湖 北	江長貴	
湖 南	周寬世	
四 川	胡中和	
廣東 陸	(？)崑壽 閏五、己丑、廿六，7.18；改杭將。	高連陞 閏五、己丑；左江鎮署鄂提授。
廣東 水	(？)溫賢	
廣 西	馮子材	
雲 南	唐友耕	
貴 州	沈宏富 安義鎮趙德昌署：十二、甲午、三，1.19；赴川。	周達武 十二、甲午；建昌鎮遷。
長江水師	黃翼升	

同治五年　丙寅(1866)	同治六年　丁卯(1867)
(宗室)**存誠** （理尚兼）	(宗室)**存誠** （理尚兼）
劉銘傳	**劉銘傳** 夔雲慶署:四、丙申、十三,5.14;赴鄂,接統霆軍。 四、庚戌、廿七,5.30;前浙提鄭魁士署。
李朝斌	**李朝斌**
雷正綰	**雷正綰**
曹克忠	**曹克忠**　　　　　　　**高連陞** 二、甲午、十,3.15;(病免。　二、甲午;粵陸提改。
(?)**成祿**	(?)**成祿**
郭松林	**郭松林**
吳全美　　　　　　　**李成謀** 五、丙寅、八,6.20;病免。　五、丙寅;漳州鎮遷。	**李成謀**
鮑　超	**鮑　超**　　**楊鼎勳**　　　　**黃少春** 六、庚子、十八,　六、庚子;蘇松鎮遷。　八、丙午; 7.19;病免。　　八、丙午、廿六,9.23;　湘提改。 　　　　　　　湘提互調。
江長貴	**江長貴**
周寬世　　　　　　　**黃少春** 三、乙酉、廿六,5.10;病免。　三、乙酉;記提授。	**黃少春**　　　　　　　**楊鼎勳** 八、丙午;浙提互調。　八、丙午;浙提改。
胡中和	**胡中和**
高連陞	**高連陞**　　　　　　　**劉松山** 二、甲午;改甘提。　二、甲午;皖南鎮遷。
(?)**溫賢**　　　　　　　**任星源** 十二、丁酉、十二,1.17;　十二、丁酉;陽江鎮遷。 病免。	**任星源**
馮子材	**馮子材**
唐友耕　　　　　　　**馬如龍** 四、戊戌、十,5.23;憂免。　四、戊戌;鶴麗鎮遷。	**馬如龍**
周達武 正、壬申、十二,2.26;暫留川省。　安義鎮趙德昌署。	**周達武**　　　　安義鎮趙德昌署: 八、甲午、十四,　八、甲午;死(剛節)。 9.11;回任。
黃翼升	**黃翼升**

提 督 年 表

年　代	同 治 七 年　戊辰(1868)	同 治 八 年　己巳(1869)
九　門	(宗室)**存誠** 六、庚戌、四、7.23；理尚改工尚，仍兼。	(宗室)**存誠** (工尚兼)
直　隸	**劉銘傳** 　　　　前浙提鄭魁士署。	**劉銘傳**　　　　**傅振邦** 四、庚申、十八、　　四、庚申；前滇提授。 5.29；病免。
江　南	**李朝斌**	**李朝斌**
陝　西	**雷正綰**	**雷正綰**
甘　肅	**高連陞**	**高連陞**　　　　**馬德昭** 三、己卯、七、4.18；　三、己卯； 死(勇烈)。　　　　宣化鎮遷。　楊占鰲署。
烏魯 木齊	(？)**成祿**	(？)**成祿**
福建｜陸	**郭松林**	**郭松林**　　　　**江長貴** 四、庚申；鄂提互調。　四、庚申；鄂提改。
福建｜水	**李成謀**	**李成謀**
浙　江	**黃少春**	**黃少春**
湖　北	**江長貴**	**江長貴**　　　　**郭松林** 四、庚申；閩陸提互調。　四、庚申；閩陸提改。
湖　南	**楊鼎勳**　　　　**宋　慶** 六、辛未、廿五、8.13；　六、辛未；南陽鎮遷。 死(忠勤)。	**宋　慶**
四　川	**胡中和**	**胡中和**
廣東｜陸	**劉松山**	**劉松山**
廣東｜水	**任星源**　　　　**翟國彥** 閏四、丙子、廿九、6.19； 潮州鎮遷。	**翟國彥**
廣　西	**馮子材**	**馮子材**
雲　南	**馬如龍**	**馬如龍**
貴　州	**周達武**	**周達武**
長江 水師	**黃翼升**	**黃翼升**

同治九年 庚午(1870)	同治十年 辛未(1871)
(宗室)**存誠** （工尚兼）	(宗室)**存誠** 二、庚寅、卅,4.10；工尚改禮尚,仍兼。
傅振邦	傅振邦
李朝斌	李朝斌
雷正綰	雷正綰
馬德昭	馬德昭
(?)**成祿**	(?)**成祿**
江長貴	江長貴
李成謀	李成謀
黄少春	黄少春
郭松林	郭松林
宋　慶	宋　慶
胡中和	胡中和
劉松山　　　　　張　曜 二、辛丑、五,3.6；　二、壬寅、六,3.7；記提授。 戰死(忠壯)。	張　曜
翟國彦	翟國彦
馮子材	馮子材
馬如龍	馬如龍
周達武	周達武
黄翼升	黄翼升

提 督 年 表

年　代	同治十一年　壬申(1872)	同治十二年　癸酉(1873)
九　門	(宗室)存誠　　　(宗室)英元 七、己亥、十七，　六、庚辰、廿七，8.1；倉侍署。 8.20；死(勤恪)。　七、己亥；倉侍遷左都兼。	(宗室)英元 (左都兼)
直　隸	傅振邦	傅振邦
江　南	李朝斌	李朝斌
陝　西	雷正綰	雷正綰
甘　肅	馬德昭　　李輝武　　曹克忠 　　　　△漢中鎮遷，　△前任署。 　　　　仍留原任。	曹克忠 (署)
烏魯木齊	(?)成祿	(?)成祿　　　　(?)成瑞 五、辛丑、廿四，　五、丙午、廿九，6.23； 6.18；革、逮。　已革甘提授。
福　建／陸	江長貴	江長貴　　　　羅大春 七、丙辰、十，9.1；　七、丙辰；福寧鎮遷。 休。(光二死)
福　建／水	李成謀　　　　彭楚漢 八、辛未、十九，9.21；　八、辛未；大名鎮遷。 改長江水提。	彭楚漢
浙　江	黃少春	黃少春
湖　北	郭松林　　　　李長樂 △憂免。　十二、庚午、廿，1.18； 　　　記名提督授。	李長樂
湖　南	宋　慶	宋　慶
四　川	胡中和	胡中和
廣　東／陸	張　曜	張　曜
廣　東／水	翟國彥	翟國彥
廣　西	馮子材	馮子材
雲　南	馬如龍	馬如龍
貴　州	周達武	周達武
長江水師	黃翼升　　　　李成謀 八、辛未；病免。　八、辛未；閩水提改。	李成謀

同治十三年　甲戌(1874)	光緒元年　乙亥(1875)
(宗室)**英元**　　　　　(滿)**英桂** 八、癸酉、三,9.13;　　八、癸酉;吏尚兼。 死(恭毅)。	(滿)**英桂*** 　(吏尚兼)正、己亥、一,2.6;授協。
傅振邦	**傅振邦**
李朝斌	**李朝斌**
雷正綰	**雷正綰**
曹克忠 　　(署)	**曹克忠**　　　　　　**李輝武** (署)七、癸卯、　七、癸卯;記提　△抵任。 九,8.9;憂免。　陶世貴署。
(†)**成瑞**	(†)**成瑞**
羅大春	**羅大春**　　　　　　**唐定奎** 八、己卯、十五,9.14;病免。　八、己卯;正定鎮遷。
彭楚漢	**彭楚漢**
黄少春	**黄少春**
李長樂	**李長樂**
宋　慶　　　　　　**馬如龍** 九、癸亥、廿四,11.2;改川提。　九、癸亥;滇提改。	**馬如龍**
胡中和　　　　　　**宋　慶** 九、癸亥;改滇提。　九、癸亥;湘提改。	**宋　慶** 　　　　劉道宗署:十、庚辰、十七,11.14;死。 　　　　滇提胡中和署。
張　曜	**張　曜**
翟國彦	**翟國彦**
馮子材	**馮子材**
馬如龍　　　　　　**胡中和** 九、癸亥;改湘提。　九、癸亥;川提改。	**胡中和** 署川提。　右江鎮楊玉科署。
周達武	**周達武**　　　　　　**張文德** 六、乙亥、十,7.12;病免。　六、丁丑、十二,7.14; 　　　　　　　　威寧鎮遷。
李成謀	**李成謀**

提 督 年 表

年代	光緒二年　丙子(1876)	光緒三年　丁丑(1877)
九門	(滿)**英桂*** （吏尚兼）	(滿)**英桂**** 正、癸亥、七,2.19; 遷體仁,卸兼。　　　(滿)**榮祿** 　　　正、癸亥;戶左兼。
直隸	**傅振邦**	**傅振邦**
江南	**李朝斌**	**李朝斌**
陝西	**雷正綰**	**雷正綰**
甘肅	**李輝武**	**李輝武**
烏魯木齊	(?)**成瑞**	(?)**成瑞**　　(?)**博昌** 　　四、辛丑、十六,5.28;普洱鎮遷。 　　八、戊子、六,9.12;記提金運昌署。
福建 陸	**唐定奎**	**唐定奎** 三、辛未、十五,4.8;統帶銘軍,暫緩赴任。 記提、南韶連鎮方耀署。
建 水	**彭楚漢**	**彭楚漢**
浙江	**黃少春**	**黃少春**
湖北	**李長樂**	**李長樂**
湖南	**馬如龍**	**馬如龍**
四川	**宋　慶** 　　滇提胡中和署:正、己酉、十七, 2.11;回任。重慶鎮聯昌署。	**宋　慶** 　　重慶鎮聯昌署。
廣東 陸	**張　曜**	**張　曜**
東 水	**翟國彥**	**翟國彥**
廣西	**馮子材**	**馮子材**
雲南	**胡中和** 　署川提:正、己酉;回任。	**胡中和**
貴州	**張文德**	**張文德**
長江水師	**李成謀** 　　七、丁亥、廿九,9.16;憂,改署。吳家榜暫護。	**李成謀** 　　（署）

光 緒 四 年　戊寅(1878)	光 緒 五 年　己卯(1879)
(滿)**榮祿** 　　五、辛亥、二,6.2;戶左遷左都,仍兼。 　　五、甲子、十五,6.15;左都改工尚,仍兼。 　　十二、壬寅、廿七,1.19;解工尚。	(滿)**榮祿**　　　　(滿)**恩承** 　　十一、戊寅、九,12.21;卸。　十一、戊寅;禮尚兼。
傅振邦	**傅振邦**
李朝斌	**李朝斌**
雷正綰	**雷正綰**
李輝武　　　　　**周達武** 　　四、戊申、廿九,5.30;死。　四、戊申;記提授。	**周達武**
(?)**博昌**	(?)**博昌**
唐定奎	**唐定奎** 　　三、壬戌、十八,4.9;漳州鎮孫開華署。
彭楚漢	**彭楚漢**
黃少春	**黃少春** 　　閏三、丙子、三,4.23;省假。
李長樂	**李長樂**　　　　　**郭松林** 　　七、壬午、十,8.27;改湘提。　七、壬午;前任授。
馬如龍　　　　　**羅大春** 　　八、丙戌、九,9.5; 病免。　　八、丁亥、十,9.6;前閩陸 提授。	**羅大春**　　　　　**李長樂** 　　七、辛巳、九,8.26革。　七、壬午;鄂提改。
宋　慶 　　重慶鎮聯昌署。	**宋　慶** (留豫)　　重慶鎮聯昌署:六、辛亥、九,7.27;赴本 任。建昌鎮劉國貴署。
張　曜	**張　曜** (留新)
翟國彥	**翟國彥**
馮子材	**馮子材**
胡中和	**胡中和**
張文德	**張文德**
李成謀 　　十二、壬午、七,12.30;服閱仍授。	**李成謀**

年　代	光　緒　六　年　　庚辰(1880)		
九　門	(滿)恩承 （禮尚兼）		
直　隸	傅振邦 　正、己卯、十一，2.20；鄂提互調。	郭松林 　正、己卯；鄂提改。 　四、乙丑、廿八，6.5；死(武壯)。	李長樂 　四、乙丑；湘提改。
江　南	李朝斌		
陝　西	雷正綰		
甘　肅	周達武		
烏魯 木齊	博昌 　八、庚子、四，9.8；病免。	金運昌 　八、辛丑、五，9.9；記提授。	
福建陸	唐定奎		
建　水	彭楚漢		
浙　江	黃少春 　正、丁酉、廿九，3.9；乞養。 　十、丁巳、廿二，11.24；仍授。	吳長慶 　正、丁酉；正定鎮遷。三、丁丑、十，4.18；留蘇。 　十、丁巳；改粵水提。	
湖　北	郭松林 　正、己卯；直提互調。	傅振邦 　正、己卯；直提改。	
湖　南	李長樂 　四、乙丑；改直提。	鮑　超 　四、乙丑；前浙提授。 　六、己酉、十三，7.19；總兵李得勝暫署。	
四　川	宋　慶 　　　建昌鎮劉國寶署：八、己酉、十三，9.17；病免。記提唐友耕署。		
廣東陸	張　曜 　（留新）十一、戊辰、四，12.5；署幫辦新疆軍務。楊玉科署。		
東　水	翟國彥 　十、丙辰、廿一，11.23；病免。	吳長慶 　十、丁巳；浙提改。　前閩水提吳全美署。	
廣　西	馮子材		
雲　南	胡中和		
貴　州	張文德		
長江 水師	李成謀		

光 緒 七 年　辛巳(1881)	光 緒 八 年　壬午(1882)
(滿)恩承 　　(禮尚兼)	(滿)恩承　　　　(宗室)麟書 五、壬辰、七,6.22;卸。　五、壬辰;理尚兼。
李長樂	李長樂
李朝斌	李朝斌
雷正綰	雷正綰
周達武	周達武
金運昌	金運昌
唐定奎	唐定奎 　　　關正國署。
彭楚漢	彭楚漢
黄少春　　　　　歐陽利見 十一、戊午、卅,1.19;乞養。 十一、戊午、福山鎮遷。	歐陽利見
傅振邦	傅振邦
鮑　超	鮑　超　　　　　周盛傳 八、乙卯、二,9.13;病 八、丙辰、三,9.14;天津 免。(光十四死,忠壯) 鎮遷。
宋　慶 　　　唐友耕署。	宋　慶 　　唐友耕署:六、己未、五,7.19;死。 　　六、丁巳、三,7.17;記提莫組紳署。
張　曜 　　三、丁丑、十五,4.13;督標中軍副將蔡金章署。 　　八、癸未、廿四,10.16;幫辦新疆軍務。	張　曜
吳長慶 　　　吳全善署。	吳長慶 　　　吳全美署。
馮子材	馮子材
胡中和　　　　　黄武賢 △憂免。(九年死) 二、丁巳、廿五,3.24;臨 　　　　　　　　元鎮遷。	黄武賢
張文德　　　　　羅孝連 三、癸亥、一,3.30;死。 三、癸亥;鎮遠鎮遷。	羅孝連
李成謀	李成謀

年　代	光 緒 九 年　癸未(1883)
九　門	(宗室)麟書 二、甲寅、三、,3.11;理尚改工尚,仍兼。
直　隸	李長樂
江　南	李朝斌
陝　西	雷正綰
甘　肅	周達武
烏魯 木齊	金運昌
福建 陸	唐定奎 九、庚寅、十三、10.13;仍留江南統帶防軍(閩督何璟催赴本任。)
福建 水	彭楚漢
浙　江	歐陽利見
湖　北	傅振邦　　　　　　　　　　　　程文炳 正、甲午、十二,2.19;病免。(旋死,剛勇)　　正、甲午;南贛鎮遷。
湖　南	周盛傳
四　川	宋　慶 　　　記提莫組紳署:三、乙未、十五,4.21;死。李培榮署。
廣東 陸	張　曜
廣東 水	吳長慶
廣　西	馮子材　　　　　　　　　　　黃桂蘭 六、丁卯、十九,7.22;病免。　　六、丁卯;記提授
雲　南	黃武賢
貴　州	羅孝連
長江 水師	李成謀

光 緒 十 年　甲申（1884）	光 緒 十 一 年　乙酉（1885）
（宗室）**麟書**　　　　（宗室）**福錕** 五、癸卯、廿九，6.22；病免。　五、癸卯；工尚兼。	（宗室）**福錕*** 十一、癸亥、廿九，1.3；工尚改户户尚並授協，仍署。
李長樂	**李長樂**
李朝斌	**李朝斌**
雷正綰 八、乙酉、十四，10.2；赴直，河州鎮沈玉遂署。	**雷正綰** 記提譚碧理署。
周達武	**周達武**
金運昌	**金運昌**　　　　　　**譚上連** 八、辛巳、十五，9.23；　十、壬辰、廿七，12.3；西 病免。（十二年死）　寧鎮署。
唐定奎 潮州鎮鄭紹忠署。	**唐定奎**
彭楚漢	**彭楚漢**
歐陽利見	**歐陽利見**
程文炳 七、壬戌、廿，9.9；記提吳鳳柱署。	**程文炳**
周盛傳	**周盛傳**　　　　　　**周盛波** 五、庚戌、十二，6.24；　七、甲辰、八，8.17；記提署。 憂免。（死，武壯）
宋　慶	**宋　慶**
張　曜 九、己未、十八，11.5；由新召回。	**張　曜**　　　　　　　　　　**唐仁廉** 五、丁未、九，　潮州鎮　五、丁卯、廿九， 6.21；改桂撫。　鄭紹忠署。　7.11；桂提改。 　　　　　　　　　　（留通永鎮原任）
吳長慶　　　　　　**曹克忠** 六、丁丑、五，7.26；　六、丁丑；前甘提授。 死（武壯）。	**曹克忠**　　　　　　**方　燿** 十一、壬子、十八，　十一、壬子；南韶連鎮遷。 12.23；病免。
黃桂蘭　　**唐仁廉** 三、丁亥、三、甲午、十九，前閩布王德榜署（堅 十二，4.7； 4.14；通永鎮 辭）。閏五、甲申、一， 卒。 署，仍留原任。6.23；記提蘇元春署。	**唐仁廉**　　　　　　**蘇元春** 五、丁卯；改粤陸提。　五、丁卯；記提授。 （留通永鎮原任）
黃武賢	**黃武賢**
羅孝連	**羅孝連**
李成謀	**李成謀**

提 督 年 表

年 代	光緒十二年 丙戌(1886)	光緒十三年 丁亥(1887)
九 門	(宗室)**福錕**＊ (户尚兼)	(宗室)**福錕**＊ (户尚兼)
直 隸	**李長樂**	**李長樂**
江 南	**李朝斌**　　　　**譚碧理** 十二、甲子、六，12.30；　十二、甲子；授。 病免。(卅年死)	**譚碧理**
陝 西	**雷正綰**	**雷正綰**
甘 肅	**周達武**	**周達武**
烏魯木齊	**譚上連** (署)	**譚上連** (署)
福建 陸	**唐定奎**　　　　**孫開華** 十一、丙午、十七，12.12；　十一、丙午；漳州鎮 病免。(十三年死，果介)　遷。	**孫開華**
建 水	**彭楚漢**	**彭楚漢**
浙 江	**歐陽利見**	**歐陽利見**
湖 北	**程文炳**	**程文炳**
湖 南	**周盛波** (署)	**周盛波** 九、丁巳、三，10.19；授。
四 川	**宋 慶**	**宋 慶**
廣東 陸	**唐仁廉** (留通永鎮原任) 潮州鎮郟紹忠署。	**唐仁廉** 十一、庚申、七，12.21；由留署通永鎮赴任。
東 水	**方 耀**	**方 耀**
廣 西	**蘇元春**	**蘇元春**
雲 南	**黄武賢**	**黄武賢**　　　　**馮子材** 五、甲戌、十八，　五、甲戌；前桂提授。 7.8；休。　十、丁亥、四，11.18；辭，仍 　　留粵督辦欽廉防務。
貴 州	**羅孝連**	**羅孝連**
長江水師	**李成謀**	**李成謀**

年　代	光緒十四年　戊子(1888)	光緒十五年　己丑(1889)
九　門	(宗室)福錕* （户尚兼）	(宗室)福錕* （户尚兼）
直　隸	李長樂	李長樂 十一、甲子、廿二， 12.14；死(勤勇)。　　葉志超 十一、丁卯、廿五， 12.17；正定鎮遷。
江　南	譚碧理	譚碧理
陝　西	雷正綰	雷正綰
甘　肅	周達武	周達武
烏魯 木齊	譚上連 （署）	譚上連 正、癸丑、七，2.6；授。
福建 陸	孫開華	孫開華
福建 水	彭楚漢	彭楚漢
浙　江	歐陽利見	歐陽利見 十一、己未、十七，　浙撫崧 12.9；病免。(廿一　駿兼署。 年死)　　馮南斌 十一、壬戌、 十二，12.12； 湘提改。
湖　北	程文炳	程文炳
湖　南	周盛波 十、甲午、十六， 11.19；死(剛敏)。　　馮南斌 十、甲午；寧夏鎮遷。	馮南斌 十一、壬 戌；改浙 提。　湘撫邵友濂兼署：十二、 乙酉、十四，1.4；憂免。 十二、戊子、十七，1.7； 鎮篁鎮周瑞龍護。　　鄭紹忠 十一、壬戌； 高州鎮遷。
四　川	宋　慶	宋　慶
廣東 陸	唐仁廉	唐仁廉
廣東 水	方　耀	方　耀
廣　西	蘇元春	蘇元春
雲　南	馮子材	馮子材
貴　州	羅孝連	羅孝連
長江 水師	李成謀	李成謀
北洋 海軍	丁汝昌 [增設]　十一、壬戌、十五，12.17；天津鎮遷。	丁汝昌

提 督 年 表

年　代	光緒十六年　庚寅(1890)	光緒十七年　辛卯(1891)
九　門	(宗室)福錕* (戶尚兼)	(宗室)福錕* (戶尚兼)
直　隸	葉志超	葉志超
江　南	譚碧理	譚碧理
陝　西	雷正綰	雷正綰
甘　肅	周達武	周達武
烏魯木齊	譚上連　　　　　董福祥 四、己未、廿,6.7;死。　四、己未;阿克蘇鎮遷。	董福祥
福建　陸	孫開華 四、庚戌、十一,5.29;召陸,閩督卞寶第兼署。	孫開華
福建　水	彭楚漢	彭楚漢
浙　江	馮南斌	馮南斌
湖　北	程文炳 四、乙卯、十六,6.3;召陸,湖督張之洞兼署。	程文炳
湖　南	鄭紹忠	鄭紹忠　　　　　蔓雲慶 七、乙丑、三,8.7;　七、乙丑;潮州鎮遷。 改粵水提。
四　川	宋　慶	宋　慶
廣東　陸	唐仁廉	唐仁廉
廣東　水	方　耀	方　耀　　　　　鄭紹忠 七、乙丑;死。　七、乙丑;湘提改。
廣　西	蘇元春	蘇元春
雲　南	馮子材	馮子材
貴　州	羅孝連	羅孝連
長江水師	李成謀	李成謀
北洋海軍	丁汝昌	丁汝昌

光 緒 十 八 年　壬辰(1892)	光 緒 十 九 年　癸巳(1893)
(宗室)福錕＊＊ 八、甲申、廿九、10.19；遷體仁，仍兼。	(宗室)福錕＊＊
葉志超	葉志超
譚碧理	譚碧理
雷正綰	雷正綰
周達武	周達武
薑福祥	薑福祥
孫開華	孫開華 九、庚子、廿一、10.30；死。　黃少春 九、辛丑、廿二、10.31；前浙提授。
彭楚漢　　楊岐珍 七、丁亥、二、8.23；海門鎮遷。	楊岐珍
馮南斌	馮南斌
程文炳	程文炳 △憂免。　吳鳳柱 六、辛未、廿一、8.1；綏靖鎮遷。
襄雲慶	襄雲慶
宋　慶	宋　慶
唐仁廉	唐仁廉
鄭紹忠	鄭紹忠
蘇元春	蘇元春
馮子材	馮子材
羅孝連	羅孝連
李成謀　　黃翼升 六、己酉、廿三、7.16；病免。(死，勇恪)　六、己酉；前任授。	黃翼升
丁汝昌	丁汝昌

提督年表

年代	光緒二十年　甲午(1894)
九　門	(宗室)**福錕****　　　　　　　　　　　(滿)**榮祿**(總) 九、壬寅、廿九、10.27；卸。　　　九、壬寅；西將授。十一、辛卯、十九、12.15；直總。
直　隷	**葉志超**　　　　　　　　　　　　　　　**聶士成** 七、己亥、廿五、8.25；平壤總統。十、丙寅、廿三、11.20；革。　十、戊辰、廿五、11.22；太原鎮遷。
江　南	**譚碧理**
陝　西	**雷正綰**
甘　肅	**周達武**　　　　　　　　　　　　　　　**李培榮** 二、癸丑、六、3.12；死。　　　　二、甲寅、七、3.13；肅州鎮遷。七、戊午、十五、11.12；留京。
烏魯木齊	**蕫福祥**
福建 陸水	**黃少春**　　　　　　　　**程之偉**　　　　　　**程文炳** 七、癸未、九、8.9；兼管水提。　九、庚申、十七、10.15；　十一、戊子、十六、12.12； 九、戊寅、五、10.3；改長江水師(留辦防務)。大同鎮遷。　　前鄂提授。 **楊岐珍** 七、癸未；赴台，陸提黃少春兼管。
浙　江	**馮南斌**　　　　　　　　　　　**張其光** 六、戊申、三、7.5；死(果勇)。　六、己酉、四、7.6；溫州鎮遷。
湖　北	**吳鳳柱** 七、乙未、廿一、8.21；北上，宜昌鎮傅廷臣署。
湖　南	**婁雲慶**
四　川	**宋　慶** 九、乙亥、二、9.30；節制援朝各軍。　重慶鎮錢玉興署：三、庚辰、三、4.8；革。 十二、癸亥、廿一、1.16；幫辦軍務。　八、丙寅、廿二、9.21；幫辦北洋軍務。
廣東 陸水	**唐仁廉** 八、丙寅；召陸，會辦奉天防守事宜。右江鎮張春發署。 **鄭紹忠**
廣　西	**蘇元春**
雲　南	**馮子材**
貴　州	**羅孝連**
長江水師	**黃翼升**　　　　　　　　　　　**黃少春** 八、庚午、廿六、9.25；死(武靖)。　九、戊寅；閩陸提改(留辦防務)。　前閩水提彭楚漢署。
北洋海軍	**丁汝昌** 八、丙寅、十二、9.21；傷，右翼總兵劉步蟾暫代。

光 緒 二 一 年　乙未(1895)

(滿)**榮祿**(總)
　　六、庚寅、廿一,8.11;授兵尚,仍兼。

聶士成

譚碧理

雷正綰

李培榮	**董福祥**
正、庚寅、十八,2.12;回任。十一、癸亥、廿七,1.11;革。	十一、乙丑、廿九,1.13;烏魯木齊提督改。

董福祥	**張　俊**
十一、乙丑;改陝提。	十一、乙丑;伊犁鎮遷。

程文炳
　　十、辛巳、十四,11.30;赴甘。

楊岐珍
　　五、辛未、一,5.24;回任。

張其光

吳鳳柱

蔞雲慶

宋　慶

唐仁廉	**張春發**
七、辛亥、十三,9.1;死。	七、甲寅、十六,9.4;右江鎮遷。

鄭紹忠

蘇元春

馮子材

羅孝連

黃少春
　　彭楚漢署。

丁汝昌	
△戰死自殺。	[六、庚午、一,7.22;北洋海軍官兵全免。]

提 督 年 表

年代	光緒二二年 丙申(1896)	光緒二三年 丁酉(1897)
九門	(滿)**榮祿***（總） （兵尚兼）四、戊子、廿三、6.4；授協。	**榮祿***（總） （兵尚兼）
直隸	**聶士成**	**聶士成**
江南	**譚碧理**	**譚碧理**
陝西	**雷正綰**　　　　　**鄧增** 三、丁未、十二、4.24；　三、庚戌、十五、4.27； 解。（廿三年死）　西寧鎮遷。	**鄧增**
甘肅	**董福祥**	**董福祥** 十二、癸未、廿八、1.20；移駐山陝督練，烏魯木 齊提督張俊署。
烏魯木齊	**張俊**	**張俊** 十二、癸未；署甘提，阿克蘇鎮張宗本署。
福建 陸	**程文炳**	**程文炳**
建 水	**楊岐珍**	**楊岐珍**
浙江	**張其光**　　　　　**陳濟清** 十二、丙戌、廿六、　十二、丁亥、廿七、1.29； 1.28；死。　　　海門鎮遷。	**陳濟清**
湖北	**吳鳳柱**	**吳鳳柱**
湖南	**婁雲慶**	**婁雲慶**
四川	**宋慶** 二、戊辰、三、3.16；移防金旅，全軍到達。	**宋慶**
廣東 陸	**張春發**	**張春發**
東 水	**鄭紹忠**　　　　　**何長清** 四、丁卯、二、5.14；　四、辛未、六、5.18；鄖 死。　　　　陽鎮遷。	**何長清**
廣西	**蘇元春**	**蘇元春**
雲南	**馮子材** 六、戊辰、四、7.14；回任。	**馮子材**
貴州	**羅孝連**	**羅孝連**
長江水師	**黃少春**	**黃少春**

光緒二四年　戊戌(1898)	光緒二五年　己亥(1899)
(滿)**榮祿****(總)　　　　　(漢)**崇　禮** 　四、甲辰、廿二，**6.10**；遷文淵。　四、庚戌、廿八， 　四、己酉、廿七，**6.15**；署直督卸兼。　**6.16**；刑尚署。	(漢)**崇　禮** 　（刑尚兼）
聶士成	**聶士成**
譚碧理　　　　**李占椿** 　△死。　　　三、庚寅、七，**3.28**；皖南 　　　　　　　鎮遷。	**李占椿**
鄧　增	**鄧　增**
董福祥 　四、庚子、十八，**6.6**；移營近畿。　張俊署。	**董福祥** 　十二、辛丑、廿八，**1.28**；憂，署。
張　俊 　署甘提。　　　張宗本署。	**張　俊** 　正、甲戌、廿六，**3.7**；充武衛全軍翼長， 　阿克蘇鎮張宗本署。
程文炳	**程文炳**
楊岐珍	**楊岐珍**
陳濟清	**陳濟清**　　　　**馬玉崑** 　△死。　　　九、辛未、廿六，**10.30**；太原鎮遷。
吳鳳柱	**吳鳳柱**
夔雲慶	**夔雲慶**
宋　慶	**宋　慶**
張春發	**張春發** 　十、丁丑、三，**11.5**；召陛。
何長清	**何長清**
蘇元春	**蘇元春** 　三、丁丑、卅，**5.9**；召陛。
馮子材	**馮子材**
羅孝連	**羅孝連**　　　　　　**梅東益** 　十一、丙辰、　　　　　十一、丙辰、記提授 　十二、**12.14**，　黔撫王毓　十二、丁亥、十四、**1.14**； 　死(武勤)。　藻兼署。　召陛。
黃少春	**黃少春**

提督年表

年代	光緒二六年　庚子(1900)			
九　門	(漢)**崇　禮** 五、乙丑、廿五, 6.21;卸兼。	(莊親王)**載　勛** 五、乙丑;管理。	(宗室)**敬　信**(總) 八、癸未、十四,9.7;兵尚兼署步統。八、甲申、十五,9.8; 改戶尚,仍兼署。閏八、癸卯、四,9.27;戶尚兼步統。 九、癸酉、五,10.27;改吏尚,仍兼。		
直　隸	**聶士成** △戰死(忠節)。	**呂本元** 六、戊子、十八,7.14;重慶鎮遷。 七、乙巳、六,7 31;浙提互調。	**馬玉崑** 七、乙巳;浙提改。　　沈大籠護。		
江　南	**李占椿**			
陝　西	**鄧　增** 八、丁丑、八,9.1;赴行在。			
甘　肅	**董福祥** 十二、壬戌、廿五,2.13;革。	**姜桂題** 十二、甲子、廿七,2.15;重慶鎮遷。		
巴里坤	**張　俊** 三、壬戌、廿, 4.19;死。	**羅榮光** 三、癸亥、廿一,4.20;天 津鎮遷(未任),殉國。　張宗本署。	**余虎恩** 六、丙申、廿六,7.22; 高州鎮遷。十月,解。	**焦大聚** 十、己未;伊犁鎮遷。
福　陸	**程文炳** 七、己未、廿,8.14;北上抵江寧待命。 閏八、丁未、八,10.1;回任(已駐潼關)。			
建　水	**楊岐珍**			
浙　江	**馬玉崑** 五、癸亥、廿三,6.19;北上。七、乙巳;直提互調。	**呂本元** 七、乙巳;直提改。		
湖　北	**吳鳳柱** 二、庚辰、八,3.8;死(勇恪)。	**張春發** 二、庚辰;粵陸提改。 五、辛酉、廿一,6.17;帶隊北上。　湖督張之洞兼署。		
湖　南	**襄雲慶**			
四　川	**宋　慶** 松潘鎮夏毓秀署:六、戊子;授黔提。八、乙未;帶隊北上。 閏八月,成將綽哈布兼署。			
廣　陸	**張春發** 二、庚辰;改鄂提。	**鄧萬林** 二、庚辰;碣石鎮遷。		
東　水	**何長清**			
廣　西	**蘇元春**			
雲　南	**馮子材**			
貴　州	**梅東益** 三、壬戌、廿,4.19;留直隸。 六、戊子、十八,7.14;解。	**夏毓秀** 六、戊子;松潘鎮署川提授。 八、乙未、廿六,9.19;北上。		
長江 水師	**黃少春** 七、辛丑、二,7.27;召陸。　楊金龍署。			

光緒二七年　辛丑(1901)		
(宗室)**敬信** 　　(吏尚兼)		
馬玉崑		
李占椿		
鄧　增 　　八、戊申、十五，9.27；參將賈鴻增護。		
姜桂題		
焦大聚 　　　　　張宗本署。		
程文炳 　　四、己亥、四，5.21；長江水師互調。	**黄少春** 　　四、己亥；長江水師改。	
楊岐珍		
呂本元		
張春發 　　正、壬辰、廿五，3.15；改滇提。	**夏毓秀** 　　正、壬辰；黔提改。 　　十、丁未、十五，11.25；桂提互調。　鄧正峰署。	**蘇元春** 　　十、丁未；桂提改(未任)。
婁雲慶		
宋　慶		
鄧萬林		
何長清		
蘇元春 　　十、丁未；鄂提互調。　　柳慶鎮馬盛治署。	**夏毓秀** 　　十、丁未；鄂提改(未任)。	
馮子材 　　正、壬辰；改黔提。　　何雄輝署。三、戊寅、十二，4.30；署滇提。	**張春發** 　　正、壬辰；鄂提改。	
夏毓秀 　　正、壬辰；改鄂提。　　安義鎮蔣宗漢署。三、戊寅、十二，4.30；署黔提。	**馮子材** 　　正、壬辰；滇提改。	
黄少春 　　四、己亥；閩陸提互調。	**程文炳** 　　四、己亥；閩陸提改。	

年代		光 緒 二 八 年　壬 寅(1902)			
九 門		(宗室)**敬信** 四、壬寅、十八、5.14;卸兼。	(肅親王)**善耆** 四、壬寅;兼管。		
直 隸		**馬玉崑**			
江 南		**李占椿**			
陝 西		**鄧增**			
甘 肅		**姜桂題**			
烏魯 木齊		**焦大聚**			
福建	陸	**黃少春**			
	水	**楊岐珍**			
浙 江		**呂本元** 正、辛卯、卅、3.9;卽赴本任。			
湖 北		**蘇元春** 三、壬戌、二、4.9;署桂提。九、甲申、廿七、10.28;桂提互調。	**夏毓秀** 九、甲申;桂提改。		
湖 南		**婁雲慶**			
四 川		**宋慶** 正、癸酉、十二、2.19; 死(忠勤)。	**程允和** 正、癸酉;松潘鎭遷。留北洋差遣。 六、辛亥、廿三、7.27;粵陸提互調。	**馬維騏** 六、辛亥;粵陸提改。	
廣東	陸	**鄧萬林** 四、壬子、廿二、 5.29;解。	**馬維騏** 潮州鎭遷。 六、辛亥;川提互調。	**程允和** 六、辛亥;川提改。 八、己丑、二、9.3;革。	**李福興** 八、己丑;瓊州鎭遷。
	水	**何長清**			
廣 西		**夏毓秀** 九、甲申;鄂提互調(未任)。	**蘇元春** 三、壬戌;鄂提署。九、甲申;鄂提改。		
雲 南		**張春發**			
貴 州		**馮子材** 三、癸亥、三、4.10;病免。(死,勇毅)	**蔣宗漢** 三、乙亥、十五、4.22;安義鎭授。		
長江 水師		**程文炳**			

光緒二九年　癸卯(1903)	光緒三十年　甲辰(1904)
(慶親王)善耆　　　　　(滿)那桐 十二、丙子、廿七, 2.12;外會兼。	(滿)那桐 (外會兼)
馬玉崑	馬玉崑
李占椿	李占椿　　　　　楊金龍 十一、辛巳、七, 12.13;解。　十一、辛巳;福山鎮遷。
鄧　增	鄧　增
姜桂題	姜桂題 三、己丑、十, 4.25;充北洋左翼翼長。
焦大聚	焦大聚
黃少春	黃少春
楊岐珍　　　　　曹志忠 十一、己酉、廿九, 1.16;死。　十一、己酉;福寧鎮遷。	曹志忠 十一、辛巳;改湘提。　　〔七、戊寅、二, 　　　　　　　　　　　8.12;缺裁。〕
呂本元	呂本元
夏毓秀	夏毓秀
裴雲慶	裴雲慶　　　　　曹志忠 十一、辛巳;解。　十一、辛巳;裁缺閩水提授。
馬維騏	馬維騏
李福興	李福興
何長清	何長清　　　　　葉祖珪 四、癸丑、五,　四、癸丑;溫州鎮遷。 5.19;革。　　六、丁巳、十, 7.22;留直隸差委 　　　　　十二月,統率南北洋海軍。
蘇元春　　　　　　　　　　劉光才 二、甲寅、廿九,　臨元鎮黃呈祥署;　閏五、甲申; 3.27;召陛(革)。　閏五、甲申、一,　大同鎮遷。 (卅四年死)　　6.5;撤任。	劉光才　　　　　丁　槐 三、甲申、五, 4.20;解。　三、甲申;右江鎮署。
張春發	張春發　　　　　夏辛酉 正、己丑、十, 2.25;革。　正、辛卯、十二, 2.27;登 　　　　　州鎮遷,暫緩赴任。
蔣宗漢　　　　　潘萬才 六、癸亥、十一, 8.3;死。　六、癸亥;淮陽鎮遷。	潘萬才
程文炳	程文炳

提 督 年 表

年代	光緒三一年　乙巳(1905)		
九門	(滿)那桐** 　(外會兼)六、己未、十七，7.14；授協。十二、辛亥、十三，1.7；遷體仁，仍兼。		
直隸	馬玉崑		
江南	楊金龍		
江北	[三、庚寅、十七，4.21； 淮陽鎮改設。]	潘萬才 三、庚寅；黔提署。 四、丙午、四，5.7；卸。	劉永慶 四、丙午；軍政司正使署。(加兵侍衡)
陝西	鄧增 △死。	張行志 十二、丙辰、十八，1.12；西寧鎮遷。	
甘肅	姜桂題		
烏魯木齊			
福建	黃少春		
浙江	呂本元		
湖北	夏轂秀		
湖南	曹志忠		
四川	馬維騏		
廣東　陸	李福興		
廣東　水	葉祖珪 七、甲申、十三，8.13；死。	四、丁巳、十五，5.18；補用道、 記總李準署。七、甲申；仍署。	薩鎮冰 七、甲申；南澳鎮遷。
廣西	丁槐 九、辛卯、廿一，10.19；授。		
雲南	夏辛酉 三、己亥、廿六，4.30；充北洋右翼翼長。		
貴州	潘萬才 三、庚寅；署江北。四、丙午；回遷。 五、癸巳、廿一，6.23；憂免。	二、戊午、十五，3.20； 古州鎮徐印川署。	劉光才 五、癸巳；前桂提授。
長江水師	程文炳		

光 緒 三 二 年　丙午(1906)

(滿)那桐** 　　(外會兼)	
馬玉崑	
楊金龍 　四、己未、廿二,5.15;死。	劉光才 　四、己未;黔提改。
劉永慶 　七、辛酉、廿六,9.14;死。	廕昌 　(加兵侍衛)七、辛酉;正白漢副署。九、己卯、廿一,11.7;改陸右,仍兼。
張行志	
姜桂題	
黄少春 　二、辛亥、十四,3.8;病免。　漳州鎮馬金鈙署。	洪永安 　二、辛亥;大名鎮遷。
呂本元	
夏毓秀	
曹志忠	
馬維騏	
李福興 薩鎮冰 　李準署。	［十、乙酉、廿二,12.7;］ 薩鎮冰 ［併爲水陸提督。　］ 　李準署。
丁　槐	
夏辛酉	
劉光才 　四、己未;改江提。	徐印川 　四、己未;古州鎮遷。
程文炳	

年　代	光 緒 三 三 年　丁未(1907)	
九　門	(滿)那桐** 　　(外會兼)	
直　隸	馬玉崑	
江　南	劉光才	
江　北	廕昌 　(陸右) 五、乙未、五,6.15; 回京。	王士珍 　五、乙未; 軍政司正使(加兵侍衛)署。
陝　西	張行志	
甘　肅	姜桂題	
烏魯 木齊		
福　建	洪永安	
浙　江	呂本元	
湖　北	夏毓秀	
湖　南		
四　川	馬維騏	
廣陸 　　　 東水	薩鎮冰 　李準署。　　　　　秦炳直:　〔九、癸卯、十五、10.21;〕 　六、丙寅、七,7.16;　六、丙寅;　〔仍分設水陸二員。〕 　署北海鎮。　　贛按署。	秦炳直 　十二、甲申、廿七, 1.30; 授。 薩鎮冰 　十二、甲申; 授。　　李準仍署。
廣　西	丁　槐	
雲　南	夏辛酉 　八、辛酉、二,9.9; 迅卽帶隊赴長江一帶。	
貴　州	徐印川	
長江 水師	程文炳	

光 緒 三 四 年　戊申(1908)

(滿)那桐**	(貝勒)毓朗
十二、甲子、十三,1.4;卸。	十二、甲子;署。

馬玉崑	姜桂題
八、辛未、十八,9.13;死(忠武)。	八、辛未;甘提改。(接充武衞左軍總統。)

劉光才

王士珍
　　四、甲戌、廿,5.19;憂假,改署。　蘇松鎮徐紹楨暫署。

張行志

姜桂題	張　勳
八、辛未;改直提。	八、辛未;滇提改。

洪永安

呂本元

夏毓秀

馮維驥

秦炳直

薩鎮冰
　　南澳鎮李準署。

丁　槐	龍濟光
正、庚戌、廿四,2.25;召京。	正、庚戌;左江署。

夏辛酉	張　勳	李福興
正、壬子、廿六,2.27;死(壯武)。	正、壬子;建昌鎮遷。二、丁丑、廿一,3.23;命仍留奉直。八、辛未;改甘提。	八、辛未;前粵陸提授。

徐印川

程文炳

提督年表

年 代	宣 統 元 年　己酉(1909)
九　門	(貝勒)毓朗 　十一、辛未、廿五,1.6;授。
直　隸	姜桂題
江　南	劉光才
江　北	王士珍
陝　西	張行志
甘　肅	張　勳 　六、癸卯、廿六,8.11;撤去東省行營翼長,所部淮軍另人接統。七、己巳、廿二,9.6;暫留直隸差遣。
烏魯 木齊	
福　建	洪永安
浙　江	呂本元
湖　北	夏毓秀
湖　南	
四　川	馬維騏
廣　陸 	秦炳直
東　水	薩鎮冰　　　　　　　　　　　李　準 　六、丙午、廿九,8.14;改海軍提督。　　　六、丙午;南澳鎮授。
廣　西	龍濟光 　二、戊寅、廿八,3.19;授。
雲　南	李福興
貴　州	徐印川
長江 水師	程文炳
海　軍	薩鎮冰 　[六、丙午;增設。]　　　　　　六、丙午;粵水提授。

宣 統 二 年　庚戌(1910)

(貝勒)**毓朗** 　七、乙卯、十四, 8.18; 解。	(漢)**鳥　珍** 　七、乙卯; 民左兼署。	

姜桂題

劉光才

王士珍 　三、乙巳、一, 4.20; 病免。	**雷震春** 　三、乙巳; 通永鎮署。十一、丁巳、十七, 12.18; 革。	**段祺瑞** 　(加兵侍衛)　十一、 丁巳; 鑲黃漢副署。

張行志

張　勳

洪永安

呂本元

夏毓秀 　正、乙丑、廿, 3.1; 死(勇恪)	**張　彪** 　正、乙丑; 松潘鎮遷。

馬維騏
　△死。
　九、甲寅、十四, 10.16; 仍爲巡防全軍翼長, 兼統前路各營。
　三、癸亥、十九, 4.28; 建昌鎮田振邦署。黃忠浩暫署。

秦炳直

李　準

龍濟光

李福興

徐印川 　六、庚子、廿八, 8.3; 病免。	**李寶書** 　六、庚子; 安義鎮遷。

程文炳 　十、己卯、九, 11.10; 死(壯勤)。	**程允和** 　十、己卯; 前粵陸提授。

薩鎮冰
　十一、乙巳、五, 12.6; 統制巡洋、長江艦隊。

提督年表

年 代	宣統三年 辛亥(1911)	附:武昌起義 各省光復後清政府的任免。
九 門	(漢)**烏 珍** (民左兼署)	(漢)**烏 珍** 十一、癸巳、卅,1.18;民副大臣兼。
直 隸	**姜桂題** 八、甲辰、十,10.1;直隸綠營全裁,提督暫緩。	
江 南	**劉光才**　　　**張 勳** 八、丙午、十二,　　八、丙午;甘提改。 10.3;病免。	
江 北	**段祺瑞**	**段祺瑞** 九、丙寅、二,10.23;　　福山鎮楊慕時護。 改第二軍總統。　　　淮陽道爽良暫護。
陝 西	**張行志**	
甘 肅	**張 勳**　　　　**張懷芝** 八、丙午;改江提。　八、丙午;裁缺天津鎮授。	
烏魯 木齊		
福 建	**洪永安**　　　　**孫道仁** 七、癸酉、八,8.31;　七、癸酉;福寧鎮遷。 病免。	
浙 江		
湖 北	**張 彪**	**張 彪** 八、癸丑、十九,10.10;武昌起義,逃。八、丙辰、 廿二,10.13;革、留。十一、己巳、六,12.25;解。
湖 南		
四 川	田振邦署。	
廣 東　陸	**秦炳直**	
水	**李 準**	
廣 西	**龍濟光**　　　　**陸榮廷** 六、庚午、四,6.29;　六、庚午;左江鎮遷。 改廿五鎮統制。	
雲 南	**李福興**　　　　**劉銳恒** 三、己亥、一,　　三、庚子、二,3.31;臨元 3.30;解。　　　鎮遷。	
貴 州	**李寶書**	
長江 水師	**程允和**	
海 軍	**薩鎮冰**	

附　録　一

清代各省提督重要變化概況

順治三年	1646	設置蘇松、徽寧、浙江、江西、湖廣。
順治四年	1647	設置廣東、福建。徽寧裁撤。
順治五年	1648	廣東裁撤（提督李成棟反清）。
順治九年	1652	設置廣西。
順治十六年	1659	設置貴州。廣西裁撤（靖南王耿繼茂移鎮）。
順治十七年	1660	設置四川、廣西。
順治十八年	1661	設置陝西、直隸、山東、山西、河南、廣東、雲南；設置江安、廬鳳、旋即裁撤、併入蘇松（江南）。
康熙元年	1662	設置福建水師、浙江水師。
康熙二年	1663	設置甘肅。
康熙三年	1664	設置廣東水師。
康熙七年	1668	直隸、山東、山西、河南、江西、福建水師、浙江水師、廣東水師裁撤。
康熙九年	1670	設置山東。
康熙十三年	1674	設置安徽、山西、河南、江西、鄖陽。
康熙十四年	1675	設置崇明、浙江水師。
康熙十五年	1676	設置涼州、寧夏、建撫。
康熙十六年	1677	設置福建水師。
康熙十七年	1678	設置九門、湖南。安徽裁撤。
康熙十八年	1679	河南、建撫、湖南，浙江水師裁撤。
康熙二十年	1681	山西、寧夏裁撤。
康熙二一年	1682	山東、江西、鄖陽裁撤。
康熙二二年	1683	崇明、涼州裁撤。
雍正元年	1723	設置直隸。
乾隆五年	1740	設置安西（後改巴里坤，再改烏魯木齊）。
嘉慶六年	1801	設置湖北（湖廣改稱湖南）。
嘉慶十五年	1810	設置廣東水師。
同治元年	1862	設置長江水師。
光緒十四年	1888	設置北洋海軍。
光緒二一年	1895	北洋海軍裁撤。
光緒三十年	1904	福建水師裁撤。
光緒三一年	1905	設置江北。
光緒三二年	1906	廣東陸路、水師合併。
光緒三三年	1907	廣東陸路、水師仍分設。
宣統元年	1909	設置海軍。

年代 / 單位	順治三年 一六四六（五）	順治四年 一六四七（五—七/六）	順治五年 一六四八（六—五）	順治九年 一六五二（五—六）	順治十六年 一六五九（六—七/六）	順治十七年 一六六○（六—八）	順治十八年 一六六一（一八—十七/十五）	康熙元年 一六六二（十五—十七）	康熙二年 一六六三（十七—十八）	康熙三年 一六六四（十八—十九）	康熙七年 一六六八（十九—十一）	康熙九年 一六七○（十一—十二）	康熙十三年 一六七四（十二—十七）	康熙十四年 一六七五（十七—十九）	康熙十五年 一六七六（十九—二三）	康熙十六年 一六七七（二二—二三）
九門																
直隸							○	○	○	○	●					
江南（蘇松）	○	○	○	○	○	○	○	○	○	○	○		○	○	○	○
江安							●									
崇明水師														○	○	○
徽寧（安徽）	○	●												○	○	○
廬鳳							●									
江北																
山東							○	○	○	○	●		○	○	○	○
山西							○	○	○	○	●		○	○	○	○
河南							○	○	○	○	●		○	○	○	○
陝西							○	○	○	○	○		○	○	○	○
甘肅							○						○	○	○	○
寧夏															○	○
涼州															○	○
安西																
福建		○	○	○	○	○	○	○	○	○						○
福建水師								○	○	○	●					○
浙江	○	○	○	○	○	○	○	○	○	○	○		○	○	○	○
浙江水師								○	○	◐	●					○
江西	○	○	○	○	○	○	○	○	○	○	●					○
建撫															○	○
湖廣（湖北）	○	○	○	○	○	○	○	○	○	○	○					○
湖南																
郿陽														○	○	○
廣東		○	●				○	○	○	○	○					○
廣東水師										○	●					
廣西				○	●	○	○	○	○	○	○					○
四川								○	○	○	○		○	○	○	○
雲南								○	○	○	○		○	○	○	○
貴州					○	○	○	○	○	○	○	○	○	○	○	○
長江水師																
北洋海軍																